수학교육의 새로운 패러다임

# 박태영의 수학교육론

박태영 지음

교우사

# 머리말

적지 않은 시간 동안 누군가를 가르치는 일을 하면서 다양한 학생들을 만나 왔습니다.
생각해보면 많은 학생들이 떠오르지만 이들 중 남들보다 좀 더 어려운 상황 속에서 공부했던 학생들이 특히 기억에 남습니다.

친구들은 모두 원하는 회사에 입사해서 어엿한 직장인으로 살고 있을 때, 선생님이 되어 교단에 서기 위해 새벽부터 밤까지 노량진에서 보내는 정수.
임용고시 도전을 친구들과 같이 시작했으나 혼자만 여러 번 다시 도전해야 해서 친구들을 전철에서라도 만나게 될까봐 첫차와 막차만을 타고 다녔던 상균.
짧은 직장생활을 하다가 결혼까지 했으나 선생님으로서의 못 다한 꿈을 이루고자 임신을 한 몸으로도 열심히 수업을 들으러 나왔던 경희씨!

이들에게 필요한 것은 부족한 시간을 최대한 활용하여 효율적으로 공부할 수 있는 방법이었습니다. 특히 임용고시를 준비하기 위해서 전공과목과 수학교육학을 함께 공부한다는 것은 쉬운 일은 아닐 것입니다. 이렇듯 시간의 부족함과 방법의 어려움 속에서 임용고시를 준비하는 모든 학생들에게 수학교육론만큼은 효율적으로 공부할 수 있도록 도와드리고자 이 책을 만들게 되었습니다.

이 책을 만나게 되는 모든 예비 수학 선생님들의 합격을 기원합니다. 힘내시구요. 파이팅합시다!

2016년 2월 박태영

# 차례

# 제1편

# 수학교육학

# 1 수학교육학의 정의

## 01 수학교육학의 기본 개념

교육받는 대상, 교육할 내용, 그리고 대상과 내용의 관계로서 성립되는 교육적 상황의 구조와 과정을 연구하는 학문으로써 수학의 학습 지도 개선을 위해 그와 관련된 분야를 연구하는 과학이다.

수학 학습지도는 '무엇을 가르치면 좋을까?'에 대한 것(교사가 교육 과정, 교과서, 지도서 등으로부터 얻어진 정보를 전달하는 교수 활동)과 '어떻게 가르치면 좋을까?'에 대한 것(학생이 여러 가지의 정보원으로부터 얻어진 정보를 받아, 그것들을 변환하고, 교사의 요청에 의해 교재 습득의 질이나 사고 활동의 발달정도에 관한 정보를, 교사의 발문에 대한 답으로서, 또 연습 문제의 해답 등의 모양으로 교사에게 전달하는 활동)과 같이 2가지로 구분할 수 있다.

러시아의 수학교육학자인 Stolyar는 수학교육학의 구조를 '무엇을 가르칠 것인가(교육내용)'와 '어떻게 가르칠 것인가(교육방법)'로 나누어 설명하였다. 박경미(1997년)는 수학교육학의 구조를 '교과내용을 구성하는 수학의 내용적 명제로의 수학과 내용적 명제인 수학을 깊이 있게 이해하기 위한 배경 지식인 설명적 명제 그리고 수학교육학의 주요 영역인 교육적 명제'로 나누어 설명하였다.

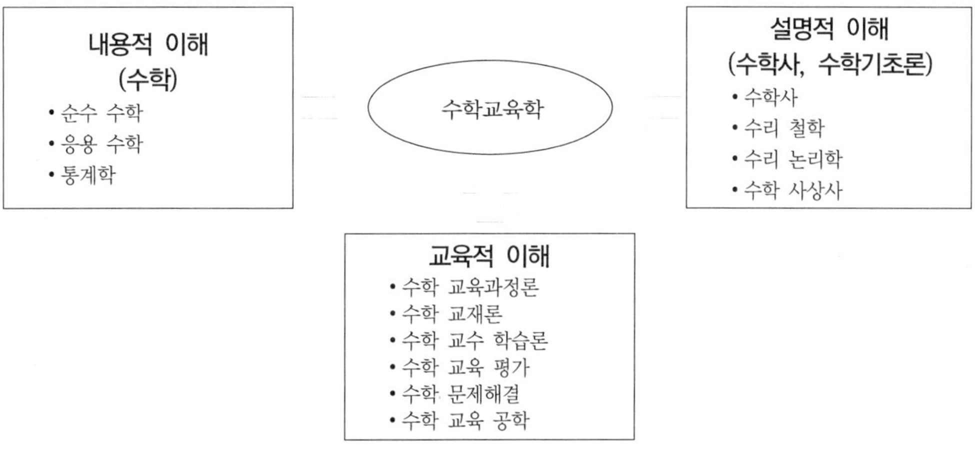


〈수학교육학의 구조〉

## 02 다른 학문과의 관련성

### (1) 수학의 영향

대부분의 사람들이 생각하는 것과 마찬가지로 수학은 교과의 순수 내용적인 측면을 다루는 데 반해 수학교육학은 이러한 수학의 내용을 어떻게 효율적으로 학생들에게 전달하는가에 그 주안점을 두고 있다. 이렇게 본다면 수학교육학을 하기 위해서는 근본적으로 수학의 내용적인 측면의 이해가 반드시 선행되어야 한다고 본다.

### (2) 교육학의 영향

수학교육학은 수학의 학습 지도 개선을 위해 그와 관련된 분야의 연구를 하는 과학이므로 그 근본적인 이론은 교육학의 교수·학습 방법의 일반적인 이론에 수학의 특수성을 반영한 것이라고 할 수 있다.

수학교육학과 관련된 주변 과학이 갖는 학문적 성격이나 연구방법에 따라 교육학·철학적·심리학·사회과학적인 연구 방법론이 그들 이론의 도입 응용과 함께 수학교육의 연구에 자주 등장하였지만, 이러한 연구 방법의 도입·응용이 수학교육 연구에 끼친 영향은 반드시 긍정적인 측면만 있는 것은 아니다. 이에 대한 문제점을 프로이덴탈(1978)은 일반 교육학의 연구자들이 제시해온 일반적인 이론들이 수학교육의 현장에 실천적으로 제대로 옮겨지지 못하고 있음을 지적하고 있다.

특히, 이러한 오류는 일반적인 교육학의 이론을 도입하는 것이 결국은 해당 교과인 내용과 그 교육의 외형을 분리시키는 결과가 되어, 이를 프로이덴탈은 '빈 상자(empty boxes)'로 표현하고 있음을 본다. 이와 비슷하게, 헨더슨(Henderson, 1976)도 일반적인 학습 이론들이 교실이라는 학습의 현장이 아닌 실험실에서 이루어졌다는 점과, 수학이라는 교과의 내용적 특성을 고려하지 않은 점 등을 들어, 수학교육 연구에의 도입의 불합리성과 위험성을 지적하고 있다.

그러나 프로이덴탈은 역설적으로 교육학의 존립이 수학교육학의 성립을 위한 전제조건이 아니라, 오히려 교육학이 각 교과교육학으로부터 출발하지 않으면 안 되며, 각 교과교육학이 성립함으로써 비로소 교육학의 성립을 기대할 수 있다고 주장한다.

### (3) 심리학의 영향

수학교육학의 여러 문제는 배우는 자의 심리, 그 실제의 사고 수준을 고려하지 않고는 해결되지 않는다. 이와 같이 학생들의 사고 과정을 이해하는 것은 수학교실에서 일어나는 교수·학습 활동 및 학생들의 학습을 이해하고 적절한 도움을 제공하는데 있어 필수적인 요인이다.

수학교육학과 관련된 심리학의 이론은 수학교육 이론의 도처에서 발견할 수 있다. 이를 테면, 자극－반응 이론, 형태심리학, 피아제의 인지발달 단계 이론, 브루너의 발견을 통한 학습, 딘즈의 활동주의 수학 학습 이론, 스켐프의 스키마 학습이론, 반힐의 기하 학습 발달 수준 이론, 프로이덴탈의 수학화 이론, 숀펠드(Schoenfeld)의 문제해결의 심리학적 이론, 비고츠키의 근접 발달 영역 이론 등이다.

수학교육이 이처럼 심리학과 관련성을 가지는 주된 이유는 아마도 수학교육의 연구가 아동 또는 학생에게 수학을 가르치는 일을 핵심 사안으로 하고 있으며, 수학을 아동이나 학생들에게 의미 있게 가르치기 위해서는 그들의 심리발달과 사고 구조에 대해 깊이 있게 파악하는 것이 어쩌면 당연하다는 점에서 수학교육에서 심리학적 연구의 필요성과 중요성이 있다고 생각된다.

# 2 수학교육학의 연구 영역

## 01 수학기초론

수학기초론은 용어 그대로 수학의 기초를 이루는 근거에 관심을 갖고, 수학의 진리성이 어떻게 보장되는가를 밝히려는 연구로, 고대 그리스 시대부터 최근에 이르기까지 그 형태는 다소 다르지만 연구가 지속되어온 분야이다. 과거에는 수리철학, 수리논리학, 수학사상사 등 여러 가지로 호칭되어 왔으나, 1950년경부터 고유한 연구방법과 고유한 연구 성과에 따라 이들 분야를 하나의 통일된 연구영역으로 설정하여 수학기초론으로 부르게 되었다. 수학기초론에서 관심을 갖는 것들은 수학이란 무엇인지, 수학에는 모순이 없는지, 논리적인 참은 무엇이고, 무한이란 무엇이며, 집합이 무엇이고, 현재의 집합론의 공리계는 완전한지와 같은 것들이다.

## 02 수학사

수학교육에 있어 수학사의 중요성은 아무리 강조해도 지나침이 없다. 수학은 인간의 지적 활동의 정수로서 문명의 발달과 더불어 발전해 왔다. 수학사는 특정한 수학내용이 누구에 의해 언제 어떻게 발견되었는가 하는 단편적인 사실 이외에도, 수학을 형성하고 다듬은 사회적, 문화적, 사상적 배경과 같이 다양한 관점에서 수학을 증명하기 때문에, 수학사에 대한 지식은 수학에 대한 폭넓은 이해를 가능케 한다. 또한 수학사는 수학적 개념의 발달과정을 보여주기 때문에 학생들이 자칫 갖기 쉬운 편견, 즉 수학은 의미 없는 기호와 규칙의 집합체이며 고정불변의 것이라는 선입견을 불식시켜 줄 수 있으며, 수학자들에 얽힌 흥미로운 에피소드 등은 수업의 활력소가 될 수 있다. 한편 피타고라스, 데카르트, 파스칼 등은 수학자이자 철학자였으며, 아르키메데스, 뉴턴, 라플라스 등은 수학자이자 과학자였기 때문에 수학사의 주요 인물들을 학습하는 것은 철학이나 자연과학에 대한 간접 학습의 효과를 거둘 수 있다. 이를 통해 수학은 수학 자체로서 뿐 아니라 그 적용범위가 넓은 기초과학 과목으로서 그 시야를 넓히는 데에 도움을 준다.

## 03 수학 교육 과정론

수학교육과정은 가르치고 배울 수학 내용의 범위, 계열성 등을 명시함으로써 수학교육프로그램의 개관을 보여주는 것이다. 따라서 수학 교육 과정론의 주된 과제는 심리학적, 사회학적, 철학적, 학문적 측면을 반영하여, 교육의 내용으로서의 수학 주제들을 선정하고 조직하는 것이다. 또한 수학교육과정을 구성하기 위해서는 수학교육목적론이 필연적으로 동반된다. 흔히 수학교육의 목적은 '수학교수학습을 개선하기 위한 것'이라는 실용적이고도 외재적인 목적을 앞세우는 경우가 대부분인데, 이 경우 수학교육은 그러한 목적달성을 위한 수단적 위치에 놓이게 된다. 따라서 수학교육학의 대안적 목적으로 '수학을 가르치고 배우는 활동 그 자체를 즐기고 그것에 만족하여 지속적으로 그 활동에 참여하도록 하는 것'이라는 내재적 목적을 설정하는 것도 고려해 볼 만 하다. 수학교육목적론은 하나의 연구영역으로 독립시킬 수도 있지만, 다른 영역들에 비하여 그 논의의 범위가 방대하지도 않고, 또 수학교육과정론과 직결되기 때문에 수학교육목적론은 수학교육과정론을 뒷받침하는 하위 영역으로 포함시켰다.

## 04 수학교재론

수학교육과정론이 제반 사항을 고려하여 수학 내용을 선정하고 조직한 것이라면, 수학교재론은 교수학습을 염두에 두고 선정된 내용을 교육적으로 좀 더 정교화(elaboration)시키는 과정을 말한다. 즉 학문으로서의 수학을 전담하는 수학자의 복잡한 사고 과정에서부터 출발하여 학생의 학습 활동이라는 종착점에 이르기까지의 복잡하고도 다차원적인 변용(variation)의 과정을 고찰하는 것으로, 교수학적 변환론은 그 이론적 근거를 제공한다는 측면에서 수학교재론의 중핵을 차지한다고 볼 수 있다. 수차례 언급되고 강조된 사실이지만 학문으로서의 수학과 교과로서의 학교 수학 사이에는 어느 정도의 차이가 존재한다. 따라서 수학 고유의 정신을 지키면서 어떻게 내용을 초등화시켜 아동과 학생의 이해가 용이하도록 변모시킬 것인지 연구해 보는 것이 수학교재론의 주요 관심사이다. 이러한 과정도 역시 수학교육철학이나 인지심리학을 바탕으로 이루어져야 한다. 예컨대 중학교 1학년의 연결 상태가 같은 도형은 위상수학(topology)의 내용을 초등화 한 것이며, 중학교 1, 2학년에서 분수나 유한소수 및 순환소수로서 도입되는 유리수는 데데킨트(Dedekind)의 컷(cut)으로 정의되는 유리수를 학생들에 맞게 초등화 한 것으로, 이러한 것들을 연구하는 것이 수학교재론의 대표적인 과제이다. 앞서 수학교육과정론에서 영재나 부진아에 대한 교육과정 개발이 포함되었듯이 영재나 부진아를 위한 수학 교재의 구성도 수학교재론에서 고려되어야 할 사항이다.

## 05 수학교수학습론

지금까지 협의로 수학교육학을 해석할 때에는 수학교수법으로 축소시켜 동일시 할 수 있을 만큼 수학교수학습론은 수학교육학의 중추적인 분야로 자리 잡고 있었다. 예전에는 학습자보다는 주로 교사의 측면에 치중하였으나, 최근에 들어서는 가르침의 행위로서의 교수(teaching)와 배움의 행위로서의 학습(learning)이 공존하는 양방통행체제로서의 교수학습과정을 논의 대상으로 삼고 있다. 또한 최근에는 플라토니즘, 논리주의, 직관주의, 형식주의, 구조주의로 대변되는 절대주의 수학 관이 대체적으로 부정되고 있으며, 대신 수학적 진리가 영원불멸한 것이 아니라 가변적이고 상대적일 뿐이라는 진리관이 지배적으로 받아들여지고 있다. 이에 따라 객관적 진리 관에 의거한 이전의 폐쇄적 교수·학습을 지양하고 상대적 진리 관에 처한 대안적 교수·학습의 가능성도 탐색해 보는 것이 요구된다.

수학교수학습론에는 브루너의 지식의 구조와 발견학습, 가네의 학습위계이론, 구성주의에 처한 교수학습이론, 캐롤(Caroll)의 완전학습 이론, 형태주의(Gestalt) 심리학에 근거한 학습이론과 같이 교육학 일반에서의 학습이론을 수학과의 특성에 맞게 각색한 이론도 있고, 수학과 고유의 이론인 폴리아(Polya)의 문제해결학습, 딘즈(Dienes)의 놀이를 통한 활동주의적 수학학습이론, 스켐프(Skemp)의 schematic learning theory, 반힐레(van Hiele)의 학습수준이론, 프로이덴탈(Freudenthal)의 교수학적 현상학 등과 같이 수학에서 출발한 순수 수학교육이론도 있다.

위에서 열거한 수학교수학습이론의 많은 부분은 교육심리학에 의거하고 있다. 수학교육학의 구조를 밝히는 대부분의 연구에서는 수학교육심리학을 하나의 범주로 독립시키고 있으나, 수학교육심리학은 수학교육과정론, 수학교재론, 수학교수학습론의 세 범주에 모두 영향력을 미치고 있고, 그 존재 의의도 수학교육심리학 자체로서가 아니라 수학교육과정이나 교재 구성 그리고 교수학습과정에 그 이론이 어떻게 파급되고 응용될 수 있는지에 있으므로, 별개의 범주로 설정하지는 않고 앞의 세 범주와 더불어 파악하였다.

## 06 수학교육평가

평가에 대한 협의의 정의는 성적을 내기 위한 지필검사라는 고정된 시점에서의 정적인(static) 과정으로 볼 수 있으나, 좀 더 광의로 해석하면 학생들이 수업에서 획득한 지식을 다양한 방법으로 진단하여 교수학습과정에 반영(feedback)하는 지속적(continuous)이고 역동적(dynamic)인 과정으로 볼 수 있다. 학생의 등급을 매기기 위한 선언적 평가는 그 분절성

(decomposibility)과 탈맥락성(decontextualization) 때문에 후퇴하고 있으며, 교수학습과정과 평가를 결합하는 경향이 뚜렷하므로, 수학교육평가의 연구 범위도 상당히 확대되고 있다고 할 수 있다. 특히 최근에 각광을 받고 있는 수행평가(performance assessment)의 여러 유형인 논술형 검사, 연구보고서, 면접법, 관찰법, 포트폴리오(portfolio)등에 대한 연구는 수학교육 평가의 주요 과제로 자리 잡고 있다.

## 07 수학 교육 공학(technology)

수학교육에서 활용할 수 있는 공학(technology)에는 계산기, 그래픽계산기, 컴퓨터 등이 있으며, 크게 교수학습과 평가에의 활용으로 나누어 볼 수 있다. 우선 교수학습과정에서 공학의 이용은 획일적인 집단수업 체제로 표현될 수 있는 수업 여건을 개선시키고 어느 정도는 개별화 교육을 가능케 하며, 학생의 지적 탐구 활동을 활성화하고, 수학적 문제해결력을 강화하는 긍정적인 기능들을 가지고 있다. 또한 공학을 이용할 경우, 계산의 복잡함에 연연할 필요가 없으므로, 인위적으로 단순화된 비현실적인 수치가 아닌 현실적인 자료를 그대로 활용할 수 있게 되고, 이를 통해 궁극적으로는 수학에 대한 학생들의 가치관을 변모시켜 줄 수 있다. 이와 같이 강력한 장점을 지니고 있는 공학을 수학교수학습과정 및 평가와 접목시키기 위한 많은 연구가 이루어지고 있으며, 아직도 연구의 여지가 무궁무진한 분야이다. 공학의 활용이 요망되는 수학내용을 선정하고, 이를 위한 소프트웨어나 코스웨어를 개발하고, 수업에 효율적으로 활용하기 위한 방안들을 마련하는 연구들이 수행되고 있다. 한편 평가에서 공학의 이용은 컴퓨터 보조 검사(Computer－Assisted Testing), 컴퓨터화 된 검사(Computerized Testing), 컴퓨터를 이용한 적응 검사(Computerized Adaptive Testing)가 있으며 수학은 CAT가 적합한 과목 중의 하나로 활발하게 연구되고 있다.

## 08 수학문제해결

수학교육의 사조는 1960년대의 ‘새 수학(new math)’, 1970년대의 ‘기본으로 돌아가기(back to basics)’을 거쳐 1980년대부터는 ‘문제해결(problem solving)’로 변모해 왔다. 이와 같이 1980년대 이후 문제해결은 수학교육에 있어 하나의 모토로서, 수학교육의 지향점도 문제해결력의 신장으로 집약되었다. 문제해결에서의 문제는 동형 문제의 반복적 연습(practice)이나 지엽적인 질문(question)의 수준을 뛰어넘은 복합적인 문제를 말한다. 문제를 해결하는 과정을 통해 기초적인 수학의 지식이나 기능에 대한 이해를 공고히 신장할 수 있다. 엄밀하게 말하면 문제해결은 수학교수학습론의 일부이지만 문제해결에는 다양한 국면들이 있고, 문제해결에 대해서는 수많은 연구가 수행되어오고 있으므로 독립된 영역으로 설정하였다.

문제해결에 대한 대표적인 연구로는 Polya의 문제해결의 4단계가 있고, 이를 비판적으로 수용한 여러 대안들이 제시되고 있으며, 최근에는 사고과정에 대한 사고인 메타인지(meta cognitive)적 측면에서 문제해결을 조망하는 연구들이 큰 조류를 이루고 있다.

# 3 수학의 정의 및 특성

## 01 수학의 정의

Polya는 수학의 가치를 수학을 적절히 가르치고 배우기만 한다면 수학은 지력을 증진시킨다 했고, Platon은 '영혼의 눈'을 뜨게 한다고 했으며, Pestalozzi는 수학 학습은 '정신체조'를 하는 것이며, 세고 계산하는 일은 두뇌의 모든 질서의 근원이며, 생각하면서 배우고 배우면서 생각하는 데 가장 적합하다고 하였다.

### (1) 수학은 모순 없는 명제들의 모임이다.

수학적 모델을 구성하기 위한 수학적 활동은 상황이나 문제의 특수한 성질을 이상화하고 추상화하는 행동으로 구성된다. 수학적 모델은 산술, 대수, 기하, 해석으로 구성된다.

### (2) 수학은 언어이다.

수학은 물리적 상황이나 문제를 이상화하고 추상화하는 과정에서 관념을 나타내기 위해서 세밀하게 선택된 용어와 기호를 수학적 언어로 사용함으로써 불필요한 수식을 하지 않는다. 수학적 언어는 양을 나타내는 언어 즉, 크기나 순서를 나타내는 언어와 논리적 탐구를 위한 언어이다.

### (3) 수학은 패턴과 관계를 연구하는 학문이다.

수학은 물리적 세계에서의 특수한 대상과 관계를 탐구대상으로 하여 추상화한 수학적 모델을 구성한다.

### (4) 수학은 사고의 방법이다.

수학은 물리적으로 존재하지 않는 관념들을 대상으로 취급한다. 물리적 세계로서 이상화되고 추상화된 수학적 관념은 인간이 경험할 수 있는 물리적 상황에 국한된다. 그러나, 수학적 관념은 인간이 물리적으로 경험할 수 없는 무한적인 차원에서도 가능하게 된다. 따라서 수학은 실험이 아닌 엄격한 논리적 추론에 의한 수학적 사고를 요구하게 된다.

## 02 수학의 특성

### (1) 실용성

① 수학은 인간 생활의 필요에 의하여 생겨났고, 또 인간의 생활과 함께 발전하여 왔으며, 실제 생활에서도 여러 가지로 유용하게 사용되고 있다.

② 수학은 다른 학문, 특히 자연 과학의 발달에 크게 기여하여 왔다. 따라서 학생들은 수학을 배워 실제생활에서 직면하는 어려운 문제해결의 장면을 풀어내는 데 익숙해져야 한다.

③ 수학은 실제 생활의 요구와 자연으로부터 비롯되었는데 현재 비록 그러한 수학이 이론 수학으로 발전하였으며 응용과는 무관하게 공리로부터 순수하게 수학이 전개되고 있을지라도, 수학이 다른 학문과 실생활에 모델로 작용하고 있으며, 또 장차 작용할 개연성이 대단히 높다는 것은 분명하다.

### (2) 추상성

① 어떤 구체 물들의 모임에서 각각이 가지는 특성 가운데 이질적인 속성을 버리고 동질적인 속성만을 추출하여 만든 표상을 이상화해서 얻어지는 개념을 의미한다.

② 수학의 추상성이란 우리가 느끼고, 보고, 듣는 물리적 세계나 그 세계에 대한 우리의 경험을 직접 다루는 것이 아니라 우리 마음속에 있는 아이디어를 다루는 것이다.

③ 추상화는 수준이 증가하는 방향으로 이루어진다. 이러한 의미에서 추상화는 물리적 대상의 추상화뿐만 아니라 수학적 대상의 새로운 추상화, 곧 수학적 대상의 재추상화도 포함한다고 볼 수 있다.

### (3) 형식성

① 형식적 방법으로 격식을 만들고 따르며 통일된 원리나 규칙을 만들어내는 것을 의미한다. 이때, 수학적 개념은 추상적인 것으로서 그 일반성을 넓히기 위해서 고도로 형식화된 것이 대부분이다.

② 수학은 형식 언어로 쓰여 진 공리 또는 공준과 형식적인 추론 규칙에 의해 전개될 수 있는데, 이 때 공리의 의미는 중요하지 않다.

③ 수학의 형식성은 수학적 증명의 엄밀성을 보장하기 위한 장치로서 19세기 말 독일의 힐베르트에 의해 더욱 명확하게 제시되었다.

### (4) 계통성

① 어떤 기초적인 내용을 토대로 하여 새로 조합하거나 또는 통합하여, 새로운 개념을 구성하기도 하고 새로운 내용을 형성하기도 하는 체계를 말한다.

② 계통성은 수학적 개념의 확장과 관련된다.
③ 수학은 어느 교과보다도 계통성이 강한 교과이며, 계통성은 학습 내용의 순서를 정할 때 논리적 연결성을 가지고 학습이 단계적으로 이루어지도록 해준다.

## (5) 직관성과 논리성

① 전제나 선행명제로부터 결론이나 후속 명제를 타당하게 이끌어내는 논리성은 다른 어떤 교과보다 수학 교과에 특징적인 것이다. 그러나 논리적이고 정당화되는 대상은 사실상 직관에 의해 발견되고, 발명되는 경우가 많으므로 수학에서 직관성은 매우 중요하다.
② 직관적 사고란 사고의 대상을 인지하는 활동이 다소 분명하지 않으나, 관찰, 실험, 실측, 작도, 제작 등이나 직감을 통하여 감지하는 사고이며, 이론 전개의 선행, 방향, 기틀을 마련해 주는 직감적 아이디어로서 이론과 구체를 맺어 주는 것 또는 구체에서 논리의 방향을 시사해 주는 것이다.
③ 논리적 사고(발명 또는 발견된 수학의 정리에 정당성을 부여함)란 분석적, 단계적이고 추론적(연역적)인 과정을 통하여 정당한 논리적 근거에 의해서 가정으로부터 결론을 이끌어 가는 사고이다.

## (6) 일반성과 특수성

① 일반성이란 하나의 대상에 대한 고찰로부터 그 대상을 포함하는 집합에 대한 고찰로 확장시키는 일반화의 성질을 가리키며, 일반화를 통하여 수학이나 과학에서 많은 법칙을 발견하고 때로는 단 한 가지 사실을 관찰하고도 일반화를 통하여 놀라운 일반적인 법칙을 발견하기도 한다.
② 특수성이란 주어진 대상의 집합에 대한 고찰로부터 그 집합에 포함되는 더 작은 집합 또는 단 하나의 대상에 대한 고찰로 옮겨가는 특수화의 성질을 말하며, 일반성에 대립되는 개념이다. 일반화된 명제를 검증하거나 그 증명 또는 풀이의 힌트를 제공하기도 한다.

## (7) 이상성

수학적 사고 과정에서 그 사고의 대상인 사물이나 현상에 대하여 그것을 겉모양으로 보는 것이 아니라, 최적의 사고가 가능하도록 본질적인 요소만 고려하여 새로이 바람직한 형태로 단순화시킴으로써 얻게 되는 특성이다.

## 03 수학교육의 목적

### (1) 수학의 실용성 가치

① 수학은 사회생활을 할 때나 다른 학문을 공부하는 데 도움이 되는 실용적인 학문이다.

② 수 개념이나 사칙 연산 등과 같이 어떤 수학적 지식은 사회생활을 하는데 필수적이며, 또 어떤 수학적 지식이 사회생활에 직접 소용이 되지 않는다 하더라도 다른 학문을 하는 데 필수적이다.

③ 과학 기술의 발달로 수학을 필요로 하는 분야가 많아지고 수학의 중요성이 점점 증대되고 있을 뿐만 아니라 공학, 경제학을 비롯하여, 산업, 금융, 국방, 정보통신, 의학 등 많은 학문 분야에서 수학은 기초적인 학문으로서 중요한 역할을 한다.

### (2) 수학의 정신 도야적 가치

① 수학을 배우면 합리적이고 논리적인 사고력, 추상적 사고력, 창의적 사고력, 비판적 능력, 기호화하고 형식화하는 능력, 단순화하고 종합화하는 능력 등을 기를 수 있다.

② 수학과 관련이 없는 분야에 진출하는 사람에게도 수학이 전달해주는 정신적 능력이 요구된다.

### (3) 수학의 심미적 가치

① 기하학적 도형이나 황금 분할 등의 수학적 대상을 통해 수학의 아름다움을 인식하고 수학의 공식이나 방법이 절묘하고 아름답게 적용되는 것을 통해 수학의 아름다움을 느낄 수 있다.

② 위대한 수학자들은 수학의 아름다움을 인식하였고, 바로 이 아름다움이 그들이 수학을 계속 공부하고자 하는 데 커다란 원동력이 되었다.

③ 학생들 수준에서 수학의 심미적 가치를 쉽게 인식하기는 어렵지만, 많은 수학자들이 수학에서 볼 수 있는 추상화된 아이디어들의 아름다움을 강조하였다.

④ 우주와 자연의 조화로운 질서를 밝혀내는 수학적 개념과 이론들은 그 자체로 아름답다.

### (4) 수학의 문화적 가치

① 인류가 오래 전부터 오늘날까지 구축해 온 수학이라는 문화는 수용, 전달할 가치가 있는 학문임을 느낄 수 있다.

② 수학은 수많은 사람들의 노력으로 발전해 오면서 각 시대마다 사회발전에 공헌해왔으며, 현대에도 다방면에 기여하는 바가 큰 인류의 소중한 정신적, 문화적 유산이므로 수학을 배우는 것은 인류가 남긴 문화적, 학문적 유산을 계승하여 활용하고 발전시키는 일에 참여하는 셈이 된다.

# 4 수학교육의 발달

## 01 수학교육 근대화 운동

수학이 일부 특수층의 전유물이라는 기존의 관념에서 벗어나, 일반 시민에게도 이를 교육시킴으로써 실용화, 보편화하자는 움직임은 1900년을 전후로 일어났다. 수학교육 근대화 운동이라고 일컬어지는 이 운동의 근본 취지는 전통적으로 정신도양의 소재로만 여겨졌던 수학을 실생활이나 과학적 탐구에서도 유용한 소재로 이용하려는 것이었다. 다시 말하면, 논증뿐만 아니라 실험과 실측도 중시하고 대수, 기하, 삼각법 등과 같은 전통적인 교과 구분을 없애며 학생들도 실질적인 가치를 느낄 수 있는 수학교육을 실시하자는 것이 그 실천적 목표였다. 이 운동의 주역은 영국의 Perry, 미국의 Moore, 독일의 Klein 등이며, 이들의 주장은 오늘날과 같은 수학교육의 기초적 이념에 반영되고 있다.

### (1) 유럽의 수학교육 개혁 운동

18세기 후반에 산업 혁명이 시작되면서, 유럽에서는 노동자의 수가 증가하게 되었고 이들에 대한 과학기술 교육이 요청되었다. 또한 봉건 제도가 무너지면서 새로이 출현한 자본가들이 이윤을 극대화하기 위하여 과학기술 교육을 요구하게 되었다. 영국, 독일, 프랑스 등에서는 1870년부터 이러한 과학기술 교육의 문제를 국가적인 차원에서 다루기 시작했으며, 그것의 일환으로 수학교육도 주요한 국가적 관심사가 되었다. 사람들은 수학의 실용성과 과학기술과의 관련성에 많은 관심을 가지게 되었다. 그러나 당시의 수학교육은 유클리드 기하학을 중심으로 순수한 사유의 훈련에 집중되어 있었다. 당시 기하학은 소수 엘리트의 필수 교양이었고, 유명대학 입학시험의 필수과목이었다. 수학의 실용성 및 과학 기술과의 관련성은 수학교육에서 거의 다루어지지 않았다. 유럽에서의 수학교육 개혁 운동은 이러한 상황을 개선하고자, 영국의 페리(Jone Perry, 1850－1920)와 독일의 클라인(Felix Klein, 1849－1925)을 중심으로 전개되었다.

#### ① 영국－페리Perry)의 수학교육 근대화 운동

19세기 말 영국에서는 산업혁명으로 새롭게 탄생된 노동자 계급에 대한 실용적인 교육이 절실하게 요구되었다. 산업혁명에 의해서 비약적인 발전을 이룩한 상공업계 또한 실용적이고 유용한 과학 연구를 가장 시급한 일로 여기게 되었다.

그러나 당시의 수학교육 현장에서는 엄밀한 논리적 전개로 수학을 통해 두뇌를 도야해야 한다는 입장 하에 소수의 특권층을 대상으로 유클리드 '원론'(Euclid Elements)의 교육이 주를 이루었다.

수학은 사회의 현실과 교육의 본질로부터 유리되어 오직 시험합격을 위한 도구가 되었으며, 결국에는 수학교육을 개혁하지 않으면 안 될 상황에 이르게 되었다.

이러한 상황에서 페리는 1901년 '수학의 교육(The Teaching of Mathematics)'이라는 제목의 강연에서 수학교육의 개혁을 주장하였다. 페리는 당시의 수학교육이 매우 비과학적이며 사회의 실제와 분리된 이론만을 추구하면서 철학적 지식의 전수에만 급급하고 있다고 비판하였다. 또한 학생들로 하여금 입학시험에 통과하는 것과 우수한 수학 전문가를 만드는 것만을 목적으로 하는 것이 수학교육의 가장 큰 결함이라고 지적하였다. 기하에 중점을 두고 엄밀성을 강조하는 것이 오히려 사고력을 감퇴시키고 엄밀성을 증오하는 마음이 생기게 하며 계산을 싫어하고 자연 과학의 연구를 혐오하는 감정을 유발시켜 교육적으로 해롭다고 주장하였다.

**페리의 수학교육 개혁에 대한 주요 입장**

- 수학의 실용성과 유용성, 특히 자연과학과 연결되는 측면을 강조한다.
- 유클리드 기하에서 탈피하여 실험 기하를 강조한다.
- 모눈종이를 활용하고 입체 기하의 내용을 더 많이 지도한다.
- 실험상의 측량을 중요시한다.
- 대수 공식을 이용하는 지식과 능력을 기른다.
- 그래프와 도표의 활용
- 실용적인 미적분학의 기초개념 도입
- 시험을 위한 수학학습 지양

### ② 독일 – 클라인 (Klein)의 수학교육 근대화 운동

19세기말 독일에서는 산업혁명의 시기가 도래하면서 과학이 장려되고 교육 문제가 활발하게 연구되면서 수학이 중요한 교과로 부각되었다. 산업 및 과학이 비약적으로 발전하는 시대의 사회생활에 필요한 응용수학을 학교교육에서 더 많이 다루어야 한다는 주장이 설득력을 얻으면서, 수학교육을 개선하려는 보다 적극적인 시도가 이루어졌다. 예컨대, 페스탈로찌(Pestalozzi) 및 헤르바르트(Herbart)의 전통 위에 기초를 둔 직관적 관찰과 실험, 실측이 매우 강조되었는데, 이는 유클리드 '원론'(Euclid Elements)에 토대를 둔 전통적인 고전

교육과는 상당한 차이가 있는 것이었다.

이러한 상황에서 클라인은 1893년경부터 괴팅겐 대학에서 보다 체계적인 수학교육 개혁 운동에 착수하였다. 클라인은 수학교육에서 가장 강조해야 할 것으로 함수 개념의 함양과 공간 관찰력의 함양을 주장하였다. 또한 유클리드 '원론'은 학생을 위해 쓰여진 책이 아니라 성인을 위해 쓰여진 책이며, 학생들의 심리에 적절한 초보적인 기하학을 지도할 것을 주장하였다.

교육과정과 교과서로 구체화된 클라인의 수학교육 개혁 운동은 독일의 중등교육에 지대한 영향을 미쳤다.

〈클라인의 수학교육 개혁에 대한 주요 입장〉

- 수학의 추상적인 측면과 실용적인 측면 사이에서 균형을 유지한다.
- 수학적 사고와 자연과학적 사고의 결합을 강조한다.
- 미적분과 해석기하를 조기에 도입하되, 그 기초적인 내용을 자연현상과 관련지어 지도한다.
- 실제적인 내용을 중요시하고 기능(skill) 위주의 내용은 경감한다.
- 연역적 사고와 귀납적 사고가 균형을 이루도록 지도한다.
- 자연 현상과 사회 현상을 수학적으로 관찰하는 능력을 발달시킨다.

## (2) 미국 - 무어(Moore)의 수학교육 근대화 운동

19세기의 미국은 영국과는 달리 유클리드 기하학으로부터 어느 정도 탈피하고 있었기 때문에 페리의 강연이 그다지 큰 영향을 미치지는 않았다. 당시 미국의 수학교육계에 큰 영향을 미친 사람은 무어(Eliakim Hastings Moore, 1862－1932)이었다. 무어는 1902년 제9차 미국수학회의 연차 회의에서 행한 '수학의 기초에 관하여'라는 제목의 강연에서, 그 당시 미국의 수학교육의 형식성과 추상성을 강하게 비판하면서, 수학교육 개혁의 필요성을 역설하였다. 이 강연에서 무어는 수학교육 특히 초등학교 수학교육에서는 수학을 구체적 상황과 직접 관련시킴으로써 관찰하고 실험하고 추리하는 능력을 단련시켜야 한다고 주장하였다. 무어의 이러한 주장은 당시 미국의 수학교육계에 큰 반향을 불러 일으켰고, 그 결과 많은 학교와 단체들이 수학교육을 실제적으로 개선시키기 위해서 움직이기 시작했다.

무어는 수학교육 개혁을 수행하기 위한 수학 교수－학습을 철저하게 실험실법 위주로 진행할 것을 주장하였다. 무어의 실험실법은 학생들의 과학에 대한 연구 정신을 가능한 한 심도 깊게 발달시켜 과학의 기본적인 방법을 이론적으로, 실제적으로 인식시키는 데 그 목적이 있었다.

〈수학교육 개혁에 대한 무어의 입장〉
- 학교에서 지도되는 수학의 내용과 방법이 보다 풍부해져야 한다.
- 도형 그리기, 종이 접기, 모형 제작 등을 통해 직관 기하의 조작적 학습의 경험을 제공한다.
- 기하 지도는 직관 기하, 비형식적 추론, 형식적 추론을 병행하여 지도한다.
- 대수와 기하와 물리는 서로 긴밀한 관계가 있으므로 중등학교에서는 이 과목들을 하나의 과정으로 지도하는 것이 바람직하다.

### (3) 수학교육 근대화 운동의 한계

수학교육 근대화 운동은 전반적으로는 수학교육의 중요성을 크게 부각시켰으며, 학교 수학의 내용을 충실하게 하기 위한 체계적인 노력을 시작하였다는 점에서 큰 의미를 갖는다. 또한 수학의 실용적 측면을 부각시켰고 학생들의 심리적 측면을 고려하였다는 점에 있어서도 큰 의미가 있다고 할 수 있다.

그러나 수학교육 근대화 운동이 진행됨에 따라 논리적 원칙을 깊이 고려하지 않았고, 극단적으로는 논리를 불신하는 경향마저 나타나게 되었다. 또한 현실적으로는 물리량과 공간의 구조를 정식화하고 교재화하는 이론적, 실천적 연구가 전개되지 못한 한계를 드러내었다.

## 02 수학교육 현대화 운동

제2차 세계대전 이후로 인류 사회에는 많은 변화가 일어났다. 핵에너지가 개발되고 고성능 전자계산기가 등장하는 등 과학기술이 급속도로 발전하였고, 사회, 문화, 경제 구조도 급격히 변화하였으며, 고도의 기술 혁신은 이미 정보화 시대를 예고하고 있었다. 수학도 양적으로나 질적으로 많은 발전을 이룩하였다.

Cantor가 집합론을 확립한 이후로 수학은 급속히 추상화되었으며 수학의 추상적 개념은 거의 모두가 집합론적 방식으로 표현되기 시작하였다. 집합의 개념과 극한의 개념이 결합된 위상의 개념이 등장함으로써 위상수학이 발전하기 시작하였으며, Hilbert가 수학의 공리론적 전개 방법을 제시하기도 하였다. 공리론적 방법과 위상이라는 수학적 도구를 토대로 추상적이면서도 다양한 현대 수학이 전개되기 시작하였고, 이러한 다양한 내용 사이의 상호 관련성을 보다 체계적으로 통합하려는 움직임은 Bourbaki 학파를 중심으로 자연스럽게 대두되었다. Bourbaki 학파는 모든 수학을 집합, 관계, 함수 등을 바탕으로 전개하였고, 군, 환, 체, 컴팩트 공간, 거리 공간 등의 개념을 이용하여 대수적 구조와 위상적 구조의 발전에 크게 공헌하였다. 이 학파의 학문적 성과를 바탕으로 현대 수학은 점차 체계화되기 시작하였다.

이러한 수학의 발전과 더불어, 1957년 10월에는 철의 장막 속에 가려져 있던 구소련이 인류 역사상 최초의 인공위성 스푸트닉 1호를 우주공간에 진입시키는 데 성공했다. 미국은 물론 여러 선진국에서도 이 사실을 '스푸트닉 충격'이라고 하면서 커다란 충격으로 받아들였다. 충격의 여파는 미국에서 즉시 나타났다. 수학교육의 내용이 수학의 이론보다도 너무나 뒤떨어져 있다는 거센 비판과 더불어 시대적 상황에 맞추어 교과 내용의 수준을 높여야 한다는 새 수학 운동(new mathematics movement)이 전개되었다. 이 운동은 수학교육의 일대 혁신을 초래하게 되었다.

### (1) 유럽과 미국에서 수학교육 현대화 운동의 진행과정

1950년대에 들어 유럽에서는 고급 과학기술 인력을 양성할 필요성과 이를 위한 국가적 차원의 수학교육과정 현대화 필요성이 제기되기 시작하였다. 1959년에는 유럽경제협력기구 가맹국들을 중심으로 이에 관한 세미나를 개최하는 등 수학교육 현대화 운동의 기운이 무르익어 갔다. 미국은 소련의 인공위성 발사 성공으로부터 국가 안보에 대한 위협을 느낀 결과, 과학기술 및 수학교육의 현대화 작업에 더욱 박차를 가하였다. 그리고 빠른 속도로 현대화 운동을 진행시켜서 세계의 여러 나라에 큰 영향을 주었다.

#### ① 유럽에서의 수학교육 현대화 운동의 진행 과정

OEEC(Organization of European Cooperation) 가맹국들은 1959년에 프랑스의 로아몽에서 '수학교육에 있어서의 새로운 관점'이라는 제목의 세미나를 개최하였다. 이 세미나의 의장이었던 프랑스의 수학자 듀돈네(Jean Dieudonne, 1906－1992)는 다음과 같은 사항을 제안하였다.

- 현대수학을 과감히 도입한다.
- 현대수학을 도입하기 위하여 전통적인 수학 교재를 정비한다.
- 논리적 엄밀성을 강조한다.
- 대수적 구조와 공리적 방법을 중시한다.

몇몇 반론이 제기되기는 했지만, 그 세미나에서는 듀돈네의 이러한 주장에 만장일치로 합의하였다. 이듬해인 1960년에 수학교육 현대화의 취지에 부응하는 중등 수학 교수요목이 발표되었다. 이 교수요목은 당시 미국의 것보다 훨씬 더 현대수학에 가까운 것이었다.

이 세미나의 영향을 받아 영국에서는 1961년 4월에 서덤프톤 수학 회의가 개최되었다. 이 회의를 계기로 같은 해에 '학교수학 프로젝트'가 결성되었다. 이 프로젝트는 서덤프톤 대학의 트웨이츠(B. Thwaites) 교수를 중심으로 추진되었으며, 그 결과 수학교육 현대화를 위한 새로운 교수요목과 교과서의 초안을 만들어 내었다. 한편, 영국의 딘즈(Zoltan P. Dienes)와 벨기에의 파피(Georgy Papy)도 각각 수학교육 현대화의 취지에 부응하는 교재를 독자적으로 개발하여 주목을 받았다.

② **미국에서의 수학교육 현대화 운동의 진행 과정**

흔히 옛 소련이 세계 최초로 인공위성 발사에 성공한 시점이 미국에서의 수학교육 현대화 운동이 출발점이라고 말해지기도 하지만, 이것은 사실이 아니다. 그 사건이 있기 전부터 이미 미국에서는 수학교육을 현대화해야 한다는 주장이 제기되고 있었다.

미국의 수학교육 현대화 운동의 효시는 1951년에 시작된 일리노이대학 학교수학위원회이다. 이후에도 많은 단체가 생겨났는데 가장 선도적인 역할을 수행한 단체로는 1958년 NCTM(National Council of Teachers of Mathematics, 전미수학교사협의회)과 MAA (Mathematical Association of America, 미국수학협회)의 지원을 받으며 예일대학의 비글 (Edwards G. Begle, 1914－1978) 교수가 중심이 되었던 SMSG(School Mathematics Study Group, 학교수학연구회)이다. SMSG는 수학교육 현대화의 철학에 입각하여 유치원 과정부터 고등학교 과정까지의 실험 교과서를 제작하는 등 대담하고 적극적으로 현대화를 추진하여 세계 여러 나라에 영향을 미쳤다.

NCTM은 「현대수학에 대한 통찰(Insights into modern mathematics), 1958년」, 「새로운 수학 프로그램의 분석(Analysis of new mathematics programs), 1959년」을 잇달아 간행하면서 현대수학의 새로운 정신과 내용을 어떻게 학교수학에 반영할 것인지, 또 현대화의 관점에서 전통적인 내용을 어떻게 개정할 것인지에 대한 방향을 제시해 주었다.

### (2) 수학교육 현대화 운동의 배경

① **세계 제2차 대전 이후 급격한 성장을 이룬 수학 자체의 발달** : 양적, 질적으로 성장된 현대수학의 지식을 일정 기간 동안 지도해야 하는 수학 교육적 입장에서는 현대수학의 내용 중에서 학교에서 다루기에 가치 있는 내용을 정선해야 했으므로 수학교육에 있어서도 현대화의 방향을 모색하지 않을 수 없었다.

② **기존의 수학교육에 대한 반성** : 중등학교에서 지도되는 종래의 학교수학의 내용이 시대에 뒤떨어져 있었다. 대학에서 연구되는 전문 수학은 '현대수학'을 중심으로 발전을 거듭한 반면에, 학교에서는 고전적인 수학 내용을 중심으로 지도하고 있었다. 수학교육 현대화 운동은 학교수학의 내용을 보다 현대화하려는 시도로서 '현대수학'의 정신을 학교수학에 도입하고자 한 것이다.

③ 수학의 응용 범위가 확대됨에 따라 현대수학의 강력한 응용성에 대처할 필요성에 대두 과학기술의 발전은 경제와 산업의 발전을 가져왔고, 이에 수반하여 수학의 응용 범위와 사회적 유용성은 더욱 확대되었다.

④ 과학기술의 발달에 따라 전문 기술 인력이 필요하게 되었다.

### (3) 수학교육 현대화 운동의 방향

처음 네 가지는 수학교육 내용 측면의 현대화라고 할 수 있는데, 주로 듀돈네(Dieudonne)에 의해 제안되었다. 이에 비해 마지막 다섯 번째 방향은 수학교수 방법상의 현대화라고 할 수 있다.

**① 현대수학의 내용과 방법을 조기에 과감히 도입**

집합, 함수, 확률, 대수적 개념 등과 이와 관련된 용어, 기호 등을 과거에 비해 일찍 도입해야 한다는 것이다. 특히, 현대수학의 기본 토대라고 할 수 있는 집합 개념을 초·중등학교 수학에서 강조하여 다룬다.

**② 대수적 구조를 강조**

다양한 수학적 개념을 개별적으로 다루던 종래의 방식을 지양하고, 군, 환, 체 등의 현대수학의 개념을 활용하여 수학적 개념을 추상적이고 통합적으로 다루어야 한다는 것이다.

**③ 논리적 엄밀성을 강조**

초·중등학교 수학에서 논리적 엄밀성을 보장하는 공리론적 방법을 직접 도입할 수는 없지만, 학생들의 발달 단계에 적절한 수준에서 가능한 논리적 엄밀성을 확보해야 한다는 것이다.

**④ 전통적인 교재를 정비**

새로 도입되는 내용이 많음에 따라 불필요한 내용이 과감히 삭제되었는데, 그 대표적인 내용이 유클리드 기하였다.

**⑤ 수학교육, 교육학, 심리학 연구 성과를 토대로 새로운 지도법을 도입**

수학교육 현대화 운동의 많은 부분은 교육심리학의 발달에 기인하였다. 피아제의 조작적 심리학은 수학의 여러 개념과 관련된 아동의 발달 단계의 규명에 크게 기여하였다. 특히 브루너의 대담한 가설인 '어떤 교과든지 지적으로 올바른 형식으로 표현하면 어떤 발달 단계에 있는 어떤 아동에게도 효과적으로 가르칠 수 있다'는 수학교육 현대화를 추진하는 사람들의 커다란 지지를 받았으며, 현대화 운동이 세계적으로 파급되는데 결정적인 역할을 하였다.

수학교육 현대화 운동은 각국의 초·중등 수학교육 과정에 대단한 영향을 주었다. 우리나라의 경우 1973년에부터 시작된 제3차 교육과정이 수학교육 현대화 운동의 영향을 받은 것이다.

새 수학의 기본 방향은 (집합 개념과 관계 개념의 통합과 같은) 통합 교육과정을 도입하는 것이며, 수학적 구조, 엄격한 논리성, 그리고 발견학습을 중시하는 것이었다.

## 03 수학교육 현대화 운동에 대한 비판과 반성(1970년대)

### (1) 수학교육 현대화 운동의 비판

새 수학의 지나친 논리성과 엄밀성 강조는 교육학적으로 역효과를 초래하였고 이러한 내용의 조기 도입은 심리학적으로 타당하지 않다는 지적이 많았으며 현실적으로도 대부분의 학생들에게는 수학 학습 부진 현상으로 나타나게 되었다. 결과적으로, 여론은 새 수학을 거부하는 쪽으로 기울어져 갔다. 특히, Kline(1973)의 'Why Johnny Can't Add : The Failure of the New Math'는 결정타가 되었다. 이 책의 첫 페이지에 나오는 다음과 같은 교사와 학생의 대화는 새 수학이 어떻게 지도되고 있었는지를 극명하게 보여주고 있다.

새 수학 수업 교실을 참관해 보라. '$2+3=3+2$가 되는 이유는 무엇일까요?'라고 교사가 질문한다. '두 덧셈이 모두 5가 되기 때문입니다.'라고 한 학생이 즉시 대답한다. '아니야, 정답은 덧셈의 교환법칙이 성립하기 때문이야'라고 교사는 훈계하는 어조로 말한다. '6과 9사이에 있는 자연수들을 정확하게 나타내면 어떻게 말할 수 있을까요?'라고 교사가 질문한다. '왜요. 7과 8이잖아요.'라고 다른 학생이 대답한다. '아니야. 그것은 6보다 큰 자연수들의 집합과 9보다 작은 자연수들의 합의 교집합이야.'라고 교사가 말한다.

수학교육 현대화 운동은 급진적인 개혁, 학생들의 발달 단계와 부합하지 못한 조급한 추상화와 형식화, 철저하지 못한 교사 재교육 등으로 많은 부작용을 초래하였다. 수학교육 현대화 운동에 대한 다양한 비판은 다음과 같이 정리될 수 있다.

① 학생들이 정신적으로 충분히 발달하지 않았음에도 불구하고, 조급한 형식화와 추상화를 시도하고 있다.
② 장래 수학자가 되기 위한 소수의 학생을 대상으로 하고 있다.
③ 논리적 엄밀성과 연역적 추론이 지나치게 강조되고 있다.
④ 다른 교과와의 관련성을 무시하고 있다.
⑤ 현대화 운동은 과학기술 및 수학의 발달에 따른 사회적, 학문적 상황에 의해 요청된, 소위, 위에서부터의 운동이었다. 따라서 아래로부터의 자발적인 운동이 되기는 어려웠다.

⑥ 현대화 운동은 수학자가 전면에 나서고, 교육학자와 심리학자가 지원하는 형태였던 만큼 수학 교육적으로는 취약한 부분이 많았다.

⑦ 현대화에 최종적으로 책임이 있는 사람은 교사이지만, 교사를 위한 적절한 교육이 필요함에도 불구하고, 충분한 지원이 없었다.

⑧ 현대화 교재와 전통적 교재와의 조화를 도모하는 연구가 충분하지 않았다.

⑨ 지나치게 추상적이고 형식적이며, 비형식적으로 발생적인 접근이 소홀히 되고 있다.

⑩ 구조, 논리적 엄밀성, 기호를 지나치게 강조하고 있다.

⑪ 위상수학, 기호논리와 같은 새롭지만 그다지 유용하지 않은 분야를 지나치게 강조하고 있고, 유클리드 입체기하, 방정식론, 산술 기능과 같은 중요한 내용을 경시하고 있다.

⑫ 수학의 응용면을 충분히 다루고 있지 못하다.

## (2) 기본으로 돌아가기(Back to basics) 운동

수학교육 현대화 운동에 의해 학교수학에 새로 도입된 수학적 개념들에 대한 학생들의 이해가 저조하고 기본적인 계산 능력마저 저하되자 '기본으로 돌아가기(The Back-to-Basics Movement)' 운동이 촉발되다.

1970년대에 대유행을 이루었던 이러한 기초회복 운동은, 불운하게도 모든 것이 너무나 지나친 반작용으로 나타나는 경향을 보여주는 전형적인 예로서, 새 수학에 대한 강한 반발을 경험하게 한 반새 수학적 동향이었다. 일반 대중의 일차적인 요구는 기능의 숙달이었다. 따라서 이 시기의 수학 교육과정은 절차적인 기초기능의 반복과 연습이 주를 이루고 있었다. 이 운동의 영향을 강하게 받은 대부분의 초등학교 수학 교과서는 수학적 기능 위주의 내용으로 전환되었다.

**특징**

① 기본기능(basic skills)을 찾아 교재로 재구성
② 행동적 목표와 지필 계산을 강조
③ 소비자 수학을 중요시하였음
④ 진급을 위한 최소 학력 기준을 설정

**부작용**

① 우수한 학생들의 학력이 저하
② 응용력과 문제해결 능력이 감소되는 결과를 초래

이러한 부작용을 해소하기 위하여 1977년에 NCTM과 NCSM(National Council of Supervisors of Mathematics, 전미수학 장학사 협의회)는 수학의 기초기능으로 문제해결, 모든 상황에 수학을 적용하기, 결과의 합리성 찾기, 어림과 근삿값 계산, 적절한 계산 기능, 기하, 측정, 표·차트·그래프를 읽고 해석하고 작성하기, 수학을 이용하여 예측하기, 컴퓨터 소양(computer literacy)의 10가지를 공식적으로 제시하였다. 한편, NCSM에서는 1988년에 새로운 기초기능을 발표하였는데, 그것은 문제해결, 모든 상황에 수학을 적용하기, 결과의 합리성 찾기, 어림, 적절한 계산 기능, 기하, 측정, 수학적 개념의 표현, 수학적 추론, 대수적 사고, 통계, 확률이다.

## 04 1980-2000년대의 수학교육

1980년대를 대표하는 수학교육 이론은 문제해결 교육론과 수학 학습 수준 이론이며, 1990년대를 대표하는 수학교육 이론은 NCTM의 「규준」과 구성주의이다. 2000년대의 대표적인 수학교육 이론은 수학교수학적 상황론과 현실적 수학교육론이다.

### (1) 1980년대의 수학교육

1980년대의 수학교육에서는 문제해결이 강조되었다. 동시에 수학 학습 수준이론도 크게 주목을 받았다.

#### ① 문제해결

NCTM이 1980년에 출판한 「1980년대의 학교수학을 위한 권고」에서 문제해결(problem solving)이 학교수학의 초점이 되어야 한다고 주장한 이래, 문제해결은 1980년대 수학교육계를 풍미하게 되었다. 수학교육에서 문제해결을 부각시키고 이론적으로 뒷받침한 인물은 폴리아이다. 그에 따르면 수학적 사고는 문제해결을 통해서 가장 효과적으로 함양될 수 있다. 또한 문제해결 과정은 학생이 많지도 적지도 않은 적절한 몫의 활동을 하고, 그 결과로 문제의 해법을 스스로 발견하는 기쁨을 누릴 수 있도록 지도되어야 한다. 교사가 학생의 문제해결을 지도하는 방법은 학생의 사고 단계나 수준에 적합한 발문이나 권고를 제기하는 것이며, 이것은 학생의 마음속에 사고 작용을 유발하는 역할을 한다. 폴리아는 「어떻게 문제를 풀 것인가(How to solve it)」에서 문제해결 과정을 네 단계로 구분하고, 각각의 단계에 적합한 발문과 권고의 목록을 다음과 같이 제시하고 있다.

- 문제의 이해 단계 : 미지의 것은 무엇인가? 자료는 무엇인가? 조건은 무엇인가? 그림을 그려보아라. 적절한 기호를 붙여라.
- 계획의 수립 단계 : 관련된 문제를 알고 있는가? 문제를 달리 진술해 보아라. 보다 일반적인 문제는? 보다 특수한 문제는? 자료는 모두 사용했는가?
- 계획의 실행 단계 : 계획을 실행하고 각 단계를 점검하여라.
- 반성 단계 : 결과를 한 눈에 알 수 있는가? 결과를 다른 문제에 활용할 수 있는가?

폴리아의 문제해결 교육론의 가장 큰 특징 중의 하나는 문제해결 활동을 예술적 활동과 동일시한다는 점이다. 문제를 해결하기 위해서는 기계적으로 숙달된 기능을 보유해야 할 뿐만 아니라, 이러한 기능으로 환원될 수 없는 심미안이나 판단력을 동시에 갖추어야 한다. 또한 폴리아는 학생의 문제해결 활동뿐만 아니라, 그것을 돕기 위하여 교사가 제기하는 발문과 권고 또한 예술적 활동이라고 말한다. 발문과 권고를 제기하는 활동은 교수법으로서의 대화법인 동시에 사고 방법으로서의 자신과의 대화술이다. 그것은 결코 프로그램화 하거나 기계화할 수 없는 것, 즉 예술적인 것이다. 이 사실은 문제해결 교육의 장점이자 가장 큰 난점이기도 하다.

### ② 수학 학습 수준 이론

네덜란드 출신의 반 힐레 부부(Dina van Hiele Gedolf & Pierre Marie van Hiele)의 수학 학습 수준 이론도 1980년대의 수학교육계를 풍미했던 이론 중의 하나이다. 반 힐레 부부가 수학 학습 수준 이론에 관한 최초의 논문을 발표한 시기는 1955년이며, 그 후 점점 전파되기 시작하여 1980년대에 이르러서는 전 세계적으로 알려지게 되었다. 반 힐레 부부는 중등 수학교사로 재직하면서 학생들이 기하 학습에서 부딪치는 어려움을 해소해 줄 수 있는 방법을 다각적으로 연구하던 중 기하 학습에는 다음과 같은 다섯 가지 수준이 있다는 것을 실증하였다.

- 제1수준(시각화 수준) : 주변의 사물을 전체적인 시각적 외관에 의해서만 파악한다. 도형이 수단으로 쓰인다. 그러나 도형의 구성 요소를 명확히 고려하지는 않는다.
- 제2수준(분석 수준) : 비형식적인 분석을 통하여 도형의 구성 요소와 성질을 파악한다. 그러나 성질 사이의 관례를 파악하지 못한다.
- 제3수준(비형식적 연역 수준) : 도형의 여러 성질 사이의 관계를 파악할 수 있으며 이러한 관계를 진술한 명제를 이해한다. 수학적 정의(definition)를 이해한다.
- 제4수준(형식적 연역 수준) : 여러 명제 사이의 논리적인 관계와 증명을 이해한다. 무정의 용어, 공리, 정리를 이해한다.
- 제5수준(엄밀화 수준) : 여러 가지의 연역 체계를 서로 구별하고 비교하며 통합할 수 있다.

### (2) 1990년대의 수학교육

1990년대 수학교육을 주도한 것은 NCTM의 「학교수학을 위한 교육과정과 평가 규준」이라 할 수 있다. 이와 더불어 1990년대 수학교육의 두드러진 특징은 구성주의 수학 교육철학이 전면에 등장했다는 사실이다.

#### ① 학교수학을 위한 교육과정과 평가 규준

1986년에 NCTM은 향후 10년간 학교수학을 개혁하고 질을 향상시키기 위하여 위원회를 설립하였다. 이 위원회의 임무는 새로운 시대가 학생들에게 요구하는 수학적 능력의 청사진을 제시하고, 그러한 청사진에 적합한 교육과정과 평가에 관한 규준을 만드는 것이있다. 이 위원회는 1989년에 「학교수학을 위한 교육과정과 평가 규준(Curriculum and Evaluation Standards for School Mathematics)」(이하 간단히 「규준」)을 발표하였다. 이 「규준」에는 향후 10년간 교육과정에 포함되어야만 할 우선적인 내용과 강조점이 담겨져 있으며, 1990년대 학교수학이 지향해야 할 새로운 수학적 정신의 핵심으로서 다음과 같은 수학 학습 목표 다섯 가지를 제시하고 있다.

- 수학의 가치를 이해할 수 있다.
- 수학을 할 수 있다는 자신의 능력을 확신할 수 있다.
- 수학 문제의 해결자가 될 수 있다.
- 수학적으로 의사소통할 수 있다.
- 수학적으로 추론할 수 있다.

이러한 목표는 학생들이 수학적 개념이나 원리를 사용하여 문제를 해결하는 능력뿐만 아니라, 논리적으로 추론하고 추측하고 탐구하는 능력 즉 '수학적 소양(mathematical literacy)'까지 갖추는 것도 의도하도 있다.

#### ② 구성주의

구성주의는 1990년대부터 수학교육 분야에서 주도적인 수학교육철학으로 등장하기 시작하였다. 그러나 구성주의의 출발점은 훨씬 이전까지 거슬러 올라갈 수 있으며, 그 후 인식론의 발달과 함께 계속적으로 진화되어 오다가 1960−1970년대를 거치면서 이론적 체계를 갖춘 것이다. 일반적으로 구성주의의 기원은 칸트(Immanuel Kant, 1724−1804)에 있다고 말해진다. 앎에 대해서 칸트 이전의 전통적인 인식론에서는 '앎이란 주체가 객체를 수동적으로 받아들이는 것' 이었던 반면에, 칸트에게는 이러한 전통적인 인식론의 근본 전제와는 반대되는 것으로서 '앎이란 주체가 객체를 능동적으로 구성하는 것'이 되었기 때문이다. 칸트 이후의 인식론에서는 앎의 중심은 주체이며 앎의 방향은 주체에서부터 객체를 향하게 되었다.

### (3) 2000년대의 수학교육

2000년대의 수학교육에서는 「학교 수학을 위한 원리와 규준(Principles and Standards for School Mathematics)」이 유력한 지침으로 널리 채용되고 있다. 수학교육 이론으로는 구성주의 이외에도 수학교수학적 상황론과 현실주의 수학교육론이 대표적이다.

**① 학교 수학을 위한 원리와 규준**

NCTM은 수학교육을 선도하기 위해 2000년에 「학교수학을 위한 원리와 규준」(이하 「원리와 규준」)을 발표하였다. 이는 NCTM이 1989년에 발표한「수학교육과정과 평가의 새로운 방향」을 대체하는 것이었다. 「원리와 규준」에서는 학교수학의 위상을 다음과 같이 네 가지로 설정하고 있다.

- 삶을 위한 수학
- 문화유산으로서의 수학
- 일터를 위한 수학
- 과학·기술을 위한 수학

「원리와 규준」에서는 여섯 가지의 수학 교수·학습 원리(공평, 교육과정, 교수, 학습, 평가, 테크놀로지)와 다섯 가지의 내용 규준(수와 연산, 대수, 기하, 측정, 자료 분석과 확률) 그리고 과정 규준(문제해결, 추론과 증명, 의사소통, 연결성, 표현)을 제시하고 있다. 내용 규준은 학생들이 학습해야할 수학 내용 영역을 규정한 것이고, 과정 규준은 그러한 내용을 획득하고 사용하는 방법을 규정한 것이다.

**② 수학 교수학적 상황론**

수학 교수학적 상황론(theory of didactical situations in mathematics)은 프랑스의 브루소(Guy Brousseau)가 구축해 온 이론으로서 학생들이 수학적 개념의 본질을 터득할 수 있는 '교수 상황'을 어떻게 구성할 것인가를 논의하는 이론이다. 브루소가 말하는 '수학 교수학적 상황'이란 교사와 학생이 상호 작용하는 상황으로서 학생에게 어떤 수학적 지식을 학습시키고자 하는 교사의 교수학적 의도가 담긴 상황이며 수학적 개념의 본질이 실제로 작용하는 문제 상황이다. 이 이론은 1970−90년을 거치면서 완성되었으며, 그 정교함으로 인하여 2000년에 들어 점점 세계적인 주목을 받고 있다.

**③ 현실주의 수학교육론**

현실주의 수학교육론(RME : Realistic Mathematics Education)은 네덜란드의 프로이덴탈(Hans Freudenthal, 1905−1990)의 수학교육론을 지지하는 네덜란드 사람들이 1970년대 초부터 연구·실천하고 주장한 수학교육 이론이다. '현실주의 수학교육'이라는 이름은 트레

퍼스(Adrian Treffers)가 수평적 수학화와 수직적 수학화 모두를 강조하는 수학교육을 '현실적(realistic)'이라고 한 것에서부터 비롯되었다. 현실주의 수학교육론은 이론과 실제를 이상적으로 조화시킨 것으로 인정되고 있으며, 2000년대 들어서 세계적으로 확산되는 추세에 있다.

## 05 미국의 수학과 교육과정

1960년대부터 1980년대까지 미국의 수학교육과정은 세 차례의 큰 변화가 있었다. 1950년대 말부터 1970년대 초반까지 지속된 새 수학운동, 1970년대 초반 새 수학운동에 대한 반동으로 일어난 back-to-basics 운동, 그리고 1980년대 기본기능(skill)의 범위를 좁은 의미의 계산 기능에서 문제해결을 비롯한 고차원의 수학적 사고 전반으로 확대해야 한다는 '문제해결(problem solving)' 운동이 그것이다. 1990년대의 움직임의 연장선상에서 컴퓨터와 계산기 등 교육공학이 대폭적으로 도입되는 방향으로 진행되었다.

미국에서는 국가 수준의 교육과정이 존재하지 않지만 미국의 수학 교사 협의회인 NCTM(National Council of Teachers of Mathematics)에서 제정한 문서가 국가 교육과정에 준하는 역할을 하고 있다. 국가 수준의 통일된 교육과정을 제정하고자 하는 NCTM의 노력은 1989년 '학교수학의 교육과정과 평가 규준(The Curriculum and Evaluation Standards for School Mathematics)'으로 그 결실을 보았다. 이어 2000년 NCTM은 1989년의 문서를 개정하여 '학교수학의 원리와 규준(Principles and Standards for School Mathematics)'을 발표하였다.

### (1) 학교수학을 위한 원리와 규준

수학적 소양에 대한 우리의 시각은 교육적 목표를 재점검하는 것에 기초한다. 역사적으로 사회는 젊은이들에게 다양한 측면의 문화를 전수하고, 학생들에게 자기성찰을 위한 기회를 제공하기 위해 학교를 설립했다. 따라서 모든 학교가 달성하고자 노력하는 목표는 사회와 학생들의 필요성을 반영해야 한다.

#### ① 사회적 목표

현재 조직되어 있는 학교는 산업사회의 산물이다. 대부분의 민주국가에서, 공립 초등학교는 아동들에게 농장과 공장, 상점의 노동자가 되기 위한 훈련을 제공할 목적으로 설립되었다. 또한, 그러한 학교 교육의 결과로 학생들은 정보를 잘 갖춘 유권자가 되기 위한 소양을 갖추도록 기대되었다. 그래서 모든 학생들에게는 읽기, 쓰기, 셈하기에서의 최소의 능력만이 기대되었으며, 높은 수준의 학습 능력은 선택된 소수에게만 제공되었다. 이러한 혜택을 받은 학생들은 문화계와 학계 그리고 경제계와 정부에서의 미래 지도자들을 교육시키는 곳으로 기대되는 학교에 입학하게 되었다. 교육의 새로운 사회적 목표는 다음과 같다.

- 수학적 소양을 갖춘 노동자
- 평생교육
- 만인에 대한 기회 균등
- 정보를 잘 갖춘 유권자

② **학생들을 위한 새로운 목표**

학생들을 위한 교육의 목표는 수학적 소양(mathematical literacy)의 중요성을 반영해야 한다. 이 목표를 위해서 K－12학년 규준들은 모든 학생들을 위한 다섯 가지 일반적 목표를 명료화하고 있다.

- 학생들은 수학의 가치를 이해할 수 있어야 한다.

  학생들은 수학의 문화적, 역사적, 과학적 진화와 관련된 많은 다양한 경험을 함으로써 현대사회의 발달에서 수학의 역할을 음미할 수 있어야 하고, 수학과 관련되는 다른 학문, 예를 들어 물리 및 생명과학, 사회 과학, 인문과학과 수학 사이의 관계를 탐구할 수 있어야 한다. 수학의 역사에서 실제적인 문제와 이론적인 연구는 서로에 영향을 미쳐 왔다. 이론적인 수학이 다양하게 생겨나고, 복잡성과 추상성이 더 깊어지는 오늘날에도 이론수학은 보다 구체화 되며 공학 중심 사회에서 보다 중요해 지고 있다.

- 수학을 행하는 자신의 능력에 대해 확신을 가져야 한다.

  수학을 학습한 결과 그들 주위에 새로운 문제 상황을 이해하는데 있어서 수학적인 능력을 사용하는 데 자신감을 가질 수 있어야 한다. 어떤 의미에서는 모든 사람은 수학자이며, 의식적으로 수학을 행하고 있다고 볼 수 있다. 시장에서 물건을 사고, 벽지의 길이를 재며, 규칙적인 문양을 질그릇 항아리에 새기는 것등은 수학을 행하는 것이다, 학교수학은 모든 학생으로 하여금 수학을 행하는 것이 곧 평범한 인간의 활동이라는 것을 실감하도록 해야 한다. 많은 다양한 경험을 함으로써 학생들은 그들 자신의 수학적 사고를 신뢰할 수 있게 되어야 한다.

- 수학 문제의 해결자가 되어야 한다.

  생산적인 시민이 되기 위해서는 그들의 문제 해결 능력을 개발하는 것이 필수적이다. 우리는 An Agenda for Action(NCTM, 1980)의 첫 번째 권고인 '문제해결이 학교수학의 초점이 되어야 한다.'를 강력히 지지한다. 그러한 능력을 개발하기 위해 학생들은 몇 시간, 며칠, 몇 주가 걸리는 문제를 풀어 볼 필요가 있다. 혼자서 해결할 수 있는 간단한 문제뿐 아니라, 소집단 또는 전체 학급이 협동해야 하는 문제도 다룰 필요가 있다. 또한, 바로 답이 주어지지 않는 탐구형 문제도 다루어야 하며. 문제를 구성하는 경험도 필요하다.

- 수학적으로 의사소통하는 것을 배워야 한다.

  수학을 이용하는 학생의 능력의 개발은 기호와 부호 및 수학 용어의 학습을 통해 이루어진다. 이것은 학생들이 일고, 쓰고, 아이디어를 토론하는 기호를 가짐으로서 수학 언어가 자연스럽게 사용되는 문제 상황 속에서 가장 잘 성취된다. 자신이 생각을 다른 사람과 나눔으로서 학생들은 자신의 사고를 명확하게 하고, 세련되게 하며, 강화하는 것을 학습하게 된다.

- 수학적으로 추론하는 것을 배워야 한다.

  어떤 개념을 뒷받침하기 위해 추측을 하고, 증거를 수집하고, 논증을 하는 것은 수학을 행하는 데 기본이 된다. 옳은 답을 찾아내는 것보다 훌륭한 추론을 제시하는 것이 더 강조되어야 한다.

이러한 목표를 위해서 학생들은 수학적 활동의 중요성을 이해하고, 수학적 습관을 기르고, 일상생활에서 수학의 역할을 이해하고 음미할 수 있도록 하는 다양하면서 상호 관련된 경험을 할 필요가 있다. 복잡한 문제를 해결할 수 있는 능력에 대한 확신을 얻기 위하여 탐구하고, 추측하고, 시행착오를 경험하도록 해야 한다. 학생들은 수학을 읽고, 쓰고, 토론할 수 있어야 한다. 그리고 추측하고, 테스트하고, 추측한 것의 타당성에 대해 논증할 수 있어야 한다.

모든 학생들이 이러한 다양한 종류의 수학적 훈련을 받을 수 있는 기회를 제공하는 것이 수준 높은 수학 프로그램에 대한 핵심이다. 교육과정은 목표와 경험이 학생들의 일상사가 될 수 있도록 해야 한다. 학생들이 규준집에 나타나 있는 다양한 경험을 하게 된다면 그들은 수학적 힘을 얻게 될 것이라고 확신한다. 수학적 힘이란 비정형적 (non－routine)인 문제를 푸는 다양한 수학적 방법을 효과적으로 사용하는 능력뿐만 아니라, 탐구하고, 추측하고, 논리적으로 추론하는 개인적인 능력을 뜻한다. 이러한 입장은 수학을 숙달된 기술이나 개념 이상으로 보는 인식에 기초를 둔다. 수학은 탐구하고 추론하는 방법, 의사소통 수단, 상황의 개념을 포함한다.

## (2) 1989년과 2000년도 미국 교육과정 규준

<table>
<tr><th colspan="5">1989년</th><th colspan="4">2000년</th></tr>
<tr><th colspan="4">교육과정</th><th>평가</th><th colspan="4">교육과정 및 평가</th></tr>
<tr><td></td><td>K-4</td><td>5-8</td><td>9-12</td><td>K-12</td><td>pre<br>K-2</td><td>3-5</td><td>6-8</td><td>9-12</td></tr>
<tr><td colspan="5"></td><td colspan="4"><학교수학의 원리><br>－평등의 원리<br>－교육과정의 원리<br>－교수의 원리<br>－학습의 원리<br>－평가의 원리<br>－테크놀로지의 원리</td></tr>
<tr><td>과정규준</td><td>· 문제해결로써의 수학<br>· 의사소통으로써의 수학<br>· 추론으로써의 수학<br>· 수학적 연결성</td><td></td><td></td><td rowspan="3">· 일관성<br>· 정보의 다양한 출처<br>· 적절한 평가방법<br>· 사용<br>· 수학적 힘<br>· 문제해결<br>· 의사소통<br>· 추론<br>· 수학적 개념<br>· 수학적 절차<br>· 수학적 성향<br>· 프로그램 평가의 지표<br>· 교육과정과 수업 자원<br>· 수업<br>· 평가팀</td><td colspan="4">· 문제해결<br>· 의사소통<br>· 추론과 증명<br>· 연결성<br>· 표현</td></tr>
<tr><td>내용규준</td><td>· 어림<br>· 수 감각과 수 개념<br>· 범자연수의 연산 개념<br>· 범자연수의 계산<br>· 기하와 공간감각 측정<br>· 확률과 통계<br>· 분수와 소수<br>· 규칙성과 관계</td><td>· 수와 수 관계<br>· 수 체계와 수론<br>· 계산과 어림<br>· 규칙성과 함수<br>· 대수<br>· 통계<br>· 확률<br>· 기하<br>· 측정</td><td>· 대수<br>· 함수<br>· 종합적 기하학<br>· 대수적 기하학<br>· 삼각법<br>· 통계<br>· 확률<br>· 이산수학<br>· 미적분의 개념적 토대</td><td colspan="4" rowspan="2">· 수와 연산<br>· 대수<br>· 기하<br>· 측정<br>· 자료분석과 확률</td></tr>
<tr><td></td><td></td><td></td><td>· 수학적 구조</td></tr>
</table>

## (3) 학교 수학의 원리와 규준(2000)에 반영된 학교 수학의 원리

① **평등의 원리**(The Equity Principle)

모든 학생들은 그들의 배경, 신체적 조건에 관계없이 수학을 학습한 기회와 여건을 가져야 한다. 모든 학생들은 우수한 수학 교사의 잘 짜여진 도전할 만한 수학을 배울 수 있어야 한다. 수학 공부에 어려움을 겪는 학생들은 방과 후 프로그램이나 개별적인 지도와 같은 추가적인 도움을 지원받을 수 있어야 한다. 수학에 특별한 재능이나 관심을 가진 학생들도 그들에게 맞는 도전적인 풍부한 프로그램의 지원을 받을 수 있어야 한다. 또한 다른 학생들의 학습을 방해하지 않으면서 몇몇 학생들의 특별한 요구가 조화되도록 해야 한다.

② **교육과정의 원리**(The Curriculum Principle)

수학과 교육과정은 전 학년에 걸쳐 일관성을 유지해야 한다. 일관성 있는 교육과정은 중요한 수학적 아이디어들을 효과적으로 조직하고 통합한다. 수학을 관련성 없는 주제들의 모임으로 보지 않고 중요한 수학적 개념들 사이의 관련성을 인식할 수 있도록 해야 한다. 교육과정은 위계에 따라 잘 조직되어야 한다. 교육과정은 중요한 수학만이 아니라 앞으로의 학습이나 가정 및 직장에서의 문제해결을 준비하는 수학에 초점을 맞추어야한다. 수학 교육과정은 모든 학년에 걸쳐서 명료화되어야 한다.

③ **교수의 원리**(The Teaching Principle)

수학을 효과적으로 가르치려면 학생들이 무엇을 알고 있으며 무엇을 학습할 필요가 있는지를 이해해야 한다. 교사는 가르치는 수학에 대해 깊이 이해해야 한다. 교사는 적절한 교수 학습 보조 자료와 교수 방법을 잘 알고 사용해야 한다. 효과적으로 가르치려면 사고하고 학습하는 교실 환경을 만들어야 한다. 교사는 교육 경험을 지속적으로 반성하며 개선해 가야한다.

④ **학습의 원리**(The Learning PrinCiple)

학생들은 자신의 경험과 이전에 배운 지식을 바탕으로 새로운 지식을 능동적으로 구성하여 이해하면서 수학을 배워야한다. 수학 학습의 본질은 이해이며, 이해를 통한 학습은 학생들이 미래에 당면할 새로운 종류의 문제를 해결하는 데 배운 것을 이용할 수 있게 한다. 이해 중심의 학습과 적절히 선택된 도전적인 문제를 푸는 것은 학생들이 자율적이고 능력 있는 학습자가 되도록 돕는다.

⑤ **평가의 원리**(The Assessment Principle)

평가는 수학 학습을 지원하는 것이어야 한다. 평가는 교사와 학생 모두에게 유용한 정보를 제공해야 한다. 평가는 단순한 시험이상의 것으로 교실 활동의 일상적인 부분이 되어야 한다. 교사는 효율적이고 적절한 결정을 내리기 위해서 여러 가지 자료로부터 증거를 모아야 한다. 개방형 질문, 구성형 과제, 선택형 문항, 수행과제, 관찰, 대화, 일지, 포트폴리오를 포함한 다양한 평가 기법을 사용할 수 있다. 교사는 모든 학생에게 그들의 수학 학습 능력을 보일 수 있는 기회를 제공해야 한다.

⑥ **기술 공학의 원리**(The Technology Principle)

테크놀로지는 수학을 가르치고 배우는 데 필수적인 요소이다. 테크놀로지는 가르쳐야 할 수학내용에 영향을 주며, 학생들의 수학 학습 능력을 높여주고 수학적 환경을 재구성하며 학교수학은 이러한 변화를 반영해야 한다. 학생들은 테크놀로지를 적절히 이용하여 수학을 더 많이 깊이 학습할 수 있다. 교사는 테크놀로지를 언제 어떻게 사용할 것인지를 신중히 결정해야 한다.

### (4) 학교 수학의 원리와 규준(2000) - 유치원에서 12학년 과정 규준

#### ① 문제 해결

- 문제 해결을 통해 새로운 수학적 지식을 만들어 낼 수 있다.
- 수학과 다른 상황에서 나타내는 문제를 해결할 수 있다.
- 문제를 해결하기 위해 다양하고 적절한 전략을 적용하고 체택할 수 있다.
- 수학 문제 해결과정을 관찰하고 반성할 수 있다.

#### ② 추론과 증명

- 추론과 증명을 수학의 가장 근본적인 측면으로서 인식할 수 있다.
- 수학적 추측을 만들고 조사할 수 있다.
- 수학적 논쟁과 증명 능력을 개발하고 평가할 수 있다.
- 다양한 유형의 추론과 증명 방법을 선택하고 사용할 수 있다.

#### ③ 의사소통

- 의사소통을 통하여 학생 자신의 수학적 사고를 확고히 할 수 있다.
- 학생 자신의 수학적 사고를 학급친구, 교사, 다른 사람에게 일괄적이고 명확하게 표현할 수 있다.
- 다른 사람의 수학적 사고와 전략을 분석하고 평가할 수 있다.
- 수학적 아이디어를 정확하게 표현하기 위하여 수학의 언어들을 사용할 수 있다.

#### ④ 연결성

- 수학적 아이디어 간의 연결성을 인식하고 활용할 수 있다.
- 수학적 아이디어가 서로 어떻게 연결되어 있는지 이해하고, 각각의 아이디어에 기초하여 일관된 전체를 산출할 수 있다.
- 수학이외의 상황에서 수학을 인식하고 활용할 수 있다.

#### ⑤ 표현

- 수학적 아이디어를 조직하고 기록하며 의사소통하기 위해서 표현을 만들고 활용할 수 있다.
- 문제를 해결하기 위해서 수학적 표현을 선정하고 적용하며 변환할 수 있다.
- 물리적, 사회적, 수학적 현상을 모델링하고 해석하기 위해서 표현을 활용할 수 있다.

'수학적 힘'을 처음으로 언급해 놓은 미국 수학교사협의회(NCTM)의 교육과정과 평가 스탠다드를 보면, 모든 학생들이 수학의 가치를 배우도록, 수학을 하는 자신의 능력에 대해 자신감을 가지도록, 수학적 문제 해결자가 되도록, 수학적으로 의사소통함을 배우도록, 수학적으로 추론하고 증명하는 것을 배우도록, 수학 내용의 내적 연결성과 물리적 현상이나 일상생활과의 외적 연결성을 배우도록 그리고 수학적 아이디어를 표상하는 방법을 배우도록 해야 한다고 강조하고 있다. 이러한 학습을 경험할 수 있는 기회를 모든 학생들에 게 제공하는 것이 수학 교과의 지도 목적이라고 하며 이들 경험을 통해 모든 학생들은 수학적 힘을 가질 수 있다고 한다. 무엇보다도 학교 수학의 교수-학습 방법을 획기적으로 변화시키기 위해서는 수학적 힘을 향상시킬 수 있는 방향으로 수학의 교수-학습이 이루어져야 한다.

| 과정 규준(Process Standards) | 내용 규준(Content Standards) |
|---|---|
| 문제 해결,<br>추론과 증명<br>의사소통<br>연결성<br>표현 | 수와 연산<br>대수<br>기하<br>측정<br>자료분석과 확률 |
| 내용 지식을 배우고 사용하는 방법들을 강조한다. | 학생들이 배워야 하는 내용을 명백하게 설명한다. |

<학교 수학의 내용에 관한 10가지 규준>

⇓

궁극적 목표 : 수학적 힘의 신장

⇓

수학적 힘을 신장하기 위한 학교 수학의 원리

# 제2편
# 수학과 교육과정

# 1 우리나라 수학과 교육과정

우리나라의 교육법에 따르면 초·중등학교 교육과정은 교육부(시기마다 명칭이 달라짐)가 제정하여 문서로 고시한 '교육과정'에 따라 편성·운영하도록 되어 있다. 따라서 국가 수준에서 고시된 문서인 '교육과정'을 검토하는 일은 우리나라 수학과 교육과정을, 넓게는 수학교육의 전체적인 흐름을 파악하는 데 있어 기초가 되는 작업이 될 수 있다.

우리나라는 8·15광복 이후 여덟 차례에 걸쳐 교육과정 문서가 고시되었다.

| 기별 | 공포(고시) | 근거 | 특징 |
|---|---|---|---|
| 교수 요목기 | 1947. 9. 1. | 중학교 교수요목 | • 광복 전 일본 체제의 교육과정<br>• 실용에 치중되었으며, 지도 내용이 어렵고 과다함.<br>• 가르칠 주제를 열거하는 교수요목의 형태<br>• 해방 전의 교육내용의 답습 |
| 제1차 | 1954. 4. 20. | 문교부령 제35호 | • 교과 중심 교육과정<br>• 생활 중심 수학 교육<br>• 수학 용어의 한글화 |
| | 1955. 8. 1. | 문교부령 제45호<br>중학교 교육과정 | |
| 제2차 | 1963. 2. 15. | 문교부령 제120호<br>중학교 교육과정 | • 경험 중심 교육과정<br>• 수학의 계통성 중시<br>• 수학 교육 현대화 운동 일부 반영 |
| 제3차 | 1973. 8. 31. | 문교부령 제325호<br>중학교 교육과정 | • 학문 중심 교육과정<br>• 수학 교육 현대화 운동의 정신 반영<br>• 수학내용의 조기 도입<br>• 수학의 구조와 엄밀성 강조 |
| 제4차 | 1981. 12. 31. | 문교부 고시 제442호<br>중학교 교육과정 | • 수학 교육 현대화 운동의 반성<br>• '기본으로 돌아가기' 정신의 반영<br>• 학습 부담 경감을 위한 학습 내용 축소<br>• 문제해결 학습의 중요성 인식 |
| 제5차 | 1987. 3. 31. | 문교부 고시 제87-7호<br>중학교 교육과정 | • 학습 부담 경감을 위한 학습 내용 축소<br>• 문제 해결력의 강조 |
| 제6차 | 1992. 9. 30. | 교육부 고시 제1992-11호<br>중학교 교육과정 | • 학습 부담 경감을 위한 학습 내용 축소<br>• 정보화 사회 대비<br>• 문제해결력의 강조<br>• 다양한 평가 방법 권장 |
| 제7차 | 1997. 12. 30. | 교육부 고시 제1997-15호<br>[별책8] 수학과 교육과정 | • 학습자 중심 교육과정<br>• 수준별 교육과정(단계형과 과목 선택형)<br>• 학습 부담 경감을 위한 학습 내용 축소<br>• '수학적 힘'의 신장 도모 |

| 2007 개정 | 2007. 2. 29. | 교육인적자원부 고시 2006－75호 [별책8] 수학과 교육과정 | • 현실적합한 수준별 수업 방안 제시<br>• 교육 내용의 적정화<br>• 수학적사고력 및 의사소통 능력신장 강조<br>• 수학의 가치 제고와 정의적 측면 강조 |
|---|---|---|---|
| 2009 개정 | 2009.12(총론)<br>2011. 8(교과) | 교육과학기술부 고시 2011－361호 [별책8] 수학과 교육과정 | • 창의성을 강조하는 교육과정<br>• 학습 부담 경감을 위한 학습 내용 축소<br>• 초등학교와 중학교에 학년군제 도입<br>• 고등학교에 기초, 일반, 심화 과목 도입 |

## 01 교수요목기

교수요목의 시기는 미군정청 편수국에서 1947년 9월 1일자로 '중학교 교수요목'을 시달한 때부터 1954년 4월 20일자로 문교부령 제35호인 '국민학교·중학교·고등학교·사범학교 교육과정 시간 배당 기준령'을 공포한 때까지의 시기를 말한다.

(1) 우리나라는 1945년 8월 15일에 35년간의 일본의 강점에서 벗어났지만, 이때부터 1948년 8월 15일까지는 미군이 설치한 군정청이 우리나라의 모든 국정을 통치하였다. 미 군정청은 군정 법령을 통하여 일본의 군국주의적 사상, 식민지적 사상과 형태를 불식시키고 광복을 맞은 한국을 민주화 시키고자 하였다. 미 군정청은 1945년 9월 17일 '일반 명령 제4호'를 통해, 9월 24일을 기하여 모든 공립 초등학교가 수업을 시작하도록 하였다. 한편, 사립 초등학교는 개교 전에 당국의 허가를 받도록 하고, 각 도에 통첩을 보내 중등학교 이상의 학교도 수업을 시작하도록 하였다.

(2) '일반 명령 제4호'에 따라 군정청 학무국에서는 '신 조선의 조선인을 위한 교육 방침'을 시달하였는데, 그 중에서 교과목 등 교육 내용에 관련된 것은 '교수 용어를 한국어로 할 것과 조선의 이익에 반하는 교과목은 일체 교수함을 금하는' 포괄적인 지시였다. 이어 평화와 질서를 당면한 교육 목표로 하고, 일본 제국주의적 색채를 모두 제거하도록 하는 교육의 일반 방침을 시달하는 한편, 초·중등학교 교과목 및 주당 교수 시수표를 시달하였다. 교과서 문제는 각 학교로 하여금 적당히 처리하도록 하되, 산수나 이과와 같은 교과목 외에는 일본 교과서의 사용을 금하였다.

(3) 그러나 이것은 교육에 대한 응급조치일 뿐이므로, 이후 미 군정청 편수국에서는 교육과정의 성격을 지니는 '교수요목'을 제정하여 당해 9월 1일부터 시행하였다. 이 때 제정한 교수요목의 특징은 다음 세 가지로 요약될 수 있다.

- 교과의 지도 내용을 상세히 표시하고, 기초 능력을 배양하는데 주력한다.
- 교과는 분과주의를 채택하고, 체계적인 지도와 지력의 배양에 중점을 둔다.

• 우리나라의 교육 목표인 홍익인간의 정신에 입각하여 애국애족의 교육을 강조하고, 일제의 잔재를 정신이나 생활에서 시급히 제거한다.

(4) 그러나 이 '교수요목'은 당시 충분한 시간적 여유 없이 다소 성급하게 제정되었기 때문에 가르칠 주제를 열거하는 수준을 벗어나기 어려웠고, 특히 내용과 수준이 학생들의 지적 능력에 비추어 너무 높다는 평을 받았다.

(5) 교수요목은 중간에 부분적으로 수정되기는 하였으나, 미군정 시대를 거쳐 1954년 '국민학교·중학교·고등학교·사범학교 교육과정 시간 배당 기준령'과 1955년 제1차 교육과정이 공포될 때까지 약 10년간 적용되었다. 그러나 이 시기에는 중등학교의 학제가 빈번하게 변경되었고, 학교 교육이 그 궤도를 찾지 못한 채 일제시대의 교육을 답습하였다.

(6) 또한 현재와 같은 교육과정의 체제를 갖추지 못하였으며 교수요목의 내용을 분석해 보면 내용 수준이 매우 높으며, 수학적인 체계성과 계통성이 제대로 확립되어 있지 않은 특징을 보이고 있다.

## 02 제1차 수학과 교육과정

제1차 교육과정의 시기는 1954년 4월 20일에 문교부령 제35호인 '국민학교·중학교·고등학교·사범학교 교육과정 시간 배당 기준령'이 공포된 때부터 1963년 2월 15일 문교부령 제120호인 '중학교 교과과정'이 공포된 때까지의 교육과정 시기로서, 법령상의 명칭이 '교과과정'이었기 때문에 이 시기를 '교과과정의 시기' 또는 '교과중심 교육과정의 시기'라고도 한다.(문교부, 1980)

(1) 미군정 하에서 제정된 교수요목은 임시방편적인 성격을 지녔기 때문에, 1948년 8월 15일에 대한민국 정부가 수립되고, 1948년 12월 31일자로 교육법이 공포됨에 따라 교육과정을 새롭게 제정하고자 하는 요구가 높아졌다. 그 결과 "대학, 사범 대학, 각종 학교를 제외한 각 학교의 학과, 교과는 문교부령으로 정한다."로 되어 있는 교육법에 따라 문교부는 곧바로 교육과정 제정에 착수하였다.

(2) 6·25전쟁이 발발하여 그 계획이 잠시 중단되었지만, 정부가 부산에 옮겨져 있던 1953년에 다시 제정 작업을 계속하여, 1954년 4월 20일 문교부령 제35호로 각 급 학교 '교육과정 시간 배당 기준령'이 공포되었다. 이 시간 배당 기준령이 공포되자, 이에 대한 후속 작업으로 교육과정 제정을 서둘러 이듬해인 1955년 8월 1일자로 각 급 학교 교과과정을 공포하였다.

(3) 이 '교육과정 시간 배당 기준표'와 '교과과정'은 우리 손으로 만든 최초의 체계적인 교육과정이며, 법령상 명칭이 '교과과정'이었다. 이 교과 과정을 제1차 교육과정이라 한다.

(4) 수학과 교육과정 개정의 기본 방향은 "교수요목 시기의 문제점을 개선하며, 학생들이 필요로 하는 욕구와 사회의 요구를 참작하고, 심리적인 배열과 체계적인 면을 적절히 고려하여 수학의 기본적인 개념이나 원리를 알게 하고, 사고 능력의 양성, 기초적인 과정과 상호관계, 문제해결과 응용 능력, 기능의 숙달 등에 대하여 그 내용을 결정하고 지도 방법을 개선함으로써, 결과적으로 교육 목적을 달성하는 데 좋은 효과를 올려야 한다."(교육부, 1999)는 것이었다.

(5) 제1차 교육과정은 미국의 진보주의 교육, 특히 듀이(Dewey)의 실용주의 사상에 영향을 받아 실생활에서의 실용성이 매우 강조되었다. 따라서 사회적, 경제적, 문화적 생활과 관련된 상황과 문제를 수학적으로 해결하려는, 이른바 생활 경험을 강조하는 방향으로 교육과정을 구성하였으며, 이런 의미에서 이 시기의 교육과정을 '생활 단원 학습기'라고도 한다. 예를 들어, 고등학교의 '경제와 금융'이라는 단원에는 '저축과 보험', '세금' 등의 내용이 포함되어 있는데, 이를 통해 제1차 교육과정에서는 수학과 일상생활의 관련성이 중시되었음을 알 수 있다. 그러나 수학을 일상생활과 무리하게 관련시킴으로써 수학적 체계가 무시되고 수학 내용의 수준이 낮아진 경향이 있었다.

(6) '나란히꼴(평행사변형)', '나란히금(평행)', '맞모금(대각선)', '맞선꼴(대칭형)', '돌림체(회전체)', '펼친그림(전개도)', '모기둥(각기둥)' 등 수학 용어를 가능하면 한글화하려는 시도가 있었다. 이 중 '사다리꼴', '마름모' 등과 같은 용어는 이 시기에 학교 수학의 용어로 자리잡았다.

## 03 제2차 수학과 교육과정

제2차 교육과정의 시기는 1963년 2월 15일자 문교부령 제120호로 중학교 교육과정이 공포된 때부터 1973년 8월 31일자 문교부령 제325호로 중학교 교육과정이 공포될 때까지를 말한다.

(1) 제1차 교육과정은 6·25 전쟁과 휴전 성립 직후에 제정되어, 당시의 비정상적인 사회 상태와 그에 따른 여러 가지 제약으로 충분한 연구를 통해 내용을 설정하지 못했지만 제2차 교육과정은 시간적 여유를 가지고 만들어진 합리적이고 현대적인 교육과정으로 체계성을 갖추었다.

(2) 제1차 교육과정과 관련된 가장 대표적인 지적은 학생의 생활 경험을 중심으로 수학 학습 내용을 전개하였기 때문에 학생들이 쉽게 이해할 수 있는 장점이 있었다는 것이다. 그러나 학문으로서 계통성에 충실하기 어렵다는 단점이 있었다. 제2차 교육과정은 이러한 단점을 해소하기 위하여 수학 본연의 계통성을 중시하는 방향으로 선회하였으며, 기초 학력 배양에 힘쓰도록 하였고, 수학의 기본적인 개념, 원리, 법칙을 이해하여 수리적인 사고 방법과 처리 기능을 얻도록 하는 데 주안점을 두었다.

(3) 이 시기에 선진 외국은 고도 산업 사회로 발전하는 과정에서 높은 수준의 수학과 과학 교육을 필요로 하고 있었다. 예컨대, 미국에서는 수학 교육 현대화 운동이 절정에 달하여 현대 수학의 여러 개념이 엄격한 논리와 기호 및 집합을 사용하여 지도되고 있었다. 뿐만 아니라, 컴퓨터를 교실 수업에 활용하는 CAI에 대한 연구도 활발하였다.

(4) 이와 같은 국내외적 교육 상황을 반영하기 위한 교육과정 개정 작업이 1961년부터 시작되어 1963년 2월 15일 문교부령 제120호로 새 교육과정이 공포되었다. 이 교육과정의 개정의 기본 방향 중에서 중요한 내용은 다음과 같다.(교육부, 1999)

- 수학의 체계를 근간으로 계통적인 내용을 학생의 심신 발달의 단계에 맞고 다음 교과와 병행할 수 있도록 학년별로 안배하여, 생활 문제 해결에 실천적으로 활용할 수 있도록 한다.
- 과학, 기술의 급진적인 발달에 따라 지도 내용을 충실히 하고 정비하여 논증적인 사고 능력과 수리적인 처리 기능을 기르도록 한다.

(5) 제2차 교육과정은 수학의 체계와 지도 내용 수준의 향상, 논증적 사고의 강화 등의 특성을 보이고 있으며, 한편으로는 수학 교육 현대화 운동의 영향을 서서히 받기 시작하고 있었다. 전반적으로 수학의 체계를 강조하고 계통 학습을 중시하였으므로 이 시기를 수학과에서는 '계통 학습기'라고 명명하기도 한다.(교육부, 1999; 박한식, 1991)

(6) 그러나 제2차 교육과정은 제1차 교육과정에서 강조하던 생활 경험 중심의 경향을 완전히 탈피하지는 못하였고, 수학교육 현대화 운동이라는 그 당시의 세계적인 수학교육의 조류를 반영하지 못하였다는 점에서 한계를 지니는 것으로 보기도 한다.

## 04 제3차 수학과 교육과정

제3차 교육과정의 시기는 1973년 8월 31일자 문교부령 제325호로 중학교 교육과정이 공포된 때부터 1981년 12월 31일자 문교부 고시 제442호로 중학교 교육과정이 고시될 때까지를 말한다.

(1) 1950년대 초부터 미국을 비롯한 여러 나라에서 수학 교육 현대화 운동이 시작되었고, 이에 따른 '새 수학(New Math)'의 영향이 전 세계에 퍼져 나갔다. 이것이 우리나라에 파급된 것은 1960년대 초였지만, 당시에는 새 수학의 구체적인 내용을 파악하지 못한 상태였기 때문에 제2차 수학과 교육과정에서는 이를 적극적으로 반영하지 못하였다.

(2) 1970년을 전후하여 SMSG 교재를 통해 수학 교육 현대화 운동의 내용이 우리나라 수학자들에게도 널리 알려지게 되면서, 1973년에 개정된 제3차 교육과정에 '새 수학'의 내용이 대폭적으로 반영되게 되었다.

(3) 이 시기의 수학과 교육과정 개정의 기본 방향을 요약하면 다음과 같다.

- 집합 개념을 토대로 한다.
- 수학적 구조에 중점을 둔다.
- 엄밀성을 강조한다.
- 현대 수학의 발전에 비추어 교재를 재구성한다.
- 응용면이 넓은 교재를 조기에 도입한다.

(4) 수학 교육 현대화 운동은 현대 수학의 조기 도입과 엄밀한 논리, 구조화된 수학지도를 목적으로 하고 있으므로, 이 시기의 교육과정에서는 새로운 내용뿐만 아니라 엄밀한 용어 및 기호를 도입하고 강화하여 그 수준이 매우 높았다.

(5) 중학교 수학 내용으로 '집합', '수와 연산', '방정식과 부등식', '함수 관계', '통계', '도형'의 6개 영역을 제시하였다. 그리고 고등학교 수학 과목으로 공통 필수인 「수학 I」과 자연계 선택 과목인 「수학 II」를 '대수', '기하', '해석'의 3개 영역으로 구분하였다.

(6) 각 영역에서 지도하여야 할 용어와 기호가 각 영역의 끝 부분에 제시되어 있는데, 제시된 용어와 기호는 매우 구체적이고 엄밀한 것으로서 수학 교육 현대화 운동의 영향을 받았음을 보여주고 있다.

(7) 이 시기의 교육과정은 학생 수준에 비하여 지나치게 수학적 구조와 논리적 엄밀성을 강조하였고, 정확한 용어와 기호의 사용을 강조한 점이 특징이다.

(8) 지도상의 유의점은 개괄적이고 일반적인 내용으로 4개 항목으로 나누어 진술되어 있는데, 그 중 특징적인 것은 다음과 같다. 집합 개념을 모든 영역에 충분히 활용하도록 하였고, 수량에 관한 내용과 도형에 관한 내용을 통합적으로 지도하여야 한다는 것이다.

## 05 제4차 수학과 교육과정

제4차 교육과정의 시기는 1981년 12월 31일자 문교부령 제442호로 중학교 교육과정이 고시된 때부터 1987년 3월 31일자 문교부 고시 제87－7호로 중학교 교육과정이 고시될 때까지를 말한다.

(1) 수학 교육 현대화 운동에 따라 새 수학 내용을 적극적으로 반영하였던 제3차 수학과 교육 과정은 그 정신이나 철학에서는 많은 호응을 받았지만, 수학 내용을 조기에 도입하거나 지나치게 수학적 엄밀성을 강조하는 경향 그리고 내용 분량이 많고 수준의 정도가 지나치게 높다는 등 시행 초기부터 많은 문제점이 드러났다.

(2) 우리나라에서 제3차 교육과정을 심의하고 있을 때, 외국에서는 이미 수학 교육 현대화에 대한 비판과 반성의 소리가 나타나면서, 1970년대에 '기본으로 돌아가기(back to basics)' 운동이 전개되고 있었다.

(3) 따라서 제4차 교육과정은 기본적으로는 새 수학의 정신을 유지하되, 수학적 구조와 논리적 엄밀성의 무리한 강조를 지양하고, 일상생활의 여러 가지 현상을 수리적으로 생각하는 경험을 통하여 문제해결력의 계발에 중점을 두었다. 또한 학생들의 지적 발달 수준에 적절하게 학습 내용을 재조직하는 데 초점을 두었다. 이 교육과정의 개정의 기본 방향은 다음과 같다.

- 수학의 기초적인 개념과 기능을 강조한다.
- 수학적 구조나 논리의 엄밀성을 무리하게 강조함을 지양한다.
- 지도 내용의 양을 적정 수준으로 경감한다.
- 학습자의 발달 수준에 맞게 수준을 적정화한다.
- 문제 해결력을 강조한다.

(4) 제4차 수학과 교육과정에서는 집합 개념을 저학년에서 표면화시키지 않고 용어와 기호도 고학년에서 사용하도록 하였으며, 학년간, 학교급간에 내용이 지나치게 중복되는 나선식교재 구성을 탈피하고, 단계적 교재를 구성하여 기본 개념을 보다 철저하게 이해시키도록 하였다.

(5) 제4차 수학과 교육과정은 수학의 기본 개념과 기본 기능에 중점을 두고 문제해결력을 신장시키는 수학교육을 지향하였으나, 실제적으로 무엇을 기본 개념과 기능으로 볼 것인가에 대한 분명한 기준이 제시되지 않았다.

(6) 또 문제해결력을 강조하고 있지만, 문제해결에 대한 사전 연구와 문제해결을 교수－학습을 구현시키기 위한 구체적인 방안이 마련되지 못하였기 때문에, 교육과정이 의도하는 것만큼 문제해결의 신장을 위한 수업이 적극적으로 이루어지지 못했다.

(7) 다만, 이전의 교육과정과 비교해 볼 때, 높은 수준의 내용을 삭제 또는 경감하며 지나치게 엄격한 용어나 기호의 사용을 완화하는 특성을 보이고 있다.

## 06 제5차 수학과 교육과정

제5차 교육과정의 시기는 1987년 3월 31일자 문교부 고시 제87－7호로 중학교 교육과정이 고시된 때부터 1992년 6월 30일자 교육부 고시 제1992－11호로 중학교 교육과정이 고시될 때까지를 말한다.

(1) 제3차나 제4차 교육과정이 학문 중심 교육과정이나 '기본으로 돌아가기'와 같이 대내·외적으로 큰 변화의 조류를 반영한 개정이었다면, 제5차 교육과정은 제4차 교육과정의 운영상에 나타난 문제점을 수정·보완하는 데 역점을 두었기 때문에 이전의 교육과정과 비교할 때 변화의 폭은 크지 않았다.

(2) 미국의 전국수학교사협의회(National Council of Teachers of Mathematics, NCTM)는 1980년 총회에서 1980년대 학교 수학에 대한 권고 사항 여덟 가지를 발표하였다. 그 중 첫째가 문제해결이 학교 수학의 초점이 되어야 한다는 것이었다. 이 영향을 받아 세계 각국에서는 문제해결에 대한 연구가 활성화되었으며, 이것을 수학과 교육과정에 반영하기도 하였다.

(3) 제4차 교육과정 당시 초등학교 교과서에서 '여러 가지 문제'라는 단원을 신설하면서 문제해결 지도를 강화하였다. 그러나 중·고등학교 교육과정과 교과서에는 적극적으로 반영하지 못한 결과, 중학교에는 교육과정의 '목표'와 '평가상의 유의점'에 문제해결력의 신장에 대해 일부 언급되었을 뿐 '내용'이나 '지도상의 유의점' 등에는 반영되지 않았다. 그러나 제5차 교육과정에서는 문제해결력의 신장이라는 조류가 수학과 교육과정에 큰 영향을 미치기 시작하였다.

(4) 또한 제5차 교육과정에서는 제3차 교육과정에서 과다하게 삽입된 지도 내용을 더욱 정선하여 학습량을 경감시킴으로써 수학적 사고력을 신장시킬 수 있게 하였고, 수학에 흥미를 가지도록 하면서 기초 학력 배양에 중점을 두었으며, 특히 문제해결력의 신장에 역점을 두었다.

(5) 제5차 교육과정의 개정의 기본 방향의 핵심을 요약하면 다음과 같다.

- 최소의 필수 기본 지식 및 기능의 정선
- 수학적 활동의 강화
- 문제해결의 강화
- 정의적 측면의 강조

(6) 문제해결력 신장 외에도 정의적 목표의 강화, 대다수 학생을 위한 수학 교육, 학교 수학의 유용성과 적용 가능성의 강조, 학습자 개개인의 경험, 욕구, 흥미 중시, 수학적 활동의 결과로서의 지식뿐만 아니라, 그에 이르는 과정으로서의 수학적 활동 경험의 중시 등이 교육과정에 반영되었다.

(7) '지도 및 평가 상의 유의점'들을 분석해 보면, 문제해결 지도와 평가를 강조하고 있음을 알 수 있다. 또, 학생들이 수학을 흥미 있고 가치 있는 것으로 이해할 수 있도록 지도할 것을 요구하고 있다. 그러나 문제해결을 위한 구체적인 수업 모형이나 지도 내용 등을 제시하고 있는 것은 아니었다.

(8) 초등학교에서는 보조 교재로 '산수 익힘책'을 만들어 기초 학습 능력 향상과 사고력 향상을 위한 문제풀이용 심화교재로 활용하였다.

(9) 제5차 교육과정 역시 제4차 교육과정과 마찬가지로 문제 해결 지도를 강조하였지만, 입시 중심의 교육 풍토와 문제 해결 수업에 대한 인식과 정보의 부족 등으로 이전 교육과정의 시기와 별다른 점이 없었다.

## 07 제6차 수학과 교육과정

제6차 교육과정의 시기는 1992년 6월 30일자 교육부 고시 제1992-11호로 중학교 교육과정이 고시된 때부터 1997년 12월 30일자 교육부 고시 제1997-15호로 초·중등학교 교육과정이 고시될 때까지를 말한다.

(1) 제6차 교육과정 개정 역시 제5차 교육과정 개정과 마찬가지로 이전 교육과정의 기본 구조를 가능한 한 그대로 유지하면서 문제점을 보완한 것이므로, 전면적인 개정이라기보다 부분적인 개정에 가깝다고 할 수 있다.

(2) 제6차 교육과정은 제4차와 제5차 교육과정에서 강조하였던 문제해결력에 대하여 그 전력이나 방법 등을 명시함으로써 보다 구체화하였으며, 교수·학습 및 평가 방법을 개선하고 정보화 사회에 대비하여 기초 교육의 강화, 정보화 교육 강화, 학습 부담 경감, 실용성 강조, 교육과정의 효율성 제고 등을 고려하여 제정되었다.

(3) 제6차 교육과정은 제5차 교육과정의 기본 구조를 가능한 한 그대로 유지하면서 문제점을 수정·보완하고 외국의 수학 교육 동향을 반영하여, 개정의 기본 방향을 다음과 같이 설정하였다.

- 범국민적 기초 소양으로서의 수학 교육
- 수학적 사고력을 신장하는 수학 교육
- 문제해결력을 신장하는 수학 교육
- 수학의 실용성을 강조하는 수학 교육
- 계산기나 컴퓨터를 수학적 도구로 활용하는 수학 교육
- 학생의 적성, 능력, 진로 등에 적합한 학습의 기회를 제공하는 수학 교육
- 다양한 교수·학습 방법과 평가 방법이 이용되는 수학 교육

(4) 세계적인 추세에 따라 수학이 단순히 계산 위주의 교수-학습이 아님을 분명히 하기 위하여 초등학교 교과 명칭을 「산수」에서 「수학」으로 바꾸었다. 특히 수학과의 내용 '관계' 영역에서 문제해결을 하나의 하위 영역으로 설정함으로써 제4차 교육과정부터 논의되어 오던 문제해결력의 신장을 보다 본격적으로 추구하였다.

(5) 수학의 실생활 적용을 강조한 「실용수학」을 신설하여 실업계 학생들의 필요성을 충족하도록 하였다.

## 08 제7차 수학과 교육과정

제7차 교육과정의 시기는 1997년 12월 30일자 교육부 고시 제1997－15호로 초·중등학교 교육과정이 고시된 때부터 2007년 2월 28일자 교육부 고시 제2007－79호로 초·중등학교 교육과정이 고시될 때까지를 말한다.

(1) 초등학교 1학년은 2000년부터, 3, 4학년과 중학교 1학년은 2001년부터, 5, 6학년과 중학교 2학년, 고등학교 1학년은 2002년부터, 중학교 3학년과 고등학교 2학년은 2003년, 고등학교 3학년은 2004년부터 시행되었다.

(2) 「21세기 지식기반정보화사회에 적합한 교육은 단순 기능인의 양성보다는 자기 주도적으로 지적 가치를 창조할 수 있는 자율적이고 창의적인 인간의 육성에 중점을 둔다. 이에 대비하기 위하여 수학과에서는 수학의 기본적인 지식과 기능을 습득하고, 수학의 기본적인 개념, 원리, 법칙을 토대로 탐구하고 예측하여 실생활의 여러 가지 문제를 합리적으로 해결하며, 창의적인 문제해결력을 배양시켜야 한다.」

(3) 이전 교육과정에서도 문제해결력의 신장은 교육과정의 중요한 목표로 추구되어 왔으나, 제7차에서는 문제해결력과 더불어 창의력 사고력, 논리적 사고력, 비판적 사고력, 문제해결능력, 추론 능력, 의사소통 능력 등 제반 고등 사고 능력의 신장을 도모하고 있으며, 수학에 대한 자신감과 긍정적인 태도, 수학과 인접학문과의 관련성 및 수학의 유용성 인식과 같은 정의적인 목표도 추구하고 있다.(수학적 힘을 기르는데 목표를 두고 있다)

(4) 수학에 대한 학생들의 능력과 개인 차이를 고려하여 학생 개개인의 수준에 대응되는 차별적인 교육을 받을 수 있도록 교육과정을 수준별로 편성 운영하였다. 국민 공통 기본 교육과정 기간에는 '단계형 수준별 교육과정'이 운영되며 선택 중심 교육 과정 기간에는 '선택형 수준별 교육과정'이 운영되었다.

(5) **단계형 수준별 교육과정**

① 초등학교 1학년부터 고등학교 1학년까지인 국민 공통 기본 교육 과정 기간인 10년 동안을 단계형 수준별 교육과정으로 구성하여 개인의 능력과 수준, 적성 등을 고려한 수학 교육을 도모하였다.

② 1단계부터 10단계까지 일관성을 유지하기 위하여 '수와 연산', '문자와 식', '규칙성과 함수', '확률과 통계', '도형', '측정'으로 영역을 구분하고 내용을 체계화하였다.

③ 동일 학년의 학생이더라도 수학 교과에서는 반드시 동일 단계의 수학을 학습하는 것이 아니라 자신의 수준에 알맞은 단계의 수학을 학습할 수 있었다.

④ 수학과의 단계형 수준별 교육과정은 10년간의 기본 교육 기간을 10개의 단계로 나누고 각 단계를 2개의 하위 단계(<1－가>, <1－나>, …, <10－나>)로 나누어 단계 간의 계열성에 있어서 중복이나 단절이 없게 하며, 나선형 조직을 피해서 연속적이고 점진적으로 구성하여 대부분의 학생들이 자기의 학습 능력과 속도에 맞는 단계에서 공부할 수 있게 하였다.

⑤ 각 단계의 말에 학생들은 성취 정도에 따라 정상적으로 다음 단계에 진급하거나 학생, 교사, 학부모가 협의하여 동일 단계를 재이수를 할 수 있다. 재이수 대상 학생 중 재이수를 원하는 경우에는 해당 단계를 재차 학습하고, 보충 학습을 원하는 학생들은 특별 보충 과정을 이수하며, 특별 보충 과정을 이수한 학생들은 그 성공 여부에 관계없이 다음 단계로 진급한다.

⑥ 단계형 교육과정을 운영하는 방식에는 재이수를 권장하느냐 진급을 권장하느냐에 따른 '재이수형'과 '진급형' 그리고 이동 수업의 여부에 따라 단계별로 또는 수준에 따라 학급을 별도로 편성하여 이동 수업을 하게 하는 '학급간 수준별 이동 수업형'과, 한 학급 내에서 여러 단계나 수준의 학생들을 함께 지도하는 '학급내 수준별 집단 편성형'으로 나뉜다.

| | 학급간 수준별 이동 수업형 | 학급내 수준별 집단 편성형 |
|---|---|---|
| 재이수형 | A | B |
| 진급형 | C | D |

A－수준별 교육 과정이 제안한 초기의 아이디어에 충실한 운영 유형

B－재이수를 권장 또는 허용하면서 이동 수업을 하지 않는 운영 유형, 학생과 학급 수가 적은 농어촌 지역 학교에서 실시하고 있는 복식 수업

C－진급을 중심으로 운영하면서 학급 간 수준별 이동 수업을 실시하는 운영 유형, 중등 학교에서 광범위하게 이루어져 온 수준별 이동 수업과 유사한 형태

D－모든 학생이 동일 단계를 학습하며 이동 수업을 따로 하지 않지만, 수준에 따라 분단이나 소집단을 구성하여 학생들의 수준 차이에 대응하는 방식

⑦ 각 단계 내에서는 주 과정인 기본 과정 이외에 학생들의 수준 차이를 고려하여 보충 과정과 심화 과정을 두는데, 이에 대한 학습은 기본 과정 지도와 병행하거나 기본 과정 시간 이후에 남는 시간, 또는 학교장이 허용하는 재량 활동 시간을 이용할 수 있다.

### (6) 선택형 수준별 교육과정

① 고등학교 2, 3학년인 선택 중심 교육과정 기간에는 다양한 선택과목을 제시하고 학생들은 자신의 능력, 진로, 적성에 부합되는 과목을 선택하여 학습할 수 있도록 하였다.

② 선택 중심 교육과정에서 제공되는 과목은 일반 선택 과목과 심화 선택 과목으로 구분된다. 일반 선택 과목은 교양 증진 및 실생활과 연관된 과목으로 '실용 수학'이며, 심화 선택 과목은 학생의 진로, 적성과 소질을 계발하는 데 도움이 되는 과목으로 '수학Ⅰ', '수학Ⅱ', '미분과 적분', '확률과 통계', '이산 수학'이다.

③ 최근의 시대적 조류를 수학 과목과 내용의 선정에 반영하여, 고등학교 선택 과목으로 새로이 '확률과 통계', '이산 수학'을 포함하였다.

④ 선택 과목으로 '실용 수학'은 이미 제6차 교육 과정부터 있었으나, 제7차 교육 과정에서는 외국의 '소비자 수학(consumer mathematics)'에 비유될 만큼 실용적인 측면을 부각시켰다.

⑤ 미분적분학을 근간으로 하는 기존의 '수학Ⅰ', '수학Ⅱ'를 제7차 교육 과정에서는 '수학Ⅰ', '수학Ⅱ', '미분과 적분'의 세 과목으로 세분화하여, 학생들의 필요에 따라 적당한 수준만큼 선택하여 학습할 수 있는 기회를 주었다.

| | | |
|---|---|---|
| 일반 선택 | 실용수학 | 수학의 학문적 엄밀성보다는 실용적인 측면을 강조하여 수학을 실생활의 다양한 상황과 관련지어 볼 수 있는 과목 |
| 심화 선택 | 수학Ⅰ 수학Ⅱ 미분과 적분 | 서로 연계성을 가지고 순차적으로 학습하게 되는 과목들로, 제6차 교육 과정의 '수학Ⅰ'과 '수학Ⅱ'에 포함되어 있던 내용을 중심으로 구성 |
| | 확률과 통계 | 정보화 시대에 필요한 확률과 통계의 기본 개념과 원리를 학습하기 위하여, 다양한 통계 자료와 정보를 처리하고 우연 현상을 이해할 수 있도록 하기 위한 과목 |
| | 이산 수학 | 실생활과 관련된 여러 가지 이산적인 문제를 해결하기 위한 기본적인 수학 개념과 원리의 학습을 목적으로 하는 과목 |

(7) 수단계형 수준별 교육과정에서 기본 과정은 모든 학생들이 학습해야 하는 핵심적인 내용이며 학생들의 기본 과정 이수 유무에 따라 심화과정과 보충 과정을 실시했다.

| 기본 과정 | | 모든 학생들이 학습하여야 할 핵심적인 내용 |
|---|---|---|
| 심화 과정 (교육과정에 명시) | 내용 | 기본 과정에서 습득한 지식을 실생활에 활용하는 다양한 방법을 찾아보거나, 문제 해결력을 배양하는 데 필요한 학습 내용언급 |
| | 구성 | 심화 과정의 내용이 상위 단계에서 학습할 수학적 개념, 원리, 법칙을 미리 도입하거나 탐구하게 해서는 안 됨. 즉 심화 과정이 속진의 의미나 난이도 상의 심화로 해석되어서는 안 됨 |
| 보충 과정(교육과정에 명시 안 됨) | 내용 | 최소 필수(minimal essential)가 되는 내용 선정 |
| | 구성 | 하향 초등화하여 구성 |

① 심화과정의 예는 다음과 같다.

• 실생활에서 도형의 이동에 관한 문제를 해결할 수 있다.

• 신문, 잡지 등에서 볼 수 있는 자료를 통해서 표준편차를 구하고, 이를 해석할 수 있다.

• 삼각형의 변과 각 사이의 관계를 알 수 있다.

② 보충 과정을 학습하게 되는 경우 학생들마다 선수 학습 요소에서 결손이 생긴 경우도 있고, 교과서의 형식화된 제시 방법과 학생의 인지 구조 사이의 괴리에서 연유할 수도 있으며, 교과서가 학생이 소화하기 어려울 만큼의 과다한 내용을 제시한 데서 비롯된 경우도 있다.

③ 보충 과정을 위한 하향 초등화의 예는 도형에 대한 정리와 이에 대한 증명이 기본 과정에 포함되어 있을 때, 형식적인 증명은 학생들의 수준에서는 어려우므로 생략하고, 그 대신 몇 개의 수치를 대입해 봄으로써 정리가 성립함을 확인해 보는 것 등이 있다.

(8) 제7차 교육과정에서는 제4차 교육과정 개정 이래 일관되게 이어져온 '양의 축소'와 '질의 고양'을 위해 '교육 내용의 적정화' 그 중에서도 특히 교육 내용의 축소를 개정의 중요한 방침의 하나로 설정하였다. 따라서 제7차 수학과 교육과정은 가능한 한 교육 내용을 엄선하여 학습 부담을 줄여줌으로써 학생들로 하여금 수학 학습에 흥미와 자신감을 가질 수 있도록 하였다.

① 초등학교 5학년의 집합 관련 내용이나 6학년의 정수와 그 연산 등의 내용을 7단계로 이동하였고, 수판셈을 삭제하였다.

② 중학교에서 지도되던 오진법, 도형의 관찰, 기댓값(당시 '기대값'), 수심, 방심 등의 내용을 삭제하였고, 산포도와 표준편차, 두 원 사이의 관계 등의 내용을 10단계로 이동하였다.

③ 고등학교에서 지도하던 삼차함수를 삭제하였고, 지수함수와 로그함수를 고등학교 1학년에서 「수학 I」로 이동하였다.

④ 함수 개념의 도입은 비례 관계를 이용하여 도입하였다. 그동안 중학교 1학년에서 함수 개념의 도입을 두 집합의 원소 사이의 대응으로 도입하여 왔으나, 그 개념이 어렵고 활용성이 미약하다는 의견을 반영하고, 학습 부담 경감 차원에서 약화하여 다루기로 하였다. 따라서 함수의 도입은 변화 관계를 이용하였다.

⑤ '도형의 관찰' 내용을 삭제하였다. 도형의 관찰에서 다루어 오던 내용은 단순하고 기초적인 도형에 관한 기하학적 직관을 수학화한 것으로 위상적 관점이나 그래프 이론의 초보적인 입장에서 흥미 있고 유용한 학습 자료로 활용되어 왔으나 고등학교 수학 학습과의 연결성이 다소 미약하여 학습 부담을 경감하는 차원에서 삭제되었다.

⑥ '근삿값의 사칙계산'을 약화 및 삭제하였다. 2학년에서 다루던 근삿값의 사칙계산 중 곱셈, 나눗셈은 학습 부담 경감 차원에서 삭제하고, 덧셈, 뺄셈만 다루도록 하였다. 더욱이 덧셈, 뺄셈 방법도 가능한 한 단순화하고 계산기 사용을 권장하였다.

⑦ '확률'의 내용을 약화하였다. 확률에서는 간단한 경우의 수와 상대도수를 이용하여 개념을 이해하도록 하고, 확률계산은 간단한 소재로 다루도록 약화하였다. 또 기댓값은 학습 부담을 고려하여 삭제하였다.

⑧ '산포도, 표준편차' 내용을 삭제하였다. 3학년에서 다루던 산포도, 표준편차의 내용을 <10－가> 단계로 이동하였다.

(9) 제7차 교육과정의 목표는 제5, 6차와 같은 구조로 되어 있으며, 여러 가지 생활 현상을 수학적으로 고찰하는 경험을 통해 수학적인 개념, 원리, 법칙과 이들 사이의 관계를 이해하게 하고, 수학의 기본적인 지식과 기능을 활용하여 생활 주변의 여러 가지 문제를 관찰, 분석, 조직, 사고하여 합리적으로 해결하는 능력과 태도를 강조하고 있다. 수학의 기본적인 지식과 기능을 습득하고, 수학적으로 사고하는 능력을 길러, 실생활의 여러 가지 문제를 합리적으로 해결할 수 있는 능력과 태도를 기른다.

- 여러 가지 생활 현상을 수학적으로 고찰하는 경험을 통하여, 수학의 기초적인 개념, 원리, 법칙과 이들 사이의 관계를 이해할 수 있다.
- 수학적 지식과 기능을 활용하여 생활 주변에서 일어나는 여러 가지 문제를 수학적으로 관찰, 분석, 조직, 사고하여 해결할 수 있다.
- 수학에 대한 흥미와 관심을 지속적으로 가지고, 수학적 지식과 기능을 활용하여 여러 가지 문제를 합리적으로 해결하는 태도를 기른다.

(10) 단계별 지도 목표와 내용 진술 방식은 교사 중심인 '할 수 있게 한다.'에서 학생 중심인 '할 수 있다.'와 같이 행동 중심의 표현을 사용하였다.

<table>
<tr><td rowspan="2"><9－나 단계><br>1. 목표<br>1) 상관도와 상관표를 알고, 두 변량 사이의 상관관계를 알 수 있다.<br>2) 피타고라스 정리를 알고, 이를 활용할 수 있다.<br>3) 원에 관한 여러 가지 성질을 이해하고 이를 활용할 수 있다.<br>4) 삼각비의 기본 개념을 이해하고 이를 활용할 수 있다.<br>2. 내용<br>1) 도형<br>① 피타고라스의 정리 : 피타고라스의 정리를 알고 이를 증명할 수 있다.</td><td><목표><br>각 단계의 학습을 통하여 성취해야 할 필수 수준의 성취 능력이나 학생이 학습 후 드러내 보여야 할 성취 능력을 학습자 중심으로 제시하였다.</td></tr>
<tr><td><내용><br>영역별로 각 주제에 대한 내용을 상세화하여 '내용+행동' 형식의 성취 기준 중심으로 제시하였다.</td></tr>
</table>

| | |
|---|---|
| ② 피타고라스의 정리의 활용 : 피타고라스의 정리를 간단한 도형에 활용할 수 있다.<br>③ 원과 직선<br>– 원에서 현에 관한 성질을 이해한다.<br>– 원의 접선에 대한 성질을 이해하고, 이를 증명할 수 있다.<br>④ 원주각<br>– 원주각의 성질을 이해하고, 이를 활용할 수 있다.<br>– 원에 내접하는 사각형의 성질을 할 수 있다.<br>– 원과 비례에 관한 성질을 이해한다. | <용어와 기호><br>각 영영 또는 주제의 교수 학습에서 사용될 필수 용어와 기호를 제시하였다. |
| <용어와 기호><br>접선의 길이, 원주각, 내대각<br><학습 지도상의 유의점><br>① 피타고라스의 정리, 원에 내접하는 사각형의 성질, 원과 비례에 관한 성질의 증명은 간단히 다루고 활용에 중점을 둔다.<br>② 피타고라스의 정리의 역은 증명 없이 문제 상황을 통해 간단히 다룬다. | <학습 지도상의 유의점><br>각 영역 또는 주제의 학습 지도상의 유의점을 교사 중심으로 제시하였다. |
| <심화 과정><br>삼각형의 변과 각 사이의 관계를 알 수 있다. | <심화 과정><br>기본 과정을 성공적으로 학습한 학생들이 발전적으로 학습할 수 있는 내용을 제시하였다. |

(11) 수학의 개념, 원리, 법칙의 지도 시 해당 내용과 관련하여 학생들에게 친숙한 생활 장면 또는 상황을 설정하여 학습이 효과적으로 이루어질 수 있게 준비하거나 타 교과의 내용을 결합시키는 통합교과적 접근 방법을 고려해 보아야 한다. 그래야 학생들은 수학을 생활 전반에 걸친 유용한 지식이며 여타 교과 전반에 걸친 도구적 역할임을 인식하고 자연스럽게 수학에 대한 시각에 긍정적인 변화를 갖게 되며 수학 학습에 대한 흥미의 유발과 함께 수학을 대하는 태도도 바람직하게 될 것이다.

(12) 수학 지도 시 교사의 설명에 주로 의존하는 방식은 지양되어야 한다. 그렇다고 교사의 설명식 교수 방법을 전면 배제하고자 하는 것은 아니다. 교사의 치밀한 준비에 의해 진행되는 설명식 교수 방법을 기본으로 하여 부분적으로는 해당 내용의 성격이나 학습자의 심리적 상태 등을 고려하여 수업의 주체자가 학습자로 옮아가도록 한다. 이때, 발견식의 방법이나 학습자의 능동적인 조작 활동을 통한 탐구 방식의 학습, 또는 교사와 학생이 같이 학습 활동을 전개하는 방식 등으로 학습자의 능동적이고 적극적인 학습 활동에의 참여를 중시하는, 소위 활동주의 학습 원리의 적용이 전체적인 학습 효과를 극대화시킬 수 있는 좋은 방법이 될 수 있다.

(13) 수업 상황에서 교사의 적절한 발문 활동이 중요하다.

① 발문의 상황은 교사와 학생이 직접적으로 연결되는 공동의 학습 심리적인 상태에 놓이게

되는 경우이므로 학습자의 학습 심리적인 면을 개별 학생에 따라 충분히 파악한 상태에서 진행되어야 할 것이다.

② 발문은 학생으로 하여금 자신의 독창적인 생각을 부담 없이 펼쳐 보일 수 있는 기회가 될 수 있도록 비평가적인 열린 방식이 되어야 하며, 교사가 준비된 답 중에서 선정하는 방식의 대답이나 단답식의 대답을 요구하는 것은 지양할 필요가 있다.

③ 발문을 통하여 개별 학생의 학습 상태의 점검이나 문제점 해결의 목적뿐만 아니라 한 학생에 대한 발문을 통하여 나머지 유사한 입장에 있는 학생들이 자신의 학습에 대한 스스로의 점검과 확인은 물론 각자의 생각을 정리할 수 있는 기회가 될 수 있도록 발문을 미리 철저하게 준비할 필요가 있다.

(14) 1980년대부터 지속적으로 강조되고 있는 문제해결은 전체적인 수학 교수·학습의 경향이나 맥락에서 다루어져야 한다. 문제 해결에서의 문제란 지엽적인 질문의 수준을 뛰어넘는 복합적인 문제로 대부분 해결에 이르는 알고리즘이 명백하게 드러나 있지 않은 과제를 말한다. 이러한 문제를 해결하는 과정은 지엽적인 전략의 숙달이나 같은 유형 문제의 반복적 연습을 넘어 스스로 전력을 세워 어느 정도의 시간 동안 해결하려 고민하는 과정이어야 한다. 문제 해결 과정을 통해 기초적인 수학의 지식이나 기능에 대한 이해를 공고히 할 뿐만 아니라, 의사 결정, 비판적 사고, 창의적 사고 등과 같은 고차적 정신기능을 신장할 수 있다. 사실 수학을 배우고 가르치는 활동은 물론 그 활동의 목적, 이유 또한 넓은 의미에서의 수학적 문제 상황의 해결로 귀결될 수 있다.

① 문제 해결의 지도에 적합한 다양한 문제나 문제 상황을 개발하고 문제 해결 방식의 학습에서 학습자가 취해야 할 학습 태도, 이를테면 자발적 탐구, 협동 토론식, 조작적 활동에 의한 발견 등 학습자의 능동적 학습 활동 중심 등에 대한 고찰이 필요하다.

② 문제 해결식의 학습 지도는 결국 학생 스스로의 다양한 사고 활동이나 사고 실험을 요구하는 것으로, 단편적인 전략의 사용만이 아닌 이미 학습된 내용을 종합적으로 활용하여 주어진 문제 상황을 해결하기 위하여 자신만의 독창적 사고를 구성하고 훈련할 수 있는 기회를 제공하는 방식으로 생각해야 된다.

(15) 제7차 수학과 교육과정에서는 계산 능력이 중요시되지 않는 문제해결 상황에서는 계산기나 컴퓨터를 활용할 수 있도록 권장하고 있다. 즉 연산 수행 능력과 같은 기초 기능의 습득을 방해하지 않는 범위 내에서 적절하게 계산기와 컴퓨터를 활용하여, 보다 중요한 수학적 사고 능력의 개발이 이루어질 수 있도록 유도하고 있다.

(16) 다양한 평가 방법의 활용을 권장하며 평가 기준의 수준을 구분하는 준거를 제시하였다. 즉 제7차 수학과 교육과정의 마지막 구성 요소인 '평가' 난에는 수업의 전개 국면에 따라 진단, 형성, 총괄 평가를 실시하여 그 결과를 교수·학습 방법의 개선에 활용할 것과, 학생들의 수학적 성향과 문제해결 과정의 평가를 강조하고 있으며, 특히 객관식 선다형 위주의 평가를 지양하고 주관식 지필 검사, 관찰, 면담 등 다양한 평가 방법의 활용을 권장하고 있다. 또한, 평가 기준의 수준을 상·중·하로 구분하는 일반적인 준거를 제시하여, 평가 상황에서 유용한 지침이 될 수 있도록 하였다.

(17) **수학과 교수·학습 방법 :** 제7차 수학과 교육 과정은 자율과 창의에 바탕을 둔 학습자 중심의 교수·학습의 의지를 강하게 나타내고 있다. 즉, 학습 분량의 최적화, 수준과 범위의 적정화, 학습자의 학습 수준별 적용, 학습자의 능동적 학습 활동 강조, 학습자의 수학 학습에 대한 흥미와 관심의 유발, 학습자의 실제 경험과 관련된 문제 해결 강조 등으로 나타나고 있다.

| 내용 | 항목 | 내용 요약 |
|---|---|---|
| 단계형 수준별 교육 과정 | 가 | • 국민 공통 기본 교육 기간의 수학을 10단계로 구성<br>• 각 단계별로 두 개의 하위 단계를 두고, 각 하위 단계별로 기본 과정, 심화 과정 구성 |
| | 나 | • 단계별 내용 및 순서를 재구성할 수 있음 |
| | 다 | • 단계별 내용은 최저 기준을 제시한 것이므로, 학생의 능력과 수준, 단계간의 연계성, 지역성 및 현실성을 고려하여 보충·심화 학습의 기회를 제공함 |
| | 라 | • 교육 과정의 효율적인 운영을 위한 유의 사항<br>–학습 능력을 고려하여 수준별로 분단이나 학급을 편성하고, 이를 적절히 운영<br>–교수·학습을 개별화하여 학습의 효율을 높임<br>–소집단 협력 학습 체제를 적절히 운영하여 서로 협력하며 학습할 수 있게 함 |
| 보충·심화 내용 | 마 | • 보충·심화 과정의 학습을 효율화하기 위한 유의 사항<br>–보충 과정의 내용(최소 필수 내용 요소)<br>–보충 과정의 내용 구성(하향 초등화하여 구성)<br>–심화 과정의 내용(실생활 활용, 문제 해결력)<br>–심화 과정의 내용 구성(상위 단계 내용 도입 금지) |
| 다양한 교수·학습 방법 | 바 | • 다양한 교수·학습을 위한 유의 사항<br>–실생활 소재 도입<br>–구체적 조작 활동과 사고 과정 중시<br>–학생들의 경험과 욕구를 바탕으로 구체적인 것에서 추상적인 것의 순서로 교수, 학습함<br>–생활 주변이나 다른 교과에서 접할 수 있는 소재를 다루어, 수학의 필요성을 인식하도록 함<br>–발문은 학생들의 인지발달과 경험을 고려하여 효율적인 학습을 유도<br>–수학의 활용성, 가치성 등에 대한 올바른 인식을 가지도록 하여 수학에 대한 바람직한 태도 함양 |
| 문제 해결력 신장 | 사 | • 문제 해결력을 신장시키기 위한 교수·학습 방법<br>–문제 해결 과정(문제의 이해→해결 계획 수립→계획 실행→반성), 해결 전략(그림그리기, 예상과 확인, 표 만들기, 규칙성 찾기, 단순화하기, 식 세우기, 거꾸로 풀기, 논리적 추론, 반례 들기 등) 사용 |

| | | |
|---|---|---|
| | | –문제를 발견하고, 문제 해결을 위한 전력을 자주적으로 세워 이를 해결해 나갈 수 있도록 함<br>–문제 해결은 전 영역에서 정형 문제 및 비정형 문제를 통하여 지속적으로 지도 |
| 영역별 지도 유의 사항 | 아 | • 각 영역의 내용에서는 다음 사항에 유의하여 지도<br>–'수와 연산'에서는 수 개념에 대한 올바른 이해를 바탕으로 기본적인 계산 능력을 함양<br>–'도형'에서는 직관에 의한 관찰이나 여러 가지 구체적 조작물 사용, 추론은 간단한 소재로부터 복합적인 소재로 발전시켜 연역적 추론이 통합적으로 완성되<br>–'측정'에서는 실생활에 대한 활용성을 중시<br>–'확률과 통계'에서는 실생활에서 접할 수 있는 자료를 효율적으로 조사, 정리, 분석해 봄으로써 유용한 정보를 얻는 데 효과적인 도구가 통계적 방법임을 인식<br>–'문자와 식'에서는 수학적 표현, 유용성을 강조<br>–'규칙성과 함수'에서는 관계나 규칙 찾기 중시 |
| 교육 기자재의 활용 | 자 | • 교육 기자재의 활용<br>–교수·학습의 전 과정을 통하여 적절하고 다양한 교육 기자재를 적극 활용하여 학습의 효과를 높이도록 함<br>–계산 능력 배양이 목표인 영역을 제외하고는 복잡한 계산, 수학적 개념·원리·법칙의 이해, 문제 해결력 향상 등을 위하여 가능하면 계산기나 컴퓨터를 적극 활용하도록 함 |

(18) **수학과의 평가 :** 제7차 수학과 교육 과정에서의 수학 학습의 평가는 획일적인 방식을 지양하고, 수학 수업의 전개 국면에 따라 다양한 평가 방식을 택하여 실시하도록 하고 있다.

| 내용 | 항목 | 내용 요약 |
|---|---|---|
| 평가의 목적 | 가 | 수학 학습의 평가는 학생 개개인의 전인적인 성장과 수학 학습을 돕고, 교사 자신의 수업 방법을 개선하기 위한 것이어야 함 |
| | 나 | 지도를 담당하는 교사의 지도 활동 측면에 대해서도 자발적인 평가를 함으로써 발전적인 수학 학습 지도 개선의 참고 자료로 사용하여야 함 |
| 평가의 내용 | 다 | 학생의 인지 발달 수준을 고려하고, 교육 과정에 제시된 내용의 수준과 범위를 준수하여 평가함 |
| | 라 | 사고력 신장을 위하여 결과보다는 과정을 중시해야 하며, 기본적인 지식, 개념의 이해, 기본적인 계산 기능 등을 평가 |
| | 마 | 문제 해결력에 대한 평가에서 결과뿐만 아니라 문제의 이해 능력과 문제 해결 과정을 파악할 수 있도록 함 |
| | 바 | 학생들이 수학에 대한 바람직한 가치관이나 수학 학습에 대한 관심과 흥미의 정도를 파악할 수 있도록 함 |
| | 사 | 문제 해결 과정에서 유연하고 다양한 사고력과 창의성을 발휘하고 있는지를 평가 |
| | 아 | • 평가 중점 사항<br>–수학의 기본적인 개념, 원리, 법칙의 이해<br>–수학의 용어와 기호를 정확하게 사용하고 표현하는 기능<br>–수학적 지식과 기능을 활용하여 문제를 수학적으로 사고하여 해결하는 능력<br>–생활 현상을 수학적으로 관찰, 분석, 조직, 사고하는 태도 |

| | | |
|---|---|---|
| 평가의 기준 | 자 | <평가의 기준><br>• 상<br>– 최종적으로 도달하여야 할 학습 목표에 해당되는 내용<br>– 습득된 지식을 통합적으로 이용하여 해결하거나 일반화시킬 수 있는 내용<br>– 다른 영역의 내용과 복합된 내용<br>– 수학적으로 큰 가치와 유용성을 지니는 내용<br>• 중<br>– 기본적으로 도달하여야 할 학습 목표에 해당되는 내용<br>– 기본적인 개념, 원리, 법칙, 성질을 이해하는 정도의 내용<br>– 기본적인 개념, 원리, 법칙, 성질을 이용하여 해결할 수 있는 내용<br>• 하<br>– 최소한으로 도달하여야 할 학습 목표에 해당되는 내용<br>– 단순한 수학적 지식(용어, 기호, 알고리즘 등)을 알 수 있는 정도의 내용<br>– 단순한 수학적 지식을 이용할 수 있는 정도의 내용 |
| 평가의 방법 | 차 | 주관식 지필 검사, 관찰, 면담 등 다양한 평가 방법을 활용하여 종합적인 수학 학습 평가가 이루어질 수 있게 함 |

# 2 2007 개정에 따른 수학과 교육과정

2007년 2월에 공표된 2007 개정에 따른 교육과정은 2009에 초등학교 1·2학년, 중학교 1학년, 고등학교 1학년을 시작으로 2010년에는 초등학교 3·4학년, 중학교 2학년, 고등학교 2학년, 2011년에는 초등학교 5·6학년, 중학교 3학년, 고등학교 3학년의 순서로 점진적으로 적용되었다.

## 01 개정의 필요성과 개정의 중점 사항

### (1) 단계형 수준별 교육과정의 개선 필요

① 제7차 교육과정에서는 초등학교 1학년부터 고등학교 1학년까지의 국민 공통 기본 교육 기간에는 학생의 능력과 수준에 맞는 수학 수업을 위하여 수학 교과는 단계형 수준별 교육과정을 편성·운영하도록 하였다.

② 단계형 수준별 교육과정에 따르면 학생들은 학년에 관계없이 자신의 능력과 수준에 맞는 단계의 수학 수업을 들어야 하고, 매 단계를 마칠 때마다 해당 단계 도달 여부를 확인하는 평가를 실시하여 그 단계의 수준에 도달하지 못했으면 그 단계를 재이수하거나 특별 보충 과정을 이수해야 한다. 그러나 학생과 학부모들 사이에 재이수나 특별보충과정에 대한 정서적 거부감이 매우 커서 재이수를 실시하지 못하였고, 특별보충과정도 매우 형식적으로 운영되었다.

③ 우리나라 초·중등학교의 각 학급에서는 수학적 능력과 수준의 격차가 큰 학생들이 혼재되어 있고, 중·고등학교의 교과 수업은 교과 담당 교사가 학급을 찾아다니면서 교과 수업을 하게 되어 있다. 따라서 수학 수업을 단계형 수준별로 운영하기 위해서는 한 명의 교사가 한 시간에 여러 단계의 수학 수업을 하거나 특정 시간대에 한 학년 전체 또는 한 학교 전체가 수학 수업을 하여야 한다. 그러나 이러한 수업 방식은 수업 운영의 비효율성, 수학 교사 수급 및 배치의 문제점 등으로 현실적으로 시행이 불가능하다.

### (2) 현실 적합한 수준별 수업 운영 권장

① 제7차 단계형 수준별 교육과정은 우리나라 학교 상황에서 현실적으로 운영에 어려운 점이 많아 명목상으로만 존재하고 있었다. 2007 개정 교육과정에서는 특별보충과정을 형식적으로 운영하는 것을 제외하고는 편성·운영이 이루어지지 않고 있는 단계형 수준별 교육과정을 개정하여 수준별 수업 운영을 권장하였다.

② 수준별 교육과정을 도입한 본래의 취지인 '학생의 능력과 수준, 적성에 적합한 교육 실시'라는 본질적인 정신은 살리면서 우리나라 학교 상황에서 운영 가능한 수준별 수업을 운영할 수 있도록 하기 위한 것이며 이를 위하여 각 학교에서는 학생의 능력과 수준, 적성, 희망 등을 고려하여 학교 상황에 맞는 수준별 집단을 편성·운영할 수 있도록 하였다.

③ 제7차 교육과정에서 수학과에 적용되던 '단계형' 교육과정을 더 이상 유지하지 않게 됨에 따라 교육과정 문서에도 '단계'대신 '학년'과 '학기'라는 용어를 부활시켰다.

④ 초등학교 1학년에서 고등학교 1학년은 국민 공통 기본 교육 기간이므로 수학과 교육 과정에서는 모든 학생들이 필수적으로 알아야 할 학습 내용만 제시하고 각 단계의 영역마다 제시했던 심화 과정을 대부분 삭제하였다. 삭제된 심화과정의 예로는 '다면체에서 꼭짓점(당시 '꼭지점')의 수, 모서리의 수, 면의 수 사이의 관계를 알아본다(7－나 단계)', '임의의 두 실수 사이에 존재하는 실수를 찾는 방법에 대하여 알아본다(9－나 단계)' 등이다. 그리고 교육과정에서는 심화 또는 보충과정 내용을 제시하지 않는 대신에 각 학교 교사들이 학생의 성취수준과 진로, 학교의 여건 등을 고려하여 교육 내용을 재구성하고 수준별 집단에 맞는 수학 교육을 실시할 수 있도록 자율권을 부여하였다.

⑤ 수준별 수업 내용은 집단별로 전혀 다른 학습 주제를 가르치는 것이 아니라 동일한 학습 주제 하에서 학습 주제에 접근하는 방법을 다르게 하거나 내용의 깊이를 달리하여 가르치도록 하였다.

### (3) 교육 내용의 적정화 필요

① 제7차 교육과정에서는 이전에 비하여 수학 교과의 내용을 30% 감축하도록 하였다. 그러나 제7차 교육과정에서는 수학과 수업 시간이 축소됨에 따라 학습량 감축이 실질적인 효과를 거두지 못하였다.

② 수준별 교육을 강조하기 위하여 제7차 교육과정에서는 국어, 사회, 수학, 과학, 영어 교과의 경우, 교육과정에 기본 과정과 심화 과정을 함께 제시하도록 하였다. 이러한 심화 과정의 내용이 수학 교과서에 기본 내용과 함께 제시되자, 교과서에 나오는 내용을 모두 지도해 달라는 학생과 학부모의 요구에 따라 각 학교에서는 학생의 수준에 관계없이 모든 학생들

에게 기본 과정의 수학 내용뿐 아니라 심화 과정의 수학내용도 모두 지도하게 되면서 학습량이 과다하고, 학습수준이 지나치게 높다는 비판을 받게 되었다.

③ 무리하게 수학 교과의 내용을 감축하는 과정에서 일부 학습 주제가 학년 간, 교과 간 연계성이 떨어지고, 내용 영역 구분 방식에 따라 연관된 수학 내용을 분리하여 지도하도록 함으로써 학습 효과가 떨어지는 문제도 발생하였다.

### (4) 교육 내용의 적정화

① 학생들의 미래 생활이나 학습에서의 필요성과 관련하여 수학과 교육 내용을 적정화하였다. 실생활에 널리 활용되고 여러 나라에서 공통적으로 지도되고 있는 수학적 개념에 대한 지도를 보강하도록 하였다.

② '최빈값, 중앙값'을 중학교 3학년에서 지도한다.

③ 중학교 2학년의 '기하'영역에 기호 '$p \rightarrow q$'를 추가한다. 이것은 명제와 명제의 역을 이해시킬 때 편리하게 사용할 수 있도록 하기 위한 것이다. 그러나 중학교에서는 기호만 사용하며 명제 $p \rightarrow q$의 참, 거짓에 대한 내용은 고등학교 1학년에서 학습하도록 하였다.

### (5) 수학의 학습량과 난이 수준을 적정화하였다.

① 중학교 3학년의 경우, 수업 시수에 비해 학습량이 과다하다는 지적을 반영하여 중학교 3학년에 있는 학습 주제 중 '다항식의 곱셈'을 중학교 2학년으로 이동하였다.

② 고등학교 1학년의 경우, 현재 고2, 3학년의 수학 학습 부담이 과다하다는 지적을 반영하여 '경우의 수, 간단한 순열과 조합'을 고등학교 1학년으로 이동시켜 학년 간, 학교급 간 학습량을 조정하였다.

③ 중학교 1학년의 학습 내용인 '이진법의 덧셈과 뺄셈'과 2학년의 '근삿값의 덧셈과 뺄셈'을 삭제함으로써 학습량을 감축하였다.

④ 중학교 3학년에서 학습해왔던 '상관도와 상관표'는 현재의 정의로 지도하면 학생들이 오개념을 갖기 쉽고, 수학적으로 의미 있게 지도하기에는 중학교 학생들에게 난해하며, 학생들의 발달 단계를 고려할 때 상대적으로 덜 긴요한 개념이므로 중학교 교육과정에서 삭제하였다.

⑤ 현재는 그다지 사용되지 않는 기호인 ∠R을 삭제하여 학습량을 감축하였다.

⑥ 중학교 2학년에서 처음 학습하는 증명의 경우, 증명의 의미와 증명의 방법에 대한 기본적인 이해는 모든 학생들이 공통으로 학습하도록 하는 반면, '닮음의 활용' 단원에서는 수준별로 학습할 수 있게 하였다.

⑦ 사실상 기본 내용화 되어 학습량 증가의 주요 원인이었던 '심화' 내용을 삭제함으로써 교육과정 상으로도 학습 내용을 감축하였다.

### (6) 학년 간, 학교 급 간, 교과 간의 연계성을 강화

① 고등학교 1학년에서 가르치던 '분산과 표준편차'를 중학교 3학년으로 이동시켰다. 이것은 3학년에서 학습하는 대푯값인 평균, 최빈값, 중앙값 개념과 분산 및 표준편차 개념을 서로 관련시켜 학습할 때 통계적으로 유의미하다는 학계의 의견을 반영한 것이다.

② 중학교에서 사용해왔던 부등호 기호 '≦, ≧'를 국제적 표준 기호이며 학계에서 사용하는 기호인 '≤, ≥'로 수정하여 학생들이 이후의 학습에서 기호로 인한 혼란을 겪지 않도록 하였다.

③ 중학교 1학년에서 처음 학습한 미지수나 변수를 문자로 나타내는 것에 대하여 미지수를 $x$로 나타내기와 간단한 방정식 풀기 내용을 6학년에서 지도하도록 하였다.

④ 실생활과 과학 교과에서 필요로 하는 정비례와 반비례 개념을 중학교 1학년에서 초등학교 6학년으로 이동시켜 지도하도록 함으로써 실생활이나 타교과 학습과 수학 간의 연계성을 강화하였다.

## 02 수학적 사고력 및 의사소통 능력 신장 강조 필요

1990년대 이후로 학교 수학 교육에서 강조하는 세계적인 흐름의 하나가 수학적 추론 능력, 의사소통 능력, 문제해결력과 같은 수학적 능력의 신장을 강조하는 것이다. 제7차 수학과 교육과정도 이러한 세계적 흐름을 반영하고는 있지만 다소 미흡하였다.

### (1) 수학적 추론 교육

① 수학적 추론 교육은 그 동안 논리적 추론 또는 증명 교육 중심으로 이루어지는 경향이 있다. 그러나 수학을 깊이 있게 이해하고 활용할 수 있는 능력을 갖추기 위해서는 먼저, 귀납적 추론을 통해 학생 스스로 규칙성이나 공통성을 발견하거나 유추를 통해 추측해 보는 경허을 쌓는 것이 필요하다.

② 귀납적 추론이나 유추적 사고 활동을 통해 학생 스스로 지식을 생산해내고, 스스로 생산해낸 수학적 지식을 논리적 추론이나 연역적 증명을 통해 정당화하는 경험을 쌓을 수 있을 때, 학생은 이 지식을 진정으로 자신의 것으로 내면화할 수 있게 되고, 다양한 상황에 자유롭게 활용할 수 있는 능력을 가질 수 있게 된다.

### (2) 수학적 의사소통 능력

① 현대 사회에서 강조하는 수학적 능력의 하나가 수학적 의사소통 능력이지만 제7차 교육과정에서는 그다지 강조하지 않았다.

② 과학 기술을 기반으로 하고 있는 현대 사회에서는 학문이나 직업의 세계에서뿐만 아니라 일상생활에서도 다양한 과학 기술 정보를 자유롭게 의사소통하는 능력이 필요하며, 수학은 이러한 과학 기술 정보를 소통하는 데 기초적이고 필수적인 수단이다.

③ 학생들은 수학 수업을 통해 다양한 상황을 수학적 언어를 써서 표현하고, 타인의 수학적 언어를 이해하는 능력을 기르며, 수학적 언어를 사용하여 토론하는 능력을 기르는 것이 필요하다.

④ 학생들은 수학 수업에서도 동료들과 함께 사고하고, 협동하여 문제를 풀며, 자신의 생각을 설득력 있게 설명하고, 다른 사람의 생각을 경험하고 이해하며, 활발한 토론을 해 봄으로써 학습 주제에 대해 더 깊이 이해하고 자신의 사고를 명확히 하고 세련되게 하며 발전시켜갈 수 있다.

### (3) 문제해결력 신장

① 문제해결력 신장은 제4차 수학과 교육과정 이래로 초·중등학교 수학교육에서 지속적으로 강조되어 왔다.

② 수학적 문제해결 능력은 수학 자체뿐만 아니라 일상생활 또는 학문이나 직업의 세계에서도 필수적이다.

③ 성공적인 문제해결 경험을 쌓아감으로써 학생들은 수학적 개념, 원리, 법칙 등을 더욱 깊이 이해하고 활용할 수 있으며 수학에 대한 자신감을 기를 수 있게 된다.

### (4) 수학적 사고력 및 의사소통 능력 신장 강조

① 수학적 사고력의 신장은 초·중등학교 수학 교육의 핵심 목표이므로 지속적으로 강조하였다.

② 수학적 능력 신장을 강좌기 위하여 수학과 교육목표, 내용, 교수·학습 방법, 평가 등 교육과정 전반에서 일관되게 수학적 능력 신장과 관련된 언급을 하였다.

③ **교수 – 학습 방법** : 수학적 사고와 추론 능력을 발전시키기 위하여 교수·학습에서 다음 사항에 유의한다.

㉠ 귀납, 유추 등을 통해 학생 스스로 수학적 사실을 추측하게 하고, 이를 정당화하거나 증명해 보게 할 수 있다.

㉡ 수학적 사실이나 명제를 분석하고, 수학적 관계를 조직하고 종합하며, 학생자신의 사고 과정을 반성하게 한다.

④ 수학적 의사소통 능력을 신장시키기 위하여 교수·학습에서 다음 사항에 유의한다.

㉠ 수학 용어, 기호, 표, 그래프 등의 수학적 표현을 이해하고 정확히 사용하게 한다.

㉡ 수학적 아이디어를 말과 글로 설명하고 시각적으로 표현하여 다른 사람과 효율적으로 의사소통할 수 있게 한다.

㉢ 수학을 표현하고 토론하면서 자신의 사고를 명확히 하고 반성함으로써 의사소통이 수학을 학습하고 활용하는 데 중요함을 인식하게 한다.

⑤ 문제해결력을 신장시키기 위하여 교수·학습에서 다음 사항에 유의한다.

㉠ 문제해결은 전 영역에서 지속적으로 지도한다.

㉡ 학생 스스로 문제 상황을 탐색하고 수학적 지식과 사고 방법을 토대로 문제 해결 방법을 적절히 활용하여 문제를 해결하게 한다.

㉢ 학생의 경험과 욕구를 바탕으로 문제를 창의적으로 해결할 수 있게 한다.

㉣ 문제해결의 결과뿐만 아니라 방법과 과정, 문제를 만들어 보는 활동도 중시한다.

㉤ 생활 주변 현상, 사회 현상, 자연 현상 등의 여러 가지 현상에서 파악된 문제를 해결하면서 수학적 개념, 원리, 법칙을 탐구하고, 이를 일반화하게 한다.

⑥ **평가** : 인지적 영역에 대한 평가에서는 학생들의 수학적 사고력 신장을 위하여 결과뿐만 아니라 과정도 중시하여 평가하되, 수학의 교수·학습에서 전반적으로 요구되는 다음 사항을 강조한다.

㉠ 수학의 기본적인 개념, 원리, 법칙을 이해하고 적용하는 능력

㉡ 수학적 표현의 의미를 이해하고 정확하게 사용하는 능력

㉢ 수학적 지식과 기능을 활용하여 타당하게 추론하는 능력

㉣ 다양한 상황에서 발생하는 여러 가지 문제를 수학적으로 사고하여 해결하는 능력

㉤ 생활 주변 현상, 사회 현상, 자연 현상 등의 여러 가지 현상을 수학적으로 관찰, 분석, 조직하는 능력

㉥ 수학적 사고 과정과 결과를 합리적으로 의사소통하는 능력

### (5) 수학에 대한 정의적 태도 개선 필요

① 그동안 수학과 교수·학습에서는 문제해결력 신장과 같은 인지적 측면을 주로 강조해왔다. 그러나 학생들의 수학에 대한 정의적 태도가 개선되지 않으면 학생들의 수학적 능력의 향상을 기대하기 어렵고, 점차 수학 학습을 기피하거나 수학에 대한 두려움이나 혐오감을 가지는 학생들이 증가하게 되어, 학생 개인의 경쟁력뿐만 아니라 우리나라의 국가 경쟁력도 저하될 우려가 있다.

② 최근에 실시한 국제 학업 성취도 비교 연구 결과를 살펴보면, 우리나라 학생들의 수학 성취도는 최상위권이지만, 수학에 대한 자신감과 수학의 가치에 대한 인식이 상대적으로 매우 낮고, 초등학교에서 중학교로 올라갈수록 수학 학습에 대한 흥미도가 점점 더 낮아지는 등 수학에 대한 부정적인 태도가 다른 나라에 비해 매우 높게 나타나고 있어, 이를 개선하려는 능력을 적극적으로 기울일 필요가 있다.

### (6) 수학의 가치 제고와 정의적 측면 강조

① 국제 학업 성취도 비교 평가에서 우리나라 학생들의 수학 성취도가 전 세계에서 최상위권이면서도 수학에 대한 관심과 흥미가 적고 수학에 대한 자신감이 부족하며 수학에 대한 부정적인 태도가 다른 나라에 비해 매우 높게 나타나는 사실은 학생의 입장에서 뿐만 아니라 국가적으로도 심각한 문제가 아닐 수 없다. 이러한 현실을 개선하기 위하여 수학과 교육과정에서는 수학과 교육목표에서부터 수학에 관심과 흥미를 갖도록 하고, 수학의 가치를 이해하며 수학에 대한 긍정적 태도를 기르도록 할 것을 강조하였다.

② 교과서를 편찬할 때에도 학생들에게 관심과 흥미를 유발할 수 있는 소재나 상황을 적극적으로 활용하도록 하고, 수학이 활용되는 다양한 사례를 경험하거나 수학이 인류 문명의 발전에 기여하고 있음을 알게 하며, 타교과 학습과의 연계성 및 실생활 연관성을 강조하였다. 이를 통해 수학의 유용성과 수학 학습의 필요성을 인식할 수 있게 하며, 학생들이 수학 학습에 흥미를 느끼고 지속적으로 수학을 탐구하고 활용할 수 있도록 안내하였다.

### (7) 진로 및 효율적 운영을 고려한 선택 과목 개설

개정 교육과정에서는 고등학교 수학과 선택과목을 학생들의 진로나 사회적 요구뿐만 아니라 미래 생활이나 학습에서의 필요성, 교육과정의 효율적 운영 등을 고려하여 개설하고 각 과목의 교육 내용을 선정하였다.

#### 1) 진로와의 연계 강화를 고려한 선태과목을 개설하였다.

① 대학에서 필요로 하는 수학의 내용과 수준은 전공별로 다를 수 있지만, 현재 계열별 대학 진학의 절차와 형태 및 이에 따른 수학의 필요 수준을 고려하여 학생들의 필요에 따라 과목을 선택할 수 있다.

② 인문·사회 계열로 진학하려는 학생들의 인지 수준에 적합하고, 수학적 소양을 길러줄 수 있으며, 학생들의 논리적 사고력과 합리적인 판단 능력 및 문제해결 능력 신장에 적합한 교육 내용으로 구성된 수학을 제공하는 것이 필요할뿐더러 고등학교 교육과 대학 교육이 원활히 연계될 수 있도록 적정 수준의 수학 내용이 이들에게 제공될 필요가 있다. 이를

위하여 인문·사회 계열로 진학하려는 학생들에게도 미분과 적분의 기초적인 내용을 학습할 수 있는 기회를 제공하였다.

③ 대학에서 자연과학이나 공학을 전공하는 데 초월함수의 미적분에 대한 이해는 필수적이므로, 자연 계열로 진학하는 학생들이 그와 같은 내용을 기본적으로 이수할 수 있도록 선택과목 내용을 구성하였다.

#### 2) 교육과정의 효율적 운영을 고려한 선택과목을 개설하였다.

① 자연과학이나 공학과 관련하여 학습을 계속하려는 학생들은 '수학 I', '수학 II', '적분과 통계', '기하와 벡터'의 4개 과목의 내용을 학기 별로 적절히 나누어 이수할 수 있도록 과목 및 과목별 내용을 구성하였다.

② 선택 비율이 상대적으로 저조하고 '수학 I'이나 국민 공통 기본 교육 과정의 수학과 중복되는 내용이 많은 과목인 '확률과 통계'와 '이산수학'의 경우, 중복되는 내용을 이동, 삭제 및 재구성하여 선택과목별 내용을 재편성 혹은 통폐합하거나 이들 과목의 각 내용 요소를 포괄하는 새로운 '수학의 활용' 과목을 개설하였다.

#### 3) 과목의 성격을 고려한 내용의 선정과 조직하였다.

제7차 교육과정에서 심화 선택과목으로 개설되어 있는 '확률과 통계'는 10단계 수학에의 도달 여부에 관계없이 실생활에 필요한 확률과 통계 관련 내용을 학습하기 위하여 모든 학생들이 선택할 수 있는 과목이고, '이산수학' 역시 10단계 수학에의 도달 여부와 관계없이 모든 학생들이 선택할 수 있는 과목으로 이들 두 과목은 심화 선택과목의 성격에 부합되지 않는다. 따라서 선택과목의 성격을 보다 명료화하기 위해 각 과목별 성격을 명료화하고, 그에 따른 과목별 내용 선정과 조직을 새로이 하였다.

## 03 수학과 교육과정 소개

### (1) 성격

① 수학과는 수학적 개념, 원리, 법칙을 이해하고 논리적으로 사고하며, 여러 가지 현상을 수학적으로 관찰하고 해석하는 능력을 기르고, 여러 가지 문제를 수학적인 방법을 사용하여 합리적으로 해결하는 능력과 태도를 기르는 교과이다.

② 수학적 개념의 깊이 있는 이해와 활용, 합리적인 문제 해결 능력과 태도는 모든 교과를 성공적으로 학습하는 데 필수적일 뿐만 아니라 개인의 전문적인 능력을 향상시키고 민주 시민으로서 합리적 의사 결정 방법을 습득하는 데에도 필요하다. 또한 수학적 지식과 사고

방법은 오랜 역사를 통해 인간 문명 발전의 지적인 동력의 역할을 해왔으며, 미래의 지식 기반 정보화 사회를 살아가는데 필수적이다.

③ 중학교와 고등학교 수학과 교육 내용은 '수와 연산', '문자와 식', '함수', '확률과 통계', '기하'의 5개 영역으로 구성된다.

㉠ 중학교의 경우, '수와 연산' 영역에서는 집합, 정수, 유리수, 실수의 개념과 사칙계산, 근삿값을, '문자와 식' 영역에서는 다항식의 개념과 사칙계산, 일차방정식과 일차부등식, 연립일차방정식과 연립일차부등식, 이차방정식의 풀이와 활용을, '함수' 영역에서는 함수 개념, 일차함수의 개념과 활용, 이차함수의 개념을, '확률과 통계' 영역에서는 도수분포에 대한 이해와 활용, 확률의 기본 성질, 대푯값과 산포도를, '기하' 영역에서는 기본 도형의 성질에 대한 이해와 증명, 피타고라스의 정리, 삼각비에 대한 이해와 활용을 다룬다.

㉡ 고등학교의 경우, '수와 연산' 영역에서는 집합의 연산법칙, 명제의 이해와 활용, 실수의 성질, 복소수의 개념과 사칙계산을, '문자와 식' 영역에서는 다항식의 연산과 활용, 유리식과 무리식의 계산, 이차방정식의 활용, 고차방정식, 연립방정식, 이차부등식, 연립부등식, 절대부등식의 풀이를, '기하' 영역에서는 평면좌표, 직선의 방정식, 원의 방정식, 도형의 이동, 부등식의 영역의 이해와 활용을, '함수' 영역에서는 이차함수의 활용, 유리함수, 무리함수, 삼각함수의 개념과 활용을, '확률과 통계' 영역에서는 순열과 조합의 이해를 다룬다.

④ 수학의 교수·학습에서는 학생이 구체적인 경험에 근거하여 여러 가지 현상을 수학적으로 해석하고 조직하는 활동, 구체적인 사실에서 추상화 단계로 점진적으로 나아가는 과정, 직관이나 구체적인 조작 활동에 바탕을 둔 통찰 등의 수학적 경험을 통하여 형식이나 관계를 발견하고, 수학적 개념을 경험할 수 있도록 한다.

⑤ 수학적 문제를 해결하는 과정에서 문제를 명확히 이해하고 합리적인 해결 계획을 세워 실행하며, 반성을 통하여 풀이 과정을 점검하고 다양하게 활용하는 태도를 기르도록 한다.

⑥ 수학적 지식과 기능을 활용하여 실생활의 여러 가지 문제를 해결해 봄으로써 수학의 필요성과 유용성을 인식하고, 수학 학습의 즐거움을 경험함으로써 수학에 대한 긍정적인 태도를 갖도록 한다.

### (2) 목표

수학적 지식과 기능을 습득하고 수학적으로 사고하고 의사소통하는 능력을 길러, 여러 가지 현상과 문제를 수학적으로 고찰하고 합리적으로 해결하는 능력을 기르며, 수학에 대한 긍정적 태도를 기른다.

### 1) 초등학교

기초적인 수학적 지식과 기능을 습득하고 수학적으로 사고하고 의사소통하는 능력을 길러, 생활 주변에서 일어나는 현상과 문제를 합리적으로 해결하는 능력을 기르며, 수학에 대한 긍정적 태도를 기른다.

① 생활 주변에서 일어나는 현상을 수학적으로 관찰하고 조직하는 경험을 통하여 수학의 기초적인 개념, 원리, 법칙을 이해하는 능력을 기른다.

② 수학적으로 사고하고 의사소통하는 능력을 길러, 생활 주변에서 일어나는 문제를 합리적으로 해결하는 능력을 기른다.

③ 수학에 대한 관심과 흥미를 가지고, 수학의 가치를 이해하며, 수학에 대한 긍정적 태도를 기른다.

### 2) 중학교

기본적인 수학적 지식과 기능을 습득하고 수학적으로 사고하고 의사소통하는 능력을 길러, 사회나 자연의 현상과 문제를 수학적으로 고찰하고 합리적으로 해결하는 능력을 기르며, 수학에 대한 긍정적 태도를 기른다.

① 사회 현상이나 자연 현상을 수학적으로 관찰, 분석, 조직하는 경험을 통하여 수학의 기본적인 개념, 원리, 법칙과 이들 사이의 관계를 이해하는 능력을 기른다.

② 수학적으로 사고하고 의사소통하는 능력을 길러, 사회 현상이나 사언 현상의 문제를 합리적으로 해결하는 능력을 기른다.

③ 수학에 대한 관심과 흥미를 지속적으로 가지고, 수학의 가치를 이해하며, 수학에 대한 긍정적 태도를 기른다.

### 3) 고등학교

발전된 수학적 지식과 기능을 습득하고 수학적으로 사고하고 의사소통하는 능력을 길러, 여러 가지 현상과 문제를 수학적으로 고찰하고 합리적으로 해결하는 능력을 기르며, 수학에 대한 긍정적 태도를 기른다.

① 여러 가지 현상을 수학적으로 관찰, 분석, 조직하는 경험을 통하여 수학의 발전된 개념, 원리, 법칙과 이들 사이의 관계를 이해하는 능력을 기른다.

② 수학적으로 사고하고 의사소통하는 능력을 길러, 여러 가지 문제를 합리적으로 해결하는 능력을 기른다.

③ 수학에 대한 관심과 흥미를 지속적으로 가지고, 수학의 가치를 이해하며, 수학에 대한 긍정적 태도를 기른다.

## (3) 내용

### 1) 국민공통기본교육과정 : 중학교 1학년~고등학교 1학년

| 학교급<br>학년<br>영역 | 중학교 | | | 고등학교 |
|---|---|---|---|---|
| | 1학년 | 2학년 | 3학년 | 1학년 |
| 수와 연산 | • 집합<br>• 소인수분해<br>• 최대공약수, 최소공배수<br>• 십진법과 이진법<br>• 정수의 개념과 대소 관계, 사칙계산<br>• 유리수의 개념과 대소 관계, 사칙계산 | • 순환소수의 의미<br>• 유리수와 순환 소수의 관계<br>• 근삿값과 오차, 참값의 범위<br>• 근삿값의 표현 방법 | • 제곱근의 뜻과 성질<br>• 무리수의 개념<br>• 수직선에서 실수의 대소 관계<br>• 근호를 포함한 식의 사칙계산 | • 집합의 연산법칙<br>• 명제와 조건<br>• 명제의 역, 이, 대우<br>• 필요조건과 충분조건<br>• 실수의 연산 성질, 대소 관계<br>• 복소수의 뜻과 기본 성질<br>• 복소수의 사칙계산 |
| 문자와 식 | • 문자의 사용<br>• 식의 값<br>• 일차식의 덧셈과 뺄셈<br>• 일차방정식<br>• 등식의 성질 | • 이차식의 덧셈과 뺄셈<br>• 지수법칙<br>• 다항식의 곱셈, 곱셈공식<br>• 다항식의 나눗셈<br>• 등식의 변형<br>• 미지수가 2개인 일차 방정식<br>• 연립일차방정식 | • 간단한 다항식의 인수분해<br>• 이차방정식과 그 해<br>• 이차방정식의 활용 | • 다항식의 연산<br>• 항등식<br>• 나머지정리<br>• 다항식의 인수분해, 약수와 배수<br>• 유리식, 무리식의 계산<br>• 이차방정식의 판별식, 근과 계수의 관계 |
| | | • 부등식의 해, 기본성질<br>• 일차부등식<br>• 연립일차부등식 | | • 간단한 삼차방정식과 사차방정식<br>• 연립방정식<br>• 부등식의 성질과 활용<br>• 절댓값을 포함한 일차 부등식<br>• 이차부등식과 연립이차 부등식<br>• 절대부등식 |
| 함수 | • 함수의 개념<br>• 순서쌍과 좌표<br>• 함수를 표, 식, 그래프로 나타내기<br>• 함수의 활용 | • 일차함수의 뜻과 그래프<br>• 일차함수와 미지수가 2개인 일차방정식의 관계<br>• 일차함수의 활용 | • 이차함수의 뜻<br>• 이차함수의 그래프의 성질 | • 함수의 뜻과 그래프<br>• 합성함수, 역함수<br>• 이차함수의 활용<br>• 유리함수, 무리함수<br>• 일반각과 호도법<br>• 삼각함수의 그래프의 성질<br>• 삼각함수의 성질<br>• 삼각방정식과 삼각부 등식<br>• 사이법칙과 코사인법칙<br>• 삼각함수를 활용한 삼각형의 넓이 |

| | | | | |
|---|---|---|---|---|
| 확률과 통계 | • 도수분포표, 히스토그램, 도수분포다각형<br>• 도수분포표에서의 평균<br>• 상대도수의 분포와 누적 도수의 분포 | • 경우의 수<br>• 확률의 뜻과 기본 성질<br>• 간단한 확률의 계산 | • 중앙값, 최빈값, 평균<br>• 분산, 표준편차 | • 합의 법칙, 곱의 법칙<br>• 순열<br>• 조합 |
| 기하 | • 점, 선, 면, 각<br>• 점, 직선, 평면의 위치관계<br>• 평행선의 성질<br>• 간단한 작도<br>• 삼각형의 결정조건과 합동조건<br>• 다각형의 성질, 내각과 외각의 크기 | • 명제의 뜻과 증명의 의미<br>• 삼각형과 사각형의 성질 증명<br>• 도형의 닮음<br>• 닮은 도형의 성질<br>• 삼각형의 닮음조건<br>• 평행선 사이에 있는 선분의 길이의 비 | • 피타고라스의 정리<br>• 삼각비<br>• 원에서 현, 접선에 대한 성질<br>• 원주각의 성질<br>• 원에 내접하는 사각형의 성질<br>• 원과 비례에 관한 성질 | • 점 사이의 거리<br>• 선분의 내분, 외분<br>• 직선의 방정식<br>• 두 직선의 평행, 수직 조건<br>• 점과 직선 사이의 거리<br>• 원의 방정식 |
| | • 부채꼴의 중심각과 호의 관계<br>• 부채꼴의 넓이와 호의 길이<br>• 원과 직선, 두 원의 위치 관계<br>• 다면체, 회전체의 성질<br>• 입체도형의 겉넓이와 부피 | • 삼각형의 중점연결 정리<br>• 닮은 도형의 넓이와 부피 | | • 좌표평면에서의 원과 직선의 위치관계<br>• 평행이동과 대칭이동<br>• 부등식의 영역 |

2) 선택 중심 교육과정 : 고등학교 2,3학년

① **수학의 활용** : 국민 공통 기본 교육 기간인 고등학교 1학년까지의 수학을 학습한 학생이면 선택할 수 있는 과목으로, 실생활에 필요한 수학적 지식과 기능을 습득하도록 하는데 적합하다. 실생활의 여러 가지 문제를 수학의 관점에서 이해하고 합리적으로 해결하는 능력을 신장시키며, 수학에 대한 관심과 흥미를 길러 수학에 대한 긍정적 태도를 기를 수 있다.

| 영역 | 내용 |
|---|---|
| 명제와 논리 | • 명제의 합성<br>• 합성명제와 논리 |
| 지수와 로그 | • 지수와 로그<br>• 지수함수와 그 그래프<br>• 로그함수와 그 그래프 |
| 수열 | • 등차수열과 등비수열<br>• 수열의 합 |
| 확률과 통계 | • 확률과 그 활용<br>• 통계와 그 활용 |
| 도형과 그래프 | • 연결 상태가 같은 도형<br>• 평면그래프와 정다면체<br>• 그래프를 이용한 의사결정의 최적화 |

② **수학Ⅰ** : 국민 공통 기본 교육 기간인 고등학교 1학년까지의 수학을 이수한 다음 보다 높은 수준의 수학을 학습하기 위하여 선택할 수 있는 기본 과목이다. '수학Ⅰ'의 학습을 통하여 수학적 개념, 원리, 법칙을 이해하고 수학적 사고 능력을 키워, 합리적이고 창의적으로 문제를 해결하는 능력과 태도를 기를 수 있다.

| 영역 | 내용 |
|---|---|
| 행렬과 그래프 | • 행렬과 그 연산<br>• 연립일차방정식과 행렬<br>• 그래프와 행렬 |
| 지수함수와 로그함수 | • 지수<br>• 지수함수와 그 그래프<br>• 지수방정식과 지수부등식<br>• 로그<br>• 로그함수와 그 그래프<br>• 로그방정식과 로그부등식 |
| 수열 | • 등차수열과 등비수열<br>• 여러 가지 수열<br>• 수학적 귀납법<br>• 알고리즘과 순서도 |
| 수열의 극한 | • 무한수열의 극한<br>• 무한급수 |

③ **미적분과 통계 기본** : 국민 공통 기본 교육 기간인 고등학교 1학년까지의 수학을 이수한 후 보다 높은 수준의 수학을 학습하기 위하여 선택할 수 있는 과목으로, 대학에 진학하여 인학, 사회과학 등의 분야를 전공하고자 하는 학생이 이수하기에 알맞은 과목이다.

| 영역 | 내용 |
|---|---|
| 함수의 극한과 연속 | • 함수의 극한<br>• 함수의 연속 |
| 다항함수의 미분법 | • 미분 계수<br>• 도함수<br>• 도함수의 활용 |
| 다항함수의 적분법 | • 부정적분<br>• 정적분<br>• 정적분의 활용 |
| 확률 | • 조합<br>• 확률의 뜻과 활용<br>• 조건부 확률 |
| 통계 | • 확률 분포<br>• 통계적 추정 |

④ **수학Ⅱ** : 국민 공통 기본 교육 기간인 고등학교 1학년까지의 수학을 이수한 후 보다 높은 수준의 수학을 학습하기 위하여 선택할 수 있는 과목으로, 대학의 자연 계열 또는 공학 계열로 진학을 희망하는 학생에게 필요한 기본 과목이다. 심화된 수학적 지식과 사고방법을 습득하고, 논리적 추론 능력을 키워 문제를 합리적으로 해결하는 능력과 태도를 기르게 함으로써 자연 과학 및 분야의 학습에 기초를 제공한다.

| 영역 | 내용 |
| --- | --- |
| 방정식 | • 분수방정식<br>• 무리방정식 |
| 부등식 | • 삼차부등식과 사차부등식<br>• 분수부등식 |
| 삼각함수 | • 삼각함수의 덧셈정리<br>• 삼각방정식 |
| 함수의 극한과 연속 | • 함수의 극한<br>• 함수의 연속 |
| 미분법 | • 미분계수<br>• 도함수<br>• 여러 가지 함수의 미분법<br>• 도함수의 활용 |

⑤ **적분과 통계** : 국민 공통 기본 교육 기간인 고등학교 1학년까지의 수학을 이수한 후 보다 높은 수준의 수학을 학습하기 위하여 선택할 수 있는 과목으로, 대학의 자연 계열 또는 공학 계열로 진학을 희망하는 학생에게 필요한 과목이다. 심화된 수학적 지식과 사고 방법을 습득하고, 논리적 추론 능력을 키워 문제를 합리적으로 해결하는 능력과 태도를 기르게 함으로써 자연 과학 및 공학 분야의 학습에 기초를 제공한다.

| 영역 | 내용 |
| --- | --- |
| 적분법 | • 부정적분<br>• 정적분<br>• 정적분의 활용 |
| 순열과 조합 | • 순열과 조합<br>• 이항정리 |
| 확률 | • 확률의 뜻과 활용<br>• 조건부확률 |
| 통계 | • 확률분포<br>• 통계적 추정 |

⑥ **기하와 벡터** : 국민 공통 기본 교육 기간인 고등학교 1학년까지의 수학을 이수한 후 보다 높은 수준의 수학을 학습하기 위하여 선택할 수 있는 과목으로, 대학의 자연 계열 또는 공학 계열로 진학을 희망하는 학생에게 필요한 과목이다. 심화된 수학적 지식과 사고 방법을 습득하고, 논리적 추론 능력을 키워 문제를 합리적으로 해결하는 능력과 태도를 기르게 함으로써 자연 과학 및 공학 분야의 학습에 기초를 제공한다.

| 영역 | 내용 |
|---|---|
| 일차변환과 행렬 | • 일차변환과 행렬<br>• 일차변환의 합성과 역변환 |
| 이차곡선 | • 포물선<br>• 타원<br>• 쌍곡선 |
| 공간도형과 공간좌표 | • 공간도형<br>• 공간좌표 |
| 벡터 | • 벡터와 그 연산<br>• 벡터의 내적<br>• 직선과 평면의 방정식 |

### 3) 교수·학습 방법

| 구분 | 내용 |
|---|---|
| 교육과정 내용의 지도 방법 | 가. 교육과정에 제시된 내용은 모든 학생이 도달해야 할 성취 기준이므로, 학생의 특성, 학년 간 연계성, 지역성 및 현실성을 고려하여 적절히 지도되어야 한다.<br>나. 학년별 내용의 배열순서가 반드시 교수·학습의 순서를 의미하는 것은 아니므로, 교수·학습 계획을 수립하거나 학습 자료를 개발할 때에는 내용의 특성과 난이도, 학교 여건 등을 고려하여 내용, 순서 등을 재구성 할 수 있다. |
| 보충·심화 학습의 기회 부여 | 다. 교육과정에 제시된 내용을 지도한 후 학습 결손이 있는 학생에게는 보충 학습, 우수한 학생에게는 심화 학습의 기회를 추가로 제공할 수 있다. |
| 다양한 교수·학습 방법의 제공 | 라. 수학과 수업에서는 교육 내용과 학생의 특성을 고려하여 발견 학습, 탐구 학습, 협동 학습, 개별 학습, 설명식 교수 등 다양한 교수·학습 방법을 활용할 수 있다. |
| | 마. 수학 수업에서 의미 있는 발문을 하기 위하여 다음 사항에 유의한다.<br>(1) 발문은 학생의 인지 발달과 경험을 고려하여 선택하고, 그에 대한 반응을 의미 있게 처리한다.<br>(2) 가능하면 열린 형태의 발문을 하여 창의적인 답이 나올 수 있게 한다.<br>바. 수학적 개념, 원리, 법칙의 교수·학습에서는 다음 사항에 유의한다.<br>(1) 생활 주변 현상, 사회 현상, 자연 현상 등의 여러 가지 현상을 학습 소재로 하여 수학적 개념, 원리, 법칙을 도입한다.<br>(2) 구체적 조작 활동과 탐구 활동을 통하여 학생 스스로 개념, 원리, 법칙을 발견하게 한다. |

| | |
|---|---|
| 수학적 능력의 신장을 위한 교수·학습 방법 | 사. 수학적 사고와 추론 능력을 발전시키기 위하여 교수·학습에서 다음 사항에 유의한다.<br>(1) 귀납, 유추 등을 통해 학생 스스로 수학적 사실을 추측하게 하고, 이를 정당화하거나 증명해 보게 할 수 있다.<br>(2) 수학적 사실이나 명제를 분석하고, 수학적 관계를 조직하고 종합하며, 학생 자신의 사고 과정을 반성하게 한다.<br>아. 수학적 의사소통 능력을 신장시키기 위하여 교수·학습에서 다음 사항에 유의 한다.<br>(1) 수학 용어, 기호, 표, 그래프 등의 수학적 표현을 이해하고 정확히 사용하게 한다.<br>(2) 수학적 아이디어를 말과 글로 설명하고 시각적으로 표현하여 다른 사람과 효율적으로 의사소통할 수 있게 한다.<br>(3) 수학을 표현하고 토론하면서 자신의 사고를 명확히 하고 반성함으로써 의사소통이 수학을 학습하고 활용하는데 중요함을 인식하게 한다. |
| 수학적 능력의 신장을 위한 교수·학습 방법 | 자. 문제 해결력을 신장시키기 위하여 교수·학습에서 다음 사항에 유의한다.<br>(1) 문제 해결은 전 영역에서 지속적으로 지도한다.<br>(2) 학생 스스로 문제 상황을 탐색하고 수학적 지식과 사고 방법을 토대로 문제 해결 방법을 적절히 활용하여 문제를 해결하게 한다.<br>(3) 학생의 경험과 욕구를 바탕으로 문제를 창의적으로 해결할 수 있게 한다.<br>(4) 문제 해결의 결과뿐만 아니라 문제 해결 방법과 과정, 문제를 만들어 보는 활동도 중시한다.<br>(5) 생활주변 현상, 사회 현상, 자연현상 등의 여러 가지 현상에서 파악된 문제를 해결하면서 수학적 개념, 원리, 법칙을 탐구하고 이를 일반화한다. |
| 수학에 대한 긍정적 태도 신장을 위한 교수·학습 방법 | 차. 수학에 대한 긍정적 태도를 신장시키기 위하여 교수·학습에서 다음 사항에 유의한다.<br>(1) 여러 가지 현상에서 접할 수 있는 수학을 다룸으로써, 수학에 대한 가치를 인식하고 수학의 필요성을 느낄 수 있게 한다.<br>(2) 수학에 대한 흥미, 관심, 자신감을 갖도록 학습 동기와 의욕을 유발한다. |
| 교육 기자재의 활용 | 카. 수학 교수·학습 과정에서 교육기자재의 활용은 다음 사항에 유의한다.<br>(1) 교수·학습의 전 과정을 통하여 적절하고 다양한 교육 기자재를 활용하여 수학 학습의 효과를 높이도록 한다.<br>(2) 계산 능력 배양을 목표로 하지 않는 경우의 복잡한 계산 수행, 수학적 개념·원리·법칙의 이해, 문제해결력 향상 등을 위하여 계산기, 컴퓨터, 교육용 소프트웨어 등의 공학적 도구와 다양한 교구를 확보하여 활용할 수 있다. |
| 수준별 수업의 운영 | 타. 각 학교에서는 학생 개인의 학습 능력과 수준, 적성, 희망 등을 고려하여 수준별 수업을 운영할 수 있다. 수준별 수업을 운영할 때에는 다음 사항에 유의한다.<br>(1) 수준별 수업은 학교 상황에 맞게 수준별 집단을 편성하여 운영할 수 있다.<br>(2) 수준별 수업은 내용 요소를 차별화하기보다는 내용의 깊이나 접근 방법에 차이를 두어 운영한다. |

### (1) 교육과정 내용의 지도 방법

① 교육과정에 제시된 내용은 어느 특정 학생들을 위하여 제시된 기준이 아니라 모든 학생들이 학습해야 할 내용이다. 이에 수업에서는 모든 학생이 교육과정의 내용을 습득할 수 있도록 수학교과가 가지고 있는 위계적이고 누적적이며 단계적인 특성을 감안하고, 학생의 특성, 학년 간 내용의 연속적인 연계성, 지역성 및 현실성을 고려하여 학생 개개인에 알맞은 지도가 이루어질 필요가 있다.

② 교과서와 같은 교수·학습 자료의 개발이나 실제 수학 학습의 지도를 위한 교수·학습의 계획 시에는 각 내용간의 위계나 관계 또는 난이도, 학교 여건 등을 고려하여 그 순서나 내용을 적절하게 변화시켜 재구성할 필요가 있다.

## (2) 보충·심화 학습의 기회 부여

### ① 보충 학습의 기회 부여

㉠ 교육과정에는 기본 내용만 제시하고 있으며, 교육과정상 명시된 기본 내용을 지도한 후 여전히 학습 목표에 제대로 도달하지 못한 학생들에게는 보충 학습의 기회를 제공할 수 있다.

㉡ 강제적 규정은 아니지만 교육과정에 제시된 기본 내용에 대한 일반적인 이해나 학습이 제대로 이루어지지 못했다고 판단되는 학생들을 위하여 제반 여건이 허락하는 범위 내에서 보충 학습의 기회를 부여할 수 있다.

㉢ 보충 학습을 받아야 할 학생들의 학업 수준이나 상태가 다양하므로 교육과정 문서에 그 내용이나 범위, 수준을 일률적으로 정하기가 어렵다. 따라서 교사들이 해당 학생의 학업 수준이나 상태에 따라 그 내용과 방법을 결정해야 한다.

㉣ 보충학습 내용 : 기본 내용의 학습에서 발생하는 체계적 오류나 전반적인 이해가 어려운 내용들 중에 필수적으로 알아야 될 부분으로 한다.

㉤ 보충학습 지도 방식 : 해당 내용의 수준을 하향 초등화 하거나 구체적 상황이나 조작물 사용에 의한 직관적 방법이나 유추와 같은 방법의 사용이 가능하다.

### ② 심화 학습의 기회 부여

㉠ 교육과정에 제시된 기본 내용을 지도한 후 우수한 학생에게는 심화 학습의 기회를 제공할 수 있으며 보충 학습과 마찬가지로 교육과정상 명시되어 있지 않다.

㉡ 심화 학습 내용 : 기본 학습 내용인 이미 학습한 내용에 대한 이해와 적용의 폭을 넓히거나 그 내용과 관련하여 수업 자료를 좀 더 풍요롭게 제공하는 방식으로 내용을 상세화 할 수 있다.

㉢ 심화 학습 지도 방식 : 심화 학습이 자칫 해당 학년의 내용의 범위나 수준을 벗어나거나 난이도 면에서 지나치게 어려운 경우는 피해야 할 것이다. 즉, 상위 학년에서 학습할 내용을 미리 도입하거나 그 내용과 관련되어 있는 내용을 다루어서는 안 된다.

### (3) 다양한 교수·학습 방법의 제공

① 수학 학습 지도의 방법은 수학 학습 내용의 성격이나 학습 상황에 따라 받아들이는 학생들뿐만 아니라 교육 내용의 특성이 일정하지 않으므로 다양화할 필요가 있다. 이 때 특정한 하나의 방법만을 활용하는 수업뿐만 아니라 모든 수업 방법이 함께 어우러진 형태의 수업 방법도 활용할 수 있다.

② 수학 교수·학습에 있어서 교사의 설명에 주로 의존하는 방식을 지양해야 한다. 그렇다고 해서 교사의 설명식 교수 방법을 전면 배제해야 한다는 것은 아니다. 즉, 교사의 치밀한 준비에 의해 진행되는 설명식 교수 방법을 기본으로 하여 부분적으로 해당 내용의 성격이나 학습자의 심리적 상태 등을 고려하여 수업의 주체를 학습자로 옮겨야 한다.

③ 발견식의 방법이나 학습자의 능동적인 조작 활동을 통한 탐구 방식의 학습, 또는 교사와 학생이 같이 학습 활동을 전개하는 방식 등으로 학습자의 능동적이고 적극적인 학습 활동에의 개입을 중시하는 소위 활동주의 학습 원리를 적용하여 학습 효과를 극대화시킬 수 있다.

④ 발문이 일어나는 상황은 교사와 학생이 직접 연결되어 공동의 학습이 일어나는 심리적 상황에 놓이게 되므로 학습자의 학습 심리적인 면을 충분히 파악한 후에 학생의 인지 발달과 경험을 고려하여 이루어져야 한다.

⑤ 발문은 전반적으로 학생으로 하여금 자신의 독창적인 생각을 부담 없이 펼칠 수 있는 기회를 가질 수 있도록 비평가적인 열린 방식이 되어야 한다. 이와 반대로 교사가 준비된 답 중에서 선정하는 방식의 대답이나, 단답식의 대답을 요구하는 것은 지양해야 한다.

⑥ 교사는 발문을 통하여 개별 학생의 학습 상태의 점검이나 문제점을 해결할 수 있으며, 한 학생에 대한 발문을 통하여 유사한 입장에 있는 나머지 학생들의 학습에 대한 스스로의 점검과 확인은 물론 각자의 생각을 정리할 수 있는 기회를 제공할 수 있다.

⑦ 수학의 개념, 원리, 법칙의 지도 시 해당 내용이 포함되어 있거나, 그와 같은 내용에 대한 생각을 일으킬 수 있는 친숙한 생활환경이나 장면 또는 상황을 설정하여 이와 같은 내용에 대한 학습이 효과적으로 이루어질 수 있게 준비하여야 한다.

⑧ 교사가 세련되고 완전하게 구성된 내용을 최종적으로 교수·학습 과정에서 제시하고 이를 학생들이 이해하고 수용하기를 바라기보다는 그와 같은 최종의 내용 상태에 이르기까지의 과정을 학습자가 스스로 경험을 할 수 있는 기회를 제공해야 한다. 즉 학습자로 하여금 자신의 학습 전 과정을 자력으로 이끌어 갈 수 있는 기회와 경험을 허락함으로써 학습하는 방법을 학습할 수 있는 능력을 키워 줄 수 있는 것이다.

### (4) 수학적 능력의 신장을 위한 교수·학습 방법

① 수학적 활동에서 논리 정연한 추론 과정은 필수적 요소이며, 이에 대한 객관적 검증의 과정 등은 모두 일반적 문제 상황에서도 요구되는 것으로, 수학적 추론 훈련을 통하여 얻을 수 있는 주요 정신 능력이다. 그러므로 학습자 중심의 교수·학습 활동을 위하여 학생 스스로 귀납, 유추 등을 통해 수학적 사실을 추측할 필요가 있으며, 또한 이 결과를 판단하고, 정당화하거나 증명해 보게 함으로써 수학적 사고와 추론 능력을 발전시킬 수 있다.

② 수학 교수·학습에서 교사는 학생들의 분석력과 종합력을 배양함으로써 학생들이 수학적 사실이나 면제를 분석하고, 수학적 관례를 조직하고 종합하며, 학생 자신의 사고 과정을 반성할 수 있도록 하여야 한다.

③ 수학적 의사소통을 강조하여 미래를 살아가는 학생들에게 합리적으로 사고하고 이를 합리적으로 표현함으로써 삶에 필요한 수학적 소양을 기르도록 해야 한다.

④ 수학적 의사소통 능력을 신장시키기 위하여 수학 용어, 기호, 표, 그래프 등의 수학적 표현을 이해하고 정확히 사용할 수 있어야 한다. 또한 수학적 아이디어를 말과 글로 설명하고 시각적으로 표현하여 다른 사람과 효율적으로 의사소통할 수 있을 뿐만 아니라, 개인별로 문제를 푸는 활동을 포함하여, 말하기, 듣기, 읽기, 쓰기와 같은 다양한 방법을 활용하여야 한다.

⑤ 문제해결 교육의 목적은 이미 배운 수학적 사실이나 알고리즘을 단순히 적용하는 것이 아니라 수학을 학습하게 하도록 하는 것이다. 이러한 문제해결은 어느 한 단원에서 강조하여 다루는 것이 아니라 전 학년의 수학 학습의 지도 과정에서 계속적으로 지도하여야 한다.

⑥ 문제해결식의 학습 지도는 학생 스스로의 다양한 사고 활동이나 사고 실험을 요구하는 것으로 단편적인 전략의 사용만이 아닌 이미 학습된 내용을 종합적으로 활용하여 주어진 문세 상황을 해결하기 위하여 자신만의 독창적 사고를 구성하고 학생의 경험과 욕구를 바탕으로 문제를 창의적으로 해결할 수 있도록 훈련할 수 있는 기회를 제공하여 문제해결 방법을 적절히 활용하여 문제를 해결하게 한다.

⑦ 해결한 문제는 그 결과의 옳고 그름만이 중요한 것이 아니라, 문제를 풀어가는 과정, 방법, 다양한 전략의 활용까지도 중요하다. 또한 문제를 해결하는 활동뿐만 아니라 주어진 조건이나 학습한 내용으로 문제를 만들어 보는 활동과 해결하는 과정을 거듭함으로써 문제해결력이 신장될 수 있다.

⑧ 문제해결 활동을 위한 문제들은 수학적 문제뿐만 아니라 생활주변 현상, 사회 현상, 자연 현상 등의 여러 가지 현상에서 파악된 문제들을 포함하는 것이 바람직하다. 이런 활동을 경험한 학생들은 다양한 상황에서 문제들을 해결하면서 수학적 개념, 원리, 법칙을 탐구하고, 이를 실생활에 활용하여 일반화할 수 있을 것이다.

### (5) 수학에 대한 긍정적 태도 신장을 위한 교수·학습 방법

① 학생들에게 친숙한 생활 주변의 현상, 사회 현상, 자연 현상 등을 학습 소재로 적극적으로 활용하여 학생들의 관심과 흥미를 유발하는 것이 필요하다.

② 수학이 실생활의 여러 가지 문제를 해결하거나 타 교과 학습에 중요한 역할을 함을 알려주는 다양한 사례를 접하게 하고, 수학이 인류 문명의 발전에 기여하고 있는 사례를 이해하기 쉽고도 흥미롭게 알려주는 것이 필요하다.

③ 학생들은 관심 있는 분야의 문제를 수학적 지식과 사고 방법으로 분석하고 조직하여 문제를 해결해보고 수학 학습에서 성공하는 경험을 쌓을 때, 수학 학습에 관심과 흥미, 학습에 대한 자신감을 가질 수 있으므로, 학생들에게 이러한 기회를 풍부하게 제공하는 것이 필요하다.

④ 학생들이 수학 학습 과정에서 어려움을 겪을 때에는 학습 과정의 문제점을 점검해보고 문제점을 해결할 수 있도록 조언해 주며, 수학 학습에 자신감을 잃지 않도록 격려하고 도와줌으로써 학생들이 용기와 인내심을 갖고 꾸준히 수학 학습에 노력을 기울일 수 있도록 해 주는 것이 필요하다.

### (6) 교육 기자재의 활용

① 중학교 이상의 학생의 인지발달은 초등학생과는 달리 구체적 조작물을 활용한 활동보다는 반구체물이나 상징적 도구를 활용한 활동을 통하여 이루어진다는 점을 감안하여 새로운 개념이나 내용의 학습지도 과정에서 활용 가능하거나 학습자 스스로 실험해 볼 수 있는 도구를 활용하는 것이 바람직하다.

② 교사는 해당 기자재의 사용 방식이 그 기자재를 가지고 학습하고자 하는 내용이 포함하고 있는 본연의 목적 달성을 오히려 저해하는 방식이 되지 않게 면밀히 검토할 필요가 있으며 같은 기자재일지라도 그 사용 방식에 따라 얻을 수 있는 효과가 다양할 수 있으므로 사용 효과를 다양화, 극대화시키기 위한 준비 작업에 정성을 기울일 필요가 있다.

③ 수학의 학습과 지도에 활용할 수 있는 교육 기자재로는 다양한 도형(입체, 평면도형 등), 직접 조립할 수 있는 구체물과 계산기, 컴퓨터 등과 이를 활용할 수 있는 다양한 소프트웨어의 활용이 있다.

④ 교육기자재의 활용을 강조한다 하더라도 실제 수업할 때 필요한 교육용 소프트웨어 등의 공학적 도구와 다양한 교구를 확보해야 한다.

### (7) 수준별 수업의 운영

① 수학이 학생 개개인에 따라 학습 성취도차가 큰 교과임을 생각할 때, 효율적인 수학 교수·학습을 위해서는 개개인의 학생 수준에 적합한 수준별 수업을 운영하는 것이 바람직하다.

② 각 학교에서는 학생 개인의 학습 능력과 수준, 적성, 장애 희망 등은 물론, 학교별 학습 환경의 차이도 반영하여－학습 내용의 소재나 배경의 설정 시 해당 학교의 지역적, 사회적 측면을 고려하여 학습과 생활환경과의 괴리감을 극소화하는 방법으로－실질적인 수학 학습 지도가 이루어질 수 있도록 할 필요가 있다.

③ 학습자 중심의 수준별 수업의 효율적 운영을 위하여 학습자의 학습 능력과 수준, 진로, 적성 등의 개인차를 고려한 교수·학습의 개별화를 추구해야 한다. 그리고 수준별 수업은 학교 상황에 맞게 수준별 집단을 편성하여 운영할 수 있다.

④ 무엇보다도 수준별 수업은 내용 요소를 차별화하기보다는 내용의 깊이나 접근 방법에 차이를 두어 운영할 수 있다.

| 구분 | 내용 |
|---|---|
| 평가의 목적 | 가. 수학 학습의 평가는 학생의 인지적 영역과 정의적 영역에 대한 유용한 정보를 제공하여 학생 개개인의 수학 학습과 전인적인 성장을 돕고 교사의 교수 활동과 수업 방법을 개선하는 데 활용한다.<br>나. 수학 학습의 평가에서는 학생의 인지 발달 수준을 고려하고, 교육과정에 제시된 내용의 수준과 범위를 준수한다. |
| 평가의 방법 | 다. 수학 학습의 평가는 수업의 전개 과정에 따라 진단평가, 형성평가, 총괄평가 등의 적절한 평가 방식을 택하여 실시하되, 지속적인 평가를 통하여 다양한 정보를 수집하고 수업에 활용한다.<br>라. 수학 학습의 평가에서는 획일적인 방법을 지양하고 지필평가, 관찰, 면담, 자기평가 등의 다양한 평가 방법을 통해 수학 교수·학습을 향상시킬 수 있게 한다. |
| 인지적 영역의 평가 | 마. 인지적 영역에 대한 평가에서는 학생의 수학적 사고력 신장을 위하여 결과뿐만 아니라 과정도 중시하여 평가하되, 수학의 교수·학습에서 전반적으로 요구되는 다음 사항을 강조한다.<br>(1) 수학의 기본적인 개념, 원리, 법칙을 이해하고 적용하는 능력<br>(2) 수학적 표현의 의미를 이해하고 정확하게 사용하는 능력<br>(3) 수학적 지식과 기능을 활용하여 타당하게 추론하는 능력<br>(4) 다양한 상황에서 발생하는 여러 가지 문제를 수학적으로 사고하여 해결하는 능력<br>(5) 생활 주변 현상, 사회 현상, 자연 현상 등의 여러 가지 현상을 수학적으로 관찰, 분석, 조작하는 능력<br>(6) 수학적 사고 과정과 결과를 합리적으로 의사소통하는 능력 |
| 정의적 영역의 평가 | 바. 정의적 영역에 대한 평가에서는 학생의 수학에 대한 긍정적 태도를 신장시키기 위하여 학생의 수학에 대한 바람직한 가치관이나 수학 학습에 대한 관심, 흥미, 자신감 등의 정도를 파악한다. |
| 평가에서 공학적 도구의 활용 | 사. 수학 학습의 평가에서는 평가하는 학습 내용에 따라 학생에서 계산기, 컴퓨터와 같은 공학적 도구와 다양한 교구를 이용할 수 있는 기회를 제공할 수 있다. |

## (4) 평가

### 1) 평가의 목적

#### ① 학생

㉠ 학생의 성취 정도는 학생이 이미 학습한 수학 내용을 어느 정도 이해하고 있는가를 확인하는 데에 도움을 준다.

㉡ 평가를 통해 학생이 이미 학습한 수학 내용 중에서 강점을 갖는 부분이 어디이며 취약한 부분이 어디인가를 확인할 수 있다.

㉢ 학생은 평가 결과를 토대로 자신에게 취약한 부분으로 나타난 수학 내용의 학습에 더욱 집중할 필요성을 느끼게 된다.

㉣ 학생 자신이 강점을 갖는 수학 내용을 기초로 하여 더욱 고차원적인 수학 내용의 학습으로 진행해 갈 수도 있다.

#### ② 교사

㉠ 교사는 평가 결과를 토대로 자신의 교수 방식을 개선할 수 있어야 한다.

㉡ 교사 자신의 교수 방식을 개선하기 위해 학생들의 학습 결과를 점검하는 것이다.

㉢ 교사는 평가를 통해, 학생들이 학습의 결과로 실제로 가지고 있는 지식과 교사가 교수의 결과로 학생들이 가지고 있을 것으로 예상하는 지식 사이에 어느 정도의 거리가 존재하는지를 확인할 수 있다.

### 2) 평가의 방법

① 진단평가는 학생의 선행 학습 내용을 확인하는 데에, 형성평가는 교수·학습을 안내하는 데에, 그리고 총괄평가는 학생의 발전 상태를 확인하는 데에 그 목적이 있다. 진단평가는 수업의 시작 단계에서, 형성평가는 수업을 진행하고 있는 과정에서, 그리고 총괄평가는 수업을 마무리한 상황에서 실시하는 것이 보통이다.

㉠ 진단평가 : '해당 차시 수업을 위해 학생들이 선행적으로 필요한 기능과 지식을 가지고 있는가?', '학생들은 지도되어야 할 내용에 대해 어느 정도 알고 있는가?' 등을 평가한다. 진단평가는 학생이 이미 알고 있는 것을 확인하여, 교사가 학습을 위한 가장 효율적인 시작점에 학생을 배치할 수 있도록 도움을 준다.

㉡ 형성평가 : '학생은 해당 수업에서 성취해야 할 목표를 향해 적절하게 진행하고 있는가?'를 주로 평가한다. 형성평가는 교사가 학생들의 진행 정도나 향상 상태를 확인하고 수업을 올바른 방향으로 진행하는 데에 도움을 준다.

㉢ 총괄평가 : 한 시간의 수업이나 한 단원의 교수 활동에서 목표로 한 바를 학생들이 도달했는가를 결정하기 위해 수행된다. 교사는 총괄평가를 통해 '학생들은 해당 수업을 통해 성취했어야 할 목표에 도달했는가?', '학생들이 수업에서 지도한 수학 내용을 알고 이해했는가?', '학생들이 수업에서 학습한 내용을 적용할 수 있는가?', '학생들이 다음에 다룰 수학 내용을 학습하기에 충분히 높은 수준에 도달했는가?' 등을 확인할 수 있다.

② 학생들의 수학적 사고 과정과 결과를 확인할 수 있는 질 높은 문항들이 지필평가에 담겨 있다면, 지필평가를 통해서도 충분히 의미 있는 평가를 수행할 수 있다. 또한 지필평가와 함께 관찰, 면담, 자기평가 등의 다양한 평가 방법을 조화롭게 활용함으로써 교수·학습과 관련된 다양한 정보를 얻는 것이 중요하다.

③ 관찰법은 수학적인 수행 능력과 같은 인지적 영역뿐만 아니라 수학에 대한 태도와 신념과 같은 정의적 영역을 평가할 수 있다는 장점이 있다.

④ 면담법은 학생 개별적으로 면담을 실시하여 학습 부진아를 진단하거나 학습 우수아를 확인할 수 있고, 또한 소집단별로 과제를 수행하는 자연스러운 분위기에서 면담을 실시하여 평가 목적에 부합하는 정보를 얻을 수도 있다.

⑤ 자기평가의 구체적 방법으로는 '학생 자신과의 대화'와 '학생 자신에게 질문하기'등이 있다. '학생 자신과의 대화'는 자신을 쉽게 표현하기 쓰기 활동의 일종이며, 매시간 학생 스스로 자신의 수학 지식의 이해도 및 수학에 대한 태도를 짧은 형태로 기록하여 교사에게 제출하는 것으로 일종의 개인 일지라고 할 수 있다(Burton, 1985; 최승현, 1999에서 재인용). '학생 자신에게 질문하기'는 수학 문제를 해결하는 동안 학생들이 자기 자신에게 질문을 함으로써 자기를 감독하는 방법이다.

### 3) 인지적 영역의 평가

① 인지적 영역에서는 학생들의 문제해결 과정과 문제해결 결과를 동시에 고려해야 한다. 문제해결이 결과만을 평가하는 것으로는 학생들이 해당 수학적 개념을 정확히 알고 있는지 확인할 수 없다. 그러나 학생들의 문제해결 과정에 대한 평가는 학생들의 오개념이 무엇이며 오개념이 어디에서 비롯되는가에 대한 구체적인 정보를 제공함으로써 교수·학습의 실질적 개선에 기여할 수 있다.

② 수학의 기본적인 개념, 원리, 법칙을 이해하고 적용하는 능력의 평가에서는, 학생들이 수학적 사실이나 수학적 절차 등을 의미 충실하게 이해하고 있는지에 중점을 두어야한다. 수학의 기본적인 개념, 원리, 법칙 등을 의미 충실하게 이해하지 않고 단지 암기하고 있는 학생들은 자신들이 알고 있는 것을 언제 그리고 어떻게 사용해야 하는지를 확신

하지 못한다. 따라서 학생들이 단지 암기한 것을 기억하여 답을 제시할 수 있는 문항보다는 학생들의 이미 충실한 이해를 평가할 수 있는 문항을 제시해야 한다.

③ 수학적 표현의 의미를 이해하고 정확하게 사용하는 능력의 평가에서는, 수학적 아이디어를 주직하고 기록하며 의사소통하기 위해서 표현을 만들고 활용할 수 있는지, 문제를 해결하기 위해서 수학적 표현을 선택하고 적용하며 변환할 수 있는지 등에 중점을 두어야 한다.

④ 수학적 지식과 기능을 활용하여 타당하게 추론하는 능력의 평가에서는, 귀납과 유추에 의해 수학적 법칙과 문제의 해법을 발견할 수 있는지, 수학적 추측을 만들고 조사할 수 있는지, 수학적 논쟁 능력을 개발하고 평가할 수 있는지, 다양한 유형의 추론 방법을 선택하고 사용할 수 있는지 등에 중점을 두어야 한다.

⑤ 다양한 상황에서 발생하는 여러 가지 문제를 수학적으로 사고하여 해결하는 능력의 평가에서는, 수학과 다른 교과 상황에서 나타나는 문제를 해결할 수 있는지, 문제를 해결하기 위하여 다양하고 적절한 전략을 적용하고 채택할 수 있는지, 수학 문제해결 과정을 관찰하고 반성할 수 있는지, 문제해결을 통해 새로운 수학적 지식을 만들어 낼 수 있는지 등에 중점을 두어야 한다.

⑥ 생활 주변 현상, 사회 현상, 자연 현상 등의 여러 가지 현상을 수학적으로 관찰, 분석, 조직하는 능력의 평가에서는, 생활 주변의 현상을 포함한 다양한 현상을 모델링하고 해석하기 위해서 수학을 활용할 수 있는지에 중점을 두어야 한다. 학생들은 다양한 현상을 수학적으로 관찰, 분석, 조직하는 경험을 통해, 수학과 다른 학문과의 연결성을 인식할 수 있다.

⑦ 수학적 사고 과정과 결과를 합리적으로 의사소통하는 능력의 평가에서는, 의사소통을 통하여 학생 자신의 수학적 사고나 문제해결 과정을 조직하고 확고히 할 수 있는지, 학생 자신의 수학적 사고나 문제해결 과정을 조직하고 확고히 할 수 있는지, 학생 자신의 수학적 사고나 문제해결 과정을 학급 친구, 교사, 다른 사람들에게 일관적이고 명확하게 의사소통할 수 있는지, 다른 사람의 수학적 사고와 전략을 분석하고 평가할 수 있는지, 수학적 아이디어를 정확하게 표현하기 위하여 수학의 언어들을 사용할 수 있는지 등에 중점을 두어야 한다.

### 4) 정의적 영역의 평가

① 인지적 영역이 수학적 지식 및 수학적 사고 방식과 관련된 지적인 특성을 대상으로 한다면, 정의적 영역은 수학에 대한 전형적인 태도 및 감정 표현의 방식과 관련된 특성을 대상으로 한다.

② 수학에 대한 긍정적 태도나 바람직한 가치관은 수학 학습을 성공적으로 수행하여 수학에 높은 성취를 이루는 데에 중요한 역할을 하며, 수학 교수·학습 활동에 활력을 줄 수 있다.

③ 정의적 영역은 수학에 대한 흥미와 호기심, 수학에 대한 자신감, 수학에 대한 불안, 수학의 유용성 인식, 과제집착력과 의지, 창의적 사고, 수학 수업에의 참여 등 다양한 하위 영역으로 구분할 수 있다.

| 정의적 영역 | 세부 항목 |
|---|---|
| 수학에 대한 흥미와 호기심 | • 수학을 하는 것을 즐거워 한다.<br>• 수학에서 배우는 것들에 대해 흥미가 있다.<br>• 수학 수업 시간을 기다린다.<br>• 수학에 대한 것을 읽기를 좋아한다. |
| 수학에 대한 자신감 | • 수학 공부에 자신감을 가지고 있다.<br>• 수학에서 좋은 성적을 받을 것이라고 생각한다.<br>• 수학에서 어려운 내용까지도 잘 이해할 수 있다.<br>• 수학을 가장 잘하는 과목 중의 하나로 생각한다. |
| 수학에 대한 불안 | • 수학 수업이 어려울까봐 걱정한다.<br>• 수학 성적이 나빠질까봐 걱정한다.<br>• 수학 문제를 풀 때 긴장한다. |
| 수학의 유용성 인식 | • 수학이 우리의 생활에 많은 도움을 준다고 생각한다.<br>• 수학이 사고력을 기르는 데 도움이 된다고 생각한다.<br>• 수학이 나중에 공부하는 데 필요하므로 중요한 과목이라고 생각한다.<br>• 수학이 나중에 직장 생활을 하는 데 도움이 된다고 생각한다. |
| 과제집착력과 의지 | • 수학 공부를 열심히 한다.<br>• 수학 시간에 배운 내용을 확실히 알려고 노력한다.<br>• 수학 문제를 풀 때, 답을 구할 때까지 중단하지 않고 열심히 하려고 노력한다.<br>• 수학 공부를 잘하기 위해 계획을 세우고 스스로 노력한다. |
| 창의적 사고 | • 다른 사람의 방법을 그대로 따라하는 것보다는 스스로 생각하고 탐구한다.<br>• 수학 문제를 풀 때 다른 사람과는 다른 독특한 방법을 찾아보려고 한다.<br>• 수학 문제를 풀 때 한 가지 방법으로 해결하는 것보다는 다양한 방법을 찾아보려고 한다.<br>• 수학 문제를 풀 때 내가 알고 있는 방법 중에 어떤 것이 더 적절한지를 생각한다. |
| 수학 수업에의 참여 | • 수학 수업시간에 모둠 활동에 적극적으로 참여한다.<br>• 수학 수업 시간에 다른 생각을 한다.<br>• 수학 수업 시간에 발표를 많이 한다.<br>• 수학 문제를 풀 때 아이디어를 다른 학생들과 공유한다. |

### 5) 평가에서 공학적 도구의 활용

① 지금까지 학교수학에서 해결과정이 간단하거나 그 답이 비교적 간단한 수치로 나오는 문제들을 다루었던 상황은 문제해결에서 문제의 본래 목적과 모순되지 않는 경우에 한해서 계산기, 컴퓨터와 같은 공학적 도구를 이용할 수 있도록 함으로써 어느 정도 극복할 수 있다.

② 문제해결에서 가장 중요한 아이디어는 학생의 사고로 탐색하게 하되, 그 이외의 문제해결의 수단이 되는 복잡한 과정은 공학적 도구의 다양한 기능을 이용하게 하는 것이다. 이런 방식으로 수학 문제해결에 공학적 도구를 도입한다면, 학생들이 생활에서 접하는 다양한 현상과 관련성이 깊은 풍부한 맥락의 문제들을 학교수학에서 다룰 수 있게 된다.

## 04 제7차 교육과정 대 2007 개정에 따른 교육과정 비교

### (1) 국민공통기본교육과정

| 구분 | | 제7차 교육과정 | 개정 교육과정 | 비고 |
|---|---|---|---|---|
| 기본방향 | | • 개인의 능력 수준과 진로 고려<br>• 수학의 기본 지식 중시<br>• 수학적 사고력, 문제해결력 신장<br>• 수학 학습에 흥미와 자신감을 가지게 하는 수학교육 | • 수준별 수업 운영 권장<br>• 교육 내용의 적정화<br>• 수학적 능력 신장 강조<br>• 수학의 가치 제고와 정의적 측면 강조 | |
| 성격 | | • 단계형 수준별 교육과정 설명<br>• 6개 내용 영역 | • 학교급별 5개 내용 영역의 구성 요소 설명 | • 단계형 삭제<br>• 학교급별 특성에 맞는 영역별 제시<br>• 학습내용간 연계성 강화를 고려한 영역명 제시 |
| 목표 | | | • 학교급별 목표 제시 | • 초·중·고의 성취목표를 세분화하여 진술 |
| 내용 | 내용체계 | • 6개 영역에 따른 내용 구성<br>• 심화과정 | • 학교급별 5개 내용영역에 따라 내용 구성<br>• (삭제) | • 새 영역명에 따라 내용 재구성<br>• 심화과정 삭제 |
| 내용 | 중학교 1학년 | • 이진법의 덧셈, 뺄셈<br>• ≦, ≧ | • (삭제)<br>• ≤, ≥ | • 삭제(학습량 감축, 난이도 조정)<br>• 수정(국제 표준 사용) |
| 내용 | 중학교 1학년 | • 정비례와 반비례 | • (삭제) | • 하향화하여 초6으로 이동 |
| 내용 | 중학교 1학년 | • 함수(비례 관계로 도입) | • 함수(종속 관계를 바탕으로 한 대응으로 도입) | • 수정(보편적인 개념 사용) |
| 내용 | 중학교 1학년 | • 표와 그래프 읽기<br>• '교수학습상의 유의점'의 가평균을 이용하여 평균을 구하는 것은 다루지 않는다. | • 표와 그래프 해석<br>• (삭제) | • 수정(자료 해석 강화)<br>• 삭제(제한 불필요) |

| | | | | |
|---|---|---|---|---|
| | | • 기호 $\angle R$ | • (삭제)<br>• 두 원의 위치 관계 | • 삭제(학습량 감축, 필수기호정선)<br>• 고1에서 이동(학습 부담 경감) |
| | 중학교 2학년 | • 근사값의 덧셈과 뺄셈 | • (삭제)<br>• 곱셈공식 유도 | • 사제(학습량 경감, 필수 내용 정선)<br>• 중3에서 이동(중3 학습 부담 경감) |
| | | | • 명제의 뜻과 증명의 의미 이해<br>• 기호 $p \rightarrow q$ 추가 | • 학습 내용 명료화<br>• 추가(명제에 대한 이해 향상) |
| | | • '닮음의 활용'과 관련된 명제 증명 | • '닮음의 활용'과 관련돈 명제 이해 | • 증명 축소(난이도 조정, 학습량 경감) |
| | 중학교 3학년 | • 무한소수를 이용하여 무리수 도입<br>• 곱셈공식 | • (삭제)<br>• (삭제)<br>• '교수－학습상의 유의점'에 인수분해의 심화 지도 가능 내용 제시 | • 삭제(수준별 학습지도 가능)<br>• 중2로 이동(중3 학습 부담경감)<br>• 상세화(수준별 지도 가능 내용 제시) |
| | | • 상관도와 상관표 | • (삭제)<br>• 중앙값, 최빈값<br>• 분산과 표준편차 | • 삭제(학습내용 정선)<br>• 추가(미래 사회 요구 등)<br>• 고1에서 이동(연계성 강화) |
| | | • 원의 접선에 대한 성질 증명 | • 원의 접선에 대한 성질 이해 | • 증명 축소(난이도 조정, 학습량 경감) |
| 내용 | 고등학교 1학년 | | • '조건', '진리집합', '모든', '어떤' | • 용어 도입 |
| | | • '분산과 표준편차' | • (삭제) | • 중3으로 이동 |
| | | • 시컨트, 코시컨트, 코탄젠트 함수 | • (삭제) | |
| | | | • '경우의 수', '순열과 조합' 내용 | • 수학 I에서 고1로 이동 |
| | | • '두 원의 위치 관계' | • (삭제) | • 중1로 이동 |
| 교수·학습 방법 | | • 단계별 수준별 교육과정 편성·운영 방안, 단계별 보충·심화 과정 운영 유의 사항 제시<br>• 영역별 내용 지도 방안 제시<br>• 교육기자재의 활용 | • (삭제)<br>• 다양한 수업 방법 제시<br>• 의사소통 능력 지도 유의점 제시<br>• 수학적 사고와 추론 능력 지도 유의점 제시<br>• 문제해결력에 '문제만들기'추가<br>• (삭제)<br>• 교육기자재의 확보·활용<br>• 수준별 수업 운영 방법 제시 | • 단계별 수준별 교육과정을 수준별 수업으로 전환<br>• 다양한 수업 방법 활용 권장<br>• 의사소통 능력 강화<br>• 추론능력강화<br>• 문제해결력 강화<br>• '교수·학습 상의 유의점'에서 제시<br>• 교육기자재 확보를 위한 근거 제시<br>• 학교 여건 고려하여 실시하게 함 |
| 평가 | | • 수학적 성향 평가<br>• 절대 평가 기준 제시 | • 다양한 평가 방법 제시<br>• 의사소통 능력 평가 제시<br>• 정의적 영역 평가<br>• 공학적 도구와 교구 이용평가 기회 제공<br>• (삭제) | • 다양한 평가 방법 활용 권장<br>• 의사소통 능력 신장<br>• 수정(보편 용어 사용)<br>• 학습과 평가 일치<br>• 평가 기준의 수준 구분에 대한 단위 학교의 자율성 확대 |

## (2) 선택중심교육과정

<table>
<tr><th colspan="2">구분</th><th>제7차 교육과정</th><th colspan="2">개정 교육과정</th><th>비고</th></tr>
<tr><td>선택과목</td><td>과목구성</td><td>• 일반 선택과목 1개/심화선택과목 5개 개설<br>• 수학 I<br>• 수학 II<br>• 미분과 적분<br>• 확률과 통계<br>• 이산수학<br>• 실용수학(일반 선택과목)</td><td colspan="2">• 일반선택과목, 심화선택과목 구별없이 개설<br>• 수학 I<br>• 미분적분과 통계 기본<br>• 수학 II<br>• 적분과 통계<br>• 기하와 벡터<br>• 수학의 활용</td><td>• 7차 교육과정과 기본적인 틀이 다르나, 7차의 수학 I 및 '확률과 통계'와 개정 교육과정의 수학 I 및 '미적분과 통계 기본'이 비교 가능하고, 7차의 수학 I, 수학 II와 '미분과 적분'을 통합한 내용은 개정 교육과정의 수학 I, II, '적분과 통계', '기하와 벡터'와 비교 가능</td></tr>
<tr><td rowspan="4">선택과목</td><td>수학 I</td><td>• 영역 : 대수(지수와 로그, 행렬, 수열), 해석(수열의 극한, 지수함수, 로그함수), 확률과 통계(순열과 조합, 확률, 통계)</td><td>수학 I</td><td>• 영열 : 행렬과 그래프, 지수함수와 로그함수, 수열, 수열의 극한</td><td>• 이산수학의 그래프 이론을 도입하여 행렬과 그래프로 변경(내용의 적정화)<br>• 대수영역과 해석영역에 각각 제시된 내용을 통합하여 지수함수와 로그함수라는 영역으로 변경함.(내용의 연계성)</td></tr>
<tr><td>수학 I</td><td>• 영역 : 대수(지수와 로그, 행렬, 수열), 해석(수열의 극한, 지수함수, 로그함수), 확률과 통계(순열과 조합, 확률, 통계)</td><td>미적분과통계기본</td><td>• 영역 : 함수의 극한과 연속, 다항함수의 미분법, 다항함수의 적분법, 확률, 통계</td><td>• 사회·상경 계열 진학 희망자의 수학적 소양 증진에 도움이 되도록 구성(사회적 요구 및 국가 경쟁력 차원)<br>• 적분에 대한 기초 이론을 학습한 후 통계를 학습하도록 하였기 때문에 '정규분</td></tr>
<tr><td>수학 II</td><td>• 영역 : 대수(방정식, 부등식), 해석(함수의 극한과 연속성, 다항함수의 미분법, 다항함수의 적분법), 기하(이차곡선, 공간도형, 공간좌표, 벡터)</td><td>수학 II</td><td>• 영역 : 방정식, 부등식, 삼각함수, 함수의 극한과 연속, 미분법</td><td>• 다항함수와 초월함수의 미분과 적분의 연계 지도를 통해 자연 과학 및 공학 계열 진학 희망자의 수학적 소양 증진에 도움이 되도록 구성(내용 중복성 개선, 연계성 고려)</td></tr>
<tr><td>확률과통계</td><td>• 영역 : 자료의 정리와 요약, 확률변수와 확률 분포, 통계적 추정</td><td>적분과통계</td><td>• 영역 : 적분법, 순열과 조합, 확률, 통계</td><td>• '확률과 통계' 내용은 '미적분과 통계 기본'과 '적분과 통계'에 일부 내용만 제외한 후 흡수됨(시대적 요구)<br>• 순열과 조합은 고등학교 1학년 수준을 넘어선 내용으로 구성<br>• 적분에 대한 기초로 이론을 학습한 후 통계를 학습하도록 하였기 때문에 '정규분포'를 포함함</td></tr>
</table>

| 구분 | | 제7차 교육과정 | 개정 교육과정 | | 비고 |
|---|---|---|---|---|---|
| | 미분과적분 | • 영역 : 해석(삼각함수, 함수의 극한, 미분법, 적분법) | 기하와 벡터 | • 영역 : 일차변환과 행렬, 이차곡선, 공간도형과 공간좌표, 벡터 | • 기하와 벡터의 일차변환과 행렬은 그 필요성이 인정되어 제6차 교육과정에서 이동하였음. |
| | 이산수학 | • 영역 : 선택과 배열, 그래프, 알고리즘, 의사결정과 최적화 | | | • 그래프는 행렬과 연계하여 수학 I에 제시(연계성)<br>• 의사결정과 최적화는 내용을 적정화하여 수학의 활용의 기하부분에 제시 |
| | 실용수학 | • 실생활에 근거를 주고 이를 이용하여 수학적인 사고에 중점을 두어 구성함.<br>• 영역 : 계산기와 컴퓨터, 경제생활, 생활통계, 생활 문제 해결 | 수학의 활용 | • 수학에 근거를 두고 좀 더 쉽고, 생활적인 면으로 구성함<br>• 영역 : 명제와 논리, 지수와 로그, 수열, 확률과 통계, 기하 | • 수학의 활용은 목적에 있어서는 실용수학과 대응하는 과목으로 비교가능하나 그발생적 근거가 달라 비교하기 어려움. |

# 3 2009 개정에 따른 수학과 교육과정

2009년 12월 23일에 교육과정 총론이 발표됨에 따라 2011년 8월 9일, 2009 개정 교육과정에 따른 '수학과 교육과정'이 최종 확정 및 공표되었다. 이 교육과정은 2013년부터 현장에 적용된다.

## 01 2009 개정에 따른 수학과 교육과정의 필요성 및 배경

2009년 12월에 고시된 '2009 개정 교육과정'을 대표하는 키워드는 교과 집중 이수제, 국민 공통 기본 교육기간의 단축, 그리고 학년군제의 도입이다. 이러한 2009 개정에 따른 수학과 교육과정은 다음과 같은 필요성 및 배경에 터하여 추진·개발되었다.

① 핵심역량의 주요 요소이자 2009 개정 교육과정 총론에서 추구하는 인간상으로, 창의성 및 이의 발휘가 강조되고 있다. 따라서 여러 기초 핵심 역량의 바탕 위에 새로운 발상과 도전이 수반되는 창의적 능력이 도달될 수 있는 학습자 양성을 위한 수학과 교육과정 목표 및 내용, 교수 학습 방법 등을 마련한다.

② 우리나라 학생들이 보다 의미 충실한 수학적 사고 과정과 수학적 사고 활동을 경험할 수 있도록 하고 수학의 모습을 개선할 필요가 있다고 보고, 이를 뒷받침하는 하나의 방안으로서 수학과 교육과정에 문제해결, 의사소통, 추론 능력, 연결성 등과 같은 '수학적 과정(mathematical process)' 부문을 신설하고, 이에 관한 구체적인 성취기준을 제안한다. 즉, 수와 연산, 대수, 기하, 확률과 통계등의 내용 영역을 다루는 단원에서 수학적 주제를 도입, 전개, 발전, 정리하는 과정에서 수학적 과정의 성취기준이 배경으로 작용하면서 암묵적으로 구현되도록 하는 방식이다.

③ 교과서 인정제 도입을 앞두고 양질의 교과서 개발 및 교과서 재구성이 가능토록 자율성을 보장하고 융통성을 부여함과 더불어 다양한 교구 및 매체 기능 활용이 활성화 될 수 있도록, 수학과 교육과정 내용, 기능 및 교수 학습 방법 등 다각적인 측면에서의 개선을 도모하도록 한다. 이러한 교육과정에로의 변화와 실현은 궁극적으로 학생들의 수학 학습에 대한 흥미와 자신감을 제고시키고 학습자 개인의 수학 학습 특성을 고려한 '맞춤형' 수업이 가능토록 한다.

④ 교육과정 적용 과정에서 드러난 학교급 간, 학년 간, 교과 간 불균형과 중복 문제 해소를 위한 연계성이 강화된 수학과 교육과정을 개발하되, 교과서 개발과 교사들의 재구성을 통한 현장 적용에 있어 최대한의 자율성이 보장될 수 있도록 한다.

## 02 수학과 교육과정의 교과목 구성

| 공통 교육과정(초1~중3) | 선택 교육과정(고1~고3) | | |
|---|---|---|---|
| 수학 | 〈기본과목〉 | 〈일반과목〉 | 〈심화과목〉 |
| | 1. 기초 수학 | 1. 수학 I<br>2. 수학 II<br>3. 확률과 통계<br>4. 미적분 I<br>5. 미적분 II<br>6. 기하와 벡터 | 1. 고급수학 I<br>2. 고급수학 II |

## 03 공통 교육과정(초1~중3)

### (1) 개정의 배경 및 방향

새로운 수학과 교육과정은 우선적으로 2009 개정 교육과정의 총론의 취지에 부합하고 기존 수학과 교육과정의 문제점을 극복할 수 있는 새로운 교육과정의 성격, 목표, 내용 등을 개발하는데 주력하였다. 특히, 미래사회에서 요구되는 핵심 역량의 주요 요소인 창의 중심의 교육과정 운영 및 교과용 도서 구현이 가능하도록 이에 따른 교육 목표와 내용을 개발하는 데 초점을 주었다. 수학 교과 내용 양의 20% 경감, 수학적 과정을 통한 수학적 창의성 강조, 교육과정 운영의 유연성 확보를 위한 학년군제 반영 등을 구현시키고자 하였다.

#### 1) 수학 교과 내용 양의 20% 경감

2007 개정 수학과 교육과정 대비 수학 교과 내용 양의 20% 경감은 학교의 특성, 학생·교사·학부모의 요구 및 필요에 따라 학교가 자율적으로 교과(군)별 20% 범위 내에서 시수를 증감하여 운영하기 위해서이다. 이는 최적한 학습 내용을 정선함으로써 보다 질 높은 교과 교육과정을 추구하기 위해서이다. 2009 개정에 따른 수학과 교육과정에서도 내용 구성 시 내용 양의 20% 경감을 가시화하기 위해서 각 급 학교의 수학교육 특성과 사정에 따라 현행 교육과정 내용 양의 80%에 맞추는 방식으로 진행하였다.

### 2) 수학적 창의성 강조

2009 개정에 따른 수학과 교육과정에서의 수학적 창의성은 수학적 과제를 해결하는 과정에서 다양하고 독창적인 해결 방법을 산출하거나 새로운 관점에서 과제를 탐구하고 지식을 구성하는 능력을 의미한다. 여기서 수학적 과제는 학생들의 수학적 능력 계발을 위한 내용적 배경을 제공하는 것으로서, 예를 들어 학생들이 참여하게 되는 프로젝트, 질문, 문제, 활동 등을 망라한 것이다. 이와 같은 수학적 창의성을 계발하기 위해서는 우선적으로 학생들이 정형화된 틀이나 형식에 얽매이지 않고 자신의 수학적 아이디어를 자유롭게 표현할 수 있는 분위기를 조성해 주어야 한다. 이와 같은 학습 상황에서 학생들은 수학을 학습하고 행하는 과정에서 과제에 대한 호기심, 사고와 판단에서의 독자성, 과제 해결에 대한 집착성과 끈기 등과 같은 창의성의 정의적 측면도 발전시키게 될 것이다. 한편, 2009 개정에 따른 수학과 교육과정에서의 수학적 창의성은 학교 수준에서의 수학적 창의성을 의미하기 때문에, 학습자가 수학적 추론과 통찰을 활용하여 기존의 지식과 경험을 유의미한 방법으로 분석·연결·통합하는 과정에서 창의성이 발현된다. 또한 학교 수학을 통해서 수학적 창의성을 계발할 때에는 창의적인 사고와 관련되는 일련의 과정을 수학적으로 의사소통하고 표현하는 능력도 신장시켜야 한다.

2007 개정 수학과 교육과정에서 '목표' 및 '교수·학습 방법'에서는 수학적 문제해결, 수학적 추론, 수학적 의사소통 등을 강조하고 있다. 즉, 이러한 능력은 수와 연산, 도형 등의 내용 영역에서 다루는 수학적 주제를 이해하고 습득하는 데에서, 그리고 그러한 수학적 주제를 활용하여 다양한 현상을 수학과 연결하고 다양한 상황에서 발생하는 문제를 해결할 때 활성화되어야 하는 '수학적 과정(mathematical process)'에 해당하는 능력을 의미한다. 한 마디로, '수학적 문제해결, 수학적 추론, 수학적 의사소통'을 '수학적 과정'으로 간주하고, 학습 내용 성취기준 및 교수·학습 상의 유의점, 그리고 교수·학습 방법 등에 반영한다.

〈수학적 과정의 요소 및 특징〉

| 요소 | 특징 |
|---|---|
| 문제해결 | 가. 주어진 문제의 해결에 필요한 정보를 확인 또는 보완하고 적절한 전략이나 사고 과정을 활용하여 문제를 해결할 수 있다.<br>나. 수학적인 방법으로 문제해결의 과정과 결과의 타당성을 설명할 수 있다.<br>다. 문제해결 과정이나 완결 후 문제제기를 통하여 문제해결을 발전적으로 이끌 수 있다.<br>라. 문제해결에서 얻은 결과와 사용된 전략을 일반화하여 새로운 문제 상황에 적용할 수 있다. |
| 추론 | 가. 수학적 추측이나 주장을 만들고, 수학적 지식에 근거하여 정당화할 수 있다.<br>나. 수학적 아이디어나 사고 과정을 수학적으로 검증할 수 있다.<br>다. 다양하고 독창적인 아이디어를 통하여 수학적으로 추론할 수 있다. |

| | |
|---|---|
| 의사소통 | 가. 수학적인 방법을 활용하여 자신의 생각을 논리적으로 정확하게 표현하고, 다른 사람을 이해시킬 수 있다.<br>나. 자신의 수학적인 생각을 다른 사람과 주고받는 활동의 중요성을 인식하고, 이를 통하여 자신의 생각을 개선시킬 수 있다.<br>다. 다른 사람의 수학적 아이디어나 사고 과정을 이해하고 평가할 수 있다. |

### 3) 교육과정운영의 유연성 확보를 위한 학년군제 반영

2009 개정 교육과정총론의 초·중등학교 교육과정 구성의 방침에 의하면 "교육과정편성·운영의 경직성을 탈피하고, 학년 간 상호 연계와 협력을 통한 학교 교육과정 편성·운영의 유연성을 부여하기 위하여 학년군을 설정한다."고 규정하고 있다. 현재 2007 개정 수학과 교육과정 체제에서는 학년제, 즉 각 학년에서 배워야 할 내용을 학년별로 제시하고 있는 반면, 2009 개정에 따른 교육과정에서는 학생들이 배워야 할 내용을 학년별이 아니라 몇 개 학년을 묶어서 제시하는 학년군제를 취하고 있다.

학년군제 도입에 따른 가장 큰 변화는 학생들의 수준별 학습이다. 학년군제를 실시하는 것은 학생들의 학습 수준의 차이를 인정하는 것이다. 이해가 빠른 학생들은 더 많은 내용을 혹은 더 깊은 내용을 학습할 수 있고, 이해가 느린 학생들은 기본적인 내용을 집중적으로 학습할 수 있다. 학생들은 자신의 흥미나 적성을 고려하여 필요한 수학 교과를 선택할 수 있으며, 이는 학생들의 진로 선택과 관련될 수 있다. 또 다른 변화는 학년군제에서는 다양한 교과서가 사용될 수 있다는 것이다. 교육과정에서 엄격한 학년의 구분이 없어지고 내용이 통합적으로 제시되기 때문에 관련 내용들을 여러 가지 방법으로 재배치할 수 있게 된다. 예를 들어, 초등학교 1학년과 2학년에서 학습할 수와 연산 영역을 초등학교 1학년에서 집중적으로 학습하도록 하는 교과서를 구성할 수 있다. 또는 중학교에서 대수와 함수를 밀접하게 관련시켜서 교과서를 구성할 수 있다. 또는 중학교에서 대수와 함수를 밀접하게 관련시켜서 교과서를 구성할 수 있다. 즉, 수학교과가 가진 특성을 발휘하여 학생들의 창의력을 발달시킬 수 있는 다양한 교과서의 출현이 가능하게 된다.

그러나 학년군제에 따르는 단점들도 충분히 예상되기 때문에 학년군제를 실행하기 위해서는 다음과 같은 사항들에 대한 해결 방안이 모색되어야 한다.

첫째, 학생들의 수준에 적합한 수업이 가능할 수 있는 수준별 수업 방안이 마련되어야 한다. 학년제 대신에 학년군제를 실시하는 취지 중의 하나는 학생들의 학습 수준차를 인정하고 학생들의 수준에 맞는 학습을 통해서 사고발달과 진로 선택에 긍정적인 효과를 주기 위함이다.

둘째, 우리나라에서 수준별 수업이 원활히 시행되기 위해서는 적절한 평가기준이 마련되어야 한다. 학생들의 다양한 진로와 흥미를 고려하여 과목을 이수하고 이에 대한 타당한 평가가 이루어져야 한다.

셋째, 교육과정이 학년군으로 구성되더라도 학년별로 교과서가 어떻게 저술되어야 하는지에 대한 기준이 필요하며, 전학생들을 위한 수월한 교수·학습 방안 내지 정책이 마련되어야 한다.

## (2) 개정 주요 내용

### 1) 수학과 목표

초등학교 수학은 '수와 연산', '도형', '측정', '규칙성', '확률과 통계'로 구성된다. '수와 연산' 영역에서는 자연수, 분수, 소수의 개념과 사칙계산을, '도형' 영역에서는 평면도형과 입체도형의 구성 요소, 개념, 간단한 성질 및 공간 감각을, '측정' 영역에서는 시간, 길이, 들이, 무게, 각도, 넓이, 부피의 측정 및 이의 활용을, '규칙성' 영역에서는 규칙 찾기, 비와 비례식, 정비례와 반비례를, '확률과 통계' 영역에서는 자료의 정리와 해석, 사건이 일어날 가능성을 다룬다.

중학교 수학은 '수와 연산', '문자와 식', '함수', '확률과 통계', '기하'로 구성된다. '수와 연산' 영역에서는 정수, 유리수, 실수의 개념과 사칙계산을, '문자와 식' 영역에서는 다항식의 개념과 사칙계산, 일차방정식과 일차부등식, 연립일차방정식과 연립일차부등식, 이차방정식을 '함수' 영역에서는 함수의 개념, 일차함수와 그 그래프, 이차함수와 그 그래프를, '확률과 통계' 영역에서는 두수분포의 개념과 활용, 확률의 기본 성질, 대푯값과 산포도를, '기하' 영역에서는 기본 도형의 성질, 피타고라스 정리, 삼각비, 원의 성질과 활용을 다룬다.수학 과목의 목표는 다음과 같다.

수학적 개념, 원리, 법칙을 이해하고, 수학적으로 사고하고 의사소통하는 능력을 길러, 여러 가지 현상과 문제를 수학적으로 고찰함으로써 합리적이고 창의적으로 해결하며, 수학 학습자로서 바람직한 인성과 태도를 기른다.

① 생활 주변이나 사회 및 자연 현상을 수학적으로 관찰, 분석, 조직, 표현하는 경험을 통하여 수학의 기본적인 기능과 개념, 원리, 법칙과 이들 사이의 관계를 이해하는 능력을 기른다.

② 수학적으로 사고하고 의사소통하는 능력을 길러, 생활 주변이나 사회 및 자연의 수학적 현상에서 파악된 문제를 합리적이고 창의적으로 해결하는 능력을 기른다.

③ 수학에 대하여 관심과 흥미를 가지고, 수학의 가치를 이해하며, 수학 학습자로서 바람직한 인성과 태도를 기른다.

### 2) 교수·학습 방법(초1～고3까지 공통적으로 포함된 내용)

① 교육과정의 성취 기준은 학생의 특성, 내용의 연계성, 지역성 및 현실성을 고려하여 지도한다.

② 학년군별 내용의 배열 순서가 반드시 교수·학습의 순서를 의미하는 것은 아니므로, 교수·학습 계획을 수립하거나 학습 자료를 개발할 때에는 내용의 특성과 난이도, 학교 여건, 학생의 수준 등을 고려하여 내용, 순서 등을 재구성할 수 있다.

③ 교육과정에 제시된 내용을 지도한 후 학습 결손이 있는 학생에게는 보충 학습, 우수한 학생에게는 심화 학습의 기회를 추가로 제공할 수 있다.

④ 수학과 수업에서는 교육 내용과 학생의 특성을 고려하여 발견 학습, 탐구 학습, 협동 학습, 개별 학습, 설명식 교수 등 다양한 교수·학습 방법을 활용할 수 있다.

⑤ 수학의 개념, 원리, 법칙, 기능의 교수·학습에서는 다음 사항에 유의한다.

㉠ 생활 주변 현상, 사회 현상, 자연 현상 등의 여러 가지 현상을 학습 소재로 하여 수학의 개념, 원리, 법칙을 도입한다.

㉡ 구체적 조작 활동과 탐구활동을 통하여 학생 스스로 개념, 원리, 법칙을 발견하고 이를 정당화하게 한다.

㉢ 문제를 해결할 때 수학의 기본적인 개념, 원리, 법칙, 기능을 이용할 수 있게 한다.

⑥ 의미 있는 발문을 하기 위하여 교수·학습에서 다음 사항에 유의한다.

㉠ 발문을 할 때는 학생의 인지 발달과 경험을 고려하며, 발문에 대한 학생들의 반응을 의미 있게 처리한다.

㉡ 학생의 사고를 촉진시키기 위해 가능하면 열린 형태의 발문을 통해 하나의 문제를 여러 가지 방법으로 해결하게 하고 다양한 방법을 비교하여 설명해 보게 한다.

⑦ 수학적 창의력을 신장시키기 위하여 교수·학습에서 다음 사항에 유의한다.

㉠ 수학적 창의력의 신장이 이루어지도록 수학적 문제해결력, 추론 능력, 의사소통능력을 강조한다.

㉡ 다양한 아이디어를 산출할 수 있는 수학적 과제를 통해 학생들의 확산적 사고를 촉진시킨다.

㉢ 하나의 수학 문제를 여러 가지 방법으로 해결한 후 그 해결 방법을 비교해 보고, 더 높은 차원으로 확장해서 사고할 수 있게 한다.

㉣ 수학 개념이나 용어의 정의를 직접적으로 제시하기보다 학생 스스로 개념과 용어의 필요성을 인식하고 정의해 보게 한다.

⑧ 수학적 문제 해결력을 신장시키기 위하여 교수·학습에서 다음 사항에 유의한다.

㉠ 문제 해결은 전 영역에서 지속적으로 지도한다.

㉡ 학생 스스로 문제 상황을 탐색하고 수학적 지식과 사고 방법을 토대로 해결방법을 적절히 활용하여 문제를 해결하게 한다.

㉢ 문제 해결의 결과뿐만 아니라 방법과 과정, 문제를 만들어 보는 활동도 중시한다.

㉣ 생활 주변 현상, 사회 현상, 자연 현상 등의 여러 가지 현상에서 파악된 문제를 해결하면서 수학적 개념, 원리, 법칙을 탐구하고, 이를 일반화하게 한다.

⑨ 수학적 추론 능력을 신장시키기 위하여 교수·학습에서 다음 사항에 유의한다.

㉠ 귀납, 유추 등을 통해 학생 스스로 수학적 사실을 추측하고, 이를 정당화 할 수 있게 한다.

㉡ 수학적 사실이나 명제를 분석하고, 수학적 관계를 조직하고 종합하며, 학생 자신의 사고 과정을 반성하게 한다.

㉢ 수학적 추론을 통해 합리적으로 사고하는 능력을 키우고, 일상생활에서 자신의 의견을 정당화할 때 적절한 근거에 기초하여 논지를 전개할 수 있게 한다.

⑩ 수학적 의사소통 능력을 신장시키기 위하여 교수·학습에서 다음 사항에 유의한다.

㉠ 수학 용어, 기호, 표, 그래프 등의 수학적 표현을 이해하고 정확히 사용하게 한다.

㉡ 수학적 아이디어를 말과 글로 설명하거나 시각적으로 표현하여 다른 사람과 효율적으로 의사소통할 수 있게 한다.

㉢ 수학적 아이디어를 표현하고 토론하며 다른 사람의 수학적 아이디어와 사고를 이해하는 과정을 통해 의사소통의 중요성을 인식하게 한다.

⑪ 학생들의 인성을 함양시키기 위하여 교수·학습에서 다음 사항에 유의한다.

㉠ 다른 학습자의 풀이 방법과 의견을 존중하며, 이를 통해 타인을 배려하는 성품을 기르게 한다.

㉡ 자신의 수학적 아이디어를 설득력 있게 논리적으로 표현하여 그 타당성을 입증하고 이에 기초하여 합리적으로 결론을 내리는 과정을 통해 민주 시민의 소양을 기르게 한다.

㉢ 수학 문제를 해결함에 있어 결과에 이르는 과정이 중요함을 인식하게 한다.

⑫ 수학에 대한 긍정적 태도를 신장시키기 위하여 교수·학습에서 다음 사항에 유의한다.

㉠ 생활 주변 현상, 사회 현상, 자연현상 등의 여러 가지 현상과 관련지어 수학을 배움으로써, 수학에 대한 가치를 인식하고 수학의 필요성을 알게 한다.

㉡ 수학에 대한 흥미, 관심, 자신감을 갖도록 학습 동기와 의욕을 유발한다.

⑬ 수학 교수·학습 과정에서 교육기자재 및 수학 교과 교실의 활용은 다음 사항에 유의한다.

㉠ 교수·학습의 전 과정을 통하여 적절하고 다양한 교육 기자재를 활용하여 수학 학습의 효과를 높이도록 한다.

㉡ 계산 능력 배양을 목표로 하지 않는 경우의 복잡한 계산 수행, 수학의 개념, 원리, 법칙의 이해, 문제 해결력 향상 등을 위하여 계산기, 컴퓨터, 교육용 소프트웨어 등의 공학적 도구와 다양한 교구를 활용한다.

㉢ 구체적인 조작과 탐구 활동을 통해 수학의 개념과 원리를 이해하고 수학 주제에 대해 모둠으로 토론함으로써 수학 학습의 효율을 높일 수 있도록 수학 교과 교실을 구축하여 활용한다.

⑭ 수학 학습 시 학생 스스로 목표를 설정하고 학습을 수행하며 학습 결과를 스스로 평가하는 자기 주도적 학습 능력을 신장시킨다.

⑮ 학교에서 수준별 수업을 운영할 때에는 다음 사항에 유의한다.

㉠ 수준별 수업을 위해 집단을 편성할 때에는 학생 개인의 학습 능력과 수준, 적성과 희망 등을 감안하고, 교사 수급과 유휴 교실 등 학교 상황을 고려한다.

㉡ 수준별 수업은 내용 요소를 차별화하기보다는 내용의 깊이나 접근 방법에 차이를 두어 진행한다.

### 3) 평가 (초1～고3까지 공통적으로 포함된 내용)

① 수학 학습의 평가는 학생의 인지적 영역과 정의적 영역에 대한 유용한 정보를 제공하고, 학생 개개인의 수학 학습과 전인적인 성장을 돕고 교사의 수업 방법을 개선하는 데 활용되어야 한다.

② 수학 학습의 평가에서는 학생의 인지 발달 단계를 고려하고, 교육과정에 제시된 내용의 수준과 범위를 준수한다.

③ 수업의 전개 국면에 따라 진단평가, 형성평가, 총괄평가 등을 적절히 실시하되, 지속적인 평가를 통하여 다양한 정보를 수집하고 수업에 활용한다.

④ 수학 학습의 평가에서는 선택형 위주의 평가를 지양하고 서술형 평가, 관찰, 면담, 자기평가 등의 다양한 평가 방법을 활용하여 수학 학습에 대한 종합적인 평가가 이루어질 수 있게 한다.

⑤ 인지적 영역에 대한 평가에서는 학생의 수학적 사고력 신장을 위하여 결과뿐만 아니라 과정도 중시하여 평가하되, 수학의 교수·학습에서 전반적으로 요구되는 다음 사항을 강조한다.

㉠ 수학의 기본적인 개념, 원리, 법칙을 이해하고 적용하는 능력

㉡ 수학의 용어와 기호를 정확하게 사용하고 표현하는 능력

㉢ 수학적 지식과 기능을 활용하여 추론하는 능력

㉣ 다양한 상황에서 발생하는 여러 가지 문제를 수학적으로 사고하여 해결하는 능력

㉤ 생활 주변 현상, 사회 현상, 자연 현상 등의 여러 가지 현상을 수학적으로 관찰, 분석, 조직하는 능력

㉥ 수학적 사고 과정과 결과를 합리적으로 의사소통하는 능력

㉦ 수학적 지식과 기능을 바탕으로 창의적으로 사고하는 능력

⑥ 정의적 영역에 대한 평가에서는 학생의 수학에 대한 긍정적 태도를 신장시키기 위하여 수학 및 수학 학습에 대한 관심, 흥미, 자신감, 가치 인식 등의 정도를 파악한다.

⑦ 수학 학습의 평가에서는 평가하는 학습 내용과 방법에 따라 학생에게 계산기, 컴퓨터, 교육용 소프트웨어 등의 공학적 도구와 다양한 교구를 이용할 수 있는 기회를 제공한다.

### (3) 중학교 교육과정의 주요 변화 내용 정리

① 2009 개정 교육과정에 따른 수학과 교육과정은 수학적 창의성과 인성을 갖춘 미래 사회의 인재 양성을 위한 수학 교육을 목표로 한다. 이러한 목표를 위하여 중학교 수학과 교육과정은 초등학교에 연계하여 실생활과 관련된 교육소재를 활용한 수학 교육 내용을 구성하고, 학생 활동을 유도하여 수학을 구체적으로 체험할 수 있도록 하였다. 학생 활동이 강조된 수학과 교육과정을 통하여 학생의 흥미를 유발하고 스스로 생각할 수 있는 힘, 즉 창의력을 배양하면서 체험에서 비롯된 판단력을 신장하여 규칙과 질서를 지키며 더불어 사는 인성을 갖춘 인재를 양성해야 한다.

② 문제해결, 추론, 의사소통 등을 의미하는 '수학적 과정'을 강조하고 학생 스스로 조작하고 탐구하여 개념과 원리를 발견하는 '자기주도적학습'의 교수·학습 방법에 따라, 2009 개정 교육과정은 교사가 정형화된 지식을 일방적으로 학생에게 전달하는 것이 아니라 학생이 학습 활동의 주체가 되는 수업 형태를 지향한다.

③ 2009 개정 교육과정의 가장 큰 특징 중 하나는 학년군제를 실시하는 것이다. 따라서 중학교 1~3학년을 하나의 학년으로 묶어서 제시함으로써 교육과정 편성 및 운영의 유연성을 부여하고자 하였다. 중학교 내의 어떤 내용이든 중학교 과정 중 언제든지 학습할 수 있도록 함으로써 수준별 수업이 용이하고, 또한 교육과정 운영의 융통성이 발휘될 수 있도록 한 것이다. 이는 학생의 학업 효율성을 높일 수 있으며, 교과서 개발의 자율성과 교사들의 실제 수업 활동에서도 자율성을 확대할 수 있도록 함이다.

④ 39개 중영역의 중학교 수학과 교육과정을 29개로 재구성함으로써 학습량을 경감하는 한편, 학생들의 직관적 이해와 자신의 지식과 사고방법에 의한 정당화를 존중한다.

⑤ 수와 연산, 문자와 식, 함수, 확률과 통계, 기하로 구성된 5개 대영역 중에서 수와 연산 영역과 기하 영역이 상대적으로 많이 변화되었다. 수와 연산 영역에서는 현행 교육과정의 집합 내용을 삭제함으로써 엄밀성을 지양하고 학습 부담을 줄이도록 하였다. 기하 영역에서도 기하학적 성질의 이해를 위해 형식적 체계를 강조하는 증명보다는 학생의 경험적 지식에 바탕을 둔 정당화를 강조하도록 하였다.

#### 1) 수와 연산

① 8개 중영역인 2007 개정 교육과정에서 집합과 근삿값을 삭제하는 등의 조정을 통해 5개의 중영역으로 재구성되었다.

② 학습량 경감과 국제 동향을 반영하여 중학교에서 집합 개념을 삭제하고 고등학교로 이동하여 다루도록 하였다.

③ 실생활에서의 활용도 측면과 연계되어야 한다는 목표와는 다르게 학생들에게 학습 부담만을 주고 있으므로 학습량 경감을 위해 근삿값을 삭제하였다.

④ 학습량 감축을 위하여 학교 수학에서 학생들의 학습 부담이 큰 '십진법과 이진법의 원리를 이해하고, 자연수를 십진법과 이진법의 전개식으로 나타내는 것'과 '십진법과 이진법 사이의 관계'를 삭제하였다.

### (1) 집합 삭제

집합은 제2차 중학교 교육과정에서 직관적인 개념으로 도입되었고, 제3차 교육과정에서 크게 강조되어 초등학교 1학년부터 거의 모든 학년에 걸쳐 집합 개념을 학습하게 하였다. 그러나 학습 부담 경감과 문제 해결 등이 강조되면서 이후 교육과정에서는 점차 약화되었다. 제7차 교육과정에서는 초등학교에서 집합 개념을 삭제하였고 중학교에서도 최소화된 형태로 언급되었다.

2007 개정 중학교 교육과정에서 다루는 집합 내용은 집합의 뜻과 표현, 집합의 분류, 부분집합, 집합의 연산(교집합, 합집합, 여집합, 차집합), 유한집합의 원소의 개수 등이고, 고등학교에서 다루는 내용은 집합의 포함 관계, 부분집합의 개수, 서로소, 집합의 연산, 집합의 연산법칙, 여집합에 대한 성질 등으로 많은 내용이 중복된다. 특히 중학교 1학년 집합 내용이 이후의 중학교 수학의 전 교육과정에 걸쳐 연계성을 갖지 못하고 있다는 점은 많은 연구에서 지적되어 왔다. 이러한 점을 고려하여 본 개정안에서는 학습량 경감과 국제 동향을 반영하여 중학교에서 집합 개념을 삭제하고 고등학교로 이동하여 다루도록 하였다.

| 2007 개정 | 2009 개정 |
|---|---|
| 집합(1학년)<br>① 집합의 개념을 이해하고, 집합을 표현할 수 있다.<br>② 두 집합 사이의 포함 관계를 이해한다.<br>③ 집합의 연산을 할 수 있다. | 고등으로 이동 |

### (2) 근삿값 삭제

2007 개정 중학교 2학년의 근삿값 내용의 지도 목표는 눈금으로 읽거나 반올림하여 구한 값은 참값이 아니라는 것과 참값이 아닌 근삿값이 참값과 얼마나 가까운지, 근삿값의 숫자 중 믿을 수 있는 숫자는 무엇인지를 수학적으로 아는 능력을 기르는 데 있다.

근삿값은 일상생활에서 쓰이는 내용임에도 불구하고 학생들은 근삿값을 계산하는 것에 치중하며 그 계산을 어려워하고 있는 실정이다. 즉, 어림해야 하는 상황, 수학적 판단을 해야 하는 상황에 대한 이해력이 부족한 채 어림에 관한 알고리즘을 기계적으로 적용하는 지필 계산에 치우쳐 있으며, 중학교 과정에서 근삿값 내용은 다른 단원과 연계성이 부족하다. 또한 근삿값은 일상생활에서의 활용도와는 거리가 멀고, 가르치기에 많은 어려움을 주는 단원이라는 지적이 있었다.

근삿값 내용은 근삿값의 의미 외에도 오차, 오차의 한계, 참값의 범위, 유효숫자 등을 다룬다. 그러나 실생활 맥락이 강하여 학교에서 배울 필요성이 있다는 주장과는 달리, 실제로 과학 영역에서는 계산 등의 편의 위주로 반올림하거나(예, 열의 일당량 J=4.186J/cal인데 보통 4.2로 씀) 혹은 큰 수를 다루기 위한(예, 빛 $-3.\times10^8$m/s의 속도나 소리의 속력) 정도이다. 따라서 실생활에서의 활용도 측면과 연계되어야 한다는 목표와는 다르게 학생들에게 학습 부담만을 주고 있으므로 학습량 경감을 위해 근삿값을 삭제하였다.

| 2007 개정 | 2009 개정 |
|---|---|
| ① 근삿값과 오차의 의미를 이해하고, 근삿값에 대한 참값의 범위를 구할 수 있다.<br>② 근삿값의 표현방법을 안다. | 삭제 |

### (3) 십진법과 이진법 삭제

십진법은 수체계의 구조를 보다 정확히 알게 하고 이진법은 컴퓨터 교과와 관련하여 필요한 내용으로 알려져 있다. 그러나 이진법을 취급한 이유가 만약 컴퓨터 때문이라면 심화과정에서 4진법, 8진법, 16진법 등을 취급해야 옳을 것이다(박한식, 2001). 따라서 2007 개정 교육과정의 진법 교육은 그 의미를 잃은 채 형식적으로 가르쳐지고 있는 실정이다. 어렵고 복잡한 대수적 조작 능력의 요구는 학생들이 수학에 대한 흥미를 잃고 수학으로부터 멀어진 원인이 되고 있으므로(NCTM, 2000), 학습량 감축을 위하여 학교 수학에서 학생들의 학습 부담이 큰 '십진법과 이진법의 원리를 이해하고, 자연수를 십진법과 이진법의 전개식으로 나타내는 것'과 '십진법과 이진법 사이의 관계'를 삭제하였다.

| 2007 개정 | 2009 개정 |
|---|---|
| ⑤ 십진법과 이진법의 원리를 이해하고, 자연수를 십진법과 이진법의 전개식으로 나타낼 수 있다.<br>⑥ 십진법과 이진법 사이의 관계를 이해한다. | ⑤, ⑥번 삭제 |

2) 문자와 식

① 11개의 중영역인 2007 개정 교육과정에서 7개의 중영역으로 재구성하였다.
② 방정식과 부등식의 풀이와 활용 영역을 통합하여 학습량의 감소와 실생활 맥락에서의 필요성을 강조하였다.
③ 필요 이상의 용어 정의를 제한하여 학습자의 부담을 덜어주기 위하여 일부 용어를 삭제했으며, 교수·학습 자료를 만들거나 수업에서 필요할 경우 관련된 용어를 자연스럽게 사용할 수 있도록 하였다.

### (1) 수학 개념과 실생활 활용의 통합

방정식이나 부등식의 실생활에서의 여러 가지 수량 관계나 자연 및 사회 현상에서의 다양한 문제들을 해결하기 위해 자연스럽게 나온 개념이다. 실생활 문제에 방정식이나 부등식의 풀이가 사용된다는 것을 강조하기 위하여 일차방정식, 연립방정식, 일차부등식, 연립부등식, 이차방정식의 도입 부분은 현실 세계 상황에서의 문제 해결과 관련되어야 한다. 방정식이나 부등식을 풀면서 실생활 활용 문제를 충분히 다룰 수 있으므로 방정식과 부등식의 풀이와 활용으로 나뉘어 있는 영역을 통합하여 제시하였다. 이러한 형태의 통합을 통해 학습량의 소폭 감소를 기대할 수 있을 뿐만 아니라 방정식이나 부등식의 풀이를 실생활 맥락에서 다루게 하여 수학의 실용성을 강조할 수 있다.

### (2) 방정식 관련 용어 약화

식의 계산과 관련하여 '식의 값', '전개식' 용어는 수학 용어로 다루지 않아도 이해하고 사용하는 데 어려움이 없으므로 수학 용어에서 삭제하였다. 또한 일차방정식을 푸는 과정에서 '좌변', '우변', '양변' 용어는 수학 용어로 다루기보다는 일상용어로 이해하고 사용해도 충분하므로 수학 용어에서 삭제하였다. 마찬가지로 연립일차방정식을 푸는 과정에서 나오는 '소거', '가감법', '대입법' 용어를 삭제하였다. 필요 이상의 용어 정의를 제한하여 학습자의 부담을 덜어주기 위하여 일부 용어를 삭제했지만, 교수·학습 자료를 만들거나 수업에서 필요할 경우 관련된 용어를 자연스럽게 사용할 수 있도록 하였다.

| 2007 개정 | 2009 개정 |
|---|---|
| 일차방정식(1학년)<br>① 일차방정식과 해의 의미를 이해한다.<br>② 등식의 성질을 이해하고 이를 활용할 수 있다.<br>③ 일차방정식을 풀 수 있다. | 일차방정식<br>① 다양한 상황을 이용하여 일차방정식과 그 해의 의미를 이해한다.<br>② 등식의 성질을 이해하고 일차방정식을 풀 수 있다.<br>③ 일차방정식을 활용하여 다양한 실생활 문제를 해결할 수 있다. |
| 일차방정식의 활용(1학년)<br>일차방정식을 활용하여 여러 가지 문제를 해결할 수 있다. | |
| 미지수가 2개인 연립일차방정식(2학년)<br>① 미지수가 2개인 일차방정식의 의미를 이해한다.<br>② 미지수가 2개인 연립일차방정식과 그 해의 의미를 이해한다.<br>③ 미지수가 2개인 연립일차방정식을 풀 수 있다. | 미지수가 2개인 연립일차방정식<br>① 미지수가 2개인 일차방정식과 그 해의 의미를 이해한다.<br>② 미지수가 2개인 연립일차방정식과 그 해의 의미를 이해하고, 이를 풀 수 있다.<br>③ 미지수가 2개인 연립일차방정식을 활용하여 다양한 실생활 문제를 해결할 수 있다. |
| 연립일차방정식의 활용(2학년)<br>미지수가 2개인 연립일차방정식을 활용하여 여러 가지 문제를 해결할 수 있다. | |
| 일차부등식과 연립일차부등식(2학년)<br>① 부등식과 그 해의 의미를 이해한다.<br>② 부등식의 기본 성질을 이해한다.<br>③ 일차부등식과 그 해의 의미를 이해하고, 일차부등식을 풀 수 있다.<br>④ 연립일차부등식과 그 해의 의미를 이해하고, 연립일차부등식을 풀 수 있다. | 일차부등식과 연립일차부등식<br>① 다양한 상황을 이용하여 일차부등식과 그 해의 의미를 이해한다.<br>② 부등식의 기본 성질을 이용하여 일차부등식을 풀 수 있다.<br>③ 연립일차부등식과 그 해의 의미를 이해하고, 이를 풀 수 있다.<br>④ 일차부등식 또는 연립일차부등식을 활용하여 다양한 실생활 문제를 해결할 수 있다. |
| 일차부등식과 연립일차부등식의 활용(2학년)<br>① 일차부등식 또는 연립일차부등식을 활용하여 여러 가지 문제를 해결할 수 있다. | |
| 이차방정식(3학년)<br>이차방정식과 그 행의 의미를 이해하고, 이차방정식을 풀 수 있다. | 이차방정식<br>① 이차방정식과 그 해의 의미를 이해하고, 이를 풀 수 있다.<br>② 이차방정식을 활용하여 여러 가지 문제를 해결할 수 있다. |
| 이차방정식의 활용(3학년)<br>이차방정식을 활용하여 여러 가지 문제를 해결할 수 있다. | |

### 3) 함수

① 5개의 중영역인 2007 개정 교육과정에서 함수의 그래프와 함수의 활용을 통합하여 4개의 중영역으로 재구성하였다.

② 함수 개념 도입에서 정비례와 반비례 이외의 현상을 다룰 수 있도록 하였고, 다양한 상황을 표, 식으로 나타내보는 활동을 중시하도록 하였다.

③ 함수 영역에서 정의역, 치역, 공역을 삭제하였다. 필요한 경우 정의역은 '$x$의 범위', 치역은 '$y$의 범위'로 지칭될 수 있을 것이며, 정의역, 공역, 치역의 형식적인 정의는 고등학교 수학에서 다루도록 하였다.

### (1) 함수 개념 도입방법의 변화

2007 개정 교육과정 교과서에서 함수 개념은 정비례와 반비례 상황을 중심으로 도입하고 있으며 하나의 실생활 상황을 예로 탐구한 후 곧바로 함수를 정의하는 방식을 택하고 있었다. 정비례와 반비례 상황을 중심으로 함수 개념을 도입하는 경우 "상수 함수 $y=3$은 함수가 아니다." 거나 "식이 $y=ax$꼴이 아니어서 함수가 아니다.", "식에 $x$가 없어서 함수가 아니다."는 등의 오개념을 보이는 학생들이 많았다. 따라서 다양한 상황을 표, 식으로 표현하는 활동을 충분히 한 후 이를 근거로 함수 개념을 정의할 필요가 있었다. 이를 위해 2011 개정에서는 함수 개념 도입에서 정비례와 반비례 이외의 현상을 다룰 수 있도록 하였고, 다양한 상황을 표, 식으로 나타내보는 활동을 중시하도록 하였다.

| | 2009 개정 |
|---|---|
| 교수·학습 상의 유의점 | ① 함수를 도입할 때 정비례와 반비례 이외의 상황을 다룰 수 있다.<br>③ 다양한 상황을 표, 식, 그래프로 나타내고 설명하게 한다.<br>④ 다양한 상황을 이용하여 일차함수와 이차함수의 의미를 다룬다.<br>⑥ 공학적 도구를 활용하여 함수의 그래프를 그리고 다양한 상황을 해석할 수 있게 한다. |

### (2) 정의역, 공역, 치역 용어 삭제

2009 개정에서는 중학교 수와 연산 영역의 집합 내용을 삭제하였다. 이에 함수 영역에서도 정의역, 공역, 치역이라는 용어를 삭제하였다. 중학교 수학에서 다루어지는 함수는 정의역이 실수 전체의 집합인 경우가 대부분이어서 독립변수 $x$나 종속변수 $y$가 어떤 집합의 원소인지 알아보는 활동이 불필요할 수 있다. '치역' 용어 또한 '정의역' 이 존재하지 않는 상황에서는 무의미하다. 필요한 경우 정의역은 '$x$의 범위', 치역은 '$y$의 범위'로 지칭될 수 있을 것이며, 정의역, 공역, 치역의 형식적인 정의는 고등학교 수학에서 다루도록 하였다.

| 2007 개정 | 2009 개정 |
|---|---|
| 변수, 함수, 정의역, 공역, 함숫값, 치역, 좌표, 순서쌍, $x$좌표, $y$좌표, 원점, 좌표축, $x$축, $y$축, 좌표평면, 제1사분면, 제2사분면, 제3사분면, 제4사분면, 함수의 그래프, $f(x)$, $y=f(x)$, 일차함수, 기울기, $x$절편, $y$절편, 평행이동, 직선의 방정식, 이차함수, 포물선, 축, 꼭짓점, 최댓값, 최솟값 | 변수, 함수, 함숫값, 좌표, 순서쌍, $x$좌표, $y$좌표, 원점, 좌표축, $x$축, $y$축, 좌표평면, 제1사분면, 제2사분면, 제3사분면, 제4사분면, 함수의 그래프, 일차함수, 기울기, $x$절편, $y$절편, 평행이동, 직선의 방정식, 이차함수, 포물선, 축, 꼭짓점, 최댓값, 최솟값, $f(x)$, $y=f(x)$ |

#### 4) 확률과 통계

① 상대도수의 분포를 도수분포와 그래프에 포함시켜 4개의 중영역인 2007 개정 교육과정에서 3개의 중영역으로 재구성하였다.

② 교육과정의 <교수·학습 상의 유의점>에 통계 교수–학습 방법의 다양한 방법을 직접 제시하였다.

③ 누적도수의 분포를 삭제함으로써 학습량 감축을 도모하였다.

④ 2007 개정 교육과정 5학년에서 다루던 줄기와 잎 그래프가 초등학교에서의 해석이 어렵고 중학교에서 분포를 다룰 때 함께 다루는 것이 적합하므로 중학교 확률과 통계영역에 추가되었다.

## (1) 통계 교수·학습 방법의 변화

통계는 어떤 목적을 위해 자료를 수집하고, 정리하고, 분석하고, 해석하는 일련의 과정을 경험함으로써 학습할 수 있다. 잘못된 방법으로 자료를 수집하거나 자료를 정리하는 과정에서 저지른 실수는 분석과 해석에서 오해를 일으킬 수 있다. 따라서 학생들은 통계를 학습하면서 일련의 과정을 경험하고, 그 속에서 잘못된 판단과 실수를 했다면 그러한 것을 찾아내며, 자료를 정리한 표나 그래프, 측도를 분석하고 상황에 맞게 해석할 수 있어야 한다. 이 내용은 TIMSS(Trends in International Mathematics and Science Study)의 평가틀(Mullis, Martin, Ruddock, O'Sullivan, Arora, & Erberber, 2005)과 문항에서 다루어지는 것으로, 실생활 맥락에 적용되는 통계의 의의를 살리는 것이라 할 수 있다. 또한 상대도수를 학습하는 의의를 살릴 수 있도록 두 집단의 비교를 통해 상대도수를 다루도록 하였다. 그리고 실생활의 여러 소재를 이용하여 대푯값과 산포도를 도입하고, 자료의 형태에 따라 적절한 대푯값을 선택할 수 있는 활동을 내용에 포함하였다. 2009 개정 교육과정은 이러한 내용을 교육과정 문서에서 <교수·학습 상의 유의점>에 제시하였다.

| | 2009 개정 |
|---|---|
| 교수·학습 상의 유의점 | ① 다양한 상황에서 자료를 수집하게 하고, 수집한 자료가 적절한지 판단하는 활동을 하게 한다.<br>② 다양한 상황의 자료를 표나 그래프로 나타내고, 그 분포의 특성을 설명할 수 있게 한다.<br>③ 눈금 등을 잘못 사용하여 자료를 부정확하게 나타낸 표나 그래프에서 오류를 찾는 활동을 하게 한다.<br>④ 상대도수는 도수의 총합이 다른 두 집단의 분포를 비교하는 상황에서 다룬다.<br>⑨ 자료의 특성에 따라 적절한 대푯값을 선택하여 구할 수 있게 한다.<br>⑩ 공학적 도구를 활용하여, 표와 그래프를 그리고 대푯값과 산포도를 구할 수 있게 한다. |

## (2) 누적도수의 분포 삭제

누적도수는 도수분포표에서 처음 계급부터 어떤 계급까지 각 계급의 도수를 차례대로 더한 값이다. 2007 개정 교육과정에서 누적도수의 분포는 누적도수분포표와 그래프를 다루고 있다. 하지만 누적도수의 분포 내용은 도수분포표를 이해하는 학생이라면 굳이 학습 내용으로 다루지 않아도 이해할 수 있다. 그리고 누적도수의 분포 내용은 중·고등학교의 확률과 통계 내용에서 연계성이 부족한 편이다. 이에 2009 개정 교육과정에서는 누적도수의 분포를 삭제함으로써 학습량 감축을 도모하였다.

| 2007 개정 | 2009 개정 |
|---|---|
| 상대도수의 분포와 누적도수의 분포(1학년)<br>상대도수의 분포와 누적도수의 분포를 이해하고, 이를 그래프로 나타낼 수 있다. | 도수분포와 그래프<br>① 줄기와 잎 그림, 도수분포표, 히스토그램, 도수분포다각형을 이해하고 해석할 수 있다.<br>② 도수분포표로 주어진 자료의 평균을 구할 수 있다.<br>③ 상대도수를 구하며, 이를 그래프로 나타내고, 상대도수의 분포를 이해한다. |

## (3) 줄기와 잎 그림 추가

2007 개정 교육과정에서는 1학년의 도수분포와 그래프, 상대도수의 분포에서 자료를 그래프로 표현하는 방법으로서 히스토그램을 가르치고 있었다. 히스토그램은 연속적인 자료의 분포를 그림으로 표현하는 한 가지 방법으로서, 수백 개 이상의 대단위 관측값들로 이루어진 자료의 분포의 모양을 파악하기 위해서 히스토그램은 매우 유용하다. 그러나 소규모 자료에서 히스토그램은 계급의 크기에 따라 그 모양이 현저하게 달라질 수 있다. 이에 자료를 손쉽게 정리하고 소규모 자료의 분포 모양도 표현할 수 있는 탐색적 자료 분석 방법인 '줄기와 잎 그림'을 도수분포와 그 그래프에 추가하였다. '줄기와 잎 그림'은 히스토그램과 같이 자료 분포의 전체적인 모양을 가늠하게 할 수 있다. 또한 '줄기와 잎 그림'의 양끝 어느 쪽으로부터 자료의 절반까지 세어 봄으로써 분포의 중심(자료의 중심위치 측도의 하나인 '중앙값')을 알아낼 수 있다. 그리고 분포의 전체적인 모양으로부터 현저한 차이를 보이는 '이상치'라 부르는 관측값을 포착할 수 있다. '이상치'는 자료의 대푯값을 결정하는 데 매우 큰 영향력을 미치므로 이를 파악하는 것이 중요하다. 줄기와 잎 그림의 내용은 2007 개정 교육과정의 5학년에서 다루어지던 것이지만, 초등학교에서는 해석이 어렵고 중학교에서 분포를 다룰 때 함께 다루는 것이 적합하여 중학교 확률과 통계 영역에 추가되었다.

| 2007 개정 | 2009 개정 |
|---|---|
| 도수분포와 그래프(1학년)<br>① 도수분포표, 히스토그램, 도수분포다각형을 이해한다.<br>② 주어진 자료를 표나 그래프로 나타내고, 이를 해석할 수 있다.<br>③ 도수분포표에서 평균의 뜻을 알고, 이를 구할 수 있다. | 도수분포와 그래프<br>① 줄기와 잎 그림, 도수분포표, 히스토그램, 도수분포다각형을 이해하고 해석할 수 있다.<br>② 도수분포표로 주어진 자료의 평균을 구할 수 있다.<br>③ 상대도수를 구하며, 이를 그래프로 나타내고, 상대도수의 분포를 이해한다. |

### 5) 기하

① 11개의 중영역인 2007 개정 교육과정을 10개로 재구성하였다.

② 정당화에 의한 기하 교육을 위하여, '증명할 수 있다'를 대신하여 '이해하고 설명할 수 있다'로 제시하였다.

③ 평면도형의 성질 중 '원과 직선의 위치 관계'를 삼각형의 성질 중 삼각형의 외접원과 내접원의 도입 부분에서 접선의 개념만을 간단히 다루는 것으로 내용을 약화시키고, '두 원의 위치 관계'는 삭제하였다.

④ '원과 직선'과 '원주각'의 내용 중 단발성 주제는 삭제하여, 하나의 중영역 '원의 성질'로 통합하였다.

⑤ '원에 내접하는 사각형의 성질을 이해한다'와 '원과 비례에 관한 성질을 이해한다.'는 별도의 성취기준으로 두지 않고, 원주각의 활용 문제로만 간단히 다루도록 하였다.

## (1) 정당화에 의한 기하 교육

2009 개정 교육과정은 학생의 창의성 신장을 목표로 한다. 창의성은 학생이 자신의 경험과 생각을 바탕으로 자발적이고 능동적으로 자신의 지식을 적절히 조합하고 재구성하여 문제를 해결할 때 발휘되고 성장된다. 창의성 교육은 학생의 추론 능력에 기초하는데, 문제 해결을 위하여 지식을 조합하고 재구성하는 사고 활동이 추론이다. 기하는 학생의 추론 능력 계발에 적합한 소재를 많이 담고 있는 영역이고, 증명으로 대표되는 형식 논리도 포함되어 있다.

수학교육에서 증명은 전통적으로 학생들에게 꼭 가르쳐야 하는 주요 대상으로 인식되어 왔다.(NCTM, 2000) 그러나 중학교 수학에서의 증명 교육은 기대하는 만큼의 효과를 거두지 못하고 있음이 알려져 있다. 그 이유는 학생들이 기하에서 다루는 개념에 대한 지식이 부족한 탓도 있겠지만, 공리 체계 내에서 논리 규칙에 따라 명제들을 체계적으로 연결시키는데 어려움을 느끼기 때문이다.

2009 개정 교육과정에서 기하 영역은 학생들이 도형을 탐구하여 기하적 성질을 이해하고 이를 통해 추론 능력을 신장시키는 것을 목표로 한다. 또한 기하학적 성질을 이해하고 그 지식을 습득하는 방법에 있어서, 학생 활동을 중시하고 형식적이고 엄밀한 증명 대신 추측 활동을 강조한다. 이는 증명을 하기 위해 익숙해야 하는 용어와 기호의 사용이나 형식 논리 규칙의 이용에서 생기는 어려움을 줄이고 학생의 기하 지식에 기초한 추론 활동을 강화하는 것이다. 이를 위하여 정당화에 의한 기하 교육을 위하여, '증명할 수 있다'를 대신하여 '이해하고 설명할 수 있다'로 제시하였다. 2009 개정 교육과정에 제시한 '이해하고 설명할 수 있다'는 '정당화(justification)'를 의미하는 것인데, '정당화'란 자신의 주장 또는 믿음을

타인에게 이해시키려는 시도를 의미한다. 따라서 이러한 시도는 일정 수준의 객관성을 담보할 수 있어야 한다. 인식론의 관점에서 정당화는 실험에 의한 정당화, 증거에 의한 정당화, 그리고 논리적 연역법인 수학적 증명 등으로 나뉠 수 있다. 이와 같이 기하 교육에서 객관적 사실의 확인 과정인 논리 증명을 정당화 수준으로 확대함으로써, 논리 형식만을 다루는 것이 아니라 학생들의 인지 수준과 흥미를 고려한 추론 기회를 폭넓게 제공하려 하였다. 이러한 활동은 기하에 대한 이해와 반성적 사고뿐만 아니라 의사소통 능력의 향상에도 도움이 될 것이다.

| 2007 개정 | 2009 개정 |
|---|---|
| 삼각형과 사각형의 성질(2학년)<br>① 명제의 뜻과 증명의 의미를 이해한다.<br>② 삼각형의 합동조건을 이용하여 삼각형과 사각형의 성질을 증명할 수 있다. | 삼각형과 사각형의 성질(2학년)<br>① 이등변삼각형의 성질을 이해하고 설명할 수 있다.<br>② 삼각형의 외심과 내심의 성질을 이해하고 설명할 수 있다.<br>③ 사각형의 성질을 이해하고 설명할 수 있다. |
| 피타고라스의 정리(3학년)<br>① 피타고라스의 정리를 알고, 이를 증명할 수 있다.<br>② 피타고라스의 정리를 간단한 도형에 활용할 수 있다. | 피타고라스 정리(3학년)<br>① 피타고라스 정리를 이해하고 설명할 수 있다.<br>② 피타고라스 정리를 활용하여 여러 가지 문제를 해결할 수 있다. |

### (2) 평면도형 및 원의 성질 내용 축소

2007 개정 교육과정에서 평면도형의 성질 중 '원과 직선의 위치 관계'를 삼각형의 성질 중 삼각형의 외접원과 내접원의 도입 부분에서 접선의 개념만을 간단히 다루는 것으로 내용을 약화시키고, '두 원의 위치 관계'는 삭제하였다.

| 2007 개정 | 2009 개정 |
|---|---|
| 평면도형의 성질(1학년)<br>① 다각형의 성질을 이해한다.<br>② 다각형의 내각과 외각의 크기를 구할 수 있다.<br>③ 부채꼴의 중심각과 호의 관계를 이해한다.<br>④ 부채꼴의 넓이와 호의 길이를 구할 수 있다.<br>⑤ 원과 직선의 위치 관계를 이해한다.<br>⑥ 두 원의 위치 관계를 이해한다. | 평면도형의 성질(1학년)<br>① 다각형의 성질을 이해한다.<br>② 부채꼴의 중심각과 호의 관계를 이해하고, 이를 이용하여 부채꼴의 넓이와 호의 길이를 구할 수 있다. |

2009 개정 교육과정은 2007 개정 교육과정 두 개의 중영역 '원과 직선'과 '원주각'의 내용 중 단발성 주제는 삭제하여, 하나의 중영역 '원의 성질'로 통합하였다. 또한 '원에 내접하는 사각형의 성질을 이해한다'와 '원과 비례에 관한 성질을 이해한다.'는 별도의 성취기준으로 두지 않고, 원주각의 활용 문제로만 간단히 다루도록 하였다.

<table>
<tr><th>2007 개정</th><th>2009 개정</th></tr>
<tr><td>원과 직선(3학년)<br>① 원에서 현에 관한 성질을 이해한다.<br>② 원의 접선에 대한 성질을 이해한다.</td><td rowspan="2">원의 성질(3학년)<br>① 원의 현에 관한 성질과 접선에 관한 성질을 이해한다.<br>② 원주각의 성질을 이해한다.<br>③ 원주각의 성질을 활용하여 여러 가지 문제를 해결할 수 있다.</td></tr>
<tr><td>원주각(3학년)<br>① 원주각의 성질을 이해하고, 이를 활용할 수 있다.<br>② 원에 내접하는 사각형의 성질을 이해한다.<br>③ 원과 비례에 관한 성질을 이해한다.</td></tr>
</table>

## 04 선택 교육과정(고1 ~ 고3)

### (1) 선택 과목 재구조화의 필요성과 기본 방향

#### 1) 필요성

① 2009 개정 교육과정 총론에 규정된 수학과 과목의 이수 단위(5단위)와 2007 개정 교육과정 수학 과목의 실제 이수 단위(8단위 또는 6단위) 사이의 불일치를 해소할 필요성이 발생하였다.

② 2009 개정 교육과정 총론에서 강조하고 있는 '창의·인성 교육 강화'를 위하여 모든 교과에서 교육 내용을 20% 감축하는 것이 교과부의 큰 방향이다. 따라서 수학과에서도 이러한 교과부의 정책 방향을 적극 수용하여 학생들의 수학 학습량을 감축하고 학습 수준을 낮출 필요가 발생하였다.

③ 교육과학기술부에서는 학생들의 학력 격차가 큰 과목들을 대상으로 다양한 수준의 과목을 개설하게 하여 학생들이 자신의 학습 능력과 수준에 보다 적합한 과목을 이수할 수 있도록 추진하고 있는데, 우선적으로 수학과 영어 과목을 대상으로 고등학교 과목을 정상적으로 이수할 만큼의 기초 지식이 없는 학생들을 위한 기본 과목을 개설하도록 하였다.

④ 지금까지 일반계 고등학교에서는 보통교과 이수에만 초점을 두고 보통교과 이상의 수준을 학습할 능력이 있는 우수 인재를 위한 교육과정 설계에는 그다지 관심을 두지 못했다. 우수 학생들을 대상으로 하는 과목으로 현재 과학 고등학교에서 적용하고 있는 '고급수학'이 있지만, 그 수준이 매우 어렵고 학습량이 많아 일반계 고등학교 우수 학생이 학습하기에는 부적합하다. 따라서 2009 개정에서는 일반계고 학생을 위한 심화 과목과 과학고 학생들에게 적합한 심화 과목으로, 심화용 수학 과목을 2개 이상 개설할 필요가 있다.

⑤ 2007년 개정 수학과 교육과정의 문제점을 해결할 필요가 있었다. 우선 선택과목 간 내용 중복성 문제를 해결하는 것이 필요하였고, 수학 과목간의 위계성, 연계성을 명확히 하는 것이 필요하였다.

### 2) 기본 방향

2009 개정 수학과 교육과정에서는 고등학교 학생들이 자신의 수준에 적합한 수학 과목을 선택하여 이수할 수 있도록 수학과 선택 과목을 기본 과목, 일반 과목, 심화 과목으로 조직하도록 하였다.

① 기본 과목에 속하는 수학 과목은 고등학교 일반 수준을 곧바로 이수하기에는 수학적 기초가 부족한 학생들이 이를 보완할 기회를 가질 수 있도록 하는 데 초점을 두도록한다.

② 수학과 일반 과목의 선택 과목은 고등학교 학생들의 인지발달 수준을 고려하면서도 고등학교 학생들이 자신의 관심, 적성, 진로에 적합한 수학 과목을 선택할 수 있도록 다양한 과목을 개실한다. 특히 인문사회계, 과학기술계, 예·체능계, 실업계로 진학하는 학생들이 자신의 진로에 적합한 과목을 선택하여 이수할 수 있도록 과목별 내용을 구성한다.

③ 수학과 심화 과목의 선태 과목은 일반계 고등학교에서 수학 과목에 탁월한 학생들이나 과학 고등학교에 진학한 학생들에게 적합한 심화된 수학 내용을 중심으로 조직한다. 이 때, 수학과 심화 수준 선택 과목은 수학과 일반 수준의 선택 과목과 적절한 위계와 연계를 가지면서도 학생들의 관심과 작성, 향후 진로에 따라 선택이 가능하도록 과목과 내용을 조직한다.

④ 수학과 선택 과목의 각 내용은 서로 중복되지 않도록 조직하고, 각 과목 사이에 적절한 위계성이나 독립성을 갖도록 교육 내용을 조직하도록 한다. 그리하여 학생들이 자신의 관심과 적성, 진로에 적합한 과목을 선택하여 이수할 수 있게 한다. 학생들의 수학적 창의성을 신장시키기 위한 노력을 집중할 수 있도록 수학과 선택과목의 전체적인 학습 내용을 적절히 감축하고, 각 과목별 학습량과 수준도 적정화하도록 한다.

## (2) 재구조화된 선택과목

| 2007년 개정 수학과 교육과정 | | 재구조화 안 | | 비고 |
|---|---|---|---|---|
| 보통 | 수학(고1,8), 수학의 활용(6), 수학 I(6), 미적분과 통계 기본(6), 수학 II(6), 적분과 통계(6), 기하와 벡터(6) | 기본 | 기초 수학 | '기초 수학'은 고등학교 수학을 이해하는데 필요한 수학적 지식이 부족한 학생들을 위한 과목임, 2011년부터 적용되는 '수학의 기초' 과목과 연계됨 |
| | | 일반 | 수학 I(5), 수학 II(5), 미적분 I(5), 미적분 II(5), 확률과 통계(5), 기하와 벡터(5) | 2007 개정 교육과정의 고등학교 1학년 '수학'은 '수학 I'과 '수학 II'에 통합됨 |
| 전문 | 고급 수학 | 심화 | 고급 수학 I, 고급 수학 II | '고급 수학'은 '고급 수학 I'과 '고급 수학 II'로 세분하고 미적분학, 선형대수학, 기하학, 통계학 등 심화된 수학 내용을 다룸 |
| 과목 수 | 8 | 9 | | 1개 과목 증대 |

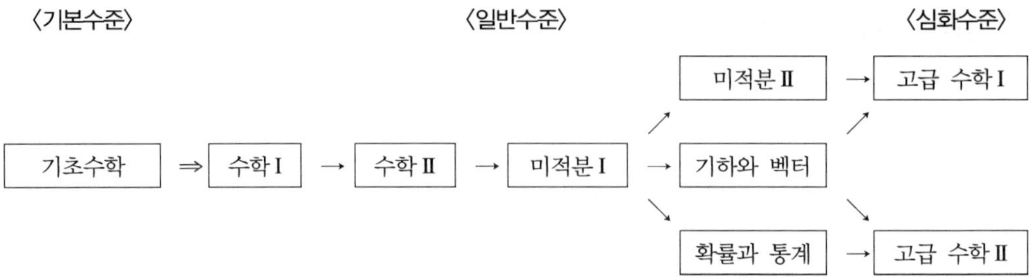


### 1) 이수 형태

진학하고자 하는 계열별, 재학하고 있는 고등학교의 유형에 따라서 이수형태는 다음과 같다.

① **일반계 고등학교 인문사회 계열 학생의 수학과 선택과목 이수 경로**(기초 수학 이수는 생략 가능함)

| 기본수준 | 일반수준 1단계 | 일반수준 2단계 | 일반수준 3단계 | 일반수준 4단계 |
|---|---|---|---|---|
| 기초 수학 | 수학Ⅰ | 수학Ⅱ | 미적분Ⅰ | 확률과 통계 |

② **일반계 고등학교 과학기술 계열 학생의 수학과 선택과목 이수 경로**

| 일반수준 1단계 | 일반수준 2단계 | 일반수준 3단계 | 일반수준 4단계 |
|---|---|---|---|
| 수학Ⅰ | 수학Ⅱ | 미적분Ⅰ | 미적분Ⅱ 확률과 통계 기하와 벡터(3개 과목 이수) |

③ **일반계 고등학교 예체능 계열 학생 및 특성화 고등학교 학생의 수학과 선택과목 이수 경로**

| 기본수준 | 일반수준 1단계 | 일반수준 2단계 |
|---|---|---|
| 기초 수학 | 수학Ⅰ | 수학Ⅱ |

④ **일반계 고등학교 수학 우수 학생 및 과학고등학교 학생의 수학과 선택과목 이수 경로**

| 일반수준 1단계 | 일반수준 2단계 | 일반수준 3단계 | 일반수준 단계 | 일반수준 4단계 |
|---|---|---|---|---|
| 수학Ⅰ | 수학Ⅱ | 미적분Ⅰ | 미적분Ⅱ 확률과 통계 기하와 벡터 (3개 과목 이수) | 고급수학Ⅰ 고급수학Ⅱ (희망에 따라 선택) |

### 2) 선택과목 운영 및 특성

① 2007년 개정 수학과 교육과정에서 고등학교 1학년 학생들이 이수하는 '수학'은 국민 공통 기본 교육과정에 속하는 과목으로 8단위(2개 학기에 걸쳐 매주 4시간 운영)필수과목으로 지정되어 운영되고, 고등학교 2학년과 3학년 과정에서는 6단위 선택과목 6개 중에서 학생들이 자신의 진로와 작성을 고려하여 자신에게 필요한 과목을 선택하여 이수하도록 되어 있었다. 이를 5단위 선택과목 체제로 재조직하여 일반 과목 6개 교과로 만들고, 각 과목의 내용 범위와 수준 등을 조정하여 현행 교육 내용의 20%를 감축하였다.

| 2007 개정 | 2009 개정 |
|---|---|
| 수학(8단위)<br>수학Ⅰ(6단위)<br>미적분과 통계 기본(6단위)<br>수학Ⅱ(6단위)<br>적분과 통계(6단위)<br>기하와 벡터(6단위)<br>수학의 활용(6단위) | 수학Ⅰ(5단위)<br>수학Ⅱ(5단위)<br>확률과 통계(5단위)<br>미적분Ⅰ(5단위)<br>미적분Ⅱ(5단위)<br>기하와 벡터(5단위) |

② 개설 기능한 유형은 다음과 같다. 음영으로 처리한 부분은 일부 또는 전체를 동시 개설할 수 있음을 표시한 것이다.

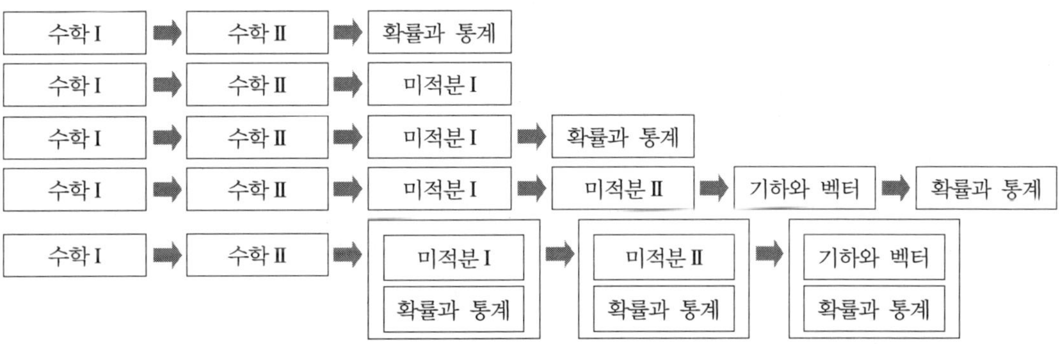


③ 2009 개정 교육과정의 일반 과목 교과목의 대략적인 내용을 간략히 기술하면 '수학Ⅰ', '수학Ⅱ'에서는 고등학교 수학의 기본적인 내용을 모아 놓았고, '미적분Ⅰ과' '미적분Ⅱ'에서는 다항함수의 미적분을 기본으로 하는 기초미적분과 초월함수까지 다루는 미적분으로 나누어 구성하였다. 또, 현대 사회에서 많이 요구되는 '확률과 통계'는 현행 교육과정에서 여러 교과목에 나누어 서술되었던 것을 하나의 교과목으로 모아 구성하면서 이산수학의 일부를 포함하였으며, 수학의 한 분야인 '기하'를 다루는 '기하와 벡터'를 또 하나의 교과목으로 설정하고 있다.

㉠ 수학Ⅰ : 학생들에게 친숙한 소재인 다항식을 이해하는 것으로 시작하였고 방정식과 부등식을 익히는 데 초점을 두었다. 이를 위하여 중학교에서 학습한 이차방정식의 해의 범위를 확장하기 위하여 복소수를 도입한 후 여러 가지 방정식과 이차부등식을 다루도록 하였다. 또, 방정식을 이용하여 좌표평면에서의 직선과 원을 표현하고, 그와 관련된 성질을 살펴보도록 하였다.

㉡ 수학Ⅱ : 간단한 함수에 초점을 맞추었다. 우선 함수를 정의하기 위하여 집합의 개념을 도입하고(중학교에서 집합을 다루지 않는다.) 그 후에 명제와 증명을 다루는데, 증명 부분에서는 그동안 소홀히 다루었던 '귀류법' 등을 보완하였다. '함수'는 그 정의 및 역함수를 도입하고, 그 예로서 유리·무리함수를 간단히 다루도록 하였다. 또, '수열'을 함수와 연계하여 다루는데, 계차수열이나 점화식 등의 복잡한 수열은 삭제하고, 등차·등비수열 등의 간단한 수열의 합을 계산할 수 있도록 하며, '지수'와 '로그'는 그 용어를 이해할 수 있는 정도로 간단히 다루도록 하였다.

㉢ 미적분Ⅰ : 2007 개정 교육과정의 '수학Ⅰ'에서 다루는 수열의 극한과 급수 부분, 그리고 [미적분과 통계 기본]에서 다루는 미적분과 관련된 내용으로 구성되어 가장 변화가 없는 교과목이다. 다만, 2007 개정 교육과정의 '수학Ⅱ'에서 '평균값 정리'를 이동하여 보완하였다.

㉣ 미적분Ⅱ－2007 개정 교육과정 '수학Ⅱ'의 미분법, '적분과 통계'의 적분법의 내용 중에서 '미적분Ⅰ'과 중복되는 내용을 삭제하였다. 다만, '음함수와 매개변수의 미분', '속도와 가속도 및 거리와 관련된 도함수 및 적분의 활용' 관련 부분은 벡터를 다룬 후에 활용부분에서 함께 다루도록 '기하와 벡터'로 이동하였다.

㉤ 기하와 벡터－2007 개정 교육과정의 '기하와 벡터'에서 '일차변환과 행렬' 영역을 삭제하고, '이차곡선' 영역에서는 이차곡선 자체는 간단하게 다루고 미분을 이용하여 그 접선을 다루도록 하였으며, '벡터'는 평면벡터와 공간벡터로 구분하여 학생들에게 보다 친숙한 평면벡터를 먼저 다룬 후 순차적으로 공간벡터를 다룸으로써 학생들의 이해를 돕고자 하였다.

㉥ 확률과 통계－2007 개정 교육과정의 여러 교과목에 나뉘어 포함되어 있던 내용을 하나의 교과목으로 통합하면서 이산수학의 일부를 포함한 것이다. 이때, 실제 자료에 대한 통계적 처리 능력을 함양하도록 하기 위하여 컴퓨터 프로그램(스프레드시트)과 공학적 도구를 활용하도록 '교수·학습 상의 유의점'에서 강조하였다.

④ 2007 개정 교육과정에서는 수학을 대수, 기하, 해석이라는 고전적인 틀 안에서 분류하고 이에 맞추어 내용을 구성하여 하나의 주제가 여러 단원에 걸쳐 다루어지고 그 결과 학생들의 학습량이 불필요하게 증가하는 측면이 있다.

⑤ 2007 개정 교육과정의 내용 중에서 대영역 전체가 일반 과목의 교육과정에서 삭제된 부분은 다음과 같다.

㉠ '수학Ⅰ'의 행렬과 그래프, '기하와 벡터'의 일차변환과 행렬 영역을 일반 과목에서 삭제하고, 「고급 수학Ⅰ」로 이동하였다.

㉡ '수학Ⅱ'의 '방정식과 부등식' 영역을 삭제하였는데, 구체적으로는 분수방정식과 무리방정식, 그리고 고차부등식과 분수부등식의 내용을 삭제하였다.

## (3) 개정 주요 내용

### 1) 선택 교육과정 수학과 목표

① **기본 과목 :** 기초수학

기초 수학은 중학교 수학의 내용을 잘 이해하지 못한 학생이 일반 과목의 수학 교과를 이수하기 위해 필요한 수학적 개념, 원리, 법칙을 체계적으로 이해하기 위하여 선택할 수 있는 기본 과목이다.

기초 수학의 내용은 '수와 식의 계산', '방정식과 함수', '피타고라스 정리와 삼각비'로 구성된다. '수와 식의 계산' 영역에서는 수의 연산, 문자의 사용과 식의 계산, 다항식의 계산을, '방정식과 함수' 영역에서는 일차방정식과 일차함수, 이차방정식과 이차함수를, '피타고라스 정리와 삼각비' 영역에서는 피타고라스 정리, 삼각비를 다룬다. 기초 수학 과목의 목표는 다음과 같다.

수학적 개념, 원리, 법칙을 이해하고, 수학적으로 사고하고 의사소통하는 능력을 길러, 여러 가지 현상과 문제를 수학적으로 고찰함으로써 합리적이고 창의적으로 해결하며, 수학 학습자로서 바람직한 인성과 태도를 기른다.

㉠ 수와 식의 계산, 방정식과 함수, 피타고라스 정리와 삼각비에 관련된 계산능력을 기르고, 개념, 원리, 법칙과 이들 사이의 관계를 이해하는 능력을 기른다.

㉡ 수학적으로 사고하고 의사소통하는 능력을 기른다.

㉢ 사회 및 자연의 수학적 현상에서 파악된 문제를 합리적이고 창의적으로 해결하는 능력을 기른다.

㉣ 수학에 대하여 관심과 흥미를 가지고, 수학의 가치를 이해하며, 수학 학습자로서 바람직한 인성과 태도를 기른다.

② **일반과목** : 수학 I, 수학 II, 확률과 통계, 미적분 I, 미적분 II, 기하와 벡터

- **수학** I : 공통 교육과정 기간인 중학교 3학년까지의 수학을 이수한 후 보다 높은 수준의 수학을 학습하기 위하여 선택할 수 있는 기본 과목이다.

  '수학 I'은 '다항식', '방정식과 부등식', '도형의 방정식'으로 구성된다. '다항식' 영역에서는 다항식의 연산, 나머지정리, 인수분해를, '방정식과 부등식' 영역에서는 복소수와 이차방정식, 이차방정식과 이차함수, 여러 가지 방정식과 부등식을, '도형의 방정식' 영역에서는 평면좌표, 직선의 방정식, 원의 방정식, 도형의 이동, 부등식의 영역을 다룬다.

  '수학 I' 과목의 목표는 다음과 같다.

  수학적 개념, 원리, 법칙을 이해하고, 수학적으로 사고하고 의사소통하는 능력을 길러, 여러 가지 현상과 문제를 수학적으로 고찰함으로써 합리적이고 창의적으로 해결하며, 수학 학습자로서 바람직한 인성과 태도를 기른다.

  ㉠ 다항식, 방정식과 부등식, 도형의 방정식에 관련된 개념, 원리, 법칙과 이들 사이의 관계를 이해하는 능력을 기른다.

  ㉡ 수학적으로 사고하고 의사소통하는 능력을 기른다.

  ㉢ 사회 및 자연의 수학적 현상에서 파악된 문제를 합리적이고 창의적으로 해결하는 능력을 기른다.

  ㉣ 수학에 대하여 관심과 흥미를 가지고, 수학의 가치를 이해하며, 수하 학습자로서 바람직한 인성과 태도를 기른다.

- **수학** II : 공통 교육과정 기간인 중학교 3학년까지의 수학과 [수학 I]의 내용을 이해한 학생이 보다 높은 수준의 수학을 학습하기 위하여 선택할 수 있는 과목이다.

  [수학 II]는 '집합과 명제', '함수', '수열', '지수와 로그'로 구성된다. '집합과 명제'영역에서는 집합의 개념과 연산법칙, 명제의 개념과 증명을, '함수'영역에서는 함수와 역함수, 유리함수, 무리함수, '수열' 영역에서는 등차수열과 등비수열, 수열의 합, 수학적 귀납법을, '지수와 로그' 영역에서는 지수의 확장과 지수법칙, 로그의 개념과 상용로그를 다룬다. [수학 II] 과목의 목표는 다음과 같다.

  수학적 개념, 원리, 법칙을 이해하고, 수학적으로 사고하고 의사소통하는 능력을 길러, 여러 가지 현상과 문제를 수학적으로 고찰함으로써 합리적이고 창의적으로 해결하며, 수학 학습자로서 바람직한 인성과 태도를 기른다.

  ㉠ 집합과 명제, 함수, 수열, 지수와 로그에 관련된 개념, 원리, 법칙과 이들 사이의 관계를 이해하는 능력을 기른다.

㉡ 수학적으로 사고하고 의사소통하는 능력을 기른다.

㉢ 사회 및 자연수의 수학적 현상에서 파악된 문제를 합리적이고 창의적으로 해결하는 능력을 기른다.

㉣ 수학에 대하여 관심과 흥미를 가지고, 수학의 가치를 이해하며, 수학 학습자로서 바람직한 인성과 태도를 기른다.

• **확률과 통계** : [미적분 I]이나 [미적분 II]의 내용을 이해한 학생이 선택하는 것이 바람직하지만, [미적분 I]이나 [미적분 II]를 이수하지 않은 학생도 선택할 수 있는 과목이다. [확률과 통계]는 '순열과 조합', '확률', '통계'로 구성된다. '순열과 조합' 영역에서는 경우의 수, 순열과 조합, 분할, 이항정리를, '확률' 영역에서는 확률의 뜻과 활용, 조건부확률을, '통계' 영역에서는 확률분포, 통계적 추정을 다룬다. [확률과 통계] 과목의 목표는 다음과 같다.

수학적 개념, 원리, 법칙을 이해하고, 수학적 및 통계적으로 사고하고 의사소통하는 능력을 길러, 여러 가지 현상과 문제를 수학적으로 고찰함으로써 합리적이고 창의적으로 해결하며, 수학 학습자로서 바람직한 인성과 태도를 기른다.

㉠ 순열과 조합, 확률, 통계에 관련된 개념, 원리, 법칙과 이들 사이의 관계를 이해하는 능력을 기른다.

㉡ 수학적 및 통계적으로 사고하고 의사소통하는 능력을 기른다.

㉢ 사회 및 자연의 수학적 현상에서 파악된 문제를 합리적이고 창의적으로 해결하는 능력을 기른다.

㉣ 수학에 대하여 관심과 흥미를 가지고, 수학의 가치를 이해하며, 수학 학습자로서 바람직한 인성과 태도를 기른다.

• **미적분** I : [수학 I]과 [수학 II]의 내용을 이해한 학생이 선택할 수 있는 과목이다. '미적분 I'은 '수열의 극한', '함수의 극한과 연속', '다항함수의 미분법', '다항함수의 적분법'으로 구성된다. '수열의 극한' 영역에서는 수열의 극한, 급수를, '함수의 극한과 연속' 영역에서는 함수의 극한, 함수의 연속을, '다항함수의 미분법'영역에서는 미분계수, 도함수, 도함수의 활용을, '다항함수의 적분법' 영역에서는 부정적분, 정적분, 정적분의 활용을 다룬다. [미적분 I]과목의 목표는 다음과 같다.

수학적 개념, 원리, 법칙을 이해하고, 수학적으로 사고하고 의사소통하는 능력을 길러, 여러 가지 현상과 문제를 수학적으로 고찰함으로써 합리적이고 창의적으로 해결하며, 수학 학습자로서 바람직한 인성과 태도를 기른다.

㉠ 수열의 극한, 함수의 극한과 연속, 다항함수의 미분법, 다항함수의 적분법에 관련된 개념, 원리, 법칙과 이들 사이의 관계를 이해하는 능력을 기른다.

㉡ 수학적으로 사고하고 의사소통하는 능력을 기른다.

㉢ 사회 및 자연의 수학적 현상에서 파악된 문제를 합리적이고 창의적으로 해결하는 능력을 기른다.

㉣ 수학에 대하여 관심과 흥미를 가지고, 수학의 가치를 이해하며, 수학 학습자로서 바람직한 인성과 태도를 기른다.

• **미적분 Ⅱ** : [미적분 Ⅰ]의 내용을 이해한 학생이 선택할 수 있는 과목으로, 대학의 자연계열 또는 공학 계열 등 미적분의 내용을 필요로 하는 분야로 진학하려는 학생이 이수하기에 알맞은 과목이다.

[미적분 Ⅱ]는 '지수함수와 로그함수', '삼각함수', '미분법', '적분법'으로 구성된다. '지수함수와 로그함수' 영역에서는 지수함수와 로그함수의 뜻과 그래프, 지수함수와 로그함수의 미분을, '삼각함수' 영역에서는 삼각함수의 뜻과 그래프, 삼각함수의 미분을, '미분법' 영역에서는 여러 가지 미분법, 도함수의 활용을, '적분법' 영역에서는 여러 가지 적분법, 정적분의 활용을 다룬다. [미적분 Ⅱ]과목의 목표는 다음과 같다.

수학적 개념, 원리, 법칙을 이해하고, 수학적으로 사고하고 의사소통하는 능력을 길러, 여러 가지 현상과 문제를 수학적으로 고찰함으로써 합리적이고 창의적으로 해결하며, 수학 학습자로서 바람직한 인성과 태도를 기른다.

㉠ 지수함수와 로그함수, 삼각함수, 미분법, 적분법에 관련된 개념, 원리, 법칙과 이들 사이의 관계를 이해하는 능력을 기른다.

㉡ 수학적으로 사고하고 의사소통하는 능력을 기른다.

㉢ 사회 및 자연의 수학적 현상에서 파악된 문제를 합리적이고 창의적으로 해결하는 능력을 기른다.

㉣ 수학에 대하여 관심과 흥미를 가지고, 수학의 가치를 이해하며, 수학 학습자로서 바람직한 인성과 태도를 기른다.

• **기하와 벡터** : [미적분 Ⅰ]과 [미적분 Ⅱ]의 내용을 이해한 학생이 보다 높은 수준의 수학을 학습하기 위하여 선택할 수 있는 과목이다.

[기하와 벡터]는 '평면 곡선', '평면벡터', '공간도형과 공간벡터'로 구성된다. '평면 곡선' 영역에서는 이차곡선, 평면 곡선의 접선을, '평면벡터' 영역에서는 벡터의 연산, 평면벡터의

성분과 내직, 평면 운동을, '공간도형과 공간벡터' 영역에서는 공간도형, 공간좌표, 공간벡터를 다룬다. [기하와 벡터] 과목의 목표는 다음과 같다.

수학적 개념, 원리, 법칙을 이해하고, 수학적으로 사고하고 의사소통하는 능력을 길러, 여러 가지 현상과 문제를 수학적으로 고찰함으로써 합리적이고 창의적으로 해결하며, 수학 학습자로서 바람직한 인성과 태도를 기른다.

㉠ 평면 곡선, 평면벡터, 공간도형과 공간벡터에 관련된 개념, 원리, 법칙과 이들 사이의 관계를 이해하는 능력을 기른다.
㉡ 수학직으로 사고하고 의사소통하는 능력을 기른다.
㉢ 사회 및 자연의 수학적 현상에서 파악된 문제를 합리적이고 창의적으로 해결하는 능력을 기른다.
㉣ 수학에 대하여 관심과 흥미를 가지고, 수학의 가치를 이해하며, 수학 학습자로서 바람직한 인성과 태도를 기른다.

③ **심화 과목** : 고급수학 I, 고급 수학 II

• **고급 수학** I : 심화 과목으로 일반 과목에서 학습한 수학의 기본 지식과 기능을 바탕으로 심화된 수준의 수학적 개념, 원리, 법칙을 체계적으로 이해하고, 수학적 사고력, 창의적 사고력, 문제 해결력 등을 신장시킬 수 있도록 하는 과목이다.
[고급 수학 I]은 심화된 수학적 지식과 사고 방법을 습득하고, 논리적 추론 능력을 키워 문제를 합리적으로 해결하는 능력과 태도를 기르게 함으로써 자연과학 및 공학 분야뿐만 아니라 사회과학의 학습에 기초를 제공한다. [고급 수학 I]의 내용은 '벡터와 행렬', '일차변환', '그래프'로 구성된다. '벡터와 행렬' 영역에서는 벡터, 행렬과 연립일차방정식을, '일차변환' 영역에서는 일차변환과 행렬, 고윳값과 행렬의 거듭제곱을, '그래프' 영역에서는 그래프의 뜻, 여러 가지 그래프, 그래프의 활용을 다룬다. [고급 수학 I]과목의 목표는 다음과 같다.

수학적 개념, 원리, 법칙을 이해하고, 수학적으로 사고하고 의사소통하는 능력을 길러, 여러 가지 현상과 문제를 수학적으로 고찰함으로써 합리적이고 창의적으로 해결하며, 수학 학습자로서 바람직한 인성과 태도를 기른다.

㉠ 벡터와 행렬, 일차변환, 그래프에 관련된 개념, 원리, 법칙과 이들 사이의 관계를 이해하고, 이를 활용하는 능력을 기른다.
㉡ 수학적으로 사고하고 의사소통하는 능력을 기른다.

㉢ 사회 및 자연의 수학적 현상에서 파악된 문제를 합리적이고 창의적으로 해결하는 능력을 기른다.

㉣ 수학에 대하여 관심과 흥미를 가지고, 수학의 가치를 이해하며, 수학 학습자로서 바람직한 인성과 태도를 기른다.

• **고급 수학Ⅱ** : 심화 과목으로 일반 과목에서 학습한 수학의 기본 지식과 기능을 바탕으로 더욱 심화된 수준의 수학적 개념, 원리, 법칙을 체계적으로 이해하고, 수학적 사고력, 창의적 사고력, 문제 해결력 등을 신장시킬 수 있도록 하는 과목이다.

[고급 수학Ⅱ]는 심화된 수학적 지식과 사고 방법을 습득하고, 논리적 추론 능력을 키워 문제를 합리적으로 해결하는 능력과 태도를 기르게 함으로써 자연과학 및 공학 분야뿐만 아니라 사회과학의 학습에 기초를 제공한다. [고급 수학Ⅱ]의 내용은 '복소수와 극좌표', '미적분의 활용', '편미분'으로 구성된다. '복소수와 극좌표' 영역에서는 복소수의 극형식, 극좌표와 극방정식을, '미적분의 활용' 영역에서는 미분의 활용, 미분방정식, 적분의 활용을, '편미분' 영역에서는 이변수함수의 뜻, 극한과 연속, 편미분, 편미분의 활용을 다룬다. [고급 수학Ⅱ] 과목의 목표는 다음과 같다.

수학적 개념, 원리, 법칙을 이해하고, 수학적으로 사고하고 의사소통하는 능력을 길러, 여러 가지 현상과 문제를 수학적으로 고찰함으로써 합리적이고 창의적으로 해결하며, 수학 학습자로서 바람직한 인성과 태도를 기른다.

㉠ 복소수와 극좌표, 미적분의 활용, 편미분에 관련된 개념, 우너리, 법칙과 이들 사이의 관계를 이해하고, 이를 활용하는 능력을 기른다.

㉡ 수학적으로 사고하고 의사소통하는 능력을 기른다.

㉢ 사회 및 자연의 수학적 현상에서 파악된 문제를 합리적이고 창의적으로 해결하는 능력을 기른다.

㉣ 수학에 대하여 관심과 흥미를 가지고, 수학의 가치를 이해하며, 수학 학습자로서 바람직한 인성과 태도를 기른다.

### 2) 주요 변화 내용 정리

#### ① 수학Ⅰ

• 고등학교 학생들에게는 지나치게 어렵고 분량이 과다할 뿐 아니라 학생들에게 높은 수준을 학습하도록 요구한다고 보고 2007 개정 교육과정 [수학]의 중영역 '실수'와 그 하위 내용을 삭제하였다.

- 이차방정식과 연계하여 복소수를 다루는 것이 학생들이 복소수의 개념을 이해하는데 도움이 되고 불필요한 계산을 줄일 수 있다고 판단하여 수와 연산 영역에서 다루어지던 복소수를 이차방정식과 연계하여 다루도록 [수학 I]의 '[2] 방정식과 부등식' 영역으로 이동하였다.
- 2007 개정 교육과정 [수학]의 '유리식과 무리식' 영역을 삭제하고, 두 용어 '유리식', '무리식'만 [수학 II]의 '[2] 함수'로 이동하여 유리함수와 무리함수를 이해하는데 필요한 최소한의 내용만을 다룰 수 있도록 하였다.
- 다항식의 약수와 배수에 대한 내용을 삭제하였다.
- 이차방정식의 이론과 이차함수의 성질이 자연스럽게 연계되도록 내용을 통합하였다.

㉠ 실수 삭제 : 2007 개정 교육과정을 보면 실수의 체 공리와 순서 공리를 실수의 성질이라는 형태로 고등학교 [수학]에서 도입하고 있었다. 수와 그 연산을 구조적인 측면에서 접근하는 것이 학교 수학에서 무의미하다고 할 수는 없으나, 이는 다른 한편으로 수학적 구조를 지나치게 강조하여 형식 논리 위주의 학습을 강요하는 것이라는 비판이 제기되어 왔다. 실수의 개념은 중학교 3학년에서 무리수와 함께 도입되고, 실수의 대소 관계 역시 중학교에서 수직선을 이용하여 직관적으로 다루어진다. 이처럼 중학교에서 실수의 개념과 대소 관계를 직관적으로 이해하고 방정식·부등식의 풀이에 사용하도록 하고 있는데, 이를 고등학교 교육과정에서 형식적이고 추상적인 형태로 다시 다루는 것은 대다수 학생들의 수학 학습에 대한 의욕을 떨뜨리고 수학 학습의 어려움을 가중시키는 측면이 있다. 만약 고등학교 교육과정에서 실수체계의 대수적 구조를 강조하고자 한다면 이는 실수 뿐 아니라 복소수, 다항식, 유리식, 함수, 행렬 등에 대해서도 동일하게 그 대수적 구조를 밝히고 이들 사이의 공통점과 차이점을 비교하여 살피는 형태로 내용이 구성되어야 하겠지만, 이러한 내용은 고등학교 학생들에게는 지나치게 어렵고 분량이 과다할 뿐 아니라 학생들에게 2007 개정 교육과정보다 높은 수준을 학습하도록 요구하는 셈이다. 이러한 관점에서 2009 개정 교육과정에서는 2007 개정 교육과정 [수학]의 중영역 '실수'와 그 하위 내용을 삭제하였다.

| 2007 개정 | | 2009 개정 |
|---|---|---|
| 수학<br>(고1) | 실수<br>① 실수의 연산에 관한 성질을 이해한다.<br>② 실수의 대소 관계를 이해한다. | 삭제 |

㉡ 복소수와 이차방정식의 연계 강화 : 복소수는 이차방정식의 해의 존재성과 관련하여 그 필요성을 알게 하고, 이를 통해 허수 단위 $i$의 뜻을 분명히 알 수 있도록 하는 것이 중요하다. 2007 개정 교육과정에서 복소수는 '수와 연산' 영역에서, 그리고 이차방정식은 '문자와 식' 영역에서 별도로 다룬다. 이로 인해 복소수 체계의 구조적 측면이 강조되고 불필요하게 복잡한 계산 문제를 많이 다루게 되어 학습의 양과 어려움이 가중되고 불필요한 복잡한 계산 문제를 많이 다루게 되어 학습의 양과 어려움이 가중된다는 비판이 제기되어 왔다. 2009 개정 교육과정에서는 이차방정식과 연계하여 복소수를 다루는 것이 학생들이 복소수의 개념을 이해하는데 도움이 되고 불필요한 계산을 줄일 수 있다고 판단하여 수와 연산 영역에서 다루어지던 복소수를 이차방정식과 연계하여 다루도록 [수학Ⅰ]의 '[2] 방정식과 부등식' 영역으로 이동하였다. 이때, 복소수의 연산에 대한 성질을 부각시켜 불필요하고 복잡한 계산에 치우치지 않도록 두 개의 소영역을 한 개로 약화시켜 통합하였다. 한편, 복소수는 심화 과목인 [고급 수학Ⅱ]에서 보다 깊이 있게 다루도록 하였다.

㉢ 유리식과 무리식 약화 : '유리식과 무리식'은 유리함수, 무리함수를 이해하고 유리 방정식, 무리 방정식, 유리 부등식, 무리 부등식 등을 다루기 위한 기초를 제공하는 데 의의가 크다. 그러나 연구 결과 및 2009 개정 교육과정시안 연구의 설문 조사 결과, 실제 학교현장에서는 유리식과 무리식을 유리함수, 무리함수, 유리 방정식, 무리 방정식, 유리 부등식, 무리 부등식 등과 연계하여 생각하지 못하고 번분수, 이중근호 등 유리식과 무리식의 계산 방법과 기능의 숙달에 많은 시간과 노력을 들이고 있어, 학생들의 학습 동기 유발을 어렵게 하고 흥미를 떨어뜨리며 학습량이 가중된다는 문제점이 제기되었다. 이러한 관점에서 2009 개정 교육과정에서는 2007 개정 교육과정 [수학]의 '유리식과 무리식' 영역을 삭제하고, 두 용어 '유리식', '무리식'만 [수학]의 '[2]함수'로 이동하여 유리함수와 무리함수를 이해하는데 필요한 최소한의 내용만을 다룰 수 있도록 하였다. 이를 통해 유리식과 무리식 관련 계산을 최소화하는 동시에 학생들의 학습량을 감축하고자 하였다.

| 2007 개정 | | 2009 개정 |
|---|---|---|
| 수학<br>(고1) | 유리식과 무리식<br>① 유리식의 뜻을 알고, 그 계산을 할 수 있다.<br>② 무리식의 뜻을 알고, 그 계산을 할 수 있다. | 삭제 : [수학Ⅱ]의 '[2] 함수' 영역에 용어 (유리식, 무리식)만 제시. |

㉣ 다항식의 약수와 배수 약화 : 다항식의 약수와 배수 및 최대공약수과 최소공배수 등의 내용을 다루려면 다루어지는 다항식의 계수에 대한 언급이 필요하고, 단원(unit), 기약(irreducible)원, 소(prime)원 등의 개념 또한 필요하다. 그러나 이러한 내용을 학교수학에서 다루기는 어려우며, 2007년 개정 교육과정에 따른 교과서에서는 이를 '다항식의 약수와 배수를 구할 때 수인수는 고려하지 않기로 한다.'는 등의 모호한 제한을 두는 형태로 다루고 있다. 이로 인해 학생들은 왜 다항식의 약수와 배수가 자연수의 약수와 배수와 다른지 혼란스러워 하고, 교사들 또한 이들 내용을 다루는데 어려움을 겪을 수 밖에 없게 된다. 더구나 2009년 개정 교육과정 시안 연구의 설문 조사 결과, 유리수, 무리수는 유리식, 무리식처럼 수와 식의 용어를 구분하고 있으나 최대공약수, 최소공배수는 최대공약식, 최대공배식의 용어를 사용하지 않고 자연수 집합과 동일한 용어를 사용하고 있어 개념의 혼동을 유발한다는 지적도 있다.

한편, 외국의 교육과정을 살펴보면, 대만의 경우 8학년에서 인수분해의 의미를 이해하고 공통인수를 묶는 방식으로 이차다항식을 분해하는데 초점을 맞추고 있으며 최고공약수, 최저공배수의 내용은 삭제되었다. 일본의 경우에는 다항식을 단항식으로 나누는 경우를 다루기는 하지만 교육과정에서 다항식의 약수와 배수에 대한 언급은 없고, 미국의 뉴욕 주의 경우 '통합대수'에서 다항식의 인수분해만을 다루고 있다. 이와 같이 외국의 경우에도 교육과정에서 식의 인수분해에 종점을 둘 뿐 다항식의 약수와 배수를 특별히 부각시켜 다루지 않음을 확인할 수 있다. 이러한 관점에서 2009 개정 교육과정에서는 다항식의 약수와 배수에 대한 내용을 삭제하였다.

| | 2007 개정 | 2009 개정 |
|---|---|---|
| 수학<br>(고1) | 약수와 배수<br>① 다항식의 약수와 배수의 뜻을 알고, 그 계산을 할 수 있다.<br>② 다항식의 최대공약수와 최소공배수의 뜻을 알고, 그 계산을 할 수 있다. | 삭제 |

㉤ 이차방정식, 이차부등식, 이차함수의 통합 및 연계성 강화 : 2007 개정 교육과정에서 이차방정식과 이차부등식은 '문자와 식' 영역에서 다루고, 이차함수는 '함수' 영역에서 다루면서, 이차함수의 활용에서 이들 간의 관련성을 학습하도록 되어 있다. 2009 개정 교육과정에서는 이들 내용들 간의 연계성을 강화하고 서로 다른 영역에서 다루는 과정에서 불필요하게 발생하는 학습량을 감축한다는 점에서 이차방정식의 이론과 이차함수의 성질이 자연스럽게 연계되도록 내용을 통합하였다.

<table>
<tr><th colspan="2">2007 개정</th><th>2009 개정</th></tr>
<tr><td rowspan="4">수학<br>(고1)</td><td>이차방정식<br>① 이차방정식의 실근과 허근의 뜻을 안다.<br>② 이차방정식에서 판별식의 의미를 이해한다.<br>③ 이차방정식에서 근과 계수의 관계를 이해한다.</td><td rowspan="4">복소수와 이차방정식<br>• 이차방정식의 실근과 허근의 뜻을 안다.<br>• 이차방정식에서 근과 계수의 관계를 이해한다.<br>이차방정식과 이차함수<br>• 이차한수와 이차방정식의 관계를 이해한다.<br>• 이차함수의 그래프와 직선의 위치 관계를 이해한다.<br>• 이차함수의 최대, 최소를 이해한다.<br>여러 가지 방정식<br>• 간단한 삼차방정식과 사차방정식을 풀 수 있다.<br>• 미지수가 3개인 연립일차방정식과 미지수가 2개인 연립일차방정식을 풀 수 있다.<br>여러 가지 부등식<br>• 부등식의 성질을 이해하고, 절댓값을 포함한 일차부등식을 풀 수 있다.<br>• 이차함수와 이차부등식의 관계를 이해하고, 이차부등식과 연립이차부등식을 풀 수 있다.</td></tr>
<tr><td>고차방정식과 연립방정식<br>① 간단한 삼차 방정식과 사차방정식을 풀 수 있다.<br>② 미지수가 3개인 연립일차방정식과 미지수가 2개인 연립이차방정식을 풀 수 있다.</td></tr>
<tr><td>이차부등식과 절대부등식<br>① 부등식의 성질을 이해하고, 이를 활용할 수 있다.<br>② 절댓값을 포함한 일차부등식을 풀 수 있다.<br>③ 이차부등식과 연립이차부등식을 풀 수 있다.</td></tr>
<tr><td>이차함수의 활용<br>① 이차함수의 최대, 최소를 이해한다.<br>② 이차한수의 그래프와 직선의 위치 관계를 이해한다.<br>③ 이차함수와 이차방정식, 이차부등식의 관계를 이해한다.</td></tr>
</table>

### ② 수학 Ⅱ

• 2007년 개정 교육과정 중학교 1학년 집합 내용을 고등학교 1학년에서 통합하여 지도한다.

• '모든', '어떤'과 같은 한정사가 포함된 명제 및 이들 명제의 부정에 대한 학생들의 이해를 강화하기 위해 '모든, 어떤을 포함한 명제를 이해한다.'라는 항목을 추가하였고, 용어와 기호에서는 '모든'과 '어떤'을 삭제하였다. 그리고 '대우를 이용한 증명법과 귀류법을 이해한다.'라는 항목을 추가하여 대우를 이용한 증명방법, 귀류법에 대한 간단한 명제에 대한 증명을 보완하였다.

• 2007 개정 교육과정 [수학]의 '이차부등식과 절대부등식' 영역에서 다루던 절대부등식의 이해와 증명에 대한 내용을 '명제' 영역으로 이동 통합하여 여러 가지 증명법과 함께 다루도록 하였다. 한편, 명제의 '이'는 용어에서 삭제하여 다루지 않도록 하였다.

• 2007 개정 고등학교 교육과정 1학년 [수학]의 '(라) 함수' 영역 중에서 '유리함수와 무리함수'에서 학습목표를 통합하고 그 내용을 약화하였다.

• 계차수열 용어를 삭제하고, '계차수열은 등차수열이나 등비수열이 되는 경우만 다룬다.'라는 교수·학습상의 유의점을 삭제하였다.

• 교수·학습상의 유의점에 '수열과 관련된 실생활 문제를 귀납적으로 표현할 수 있게 하고, 귀납적으로 정의된 수열의 일반항을 구하는 문제는 다루지 않는다.'를 추가하였다.

• 알고리즘과 순서도 부분을 삭제하여 [수학Ⅱ]의 수열 영역의 내용 경감을 꾀하였다.

- 상용로그의 지표와 가수 부분의 내용을 약화하여 학습량을 감축하고자 하였다.

㉠ 집합 내용 통합 : 2007 개정 중등학교 교육과정을 보면 각 학교 급 교육과정의 처음 부분에 집합이 반복되어 나오는데, 2009 개정 교육과정에서는 중학교에서 다루던 집합의 내용을 고등학교에서 통합하여 제시하였다. 이는 개정 시안 연구의 설문 조사 결과에서 제기된 '집합 단원이 중학교와 중복된 개념이 많습니다.'와 같은 의견을 반영한 것이다.

㉡ 명제 내용 보완 및 증명 부분 강화 : 제7차 교육과정과 달리 2007 개정 교육과정에서는 '모든'과 '어떤'이라는 용어가 새롭게 추가되어 고등학교에서 이들 한정사가 포함된 문장을 다루도록 하였다. 2009 개정교육과정에서는 '모든', '어번'과 같은 한정사가 포함된 명제 및 이들 명제의 부정에 대한 학생들의 이해를 강화하기 위해 '모든', '어떤'을 포함한 명제를 이해한다. 는 항목을 추가하였고, 용어와 기호에서는 '모든', '어떤'을 삭제하였다. 그리고 '대우를 이용한 증명법과 귀류법을 이해한다.'라는 항목을 추가하여 대우를 이용한 증명방법, 귀류법에 대한 간단한 명제에 대한 증명을 보완하였다. 또한, 2007 개정 교육과정 [수학]의 '이차부등식과 절대부등식' 영역에서 다루던 절대부등식의 이해와 증명에 대한 내용을 '명제' 영역으로 이동 통합하여 여러 가지 증명법과 함께 다루도록 하였다. 한편 명제의 '이'는 용어에서 삭제하여 다루지 않도록 하였다.

| | 2007 개정 | 2009 개정 |
|---|---|---|
| 수학<br>(고1) | 명제<br>① 명제와 조건의 의미를 이해한다.<br>② 명제의 역, 이, 대우를 이해한다.<br>③ 필요조건과 충분조건을 이해한다. | 명제<br>• 명제와 조건의 의미를 이해한다.<br>• '모든', '어떤'을 포함한 명제를 이해한다.<br>• 명제의 역과 대우를 이해한다.<br>• 필요조건과 충분조건을 이해한다.<br>• 절대부등식의 의미를 이해하고, 간단한 절대 부등식을 증명할 수 있다.<br>• 대우를 이용한 증명법과 귀류법을 이해한다. |

㉢ 함수 영역의 내용 약화 : 2007 개정 고등학교 교육과정 1학년 [수학]의 '(라) 함수' 영역 중에서 '유리함수와 무리함수'에서 학습목표를 통합하고 그 내용을 약화하였다. 이는 2009 개정에 따른 수학과 교육과정에서 실시한 설문 조사 결과로 제기된 의견 '유리식과 무리식의 계산량을 줄인 것이 학습 부담을 줄일 수 있다.'에서 나타난 바와 같이 이 영역의 내용 통합과 약화가 학생들에게 실질적인 학습량 감소 효과를 보일 것으로 판단하였기 때문이다. 구체적으로, 2007년 개정 교육과정 [수학]의 '(라) 함수' 영역 중 '이차함수의 활용'에서 '① 이차함수의 최대, 최소를 이해한다.'와 '② 이차함수의 그래

프와 직선의 위치 관계를 이해한다.'는 [수학 I]의 '이차방정식과 이차함수', '여러 가지 부등식'으로 이동하였다.

| | 2007 개정 | 2009 개정 |
|---|---|---|
| 수학<br>(고1) | 함수<br>① 함수의 뜻을 알고, 그 그래프를 이해한다.<br>② 함수의 합성을 이해하고, 합성함수를 구할 수 있다.<br>③ 역함수의 뜻을 알고, 주어진 함수의 역함수를 구할 수 있다.<br><br>유리함수와 무리함수<br>① 유리함수와 무리함수의 뜻을 안다.<br>② 함수 $y=\frac{ax+b}{cx+d}$의 그래프를 그릴 수 있고, 그 그래프의 성질을 이해한다.<br>③ 함수 $y=\sqrt{ax+b}+c$의 그래프를 그릴 수 있고, 그 그래프의 성질을 이해한다. | 함수<br>• 함수의 뜻을 알고, 그 그래프를 이해한다.<br>• 함수의 합성을 이해하고, 합성함수를 구할 수 있다.<br>• 역함수의 뜻을 알고, 주어진 함수의 역함수를 구할 수 있다.<br><br>유리함수와 무리함수<br>• 함수 $y=\frac{ax+b}{cx+d}$의 그래프를 그릴 수 있고, 그 그래프의 성질을 이해한다.<br>• 함수 $y=\sqrt{ax+b}+c$의 그래프를 그릴 수 있고, 그 그래프의 성질을 이해한다. |

㉣ 수열의 약화 및 이동 : 2007 개정 교육과정 [수학 I]의 '(다) 수열' 영역을 [수학 II]로 이동하였다. 2009 개정 교육과정에서는 학생들이 함수 단원을 학습한 후에 수열 단원을 학습하는 학습의 순서가 수열을 함수로 정의하여 내용을 이해하기가 용이하고 불필요한 계산 과정에 얽매이지 않고 개념원리 위주의 학습을 가능하게 할 것으로 보았다. 특히, 복잡한 계차수열 부분은 삭제하여 학습량을 감축하고자 하였다. 즉 2007 개정 교육과정 [수학 I]의 '(다) 수열' 영역 중 '여러 가지 수열'에 제시되어 있는 내용 항목 중 '$\Sigma$의 뜻과 성질을 이해하고, 이를 활용할 수 있다.' '여러 가지 수열의 일반항, 첫째항부터 제 $n$항까지의 합을 구할 수 있다.' '여러 가지 수열에 관한 문제를 해결할 수 있다.'를 통합하여 '$\Sigma$의 뜻과 성질을 이해하고 이를 활용할 수 있다.' '여러 가지 수열의 첫째 항부터 제$n$항까지의 합을 구할 수 있다.'로 약화하였다. 이는 2009 개정 시안 연구의 설문 조사 결과 (즉, '여러 가지 수열 –이 부분에서는 문제가 어렵게 다량 출제되는 부분임. 교과서에서 아무리 간단하게 다루어도 학생들 학습량이 아주 많은 부분임', '여러 가지 수열을 아예 빼 버리거나', '여러 가지 수열에서 합의 기호를 이용하는 부분의 도입이 1학년을 대상으로는 다소 높을 것으로 판단됨', '수열, 여러 가지 수열을 빼고 지수와 로그 다음에 지수함수와 로그함수의 그래프가 들어가면 더 좋을 듯합니다.')를 반영한 것이라고 할 수 있다. 2007 개정 교육과정의 계차수열 용어를 삭제하고 '계차수열은 등차수열이나 등비수열이 되는 경우만 다룬다.'라는 교수학습상의 유의점을 삭제하였다. 또한 2009 개정 교육과정에서는 교수학습상의 유의점에

'수열과 관련된 실생활 문제를 귀납적으로 표현할 수 있게 하고, 귀납적으로 정의된 수열의 일반항을 구하는 문제는 다루지 않는다.'를 추가하였다. 또한, 2007 개정 교육과정의 알고리즘과 순서도 부분을 삭제하여 [수학 II]의 수열 영역의 내용 경감을 꾀하였다.

| | 2007 개정 | 2009 개정 |
|---|---|---|
| 수학 I | 등차수열과 등비수열<br>① 수열의 뜻을 안다.<br>② 등차수열의 뜻을 알고, 일반항, 첫째항부터 제$n$항까지의 합을 구할 수 있다.<br>③ 등비수열의 뜻을 알고, 일반항, 첫째항부터 제$n$항까지의 합을 구할 수 있다. | 등차수열과 등비수열<br>• 수열의 뜻을 안다.<br>• 등차수열의 뜻을 알고, 일반항, 첫째항부터 제$n$항까지의 합을 구할 수 있다.<br>• 등비수열의 뜻을 알고, 일반항, 첫째항부터 제$n$항까지의 합을 구할 수 있다. |
| | 여러 가지 수열<br>① $\Sigma$의 뜻과 성질을 이해하고, 이를 활용할 수 있다.<br>② 여러 가지 수열의 뜻을 알고, 일반항, 첫째항부터 제$n$항까지의 합을 구할 수 있다.<br>③ 여러 가지 수열에 관한 문제를 해결할 수 있다. | 수열의 합<br>• $\Sigma$의 뜻과 성질을 이해하고, 이를 활용할 수 있다.<br>• 여러 가지 수열의 첫째항부터 제$n$항까지의 합을 구할 수 있다. |
| | 수학적 귀납법<br>① 수열의 귀납적 정의를 이해한다.<br>② 수학적 귀납법의 원리를 이해한다.<br>③ 수학적 귀납법을 이용하여 자연수 $n$에 관하여 참인 명제를 증명할 수 있다. | 수학적 귀납법<br>• 수열의 귀납적 정의를 이해한다.<br>• 수학적 귀납법의 원리를 이해한다.<br>• 수학적 귀납법을 이용하여 명제를 증명할 수 있다. |
| | 알고리즘과 순서도<br>① 알고리즘과 순서도의 뜻을 알고, 그 필요성을 이해한다.<br>② 간단한 문제해결을 위한 알고리즘을 작성하여 순서도를 만들 수 있다. | 삭제 |

㉤ 지수와 로그 내용 약화 및 이동 : 2009 개정 교육과정에서는 지수와 로그의 정의 및 간단한 성질을 [수학 II]에서 다루고, 지수함수와 로그함수는 미적분과 함께 깊이 있게 다룰 수 있도록 [미적분 II]로 이동하였다. 그리고 상용로그의 지표와 가수 부분의 내용을 약화하여 학습량을 감축하고자 하였다.

| | 2007 개정 | 2009 개정 |
|---|---|---|
| 수학 I | 지수<br>① 거듭제곱과 거듭제곱의 뜻을 알고, 그 성질을 이해한다.<br>② 지수가 유리수, 실수까지 확장될 수 있음을 이해한다.<br>③ 지수법칙을 이해하고, 이를 이용하여 식을 간단히 나타낼 수 있다. | 지수<br>• 거듭제곱과 거듭제곱의 뜻을 알고, 그 성질을 이해한다.<br>• 지수가 유리수, 실수까지 확장될 수 있음을 이해한다.<br>• 지수법칙을 이해하고, 이를 이용하여 식을 간단히 나타낼 수 있다. |

| | 로그 | 로그 |
|---|---|---|
| | ① 로그의 뜻을 알고, 그 성질을 이해한다.<br>② 상용로그의 듯을 알고, 지표와 가수의 성질을 이해한다.<br>③ 상용로그를 활용하여 여러 가지 문제를 해결할 수 있다. | • 로그의 뜻을 알고, 그 성질을 이해한다.<br>• 상용로그를 이해하고 활용할 수 있다. |

### ③ 확률과 통계

- 용어 '합의 법칙', '곱의 법칙'을 추가하고, 교수·학습상의 유의점에 '합의 법칙과 곱의 법칙은 구체적인 예를 통해 직접 나열해보거나 수형도를 그려보는 등의 활동을 통해 그 의미를 이해하게 한다.'를 새롭게 제시하여 이후에 학습할 순열과 조합 등 다양한 경우의 수 계산의 기본 원리에 해당하는 합의 법칙과 곱의 법칙에 대한 이해가 충실하게 이루어지도록 하고자 하였다.
- 이산수학의 내용 '분할'을 추가하였다.
- '연속확률변수의 뜻을 알고, 평균과 표준편차를 구할 수 있다.'를 삭제하여 연속확률변수의 평균과 표준편차를 구하는 내용을 다루지 않도록 하였다.
- 기존에 사용하던 기호이지만 용어와 기호에서 누락되었던 $S^2$, $S$를 용어와 기호에 추가하였다.
- 학생들이 통계에 대한 이론적 지식 뿐 아니라 실제 자료에 대한 통계적 처리 능력을 함양하도록 하기 위해 교수학습상의 유의점에 '확률분포와 통계적 추정을 다룰 때에는 공학적 도구를 사용하여 실생활 자료를 처리해 보게 할 수 있다.'를 추가하여 강조하였다.

㉠ 순열과 조합 관련 내용 통합 및 추가 : 2007 개정 교육과정에서는 순열과 조합에 대한 내용이 고등학교 1학년 [수학], [미적분과 통계 기본], 그리고 [적분과 통계]의 3개 교과목으로 나누어져 다루어지고 있으며, 이 중 [미적분과 통계 기본]에서 다루는 내용은 [적분과 통계]에서 다루는 내용과 상당 부분 중복된다. 2009 개정 교육과정에서는 이들 내용을 [확률과 통계] 교과목으로 통합하여 함께 다루도록 하였다. 이 과정에서 용어 '합의 법칙', '곱의 법칙'을 추가하고, 교수·학습상의 유의점에 '합의 법칙과 곱의 법칙은 구체적인 예를 통해 직접 나열해보거나 수형도를 그려보는 등의 활동을 통해 그 의미를 이해하게 한다.'를 새롭게 제시하여 이후에 학습한 순열과 조합 등 다양한 경우의 수 계산의 기본 원리에 해당하는 합의 법칙과 곱의 법칙에 대한 이해가 충실하게 이루어지도록 하고자 하였다. 한편, 이산수학의 일부 내용이 추가되었는데, 제7차 교육과정에서 다루었던 이산수학의 내용 중에서 '순열의 조합'은 이미 다루고 있으며, '그래프'는 심화 과목인 [고급 수학 I]에 행렬과 함께 다루고 있고, '점화식'이나 '비둘기집의 원리'는 고등학교 일반 과정에 너무 어렵다는 의견을 수렴하여 '세기의 방법'중의 '수와 집합의 분할'을 이 교과에 포함시키기로 하였다.

<table>
<tr><th colspan="2">2007 개정</th><th>2009 개정</th></tr>
<tr><td rowspan="2">수학<br>(고1)</td><td>경우의 수<br>① 합의 법칙, 곱의 법칙을 이해하고, 이를 이용하여 경우의 수를 구할 수 있다.</td><td>경우의 수<br>• 합의 법칙, 곱의 법칙을 이해하고, 이를 이용하여 경우의 수를 구할 수 있다.</td></tr>
<tr><td>순열과 조합<br>① 순열의 뜻을 알고, 순열의 수를 구할 수 있다.<br>② 조합의 듯을 알고, 조합의 수를 구할 수 있다.</td><td rowspan="3">순열과 조합<br>• 순열의 뜻을 알고, 순열의 수를 구할 수 있다.<br>• 조합의 듯을 알고, 조합의 수를 구할 수 있다.<br>• 순열, 중복순열, 같은 것이 있는 순열을 이해하고, 그 순열의 수를 구할 수 있다.<br>• 중복조합을 이해하고. 그 조합의 수를 구할 수 있다.</td></tr>
<tr><td>미적분과<br>통계기본</td><td>조합<br>① 중복조합의 뜻을 알고, 그 조합의 수를 구할 수 있다.<br>② 이항정리의 뜻과 그 성질을 이해한다.</td></tr>
<tr><td>적분과<br>통계</td><td>순열과 조합<br>① 원순열, 중복순열, 같은 것이 있는 순열을 이해하고, 그 순열의 수를 구할 수 있다.<br>② 중복조합의 뜻을 알고, 그 조합의 수를 구할 수 있다.</td></tr>
<tr><td></td><td></td><td>분할<br>• 유한집합을 서로소인 몇 개의 집합의 합집합으로 나타낼 수 있는 방법의 수를 구할 수 있다.<br>• 어떤 자연수를 몇 개의 자연수의 합으로 나타낼 수 있는 방법의 수를 구할 수 있다.</td></tr>
<tr><td>적분과<br>통계</td><td>이항정리<br>① 이항정리를 이해한다.<br>② 이항정리를 이용하여 여러 가지 문제를 해결할 수 있다.</td><td>이항정리<br>• 이항정리를 이해한다.<br>• 이항정리를 이용하여 여러 가지 문제를 해결할 수 있다.</td></tr>
</table>

㉡ 연속확률변수의 평균과 표준편차 삭제 : 2007 개정 교육과정에서는 연속확률변수의 평균과 표준편차를 적분을 이용하여 정의 하고 그 값을 구하는 것이 확률분포 영역의 주요 내용 중 하나로 다루어지고 있다. 그러나 앞에서 언급한 바와 같이 '확률과 통계'는 '미적분Ⅰ'이나 '미적분Ⅱ'와는 독립적으로 학생들이 선택하여 학습할 수 있는 교과목이다. 이러한 관점에서 2009 개정교육과정에서는 이에 대한 내용 항목인 '연속확률변수의 뜻을 알고, 평균과 표준편차를 구할 수 있다.'를 삭제하여 연속확률변수의 평균과 표준편차를 구하는 내용을 다루지 않도록 하였다. 그리고 기존에 사용하던 기호이지만 용어와 기호에서 누락되었던 $S^2$, $S$를 용어와 기호에 추가하였다.

| 2007 개정 | | 2009 개정 |
|---|---|---|
| 적분과 통계 | 확률분포<br>④ 연속확률변수의 뜻을 알고, 평균과 표준편차를 구할 수 있다. | 삭제 |

㉢ 공학적 도구의 활용 강조 : 실생활 상황에서 경험하는 여러 가지 문제를 이해하고 해결하기 위해 관련 데이터를 수집하여 조직적으로 정리하고, 정리된 자료를 분석하는 통계적 자료 처리 및 분석 능력이 점차 요구되고 있다. NCTM(2000)에서는 이러한 시대적 요구를 반영하여 유치원부터 12학년까지 각 시기별로 학생들이 습득해야 할 수학적 내용과 지식에 대한 규준의 하나로 '자료 분석과 확률'을 설정하여, 학생들이 실제 자료로부터 다루어질 수 있는 문제를 명확히 하고, 이러한 문제를 해결하기 위해 관련된 자료를 수집, 조직, 표현하며, 적절한 통계적 방법을 선택하여 자신이 수집하여 정리한 자료를 분석한 후 통계적으로 결과를 추정하고 예상하며 평가하는 활동을 하도록 권장하고 있다.

이 과정에서 스프레드시트 등의 소프트웨어와 컴퓨터 등의 공학적 도구 사용을 권장하고 있다. 우리나라에서도 제7차 교육과정에 근거하여 집필된 [확률과 통계] 교과서에서 통계 소프트웨어를 이용하여 복잡한 순열과 조합의 계산이나 이항분포나 정규분포의 확률 계산 뿐 아니라 표본의 임의 추출, 모평균이나 모비율의 신뢰구간 추정에 대한 활동 등이 다루어진 바 있다. 2009 개정 교육과정에서는 학생들이 통계에 대한 이론적 지식 뿐 아니라 실제 자료에 대한 통계적 처리 능력을 함양하도록 하기 위해 교수학습상의 유의점에 '확률분포와 통계적 추정을 다룰 때에는 공학적 도구를 사용하여 실생활 자료를 처리해 보게 할 수 있다.'를 추가하여 강조하였다. 이를 통해 학생들이 수학의 유용성과 실용성을 경험하고 수학의 가치를 인식할 뿐 아니라 실제 자료 처리 경험을 통해 통계 이론에 대한 보다 풍부한 이해가 가능하도록 하고자 하였다.

④ **미적분 I**

- 2007 개정 교육과정 [수학 I]의 마지막 영역으로 동떨어져 다루던 수열의 극한 부분을 [미적분 I]로 이동하여 통합하였다. 이때, 수열은 이미 무한수열을 의미하므로 '무한수열의 극한'을 '수열의 극한'으로 정정하였고, '무한급수' 역시 '급수'로 그 용어를 수정하였다.
- 롤의 정리와 평균값 정리를 다루는 것이 학생들의 이해에 도움이 되고 학습량도 감축될 수 있으리라 여겨져 2009 개정안에서는 기초 미적분 과목인 [미적분 I]로 이동하였다.
- 교수 학습상의 유의점에 '롤의 정리, 평균값 정리는 함수의 그래프 등을 이용하여 직관적으로 이해하게 한다.'를 추가하였다.
- [미적분 I]에서 다루는 속도와 가속도의 문제를 직선 운동에 한정하기 위해 교수 학습 상의 유의점에 '속도와 가속도에 대한 문제는 직선 운동에 한하여 다룬다.'를 추가하였다.
- '미분가능성과 연속성의 관계는 그래프를 통하여 확인하게 한다.'를 교수 학습상의 유의점에서 삭제하였다.

• '중간값의 정리'를 '사이값 정리'로 수정하였다.

㉠ 수열의 극한의 이동 통합 : 극한은 미분과 적분의 기초 개념으로서 '함수의 극한과 연속'과 연계하여 학습하는 것이 바람직하므로 2007 개정 교육과정 [수학 I]의 마지막 영역으로 동떨어져 다루던 수열의 극한 부분을 [미적분 I]로 이동하여 통합하였다. 이때, 수열은 이미 무한수열을 의미하므로 '무한수열의 극한'을 '수열의 극한'으로 정정하였고, '무한급수' 역시 '급수'로 그 용어를 수정하였다.

㉡ 롤의 정리와 평균값 정리 이동 : 2007 개정 교육과정에서는 롤의 정리와 평균값의 정리를 이공계로 진학하고자 하는 학생들을 대상으로 하는 심화된 미분이 포함된 [수학 II]에서만 다루고 있고 [수학 I]에서는 평균값 정리를 다룰 수 없기 때문에 '충분히 작은 모든 양수'와 같이 어려운 개념을 사용하여 도함수의 부호와 함수의 증감을 설명하고 있다. 그러나 롤의 정리와 평균값 정리를 도입하는 것은 이 정리가 직관적이고 이해하기 쉬울 뿐' 아니라 미분의 활용에서 핵심적인 역심적인 역할을 하기 때문이다. 예를 들면, 도함수가 양일 때 증가함수가 된다는 것을 이해하는 과정이나 도함수가 영인 함수는 상수함수임을 논리적으로 설명하는 데 있어서 평균값 정리를 이용하는 것이 간단하고 명료하다.

| | 2007 개정 | 2009 개정 |
|---|---|---|
| 미적분과 통계기본 | 도함수의 활용<br>① 접선의 방정식을 구할 수 있다.<br>② 함수의 증가와 감소를 판정할 수 있다.<br>③ 함수의 극대와 극소를 판정할 수 있다.<br>④ 함수의 그래프의 개형을 그릴 수 있다.<br>⑤ 방정식과 부등식에 활용할 수 있다.<br>⑥ 속도와 가속도에 관한 문제에 활용할 수 있다. | 도함수의 활용<br>• 접선의 방정식을 구할 수 있다.<br>• 합수에 대한 평균값 정리를 이해한다.<br>• 함수의 증가와 감소를 판정할 수 있다.<br>• 함수의 극대와 극소를 판정할 수 있다.<br>• 함수의 그래프의 개형을 그릴 수 있다.<br>• 방정식과 부등식에 활용할 수 있다.<br>• 속도와 가속도에 관한 문제에 활용할 수 있다. |

㉢ 도함수의 활용 영역의 교수·학습상의 유의점 보완 및 삭제 : 2007 개정 교육과정의 [수학 II]에서 다루었던 롤의 정리와 평균값 정리를 2009 개정 교육과정의 '도함수의 활용(함수에 대한 평균값 정리를 이해한다.)'에서 다루고 있는데 이를 위해 교수·학습상의 유의점에 '롤의 정리, 평균값 정리는 함수의 그래프 등을 이용하여 직관적으로 이해하게 한다.'를 추가하였다. 또한 [미적분 I]에서 다루는 속도와 가속도의 문제를 직선 운동에 한정하기 위해 교수·학습상의 유의점에 '속도와 가속도에 대한 문제는 직선 운동에 한하여 다룬다.'를 추가하였다.

한편 '미분가능성과 연속성의 관계는 그래프를 통하여 확인하게 한다.'를 교수·학습 상의 유의점에서 삭제하였다. 이는 미분가능성과 연속성의 관계를 그래프를 통하여 확인하는 것이 매우 어색하며 실제로 2007 개정 교육과정에 따른 모든 교과서에는 이를 논리적으로 다루고 있고 여기서 사용되는 개념이 어려운 것이 아니라고 판단하였기 때문이다.

㉣ 용어 수정 : 2009 개정 교육과정에서는 2007 개정 교육과정에서 사용하고 있는 용어 '중간값의 정리'를 '사이값 정리'로 수정하였다. 이는 '중간값'이라는 용어가 '중앙값'과 유사한 측면이 있어 학생들이 이를 두 용어를 혼동하는 경우가 있고, 이로 인해 학생들에게 오개념을 형성시킬 가능성이 있다는 전문가 자문 의견을 반영한 것이다.

⑤ **미적분 Ⅱ**

- 지수함수와 로그함수를 같이 도입하도록 하였다.
- 지수방정식, 지수부등식, 로그방정식, 등의 용어를 교육과정에서 사용하지 않고, 단순히 '지수함수와 로그함수의 활용'으로 언급함으로써 무리한 지수·로그 방정식 및 부등식의 도입을 피하며, 간단한 활용에 그치도록 하였다.
- 지수·로그함수의 성질과 극한, 미분을 통합하여 다룸으로써 이들 개념을 학생들이 종합적으로 이해할 수 있도록 하고 학습량도 감축할 수 있도록 하였다.
- [수학Ⅰ], [수학Ⅱ]에서 삼각함수 자체를 과감하게 삭제하였으며, 호도법과 주기 관련 공식 및 삼각함수의 덧셈 정리를 [미적분Ⅱ]에서 삼각함수의 미분과 함께 한꺼번에 다루도록 하였다.
- 사인법칙과 코사인법칙 및 삼각함수를 이용한 삼각형의 넓이 계산에 대한 내용을 다루던 [수학]의 '수 삼각형에의 응용' 영역과 용어 '사인법칙', '코사인법칙'을 삭제하고, 삼각함수의 배각공식과 반각공식을 별도의 내용으로 다루지 않도록 이에 대한 내용 항목 및 용어 '배각공식', '반각공식'을 삭제하여 학생들의 학습량을 감축하고자 하였다.
- 삼각방정식과 삼각부등식이라는 용어를 교육과정에서 서술하지 않음으로써 무리한 삼각 방정식 및 삼각부등식의 도입을 피하도록 하였다.
- 삼각함수의 극한을 별도의 중 영역으로 하지 않고 사인함수의 도함수를 구하는 과정에서 자연스럽게 등장하도록 함으로써, 삼각함수의 극한과 관련된 여러 복잡한 계산 문제들을 줄여 내용 감축의 효과를 유도하였다.
- 삼각함수의 미분의 경우에 여기서는 사인함수와 코사인함수의 미분만을 다루고, 탄젠트 함수의 미분은 '미분법' 영역의 합성함수 및 역함수 미분을 배운 후에 그에 대한 응용으로 다루도록 함으로써 두 번 다루지 않도록 하였다.

- [미적분 I]에서 다루는 다항함수의 미분법 및 함수의 증가·감소, 극대·극소와 관련된 내용은 삭제하여 내용의 중복을 피하도록 하였다.
- 삼각함수, 지수함수, 로그함수는 각 함수를 다룰 때 미분법을 함께 다루도록 하였고, 음함수와 매개변수의 미분에 대하여는 단순한 미분법만 익히는 것이 아니라 그 의미 및 활용도 함께 이해하도록 하기 위하여 개정안의 '기하와 벡터'에서 곡선을 매개변수로 표현하는 법을 다룬 후에 그에 대한 미분을 다루도록 이동하였다.
- 도함수의 활용 부분에서 평균값의 정리는 [미적분 I]로 이동하였고, 속도와 가속도 및 거리 등에 대한 문제는 벡터를 배운 후에 다루어야 자연스러우므로 [기하와 벡터]로 이동하여 다루도록 함으로써 상당한 부분을 차지하였던 미분법 및 도함수의 활용을 많이 정리하였다.
- 다항함수의 적분법 내용은 삭제하였고, 지수함수, 로그함수, 삼각함수의 적분을 일일이 나열하지 않고 '여러 가지 함수의 적분'으로 통합하여 다루도록 하였다.
- 정적분의 활용에서 속도와 거리에 대한 문제는 미분법에서와 같이 벡터를 배운 후에 다루어야 자연스러우므로 [기하와 벡터]로 이동하여 다루도록 하였다.
- '회전체의 부피 구하기'는 일반 과목에서 삭제하고 심화과목인 [고급 수학 II]에서 깊이 있게 다루도록 하였다.

㉠ 지수함수와 로그함수 통합 및 약화 : 2007 개정 교육과정에서는 지수함수를 먼저 도입하여 그 뜻을 이해하고, 그래프를 그려보아서 그 성질을 이해한 후에 로그함수를 지수함수의 역함수로 도입하여 그 뜻을 이해하고, 지수함수와 마찬가지로 그래프를 그려보아서 그 성질을 이해하도록 하였다. 또, 이에 대한 활용으로 지수방정식과 지수부등식, 로그방정식과 로그부등식을 풀 수 있도록 하였다.

그러나 2009 개정 교육과정에서는 지수함수와 로그함수를 같이 도입하도록 하여, 로그함수를 먼저 도입하고 지수함수를 그의 역함수로 도입하는 것도 가능하도록 하였다. 또한, 지수함수와 로그함수를 같이 다룸으로써 그래프 및 그 성질을 역함수 개념과 비교하여 간단히 다룰 수 있도록 하였다. 그리고 지수방정식, 지수부등식, 로그방정식, 로그부등식 등의 용어를 교육과정에서 사용하지 않고, 단순히 '지수함수와 로그함수의 활용'으로 언급함으로써 무리한 지수·로그 방정식 및 부등식의 도입을 피하며, 간단한 활용에 그치도록 하였다.

한편, 2007 개정 교육과정에서는 지수함수와 로그함수를 [수학 I]에서 먼저 다루어 그 성질 및 활용을 알아본 후에 [수학 II]에서 이들 함수의 극한 및 미분을 다루도록 하고 있는데, 2009 개정안에서는 지수·로그함수의 성질과 극한, 미분을 통합하여 다룸으로써 이들 개념을 학생들이 종합적으로 이해할 수 있도록 하고 학습량도 감축할 수 있도록 하였다.

<table>
<tr><th colspan="2">2007 개정</th><th>2009 개정</th></tr>
<tr><td rowspan="4">수학Ⅰ</td><td>(나) 지수함수와 로그함수<br>지수함수와 그 그래프<br>① 지수함수의 뜻을 안다.<br>② 지수함수의 그래프를 그려 보고, 그 성질을 이해한다.</td><td rowspan="5">지수함수와 로그함수의 뜻과 그래프<br>• 지수함수와 로그함수의 뜻을 안다.<br>• 지수함수와 로그함수의 그려 보고, 그 성질을 이해한다.<br>• 지수함수와 로그함수를 활용하여 문제를 해결할 수 있다.<br><br>지수함수와 로그함수의 미분<br>• 지수함수와 로그함수의 극한값을 구할 수 있다.<br>• 지수함수, 로그한수를 미분할 수 있다.</td></tr>
<tr><td>지수방정식과 지수부등식<br>① 지수방정식과 지수부등식을 풀 수 있다.</td></tr>
<tr><td>로그함수와 그 그래프<br>① 로그함수의 뜻을 안다.<br>② 로그함수의 그래프를 그려보고, 그 성질을 이해한다.</td></tr>
<tr><td>로그방정식과 로그부등식<br>① 로그방정식과 로그부등식을 풀 수 있다.</td></tr>
<tr><td>수학Ⅱ</td><td>함수의 극한과 연속<br>[1] 함수의 극한<br>④ 지수함수와 로그함수의 극한값을 구할 수 있다.<br>미분법<br>[3] 여러 가지 함수의 미분법<br>⑤ 삼각한수, 지수함수, 로그한수를 미분 할 수 있다.</td></tr>
</table>

㉡ 삼각함수 통합 및 약화 : 삼각함수의 경우, 2007 개정 교육과정 고등학교 [수학]에서 호도법 및 주기와 관련된 성질을 배우고, 이공계로 진학하는 학생을 위해서는 별도로 [수학 Ⅱ]에서 덧셈 정리등의 공식을 배운 후에, 삼각함수의 도함수를 구하기 위하여 먼저 사인함수의 극한을 배오고, '여러 가지 함수의 미분법' 부분에서 삼각함수와 관련된 여러 가지 함수들의 미분을 다루는 등 여러 단원에 걸쳐서 학습하였다. 특히, 삼각함수의 주기에 대한 공식, 덧셈정리와 관련된 공식, 극한 계산 등을 몇 단원에 걸쳐 다루면서 복잡한 계산 문제를 접하게 되는데, 이를 개선하기 위하여 2009 개정 교육과정에서는 [수학Ⅰ], [수학Ⅱ]에서 삼각함수 자체를 과감하게 삭제하였으며, 호도법과 주기 관련 공식 및 삼각함수의 덧셈 정리를 [미적분 Ⅱ]에서 삼각함수의 미분과 함께 한꺼번에 다루도록 하였다. 또한, 사인법칙과 코사인법칙 및 삼각함수를 이용한 삼각형의 넓이 계산에 대한 내용을 다루던 [수학]의 '수 삼각형에의 응용' 영역과 용어 '사인법칙', '코사인법칙'을 삭제하고, 삼각함수의 배각공식과 반각공식을 별도의 내용으로 다루지 않도록 이에 대한 내용 항목 및 용어 '배각공식', '번간공식'을 삭제하여 학생들의 학습량을 감축하고자 하였다.

지수로그함수의 경우와 마찬가지로, 여기서도 삼각방정식과 삼각부등식이라는 용어를 교육과정에서 서술하지 않음으로써 무리한 삼각방정식 및 삼각부등식의 도입을 피하도록 하였다. 또한, 삼각함수의 극한을 별도의 중영역으로 하지 않고 사인함수의 도함수를 구하는 과정에서 자연스럽게 등장하도록 함으로써, 삼각함수의 극한과 관련된 여러 복잡한 계산 문제들을 줄여 내용 감축의 효과를 유도하였다. 한편, 삼각함수의 미분의 경우에 여기서는 사인함수와 코사인함수의 미분만을 다루고, 탄젠트함수의 미분은 '미분법' 영역의 합성함수 및 역함수 미분을 배운 후에 그에 대한 응용으로 다루도록 함으로써 두 번 다루지 않도록 하였다.

| | 2007 개정 | 2009 개정 |
|---|---|---|
| 수학<br>(고1) | (라) 함수<br>[4] 삼각함수<br>① 일반각과 호도법의 뜻을 안다.<br>② 삼각함수의 뜻을 안다.<br>③ 사인함수, 코사인함수, 탄젠트함수의 그래프를 그릴 수 있고, 그 그래프의 성질을 이해한다.<br>④ 삼각함수의 성질을 이해한다.<br>⑤ 간단한 삼각방정식과 삼각부등식을 풀 수 있다. | 삼각함수의 뜻과 그 그래프<br>• 일반각과 호도법의 뜻을 안다.<br>• 사인함수, 코사인함수, 탄젠트함수의 그래프를 그릴 수 있다.<br>• 삼각함수를 화용하여 간단한 문제를 해결할 수 있다. |
| | 삼각형에의 응용<br>① 사인법칙과 코사인법칙을 이해한다.<br>② 삼각함수를 활용하여 삼각형의 넓이를 구할 수 있다. | |
| 수학Ⅱ | (다) 삼각함수<br>[1] 삼각함수의 덧셈정리<br>① 삼각함수의 덧셈정리를 이해한다.<br>② 삼각함수의 배각의 공식, 반각의 공식을 이해한다.<br>[2] 삼각 방정식<br>① 간단한 삼각방정식을 풀 수 있다. | 삼각함수의 미분<br>• 삼각함수의 덧셈정리를 이해한다.<br>• 삼각함수의 극한값을 구할 수 있다.<br>• 사인함수, 코사인함수를 미분할 수 있다. |
| | (라) 함수의 극한과 연속<br>[1] 함수의 극한<br>③ 삼각함수의 극한값을 구할 수 있다. | |
| | (마) 미분법<br>[3] 여러 가지 함수의 미분법<br>⑤ 삼각함수, 지수함수, 로그함수를 미분할 수 있다. | |

㉢ 미분법의 내용 조정 : 미분법과 관련된 내용은 2007 개정 교육과정 [수학Ⅲ]의 미분법에 해당하는 부분과 거의 일치한다. 다만, 2009 개정 교육과정에서는 [미적분Ⅰ]을 이수한 후에 다루도록 하고 있으므로, [미적분Ⅰ]에서 다루는 다항함수의 미분법 및 함수의 증가·감소, 극대·극소와 관련된 내용은 삭제하여 내용의 중복을 피하도록 하였다. 한편, 2007 개정 교육과정에서는 여러 가지 미분법이 한꺼번에 다루어져서 많은 시간을 할애하여 미분하는 방법을 익히도록 하고 있으나, 2009 개정 교육과정에서는 삼각함수, 지수함수, 로그함수는 각 함수를 다룰 때 미분법을 함께 다루도록 하였고, 음함수와 매개변수의 미분에 대하여는 단순한 미분법만 익히는 것이 아니라 그 의미 및

활용도 함께 이해하도록 하기 위하여 개정안의 [기하와 벡터]에서 곡선을 매개변수로 표현하는 법을 다룬 후에 그에 대한 미분을 다루도록 이동하였다.

또한, 도함수의 활용 부분에서 평균값의 정리는 2009 개정 교육과정의 [미적분 I]로 이동하였고, 속도와 가속도 및 거리 등에 대한 문제는 벡터를 배운 후에 다루어야 자연스러우므로 [기하와 벡터]로 이동하여 다루도록 함으로써 상당한 부분을 차지하였던 미분법 및 도함수의 활용을 많이 정리하였다.

| | 2007 개정 | 2009 개정 |
|---|---|---|
| 수학 II | (마) 미분법<br>[3] 여러 가지 함수의 미분법<br>① 함수의 몫을 미분할 수 있다.<br>② 합성함수를 미분할 수 있다.<br>③ 매개변수로 나타내어진 함수를 미분할 수 있다.<br>④ 음함수와 역함수를 미분할 수 있다.<br>⑤ 삼각함수, 지수함수, 로그함수를 미분할 수 있다.<br>⑥ 이계도함수를 구할 수 있다.<br><br>도함수의 활용<br>① 접선의 방정식을 구할 수 있다.<br>② 함수에 대한 평균값의 정리를 이해하고, 이를 활용할 수 있다.<br>③ 함수의 증가와 감소를 이해하고, 이를 활용할 수 있다.<br>④ 함수의 극대와 극소를 이해하고, 이를 활용할 수 있다.<br>⑤ 함수의 그래프를 그릴 수 있다.<br>⑥ 방정식과 부등식에 활용할 수 있다.<br>⑦ 미분법을 이용하여 속도와 가속도에 관한 문제를 해결할 수 있다. | 여러 가지 미분법<br>• 함수의 몫을 미분할 수 있다.<br>• 합성함수를 미분할 수 있다.<br>• 역함수를 미분할 수 있다.<br>• 이계도함수를 구할 수 있다.<br><br>도함수의 활용<br>• 접선의 방정식을 구할 수 있다.<br>• 함수의 그래프의 개형을 그릴 수 있다.<br>• 방정식과 부등식에 활용할 수 있다. |

㉣ 적분법의 내용 조정 : 2007 개정 교육과정 [적분과 통계]의 '적분법'에 해당하는 부분과 거의 일치한다. 다만, 2009 개정 교육과정에서는 [미적분 I]을 이수한 후에 다루도록 하고 있으므로, 미분법에서와 같이 그 교과에서 다루는 다항함수의 적분법 내용은 삭제하였고, 지수함수, 로그함수, 삼각함수의 적분을 일일이 나열하지 않고 '여러 가지 함수의 적분'으로 통합하여 다루도록 하였다. 또, 정적분의 활용에서 속도와 거리에 대한 문제는 미분법에서와 같이 벡터를 배운 후에 다루어야 자연스러우므로 본 개정안의 [기하와 벡터]로 이동하여 다루도록 하였다. 한편, '회전체의 부피 구하기'는 일반 과목에서 삭제하고 심화과목인 [고급 수학 II]에서 깊이 있게 다루도록 하였다.

| | 2007 개정 | 2009 개정 |
|---|---|---|
| 적분과 통계 | (가) 적분법 부정적분<br>③ 함수 $y = x^n$, ($n$은 실수)의 부정적분을 구할 수 있다.<br>④ 삼각함수의 부정적분을 구할 수 있다.<br>⑤ 지수함수와 로그함수의 부정적분을 구할 수 있다.<br>⑥ 치환적분법을 이해하고, 이를 활용할 수 있다.<br>⑦ 부분적분법을 이해하고, 이를 활용할 수 있다. | 여러 가지 적분법<br>• 치환적분법을 이해하고, 이를 활용할 수 있다.<br>• 부분적분법을 이해하고, 이를 활용할 수 있다.<br>• 여러 가지 함수의 부정적분과 정적분을 구할 수 있다. |
| | 정적분의 활용<br>① 곡선으로 둘러싸인 도형의 넓이를 구할 수 있다.<br>② 입체도형의 부피를 구할 수 있다.<br>③ 회전체의 부피를 구할 수 있다.<br>④ 정적분을 이용하여 속도와 거리에 관한 문제를 해결할 수 있다. | 정적분의 활용<br>• 곡선으로 둘러싸인 도형의 넓이를 구할 수 있다.<br>• 입체도형의 부피를 구할 수 있다. |

### ⑥ 기하와 벡터

- 이차곡선의 방정식을 음함수 표현법으로 이해하고 음함수 미분법을 적용하도록 명시함으로써, 음함수 미분법을 이용하여 $\dfrac{dy}{dx}$를 구한 후 그 의미를 이해하며 이를 통하여 미분법의 위력을 알도록 하였다. 이와 아울러 매개변수 미분법도 매개변수로 표현된 곡선의 접선을 구하는 과정임을 알도록 하였다.
- 미분법 다음에 나오는 벡터 부분에서 평면 운동의 속도와 가속도 구하는 부분을 다루도록 명시하였다.
- 평면벡터에서 먼저 방향벡터와 법선벡터를 공부하도록 배치하였다. 또한, 이미 잘 알고 있는 원의 방정식을 벡터를 이용하여 나타낼 수 있음을 보여줌으로써 벡터의 유용성을 강조하고자 하였다.

㉠ 미분법을 이용한 평면 곡선의 이해 강화 : 2007 개정 고등학교 교육과정에서 평면 곡선을 나타내는 방법은 $y = f(x)$의 그래프로 나타내는 방법, $f(x, y) = 0$과 같이 음함수로 나타내는 방법, 그리고 $y = f(t)$, $y = g(t)$와 같이 매개변수로 나타내는 방법의 세 가지 정도이다. 또, 곡선의 성질을 이해하는 과정에서 가장 중요하게 다루어지는 부분의 곡선의 접선을 구하는 부분으로 미분법이 발달한 이유이기도 하다. 그러나 현행 교육과정에서는 음함수 미분법과 매개변수 미분법을 모두 학습하고도 이를 곡선과 성질로 연결시키지 못하고 단순계산에 머무는 실정이다.

2009 개정 교육과정에서는 이차곡선의 방정식을 음함수 표현법으로 이해하고 음함수 미분법을 적용하도록 명심함으로써, 음함수 미분법을 이용하여 $\dfrac{dy}{dx}$를 구한 후 그 의

미를 이해하며 이를 통하여 미분법의 위력을 알도록 하였다. 이와 아울러 매개변수 미분법도 매개변수로 표현된 곡선의 접선을 구하는 과정임을 알도록 하였다.

이는 음함수 미분법과 매개변수 미분법과 같이 기존 교과과정에서 배우던 내용에 대하여 의미를 부여하는 것이며 이 과정에서 공식적으로 무조건 암기하던 이차곡선의 접선의 방정식 부분과 이차곡선의 직선과의 위치관계 부분을 삭제하여 학습량을 경감시켰다.

<table>
<tr><th colspan="2">2007 개정</th><th>2009 개정</th></tr>
<tr><td rowspan="3">기하와<br>벡터</td><td>포물선<br>① 포물선의 뜻을 알고, 포물선의 방정식을 구할 수 있다.<br>② 포물선과 직선의 위치 관계를 이해한다.</td><td rowspan="4">이차 곡선<br>• 포물선의 뜻을 알고, 포물선의 방정식을 구할 수 있다.<br>• 타원의 뜻을 알고, 타원의 방정식을 구할 수 있다.<br>• 쌍곡선의 뜻을 알고, 쌍곡선의 방정식을 구할 수 있다.<br><br>평면 곡선의 접선<br>• 음함수를 미분하여 곡선 위에 한 점에서의 접선의 방정식을 구할 수 있다.<br>• 매개변수로 나타내어진 함수를 미분하여 곡선 위의 한 접에서의 접선의 방정식을 구할 수 있다.</td></tr>
<tr><td>타원<br>① 타원의 뜻을 알고, 타원의 방정식을 구할 수 있다,<br>② 타원과 직선의 위치 관계를 이해한다.</td></tr>
<tr><td>쌍곡선<br>① 쌍곡선의 뜻을 알고, 쌍곡선의 방정식을 구할 수 있다.<br>② 쌍곡선과 직선의 위치 관계를 이해한다.</td></tr>
<tr><td>수학Ⅱ</td><td>여러 가지 함수의 미분법<br>③ 매개변수로 나타내어진 함수를 미분할 수 있다.</td></tr>
</table>

ⓛ 위치벡터를 이용한 평면 운동의 이해 강화 : 제7차 교육과정에서 다루어지던 평면 운동의 속도와 가속도를 구하는 부분이 2007 개정 교육과정에서는 미분법과 벡터의 위계 관계가 명시되지 않음으로 인하여 모호하게 처리되어 있다. 2009 개정 교육과정 연구에서는 미분법 다음에 나오는 벡터 부분에서 평면 운동의 속도와 가속도 구하는 부분을 다루도록 명시하였다. 특히, 위치벡터가 시간의 흐름에 따라서 이동하는 과정을 자연스럽게 평면 곡선으로 이해하고 매개변수 미분법과 비교하여 벡터를 미분하여 속도벡터를 얻는다는 것을 학생들이 잘 이해할 수 있도록 하였다.

평면 곡선 가운데 가장 간단한 것이 직선이다. 평면벡터를 배우고 나면 방향벡터나 법선벡터를 이용하여 직선의 방정식을 구할 수 있는데, 방향벡터를 이용하는 것이 매개변수 표현법이고 법선벡터를 이용하는 것이 음함수 표현법임을 알고 나면, 공간에서 직선과 평면의 방정식을 바로 이해할 수 있다. 2007 개정 교육과정에서는 이러한 과정을 거치지 않고 곧바로 공간에서 직선과 평면을 다룸으로써 학생들에게 부담을 주고 있다는 설문조사의 지적이 있다. 이를 감안하여 평면벡터에서 먼저 방향벡터와 법선

벡터를 공부하도록 배치하였다. 또한, 이미 잘 알고 있는 원의 방정식을 벡터를 이용하여 나타낼 수 있음을 보여줌으로써 벡터의 유용성을 강조하고자 하였다. 벡터의 성분을 다루는 부분에서 위치벡터를 좌표에 대응시킬 수 있음을 소항목으로 제시하여 강조하였는데, 이미 2007 개정 교육과정에 따른 교과서에서 다루고 있는 내용이므로 학습량이 증가되는 것은 아니다. 학생들은 초등학교에서 부터 기본적인 공간도형을 배우지만, 이 교과목에서 비로소 처음으로 '공간' 자체의 성질들을 체계적으로 접하게 되어 공간도형과 공간좌표를 매우 어려워하는데 이 처럼 위치벡터를 이용한 평면 운동의 이해를 강조하는 것은 삼차원 공간의 성질을 체계적으로 이해하고, 공간좌표를 도입하는 데 용이성을 제공할 것으로 기대한다.

| | 2007 개정 | 2009 개정 |
|---|---|---|
| 기하와 벡터 | **벡터의 연산**<br>① 벡터의 뜻을 안다.<br>② 벡터의 덧셈, 뺄셈, 실수배를 할 수 있다.<br>**벡터의 내적**<br>① 두 벡터의 내적의 뜻을 알고, 이를 구할 수 있다.<br>**직선과 평면의 방정식**<br>① 좌표공간에서 직선의 방정식을 구할 수 있다.<br>② 좌표공간에서 평면의 방정식을 구할 수 있다. | **벡터의 연산**<br>• 벡터의 뜻을 안다.<br>• 벡터의 덧셈, 뺄셈, 실수배를 할 수 있다.<br>**평면벡터의 성분과 내적**<br>• 위치벡터의 뜻을 알고, 평면벡터와 좌표의 대응을 이해한다.<br>• 두 평면벡터의 내적의 뜻을 알고, 이를 구할 수 있다.<br>• 좌표평면에서 벡터를 이용하여 직선과 원의 방정식을 구할 수 있다. |
| 수학Ⅱ | **도함수의 활용**<br>⑦ 미분법을 이용하여 속도와 가속도에 관한 문제를 해결 할 수 있다.<br>**정적분의 활용**<br>④ 정적분을 이용하여 속도와 거리에 관한 문제를 해결할 수 있다 | **평면운동**<br>• 미분법을 이용하여 속도와 가속도에 관한 문제를 해결 할 수 있다.<br>• 정적분을 이용하여 속도와 거리에 관한 문제를 해결할 수 있다. |
| 기하와 벡터 | **벡터의 연산**<br>① 벡터의 뜻을 안다.<br>② 벡터의 덧셈, 뺄셈, 실수배를 할 수 있다.<br>**벡터의 내적**<br>① 두 벡터의 내적의 뜻을 알고, 이를 구할 수 있다.<br>**직선과 평면의 방정식**<br>① 좌표공간에서 직선의 방정식을 구할 수 있다.<br>② 좌표공간에서 평면의 방정식을 구할 수 있다. | **공간벡터**<br>• 공간벡터의 뜻을 알고, 벡터의 덧셈, 뺄셈, 실수배를 할 수 있다.<br>• 두 공간벡터의 내적의 뜻을 알고, 이를 구할 수 있다.<br>• 좌표공간에서 직선의 방정식을 구할 수 있다.<br>• 좌표공간에서 평면의 방정식을 구할 수 있다. |

## 05 활용 방안 및 기대 효과

### (1) 활용 방안

#### 1) 창의 중심의 미래형 수학 교과서 개발의 청사진이 제공될 수 있다.

교육과정은 교육의 내용과 질을 결정짓는 최상위의 문서라 할 수 있지만 교육 현장에서 교사들이 직접적으로 참조하고 영향 받는 자료는 교과서 또는 지도서인 경우가 많다. 교과서와 지도서가 교육과정에 기초하여 교육과정의 의도대로 추구되면서 교사의 교수 실제에 직접 관련되기 때문이다. 따라서 창의 중심의 미래형 수학교육과정의 개발은 이어지는 창의 중심의 미래형 수학 교과서 개발의 단초로서의 역할이 가장 크다고 할 것이다. 더욱이 교과서 체제가 국정→검정→인정제로 갈수록 규제력은 약화되는 한편 기준을 제시하는 교육과정의 역할은 더욱 커지기 때문에 초등학교에서의 검정제, 중등학교에서의 인정제를 검토하는 시점에서 개발된 창의 중심 교육과정은 매우 시기적절하게 활용될 것이다.

#### 2) 학생 역량 강화를 위한 수업 제안이 가능하다.

선행 연구를 통해 확인하듯이 외국의 많은 교육정책이 학생들이 최소한 갖추어야 할 능력의 함양이라는 부분에 초점을 맞추고 있다. 소위 학생 역량의 강화라는 목표이며 우리나라에서도 수학을 통해 기를 수 있는 학생의 역량이라는 부분에 관심을 쏟지 않을 수 없다. 현재와 미래에서 경험하는 사회의 복잡함은 단순한 수학적 지식의 습득이 아니라 학생 스스로 당면한 문제 상황으로부터 해결책을 얻기 위한 다각적인 능력으로서 문제해결력, 의사소통능력, 수학적 추론 등의 수학적 과정을 필요로 한다. 따라서 수학수업 역시 학생들의 역량을 강화시키는 방향으로 진행되어야 할 것이며 2009 개정에 따른 수학과 교육과정에서 개발하는 미래형 창의 개발 교육과정은 수업 설계를 위한 기본틀을 제안할 수 있을 것이다.

#### 3) 교육과정 내용의 학년군별 구성을 통한 교육과정 운영이 융통성 있게 마련될 수 있다.

국가 차원의 교육과정이 존재하지 않는 국가는 그것이 마련된 국가에 비해 학교 또는 교사의 융통성 및 자율성이 크고 아울러 그 만큼 책임감도 큰 것이 당연하다. 그러나 국가 차원의 교육과정이 마련된 국가라 할지라도 교육과정 운영의 융통성을 부여할 수 있는 방법으로 교육과정 내용을 학년별 제시가 아닌 학년군별 제시의 방법을 취하고 있다. 이는 지도 내용을 학년별로 제시하는 것이 아니라 2~3개 학년씩 묶어서 제시하는 것으로 교사의 창의적 교수 기회를 제공한다는 점에서뿐만 아니라 제7차 교육과정 이후 강조되고 있는 학습자 중심의 수준별 수업을 구현하기 위해서도 의미 있는 방안이다. 중국이나 미국 NCTM

에서 마련한 Standards가 학년을 묶어서 내용을 제시한 사례가 이것에 해당하며 영국의 key stage개념이나 프랑스의 cycle 개념이 모두 이에 해당한다.

### (2) 기대되는 성과

#### 1) 수학적 창의적 사고력 증진을 위한 창의적 수업의 실시가 가능하다.

① 학생들의 학습 역량 강화를 위해 미래 사회가 요구하는 학습 내용의 정선

② 기존 교과 내용의 창의적 수업 실시를 위한 수업 방안 모색(실험, 관찰, 추측, 발견 등 당양한 접근을 시도함으로써 기존 방법과 아울러 대안 제시)

③ 기존 교과 내용의 창의적 전개 방식을 이용한 교과서 구성(검인정제 또는 전자교과서 고려)

④ 제7차 교육과정 이후 수학교육의 목표로 제시되는 '수학적 힘의 신장'에 대한 이해 및 추구를 위한 구체적 모델 제공

⑤ 타학문과의 연계를 통한 통합교과적 접근 (수학 내적인 주제별 연결과 더불어 상황맥락 속에서 학문간 공통 주제를 중심으로 연결함으로써 학생들에게 의미 충실하고 자발적으로 참여할 수 있는 학습 환경 제공)

#### 2) 미래의 과학 기술 기반 사회에 적합한 인재 양성이 가능하다.

① 미래 사회의 민주 시민의 자질로서 창의력, 의사소통능력, 문제해결력 신장

② 대학 진학 시 각자 선택한 전공 분야에 적합한 최소 수준의 수학 학습 능력 보장

③ 기초과학 기반 조성을 위해 특히 이공계 학생의 수학 학력 및 사고 능력 향상

④ 고교 선택 과목의 적정화를 통한 수학 기피 현상 방지

#### 3) 수학적 소양 및 긍정적인 수학적 태도 함양이 가능하다.

① 학생들의 능력을 고려한 수요자 중심의 맞춤형 교육 제공 (학년군별 수업 활용 제안, 수학 부진아 및 수학 학습 우수아를 위한 개별 교육 기회 제공)

② 인지적 영역의 수학 학업 성취도의 달성뿐만 아니라 정의적 영역에서의 수학에 대한 관심, 흥미, 태도를 비롯한 긍정적인 수학적 태도 및 소양의 함양

# 제3편

# 수학 학습 심리학

# 1 수학 심리학의 발달

수학 학습 심리학이란 학생들이 수학적 지식을 어떻게 학습하는지 그 과정을 규명하는 영역이다. 많은 교육심리학자, 심리학자 그리고 수학교육학자들에 의해 발달되어 온 학습심리학은 행동주의, 형태심리학, 구조주의 그리고 구성주의로 나눌 수 있다. 특히 학습심리학 가운데 수학학습심리학에 관심을 갖고 연구한 학자로는 스켐프, 베르트하이머, 프로이덴탈 그리고 반힐 등을 들 수 있다.

## 01 행동주의 심리학(Behaviorism psychology)과 수학학습

① 행동주의는 관찰가능하고 측정 가능한 외현적 행동(behavior)을 연구의 대상으로 연구한 심리학이다.

② 대표적인 학자로는 파블로브(Pavlov), 손다이크, 스키너, 거스리(Guthrie), 홀(Hull) 그리고 가네 등이 있다.

③ 손다이크는 '학습은 상황과 반응 사이의 연결(또는 본드)을 만드는 것'으로 보았으며 연습이 완벽함을 만든다고 강조하면서 효율적인 본드 형성 조건으로 효과의 법칙, 연습의 법칙, 준비성의 법칙을 설명하고 있다.

④ 신행동주의자인 가네는 행동을 유도하기 위해 학습을 8단계의 형태로 구분하였으며 문제해결 학습은 원리학습이 선행되어야 가능하고, 이를 위해 개념학습이 선행되어야 한다고 소개하였다.

⑤ 행동주의는 겉으로 나타나는 반응을 기준으로 학습 여부를 판단하기 때문에 수학학습을 설명하기에 충분하지 않으며 상황(S)－반응(R)이라는 간단한 도식을 기본으로 하기 때문에 알고리즘이나 단순한 개념·원리를 지도하는 것과 관련해서는 그 적용이 어느 정도 적합할 수 있으나 복잡한 문제해결 등 고차적인 내용의 학습에는 부적절하다는 비판을 받는다.

## 02 형태주의 심리학(Gestalt psychology)과 수학학습

① 학습에 대한 인지적 접근은 1900년대 초반 베르트하이머가 시각에 관한 연구에 몰두하면서 형태주의 심리학을 제창한 것에서 그 기원을 찾아볼 수 있다.

② 형태주의 심리학은 행동을 복합적인 전체로 다루지 않고 단순한 요소들, 즉 S－R 연합의 집합으로 나누어 연구하려는 경향에 반대하면서 '전체는 부분의 합 이상'이라고 주장하였다.

③ 형태주의 심리학에서 가장 중요한 부분은 문제를 해결할 때 '통찰력(insight)'을 사용한다는 것이다.

④ 대표적인 사람인 쾰러는 손다이크의 시행착오설을 논박하는 과정에서 '통찰학습설'을 주장하였다. 그리고 파이(Phi) 현상을 소개한 베르트하이머는 수학수업을 관찰하면서 의미 없는(ugly) 수업의 진행방법을 비판적인 시각으로 관찰하고 통찰을 활용한 학습이 효과적임을 주장하였다.

⑤ 형태주의 심리학은 행동주의 심리학으로 설명이 불가능한 문제해결 등의 고차적인 내용의 학습을 설명하는 것이 가능하다.

## 03 구조주의 심리학과 수학학습

① 1957년 구소련의 스프트닉(Sputnik) 인공위성 발사 성공이 도화선이 된 수학교육 현대화 운동을 이론적으로 뒷받침한 심리학은 1959년 34명의 과학자, 수학자, 교육학자, 심리학자들의 회의 결과를 정리한 브루너의 저서 「교육의 과정」으로 대표되는 구조주의 심리학이다.

② 수학교육과 관련한 대표적인 학자로는 브루너와 딘즈를 들 수 있다.

③ 브루너는 지식의 구조를 학습자의 수준에 맞게끔 EIS이론을 활용하여 발견학습을 도구로 가르칠 수 있다고 주장하였다.

④ 딘즈는 브루너와 공동 연구한 결과, 8세 아동에게 대수 블록(Dienes block)을 이용하여 인수분해 방법을 발견하게 하였으며, 구조 교구를 활용하여 수학적 개념의 조기 도입이 가능함을 보여 주었다. 그리고 '자유놀이－게임－공통성탐구－표현－기호화－형식화' 단계와 '역동적 원리, 구성의 원리, 수학적 다양성의 원리, 지각적 다양성의 원리' 활용을 강조하였다.

## 04 구성주의와 수학학습

① 구성주의는 최근에 소개된 이론이지만 인식론의 발달과 함께 계속 진화 형성되어 온 이론으로 1960년대와 70년대를 거치면서 그 이론적 체계를 갖추게 되었다.

② 구성주의에서는 학생들이 스스로 수학적 개념을 구성한다고 생각한다. 그러므로 교사는 강의하고 설명하거나 자신의 지식을 '전달'하기 보다는 학생이 지식을 스스로 구성하고 학습할 수 있도록 환경을 제공해야 한다.

③ 수학 학습과 관련하여 구성주의는 발전 단계별로 조작적 구성주의, 급진적 구성주의 그리고 사회적 구성주의로 구별된다.

④ 조작적 구성주의는 피아제가 소개한 발생학적 인식론(Genetic epistemology)을 말한다. 피아제는 인지발달 4단계에 맞춘 조작 활용을 소개하고 수학과 관련하여 반영적 추상화를 언급하였다.

⑤ 본 글라저스펠트는 피아제의 조작적 구성주의를 기반으로 급진적 구성주의를 주장하였다. 급진적 구성주의에서 지식은 개인이 구성한 개인의 것이며 객관적인 지식이 존재하느냐를 검증하는 수단을 찾을 수 없기 때문에 객관적인 지식이 존재하지 않는다고 보았다.

⑥ 급진적 구성주의는 수학교육자들 사이에 논란의 대상이 되었으며 이를 수정·보완하여 사회적 구성주의가 등장하였다. 급진적 구성주의에서는 주관 독립성을 객관성으로 보는 한편 사회적 구성주의에서는 '공통 주관성'을 객관성으로 보고 있다.

⑦ 구성주의 입장을 취하는 대표적인 학자로 피아제, 비고츠키, 라베(Lave), 로저스(Rogers), 디보노(DeBono), 스켐프 등이 있다.

⑧ 구성주의는 지금도 계속 연구·발전되고 있는 이론이다. 미국의 수학교사협의회(NCTM, 1989; 2000)가 1990년대와 2000년대 초기의 수학 교육 방향을 제시한 '규준(Standards)'도 구성주의의 영향을 받았으며 우리나라 제7차 수학과 교육과정과 제7차 개정 수학과 교육과정도 직접적으로 그리고 간접적으로 그 영향을 받았다고 볼 수 있다.

# 2 행동주의

## 01 손다이크의 연합설(연결주의, 동일요소설, 시행착오설)

### (1) 19세기까지의 교육 주안점

① 특정한 교과 내용에 대한 학습이 일반적인 정신능력의 도야를 가능하게 한다는 형식도야 이론이 지배적이었다.

② 교육의 목적은 정신 도야에 있으며, 교과는 구체적인 내용보다도 사고형식의 특성 때문에 정신도야의 기회를 제공해준다.

③ 반복적인 연습을 통해 도야된 일반적인 정신 능력은 그 능력이 요구되는 모든 내용에 전이된다.

④ 수학교과는 논리적 추론 능력과 의지력 등을 도야하는 주요한 교과이므로 학교에서 주요적으로 다루어져야 한다.

### (2) 손다이크의 학습 이론

① 형식도야 이론은 옳지 않으며 '동일 요소설'이 중요하다.

② 학습은 유기체에 의하여 만들어진 자극－반응 bonds의 형성이며 수학은 이러한 bonds들이 연결된 결과물이다.(＝연결주의, connectionism)

③ 모든 bonds는 여러 법칙 즉, 연습의 법칙, 효과의 법칙, 준비의 법칙에 의해 시행착오를 거듭하면서 선택되어 통합되고 패턴화 되어 진다.

④ 유기체가 성장함에 따라 얻어진 본드들이 복잡하게 구성되어 있으면 있을수록 수학을 배우는 잠재력이 그 만큼 커진다.

⑤ 여러 가지 하위 능력을 종합하고 조직함으로써 전체능력이 형성된다.

⑥ 복잡한 계산은 bonds의 조직화된 협력체이므로 그것들이 조직화된 통합된 힘으로 함께 작용하도록 연습을 시켜야 한다.

⑦ 수학 지식과 기능의 완전한 습득을 목표로 할 때 그 활용이 유익하다.

## (3) 학습의 법칙

### 1) 학습의 가능성을 보여준 실험

① **고양이 상자 실험** : 숨겨진 기계장치를 밟으면 문이 열려 밖에 있는 먹이를 먹을 수 있게 한 실험이다.

② **쥐의 미로 실험** : 미로를 만들어 출발점에서 출구까지 어떻게 찾아가는가를 관찰하여 성공할 때까지의 쥐의 행동과 소요되는 시간에 대한 실험이다.

### 2) 학습의 법칙

① **연습의 법칙**(law of exercise) (=사용의 법칙, 빈도의 법칙, 반복의 법칙)

㉠ 올바른 bond가 형성되었으면 곧바로 반복 훈련하여 그 bond를 강화시켜 주어야 후에 이와 유사한 학습이 연결되었을 때 큰 성취감을 가지게 되어 bond의 작용을 발전시키게 된다.

㉡ 연습의 빈도(계속성)가 높을수록 자극과 반응의 결합이 강해진다.

② **효과의 법칙**(law of effect) (= 만족의 법칙, 강화의 법칙)

㉠ bond를 강화하기 위해 연습을 하는 중에 학습자가 만족한 상태인가 괴로움이 따르는 상태인가에 따라 그 bond는 강화되거나 약해진다.

㉡ 성공에 대한 보상은 학습을 보증하는 가장 좋은 요인이 된다.

㉢ 학교에서 학습을 할 때 학생들이 흥미와 즐거움을 느끼도록 해야 한다.(동기유발)

㉣ '효과의 법칙'의 적용 절차

| 산술을 구성하는 여러 가지 능력을 분석한다. | ➡ | 하위 능력을 구성하고 있는 구체적인 자극－반응의 bonds를 명확히 분석하여 선정한다. | ➡ |
|---|---|---|---|
| 용이한 것부터 차례로 계열적 조직화를 시도하여 매우 세분화된 자극－반응 bonds의 목록을 작성한다. | ➡ | '효과의 법칙'에 따른 연습으로 그러한 bonds를 차례로 형성시킨다. | ➡ |

③ **준비의 법칙**(law of readiness)

㉠ 하나의 bond가 행동할 준비가 되어 있을 때 만족한 행동이 뒤 따른다. 그러나 bond가 행동할 준비가 되어 있지 않을 때 행동이 만들어졌다면 괴로움이 뒤 따른다.

㉡ 준비란 학습과제에 알맞은 성숙과 학습을 말한다(지식, 기능, 태도 등), 따라서 학습자의 성숙과 발달의 정도에 따라서 학습의 기초가 결정된다.

### (4) 수학 학습-지도 방법

① 학생들에게 계산의 부정확성은 그 구성 bonds가 약함을 뜻하므로 기본적인 계산에 포함된 bonds는 현재보다 더욱 강력하게 형성되어야 한다.

② 곤란, 곧 일시적 실패나 기존 bonds의 부적절함이 사고와 학습에 본질적이고 필요한 자극이 된다고 보는 것은 잘못이며, 곤란은 그 자체로 아무 도움도 되지 않으며, 가끔 그에 수반되는 괴로운 실패의 경험은 사고와 학습을 방해한다.

③ 산술 교육의 초기는 구체물을 사용하되 기본 계산이 익숙해진 이후에는 가능한 한 빨리 추상적인 아이디어와 일반적인 원리로 나아갈 수 있도록 지도해야 한다.

④ 산술학습 시 학생들이 문제의식을 갖고 산술의 필요성을 느끼며 그 진가를 인식하도록 한다. ⇒ 연습 문제는 아동에게 흥미로운 실제적인 문제 상황, 산술을 실제적으로 적용하여 해결할 수 있는 생활 속에서 일어나는 문제여야 한다.

⑤ 산술의 연역적인 설명은 귀납적인 확인으로 대치하거나 절차가 마스터된 다음 훨씬 후에 습관을 종합하고 이론적으로 설명하는 수단으로 학습한다.

⑥ 산술지도 시 산술 능력을 분석하여 지적인 습관의 개발을 위해 형성시켜야 할 bonds나 connections를 선택하고 그들을 형성하는 최선의 순서와 수단을 발견하는 것이 중요하다.

### (5) 손다이크의 이론에 대한 비판

① 수학을 수많은 connection이나 사실로 분해함으로써 수학을 관련 없는 사실이나 질차의 집합으로 보게 하고, 의미나 관련성의 이해와 개념·원리·법칙의 발견 및 문제 해결보다 분리된 개별적 사실의 암기를 강조하고 연습에 의한 습관화를 중시한다고 비판을 받고 있다.

② **Brownell(형태심리학자)과 Moser의 연구**

㉠ 약 1,300명의 초등학교 3학년 아동을 대상으로 뺄셈을 기계적 방법과 의미 있는 합리적 방법으로 지도하는데, '받아 내리는 방법'과 '같은 수를 더하는 방법' 두 경우 모두 의미 있는 설명을 통한 수업과 기계적인 절차로 가르친 수업을 진행한 후 비교하였다.

㉡ 결과 : 6주 후

- 기계적인 방법으로 지도 받은 학생들보다 의미 있는 방법으로 지도를 받은 학생들이 우수하게 나왔다.
- '받아 내리기 방법'이 '같은 수를 더하는 방법'보다 높은 점수를 보였다.

③ **Brownell** : 수학적인 사고를 증진시키고 바르게 적용할 수 있게 하기 위해서는 자동적인 반응보다는 계산의 바탕이 되는 원리에 주목해야 한다. 그리고 연습을 통해서는 의미의 이해에 이르게 할 수 없으며 연습은 이해를 증진시킬 수 있을 때에만 가치가 있다.

# 02 스키너의 작동적 조건화설과 프로그램 학습

## (1) 작동적 조건화설

### 1) 개념

① 외부의 자극에 의해서가 아니라 유기체의 의도적·자발적인 행동(조작적 행동)과 이에 따르는 보상에 의해 조건형성이 이루어진다.

② 유기체의 자발적인 행동이 자극의 기능을 하고, 보상에 의하여 강화가 이루어진다.

③ 작동이란 유기체가 자발적 행동을 통하여 환경에 스스로 작용함으로써 어떤 결과를 생성해 내는 것이다.

### 2) 비둘기 상자실험 및 쥐 실험

① 굶긴 비둘기를 상자에 넣는다.

② 실험자는 사전에 비둘기의 행동을 어떻게 변화시킬 것인지 계획했다가 그런 행동의 일부가 되는 반응을 보일 때 콩(⇒강화제)을 준다. : 강화제공

③ **실험결과**

㉠ 유기체가 스스로 발산해서 보여주게 되는 능동적 반응에 강화를 제공함으로써 강화가 간접적으로 자극의 역할을 하게 되어 행동이 증강된다.

ⓐ 유기체의 행동은 환경에 스스로 작용한 결과이다.

ⓑ 먼저 반응을 하고 그 다음에 강화가 주어진다.

ⓒ 자율적 학습 : 유기체의 능동적 반응이 강화를 가져온다.

㉡ 강화가 행동변화의 핵심적인 요소이다.

㉢ 변별자극에 따라 반응을 조절한다.

### 3) 강화이론(reinforcement theory)

① 강화란 어떤 행동을 촉발시키는 역할을 하는 매개체이다.

② 행동 조종에서 반응의 만족스러운 결과는 그 강도를 증대시키고 불만족스러운 결과는 반응의 강도를 약화시킨다는 손다이크의 '효과의 법칙'을 확장시켜 정리한 이론이다.

③ 인간은 처음에 발생된 작동으로부터 선별적인 강화에 의해 바라는 마지막 행동에 도달하게끔 학습이 진행되는데, 이 때 강화는 작동학습의 가장 중요한 측면이며 반응이 증강되는 방식은 학습의 질을 결정하는 것과 연결된다.

④ 강화를 이용하여 유기체의 어떤 행동도 형성할 수 있으며, 형성된 행동을 유지할 수 있다. 따라서 강화의 효과를 잘 분석하고 강화 기술을 적절히 고안하면 유기체의 행동을 원하는 대로 조절하고, 통제할 수 있으며, 경쟁과 협동 등의 사회적 행동, 문제 해결, 자기 통제, 성격 형성 등도 가능하다.

⑤ **강화의 종류**

㉠ 정적 강화(적극적 강화) : 어떤 자극에 대하여 쾌감을 주어 그 반응을 촉발하는 것이다.

㉡ 부적 강화(소극적 강화) : 불쾌자극을 제거해줌으로써 그 반응이 일어날 확률을 증가시키는 것이다.

㉢ 제1유형의 벌 : 불쾌자극을 제시하는 것이다.

㉣ 제2유형의 벌 : 쾌자극을 제거하는 것이다.

⑥ **여러 가지 강화계획**

㉠ 유기체가 먼저 반응하면 곧 강화가 주어지는 작동적 조건화는 반응할 때마다 즉시 강화함으로써 반응 자체가 강화되는 것이다.

㉡ 유기체의 능동적 반응이 간접적으로 자극의 역할을 하게 됨으로써 강화를 가져오게 되어 행동변화를 가져오게 된다.

㉢ 강화계획의 의의

ⓐ 강화를 조절함으로써 행동을 통제할 수 있다.

ⓑ 바람직한 강화계획

ⓒ 초기 : 계속적 강화

ⓓ 후기 : 단속적(간헐적, 부분) 강화

㉣ 강화계획의 유형

ⓐ 계속적 강화 : 꾸준하게 계속적으로 제공되는 강화

ⓑ 간헐적 강화 : 시간과 비율이 달리 제공되는 강화

⑦ 다양한 강화 패턴으로 복잡한 일련의 강화 스케줄을 구성하여 자극을 조종함으로써 복잡한 행동을 수행하고 이를 유지하게 할 수 있다.

㉠ 학습 속도를 증대시키는 데는 계속적 강화가 효과적이다.

㉡ 단속적 강화, 특히 변동비율 강화가 학습된 행동의 소거를 가장 느리게 한다.

㉢ 고정비율 강화 스케줄이 고정간격 강화보다 반응속도를 높이고 지속적이 되게 한다.

㉣ 일반적으로, 학습 초기에는 계속적 강화로 제공하고 나중에는 단속적 강화를 제공하는 것이 바람직하다.

#### 4) 전통적인 교육에 대한 스키너의 입장

① 전통적인 수학 교육에서는 강화의 횟수가 너무 부족하고, 학생의 반응과 강화 자극 사이의 시간적 간격이 너무 크고, 부적인 강화가 주로 사용되며 강화 스케줄이 부족하다.
② 학생의 반응과 교사의 강화 사이에 시간차가 많다.
③ 원하는 복잡한 최종 행위에 점진적으로 접근해 가는 노련한 프로그램이 결여되어 있다.

### (2) 프로그램 학습 - 지도 방법

#### 1) 프로그램 학습—지도 방법의 원리

① 강화의 양은 거의 중요하지 않으며, 약간의 강화라도 현명하게 사용되면 행동을 조종하는 데 매우 효과적일 수 있다.(가장 중요한 원리)
② 유기체는 인간의 조정 능력을 벗어나는 미세한 강화에 의해서 영향을 받는다. 따라서, 기계 장치와 전자 장치와 같은 학습 기계가 사용되어야 한다.
③ 프로그램 학습—지도 방법의 원리
   ㉠ 소규모 단계의 원리 : 학습 목표를 그 달성 여부가 명확하고 관찰 가능한 행동적 목표로 진술한 다음 목표에 이르는 과정을 많은 소규모 단계(small steps)로 나누어 계획된 순서대로 각 단계를 차례로 통과하도록 한다.
   ㉡ 즉시 확인의 원리 : 문항을 아주 단순하게 구성하고 학생의 반응 결과에 대한 지식을 즉각적으로 제공한다.
   ㉢ 학습 개별화의 원리 : 개별 학습이 가능하도록 흔히 발생되는 오류 유형에 따른 준비학습 문제나 심화 학습 문제를 제공한다.
   ㉣ 적극적 반응의 원리
   ㉤ 개별적 검증의 원리

#### 2) 프로그램 학습의 특징

정답에 대한 강화가 즉각적이며 단순한 조작으로 적절한 시간 동안 학습을 지속하는데 충분한 강화를 받는다는 점이다.

#### 3) 프로그램을 사용하는 학습법에 대한 반대 의견

아동을 단순한 동물로 취급하여 중요한 인간의 지적인 성취를 부당하게 기계적으로 분해하고 있다고 본다.

### (3) 행동주의 이론 적용 시 유의점

① 교육은 관찰 가능한 행동의 변화이다. 따라서 교수목표는 그 달성 여부가 관찰 가능한 실행적인 용어로 상세화되어 진술되어야 하며, 가르침을 받은 학생은 그 이전에는 할 수 없었던 무엇인가를 할 수 있어야 한다. 그러므로 각 수업과 관련하여 과제 분석이 필요하다.

② 기존 지식의 습득과 계산 기능의 개발을 강조하는 측면에서는 적합해 보이지만, 이해와 사고 교육, 문제 해결 교육을 지향하는 학교 수학의 본질적인 부분을 소홀히 하기 쉽다.

③ 개인차를 고려한 프로그램 학습을 통한 기본적인 지식의 습득 및 기능의 숙달과 탐구 및 재발명 활동이 균형을 이루도록 프로그램 학습을 적절히 이용하여야 한다.

④ 주어진 학습과제에서 학습자의 출발점 행동이 확인되어야 한다.

⑤ 학습자의 학습동기를 유발시켜야 한다.

⑥ 학습과제는 하위과제에서 상위과제로 점진적으로 제시되어야 한다.

⑦ 외형적으로 표현되는 행동은 계속 반복 학습되어야 한다.

⑧ 학습자의 특성에 따라 다양한 강화방법을 구안해야 한다.

## 03 가네의 과제 분석과 인지학습 8유형

### (1) 과제 분석

#### 1) 과제 분석

① '당신은 학습자가 무엇을 할 수 있기를 바라는가?'라는 질문을 통해 그러한 능력(특정한 조건 아래서 특정한 기능을 수행하는 능력)을 구체적이고 행동적으로 기술해야 한다.

② 과제분석이란 하나의 학습과제를 구성하고 있는 많은 학습요소들을 분석하고, 이를 위계적인 관계로 조직해 놓는 활동이다.

③ 선행 요소가 되는 하위 행동을 확인하고 다시 그 하위 행동을 확인하여 학습자가 이미 소유한 능력에 이를 때까지 계속한다. 즉, 상위 단계의 행동은 하위 단계의 행동의 형성을 전제로 한다.

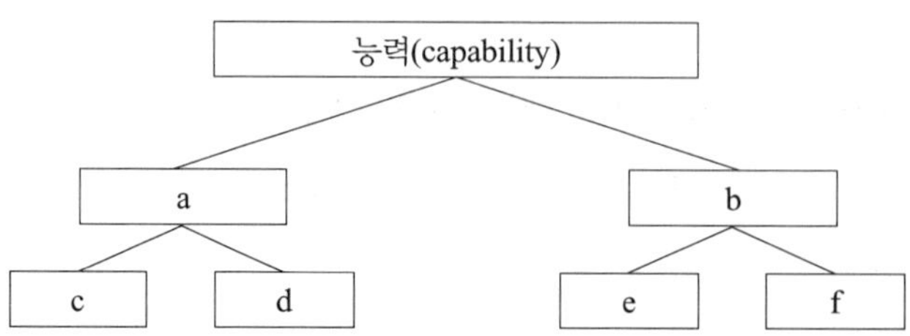

④ 행동 요소의 선후·좌우 관계를 분석하여 학습 위계 구조를 작성한다. 이 때, 학습 위계 구조는 다양하게 작성될 수 있다.
⑤ 학습 위계 구조를 적용하기 위해서는 학생이 현재 어느 정도의 수준에 머물러 있는지를 확인하기 위해 예비 검사를 실시해야 한다.
⑥ 학습 위계 구조는 다음에 이어질 지도 자료의 작성에 도움이 되고 프로그램 학습에 매우 필요하다.

#### 2) 과제분석의 필요성

① 학생들에게 어떠한 행동을 육성시키게 될 것인지에 대한 목표수립이 분명해진다.
② 학습활동의 계열성이나 위계성에 따라서 학생들의 선수학습요소를 파악할 수 있다.
③ 학습활동을 어떠한 순서로 전개해야 효율적인지를 알 수 있다.
④ 학습 위계구조에 따라서 학습활동을 촉진시킬 수 있는 학습 보조 자료의 제작이 구체화될 수 있고, 학습 보조 자료를 적절한 시기에 활용할 수 있다.
⑤ 학생들의 능력수준에 비추어 필수적으로 전개해야 하는 학습활동을 취사선택할 수 있다.
⑥ 학습활동의 결과 또는 숙달수준을 평가할 수 있는 준거를 마련할 수 있다.

### (2) 학습능력

#### 1) 지적기능(intellectual Skill)

개인적 상징적 기호의 사용과 관련된 기본적인 지적 능력이 있다. 예를 들면 초등학교 저학년 학생이 읽기, 쓰기, 셈하기 등의 학습에서 상징적인 기호를 사용하는 능력을 기르게 된다. 이런 종류의 학습된 능력은 '지적기능'이라고 이름 붙일 수 있다. 이러한 지적 기능을 '방법적 지식(knowing how)' 또는'절차적 지식'이라고 말한다.

#### 2) 인지전략(cognitive strategies)

인간은 자신의 방식대로 기억하거나 사고하는 기능을 학습하게 된다. 또한 학습자는 사고하는 기술이나 문제를 분석하는 방법, 문제해결에 접근하는 방법을 학습하게 된다. 이러한 기능을 학습자의 내면적 과정을 통제하는 것으로 '인지전략'이라고 한다.

#### 3) 언어정보(verval information)

인간은 언어적 표현, 문장, 그림 등을 통하여 하나의 사실이나 일련의 상황을 기술하고 말할 수 있는 언어 정보적 능력을 학습한다. 즉, 설명이나 진술을 표현하기 위하여 특정한 지적 기능을 가지고 있어야 한다. 즉, 하나의 아이디어를 진술할 수 있다는 것은 학습된 능력으로 '언어적 정보'라고 한다. 이 언어적 정보를 '사실적 지식(knowing that)' 또는 '선언적 지식'이라고도 한다.

#### 4) 운동 기능(motor skills)

학습자는 조직화된 수많은 운동 행위를 위한 움직임을 실행하는 방법 학습한다. 개별적이고 서로 밀접한 관계를 맺고 있는 단위 행동들은 테니스를 치거나 자동차를 운전하는 것과 같은 보다 종합적인 활동의 일부를 이룬다. 이러한 단위 행동을 '운동 기능'이라고 부른다.

#### 5) 태도(attitude)

학습자는 자신의 행위의 선택에 영향을 주는 정신적 상태를 학습하게 된다. 어떤 사람 자신이 좋아하는 운동으로서 골프를 선택할 수 있고 또 어떤 사람은 영어 소설보다는 수학 공부를 선택할 수도 있다. 이와 같이 자신이 하고자 하는 경향성은 특정한 능력이라기보다는 학습자의 특별한 행위의 선택 경향성을 '태도'라고 부른다.

### (3) 학습과정

가네는 학습하는 동안 내면적으로 일어나는 주요한 과정을 다음의 7가지로 분류하고 있다.

① 주의 : 지극의 변화가 환기를 이끌어 낸다.
② 선택적 지각 : 대상의 특정에 대한 고양과 구분으로 선택적 지각이 쉬워진다.
③ 의미론적 암호화 : 언어적 교육, 그림, 도식 등의 암호화를 위한 셈을 제공한다.
④ 회상 : 도식이나 도표 배열, 리듬, 보조물과 같은 단서의 제시나 표현이 회상된다.
⑤ 반응 조직화 : 학습 목표에 대한 언어적 교육은 학습자에게 기대되는 수행의 종류에 대한 정보를 제공한다.
⑥ 통제 과정 : 교육은 적절한 전략을 활성화하고 선택하든 일종의 집합을 구성한다.
⑦ 예측 : 학습자에게 목표에 대한 정보를 제공하면 수행에 대한 특정한 예측을 하게 해준다.

효과적인 교수를 하려면 먼저 학습과제를 학습위계에 따라 하위 과제로 분석하고, 학습자가 그 과제를 분석하고, 학습하는데 필요한 선행학습 능력을 어느 정도 갖추고 있으며, 이를 과제 해결에 얼마나 재생, 활용할 수 있는지를 파악하여, 수업조건을 마련해 주어야한다. 학습과정과 수업조건 형성을 위한 수업사태(교수학적 사태)를8단계로 분석하면 다음의 도표와 같이 위에서 아래로 진행된다.

| 학습과정 | 수업사태 |
|---|---|
| 주의 | 1. 주의 집중 |
| 예측(기대) | 2. 학습자에게 목표를 알려주기 |
| 작동기억에 대한 회상 | 3. 선수학습을 회상하도록 자극하기 |
| 선택적 지각 | 4. 학습과제에 내재한 자극을 제시하기 |
| 암호화 | 5. 학습을 안내하기 |
| 반응 | 6. 성취행동을 유도 |
| 강화 | 7. 피드백 제공<br>8. 성취행동 평가 |
| 재생단서 | 9. 보존과 전이 높이기 |

## (4) 인지 학습의 조건

학습 과정에서는 선행 학습, 학습 동기, 자아 개념 등의 학습자의 내적 조건과 학습 목표, 강화, 인접성, 연습 등의 외적 조건 그리고 학습 결과 곧 능력의 획득과 파지 및 전이 등을 고려해야 한다고 했다. 여기서 학습에 중대한 영향을 미치는 것은 외적 조건이라고 보았다.

## (5) 인지 학습 8 유형

신호 학습 → 자극-반응학습 → 연쇄 학습 → 언어적 연합 학습 → 다중 식별 → 개념 학습 → 규칙 학습 → 문제해결 학습

하위학습(단순한 것) → 상위학습(복잡한 것)

### 1) 신호학습(signal learning)

어떤 신호나 자극에 대해 무의식적인 반사적 반응을 보이는 것

① **예**

㉠ Pavlov의 무조건 조건화설

㉡ 어려서부터 수학이 어려웠고 수학선생님이 무서웠기에 성인이 되어서도 수학을 생각하면 공포감을 느끼게 된다. → 극복방법 : 성공적인 경험의 기회 마련 필요

㉢ 양파 껍질을 벗기면서 눈물을 흘린 사람은 양파를 보기만 해도 같은 느낌을 갖는다.

㉣ 어릴 때, 물에 대한 공포나 고소공포와 같은 비자발적인 공포가 생긴다.

② **특징**

㉠ 신호학습은 누구에게나 일어날 수 있고 산만한 행동을 포함하고 있으며 감정적인 학습과 같은 비자발적인 성격을 갖는다.

㉡ 빠른 심장박동, 혈관 수축 등을 일으킬 수 있는 공포반응은 신호와 연결하기 쉽게 학습된다.

㉢ 공을 차거나 이름을 쓰는 것과 같은 자발적인 반응은 신호학습으로는 학습되지 않는다.

### 2) 자극－반응학습(stimulus－response learning)

학습자가 식별된 자극에 대하여 어떤 정확한 반응을 보이는 것

**① 신호학습과의 차이점**

신호학습은 보편적인 정서 반응에서 보이는 학습이므로 비자발적인 성격을 갖지만 자극－반응학습은 자발적인 반응을 보이며 제한적이고 정확한 성격을 갖고 있다. 또한 근육 운동 시 효과적인 학습이다.

**② 조건**

㉠ 자극에 대해 옳은 반응을 보이면 이를 연습시켜 명확하고 정확한 반응이 되도록 해야 한다.

㉡ 자극을 동일시하여 이 자극에 대해 하나의 반응만을 보이도록 해야 한다.

㉢ 옳은 반응에 대해서만 적절한 보상이나 강화를 제공한다.

**③ 예**

㉠ 숫자 읽기, 기본 계산하기, 도형의 이름 대기와 같은 수학적 기호와 용어를 배우는 첫 단계의 학습을 의미한다.

㉡ '발'이란 소리에 개가 발을 들어 올린다.

### 3) 연쇄학습(Chaining)

연쇄란 이전에 학습된 자극－반응 학습 두 개(또는 그 이상)를 차례로 모두 연결시키는 것으로 거의 비교적 단순한 신체적 반응의 연쇄적 연합에 의해 일어나는 학습

**① 조건**

㉠ 바른 반응에 대한 보상과 연습이 필요하다.

㉡ 연쇄학습을 위해 이를 구성하는 모든 단위 연합들이 이미 학습되어 있어야 한다.

㉢ 연쇄는 다음에 따라오는 것과 함께 각각의 연결에 인접해야 한다.

**② 예**

㉠ 옷을 입거나 연필을 깎거나 글씨를 쓰는 학습을 의미한다.

㉡ 아라비아 숫자 쓰기, 도형 그리기 등의 학습을 의미한다.

㉢ 아이가 이름에 의해 특정한 물체를 부르도록 학습하는 것이 이에 속한다.

㉣ 수학학습 지도 현장에서 수학 교구나 기구 사용 절차와 이를 통한 개념 획득 과정이 가능한 예이다.

### 4) 언어적 연합학습

단어나 언어로 주어지는 자극에 의해 언어적 반응이 일어남으로써 언어와 언어가 연합되어 일어나는 학습

#### ① 조건

㉠ 언어의 단어들에 대한 필수 불가결한 이미지가 이전에 학습되었어야 한다.

㉡ 언어 단어에 관한 다른 반응들이 전에 학습되었어야 한다.

㉢ 언어 단어와 이미지 사이를 연결해주는 “coding connection”이 전에 학습되었어야 한다.

㉣ 연쇄는 순서에 따라 연속적으로 진행되어야 한다.

#### ② 예

㉠ 의미에 상관하지 않고 시를 암기한다.

㉡ 의미에 상관하지 않고 구구단을 암기한다.

㉢ 그림을 이용해 새로운 수학 용어를 학습한다.

### 5) 다중식별(변별학습, multiple discrimination)

일련의 연합들 중 연합과 연합을 구분하고 각각의 연합에 따라 다르게 반응할 때 일어나는 학습

#### ① 조건

㉠ 각각의 동질적인 특성과 각각의 구별되는 자극을 연결하는 개별적인 연쇄들이 선행적으로 학습되어져야 한다.

㉡ 계속 보유하고 있음을 확인하기 위해, 방해를 줄여야 한다.

#### ② 예

㉠ 숫자 3, 6, 2, 1, 8, 5를 작은 순서대로 나열하기, 연산 기호 +, −, ×, ÷나 관계 기호 $<$, $=$, $>$ 식별하기 등의 학습을 의미한다.

㉡ 학생들은 식물·동물·화학 원소·암석 등을 구별하고 그것들을 개별적인 이름들로 올바르게 부른다.

㉢ 어린아이가 색깔·모양·공통적인 물체·문자와 단어·숫자와 연산 기호 등을 학습한다.

### 6) 개념학습(concept learning)

서로 다른 자극에 대한 공통된 반응을 학습하는 것, 일반적으로 개념은 여러 가지 대상에서 공통된 성질을 인식함으로써 학습하는 것 의미

① **조건**

㉠ 다양한 자극 상황을 구별할 수 있는 능력이 선행되어야 한다.

㉡ 다양한 서로 다른 자극 상황을 식별함으로써 새로운 개념 학습이 단계적으로 이루어진다.

② **예**

㉠ 삼각형에서 밑변과 높이를 구분하고 설명한다.

㉡ 피타고라스 정리에 필요한 빗변을 찾고 빗변이 다른 두 변과 어떻게 다른지를 이야기 할 수 있다.

### 7) 원리학습(규칙학습, rule learning)

둘 이상의 개념의 연쇄를 의미

① **조건**

㉠ 연결된 개념들이 사전에 학습되어져야 한다. 즉, 벌써 연쇄된 개념들을 이해하고 있어야 한다.

㉡ 교사는 중요한 개념과 선행규칙을 상기시키고, 학습할 규칙이 적용되는 상황을 제시하며, 규칙을 예로 나타내게 하거나 예를 구성하게 하고, 학습자로 하여금 규칙을 형식화하게 해야 한다.

㉢ 학습자에게 규칙의 근거를 언급할 수 있는 기회, 학습된 규칙을 새로운 예에 적용하는 연습의 기회를 주어야 한다.

② **예**

㉠ 삼각형의 넓이 공식 및 피타고라스 정리와 같은 수학적인 원리나 법칙, 공식 등을 바르게 인식한다.

㉡ 소금의 화학식이 NaCl이고 나트륨과 염소에 대한 개념을 알고 있은 후 "소금은 나트륨과 염소로 구성되어 있다"는 원리를 안다.

### 8) 문제해결(problem solving)

이미 알고 있는 원리들을 새로운 원리들로 결합하는 과정을 의미, 이전에 배웠던 원리들을 결합하는 새로운 원리들을 생각해내는 과정

① **조건**

㉠ 학습자는 그가 도달하기 전에 그 해가 될 수 있는 대답들의 필수적인 특성들을 확인할 수 있어야 한다.

㉡ 이전에 배웠던 관계있는 원리들을 회상해야 한다.

㉢ 회상된 원리들이 결합되어서 새로운 원리들이 출현하고 알게 된다.

㉣ 반복적인 연습보다는 많은 시간이 걸려 해결하여 갑작스럽게 그 해에 도착하는 통찰이 필요하다.

② **예**

㉠ 운전자가 도로에 대한 자신만의 지도를 만든다.

㉡ 새로운 약속이 생겨서 점심 스케줄을 다시 세운다.

㉢ 가정주부가 가격 차이에 기초하여 어떤 물품을 선택한다.

㉣ 물리학이나 수학에서 알고 있는 원리들을 이용해 주어진 문제를 해결하거나 새로운 원리를 찾는다.

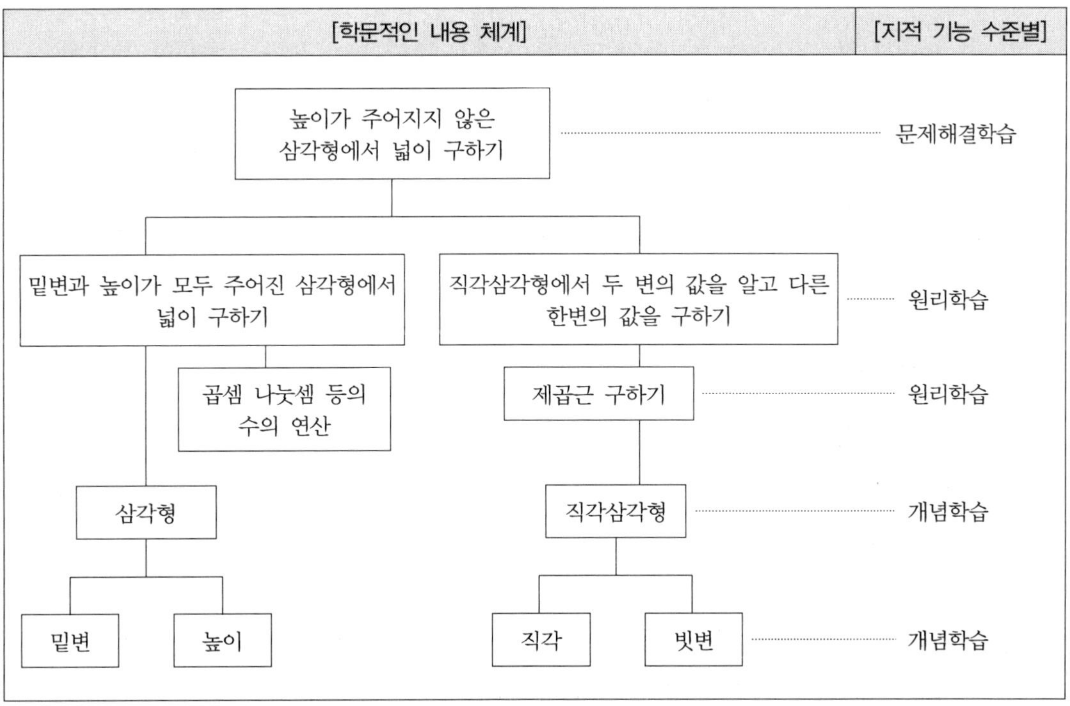

## 04 베르타이머의 통찰을 이용한 학습

### (1) Gestalt(형태) 심리학

#### 1) 배경

① 후설(Husserl)의 현상학을 출발점으로 한다.

② 연합주의, 연결주의, 구조주의, 기능주의, 행동주의에 내포되어 있는 기계적인 모형에 반대하였고 의식의 활동성과 지각의 전체성을 강조하였다. 즉, 사고는 연결주의적인 것이 아니라 윤곽적이며 '의미를 갖게 하는 것'이다.

③ 대표적인 인물로 막스 베르타이머, 쿠르트 코프카, 볼프강 쾰러, 쿠르트 레빈 등이다.

#### 2) 특징

'Gestalt'란 형태, 윤곽(configuration), 형식(form), 모형(pattern), 구조(structure) 등으로 해석 가능하다.

① 학습은 지각의 산물이며 따라서 지각에 의해 결정된다.

② 한 체계의 전체 구조가 부분들의 단순한 산술적 총합이 아니라 그 이상의 것이며, 부분들은 그것들과 전체 구조와의 관계에 의해서만 의미를 갖게 된다(전체론, holism)는 입장을 취하고 있다. 즉, 전체가 부분의 성격을 결정한다.(관계적 결정 원리, principle of relational determination)

③ 과거에 겪었던 개별적 경험의 흔적이 미래의 경험에 영향을 미친다.

④ 인지심리학의 기원이 되는 심리학이다.

### (2) 베르타이머의 통찰 학습

#### 1) 파이(phi) 형상(= 가현운동)

불연속적인 시각 자극이 연속 운동 지각을 가져올 수 있다. 지각 대상은 실제 자극에 일대 일로 반응하지 않고 전체 즉, 그것을 구성하는 요소의 총합이 아닌 전체로 조직화한다.

① 1912년 「형태 시에 관한 실험적 연구」라는 논문에서 소개한 소위 가현운동(apparent movement)을 통해 운동지각이 종래의 요소적 입장으로는 설명될 수 없음을 실증하였다. 이 실험의 결과와 논문은 형태주의 심리학의 출발점이 되었다.

② 파이 현상(정지한 물체에서 운동에 대한 지각) : 두 빛이 짧은 간격으로 어두운 방에 작은 구멍으로부터 비추면 이 운동이 한 빛으로 보인다.

③ 실제로 운동이 없는 데도 불구하고, 마치 운동이 있는 것처럼 보인다. 이는 운동이 요소를 초월한 전체적 성질을 가지고 있으며, 하나의 형태(Gestalt)를 이루고 있음을 의미한다.

### 2) 지각의 법칙

인간에게는 대상의 형태를 무리지어 지각하려는 심리가 있으며, 구체적이고 전체적인 특성을 갖는 법칙에 따라 지각의 성격이 규정된다.

① 유사성(similarity)의 원리 : 유사한 것끼리 묶여 지각

② 근접성(proximity)의 원리 : 가까운 것끼리 묶여 지각

③ 폐쇄와 좋은 형태의 원리

④ 좋은 연속성(good continuation)의 원리 : 좋게 연속된 것으로 묶여 지각

### 3) 생산적 사고(Productive Thinking)

① 베르타이머 사후 1945년에 출판된 책 「생산적 사고」에 의하면, 문제는 항상 어떤 것이 명백하지 못할 때, 서로 걸맞지 않을 때, 갭을 가질 때 발생하게 되며 명료하지 못할 때 이를 해결하기 위해 마음의 동요가 일게 되고 모든 것이 함께 묶여 의미를 갖게 될 때 문제는 해결될 수 있다.

② 기계적 암기를 위주로 하는 학습은 학습자가 사실과 법칙을 이해하지 않고 배우기 때문에 쉽게 잊어버리며, 따라서 기계적 암기학습의 전이도 상당히 제한적이다. 반면에 형태주의의 원리를 기초로 사고하면, 제시된 것들의 관계와 의미를 제구조화 하여 생산적 사고를 유도할 수 있다.

### 4) 베르타이머의 평행사변형 문제

교육의 측면에서 인간의 인지구조에 대한 형태심리학자들의 관점은 베르타이머의 연구에 의해 가장 잘 설명되고 있다. 그는 지각 현상에 대한 연구를 실험실에서 시작했지만, 학생들의 사고 과정을 연구하기 위하여 교실로 관심을 돌렸다. 특히 “생산적 사고(productive thinking)” 또는 구조의 이해에 기초한 사고를 입증하는 데 연구의 초점을 두었다. 이를 위하여 평행사변형 문제를 이용하여 생산적 사고의 메커니즘을 밝혔으며 이러한 사고의 필요성 또한 주장했다. 교사는 학생들에게 윗변의 왼쪽 꼭지점에서 밑변에 수직인 직선(수선)을 긋는 방법을 설명 하고 이 평행사변형의 넓이를 구하기 위해서는 수선의 길이를 구해서 밑변의 길이에 곱하면 된다고 설명했다. 이 표준 알고리즘을 사용하여 학생들은 평행사변형의 넓이를 구하는 연습 문제를 쉽게 계산했다. 그때 베르트하이머가 다른 평행사변형을 제시하고 그 넓이를 구해 보라고 했다. 학생들은 배우지 않은 문제라고 했고 어떤 학생들은 틀린

문제라고 했으며 또 다른 학생들은 그냥 포기해 버렸다. 이런 반응들이 나타난 이유는 교사로부터 배운 것에 따라 왼쪽의 꼭지점으로부터 수선을 그으면, 그 수선은 밑변이 아닌 밑변의 왼쪽에 내려지게 되어 표준적인 공식을 적용할 수 없었기 때문이었다. 수학적 구조의 관점에서 평행사변형 문제를 분석해 보자. 수선을 긋고 그것을 측정하여 밑변과 곱할 때 학생들이 실제로 행한 것은 무엇일까? 학생들은 사각형의 넓이를 계산하는 일반적인 알고리즘을 적용했던 것이다. 이들이 이 알고리즘의 성질을 이해하고 이것을 정사각형이나 다른 직사각형에 적용하는 방법을 파악하는 것에는 어려움이 없다. 그러나 평행사변형과 이 알고리즘과의 관계를 이해하기 위해서는 적어도 지각적인 영향의 도움을 받지 않고 서는 불가능하다. 사물을 조직된 전체로 지각하려는 인간의 경향은, 즉 이 예에서는 평행사변형을 하나의 전체로 지각하는 것은 문제의 본질적인 구조를 이해하는 데 도움을 준다. 전체로 지각하는 측면에서 볼 때 이 평행사변형은 다른 형태, 즉 한 부분이 다른 쪽 끝부분에 정확하게 채워질 수 있으므로 직사각형으로 지각하게 된다. 이렇게 해서 평행사변형을 수선에 따라 나누어 직사각형이 되도록 각 조각을 재구성하여 변형시키면 높이×밑변의 공식이 직접적으로 적용될 수 있다는 것을 알 수 있으며 또한 평행사변행의 넓이를 구하는 공식에 왜 수선을 긋는지도 알게 된다. 학생들이 평행사변형과 직사각형 사이의 기능적 동질성을 이해하였더라면 베르타이머의 평행사변형에서와 같이 도형이 밑변이 아닌 곳에 수직인 직선을 긋는 실수는 없었을 것이다. 동질성이야말로 이 문제의 실제적 기초 구조(본질적인 기본 구초)이며 주어진 문제 상황과 전체에 대한 부분의 관계를 모두 고려하는 것이다.

학생들은 평행사변형의 넓이를 구하기 위한 알고리즘의 기초가 되는 구조적 원리는 이해하지 않은 채 맹목적으로 교사가 제시한 법칙만을 따랐으며, 이러한 기계적인 학습은 학습자에게 유의미한 학습을 가져오지 못하며 결국 사물을 구조적인 전체로 보는 인간의 자연적인 성향을 거스르는 학습이라고 베르트하이머는 주장했다. 그리고 베르트하이머는 생산적 사고(productive thinking)와 비생산적 사고(nonproductive thinking)를 구별하기 위하여 많은 실험적 증거를 발견했으며 이러한 차이는 유의미한 학습(meaningful learning)의 결과와 기계적 학습(route learning)의 결과의 차이에서 나타난다고 지적했다. 생산적 사고를 강조하는 형태주의 심리학자들은 문제의 전체적인 구조를 중시하며, 생산적인 사고 과정을 분리, 분류, 조직화 등의 사고 조작에 의해 문제의 내적인 관련성을 파악해 가는 것으로 설명하고 있다. 과거의 경험이 중요한 것은 명백하긴 하지만, 보다 중요한 것은 과거 경험에서 구조적인 내적 관련성을 보는 통찰력을 얻었는가, 또 무엇을 어떻게 회상하며 회상한 것을 상황이 요구하는 것과 관련해서 어떻게 적용시키는가 하는 것이다.

# 3 인지주의

## 01 소크라테스의 산파법(대화법)

### (1) 소크라테스의 수학 교수 - 학습관

① 수학은 영혼이 순수하게 지성 자체를 이용하여 진리로 향하지 않을 수 없게 하는 학문이며 철인(哲人)의 교육을 위해 반드시 필요한 학문이다.

② 수학적 개념에 대한 정의와 논의는 덕, 용기, 정의(正義) 등의 개념과 비교해볼 때 개인의 이기심으로부터 자유로워 질 수 있기 때문에 대화로써 진리 추구의 본질적인 과정을 실현할 수 있는 대상이다.

③ 수학을 지도할 때에는 '의견'의 도출, 논박을 통한 무지의 자각과 탐구 의욕의 유발, 지식의 상기를 돕는 조산(助産) 과정을 거치는 산파법을 이용해야 한다.

④ 교사는 지식을 '가르쳐 주거나' 설명해 주는 역할을 하기보다, 단지 질문만을 하여 아동의 영혼에 내재된 '지식'을 상기하도록 도와주는 산파여야 한다.

### (2) 소크라테스와 메논(Menon)의 사동과의 대화

① 메논이 소크라테스에게 '덕은 가르쳐질 수 있느냐?'고 물었고 이에 소크라테스는 자신이 무지자이므로 자신이 질문을 할 테니 답을 하라고 메논에게 요청한다. 결국 메논은 소크라테스의 집요한 반박으로 무지를 자각하게 되며 소크라테스가 같은 무지자로서 덕에 대한 탐구를 함께 하자고 메논에게 제안한다. 메논은 그 당시 소피스트들의 '탐구불가능설'을 소크라테스에게 제기한다. 이에 소크라테스는 영혼불멸설(靈魂不滅設), 지식의 선재성(先在性), 탐구와 학습에 대한 '상기설(想起設)'을 제기하여 인간은 새로운 지식을 탐구하면서 학습할 수 있으며, 자신이 배우는 지식과 다른 사람이 배우는 지식이 같은 것이라 설명한다.

㉠ 영혼불멸설 : 인간의 영혼은 새로운 육체를 빌어 거듭 태어나는 불멸의 존재이다.

㉡ 지식의 선재성 : 인간은 태어날 때 모든 지식을 잠재적인 상태로 가지고 태어난다.

㉢ 상기설 : 인간은 모든 지식을 잠재적인 상태로 가지고 태어나면서 가변적이고 불안정한 '의견'을 가지게 되는데, 이를 논박하여 무지를 자각시킴으로써 탐구심을 유발시켜

진정한 '지식'을 마치 산파가 아기를 받아내듯이 상기시켜 받아낼 수 있다.

② 플라톤의 대화편 <메논에는 주어진 정사각형의 넓이의 두 배가 되는 넓이를 갖는 정사각형을 구하는 수학문제 풀이의 발견을 안내하는, 소크라테스와 메논의 사동과의 유명한 문답식 대화가 포함되어 있다.

### (3) 지식 교육 방법 및 수학 학습-지도 방법

① 소크라테스는 노예 소년에게 질문만하고 아무것도 가르치려 하지 않았지만 노예 소년은 한 번도 배운 적이 없는 기하학적 지식을 '알게' 된다. 즉, 소크라테스식의 지도는 학교교육을 받은 적이 없는 노예 소년이라도 수학을 탐구하여 배울 수 있음을 보여준다.

② 처음에 학생은 자신이 무지함을 교사의 질문에 답을 하면서 스스로 자각하게 되고, 알고자 하는 강한 동기가 발생하며, 교사의 계속적인 적절한 질문과 교사의 안내에 따라 결국에는 올바르게 답하게 된다.

교사의 질문 ➡ 학생의 자신 있는 (틀린)대답 ➡ 교사의 반박 ➡ 학생은 자신의 무지를 지각하고 당혹해함

➡ 학생의 알고자 하는 강한 동기 유발 ➡ 교사의 질문 ➡ 학생의 올바른 답 상기

③ **지식교육** : 학생에게 모르는 지식을 '가르치는' 것이 아니라, 대화를 통하여 학습자가 소유한 부정확한 '의견'을 노박하여 무지를 자각시킨 다음 소위 망각된 '지식'을 상기해내도록 도와주는 조산(助産)과정이다.

④ 교사는 소크라테스식의 대화법을 수업시간에 이용하기 위해 우선 가르칠 내용과 관련하여 철저하게 사고를 한 다음(사고실험) 학생에게 차례로 질문만 하고 학생은 주로 '네/아니오'라고 대답하는 정교한 학습–지도 방법을 이용해야 한다.

| 교 사 | 학 생 |
|---|---|
| • 학생이 발견할 핵심적인 내용을 거의 제시<br>• 학생에게 확인만 함(네/아니오)<br>• 너무 친절하게 상기를 도와줌 | • 교사의 질문에 '네/아니오'로만 대답<br>• 학생 자신의 능동적인 진리탐구가 적음<br>• 학생 스스로 탐구해 발견해내고 있는 것은 아님 |

⑤ **가장 효과적인 수학 학습** : 지도 방법은 학생들에게 질문을 던져 학생들 자신의 의견을 개진하도록 한 다음 그것을 논박하여 무지와 곤혹감을 야기 시켜 알고자 하는 마음을 유발하도록 안내하고 결국 대화를 통해 원리를 발견시키는 방법이다.

어떤 지식을 모르고 있는 것처럼 보이는 사람에게도 그 내면에는 그에 대한 올바른 지식이 내재하고 있지만, 명료한 상태로 있는 것이 아니라 마치 꿈결에서처럼 아련하고

어렴풋하게 존재하고 있으며, 이를 대화를 통해 명료히 드러낼 수 있다. 학습은 그러한 망각된 지식을 상기하는 과정으로, 그것을 돕는 것이 교육이요 교사의 임무이다.

### (4) 사고실험(思考實驗)

① 교사가 지도에 앞서 상상 속에서 강의하고 학생들과 대화하고 토론을 하며 수업을 진행시키는 과정이다.

② '사고실험'에 의한 수업에서 아동의 사고활동을 무엇보다 중시하지만 수업의 주도권은 교사에게 있다.

## 02 듀이의 산술교육 - 측정활동으로부터 수 구성

듀이는 흔히, 실용주의 철학과 진보주의 교육의 대표자이며 20세기 미국이 낳은 최대의 교육학자라고 불리어진다. 특히, 듀이의 주요 저서인 「민주주의와 교육」은 현대 교육학의 가장 중요한 문헌으로서 현대 교육학에서 논의되고 있는 대부분의 주제들이 그 속에 취급되어 있다. 듀이의 문제해결 중심 학습방법은 현대 수학교육의 문제 해결 중심 교육의 사상적 배경과 방법적 지침이 되고 있다고도 볼 수 있다. 또한 듀이는 그 이전까지의 '활동주의' 교육사상의 집결체인 동시에 현대 활동주의 교육사상의 모체라고 말해지기도 한다. 뿐만 아니라 듀이는 근래에 힘 있게 등장하고 있는 수학교육 철학인 사회적 구성주의의 사상적 근원으로서 논의에 등장하기도 한다.

### (1) 교육철학

① 진보주의 교육(The Progressive Education) 운동이란 20세기 초반에 듀이의 교육 사상에 따른 혁신적 교육운동으로 아동 중심의 활동주의 교육, '생활 단원(life unit)' 학습, 문제 교수법(problem method) 등이 강조되고, 지역 사회 학교 운동이 일어났다.

② 교육은 인간이 삶을 영위하는데 필수적인 조건이며, 삶의 사회적 연속성을 유지, 발전시켜 나가는 수단이다.

③ 교육은 계속적인 경험의 재구성을 통한 성장 활동이다. 따라서 교육과정은 활동을 통한 경험의 재구성 과정으로 볼 수 있다.

④ 어떤 이론의 가치는 실제에 비추어 정당화될 때 가능한 것이다. 특히 수학의 발생 또는 기원 역시도 '실제적 용도' 때문에 만들어진 것이다. 따라서 수학교육과정은 현실 사회의 문제 해결에 필요한 생활 경험으로 이루어져야 한다.

⑤ 수학을 공부해야 하는 이유는 수가 공부꺼리인 것은 그것이 이미 수학이라는 학문 분야를 이루고 있기 때문이 아니라, 그것이 우리의 행위가 이루어지는 세상의 성질과 관계를 나타내기 때문이며 우리의 목적 달성 여부를 결정하는 요인이 되기 때문이다.

… 공부가 효과적인 것으로 되려면 학생이 다루는 수학적 지식이 자기에게 관심이 있는 활동의 결실을 얻는 데에 중요한 역할을 한다는 것을 알아야 한다. 즉, 우리가 수학을 공부해야 하는 이유는 수학이 우리의 목적 달성에 도움이 되는 수단이기 때문이다.

### (2) 산술교육론

① 수학이란 사회적 삶의 현실과의 관련 속에서 제기되는 문제 해결을 위한 도구로써 구성된 것이다.

② 수란 생활의 필요에서 비롯된 측정이라는 인간 활동의 소산이다.

③ 측정 활동을 통해서 수 발생의 과정을 아동에게 경험시키는 형태로 수의 교육이 진행되어야 한다. 즉, 수 관념은 먼저 모호한 전체를 인식하고 그것을 부분으로 나누고 그것을 다시 종합하는, 분별과 관계라는 구성적인 정신 활동을 그 본질로 하는 것이기 때문에 수의 지도는 당연히 먼저 모호한 전체를 인식하고, 그것을 구별하고, 추상하고 그룹 짓는 정신 활동을 자극하는 방식으로 이루어져야 한다.

### (3) 수 지도

① **수 지도**

㉠ 수 : 측정하고자 하는 전체량과 단위량의 비이다.

㉡ 수 지도 : 측정해야 할 막연한 전체량을 도입하고 그것을 측정하기 위해 단위를 선택하고 전체량과 단위와의 비로써 수가 구성되도록 한다. 즉, 분석을 통하여 단위를 선택하고 종합을 통해 전체량과 단위와의 비로써 수를 구성하도록 지도한다.

- 분석 : 대상을 서로 다른 몇 개의 개별적인 단위로 분석하는 것
- 종합 : 단위의 유사성의 인식으로 대상을 하나의 전체로 보는 것

㉢ 변별과 관계 짓기, 분석과 종합이라는 심적 활동의 산물, 사물을 단지 사물이 아니라 전체의 부분으로, 목적을 위한 수단으로 다룰 때에 비로소 수는 발생한다.

② 단위는 고정된 것이 아니라 상대적인 것이며 양의 분석을 위해 인간이 만든 결과물이다.

③ 듀이의 입장을 충분히 반영한 수와 산술교육에 적합한 교구는 퀴즈네어(cuisinaire) 색 막대이다.

### (4) 결론

① 듀이가 강조한 '합리적인' 산술교수법이란 '막연한 전체(vague unity) → 단위(unity) → 확정된 전체(defined unity)'의 순서를 따른다.

② 산술은 생활에서 출발하여야 하며 생활 가운데에서 문제해결을 위해 구성되어야 한다. 따라서 산술교재는 도입문제로 시작해야 한다.

③ 듀이는 학교 수학이 현실 문제 상황의 분석을 통한 구성활동에 의해 실용적인 도구적 지식으로 학습되기를 기대했다.

④ 듀이의 지식론은 실용주의적 지식관으로 결국 수학은 과학이라 할 수 있다. 즉 수학은 과학적 개념과 마찬가지로 경험적 탐구활동에서 기인하며 수 관념의 심리직 구성 활동이 강조되어야 한다.

## 03 피아제의 반영적 추상화를 이용한 학습

피아제는 스위스 출신의 심리학자로서 유치원과 초등학교 수준의 아동을 대상으로 인지 발달 과정에 대하여 연구하였다. 그는 심리학을 공부하기 전에 생물학을 공부한 바 있는데, 생물체의 진화론에 관심을 가졌으며, 이것이 그의 인지심리학 연구에 많은 영향을 끼쳐 아동의 인지 능력이 생물체의 진화 과정과 같이 어떤 단계를 따라 발달 한다고 보고 그 단계를 밝혔다. 또한 인간의 인지 능력은 환경과 균형을 이루기 위해 본능적으로 작용(균형 이론)하며 환경과 균형을 이루기 위해 발생·발달한다고 보았다. 그리고 지식의 습득도 교사에 의하여 전달되는 것이 아니라 학생 스스로가 동화와 조절의 인지 활동을 통해 구성한다고 보았다.

### (1) 조직과 구조상의 변화

피아제에 따르면 인간은 그 자신이 명명한 인지구조들을 조직하는 경향성을 띠고 있다고 한다. 이러한 인지구조들은 연체 동물이 환경에 적응하는 것과 마찬가지로 우리를 둘러싼 세상을 이해하고 그 세상에 대한 행동의 반응을 위한 육체적이며 심리적인 체계를 말한다. 단순한 구조는 계속해서 결합되고 조절되어 보다 복잡한 구조로 발달되며 효율적이게 된다. 예를 들면, 아주 어린 유아의 경우 장난감을 쳐다보거나 아니면 그 장난감과 손이 접촉하게 되면 그것을 쥐는 행동을 하게 된다 하지만 단순한 인지구조로 인하여 눈으로 보는 것과 물체를 쥐는 이 두 가지 행동을 동시에 할 수는 없다. 나이가 들면서 이 아이는 비로소 이 두 가지 별개의 행동 구조를 조직해서 그 장난감을 보고, 잡고 던지고 하는 보다 고차적이며 협응된 여러 행동 구조를 발달시키게 된다.

피아제는 사람들이 세상을 이해하고 상호 작용하기 위하여 보다 뛰어난 체계로 계속해서 재조직하는 인지구조에 특별한 이름을 붙였는데, 이처럼 변화하는 인지구조를 쉠(scheme)이라고 했다. 쉠이란 행동과 조작을 반복 가능하게 하고 일반화할 수 있는 인지구조를 의미한다. 쉠이란 사고라고 하는 건물을 구성하고 있는 작고 기본적인 블록과 같다. 쉠은 우리가 어떤 대상이나 사건을 머릿속으로 표상하거나 생각할 수 있도록 하는 행동이나 사고의 조직화 된 시스템을 말한다. 이러한 쉠에는 여러 종류가 있는데, 어떤 쉠은 매우 작으면서 구체적이 기도 하다. 예를 들면, 빨대를 이용한 빨기 쉡, 장미꽃에 대한 쉡, 이차방정식이나 그 해법에 대한 쉡 등이 있다. 또한 보다 크고 일반화된 젤도 있는데, 마시기 쉠이나 식물의 분류에 대 한 쉘, 수학에서 함수 종류의 분류에 대한 쉡 등이 그 예이다. 이러한 예에서 볼 때, 어떤 대 상이나 행동에 대한 쉘이 형성되어 있다는 것은 그 대상을 보지 않고서도 또는 그 행동을 실제로 하지 않고서도 그 대상에 대한 이미지나 행동의 순서를 머릿속에 그림 수 있을 때를 맘 한다.

### (2) 적응을 위한 변화

피아제에 따르면 인간은 출생에서부터 주어진 환경에 보다 만족스럽게 적응하려는 경향이 있다고 했는데, 이러한 적응에는 두 가지의 기본적 과정인 동화와 조절이 필요하다. 동화－(assimilation)는 사람들이 기존에 존재하는 쉠들을 사용해서 그들 주변 세계에서 일어나는 일들을 이해하려고 할 때, 즉, 기존의 인지구조에 의해 대상의 해석이 가능할 때 일어나는 인지적 과정이다. 동화는 새로운 어떤 지식을 이해하려고 우리가 이미 알고 있는 것에 맞추려고 하는 것이다. 그래서 어떤 경우에는 이미 알고 있는 것에 맞추려고 새로운 정보를 왜곡시키기도 한다. 예를 들면, 강아지를 알고 있는 어린 아이가 처음으로 고양이를 본 경우 이 아이는 고양이를 강아지라고 부른다. 고양이라는 새로운 동물에 대한 쉠이 없기 때문에 그것과 유사한 강아지라는 쉠으로 대응시켜 이해하게 된다. 마찬가지로 유한소수와 순환소수를 유리수로 알고 있는 중학생이 처음으로 순환하지 않는 무한소수를 봤을 때, 이 새로운 지식을 이해하기 위해서 이 학생은 기존의 유리수 쉠을 사용해서 무리수를 이해하게 된다. 조절(accommodation)은 어떤 새로운 상황에 대한 반응으로 기존의 쉠들은 변화시킬 때 일어나는 인지적 과정이다. 새로운 지식이 기존의 어떠한 쉠에도 적합하지 않으면, 다시 말해서 어떠한 기존의 쉠으로도 이해할 수 없는 경우라면, 보다 적합한 새로운 쉠을 만들어야만 한다. 즉, 조절은 동화가 여의치 않을 때 동화를 위한 인지구조의 분화와 조정을 의미한다. 강아지 쉠을 사용해서는 고양이의 날카로운 발톱, 강아지와는 다른 울음소리 등을 이해할 수 없을 것이다. 이 경우 아이는 고양이라는 동물에 대한 새로운 쉠을 만들어야 하는데,

이와 같이 기존의 쉠을 변형시키거나 새로운 쉠을 만들어서 새로운 지식을 이해하는 것을 조절이라고 한다. 인간은 오감을 통해서 들어오는 정보를 우리의 인지구조에 맞도록 조절할 수는 없지만 우리의 인지구조를 그 정보에 맞도록 조절해야 한다. 사람들은 기존의 쉠을 사용하는 동화와 새로운 정보가 들어왔을 때 이들 쉠을 변형시키거나 새로운 쉠을 첨가시키는 조절의 끊임없는 과정을 통해서 환경의 적응력을 키워 나가는 것이다. 새로운 정보가 기존의 쉠에 동화될 때마다 이 쉠은 어떻게든 확장되거나 변화를 겪게 되는데, 그래서 동화는 어느 정도 조절과 함께 일어나기도 한다. 또한 아주 익숙한 정보가 들어오는 경우에는 동화와 조절의 과정을 거치지도 않은 채 무시되어 버린다.

### (3) 균형이론

피아제에 의하면 인지발달에 영향을 미치는 요인은 크게 육체적 성숙, 활동, 사회적 상호작용, 그리고 평형화이다. 특히 이 중에서도 인지의 실제적인 변화를 가져오는 것은 평형화(균형화, equilibration)의 과정에 의해서이다. 평형화{균형상태)라는 것은 인지적 균형이나 안정감의 상태를 말한다. 만약 새로운 정보가 기존의 어떠한 쉠에도 맞지 않는다면 인지적으로 균형 이 깨어져 버린 비평형화(불균형, disequilibration)의 상태라고 한다. 그런데 사람들은 인지적 균형이나 평형의 상태를 일반적으로 선호하는 경향성을 띤다고 피아제는 말한다. 만약 새로운 정보를 이해할 수 있는 적합한 쉠이 존재하고 또 어느 정도 만족된다면, 일단 평형화의 상태가 된다. 그렇지만 이 쉠이 만족할만한 결과를 제공하지 못할 경우에는, 비평형화가 생기게 되어 사람들은 인지적으로 불안정한 상태를 느끼게 된다. 이 불안정한 상태를 벗어나기 위해서 사람들은 동화와 조절의 과정을 거치면서 인지구조를 변형시키게 되며 이로써 인지발달을 가져오게 된다. 따라서, 평형화는 인지발달을 야기시키는 촉매제와 같은 역할을 하는 것이다. 새로운 정보와 기존의 인지구조인 쉠사이의 만족스러운 균형이나 평형 상태에 이르는 방법은 기본적으로 세 가지로 요약된다.

① 익숙한 정보가 들어왔을 때는 기존의 쉠으로 바로 동화시키는 경우이다. 예를 들면, 중학생의 경우 원점을 지나는 일차함수의 기본형인 $y=ax$를 구할 때, 기울기에 대한 쉠을 바로 이용하여 쉽게 직선의 방정식을 구할 수 있으므로 항상 인지적 평형 상태를 느끼게 된다.

② 기존의 어떠한 쉠과도 정확하게 맞지는 않지만 이 기존 쉠을 약간만 변형시키면 익숙하지 않은 정보를 조절 가능한 경우이다. 이 경우의 예로는 일차함수의 기본형인 $y=ax$ 그래프를 $y$축으로 $b$만큼 평행이동한 식을 구하는 것이다. 이때 일차함수의 기본형에 대한 쉠을 조금만 변형하여 $y$절편에 대한 쉠과 연결시키면 일차함수의 일반형인 $y=ax+b$

라는 식을 쉽게 조절 가능하여 인지적 평형 상태에 도달할 수 있다.

③ 한 번도 경험하지 못한 정보이므로 기존의 어떠한 쉠과도 맞지 않아서 그 정보를 조절하기 위해서는 완전히 새로운 쉠을 만들 필요가 있는 경우이다. 위의 두 예에 있는 일차함수의 기본형과 일반형에 대한 쉠과 기울기와 절편에 대한 쉠을 가지고 있다고 하더라도 이차함수의 일반형인 $y = ax^2 + bx + c$에 대한 정보를 쉽게 조절시키기는 어렵다. 이러한 경우는 일차함수에 대한 쉠과는 전혀 다른 이차함수에 대한 쉠을 새롭게 만들어야 인지적 비평형화의 상태에서 벗어날 수 있게 된다.

### (4) 발생적 인식론

① 피아제는 생물학적인 발생적 인식론자이면서 발달심리학자로 아동들의 지능발달을 생물학적 성장과 발달의 한 특수한 사례로 인식하고 그에 따라 지능발달 과정을 생물학적 법칙과 이론에 의해 설명하였다.

② 인간은 성장하는 동안 지적 환경의 요구를 인지구조에 수용(동화)하거나 변형(조절)하여 그 환경에 적응함으로써 지식을 습득한다. 따라서 아동이 인지발달 과정을 결정하는 주체이다.

③ 합리적 사고와 지식의 본질은 내면화된 가역적 행동 즉, 조작(operation)이며 행동과 조작을 반복 가능하게 하고 일반화할 수 있게 하는 인지구조를 쉐임(schèmes)이라 부른다.

㉠ 젖을 빠는 schèmes, 쥐는 schèmes, 던지는 schèmes, 순서 짓고 배열하는 schèmes, 수를 세고 대응시키는 schèmes, 더하고 빼는 schèmes, 대수적·기하적·해석학적 조작의 schèmes 등 인간의 모든 행동, 조작을 가능하게 하는 인지적 작인이 되는 것이 schèmes이다.

㉡ 행동과 조작의 schèmes은 적응상황에서 일반화되거나 분화되고 다른 schèmes과 조정되면서 보다 가동적이고 일반적인 구조로 재구성되어간다. 따라서 schèmes의 끊임없는 재구성 과정이 인지발달이요 학습이다.

④ 인지발달은 개인에 따라 사회·문화적 환경에 따라 상당한 개인차가 있을 수 있지만, 감각·운동 단계, 전조작 단계, 구체적 조작단계, 형식적 조작단계인 정해진 과정에 따라 일어난다.

### (5) 인지기능과 인지발달 4단계

#### 1) 인지기능 : 조직기능 + 적응기능

| 내적기능 - 조직기능 | |
|---|---|
| 외적기능 - 적응기능 | 동화 : 기존의 인지구조에 의한 대상의 해석 곧 인지구조의 일반화 |
| | 조절 : 동화가 불가능할 때 동화를 위한 인지구조의 분화와 조정 |

① **조직기능**(organization)

㉠ 비교적 오랜 기간 동안 인지발달의 계속성을 유지시키는 원인이 되는 기능이다.

㉡ schèmes과 인지구조를 통합해 전체성을 구성하는 과정이다.

② **적응기능**(adaptation)

㉠ 아동이 학습 환경에서 겪는 경험에 의해 그의 인지구조가 변화·발달하는 평형화(equilibration) 과정을 의미한다.

ⓐ 아동들이 인지적 동화와 조절을 통해 자신들의 인지구조를 변화시키는 과정이다.

ⓑ 인지구조의 변화를 통해 현실적 상황에 순응하고 계속적이고 자기 통제적인 과정이다.

㉡ 동화(assimilation)

ⓐ 이미 학습된 지식과 기능을 이용해, 주어진 환경에 순응하는 과정이다.

ⓑ 주어진 정보는 이해되기 전에 현재의 인지구조에 적절하게 조절되는 과정을 거친 다음 인지구조에 통합된다.

ⓒ schèmes과 인지구조에 양적 변화를 가져다주는 원인이다.

㉢ 조절(accommodation)

ⓐ 동화와는 반대로 정보를 통합하기 위해 주어진 정보에 맞추어 기존의 인지구조를 구조적으로 변화시키는 과정이다. 따라서 새로운 사태에 조절한다 함은 이전의 구조가 분화해서 새로운 구조를 만들어 내는 것이다.

ⓑ schèmes이나 인지구조에 질적 변화를 일으키는 원인이자 과정이다.

ⓒ 일반적 구조를 특정 사례에 적용하게 된다.

### 2) 인지발달(지능발달) 4단계

다음 단계로의 인지발달은 지능의 비약적 도약이나 인지구조의 질적 대전환이 수반된다. 특정 단계는 여러 개의 schèmes과 다양한 인지구조로 구성되어 있다. 아동은 반드시 다음과 같은 보편적 순서에 따라 발달단계를 거친다.

| 감각운동 단계<br>~2세 | ➡ | 전조작 단계<br>2세~7세 | ➡ | 구체적 조작 단계<br>8세~10, 11세 | ➡ | 형식적 조작 단계<br>11, 12세~ |
|---|---|---|---|---|---|---|

① **감각운동 단계**(Sensory－motor Stage) : 출생 후부터 약 2세까지

㉠ 가시적 행동으로 나타나는 신체적 행동만을 수행한다.

㉡ 반사적 행동만을 보이며, 인지구조는 반사적 행동에 수반되는 감각적 반응과 신체적 운동을 통해 발달한다.

㉢ 모든 행위는 타고난 행동으로부터 지적 활동으로 변한다. 즉, 반사적·자기중심적·비조직적 인지내용으로부터 도구적 환경의 요구에 적응하면서 대체로 조직화된 인지구조를 갖게 된다.

㉣ 지능발달 순서

ⓐ 감각운동 schèmes에 의해 반사적 행동만을 일으킨다.(반사적 활동)…약 1개월

ⓑ 습관적 활동이 일어난다.(처음으로 일차 순환반응을 나타냄)…1～4개월 : 아동의 행동은 비목적적이며 행위 그 자체를 위한 반복적 활동을 통해 하나의 습관적이고 조직적 행동으로 형성된다.

ⓒ 개별적 활동이 통합 조정된 복합적 행동을 보이기 시작한다.(조정활동)…4～8개월 : 최초로 사물의 항존성을 인식한다.

ⓓ 자신의 활동을 새로운 상황에 적용하거나 일반화시킨다.…8～12개월 : 2차 순환반응을 조정하게 되고 처음으로 사물을 자신의 의지대로 조작(지적 활동)한다.

ⓔ 자신의 활동을 탐색하고 분화시킨다.…12～18개월 : 3차 순환반응이 발달하고, 새로운 문제해결을 위한 새로운 형태를 창안할 수 있게 되며, 어떤 목적을 달성하기 위해 활동 schèmes을 체계적으로 응용하는 지적활동을 보이기 시작한다.

ⓕ 자신의 행동을 정신적으로 표상화하게 된다.…18～24개월 : 정신적 표상화를 통해 적응을 위한 지적 활동이 가능해 진다.

㉤ 아동의 특징

ⓐ 육체적 정신적 활동을 schèmes으로 구성하기 시작한다. 즉, 출생부터 2세까지의 어린이들은 본능적으로 빨기, 쥐기, 울기 등의 schèmes을 배운다.

ⓑ 감각과 운동을 조직하는 것을 배운다.

ⓒ 물리적 대상에게 이름을 붙이는 것을 배운다.

ⓓ 시야에서 사라진 물체는 없어진 것이 아님을 배운다.

② **전조작 단계**(Preoperational Stage) : 2세부터 약 7세까지

㉠ 감각에 의존하는 행동은 벗어났으나 행동이 직관적이며 아직까지 가역적 사고가 결핍되어 있어 조작 활동이 일어나지 않는다.

㉡ 인지구조의 통제에 따른 완전한 내적 사고활동이 부족하다.

㉢ 지능발달 순서

ⓐ 전개념적 사고 단계…2～4세 : 아동의 사고가 부호, 기호, 정신적 영상 등으로 표상화되기 시작하여 표상화된 사고에 의해 언어가 급속도로 발달한다.

ⓑ 직관적 사고 단계…4～7세 : 논리적 방법으로 주어진 문제를 해석하고 설명하기 시작한다. 그러나 귀납적 추론이나 연역적 추론과 같은 완전한 논리를 추리할 수 없기 때문에 직관적으로 문제를 해결하는 경우가 일반적이다.

ⓡ 아동의 특징

ⓐ 모방을 잘하며, 모든 사물을 자기중심적으로 바라본다. 따라서 자기와 외부세계를 구분하지 못한다.

ⓑ 사실과 환상을 구별하지 못한다. 따라서 어린이들의 거짓말은 도덕성의 결핍에 의해서가 아니라 현실과 그들의 상상적 세계를 구별하지 못하기 때문에 일어나는 경우가 많다.

ⓒ 자기의 생각을 다른 사람들도 다 같이 가지고 있다고 믿는다.

ⓓ 무생물도 생명체와 같이 감각을 갖고 있다고 믿는다(항존성 인식).

ⓔ 하나와 다수 사이를 구별하지 못한다. 예를 들면, 많은 백화점 앞에 산타할아버지가 하나씩 있어도 산타할아버지는 한 사람이라고 생각하며 이상하게 생각하지 않는다.

ⓕ 가역적으로 사고하는 것에 대해 어려움을 느끼며, 어떤 행동을 재현하는데 어려워한다.

ⓖ 가역적 사고를 할 수 없기 때문에 사물들 사이의 포함관계를 제대로 인식하지 못한다.

ⓗ 한 대상이나 상황에 대한 두 가지 측면을 동시에 생각할 수 없다.

ⓘ 귀납추론(구체에서 일반을 이끄는 추론)과 연역추론(일반에서 구체를 이끄는 추론)은 불가능하며 구체적 사실에서부터 구체적 사실로의 추론만 가능하다.

ⓙ 두 현상이 거의 동시에 일어날 때 인과관계를 이해하거나 말할 수는 있지만, 어느 정도 시간적 간격을 두고 일어나는 현상들 사이의 인과관계를 인식하지는 못한다.

ⓚ 자기의 믿음에 대한 이유를 제시할 수 있다.

ⓛ 동적인 개념을 습득하기 시작한다.

③ **구체적 조작 단계**(Concrete Operational Stage) : 7세에서 12, 13세에 걸쳐 지속, 그러나 그 이후까지도 지속되는 경우 존재

㉠ 직관적 사고를 벗어나 논리적 사고 형태인 가역적 사고와 같은 조작적 지능을 보이기 시작한다. 따라서 논리적으로 추론할 수 있는 능력을 갖추게 된다. 그러나 직접 경험할 수 있는 구체적 대상에 한정되어 있다.

㉡ 체적 조작단계의 말기에 도달되어야 사물들의 상대적 위치나 특정 공간 내 사물들의 정확한 거리와 순서를 깨달을 수 있게 된다.

㉢ 아동의 특징

ⓐ 자기 중심적 행동이 급격히 줄며, 혼자 노는 대신 다른 아이들과 어울려 놀기를 좋아한다.

ⓑ 여러 가지 특성이 있는 대상들을 구체적인 특성에 따라 집합과 부분집합으로 분류할 수 있으며, 한 대상의 여러 가지 특성을 동시에 생각할 수 있다.

ⓒ 농담을 이해하기 시작한다. 하지만, 격언의 설명을 이해하는데 어려움을 느끼며 격언에 숨어 있는 뜻을 잘 이해하지는 못한다.

ⓓ 여러 가지 보존 개념을 형성한다.(아래 나열에 따라)

–물질량의 보존 : 물질의 양은 분할이나 변형과 관계없이 변하지 않는다.

–수의 보존 : 원소의 개수는 배열과 관계없이 변하지 않는다.

–길이의 보존 : 물체의 길이는 이동과 분할 혹은 변형과 관계없이 변하지 않는다.

–넓이의 보존 : 면의 넓이는 분할 혹은 변형과 관계없이 변하지 않는다.

–무게의 보존 : 물질의 무게는 분할이나 변형과 관계없이 변하지 않는다.

–부피의 보존 : 물체의 부피는 분할이나 변형과 관계없이 변하지 않는다.

ⓜ 연산과 절차를 역순으로 할 수 있다. 즉, 가역적 사고를 할 수 있다.

ⓑ 다른 사람의 견해를 이해하기 시작하며, 이 단계의 말기에서는 구체적인 예를 통하여 귀납추론과 연역추론을 하기 시작한다.

ⓢ 역연산, 대입, 집합의 합집합과 교집합 구하기, 구제물을 크기 순서로 배열하기 등과 같은 계산을 수행할 수 있다. 그러나 이 연산들을 언어로 설명하거나 제시할 수 없다.

ⓞ 판단과 논리적 추론 능력이 부족하다. 예를 들면, "영이는 순희보다 크다. 영희는 정희보다 작다. 세 사람 중 누가 제일 작은가?" 같은 문제를 잘 해결하지 못한다.

ⓙ 크기가 다른 한 묶음의 막대를 크기의 순서로 배열할 수 있다.

ⓒ 정의를 잘 이해하지 못하며, 몇 개의 구체적 사실로부터 일반화를 할 수 없다.

ⓚ 변수를 포함한 수학적 기호 조작을 어려워하며, 대수를 의미의 이해를 통해서 보다는 공식의 암기에 의해 학습한다.

ⓣ 구체물 자료를 조작하여 여러 가지 모양을 창의적으로 구성할 수 있다.

㉣ 아동의 조작

㉠ 논리–수학적 조작 : 불연속적 속성에 대한 지적 활동

㉡ 공간적 조작 : 기하학처럼 사물들 사이의 관계보다 사물 내의 연속적 관계와 그 속성을 취급하는 활동

④ **형식적 조작단계**(Formal Operational Stage) : 11, 12세 이상

㉠ 신의 사고내용과 과정을 생각하는 것이 가능하다. 즉, 조작 자체를 반성하는 반영적 추상화가 가능하다.

㉡ 설-연역적 추론이 가능하다. 즉, 추상적 사고가 가능하기 때문에 어떠한 형식의 가정이나 가설도 받아들일 수 있어, 어떤 문제에 직면할 때 가설을 설정하고 결론을 유도해 낼 수 있다.

㉢ 아동의 특징

ⓐ 구체적인 조작에 의존하지 않고 정신적 추상을 표현하거나 설명할 수 있다.

ⓑ 많은 견해를 동시에 생각할 수 있다.

ⓒ 자신의 활동을 객관적으로 평가할 수 있으며, 자신의 사고 과정을 반성할 수 있다.

ⓓ 정리를 만들고, 가설을 세우고, 여러 가지 가설을 시험할 수 있다.

ⓔ 적절한 상황에서 정의, 법칙, 공식 등을 이해하고 사용할 수 있다.

ⓕ 귀납적 사고, 연역적 사고, 함의적 사고(만일 …이면 …이다.) 등을 할 수 있다.

ⓖ 순열과 조합, 명제, 상관관계, 확률 등의 복잡한 개념을 이해하고 응용할 수 있다.

ⓗ 무한대와 무한소의 개념을 인식할 수 있다.

## (6) 조작적 구성주의 수학인식론

### 1) 「조작적 구성주의」 수학인식론

① 조작은 일종의 내면화된 행위로 가역성(可逆性)이 있는 것이고 항상 다른 조작과 연결되어 있으므로 결과적으로 전체적 구조의 한 부분으로 작용하여 이러한 구조가 지식의 기초를 이루게 된다.

② 논리-수학적 개념은 대상으로부터 단순추상(경험적 추상화)에 의한 정적인 이미지가 아니라, 생물학적 유기체의 구조를 출발점으로 하여, 감각·운동적 구조를 거쳐, 행동의 일반적 조정(regulation)으로부터 '반영적 추상화(reflective abstraction)'에 의해서 구성된 조작과 그것을 바탕으로 구성된 보다 고차의 조작이다.

③ 조작적 schèmes은 논리-수학적 개념이며 수학의 본질이다. 즉 수학적 구조, 개념, 증명방법, 알고리즘, 명제, 정리 등 모든 것이 조작적 schèmes이다.

㉠ 논리-대수적 조작 : 순수한 조작적 schème

㉡ 기하학적 조작 : 표상적 schema(스키마)를 수반하는 조작적 schème

㉢ 함수 조작 : 인과율과의 관련성이 강한 조작적 schème

④ 수학의 역사적 발생의 메커니즘과 개인에 있어서의 수학의 심리적 발생의 메커니즘 사이에는 평행선이 있으나 그 발생의 순서는 역이다. 왜냐하면 심리적으로 최초에 구성된 것은 논리적·반성적 분석에서는 최후에 나타나기 때문이다.

### 2) 반영적 추상화

#### ① 경험적 추상화와 반영적 추상화

| 경험적 추상화 (empirical abstraction) | 의사경험적 추상화 (pseudo－empirical abstraction) | 반영적 추상화 (reflective abstraction) |
|---|---|---|
| 외부 대상이 갖는 성질들로부터 일반화된 지식을 이끌어내는 추상화 | 아동의 활동으로부터 구성이 이루어지지만 그 구성 결과의 확인은 외부 대상에 대해서 행해지는 추상화 | 활동(과 조작)에 대한 일반적 조정으로부터 이루어지는 추상화 |
| 감각론적·경험론적인 사고방식을 나타내는 용어 | 내적인 구성을 나타내는 용어 (단, 자신이 확인할 수 있는 구성 결과에 근거) | 내적인 구성을 나타내는 용어 |
| 어린 아동이 큰 사과는 작은 사과보다 무겁다는 것을 발견하였다면(=물리적 경험) 그러한 성질은 아동이 작용하기 전에도 사과가 갖고 있던 성질이며, 아동이 그 성질을 단지 경험한 데 불과하다.<br>∴ 경험으로부터 무게의 개념을 추상하였다. | 사과를 어떤 모양으로 늘어놓고 어떤 순서로 세어 보아도 개수가 같다는 것을 발견하였는데(=논리－수학적 경험) 이 때 사과를 통해 확인할 수 있어야만 그 구성을 실행할 수 있다.<br>∴ 사과를 이용한 경험으로부터 집합의 원소의 순서와는 관계없는 원소의 개수라고 하는 개념을 추상하였지만 사과를 통해 확인할 수 있어야 한다. | 사과를 어떤 모양으로 늘어놓고 어떤 순서로 세어 보아도 개수가 같다는 것을 발견하였다면(=논리－수학적 경험) 그러한 성질은 사과 자체와는 무관한 것으로서 아동은 자신의 활동과 그 결과에 대한 경험을 한 것이다.<br>∴ 경험으로부터 집합의 원소의 순서와는 관계없는, 원소의 개수라고 하는 개념을 추상하였다. |

#### ② 반영적 추상화와 그의 메커니즘

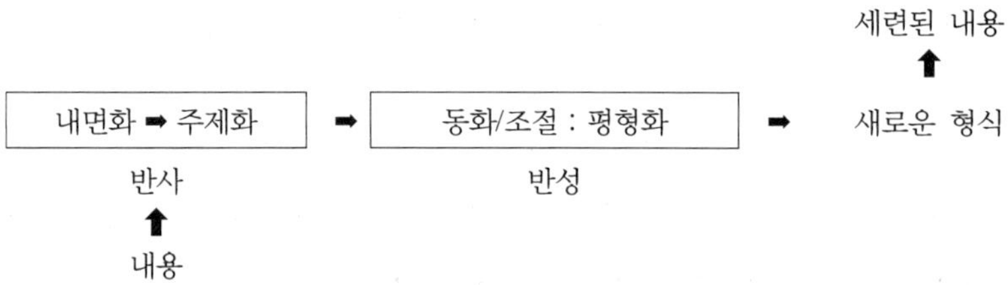


㉠ 반영적 추상화는 반사와 반성이라는 두 가지 성분을 갖고 있다.

| 반사(reflechissement) | 반성(reflextion) |
|---|---|
| • 전 단계에서 얻은 것을 보다 상위의 단계로 옮겨 놓은 것<br>• 반사는 감각 운동적 움직임에서 출발하는 일련의 행동을 '내면화'하여 개념화의 시초인 표상으로 투사하는 것을 시작으로 함<br>• 반사결과 전 단계에서의 사고의 도구가 사고의 대상이 되는 '주제화'가 일어남 | • 전 단계에서 이전된 것을 새로운 면에서 재구성하거나 혹은 거기에 이미 놓여져 있는 것과 전 단계의 요소와 관련짓는 것<br>• 동화/조절을 통해 균형화를 이루려 함<br>• 균형화는 하위 단계의 구조에서 야기되는 여러 가지 불균형을 새로운 차원에서 고려해야 할 필요성에 의하여 반사에 의해 다음 단계로 옮기는 것이 자연스럽게 되는 과정을 통해서 이루어짐 |

| [내면화의 예] 아동에게 빨간 칩과 노란 칩들을 마음대로 늘어놓게 했을 때, 빨간 칩만을 계속 늘어놓던 아동이 "이제는 노란 칩을 놓는다"라는 말을 했다면, 이는 아동이 빨간 칩을 놓고 있던 자신의 행동을 의식하기 시작한 것이며, 그 행동을 표상한 것이다.<br>[주제화의 예] 덧셈을 하고 난 뒤 덧셈에 대해 반성하기 위해서는 덧셈의 과정을 새로운 사고의 대상으로 보기 위해 '어? 왜 더하면 자꾸 커지지?'하면서 의문을 갖는 것이다. | |
|---|---|

ⓛ 반영적 추상화는 이전의 구성결과인 조작을 단지 바꾸어 놓는 식으로 새로운 조작을 구성하는 것이 아니라, 이전의 구성을 특별한 경우로 통합하면서 그것을 뛰어넘은 재구성을 한다.

③ **반영적 추상화에 의한 수학적 지식 획득**

㉠ 수학적 지식 획득은 반영적 추상화의 반사와 반성에 의해서 가능하다. 이 때, 반사된 내용은 반성에 의한 새로운 형식의 구성에 이르러 일시적으로 균형 상태가 되지만 곧바로 불균형에 빠지게 되어 보다 높은 균형을 위하여 반사와 반성이 계속 되풀이된다.

ⓛ 균형이론 : 새로운 사태에 당면하면 주체가 가지고 있는 schèmes과 그 사태 사이에 어떤 불일치가 포함되어 이 불일치를 해소하기 위해 동화와 조절기능이 적용하여 schèmes이 변화가 일어나 새로운 schème이 구성되고 일시적인 균형이 확립되게 되는 것을 의미한다. 따라서 탐구활동에의 동기를 유발하는 요인은 불균형이며 이를 균형화함으로서 학습의 진행과 함께 점차 증대되는 방향으로 나아가게 된다.

## (7) 조작적 구성주의에 따른 수학과 학습 - 지도 원리

① **전 - 교육과정**(pre - curriculum) 원리 : 피아제의 공동연구자인 Inhelder 여사가 주장

㉠ 전조작 단계에 있는 초등학교 입학 전 아동에게는 수학적 개념의 지도가 아닌 논리적, 수학적 경험이 필요하다.

ⓛ 논리적, 수학적 경험이란 기본적인 입체도형이나 평명도형을 손으로 조작하여 창의적으로 여러 가지 모양을 만들거나 분류하기, 순서적으로 배열하기 등과 같은 논리적이고 수학적인 사고 활동을 경험하게 하는 것이다.

ⓒ 다음 단계에서의 수학적 개념의 이해와 계산 기능 등에 중요한 영향을 미치며, 유치원 교육에서 논리적, 수학적 경험을 중시한다.

② **활동적 학습원리**

㉠ 수학적 개념을 추상적으로 지도하기 전에 구체적인 조작 활동이 선행되어야 한다.

㉡ 아동의 조작 활동을 촉진시키기 위해서는 도전감을 주는 적절한 문제와 활동자료를 제시해야 한다.

㉢ 학생의 활동을 촉진하기 위하여 교사는 탐구적인 질문을 제시하며 학생들은 소집단을 형성하여 토론과 탐구활동을 할 수 있게 하여야 한다.

㉣ 학생들의 자발적인 학습 활동을 촉진하기 위해서는 적절한 활동 자료가 절대적으로 필요하다.

㉤ 퀴즈네어 색 막대, 딘즈의 대수블록과 성질판, 가테그노의 기하판 등과 최근에는 컴퓨터와 계산기를 이용하는 많은 활동자료들을 적극 활용해야 한다.

③ **통합의 원리**

㉠ 아동에게는 새로운 개념을 학습하게 할 경우 개념을 단편적이고 고립적으로 이해하게 하는 것으로 그치게 할 것이 아니라 아동이 가지고 있는 기존의 개념과 관련을 지어서 학습하게 한다.

㉡ 아동이 학습한 새로운 개념은 기존의 개념들과 밀접한 관계를 가지게 한다.

④ **조작적 원리**

㉠ 조작(operation)은 사고의 기본적인 요소로 실제적인 행동이 내면화된 가역적인 행동이다. 따라서 사고는 이전의 행동이나 조작을 바탕으로 탐구활동을 통하여 구성된다.

㉡ 교육은 아동 자신에 의한 조작의 구성을 제일의 목표로 한다.

㉢ 학습의 결과는 같은 행동을 반복적으로 할 수 있을 뿐만 아니라 그 역순도 생각할 수 있어야 한다.

⑤ **발달단계에의 순응**

㉠ 아동의 인지 발달은 누구나 Piaget가 제시한 인지 발달의 네 단계를 거친다.

㉡ 아동의 학습은 인지 발달의 단계에 맞게 이루어져야 하며, 조기학습이나 지연학습을 할 필요가 없다.

㉢ 각 단계에 맞는 학습활동이 학습의 효과를 높이며, 조기학습을 한다고 해도 정상적으로 학습한 아동에 비하여 장기적으로 볼 때에는 별 차이가 없다.

## (8) 수학교육에의 적용

① 학습은 발달에 종속되어야 하며 지도는 또한 학습에 종속되어야 한다. 이때 학습은 schèmes의 자율적인 내적인 재구성 과정으로 이는 사회적 상호작용과 인지적 갈등에

의해 촉진된다. 따라서 학습자의 현재 능력을 약간만 넘는 학습 환경(갈등상황을 포함한 환경)을 제시해야 한다.

② 학습은 아동의 발달단계의 특징에 따른 한계를 넘어서 이루어질 수 없으며, 동화·조절에 의한 schèmes의 내적인 구성과정과 조화된 지도방법만이 바람직하다. 따라서 무리한 조기교육이나 학습의 촉진은 아동의 자기구성을 불가능하게 한다.

③ 수학적 개념의 발달은 아동의 실제적인 행동의 조정을 바탕으로 한 반영적 추상화에 의한 연속적인 구성과정이므로, 조작기의 문턱에 와 있는 유치원과 초등학교 입학 초기의 아동의 수학교육에서는 구체물을 다루고 아동 자신의 행동과 그 조정의 결과를 경험하는 '논리-수학적 경험'을 강조함으로써 그 기초를 다져야 한다.

④ 아동이 발달의 초기부터 '자연스런' 조작적 schèmes을 갖고 사고할 수 있도록 아동의 자발적이면서 무의식적인 행동과 조작의 구조를 반성의 대상으로 할 수 있는 발견적 교수법, 소집단 활동 및 적절한 대화를 통한 의식화 방법, 직관 교수법 등을 적극적으로 활용한다.

⑤ 사고와 앎의 본질은 내면화된 가역적 행동인 조작이므로 수학학습은 학습자의 활동을 통하여 이루어져야 하며, 수학학습이 활동을 통한 조작의 내적인 구성과정이므로 교육방법은 학습자의 활동을 전제로 해야 한다.

⑥ 균형적 발달을 위해 수직적 발달이 서서히 일어나도록 해야 한다.

⑦ 임상적 인터뷰 방법을 활용하여 학생의 기본적 인지과정을 관찰, 유도해야 한다.

## 04 비고츠키의 수학 학습 심리학

스위스의 피아제와 미국의 스키너가 활발히 활동을 할 무렵 러시아에서는 비고츠키가 심리학자로 활약하였다. 비고츠키의 이론을 '사회 문화적 접근'의 구성주의로 규정한다.

학습과 발달에 대한 사회-문화적 접근은 1920년대와 1930년대에 러시아에서 Vygotsky와 그의 동료들(Alexander Luria, Alexei Leont'ev)에 의해서 처음으로 체계화되어 심리학 연구에 응용되었다. 이 접근 방법의 기본적 가정은 인간의 고차적 정신 활동은 사회적 배경 속 이루어지며, 이러한 정신 활동은 언어와 기호 체계에 의해서 조절되어진다는 것이었다. 비고츠키 심리학의 가치는 그 당시 심리학자들이 무시했던 개인의 인지 활동과 사회적, 문화적 활동과의 역동적 상호 의존성을 설명하려는 노력에 있었다. 다시 말해서, 비고츠키는 사회적 상호 작용을 통해서 생기는 사회적 인지활동이 개인적인 인지활동으로 내면화되어지는 변환을 '발달'이라고 정의했다는 점이 특이하다.

비고츠키는 동물과 인간 행동의 대비를 통해서 이 둘은 심리학적 발달단계에서 볼 때 질적으로 다른 두 개의 발달 경로가 있음을 알았다. 이것이 바로 생물학적 발달경로와 사회-문화적 발달경로(biological and sociocultural lines of development)였다. 생물학적 발달경로는 모든 생물학적종이 거치는 진화 과정의 일부로서 중요한 신경 계통, 육체적 성장이나 성숙 등이 여기에 해당한다. 이러한 발달경로는 동물이나 인간에 상관없이 거치는 과정으로 인간의 경우 유아기에 대부분 나타나며 단순한 지각이나 기억, 그리고 무의식적인 주의 등의 발달을 설명해 주고 있다. 하지만 인간은 부호와 기호의 창조자임을 생각할 때, 생물학적 발달경로만으로 인간행동의 특징을 설명할 수는 없을 것이다. 따라서, 비고츠키는 인간으로서 거쳐야 할 또 하나의 발달경로가 있다고 했는데 이 경로가 바로 사회-문화적 발달경로이다.

이 발달경로에 미치는 요인으로는 한 문화를 배경으로 해서 만들어진 말이나 기록 문자인데 이 들은 그 문화권에 속한 인간의 행동 양식과 사고 양식을 구조화하고 조절하는 기능을 한다. 한 문화권에서 태어난 아이는 그 문화의 기초 체계를 배우게 되는데, 그 기호체계의 우수성의 여부에 따라 기본적 사고 기능이나 복잡한 사고 기능의 발달이 좌우된다고 한다. 이러한 주장의 실제 예는 유명한 파푸아 뉴기니의 옥삽민 부족(the Oksapmir)연구에 잘 나타나 있다. 이 원시 부족민들은 자신들의 몸의 일부분을 사용해서 세기를 한다. 오른쪽 엄지손가락에서 시작해서 손 주위 부분, 팔, 어깨, 오른쪽 귀, 눈, 그리고 다시 왼쪽 몸 부위로 옮겨가서 마지막으로 왼쪽 손가락에서 세기가 끝나는데, 이 방법에 의하면 최대 27까지 셀 수 있다고 한다. 이 기초 체계에 따르면 심지어 단순한 덧셈이나 뺄셈을 하는 데만도 엄청난 어려움이 있다는 것이며, 비고츠키 이론으로 설명하면, 이 세기 체계의 비정교성은 결국 이 옥삽민 부족민들의 사고 기능 발달을 저해하는 결과를 가져왔다고 할 수 있다. 연구에서 입증된 것처럼 한 문화권에서 사용하는 기호체계의 우수성 여부는 결국 그 문화권 내의 사람들의 정신기능 수준의 차이를 가져온다. 결국 이 말은 여러 문화권에 똑같이 적용될 수 있는 심리 발달의 단계란 있을 수 없다는 결론으로서 피아제의 인지발달 단계 이론을 부정하는 것으로 해석될 수 있다. 비고츠키는 인간의 정신기능의 본질을 탐구하려는 노력으로서 '초보적 또는 자연적 정신 가능(elementary or natural mental function)'과 '고차적 또는 문화적 정신기능(higher or cultural mental function)'을 구분하였다. 고차적 정신기능에는 분류적 지각, 논리적 기억, 개념적 또는 추상적 사고, 의도적 또는 자기 규제적 주의 등이 있다. 이러한 고차적 정신기능은 사회-역사적 발달의 결과물로서 인간만이 지닌 독특한 능력이다.

고차적 정신기능은 다른 사람과 사회적, 문화적 활동에 있어서 그 수단이 되는 기호나 언어에 의해서 중재되어진 활동의 결과이다. 이 기호나 언어를 '이지적 도구'라고 하다. 다시 말해서, 어린 아이의 초보적 정신기능이 고차적 정신기능으로 발달하게 되는 것은 육체적 성숙의 결과에 의해서만 생기는 것이 아니라, 그 사회 구성원과의 사회적 활동을 할 때 필요한 언어나 기호의 끊임없는 사용을 통해서이다. 사회 구성원과의 언어 사용을 통한 고차적 정신기능 다른 사람들과의 사회적, 문화적 활동에 참여하기 위한 수단인데, 이러한 참여 기회의 증가를 통해서 이 소리가 있는 말하기는 소리가 없이 머릿속으로 혼자 말하는 형태인 '마음속 말하기(inner speech)'라는 형태로 되어서 사고의 도구가 된다.

비고츠키가 말하는 인긴의 고차원직 정신기능의 발달은 크게 다음의 세 가지－내면화, 기호적 중재, 근접발달영역－이 있다.

내면화는 사회·문화적으로 의미 있는 활동에 참여해서 그 사회 구성원과의 상호작용을 통해서 습득한 사회적 인지기능이 개인적인 인지기능으로 변환되는 것을 말한다. 피아제와 같은 다른 심리학자들과 마찬가지로, 비고츠키도 사람들 사이에서 일어나는 어떤 외부 정신활동이 개인의 내면적 정신활동으로 되는 과정을 내면화라고 보았다. 하지만 다른 심리학자들과 다른 점은 사람들과의 사이에서 일어나는 이러한 외면적 정신활동을 기호적으로 중재된 사회적 과정이라는 측면에서 정의했다는 점이다. 피아제의 경우를 살펴보면, 피아제는 감각 운동기 '스키마(schema)'의 내면화에 대한 이론을 정립했다. 그렇다면 이들의 내면화에 대한 견해와 접근 방법에는 어떤 차이점이 있는가? 비고츠키는 고차적 정신기능의 사회적 과정에 초점을 두고 있었기 때문에 이 사회적 과정에 참여하는 데 필요한 표현체계를 연구하게 되었고 이런 배경으로 언어의 내면화에 강조점을 두게 되었다. 이와는 달리, 피아제는 아이의 물리적 세계와의 감각적 상호작용에 그의 초점을 두었기 때문에 물체의 조작에 필요한 표현 체계를 연구하게 되었다. 이런 결과로 해서 피아제는 무엇보다도 내면화를 스키마의 형성으로 보았다. 즉, 그에 의하면 학생 개인이 어떤 상황에 직면해서 그것에 맞는 육체적 활동이나 행위를 할 때 이를 규제하는 역할을 담당하는 스키마의 형성을 내면화라고 정의했다. 따라서, 비고츠키와 피아제는 내면화라는 같은 문제를 다루고 있지만, 인간의 정신활동 과정의 기원에 대한 다른 생각 때문에 결국 판이하게 다른 인간 활동과 표현 수단에 대한 연구를 하게 되었다.

기호적 중재는 이 내면화의 과정에 관여하는 매개체를 말한다. 예를 들면, 여러 기호 체계(언어와 수학)가 아동들의 인지발달에 영향을 준다고 할 때 이것을 '기호에 의한 중재'라고 한다. 다른 친구와의 의견 교환 활동이 이들의 인지 발달에 영향을 준다고 하면, '동료에 의한 중재'라고 한다. 비고츠키는 여러 중재자 중에서도 언어가 가장 중요한 인지적 도구라고 했다. 언어란 의견교환을 위한 인지적 도구인 동시에 이 도구의 사용은 또한 인간의 정신기능을 지배해 왔다. 비고츠키와 많은 다른 이론가들은 언어가 인간과 동물을 구별하는 기준이라고 보았는데, 그 이유는 언어의 습득은 인간을 보다 효과적이고 효율적인 문제해결자가 되도록 이끌어 왔기 때문이다. 즉, 인간이 언어를 소유하면서 유인원들이 하지 못했던 훨씬 복잡한 문제를 해결할 수 있었다. 인간과 원숭이의 문제 해결력에 대한 연구에서 보면, 걸음마를 막 시작한 아이와 나이 또래가 같은 침팬지는 감각 운동기에 해당하는 문제해결에서는 거의 유사한 능력을 보였다. 그런데 이 아이가 말을 배우기 시작하게 된 후로는 이 둘의 문제 해결력에서 큰 차이를 보였다고 한다. 이후부터 침팬지는 이 아이가 풀 수 있는 문제를 풀지 못했다고 한다.

지금까지의 논의에 의하면 비고츠키는 인간의 인지발달에는 생물학적 발달경로와 함께 사회－문화적 발달경로가 있다고 했다. 그리고 인간의 고차적 정신기능은 사회적 기원을 가진다고 주장했다. 이러한 고차적 정신기능의 발달과정에는 위에서 살펴본 바와 같이 내면화와 기호적 중재가 있다고 했다. 이 두 개념과 함께 고차적 정신기능의 발달에서 빼놓을 수 없는 개념이 바로 '근접발달 영역'이다. 이 개념은 비고츠키의 여러 개념 중에서 교육 분야에서 가장 잘 알려진 개념이고 그의 사회－문화적 이론의 모든 개념들이 잘 복합되어진 것이다.

### (1) 고등정신기능과 근접발달영역(ZPD)

#### 1) 고등정신기능

① 모든 인간의 독특한 고등정신활동의 형태들은 사회적이고 문화적인 상황들에서 시작되었고, 그 구성원들에 의해서 공유되고 있다.

② 고등정신기능의 사회적 기원에서 '개인 간 정신기능(inter－psychological functioning)'이 상당히 중요하며, 개인 간 정신기능의 형태가 '개인 내 정신기능(intra－psychological functioning)'에 강력한 영향을 준다. 이처럼 개인 간 정신기능이 개인 내 정신기능으로 변화하는 과정이 '내면화'이다.

③ 내면화가 되었다는 것은 고등 정신기능이 진정한 내적 정신기능으로 아동 내에서 작용함을 의미한다. 그리고 아동 내의 고등 정신기능의 발생은 바로 다른 사람들과의 상호작용에서 비롯된 것이다.

④ 개인 간 심리기능과 개인 내 심리기능 사이의 관계가 이루어지는 곳이 근접발달영역이다.

2) 근접발달영역(The Zone of Proximal Development)

① 근접발달영역이란 실제적 발달 수준과 잠재적 발달 수준간의 간격을 의미한다.

㉠ 실제적 발달 수준(actual development level)이란 학생이 다른 사람의 도움 없이 독립적으로 문제를 해결할 수 있는 수준이다.

㉡ 잠재적 발달 수준(potential development level)이란 좀 더 지식이 풍부한 교사, 성인 또는 유능한 또래의 도움을 얻어 문제를 해결할 수 있는 수준이다.

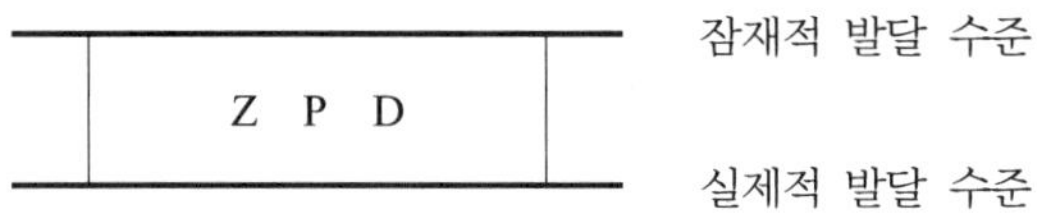


② 근접발달영역의 하한선은 학생이 혼자서 과제를 수행할 수 있는 실제적 발달 수준이고, 상한선은 다른 사람의 도움을 받아 수행할 수 있는 잠재적 발달 수준이다.

③ 학습은 사회적 상호작용을 통해서 이루어져야 하며, 좀 더 효과적인 학습을 위해서는 근접발달영역 내에서의 사회적 상호작용이 중요하다. 또한 모든 학생은 적절한 도움을 받으면 스스로 할 수 있는 것 이상을 할 수 있다.

④ 근접발달영역은 고정적인 것이 아니라 학생이 더 높은 수준의 사고와 지식을 달성함에 따라 역동적으로 변화한다. 어제의 잠재적 발달 수준이 내일의 실제적 발달 수준이 되고, 그에 따라 근접발달영역이 새로운 근접발달영역으로 나아가면서 한 단계 더 높은 수준으로 발달하게 되는 것이다.

⑤ 학생이 더 어려운 과제를 수행하게 될 때, 새로운 수준의 근접발달영역으로 변화하여 교사나 타인의 새로운 도움과 지원을 필요로 하게 된다. 이러한 변화는 학생이 지식, 기술, 전략. 훈육, 행위의 습득을 위해 노력하는 동안 계속해서 반복적으로 나타나게 된다.

⑥ 교육의 역할은 바로 아동에게 그의 근접발달영역에 있는 경험들을 제공함으로써 아동의 발달을 촉진시키는 것이다. 교사들이 아동에게 그들이 도움 없이도 혼자서 해결할 수 있는 문제들만 계속해서 제시하거나 아동들이 독자적으로 숙달하기에는 너무 거리가 먼 경험들을 계속 제공할 때, 그들은 발달을 구체화하는 교수를 지향하는 데 실패한다. 대신에 교사들이 아동의 잠재적 발달 수준에 맞게 선택되어진 공동 인지 활동들에서 어린이들과 함께 협력하고 그렇게 함으로써 아동의 실제적 발달을 촉진시켜야 한다.

### (2) 근접발달영역에서의 발달과 학습

① **학습은 발달을 주도한다.**

어린이의 발달에 있어서 모방과 교수는 주된 역할을 한다. 이들은 뚜렷하게 인간 정신의 특성을 발휘하게 하며 어린이를 새로운 발달 관계로 이끌어 준다. …… 아동이 오늘 다른 사람과 협력해서 할 수 있는 일은 내일에는 혼자서 할 수 있다. 그러므로 올바른 유형의 교수는…… 성숙함보다는 성숙 중에 있는 기능들에 목표를 두어야 한다. …… 교수는 과거 지향적인 아니라 미래 지향적이어야만 한다.

② 안내받는 참여(guided participation)를 통한 발달과 학습이 이루어져야 한다. 안내받는 참여에서 교사와 학습자는 주어진 과제를 상호작용하면서 공동으로 작업하며, 이러한 활동은 학습자들이 그 사회의 구성원으로서 기능과 가치를 습득하고 학습하는 것을 지원해준다.(B. Rogoff)

③ 모든 교육은 그 아동에 비해 보다 유능한 타인, 즉 부모나 교사, 더 능력 있는 또래가 돕는 것으로부터 출발한다. 그러나 아동의 수행 능력(performance capacity)이 발달함에 따라 자기 조절 능력이 점차 증가하여 타인의 도움을 덜 필요로 하게 된다.

④ 달프와 갤리모어(Tharp & Gallomore)는 안내받는 참여를 통한 근접발달영역에서의 인지 발달 과정을 4단계로 분석했다. 이 과정은 사회적 조절과 자기 조절, 즉 타인의 도움과 자신의 도움간의 관계에 초점을 맞춘 것이며 선형적 과정이 아닌 순환적 과정으로 되어 있다.

[1단계] **더 유능한 타인의 도움을 받아 과제를 수행하는 단계**

학생이 독립적으로 과제를 수행할 수 없기 때문에 좀 더 능력 있는 교사나 동료의 도움을 받아 모방하는 단계이다. 이 때 필요한 도움의 양과 종류는 학생의 연령, 현재 수행도, 과제의 성격에 따라 다르다. 이 단계에서 학생은 부모, 교사 혹은 유능한 동료 등과 대화, 질문, 피드백 등의 상호작용을 통해 해야 할 과제에 대하여 이해하며 과제를 수행한다. 이 단계에서 교사는 학생이 과제를 수행하도록 안내하고 도움을 제공하거나, 전이를 위한 새로운 기회를 제공하며 학생이 과제 수행의 책임을 갖도록 한다.

[2단계] **학생 스스로 과제를 수행하는 단계**

1단계에서 학생이 타인의 도움을 받아 과제를 수행했다면 이 단계에서는 다른 중재자의 도움을 받지 않거나 적은 도움으로 과제를 수행할 수 있게 된다. 하지만 아직 학생 스스로 과제를 수행하는 것이 자동화 또는 내면화 될 정도로 완전히 발달되지는 않는다. 이 단계에서 학생은 자신의 행동을 모니터하고 지원하는 역할을 하는 자기 지시적 언어를 통해 행동을 통제한다.

[3단계] **과제수행이 완전히 발달되어 내면화, 자동화가 이루어지는 단계**

학생은 근접발달영역을 벗어나 과제를 수행하게 되며, 더 이상 다른 중재자로부터 도움을 받지 않고 거의 무의식적으로 과제를 완전하게 수행해 낸다. 이 때 다른 중재자의 도움은 오히려 부정적 영향을 줄 수 있다. 이 단계는 자기통제와 사회적 통제를 벗어난 완전한 발달이 이루어지는 단계이다.

[4단계] **수행이 탈-자동화됨으로 인해 다음 근접발달영역으로 복귀되는 단계**

새로운 능력을 발달시키기 위해서는 계속적인 근접발달영역 계열의 순환 과정을 거쳐야 한다. 학생이 과제해결을 수행하다 어려움이 생기면 더 능력 있는 다른 사람의 도움을 필요로 하게 되어 다시 1단계에 놓이게 된다.

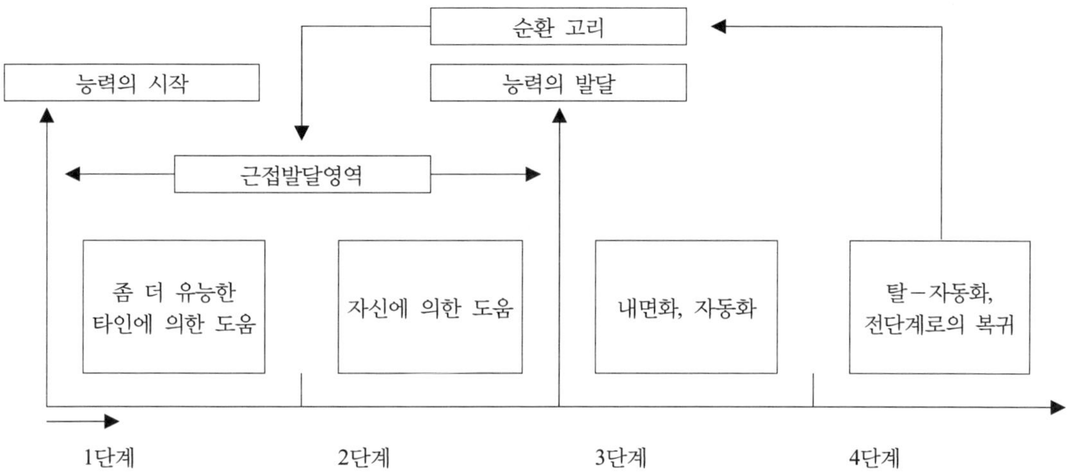


⑤ ZPD의 범위와 순환과정은 학생에 따라 차이가 나지만 중요한 것은 교사의 적절한 도움 여하에 따라 이를 넓히거나 좁힐 수 있으며, 또한 가속화시키거나 지연시킬 수 있다는 점이다. 따라서 교사는 학생의 현재 발달 수준만이 아니라 학생의 잠재적 발달 수준까지는 포함한 ZPD를 고려하여 학생을 교육하여야 하며, 잠재적 발달 수준이 또 다른 실제적 발달 수준이 되고 그에 따라 기존의 발달 영역이 새로운 ZPD로 나아가면서 한 단계 높은 수준으로 발달하는 순환과정의 역동성을 생각할 때, 항상 학생들의 현재 수준과 잠재성을 고려하여 적절한 도움을 주는 것으로부터 점차적으로 스스로 수행해 나갈 수 있도록 해야 한다.

## (3) 수학교실에서 교사의 역할

① 근접발달영역을 확인하고 끊임없이 갱신해 가면서 학생으로 하여금 해당 개념을 이해하게끔 한다. 학생의 활동이 근접발달영역 안에 포함되도록 주의 깊게 선택하고, 학생들이 시도할 때 적절한 도움을 제공한다.

② 하위 또는 부분 개념은 상위 또는 그 보다 큰 개념 속에서 구조화되어야 전체를 올바르게 드러낼 수 있기 때문에 적절한 시점에 상위 개념을 다루도록 한다.

③ 모방은 교실에서 이루어지는 교수·학습의 기본이다. 학생들에게 올바른 방법을 실제로 시범 보일 수도 있다.

④ 수학 수업을 준비하는 과정에서 교사는 개념이나 기능에 대하여 정확한 설명이 필요한지, 모델 형성을 위한 시범이 필요한지, 매개체나 교구를 쓸 것이지 하는 것들을 미리 구상하고 준비해야 한다. 또한 다른 교과, 단원과 맺고 있는 관련성, 역사적 발달 과정을 정확히 알고 적절한 수준과 시점에서 구사할 수 있도록 한다.

⑤ 여러 해석이 있을 수 있음을 인정하고 그것들을 인지 발달에 활용하면서도 본질을 놓치지 않고서 적절한 해석과 해결전략을 제시하는 지식의 대표자로서 역할을 한다.

⑥ 자신과 학생의 활동을 정확하고 분명하게 말로 나타내도록 한다. '이것' 또는 '저것'과 같은 모호한 말은 피하고 명확한 용어를 사용 한다.

⑦ 학생의 사고 과정에 대한 실마리를 찾아 학생에게 의미를 다시 새기는 기회를 제공한다.

⑧ 새로운 개념은 현실적인 상황 속에서 다루어야 한다. 꼭 직접 경험할 수 있는 것일 필요는 없다. 의식 활동을 통해서 충분히 현실 세계와 연계시킬 수 있기 때문이다.

⑨ 학습 상황과 학생의 능력을 적절하게 결합하여 학생 활동의 내적 동기를 이끌어낼 수 있어야 한다.

⑩ 학생 각지가 자신의 문제 풀이 과정과 결과를 혼자서가 아니라 다른 사람의 풀이와 견주면서 그와 상호 작용하게 한다. 이는 평가의 과정인 동시에 피드백 과정이다.

⑪ 학생들의 실수를 분석하고 그에 따른 도움을 주는 방안을 강구한다. 실수에 대한 관리가 중요하다. 그러나 시행착오의 방법은 적합하지 않다. 학생은 수학자와 다르기 때문이다.

### (4) 비계(scaffolding)설정을 통한 발달과 학습

① 성인과 아동, 혹은 보다 유능한 아동과 아동간의 상호작용이 아동의 발달을 선도할 수 있도록 하는 구체적인 교수·방법으로 여러 연구자들은 아동의 근접발달영역에서의 비계설정을 제안하였다.

② **비계설정이란?**

㉠ 사전적 의미 : 건물을 건축하거나 수리할 때 인부들이 건축 재료를 운반하며 오르내릴 수 있도록 건물 주변에 세우는 장대와 두꺼운 판자로 된 발판을 세우는 것

㉡ 교육 분야 : 아동의 근접발달지대 내에서의 효과적인 교수－학습을 위해 성인이 아동과의 상호작용 중 도움을 적절히 조절하며 제공하는 것을 묘사하기 위해 은유적으로 사용하는 것

③ 버크와 윈슬러(Berk and Winsler)는 효과적인 비계설정으로 '공동의 문제해결', '상호주관성', '따뜻함과 반응'을 제안했다.

㉠ 공동의 문제해결 : 흥미있고 문화적으로 의미 있는 협동적 문제해결 활동에 대한 학습자들의 참여

㉡ 상호 주관성 : 어떤 과제를 시작할 때는 서로 다르게 이해하고 있던 두 참여자가 공유된 이해에 도달하는 과정

㉢ 따뜻함과 반응 : 상호작용의 정서적인 분위기, 과제에 대한 어린이들의 집중과 기꺼이 도전하려는 태도는 성인이 명랑하고, 따뜻하고, 반응적일 때 그리고 언어적 칭찬과 적질하게 자신감을 북돋워 줄 때 최대화됨

④ 비계설정의 목표는 아동으로 하여금 '자신의 근접 발달 지대에서 과제를 해결하게 하는 것'과 '자기－조절(self regulation)'을 증진시키는 것이다.

㉠ 자신의 근접 발달 지대에서 과제를 해결하게 하는 것 : 언제나 아동에게 주어진 과제가 적절한 수준으로 어려워 아동이 도전감을 갖도록 과제와 주변 환경을 구성해주어야 하며 아동의 현재 요구들과 능력들에 맞도록 성인의 개입의 양을 항상 조절해야 한다,

㉡ 자기－조절 : 성인은 아동이 독립적으로 일할 수 있게 되면 가능한 한 빨리 조절과 도움을 멈추어야 한다. 또한 이는 성인들이 아동들로 하여금 의문점들과 문제들을 파악하도록 허용하고 아동이 곤경에 빠져 있을 때에만 개입해야 하는 것을 뜻한다. 공동의 목표가 세워지면 아동의 능동적인 관리에 대한 반응에서 성인의 능동적인 철수의 결합은 자기 조절의 발달에 매우 중요하다.

⑤ 비계설정은 교사와 학습자가 공동 문제해결 활동에 몰입되어 있는 동안 두 사람간의 따뜻하고 즐거운 협동을 의미한다. 협동하는 동안에 성인은 민감하고도 우연한 보조를 제공하고 아동들의 표상적이고 전략적인 사고를 육성해 주고, 아동들의 기술들이 증가함에 따라 과제에 대한 좀 더 많은 책임을 갖도록 고무함으로써 아동의 자율성을 지지한다.

⑥ 학습 과정 초기에는 성인이 적극적으로 개입하고 많은 양의 비계설정을 하며, 더 많은 지식을 한다. 학습이 진행되면서 아동이 학습 결과에 대해 좀 더 큰 역할을 하게 됨에 따라 수행에 대한 책임은 아동에게로 이동하게 된다. 이 때 성인인 교사가 할 일은 최종 목표로 정한 행동을 아동이 독립적으로 수행하도록 비계설정해 오던 것을 제때에 제거하는 것이다.(양도원칙, hand over principle)

### (5) 정신의 도구로서의 기호의 매개

① '언어'는 모든 인간 문화에서 보편적으로 볼 수 있는 도구이다. 언어는 각 문화의 모든 구성원들에 의해 창조되고 공유되기 때문에 정신의 도구이다.

② 언어는 다른 도구의 획득을 촉진하고 여러 정신적 기능들을 위해 사용되는 때문에 기초적인 도구이다. 언어는 주의 집중, 암기, 감정조절문제해결 등 여러 가지의 정신기능을 익히기 위한 전략을 개발하는 데 이용될 수 있다.

## 05 스켐프의 스키마 학습

스켐프는 영국 옥스퍼드 대학에서 수학과 심리학을 공부하였으며, 수학교사로 출발하여 수학 학습 심리학을 연구한 위대한 수학교육학자(1972년)이다. 스켐프는 학생들이 수학을 어려워하고 싫어하는 이유에 대하여 관심을 갖고 연구한 결과 피아제의 인지발달 이론에 기초하여 스키마틱 학습(Schmatic learning)과 반영적 지능(Reflective intelligence)을 연구하였다.

### (1) 지능 학습(intelligent learning)과 반영적 지능(reflective intelligence)

① 지능은 '유용한 정신적 능력의 집합체'이다.

② 지능 학습은 오래 기억할 수 있으며, 적응력이 높고 학습자와 교사와의 관계가 독립적이며 이해의 획득에 보상이 이루어져 자신감을 가지고 이해의 폭을 넓히게 된다는 특징이 있다.

#### 1) 지시(지휘)체계와 지능 학습

① 지시체계 : 다양한 환경 속에서 자신이 선택한 목표를 달성하기 위한 활동을 가능하게 해주는 물리적 또는 정신적 도구로 다음 4가지 요소로 구성된다.

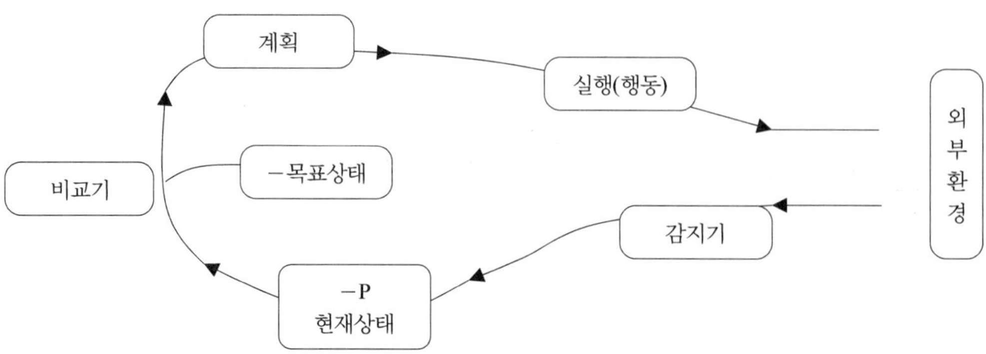

㉠ 감지기(sensor) : 사물의 현 상태를 감지하는 부분

㉡ 비교기(comparator) : 조작의 현 상태와 목표상태 사이의 차가 표현되는 부분

㉢ 계획 : 비교자가 주는 정보에 따라 주체가 목표상태에 있을 때와 있지 않을 때 무엇을 할 것인지 결정하는 계획을 세우는 부분

㉣ 실행 : 계획에 따라 실행하는 부분

② 지시체계는 피 작동자의 현 상태와 목표상태 사이를 비교하여 현 상태가 목표상태에 일치할 때까지 그 간격을 좁히기 위한 계획된 행동을 결합하게 된다.

- 델타 −1 : 외부환경으로부터 정보를 수용하여 실제적인 대상에 대하여 행동하게 하는 지시체계
- 델타 −2 : 델타−1에서의 지시체계가 경제적이고 적응력을 갖고 적용하도록 지식구조(스키마)를 이루는 지시체계

③ 먼저 목표가 설정되고 그 목표를 달성하기 위해 지시체계가 작동하여 정보를 수집하고 계획을 세운 다음, 보다 효율적인 정보를 채택하고 효과적인 계획을 세울 수 있도록 지시체계를 변화시키는 과정이 지능학습이다.

### 2) 직관적 지능과 반영적 지능

① 지능은 그 기능에 따라 크게 직관적 지능과 반영적 지능으로 구분된다.

| 반영적 지능 | 직관적 지능 |
|---|---|
| • 자신이 알고 있는 개념과 스키마를 인식<br>• 개념들 또는 스키마들 사이의 관계나 구조를 인지하여 이들을 여러 가지 방법으로 조작<br>• 내면적 활동을 통제하는 능력 | • 물리적 환경 내에 있는 대상을 인식하고 지각된 실재적 대상 사이의 관계<br>• 아동 자신의 행동사이 관계를 인식 |
| → 수학 학습을 할 수 있는 능력 | → 실제적인 산술만을 하는 능력 |

② 반영적 지능의 수학적인 면

㉠ 논리적 사고와 증명을 포함하는 추론과정을 실행한다.

㉡ 일관성 없고 잘못된 추론에 대한 개념과 스키마를 조사하여 옳게 바꾸려는 시도가 진행된다.

㉢ 잘되었는지 점검하고 잘못된 점을 고친다.

㉣ 우리가 이미 알고 있는 지식을 증진하고 체계화한다.

㉤ 반성적 탐구, 계획, 문제해결을 진행한다.

③ 직관적 지능에 의한 사고와 반영적 지능에 의한 사고를 구분하여 설명하고 있으나 두 지능은 서로 보완적인 역할을 한다. 직관적 지능에 의한 사고는 즉각적인 일반화를 위해 필요하며 반영적 지능에 의한 사고는 법칙을 이끌어 내는 활동을 위해 필요하다.

④ 지적 학습이란 반영적 지능 체계를 활용하여 학습목표로 접근하는 학습이며 습관적 학습이란 의미를 생각하지 않고 수학적 개념의 정의나 공식을 암기하는 학습이다. 이 두 학습은 모두 필요하며 습관적 학습이 5%, 지적 학습이 95%의 비율일 때 가장 바람직하다.

## (2) 스키마 학습(schematic learning)

### 1) 스키마(schemas)

① 피아제의 쉐임(schèmes)과 같이 인간의 행동이나 사고를 반복 가능하게 하고 일반화 할 수 있게 하는 인지구조이다.

② 서로 관련 있는 개념들의 구조를 말하며, 적응 곧, 동화·조절 기능과 조직기능을 갖고 재조직되어 가는 것이다.

③ 모든 지식의 구조는 단순한 한 개념으로 되어 있든 복잡하게 되어 있는 스키마이다.

④ 축구와 같은 게임은 운동－감각적 스키마(sensori－motor schemas)이며, 말하기, 읽기, 쓰기는 지적 교육의 기초가 되는 정신적 스키마(mental schemas)이다.

⑤ 자연수의 연산, 정수의 연산, 함수의 극한, 미적분학 등은 모두 스키마이다.

⑥ 스키마는 다음 세 가지 기능을 가능하게 한다.

㉠ 기존 지식을 통합(integrate)한다.

㉡ 발전학습을 위한 도구의 역할을 한다.

㉢ 이해를 가능하게 한다.

### 2) 스키마 학습(schematic learning)

① 기존의 스키마를 새로운 지식의 획득을 위한 수단으로 사용하는 학습이다.

② 동화·조절 기능에 의한 schème의 재구성으로서의 Piaget의 학습개념을 바탕으로 한 학습 이론이다.

③ '관계적 이해'를 가능하게 하는 학습이다.

④ 스키마 학습을 위해 첫째, 아동의 마음 가운데 적절한 예비 schema가 존재하는 '학습의 준비성'과 둘째, 자료에 대한 적절한 배열에 대한 '자료 제시'가 반드시 준비되어야 한다.

⑤ 스키마 학습에서 기존 스키마가 잘못 형성되어 있는 경우 관련된 스키마를 형성하는 과정에서 잘못된 스키마를 형성할 가능성이 높아질 수 있다.

## (3) 수학적 개념의 이해

### 1) 도구적 이해(instrumental understanding)

① 적당히 규칙을 기억하고 있으면서 그 규칙이 적용되는 이유를 모르고 그것을 문제해결에 적용할 수 있다.

② '분수와 분수를 곱할 때는 분모는 분모끼리 곱해서 다시 분모로 하고, 분자는 분자끼리 곱해서 다시 분자로 하면 된다.'는 사실을 기억하고 적용한다.

③ **도구적 수학의 장점**

㉠ 어느 누구나 즉시 쉽게 이해된다.

㉡ 보상이 곧바로 분명히 확인된다.

㉢ 지식이 덜 포함되어 있어 부담이 적다.

④ **교사가 도구적 수학을 가르칠 수밖에 없는 이유**

㉠ 관계적 이해를 할 시간적 여유가 없다.

㉡ 어떤 특정한 기법이나 내용을 학습에 잠시 필요로 하기에 소개만 하면 된다.

㉢ 학생들이 지금 가지고 있는 스키마로는 관계적 이해가 불가능하다고 판단된다.

㉣ 다른 모든 교사들이 수학을 도구적으로 가르치고 있는 학교의 신참 교사이다.

### 2) 관계적 이해(relational understanding)

① 무엇을 해야 하는지 그리고 왜 그런지를 알고, 일반적인 수학적 관계로부터 특정한 규칙이나 알고리즘을 끌어낼 수 있다.

② 분수의 크기 비교를 가르칠 때 분수의 크기 비교의 방법만을 알게 하는 것이 아니라, 분수의 스키마를 근간으로 분수란 무엇인가, 두 분수 중 더 큰 분수를 무엇인가, 분수의 덧셈은 어떻게 하는가 등을 관련시켜 분수의 대소 관계를 유도하고 직접 문제해결에 활용할 수 있다.

③ **관계적 수학의 장점**

㉠ 새로운 과제에 더 잘 적응된다.

㉡ 기억이 더 잘되며, 오래 지속된다.

㉢ 교육의 목적 그 자체이다. 즉, 도구적 이해를 지도하는 과정에서 유발될 수 있는 외적인 보상과 벌에 대한 요구가 크게 줄어들고 동기 부여가 더욱 쉬워진다.

㉣ 질적으로 유기적이다. 지식은 관련된 지식끼리 관계를 맺으면서 성장하며 새로운 지식이 지속적으로 파생된다. 더불어 새로운 지식에 대한 만족감을 얻게 되어 새로운 자료를

더욱 관계적으로 이해하려 노력할 뿐 아니라 능동적으로 새로운 자료를 찾고 새로운 분야를 탐구하려는 자세를 갖게 된다.

④ **관계적 이해의 활용이 어려운 이유**

㉠ 시험의 역류 효과가 생길 수 있다.

㉡ 과중한 교수요목이 가능하다.

㉢ 평가에 어려움이 있다.

㉣ 교사가 오랫동안 가지고 있었고, 그리고 현재도 가지고 있는 자신의 스키마를 재구성하는데 있어서의 커다란 심리적 어려움이 있다.

⑤ 수학 학습-지도의 목표는 관계적 이해가 가능하게 하는 것이며 이는 관계망을 형성하는 것이다. 어떤 개념을 이해하려면 그 관계망의 형성을 필요로 하며, 이것이 이해 활동이다.

### 3) 논리적 이해

① 논리적 필요성에 따라 서술된 것을 나타낼 수 있는 능력, 그리고 주어진 전제들과 함께 공리나 정리와 같이 이미 수립된 수학적 지식으로 받아들여지는 것들 가운데 적절히 선택된 것들로부터 연쇄적으로 추론하는 능력을 가능하게 하는 이해이다.

② 자기 자신을 확신시키는 것으로 충분한 관계적 이해와는 다르게 다른 사람까지 확신시킬 수 있는 상태이다.

③ 수학적 기호체계와 표기를 적절한 수학적 아이디어와 관련시키고 그 아이디어를 논리적 추론 고리와 결합시켜 기술하는 능력을 포함하는 상태이다.

### 4) 기호적 이해

① 수학적 기호와 표기를 수학적 아이디어와 적절히 연결하고 논리적 추론을 하여 국소적으로 연역하는 능력을 필요로 하는 형식적 이해이다.

② 기호체계나 개념구조 사이의 상호동화를 뜻하는 상태이다.

## 06 딘즈의 활동주의 : 놀이를 통한 수학의 구성

딘즈는 헝가리, 프랑스, 영국에서 교육을 받았으며, 수학교육과 수학지도 체계를 개발하기 위한 학습심리학 연구에 많은 공헌을 하였다. Piaget의 학습심리학에 많은 영향을 받았으며, 수학을 더욱 흥미 있고 쉽게 공부할 수 있게 하는 데 대하여 연구하였다. 그 결과 수학을 흥미 있게 공부할 수 있게 하는 수학적 개념학습의 원리, 개념 학습의 단계, 수학 학습에 활용할 수 있는 조작자료 개발 등에 많은 공헌을 하였다. 또한 1960년대 학교수학의 현대 수학화를 지향한 '새 수학'의 이념에 충실하여 수학적 구조가 내포된 다양한 교구를 개발하고, 그것을 다루는 놀이 활동을 통해 수학적 구조의 구성을 시도하는 수학 학습-지도 원리와 방법을 제시하였다.

## (1) 딘즈의 학습이론

① 학습은 아동의 내발적인 동기에서부터 출발한다.

② 수학은 수 및 도형과 관련된 개념 사이의 구조적 관계와 실세계에서 일어나는 문제에의 그 적용을 다루는 분야이다.

③ 수학학습은 '놀이'로써 조직되어야 한다.

④ 피아제의 조작적, 구성적 구조주의의 수학적 인식론에 근거한다.

## (2) 수학적 개념 형성

### 1) 수학적 개념 형성의 3단계

① 1단계 : 의식적 목적이 없는 예비 놀이 단계이다.

② 2단계 : 느린 깨달음이 일어나면서 수학적 경험이 시작되는 단계로 구조화가 필요함을 이해하고 목적이 서는 단계이다.

③ 3단계 : 갑작스럽게 구조에 대한 통찰, 곧 '이해'의 순간이 오는 개념이 형성되며 정착되는 단계이다.

⇒ 개념이 형성되고 나면 정착의 시기가 오며 형성된 개념은 보다 높은 수준의 새로운 개념 형성을 위한 자료, 곧 놀이의 대상이 되고 다음 수준의 개념 구성이 사이클이 시작된다.

### 2) '개폐연속체(open-closed continuum)' : 개념 형성의 사이클

① 개념 형성의 3단계를 거쳐서 일단 형성된 개념은 닫힌 상태로 되지만 내성적 분석과 적용의 과정에서 열린 상태로 변해 보다 높은 수준에서의 재구성이 이루어진다.

② 피아제의 반영적 추상화와 메커니즘이 같다고 할 수 있다.

## (3) 딘즈의 교수-학습 과정 6단계

자유 놀이 단계 ➡ 게임 단계 ➡ 공통성 탐구 ➡ 표현화 ➡ 기호화 ➡ 형식화

### 1) 1단계 : 자유 놀이 단계

① 구체적인 소재를 처음으로 자유롭게 대하는 시기이다.
② 소재로부터 최종적인 개념을 아동들이 구성하게 된다.
③ 아동은 오로지 주어진 환경에 어떤 작용을 가하게 되고, 그 환경으로부터 어떤 작용을 받게 된다.
④ 이러한 상황에 맞는 소재는 될 수 있는 대로 풍부하고, 변화가 많아야 하며 수학적으로 의미 있는 특징을 가지고 있어야 한다.

### 2) 2단계 : 게임의 단계

① 아동이 주어진 상황 가운데 어떤 규칙성이 있다는 것을 착안하게 되는 시기이다.
② 아동은 규칙에 따라 어떤 것을 설명할 수 있으며, 어떤 것이 일어날 것인지 예측할 수 있다는 것을 알게 된다.
③ 일단 어떤 규칙이 있다는 것을 알게 되면, 아동은 규칙을 발견하고, 그에 따라 게임을 할 수 있게 된다.
④ 이 때 아동이 게임의 규칙이 절대적인 것이라고 생각하지 않도록 유의한다.

### 3) 3단계 : 공통성 탐구 단계

① 여러 게임에서 발견되는 공통적인 구조를 파악하는 시기이다.
② 아동이 이러한 공통적인 구조를 파악하도록 해주기 위해서는 구체화되어 있는 추상적인 특징 자체는 변화시키지 않고 여러 가지 형태로 구체화해 주는 방법을 생각해야 한다.

### 4) 4단계 : 표현 단계

① 아동이 공통적인 구조를 파악한 후, 그것을 스스로 인식할 수 있는 어떤 표현으로, 즉 그림 또는 언어적인 표현이나 다른 함축적인 표현으로 남기는 단계이다.

### 5) 5단계 : 기호화의 단계

① 자기 나름대로의 표현 방법을 강구하며 기술하는 단계이다.
② 아동은 그러한 기술을 할 수 있는 적절한 언어, 즉 기호 체계를 찾게 된다.
③ 이 때 아동이 자기 나름대로 기호 체계를 발견하는 것도 좋다. 그러나 대부분의 책에서 이미 이용되고 있는 기호 체계를 받아들일 수 있도록 이끄는 것이 필요하다.

6) 6단계 : 형식화의 단계

① 기술된 것 사이의 순서 관계가 확립되는 단계이다.

② 아동은 기술된 성질 가운데서 어떤 것을 기본적으로 선정하게 되고, 기본적인 성질이 선정되면 그로부터 출발하여 다른 성질에 도달하기 위한 규칙을 찾아내게 된다.

## (4) 교수 - 학습 원리

### 1) 역동적 원리(dynamic principle)

① 수학적 개념에 구성되도록 실제적인 경험과 학습 상황을 "예비적인 게임 → 구조화된 게임 → 연습 게임"이라는 자연스러운 과정에 따라 조직되도록 해야 한다는 원리이다.

② 장래에 그것으로부터 수학적 개념을 구성해 낼 수 있는 나무 쌓기 놀이나 종이 접기 놀이, 또는 게임 등을 경험시켜 주어야 한다.

③ 수학적 개념은 인간의 활동을 통해서 형성된다고 하는 J. Piaget 등의 활동주의적 수학관 영향을 받은 것으로 활동을 통해서 학습되게 한다는 것이다.

### 2) 구성의 원리(constructive principle)

① 수학의 학습에서는 구성이 분석에 선행되어야 한다. 즉, 새로운 개념은 이미 알고 있는 개념으로부터 구성되도록 해야 하며, 그 논리적 관계는 그 후에 분석될 수 있어야 한다.

② 구성이란 물체를 만들거나 전체를 파악한다는 것이고, 분석이란 물체를 분해하거나 세부적인 것을 검토하는 일 또는 어떤 근거를 묻는 것을 말한다.

③ 공간 도형의 학습에 이를 적용하면 먼저 공간 도형이나 그 단면을 만드는 것이 선행되고, 이어서 그 성질의 분석이나 성질의 근거를 조사하는 학습이 이루어지는 것이 좋다.

### 3) 수학적 다양성의 원리(mathematical variability principle)

① 수학적 개념을 제시할 때 변화시킬 수 있는 것은 가능한 한 변화시켜서(가능한 한 많은 경우를 다루는 경험 제공) 다양하게 제시해야 한다는 것이다.

② 수학적 개념을 수학적 다양성의 원리로 지도할 때 변화시킬 부분과 변화시키지 말아야 할 부분을 구분하고 공통성 짙은 분명히 유지시켜 주어야 한다.

### 4) 지각적 다양성의 원리 (perceptual variability principle)

① 수학적 개념 형성에 있어서는 하나의 개념을 지각적으로는 다르지만 구조적으로는 동치인 다양한 구체적인 자료(평행사변형의 경우, 종이, 대나무 살, 고무줄 등으로 만든 것)로 제시해야 한다.

② 개인차에 맞게 하기 위한 것과 추상화의 과정을 아동들에게 거쳐 가게 하는데 유효하다.

③ 다중 구체화의 원리 (multiple embodiment principle)라고도 한다.

### (5) 결론

① 수학 학습은 심리 역학적인 과정을 통하여 개인적인 경험으로부터의 일련의 수학적 개념이 구성되는 과정이다.

② 교사는 주어진 문제를 해결하려고 애쓰는 아동 자신을 돕는 책임 있는 상담자나 조력자로 행동한다.

③ 학생을 사랑하고 학생과 공감하는 교사의 인간적인 태도와 겸손의 태도가 매우 중요하다.

## 07 브루너

### (1) 브루너의 발견학습

조기교육 뒷받침 위한 교수 이론으로 어떤 교과내용이든 발달단계에 있는, 어떤 아동에게든 어떤 지적으로 정직한 형태로 효과적으로 지도할 수 있다.

#### 1) 브루너의 수업이론

처방적이며 규범적이고, 브루너의 수업이론을 구성하는 주요 요인은 다음의 네 가지이며 이 요소들를 가장 잘 조작할 수 있는 수업방법이 곧 발견학습과 탐구학습이다.

① **학습 의욕** : 수업이론은 학습자에게 학습하고자하는 의욕(predisposition toward learning)을 가장 효과적으로 심어줄 수 있는 경험들을 명백히 해줄 수 있어야 한다.

㉠ 교사와 학습자간의 관계가 학습하고자 하는 의욕에 영향을 준다.

㉡ 문화적 요인, 동기 요인, 개인적 요인 등이 학습자의 학습 의욕에 영향을 미치기 때문에 이러한 요인들을 어떻게 잘 활용할 것인가에 관심을 갖아야 한다.

㉢ 교사는 학습자가 스스로 대안을 탐색하려는 의욕을 촉진하고 조절해 주어야 한다.

② **지식의 구조 :** 수업이론은 지식의 구조화를 명백히 하는 것이어야 한다.

㉠ 어떤 개념이나 문제 또는 지식체도 특정학습자가 충분히 이해할 수 있도록 단순화시켜서 최적구조를 제시할 수 있다.

㉡ 어떤 영역의 구조도 표상양식(mode of representation), 경제성(economy), 그리고 생성력(power)이라는 세 가지 방법으로 최적구조가 결정된다.

ⓐ 표현양식

–작동적 표현양식 : 한 사건에 대해 적절한 신체적 반응이나 그것으로부터 어떤 결과를 얻기 위한 일련의 활동으로 표현하는 방법을 말한다.

–영상적 표현양식 : 지식이 함축하고 있는 의미를 영상을 이용해 표현, 지식의 내용을 세부적인 정보나 자료를 생략하고 핵심이 되는 시공간적 관계와 질적 특성만을 통해 표현하는 방법을 말한다.

–상징적 표현양식 : 상징적 언어나 형식적·논리적 명제를 이용해 지식을 훨씬 추상적으로 나타내는 방식, 지식을 부호, 단어, 공식, 명제 등을 이용해 추상적으로 표현하는 수단을 말한다.

이와 같은 표현양식들은 피아제의 지적 발달단계를 거치면서 발달한다.

ⓑ 경제성 : 많은 정보를 가지고 있을수록 정보를 처리하는 데 더 많은 단계를 거쳐야 하며 더욱 비경제적이다. 상징적 표현을 활용하는 것이 가장 경제성이 크다.

ⓒ 생성력 : 특정한 학습자를 위하여 어떤 영역의 지식을 구조화하는 특정한 방식의 효력을 의미한다.

③ **학습계열** : 수업이론은 학습 자료의 조직 계열을 명백히 해야 한다.

㉠ 모든 학습자에게 적절한 유일한 계열이란 존재하지 않는다. 학습자를 위한 최적의 계열은 학습자의 과거 학습 경험, 발달 단계, 학습 자료의 본성, 개인차 등의 다양한 요인에 의해 결정된다. 그리고 학습자의 지적발달의 과정이 작동적 표현에서 영상적, 상징적으로 옮아가는 것이라면 최적의 계열도 이와 같은 방향으로 나아가는 것일 것이다.

㉡ 학습 자료의 계열은 가능한 행동의 탐구에 영향을 준다.

㉢ 학생들은 구체적 사실이나 개념들을 일반적 법칙이나 이론보다 먼저 학습하려는 경향이 있으므로 교육과정 내용을 특수한 것으로부터 일반적인 것으로, 단순한 것으로부터 복잡한 것으로, 구체적인 것부터 추상적인 것으로 계열화하여 조직하려 한다.

④ **강화의 형태** : 수업이론은 수업의 과정에서 상과 벌의 성격과 그 방법을 분명히 해야 한다.

㉠ 브루너는 행동주의가 제시한 학습 이론 중 강화와 학습의 관계를 중시하면서 내적 보상을 외적 보상보다 우위에 두고 있다.

㉡ 내적 보상은 학습 그 자체에 대한 희열과 기쁨을 주며, 그런 강화의 힘에 의하여 독자적인 탐구의 노력이 계속된다고 보고 있다.

㉢ 벌은 행동을 소멸시킬 가능성이 높으며 향상을 위한 기반이 되기는 힘들기 때문에 내적 보상과 외적 보상의 균형을 이루는 것이 중요하다.

㉣ 학생의 성취도와 학습과제의 종류와 성질 등에 따라 내·외적 보상의 균형이 결정되어야 한다.

### 2) EIS이론

브루너는 아동의 지능발달을 활동적 표현(Enactive representation), 영상적(Iconic) 표현, 상징적(Symbolic) 표현의 순서로 표현 수단의 증대와 그 사이의 조정 능력의 증대로 보고 있다. 따라서 처음 수준은 활동적 수준으로 여기서 아동은 자료를 직접 다루고, 다음에는 영상적 수준으로 나아가 거기서는 대상을 직접 다루는 것이 아니라 대상의 이미지를 다루며, 마지막에 상징적 수준으로 옮아가 여기서는 대상의 이미지가 아니라 기호를 다루게 된다. 다음의 이 세 단계의 표현 수단의 발전에 따라 지도하는 것을 Bruner의 나선형 교육이라고 한다.

① E(enactive representation) – **활동적 표현**

㉠ 구체적인 자료를 직접 다루는 것으로 만지고 조작하고, 실행하는 것을 말한다.

㉡ 초등학교 단계인 구체적 조작단계까지 인지발달에서 행동은 결정적 역할을 하며 구체적 대상과 결부된 행동이 내면화된 구체적 조작이 구성되게 된다. 따라서 초등학교에서는 활동적 표현이 필수적이다.

㉢ 등식의 성질을 평형저울을 사용하거나 놀이터에서 시소를 타고 균형을 맞추어보는 것이다.

② I(iconic representation) – **영상적 표현**

㉠ 대상의 이미지를 다루는 것으로 시각적 정보, 그림, 화면 등으로 표현하는 것을 말한다.

㉡ 덧셈이나 뺄셈, 곱셈식의 전개 등을 그림으로 그려 표현하는 것이다.

㉢ 도형을 나타내는 그림, Venn 다이어그램, 통계적 그래프, 함수의 그래프, 대응도, 수형도, flow chart, 여러 가지 도해 등과 같은 그림 표현은 관련된 요소의 공간적인 동시적 표현이 가능하여 사고를 요약해주고 문제해결 과정에서 매우 중요한 수학적 사고수단이 된다.

③ S(symbolic representation) – **상징적 표현**

㉠ 상징적 표현은 모국어의 발달과 더불어 발달되며 추상적인 개념, 원리, 법칙을 나타내는 문장이나 수식, 여러 가지 기호, 문자변수는 수학적 사고의 필수 불가결한 언어이다.

㉡ 기호를 엄격하게 다루는 것으로 언어나 기호 등으로 표현하는 것을 말한다.

㉢ 상징적 표현은 수학에서 최종 단계의 개념 표현 방식이다.

㉣ 지극히 추상화되어 있고 의미가 함축되어 있으므로 상징적 표현을 이해하는 일은 학생들의 개인차에 의해 결정된다.

㉤ 문자식, 함수식, 공식의 사용 등이 이에 속한다.

### 3) 지식의 구조

#### ① 지식의 구조를 강조하게 된 배경

현재(1950~1960년대) 지식들은 모든 분양에서 폭발적으로 팽창해 가고 있다. 그리고 과학기술의 발전에 따라 여러 가지 법칙 자체가 잠정성과 불확실성을 면치 못하고 있다. 이런 모든 현상들은 개별적으로 연구하고 그 사실들과 법칙들을 모두 파악한다는 것은 인간의 한정된 지력으로는 불가능하고 시간적으로 경제적으로 낭비가 클 뿐이다. 따라서 학생들에게 교과 내용의 기본적 구조를 이해시켜야 한다.

#### ② 교과의 구조 파악의 이점

㉠ 기본적 사항을 이해하면 내용을 쉽게 파악할 수 있다.

㉡ 세세한 사항은 구조화된 패턴 안에서 쉽게 잊혀지지 않는다.

㉢ 기본적인 원리나 아이디어를 이해하는 것은 적절한 훈련의 전이를 가능하게 하는 가장 주된 방법이다.

㉣ 초등학교와 중·고등학교에서 가르치는 학습 자료가 어떤 기본적인 성격을 나타내고 있는가를 끊임없이 재조사함으로써 고등 지식과 초보적인 지식 사이의 관계를 좁힐 수 있다.

#### ③ 지식 분야에서 기본 구조 없이, 특수한 사실이나 기술만을 가르칠 경우

㉠ 학생들은 이미 학습한 것을 앞으로 당면한 사태에 적응하기가 매우 어렵다.

㉡ 일반적인 원리를 파악하는 데까지 미치지 못한 학습은 지적인 희열이라는 관점에서 볼 때 주는 바가 거의 없다.

㉢ 얻은 지식을 얽어매는 구조가 없을 때, 그 지식을 쉽게 잊어버린다.

### 4) 발견학습—지도 방법

구체적인 자료의 취급과 발견을 회상으로 보는 소크라테스적인 관념을 EIS이론과 결합한 것이 브루너의 발견 학습—지도 방법의 배경이다.

#### ① 발견학습(Discovery Learning)

㉠ 발견이란 학습자의 자발적·능동적인 지적구성 작업, 과정(working process)을 의미한다.

㉡ 아동은 먼저 구체적인 자료를 다루는 가운데 그가 이미 이해하고 있는 직관적인 규칙성과 대응하는 규칙성을 발견하게 된다. 즉 브루너는 발견 학습−지도시 구체적 자료의 취급으로 시작됨을 강조하였다.

㉢ 학습자는 수학적 활동을 통해 그 안에 어떤 패턴의 존재를 느끼고 그것을 발견하려 시도하게 된다.

㉣ 학습자들이 새로운 정보를 찾거나 새로운 결론에 도달하기 위해 정보를 탐구, 조작, 변환하도록 기회를 제공한다.

㉤ 발견은 이미 알고 있는 아이디어의 내적인 재조직을 포함한다.

**② 발견학습의 종류**

㉠ 순수한 발견학습(Moore) : 교사가 문제 장면(과제)만 제공하고 교사의 도움을 거의 안 받고 학생들 스스로 직관과 구체적 자료를 모으고, 분석하고, 조직하여 주어진 과제의 목표에 도달하게 하는 방법

㉡ 안내된 발견학습(Bruner) : 교사가 수업을 이끌어 가는데 사전에 계획된 절차와 오류를 최소화하면서 질문이 필요하면 핵심 아이디어를 제공하는 방법

**③ 발견학습의 조건**

㉠ 학습태세(set) : 학습자의 내적 지향성, 발견 지향적인 사람은 일상적으로 그가 가지고 있는 정보간의 관계를 찾으려 노력한다.

㉡ 요구상태(needstate) : 학습동기 수준, 보통의 동기수준이 가장 적절하다.

㉢ 관련정보의 학습(mastery of specifics) : 학습자가 관련된 구체적 정보를 알고 있는 정도, 다양하고 많은 개념·원리·법칙의 학습은 발견 능력 향상의 기초가 된다.

㉣ 연습의 다양성(diversity of training) : 정보에 접촉하는 사태가 다양할수록 그 정보를 조직할 수 있는 분류체계의 개발이 용이하다.

**④ 발견 학습의 장점**

㉠ 발견학습 과정을 통해 조건을 통제하거나, 직관적으로 사고하고, 논리적으로 추론하는 등 수학적 지식을 탐구하는 과정과 기술을 습득하게 된다.

㉡ 자율적이면서도 자발적인 학습 활동을 통하여 발견적인 사고력을 배양한다.

㉢ 지적 사고력을 증대시켜 미지의 세계에 대한 도전력을 갖게 된다.

㉣ 지식을 재발견하고 재조직하는 기회를 통해 수학에 대한 자신감을 얻게 된다.

㉤ 지식이 점진적으로 획득되므로 학습효과가 오래간다.

㉥ 자신이 스스로 발견한 과정과 결과를 바탕으로 과거의 지식들을 쉽게 회상하게 된다.

⑤ **발견 학습의 단점**

㉠ 모든 지식을 스스로 발견하기란 어려운 일이다.

㉡ 발견 학습 시 시간이 많이 소요된다.

㉢ 교사가 학생들이 발견할 수 있도록 도와주기 위해 준비해야할 분량이 많다.

㉣ 연역적 사고와 관련된 내용을 발견할 시 초·중학년에서 어려움에 부딪힌다.

### 5) 학습준비도

① **학습준비도에 대한 기본 관점**

㉠ 브루너 : 학습준비도의 구성요인은 학습자의 의도, 지식의 특성 및 표현양식 등이며 따라서 지식의 학습지도가 아동의 지능이 발달하는 과정을 반드시 따를 필요는 없다.

㉡ 피아제 : 성숙과 그에 따른 인지구조의 발달수준을 학습분지도의 준거로 제시하고 아동의 지능이 아동과 환경, 특히 학교 학습 환경과의 상호작용을 통해 발달한다.

② **나선형 교육과정**

㉠ 교육내용으로서의 지식구조는 교육의 수준에 상관없이 특성이 동일하며, 동일한 특성을 지닌 구조가 학년이 높아짐에 따라 더 폭넓고 깊이 있게 교수되어야 한다.

㉡ 계열성이라는 교육과정의 조직 원리를 중시한다.

### 6) 수학과 학습－지도 이론

① **구성 이론**(construction theorem)

㉠ 학생들이 수학적 규칙, 수학적 개념, 또는 수학적 원리를 학습하는 가장 좋은 방법은 그것들의 표현 방법을 구성하는 것이다.

㉡ 수학적 아이디어에 대한 자기 자신의 표현 방법을 구성하여야 한다.

㉢ 교사는 구체적인 표현 방식을 가지고 학습을 시작해야 하며, 수학적 규칙을 형성하는 활동을 허용해야 한다.

② **기법 이론**(notation theorem)

㉠ 초기의 구성과 표현 방식이 학생의 지적 발달 수준에 알맞은 기호를 사용하고 있다면, 개념의 이해는 쉽게 된다.

㉡ 수학에서 효과적인 기법 조직이 수학적 원리를 창조하고 확장시키는 것을 가능하게 한다.

③ **대조와 변화 이론**(contrast and variation theorem)

㉠ 수학적 개념의 구체적인 표기 방식으로부터 좀 더 추상적인 표기 방식으로 되는 과정은 상이하게 대조되는 개념과 각 개념에 대한 변화된 예를 포함하고 있다. 소수는 1이나 합성수도 아닌 수로 정의되어지고, 무리수는 유리수가 아닌 수로 정의되고 있는 것이 한 예이다.

㉡ 학생들이 수학에서 일반적인 개념을 배우고자 한다면, 각각의 새로운 개념은 다양한 예에 의하여 설명되어져야 한다.

④ **연결 이론**(connectivity theorem)

㉠ 수학적 개개의 기능, 개념, 원리는 다른 기능, 개념, 원리에 연결되어 가르쳐지고, 학생들은 여러 가지 수학적 아이디어들 간의 연결성을 알아야 한다.

㉡ 수학의 각 분야에 있는 요소들 사이의 구조화된 연결은 분석적이고 종합적인 수학적 추론을 가능하게 할 뿐만 아니라, 수학적 사고에서 직관적 비약도 가능하게 한다.

㉢ 수학적 구조 사이의 연결성은 수학자들의 가장 중요한 연구 활동과 관련이 있다.

㉣ 오늘날 학교 수학은 대수, 기하, 해석 등의 각 영역에서 또는 이들 영역간의 연결성의 지도를 시도하고 있다.

## 08 오수벨의 유의미 수용학습

의미 충실한 학습과 기계적 학습의 차이를 수용식 학습과 발견식 학습의 차이로 생각하는 경향이 많다. 그 원인은 수용식 학습은 곧 기계적 학습이며, 발견식 학습은 의미 충실한 학습이라고 잘못 알려졌기 때문이다. 의미 충실한 학습이란 학습의 과정이 의미 있어야 하며 학습의 결과도 의미 있어야 한다. 과정으로서 의미 충실한 학습은 학습자가 의미 있는 학습 자료 세트를 활용하여야 하며 학습하는 자료가 학습자에게 잠정적으로 의미 있는 것이라야 한다. 비록 학습 자료가 의미 있는 것이라 하더라도 학습자가 그것의 의미를 생각하지 않고 단어의 나열로 암기하려고만 한다면 그 학습의 과정도 학습의 결과도 의미 충실할 수 없다.

### (1) 유의미(의미 충실한) 학습

#### 1) 학습의 종류

① **지식이 획득되는 방식에 따라**

㉠ 수용학습(reception learning) : 교사가 학습자들이 학습할 모든 내용을 제시하는 학습형태

㉡ 발견학습(discovery learning) : 학습자 스스로 학습할 내용을 발견하는 학습형태

② **지식이 학습자 자신의 인지구조에 통합되는 방식에 따라**

㉠ 기계적 학습(rote learning) : 학습자가 단지 새로운 지식을 기계적으로 반복하여 암기하는 학습형태

㉡ 유의미 학습(meaningful learning) : 새로운 지식이 학습자의 기존 지식에 의미 있게 관련짓는 학습형태

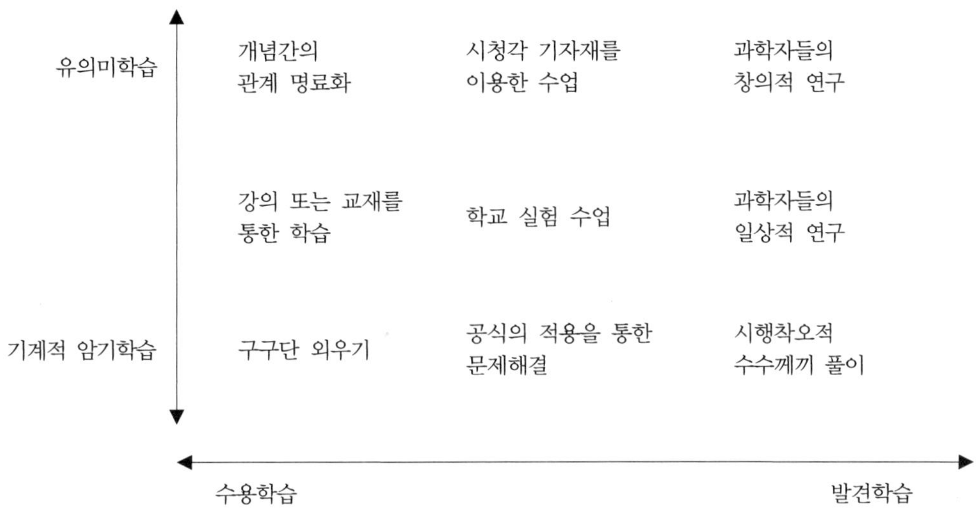


### 2) 유의미 학습

① 새로운 교과내용이 기존의 인지구조 속에 의미 있게 연결될 때(동화가 일어날 때) 유의미적 학습이 일어난다.

㉠ 인지구조 : 학습자 내부의 위계적으로 조직된 사실·개념·원리의 구성체, 가장 포괄적인 개념이 상위에 있고 아래로 갈수록 특수한 개념이 존재하는 구조이다.

㉡ 포섭(subsumption) : 새로운 명제나 아이디어가 학습자의 지적수준에 이미 존재하는 포괄적인 인지구조 속으로 동화 또는 일반화되는 과정을 의미한다.

② 학습은 새로운 지식을 기존의 인지구조와 의미 있게 연결 짓는 과정이며 기존의 인지구조 상에 새로운 아이디어를 포섭하는 인지구조의 변화과정이다.

### 3) 유의미 학습이 일어날 수 있는 조건 3가지

① 실사성과 구속성을 준거로 하는 유의미적인 학습과제가 제시되어야 한다.

㉠ 실사성(substantiveness) : 학습과제의 구조와 내용을 어떻게 표현하더라도 의미와 본성이 변화되지 않는 불변적이고 절대적이어야 한다.

㉡ 구속성(nonarbitrarity) : 학습자가 자신의 의미를 통해 어느 정도 깨달을 수 있는 추상적 용어로 인지 구조에 연결될 수 있는 가능성과 잠재력을 소유해야 한다.

② 학습자는 유의미한 학습과제를 받아들일 '관련 정착 아이디어'를 소유하고 있어야 한다. 관련 정착 아이디어(relevant anchoring idea)란 학습자의 인지구조에 이미 존재하며, 새로운 개념이 인지구조와 관련을 맺을 수 있는 근거를 제공해주고 파지과정에서 그 의미가 저장될 수 있도록 해주는 아이디어

③ 학습자는 정착 아이디어와 새로운 과제를 관련시킬 수 있는 '태세'를 소유해야 한다.

#### 4) 의미 있는 학습을 저해하는 세 가지 요인

① 학생의 지적 발달 수준이 어떤 수학적 개념을 의미 있게 학습하기에 충분하지 못한 것이다.

② 학생의 동기유발이 의미 있게 학습할 수 없는 것이다.

③ 교사들이 자기가 사용하는 개념의 정의, 문제해결 규칙, 정리의 증명만이 학습자에게 의미가 있다고 오도하는 것이다.

### (2) 유의미 수용학습

#### 1) 유의미 수용학습

① 설명식 지도가 효과적인 학습이 되려면 '유의미 수용학습'이어야 한다. 즉, 설명식 지도가 기계적 학습을 초래하는 것은 학습자의 인지구조에 동화되지 못하기 때문이며, 설명식지도 자체가 문제는 아니다.

② 발견학습과 반대되는 것은 '기계적인 학습'이 아닌 '유의미 수용학습(언어학습)'이라고 주장한다.

③ 교사는 학생들이 이해할 수 있는 방법으로 설명을 해야 하며 교사의 설명을 학생들은 자기의 기존 개념에 관련하여 비판적으로 수용해야 한다.

#### 2) 유의미 수용학습의 원리

**① 점진적 분화(progressive differentiation)의 원리**

㉠ 정의 : 학습할 새로운 개념이나 원리는 포함하는 가장 포괄적이고 일반적이며 설명력 있는 통합 개념과 원리를 먼저 제시하고 점차로 특수화되고 세분화되는 방안으로 교수-학습 지도를 조직화해야 한다.

㉡ 가장 포괄적인 것에서 덜 포괄적인 순서로 제시하며, 제시된 각 조직자 다음에는 그에 따른 세부적이며 분화된 개념 및 실제적 자료를 제공하는 방식으로 점진적 분화가 이루어진다.

㉢ 일반에서 특수로 나아가는 하향식 교재 구성이 적합한데, 이는 하향식(top－down)으로 구성되는 교과 구조와 인지 구조의 유사성에 기초한 것이라 볼 수 있다.

㉣ 인간은 이전에 학습한 포괄적인 전체에서 분화되는 부분을 더 쉽게 파악한다. 인간은 누구나 자기 나름대로 교과를 조직할 때 가장 포괄적인 정보나 지식에서 덜 포괄적인 정보나 지식으로 계열화하여 조직화하는 버릇이 있다.

㉤ 수학은 다른 교과에 비하여 그 학습 위계가 뚜렷하여 점진적 분화의 원리를 적용시키기에 적합하다.

### ② 통합적 조정의 원리

㉠ 정의 : 새로운 학습내용과 이미 학습된 내용 사이에 유사성과 차이점을 분명하게 하여 새로운 학습내용이 인지구조 내에서 의식적으로 조정되고 명확히 분별되어 통합되어야 한다.

㉡ 새로 학습한 개념이나 의미는 이미 학습한 개념들과 관련을 지어 그 구조를 조정할 때 비로소 의미 있는 학습이 가능하다.

㉢ 대개 교과 내용은 몇 개의 단원 및 그 하위 단원으로 구성되어 있는데, 각각의 새로운 단원이 이전에 학습된 자료와 의미 있게 관련지어지기 위해서 교수－학습 순서는 구조화되어야 하며, 새로운 학습은 이전 학습을 바탕으로 하여 이루어져야 한다.

㉣ 통합이란 한 과목 내에서 부분들, 예컨대 단원의 통합을 의미하는 것이지 다양한 교과 구조의 통합을 주장하는 것이 아님을 주의해야 한다.

### ③ 선행조직자의 활용

모든 학과는 고유한 조직적 방법적 구조가 있으며, 학습자도 자기 고유의 인지적 구조를 가지고 있다. 학과의 정보－처리 구조와 정신의 정보－처리 구조는 유사한 것으로 개념화한다. Ausubel에 의하면 학습이란 그 학과의 구조를 학습자가 받아들일 수 있게 지도할 때 의미 있는 학습이 이루어진다. 따라서 새로운 아이디어를 지도하기 위해서는 먼저 그 아이디어를 포함하는, 학습자가 이해할 수 있는, 일반화된 구조를 제시하는 것이다. 이와 같이 지도하고자 하는 개념을 포함하는 일반화된 구조를 선행조직자(advance organizer)라고 한다.

㉠ 선행조직자의 개념(점진적 분화의 원리를 효과적으로 실현하기 위한 전략)

ⓐ 새로운 내용을 학습할 경우 인지구조 내에 이미 확립된 배경적 아이디어를 고려한 적절한 수준의 일반성, 추상성, 포괄성을 갖는 개념을 의미한다.

ⓑ 학습을 촉진하기 위하여 학습 이전에 의도적으로 도입시키는 포섭자로서, 수업의 도입 단계에서 주어지는 언어적 설명이다. 즉, 준비도와 유사하다.

ⓒ 시각적 자료, 개념도, 체계적 순서에 따라 나열된 질문서 등 다양한 형식으로 제시된다.

㉡ 선행조직자의 종류

ⓐ 설명 선행조직자 : 인지 구조에 있는 관련 정착 의미와 학습되어야 할 학습 과제간의 유사성이 전혀 없는 경우에 개념의 정착 근거지를 마련하기 위하여 학습 자료와 관련지어 학습 전에 미리 제시되는 보다 포괄적이며 기본적인 중요 개념이다.

ⓑ 비교 선행조직자

–학습과제가 학생들에게 친숙한 경우에 적용한다.

–설명조직자와 반대로 학습 과제와 관련 정착 의미 간에 상당한 관련이 있을 때, 그 유사성과 차이점을 분명히 하여 변별력을 증대할 목적으로 학습 전에 제시되는 자료를 의미한다.

㉢ 선행조직자의 특성

ⓐ 선행조직자는 학습할 내용보다 높은 수준의 일반성을 지녀야 한다.

ⓑ 전형적인 교과서에서 보이는 개관이나 요약과는 구별된다. 개관, 요약 등은 학습 자료와 똑같은 수준의 추상성과 일반성 정도로 도입되지만, 조직자는 보다 높은 수준의 추상성과 일반성 정도에서 사용되어 적절한 포섭 개념을 제공한다.

㉣ 선행조직자의 역할

ⓐ 학습자의 인지구조 내의 적절한 정착 아이디어를 동원하게 하여 새로운 학습 자료에 잠재적 의미를 부여한다.

ⓑ 학습될 내용을 기존의 유사한 개념과 통합하고 조정하며 분별력과 파지력을 높여주는 역할을 한다.

ⓒ 선행조직자가 제공되었을 때, 학습 효과가 기대되는 이유로는 논리적으로 유의미한 과제가 잠재적 유의미를 가지도록 개인의 인지 구조 내의 기존의 개념이나 의미를 변형시켜 주기 때문이다. 관련 정착 의미 또는 포괄자의 기능을 가지도록 학문영역 상보다 포괄적이고 일반적인 의미를 제공한다.

ⓓ 인지 구조 내에 기존하는 적절한 내용을 확인하기도 하고, 후행하는 과제의 적절성을 분명하게 확인하는 데에도 도움을 준다.

# 4 구성주의

## 01 구성주의의 발달

### (1) 구성주의의 생성 과정

고대 그리스 시대의 회의주의자 → Descartes → Kant → Dewey → 구성주의

① 1960년대와 1970년대에 걸쳐 행동주의로부터 여러 가지 형태의 구조주의와 인지주의로의 철학적 전환이 있었고, 이러한 전환기에 생겨난 인지론의 한 형태가 구성주의로 알려지게 되었다.

② 구성주의의 인식론적 근거는 B.C 6세기 경 소크라테스 이전의 초기 회의주의자로부터 시작하여 합리론자, 경험론자, 비판론자 그리고 금세기의 프래그머티즘 사상가들에 의해 발전되었다. 그러다 1960년대와 1970년대를 거치면서 그 이론적 체계를 갖추게 되었다.

### (2) 구성주의의 발달

구성주의는 '아는 자(인식의 주체, 인식자)의 개념, 알려지는 것(인식의 대상, 즉 객체)의 개념, 아는 자－알려지는 것의 관계(인식의 관계)에 대한 개념'을 모두 포함한다.

① Bettencourt : 구성주의에서는 경험적 대상으로부터 획득한 또는 구성된 지식을 포함하여, 그 지식의 획득 과정에 있어서의 '알게 되는 행위'까지 모두 고려한다.

⇔ 우리가 갖게 되는 모든 지식은 우리 자신이 구성한 결과이다.

② Noddings(1990) : 구성주의는 인지적 입장과 방법론적 입장 모두를 포함하여 발전한다.

㉠ 인지적 입장 : 모든 지식은 구성되어지는 것이고, 구성의 수단 또는 도구는 본유적이거나 구성의 산물인 인지적 구조로 생각한다. 즉, 구성의 수단이 되는 구조 자체도 발달적 구성의 산물이다.

㉡ 방법론적 입장 : 인간은 지식 획득의 주체자이며, 고도로 발달된 능력을 사용하여 지식을 획득할 수 있다.

③ Kilpatrick(1987) : 지식은 인식 주체에 의하여 능동적으로 구성되어지는 것이며, 결코 환경으로부터 수동적으로 받아들이는 것이 아니다. 그리고 알게 된다는 것은 자신의 경험세계를 조직하는 조절 과정이다. 즉, 그것은 인식 주체의 관념밖에 독립적으로 이미 존재하는 세계를 발견하는 것이 아니다.(급진적 구성주의)

## 02 구성주의의 종류

### (1) 글라저스펠드의 급진적 구성주의(radical constructivism)

#### 1) '급진적 구성주의'의 의미

① 진리성의 검증 기준으로 지식과 실재 사이의 관계를 포기하고 대신 적합성을 검증 기준으로 대체하여 진리를 바라보았다. 즉 객관적 지식의 확인을 위해 지식을 다시 그 지식의 바탕이 되는 실재와 관련시킬 필요가 없으며, 대신 경험에 비추어 그 지식의 적합성을 다루면 된다.

② '급진적'의 의미 : 대부분의 경험주의가 바탕으로 하고 있는 형이상학적 실재론을 거부하였기 때문에 급진적이라고 규정하게 되었다.

#### 2) '급진적 구성주의'의 원리

① 자주적 구성의 원리 : 지식은 감각을 통하거나 의사 교환의 방법에 의하여 피동적으로 받아들여지는 것(수용되는 것)이 아니라 능동적으로 인식하는 주체에 의하여 구성되어지는 것이다. 따라서 지식이란 인식 주체가 대상에 대한 활동을 능동적으로 수행함으로써, 스스로의 내면 세계 속에 구성해 나가는 것이지 감각 기관에 의한 지각이나 의사 전달에 의하여 타인으로부터 수동적으로 받아들임으로써 획득되는 것이 아니다.

② 생장 지향성의 원리 : 인식 기능은 적응적이고, 생물학적 용어로 표현하자면, 적합성 또는 생장성을 지향하는 경향이 있다. 따라서 인식 작용을 실세계에 맞추어 나가는 것 즉, 실세계에 완전히 일치시키는 것이라기보다는 실세계에 적합하도록 그 세계에서 생장해 가게 하는 생장 지향성을 활성화시키는 것이다.

③ 비객관성의 원리 : 인식은 주체가 경험적 세계를 조직하는데 공헌하는 것이며, 결코 객관적·존재론적 실재의 발견을 돕는 것은 아니다. 즉, 지식은 인식 주체가 경험 세계를 조직·정리한 결과로 획득하는 것이며, 객관적 진리가 발견에 의해 획득되는 것으로 간주하지 않는다. 이러한 진술은 객관적 지식의 존재를 부정하는 견해를 나타내고 있는 것으로 생각될 수 있다.

#### 3) 급진적 구성주의에서 바라본 지식의 획득

① 지식은 언어를 통해 전달될 수 없으며, 개인의 경험을 통한 추상화 과정에 의해 구성된다. 즉, 언어는 지식을 적절히 전달하지 못한다.

② 개인은 자신의 경험 세계에 잘 대처하고 적응하기 위한 지식을 구성한다. 즉, 지식의 발달은 적합성에 의해 가능하다.

③ 지식은 인간이 구성한 것이며 그것이 인간이 할 수 있는 전부이다. 그러므로 객관적 실재의 존재 여부 또는 그것과 지식과의 관련성은 무의미하다.

④ 개별 주체들의 의사소통은 주관적 경험 세계의 상대적 합의 영역이 존재할 때 가능한 것이며, 객관적인 실재의 본질로부터 도출되는 것은 아니다.

⑤ 수학적 지식의 확실성은 수학적 지식의 적합성, 적응성으로 대치되어야 한다.

⑥ 교사는 안내자로서 학생 개개인이 각기 다양한 방식으로 지식을 구성하는 것을 격려해야 한다.

#### 4) 조작적 구성주의와 급진적 구성주의의 차이점

| 피아제의 조작적 구성주의 | 글라저스펠드의 급진적 구성주의 |
|---|---|
| • 학습은 본질적으로 내용과 상황에 좌우되지 않는다.<br>• 발달 단계인정, 학습은 보편적인 현상으로서 학생이 성숙하는데 따라 어떤 예정된 방향으로 발달하는 것이다.<br>• '발달 단계'는 일반적인 논리적 능력의 발달을 중심으로 생각한다.<br>• 인식의 주체와 주위의 대상과의 상호 작용에 의한 지식의 주관적인 구성을 강조한다.<br>• 합리주의적 철학관에 보다 가까우며 객관성에 대하여 완전히 배제하고 있지 않다. | • 학습은 내용과 상황에 의존한다.<br>• 학습은 작은 영역에 한정된 형상이며 어떤 예정된 방향으로 발달하는 것이 아니고 연령과도 별로 관계가 없다.<br>• '발달 단계'라는 것은 '어떤 현상에 대한 개인의 개념발달'을 의미한다.<br>• 개인의 지식 구성에 있어서 사회적 과정에 크게 주목한다.<br>• 상대주의적 철학관에 입각하여 주관 독립적 의미에서의 객관성을 배제한다. |

### (2) 사회적 구성주의(Cobb, Ernest)

#### 1) 20세기 초 수리철학의 변화

① 20세기 초 수학적 지식에 대한 절대주의적 관점은 신랄한 비판의 대상이 되었고 그 결과 수학의 확실성을 찾고자 많은 노력이 있었으나(논리주의, 직관주의, 형식주의) 결국 수학의 본질을 찾고자 하는 노력이 실패하게 되었고 수학적 지식의 절대적 관점을 부인하고 오류주의적 관점을 인정하는 사조가 출현하게 되었다.

② 20세기 Dewey의 철학은 진리와 인간 이성에 대한 전통 철학적 관념을 거부하고 이때까지 발전해온 현대철학의 모든 유형들을 총칭하여 후기 현대철학이라고 정하고 확고 불변한 진리에 대한 도전과 지식의 상대성을 주장하였다. 이러한 철학의 이면에는 사회 문화적 산물로서의 지식을 형성하고 창조해 나가는 인간 주체성의 중요성, 협동적인 지적 탐구와 대화의 중요성뿐만 아니라 사회적 협동 과정에서 비판적 능동적으로 참여하는 주체적 개인의 형성을 가능케 하는 근원적 힘으로서의 사회 문화적 전통과 환경의 중요성, 또한 그런

사회 문화적 전통을 형성하는 바탕으로서의 인간의 도덕적 선택과 관여의 중요성에 대한 깊고도 새로운 인식이 굳건히 자리 잡고 있었다.

③ 철학의 변화는 수리철학에도 스며들었으며 우리는 수학의 확실성과 진리의 기초를 결정하고자 했던 기초주의 시대를 지나 이제는 수학의 확실성과 진리성을 거부하는 오류주의를 맞게 되었다.

④ 변화된 수리철학의 대표적인 조류는 Lakatos, Tymoczko로 대표되는 준경험주의, Kitcher와 Aspray를 위시한 무소속주의(maverick), von Glaserfeld가 주장하는 급진적 구성주의, 그리고 Ernest, Bauersfeld의 사회적 구성주의 등을 들 수 있다.

⑤ 수학의 본질에 관한 논의는 확실성, 객관성에서 지식사회 구성원의 합의에 의한 진리개념으로 바뀌어 가고 있으며 수학을 객관적 실체가 아니라 역사 속에서 창조되고 진화되는 사회적 실체로 보고 있다.

### 2) 사회적 구성주의 발생 과정

① 급진적 구성주의의 '자주적 구성의 원리'와 '생장지향성의 원리'는 동의하되 '비객관성의 원리'를 수정·보완하여 공통 주관적인 의미의 객관성을 새롭게 정립하였다.

② 전통적으로 굳게 믿어온 객관적 지식의 존재 내지는 체계를 통째로 부정하는 듯한 급진적 구성주의자의 비객관성의 원리는 많은 수학교육자들에게 커다란 충격을 주었다. 따라서 새로운 측면의 급진적 구성주의를 수정·보완하고자 하는 움직임이 이른바 '사회적 구성주의'라는 일련의 새로운 구성주의가 대두하게 된 배경이라 할 수 있다.

③ 사회적 구성주의에서 주장한 객관성이란 모든 사람들의 공통 주관적인 '합의'의 개념 즉 '공통 주관성(합의성, 사회성, 협정성 등)'을 의미한다.

### 3) 인류학적 구성주의

① 지식에 대한 심리학적 분석과 학습 환경에 대한 인류학적 분석을 서로 대등한 정도에서 조정하고자 했다. 인류학적 관점에서 급진적 구성주의를 보완하려 했다.

② 학생이 구성하는 수학적 지식은 인지적 맥락에서뿐만 아니라, 학급 그 자체를 하나의 공동체로 보고 인류학적 관점－넓은 의미에서 보자면, 인류학적 관점은 결국 사회적 관점으로 볼 수 있다.－에서 볼 필요가 있음을 강조하고 있다.

③ 하나의 학급을 그 자체의 고유한 문화, 역사, 규약 등을 갖는 공동체로, 또한 그러한 것을 생성해 내는 하나의 사회로 보아야 한다는 것을 강조한다. 학습 안에 존재하고 있는 사회의 상호 작용 메커니즘에 주목해야 한다.

④ **수학적 지식관 3가지**

㉠ 수학 지식은 공동체의 구성원 사이의 상호 교섭 등을 통하여 개개인에게 구성된다. 그리고 구성원 사이의 조정 활동을 통해 하나의 합의된 영역으로 구축된다.

㉡ 합의된 영역 안에 존재하게 되는 수학의 정리는 새로 공공화된 진리로 볼 수 있다.

㉢ 어떤 공동체에서 합의된 영역은 그 공동체 또는 다른 공동체의 구성원들과의 조정 활동을 통해서, 끊임없이 재창조되거나 수정된다.

⑤ 수학적 지식이란 공동체에서 합의되고 공공화 된 진리일 뿐 절대적이거나 보편적인 것은 아니다. 즉 공통 주관적인 지식이다. 즉 합의된 영역을 수학 교수·학습의 목적이나 기준의 근거로 사용할 수 있는 것이다. 학생들은 합의된 영역 내의 지식을 주체적인 입장에서 구성적으로 학습한다.

### 4) 사회적 구성주의

① 어니스트는 절대주의적 입장에 서 있는 종래의 수리철학인 논리주의, 형식주의, 직관주의가 모두 불완전하다고 지적하면서 규약주의 수학관을 기반으로 한 상대주의적 철학을 제창하고 그것을 사회적 구성주의라고 불렀다.

㉠ 수학적 지식의 기초는 언어적 지식, 규약, 규칙이며 언어는 사회적 구성물이다.

㉡ 주관적인 수학적 지식이 공표 후에 수용될 수 있는 객관적인 수학적 지식으로 변하기 위해서는 간주관적(공통 주관적인 사회적) 과정이 필요하다.

㉢ 객관성 그 자체는 사회적이라고 이해될 수 있다.

② **가설**(수학적 지식은 사회적으로 구성된 것이다.)

㉠ 개인은 주관적 수학 지식을 소유하고 있다.

㉡ 공표는 주관적 수학 지식이 객관적 수학 지식으로 되는데(충분하지는 않지만) 필요하다.

㉢ 라카토스의 발견술을 통하여, 공공화된 지식은 객관적 수학 지식이 되어 간다.

㉣ 라카토스의 발견술은 객관적 기준에 의거하고 있다.

㉤ 공공화된 수학적 지식을 비판하기 위하여 객관적 기준을 수학뿐만이 아니라, 객관적 언어 지식에도 바탕을 두고 있다.

㉥ 주관적 수학 지식은 대부분이 내면화되고, 객관적 지식으로 재구성된다.

㉦ 개인적 공헌이 수학적 지식을 재구조화하거나 재생산하기 위해 추가될 수 있다.

③ **특징**

㉠ 주관적 지식의 발생 그 자체보다는 주관적 지식으로부터 객관적 지식으로의 이행, 즉 수학적 지식의 개인적 구성이 아닌 사회적 구성에 중점을 두고 있다.

㉡ 수학적 지식의 사회적 구성 과정에 있어서 라카토스의 발견술을 중요한 원리로 삼고 있다.

㉢ 객관성을 사회적으로 파악하고 있다.

㉣ 객관성의 근거를 자연 언어의 공유성에 두고 있다.

④ 글라저스펠드는 주로 주관적 구성과 인지적 측면을 노하고 있으며 언어의 비공유성을 강조하는 반면, 어네스트는 주로 사회적 구성과 철학적 측면을 논하고 언어의 공유성을 강조하고 있다.

### 5) 사회적 구성주의의 수학관 정리

사회적 구성주의는 급진적 구성주의의 기본 원리 가운데 하나인 비객관성의 원리의 수정·보완에 주안점을 두며, 그 수정·보완의 이론적 근거를 사회적 입장에서 추구하고 있다. ⇒사회적 상호 작용에 의해 학생의 주체성을 중시하고 학생 각자의 가능성을 살려 나가는 데 효율적인 수학교육을 위한 수학 교수 학습론의 바탕 이론이 될 수 있다. 왜냐하면 수학 지식이 학생에 의해 주체적으로 구성되고 이렇게 구성된 지식이 학습에서의 발표 및 친구들과의 토의에 의해 공통 주관적인 의미의 객관적 지식이 될 수 있기 때문이다.

① 사회적 구성주의는 상대주의적 수학관을 바탕으로 한다.

② 인식론으로서의 사회적 구성주의는 과학철학론으로서의 규약주의를 바탕으로 한다.

③ 사회적 구성주의에서는 수학 지식의 심적 구성, 사회적 구성 및 이들의 상호작용을 기본으로 한다.

④ 사회적 구성주의에서는 주관을 뛰어 넘는 객관적 지식의 근거를 공동체에 있어서의 합의·공유에서 구하고 있다.

### 6) 사회적 구성주의에서 본 수학적 지식 구성 과정

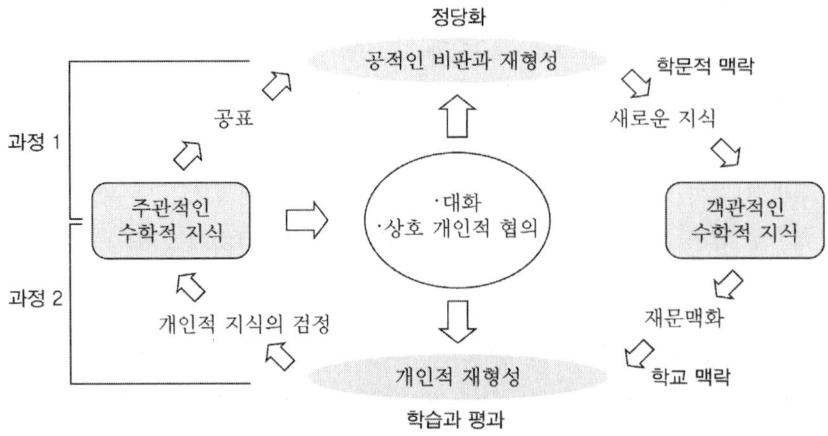

① **과정 1**

㉠ 사회적 구성주의는 주관적 지식으로부터 객관적 지식으로의 이행, 즉 수학적 지식의 사회적 구성의 과정에 관심을 초점을 두고 있다.

㉡ 주관적인 수학적 지식이 객관적인 수학적 지식이 되기 위해서는 사회적 과정이 필요하다.

㉢ 사회적 상호 작용이 지식 형성 또는 구성의 과정에 핵심이다.

㉣ 라카토스의 수학적 발견의 논리를 공표된 수학에 적용하는 과정이다. : 증명과 반박에 의한 수학적 지식의 역사적인 성정 과정, 곧 추측하고, 추측에 대한 사고 실험으로서 증명을 하고, 반례를 제시하고, 괴물배제법, 예외배제법, 보조정리 합체법 등에 의해 추측과 증명을 세련시켜 가는 과정이다.

② **과정 2**

㉠ 사회의 객관적인 수학적 지식이 개인의 주관적 지식으로 내면화된다는 것은, 언어와 학습을 통하여 객관적인 수학적 지식에 대한 내적인 주관적 표상을 구성하는 것을 의미한다.

㉡ 개인은 학습을 통해 객관적인 수학적 지식의 고유한 표상을 가지게 된다. 이 과정에서 '사회가 개인의 인식에 개입하는 매개물'로서 언어와 같은 사회적 표현이 중요한 역할을 한다.

### 7) 사회적 구성주의에 기초한 수학 교수 원리

① **학습자의 의미와 사전 지식을 존중해야 한다.**

수학의 지식과 수학의 이해는 의미 형성에 의존하므로 학생들의 학교 밖의 지식의 가치 또한 고려해서 그들의 아이디어, 해석, 방법 그리고 학교 외적인 문맥과 의미 있는 세계들을 기술하게 함으로써 여러 어휘와 용어에 관련된 의미들을 확장시키는데 관심이 집중되어야 함을 의미한다. 이를 통해 이 세계에 대한 아동 나름대로의 수학적 이론을 구축하도록 해야 한다.

② **학습자의 수학적 방법들을 기초로 협의와 대화를 통한 수업이 이루어져야 한다.**

학습자들이 문제를 해결하기 위한 자기 자신의 알고리즘과 표현 기호법 등을 개발하는 교수학적 상황을 제공해야 하며, 수학의 일반적인 정의와 기본적인 준거를 명백히 인식할 수 있도록 해야 하며, 수학의 지적인 도구를 사용할 수 있도록 해야 한다는 것이다. 이러한 과정에서 대화와 변증법, 즉 언어가 필수적인 역할을 한다. 학생들은 수학과 수학교육에 대한 자신들의 개인적 지식을 사용해서 수학적 지식을 타 학생들에게 직접 또는 간접으로 표현하고 다른 사람의 수학적 지식의 주장들을 비판하고 정당화하는 변증법적 과정에 참여하기 위한 수학 학습 대화를 조정하고 지배하여야 한다.

③ **수학과 응용의 분리불가능성 그리고 동기와 적절성의 중요성 등을 고려해야 한다.**
수학의 여러 개념, 방법 그리고 여러 도구들은 그것들의 역사적 기원과 문화적인 기원 그리고 그것들의 도움이 되는 문제들, 현재의 사용과 응용, 학습자의 생활과 관심에 직접적인 의미가 있는 사용 문맥들에 비추어 다루어야 한다. 이러한 과정에서 아동들은 나름대로 수학의 창조자로서의 그 역할을 의미 있게 감당해 나갈 수 있을 것이다.

8) 대화의 역할

① 사회적 구성주의는 수학을 사회적인 구성으로 보고 특히 수학의 인식론적 기반을 언어로 채택하여 수학을 대화와 변증법에 비유해서 설명하고자 한다.
② 대화를 사회적 구성주의 수리철학의 기본적인 인식론적 관념으로 채택하는 근원은 고대 그리스시대의 소크라테스의 대화법으로 볼 수 있고 그 후 수학적 발견의 변증법적 논리를 제공한 라카토스에 기반을 두고 있다.
③ 사회적 구성주의의 논리적 수학적 증명의 시작과 그것의 현대적인 발달은 수학적 증명의 뿌리가 변증법, 인간의 대화 그리고 의사소통에 있다고 보고 있다. 이와 같이 대화를 인식론적 기반으로 택함으로써 수학적 지식이 사회적인 상황에서 인간의 앎과 의사소통의 행동 속에서 발생됨을 설명한다.

## 03 구성주의의 원리

구성주의는 조작, 반성, 토론을 중시하는 수학 수업을 지지한다고 할 수 있다. 이러한 수학교육학적 구성주의의 교수·학습 원리로 '학생 중심적 개별화의 원리', '발문 중심적 상호작용의 원리', '의미 지향적 활동의 원리', '반영적 추상화의 원리'를 제시할 수 있다.

### (1) 학생 중심적 개별화의 원리

① 수학 학습 활동의 주체는 학생 개개인이며, 학습 활동은 학생 개개인의 지적 자율성에 바탕을 두어야 한다.
② 학생 개개인이 실패 또는 인지적 갈등 상황에 처했을 때, 개개인의 내부로부터 사회적 상호작용의 욕구가 스스로 발동되며, 주변과의 조절을 통해, 실패 또는 인지적 갈등 상황을 해결하게 되는데, 이 해결의 양상에는 학생 개개인의 능력에 따른 개인차가 존재한다.
③ 개개인의 수학적 능력에 맞는 개별적 교수학습을 통해, 각 개인의 수학적 능력을 극대화하는 것을 지향해야 한다.

④ 수학 교수·학습에서 개인의 능력차 및 개성의 차이를 고려하는 교수 학습을 의미한다. 교사가 학생 개개인의 능력의 차와 개성의 차를 인지하고, 학생 개개인이 가장 효율적으로 학습하며, 자신의 능력을 최대한으로 발휘할 수 있도록 해 주는 교수 학습을 지향해야 한다.

⑤ 학생의 개인차를 고려하여 학습 결손을 보이는 학생 한 명 한 명에게 적절한 지도를 해야 하며, 한 문제를 해결할 때도 여러 가지 생각이 있을 수 있으므로 각각의 방법의 가치를 인정해 주고 보다 훌륭한 방법으로 다듬어 나가도록 지도해야 한다.

## (2) 발문 중심적 상호 작용의 원리

① 교사와 학생 및 학생과 학생 사이의 상호 작용은 매우 중요하며 이 때 교사는 적절한 발문을 통해 학생의 응답을 유도해내고 학생들은 일련의 추측 및 논박 활동을 통해 수학적 지식을 재발명하여야 한다.

② 학생이 학습의 주체가 되어 스스로 지식을 구성해 갈 수 있도록 교사가 발문을 중심으로 하여 학생을 안내하거나 조력해야 한다.

③ 학생들은 발문에 답하는 과정을 통하여 자신들의 생각을 분명히 정리할 기회를 얻으며 다른 학생들의 생각과 자신의 생각을 비교해 보는 차이점을 파악하여 자기 생각을 수정하고, 이미 알고 있는 것과 새로 배우게 되는 지식 사이의 관계를 구성해 나갈 수 있다.

④ 교사의 발문을 계기로 학생 상호간에 토의하고, 확인하고, 생각을 수정하고, 새로운 방향을 찾아내는 교실 문화를 만들어 나가는 것이 중요하다.

⑤ 발문에는 학생들이 수학적 사고 활동을 할 수 있도록 동기를 유발하고 스스로 수학지식을 구성해 나갈 수 있도록 자극을 주는 교사의 조언이 포함된다.

⑥ 학생이 지식을 자주적으로 구성하도록 돕기 위해서는 학습 내용과 학습자의 심적 상태를 고려하여 긴장감을 불러일으키는 질문과 조언, 학습자의 적극적인 관심을 유발시키는 질문과 조언을 해야 한다.

⑦ 정보나 사실을 확인하는 유형의 발문은 학생들로 하여금 생각할 필요를 느끼게 하지 못하며 이미 학습한 지식을 단순히 회상하는 기회만 제공하기 쉽다. 그러므로 학생들로 하여금 논리적으로 조직된 정보로부터 새로운 어떤 것을 구성할 것을 요구하는 발문, 다양한 대답을 하도록 요구하는 발문, 주어진 자료로부터 알게 된 것을 설명하도록 요구하는 발문, 관찰한 것을 자신의 생각대로 묘사할 수 있는 기회를 제공하는 발문 등 사실 확인 이상의 더 많은 것을 요구하며 적극적으로 생각해 보게 하는 다양한 발문을 해야 한다.

⑧ 교사는 학생과의 상호 작용에 입각하여 발문을 해야 한다. 교재 내용을 충분히 분석하고 사고 실험을 거쳐 예상 가능한 학생의 반응에 충분히 대처할 수 있는 발문을 계획적으로 준비할 필요가 있다. 학생 개개인에게 적절한 발문을 해주기 위해서는 학생들이 무엇을 알고 있고 무엇을 생각하고 있는지를 주의 깊게 살펴보아야 한다.

### (3) 의미 지향적 활동의 원리

① 교사나 사회에 의한 수학 지식의 가치가 아닌 학생들에게 의미 있는 수학지식을 학생들이 배워야 하며 이와 더불어 학생들이 교수·학습 활동에 스스로 참여해야 한다.

② 많은 경우 수학적 지식은 학생들에게 본래 그러한 것으로 주어지고, 학생들은 그러한 지식이 왜 주어졌는지에 대한 깨달음 없이 주어진 수학 지식을 수용한다. 하지만 이러한 수학교육은 옳지 못하며, 학교수학은 학생들에게 의미 있는 것이어야 한다.

③ 예를 들어, 산가지 묶음과 같은 구체물로 덧셈을 계산할 때 학생들은 큰 단위부터 작은 단위 쪽으로, 왼쪽에서 오른쪽으로 계산을 하지만 교사가 제시한 알고리즘은 거꾸로 작은 단위 쪽에서 큰 단위 쪽으로 계산한다. 결국 왼쪽에서 오른쪽으로의 계산이 학생들에게 자연스럽게 느껴지는 활동 상황에서 교사가 오른쪽에서 왼쪽으로 계산해나가는 알고리즘을 직접 교수하고 강요한다면 이는 의미 지향적 활동의 원리에 입각한 수업이라고 하기 어렵다.

### (4) 반영적 추상화의 원리

① 학생들은 내면적으로 이루어지는 동화와 조절 등의 자주적 활동 즉, 반영적 추상화에 의해 수학적 지식을 구성하여야 한다.

② 학생 자신에 의해 내면적으로 이루어지는 반성적 활동이 중시되어야 한다.

③ 학생들의 조작 활동을 중요시하는 것은 반영적 추상화의 원리에 부합하는 것이다. 그러나 손으로 하는 조작 활동이 항상 의미의 구성을 증진시키는 것은 아니므로, 의미의 구성을 증진시키는 조작 활동으로 이끄는 것이 중요하다.

④ 학생에 의한 반영적 추상화가 이루어지게 하기 위해서는 학생들이 자신들의 행동 그 자체를 사고의 대상으로 삼도록 고무하고 격려하는 환경을 조성해야 한다. 이러한 환경 속에서 학생들이 행한 조작 활동이 수학지식을 구성하는 데 있어서 가치 있는 기초가 될 수 있다. 조작 활동이 반성과 결부되지 못하고 조작 활동 자체로 끝난다면, 그것은 지식을 구성한 것이 아니라 단지 신체를 움직이는 활동을 한 것뿐이라고 할 수 있을 만큼 반성의 과정은 중요하다.

# 5 현실주의

## 01 프로이덴탈의 수학화 학습-지도론

프로이덴탈은 네덜란드 수학자이며 수학교육학자로서, 완성된 수학(ready-made mathematics)을 지도하는 것이 아니라, 수학화(mathematising)를 지도하여야 한다고 주장하였다.

프로이덴탈은 수학적 개념, 구조 또는 수학적 아이디어라고 하는 본질이 물리적, 사회적 그리고 정신적 세계의 여러 현상을 조직하는 수단으로 발명되어진 결과라는 사실에 기초해, 수학의 교수-학습의 과정에서도 조직될 필요가 있는 현상으로부터 시작하여 학습자로 하여금 조직의 수단인 그 본질에 숙달하도록 해줘야 한다는 관점에서 교수학적 현상학을 도입하였다.

### (1) 수학관

① **반교수학적 전도**

㉠ 전통적인 수학교육에서와 같은 기성의 '닫힌' 지식체계에 따른 수학의 지도

㉡ 구체화를 통한 개념 형성을 위한 지도

㉢ '새 수학'의 EIS 방법론

② **대안**

㉠ 현상의 정리수단으로서의 수학과 '실행하는 수학'의 경험

㉡ mental objects의 구성과 그 점진적인 형식화

㉢ 수학학습과정의 관찰과 수준의 비약을 통한 수학화 경험을 골격으로 하는 재발명 방법

㉣ 수학적 구조의 교수학적 현상학 제시

③ 수학은 확실성을 추구해 가는 정신적 활동으로, 상식에 바탕을 두고 더 높은 차원으로 상식화되면서 발전해 나아가는 과정이다.

④ 실행하는 수학, 학습자의 현실 속에서 수학화를 통한 수학의 재창조 경험만이 수학을 학습자의 인격으로 통합하는 길이요, 수학적 안목과 사고 방법을 기르고 수학을 응용하는 힘과 태도를 길러줄 수 있다.

## (2) 수학화

### 1) 수학화의 정의

① 수학화란 수학적 수단에 의해 현상(reality)을 정리하고 조직하는 활동이다. 즉 현상에 질서를 부여(넓어지고, 깊어짐)하는 활동이다.

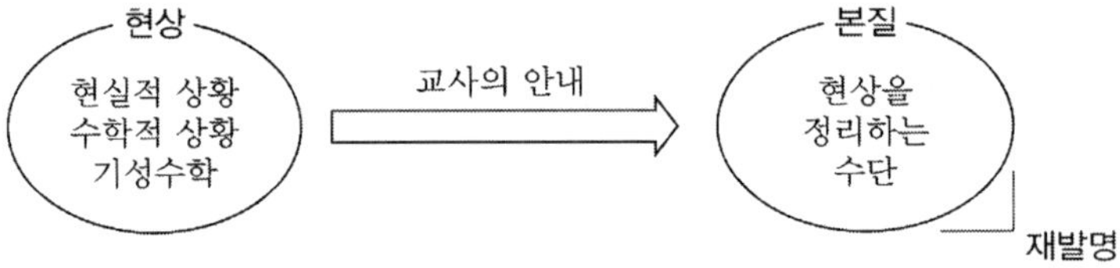


② 수학은 확실성을 추구하는 인간의 정신적 활동이며, 물리적, 사회적, 정신적 세계들의 현상을 조직하는 도구이고, 현상과 본질의 교대 작용에 의한 사고 수준의 상승과정이다. 수학적 사고 활동의 가장 본질적인 특성은 반성적 사고에 의한 끊임없는 '재조직화'이다. 이렇듯 현상을 수학적 수단에 의해서 조직하는 것을 수학화라 한다.

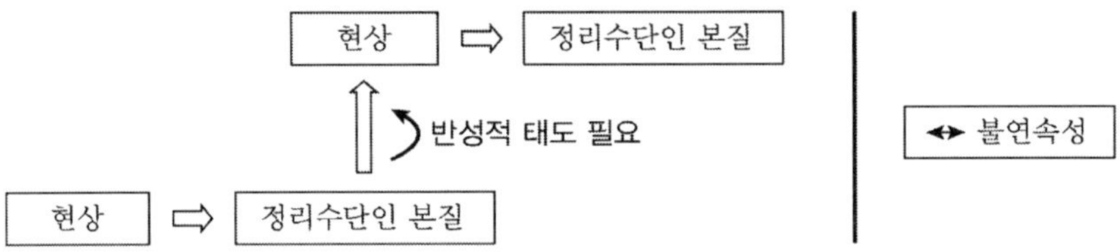


③ 수학화는 수평적 수학화와 수직적 수학화로 구분하고, 처음에는 국소적으로 시도되다 점차적으로 총체적인 수학화가 시도된다.

④ 수학화 활동에는 형식화, 국소적 조직화, 공리화뿐만 아니라, 관찰, 실험, 귀납, 유추, 시행착오, 추측, 일반화, 도식화, 추상화, 기호화, 정의, 알고리즘화, 패턴화, 구조화, 추론, 분석, 증명, 반성적 사고, 관점의 전환, 재구조화, 구체화, 모델링 등의 활동도 모두 포함된다.

㉠ 공리화 : 이미 수학화된 체재를 공리적으로 재조직하는 것

㉡ 형식화 : 적절한 수학적 표현을 위해 언어를 손질하고, 정리하고, 변형하는 과정

㉢ 스키마화 : 실재에 맞는 스키마를 새로 만들어 내는 활동

㉣ 모형화 : 어떤 복잡한 실재나 이론을 그 보다 더 형식적인 수학적 처리가 가능하도록 이상화하고 단순화하는 것

㉤ 핵심적 요소 찾기 : 어떤 문맥 내에서 공통적 특성, 닮은 것, 서로 유추할 수 있는 것, 동형 등을 발견하는 것

### 2) 수학화의 종류와 그 예시

수학화는 관찰, 실험, 귀납, 유추 등을 통하여 현실을 수학적 수단으로 조직하는 수평적 수학화로 시작한다. 그 후 수학적 경험이 축적되면 수학 자체의 수학화인 수직적 수학화가 시작되며, 처음에는 국소적으로, 점차적으로 공리적 이론체계의 구성으로 총체적인 수학화가 시도된다.

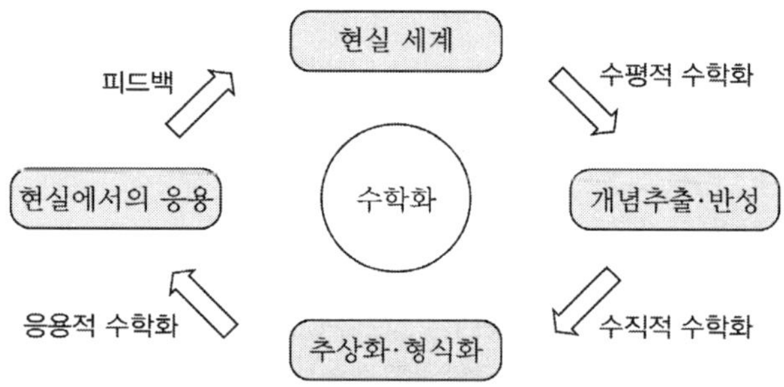


〈수업에서의 수학화 과정〉

① **수평적 수학화**

㉠ 문제를 수학적으로 처리할 수 있게 하는 것을 의미한다.

㉡ 실생활의 세계에서 기호의 세계로 나아가는 것을 의미한다.

㉢ 관찰, 실험, 귀납, 유추 등을 통하여 현실을 수학적 수단으로 조직하는 단계이다.

② **수직적 수학화**

㉠ 수학적 처리를 더욱 세련되게 하는 것을 의미한다.

㉡ 수학적 경험이 축적되면서 수학 자체의 수학화가 이루어지는 단계이다.

③ **응용적 수학화** : 추상화된 수학적 개념, 원리, 법칙 등을 현실적 문제에 응용하여 수학 본질의 가치를 인식하고 활용가능성을 확장한다.

### 3) 평행사변형을 정의하는 학습-지도 과정

① **1단계** : 학생들은 평행사변형의 모형을 이용하여 그 여러 가지 성질을 시각적으로 발견할 수 있으며, 학습에서 논의를 거쳐 이를 열거할 수 있다.

㉠ 두 쌍의 대변이 각각 평행이며 서로 같다.

㉡ 대각의 크기는 각각 같으며 이웃하는 각의 크기의 합은 180°이다.

㉢ 대각선은 서로 다른 것을 이등분한다.

㉣ 대각선에 의해 합동인 두 삼각형으로 나누어질 수 있다.

㉤ 평면은 합동인 평행사변형으로 덮을 수 있으며 그림을 그려 그 이유를 평행사변형의 성질에서 찾아볼 수 있다.

이들 성질은 조직화를 요구하는 평행사변형의 성질이며, 그 사이에 논리적 연관성이 있다는 것을 자연스럽게 알게 된다.

② **2단계** : 이들은 서로 관련되며 이 가운데 하나는 다른 것이 나오는 근원이 될 수 있으며, 여기서 평행사변형의 정의가 발생될 수 있다.

③ **3단계** : 평행사변형의 여러 가지 모형을 만들어 봄으로써 이제 마름모, 직사각형, 정사각형이 평행사변형인 이유가 분명해진다.

### (3) 수학화 수업원리

구체적인 현상 탐구하기, 수직적 도구에 의해 수준 상승하기, 학생들의 창작활동을 통한 반성적 사고의 촉진, 상호작용 교수법, 학습가닥의 혼합(횡적, 종적 연결) 등을 들 수 있다.

### (4) 수학화 학습 평가원리

학생들의 활동을 중시하고 수업결과 보다는 과정을 중시하는 방법—관찰법/수필 과제/연구 과제/구두 과제/포트폴리오/정보 추론지 검사 - 등으로 평가되어야 한다.

### (5) 수학 교수-학습 원리

1) 안내된 재발명(guided reinvention) : **학생들에게 수학화의 과정을 경험시킬 수 있는 최선의 방법**

① 학생들은 수학이 발명되는 과정과 유사한 과정을 경험할 기회를 가져야 한다. 즉 학습 과정은 학생들이 스스로 결과를 찾을 수 있도록 계획되어야 한다.

② 이를 위해 수학사나 학생들의 비형식적 지식과 전략이 교육과정 설계를 위한 근원이 되어야 한다.

㉠ 수학사는 어떤 개념의 발달 또는 수학적 구조의 형성에서 그것들의 발생 맥락을 알려주며, 수학 과정의 하나의 패러다임 역할을 할 수 있다(=역사발생적 원리).

㉡ 학생들은 자신의 비형식적 지식과 전략을 바탕으로 이와 유사한 과정을 밟아 나갈수 있을 것이다.

③ 수학 교사나 교육과정 개발자는 이러한 것들을 근원으로 한 사고 실험을 바탕으로 학생들이 스스로 답에 이르는 경로를 상상하는 것이 중요하다.

### 2) 수준이론—반성적 사고

① 수학화는 현실을 수학적 수단인 본질로 조직하는 과정이며, 현상과 본질의 교대 작용에 의한 수준 상승의 불연속적 과정이다.

② 수준이론은 반 힐레의 수준이론을 기초로 하고 있지만, 반 힐레 이론은 거시적인 반면 프로이덴탈의 수준은 미시적이다. 즉 반 힐레는 학생들의 수학 학습 과정을 몇 개의 거시적인 단계로 구분하였지만, 프로이덴탈은 수학 학습 과정에는 크고 작은 수준이 많이 존재하며, 때로는 간단한 문제를 해결하는 과정에서도 수준의 비약이 이루어 질 수도 있다고 본다.

③ 수준의 비약이 이루어지기 위해서는 학생들이 스스로 수행한 활동에 대한 반성이 이루어져야 한다.

### 3) 교수학적 현상학

① 수준의 비약이 가능하도록 취해야 할 교수학적 조치를 위한 하나의 준비로 그 목표는 현실을 수학의 응용을 위한 근원으로만 보는 것이 아니라 현실 속에서 직관적 관념을 개발하기 위한 또는 심상을 구성하기 위한 개념 형성의 근원을 찾는 것이다.

② 역사적으로나 개인적으로나 수학적 개념, 아이디어, 구조의 형성은 많은 현상을 다루어 봄으로써 심상을 구성하고 나중에 이론화할 수 있는 기반을 만들어 주어야 한다.

③ 역사적, 수학적 분석 및 학생들의 주변 상황을 분석해야 한다. 이는 수학적 내용의 발생 맥락과 그 발달 과정을 수학사에서 찾으며, 다른 한편으로는 현재 그 내용이 수학에서 어떤 면에서 어느 정도로 중요한 위치를 차지하고 있는지를 분석해야 하고, 마지막으로 학생들의 현실에서 이러한 중요한 측면들을 경험시킬 수 있는 적절하고 풍부한 상황을 마련해야 한다. 이러한 상황을 바탕으로 학생들은 자신의 비형식적 전략과 지식을 활용하여 좀 더 고차적인 수준으로 나아갈 수 있는 것이다.

### 4) 문맥(situation)수학

① 수학을 학습하게 하려면 학생들이 관심과 흥미를 갖고 상상력을 발휘할 수 있는 현실적인 풍부한 문맥(생활 사태뿐만 아니라 학습자의 물리적·사회적·정신적인 세계를 총칭하는 것으로, 수학화의 진전과 함께 점차 확대되어간다)에서부터 출발하여 수학화하는 경험과 반성적 사고를 통해 점진적으로 수학 학습을 하는 것이 바람직하다.

② 실세계는 수학화를 가르치는 출발점이 되는 수학적인 문제를 포함하는 의미 있는 문맥이며, 이렇게 수학을 구체적인 문맥을 통해 수학화로 지도하게 되면 현실과의 관련성이 적재된 충분한 의미를 갖게 되어 그 적용 가능성이 높아진다.

③ 처음에 현실세계에서 출발하여 수학화 과정을 거치고 다시 현실세계에 돌아올 수 있도록 구체적인 문맥을 제공하는 것이 중요하다. 관계가 풍부한 문맥의 선택과 교사의 충실한 안내 그리고 무엇보다도 학생들의 자발적인 탐구 활동을 통해 수학적 도구를 발견하도록 하고, 그 개념적 분석과 형식화, 반성적 논의와 응용을 통한 내적 바탕의 인식과 정신적 안목으로의 동화단계를 거치도록 해야 한다.

## 02 반 힐의 수학 학습 수준 이론

네덜란드의 수학 교육자 반 힐 부부(Dina van Hiele−Geldof, Pierre Marie van Hiele)는 중등학교 수학 교사로서 중등학교 학생들이 기하 학습에서 보이는 수준의 차이를 박사 학위 논문으로 연구하였다. 정사각형을 인지하지만 그것을 정의하지 못하는 학생들, 정사각형은 직사각형임을 이해하지 못하는 학생들 또 증명의 필요성을 인식하지 못하는 학생들을 보면서 반 힐 부부는 학생들의 이러한 현상에 대하여 연구한 결과 기하의 이해에는 다섯 수준이 있음을 제시하였다. 이 다섯 수준을 기하적 사고의 발달 모델(The model of the Development of Geometric Thought)이라고 한다. 그리고 반 힐 부부는 이 모델의 각 수준을 학습하기 위한 5단계의 학습국면도 제시하였다.

### (1) 수학학습 수준 이론의 배경

① 네덜란드 Lycée 중학교에서 수학을 가르치던 부부 수학교사 P. M. Van Hiele와 그 부인 D. Van Hiele−Geldof는 H. Freudenthal의 연구에 동참하면서 1957년 Utrecht 대학에 두 편의 학위논문을 제출하였고 이들 논문을 골격으로 P. M. Van Hiele가 발전시켰다. Freudenthal의 기하학습 이론은 공간에 대한 경험을 조직화하는 수학화 활동이어야 하며, 기하가 기성의 논리체계로서 학생들에게 부과될 것이 아니라 국소적 조직화를 거쳐 전체적 조직화인 공리화에 이르도록 지도할 것을 요구하고 있다.

② 반 힐 이론은 1960년대 초에 구소련의 수학교육학자와 심리학자들의 집중적인 연구와 실험에 의해 타당성이 확인되었으며 기하교육과정 개발에 적용되어 성공적인 결과를 가져왔다.

③ 1974년 NCTM 연례회의에서 Wirszup의 보고가 있은 후, 그 가치가 인식되기 시작하면서 그와 관련된 다양한 연구가 이루어져 왔다.

## (2) 기하학적 사고의 5수준

수학적 사고활동이란 경험의 세계를 조직하는 활동이며, 한 수준에서 경험을 정리하는 수단이 새롭게 경험의 대상으로 의식되어 그것을 조직화하는 활동이 이루어지게 되면서 그 다음 수준으로의 비약을 하게 되는 과정을 반복하는바, 수학의 학습-지도는 그러한 불연속적인 사고수준을 거치면서 수학적 사고를 재발명해 가도록 되어야 한다.

### 1) 제1수준(visualization) : 시각화 수준

① 생활 주변의 구체적인 물체를 고찰의 대상으로 삼아 도형에 대해 초보적인 이해 수준에 머무른 단계이다.

② 기본적인 도형을 그 구성요소에 대한 명확한 고려 없이 전체로서의 시각적 외관에 의해 판별한다.

③ 세모꼴, 네모꼴, 상자모양 등으로 도형의 이름을 말할 수 있으나, 그 성질을 명확히 말하지 못한다.

> [규준] 학생은 도형들과 다른 기하학적 도형들을 겉모양에 따라서 확인하고 조작한다.
> ㉠ 눈에 보이는 대로 모양에 따라 도형을 인식한다.
> ㉡ 여러 가지 그림(도형)에서 간단한 도형을 선택한다.
> ㉢ 복잡한 그림에서 올바른 도형을 찾는다.
> ㉣ 그림이나 구체적 혼동을 통해 개념을 얻게 된다.
> ㉤ 기하학적 용어나 도형을 인식할 수 있고 주어진 도형을 복사할 수 있다.
> ㉥ 도형에 이름을 붙이고 적절하게 표준적인 호칭과 학생 나름의 비표준적인 호칭이 혼용된다.
> ㉦ 일반적으로 적용되는 성질을 사용하기보다는 도형을 직접 조작해 봄으로써 정형 문제를 푼다.
> ㉧ 자신 스스로의 용어를 사용하여 정의한다.
> ㉨ 보여지는 전체 모양을 사용하여 정의한다.
> ㉩ 구성 성분으로 도형을 인식하지 못하고 도형의 부분을 하나로 인식한다.
> ㉪ 도형의 일반성이나 관계를 파악하지 못한다.

### 2) 제2수준(analysis) : 분석 수준

① 주변 대상의 정리 수단이었던 도형이 연구의 대상이 되고 도형의 구성요소와 성질이 고찰의 방법이 되어 비형식적인 분석을 통해 도형을 파악한다.

② 삼각형, 사각형이 대상이 되고, 변이나 각의 개수 등이 고찰의 방법이 되는 기하학적 개념의 분석이 시작된다.

③ 직사각형의 대각선의 길이가 같다든가 마름모의 네 변은 길이가 같다는 등의 성질을 말 할 수 있지만, 도형이나 그 성질을 명확히 상호 관련지을 수 없다.

[규준] 도형의 구성 요소들과 구성요소들 사이의 관계에 의해 도형을 분석하고 도형의 성질을 확실히 알고 문제를 풀기 위해 성질을 사용한다.

㉠ 구성요소의 성질에 의해 도형을 인식하고 관찰과 실험을 통해 도형의 성질을 구분한다. 그러나 성질들이 어떻게 관련되어 있는지 설명하지는 못한다.
㉡ 도형을 성질에 따라 분류한다.
㉢ 관찰을 통하여 도형을 분류할 수 있고 일반화를 만들 수 있지만 명확한 수학적 정의를 내리지는 못하고 형식적 정의를 사용하지 못한다.
㉣ 포함 관계는 생각하지 못한다.(예를 들어 정사각형이 직사각형이 된다는 것을 모른다.)
㉤ 구성 요소들과 관계들에 대한 적합한 어휘를 상기하고 사용한다.
㉥ 언어적이거나 기호적이 문장을 해석하고 적용한다.
㉦ 도형들에 대해 알려진 성질들을 사용하거나 통찰력 있는 접근에 의해 기하문제를 푼다.
㉧ 구성 성분 사이의 관계에 따라 두 모양을 비교한다.
㉨ 성질을 가지고 하나의 모양을 다른 모양과 구별한다.
㉩ 도형의 집합에서 일반적 성질과 특별한 성질을 발견한다.
㉪ 성질로 도형을 설명한다.

3) **제3수준**(informal deduction) : **비형식적 연역 수준(관계적 인식 수준)**

① 도형의 성질과 도형사이의 관계가 연구의 대상이 되고 명제가 정리 수단이 된다.
② 도형의 여러 가지 성질 및 도형 사이의 관계를 파악하고 정의를 이해한다.
③ 모든 정사각형은 직사각형임을 이해한다. 그러나 도형의 성질을 논리적으로 증명하지는 못한다.

[규준] 학생은 정의를 형성하고 사용하며, 전에 발견된 성질에 순서를 주는 비형식적 논증, 연역적 논증을 제시한다.

㉠ 명백하게 정의를 규명하고 정의를 형식화한다.
㉡ 정의를 다른 식으로 표현하는 것에 대해 이해한다.
㉢ 정의로써 도형을 파악하기 때문에 정사각형을 직사각형으로 인식한다.
㉣ 도형의 성질을 추론할 수 있고 성질들 사이의 관계를 파악할 수 있다.
㉤ 성질을 체계적으로 다른 성질로부터 연역한다.
㉥ 도형을 특성 지을 수 있는 성질들의 최소 집합을 확인한다.
㉦ 도형의 성질로써 포함관계를 이해하고 배열한다.

ⓞ 삼단논법과 같은 논리적 형태를 은연중에 사용함으로써 정확한 비형식적 연역 논증을 만들 수 있다.

ⓩ 수학의 공리론적 방법을 잘 이해하지 못하고, 형식적인 증명은 할 수도 있지만 가정에서 결론으로 이끌어 가는 논리적인 순서를 파악하지 못한다.

ⓧ 명제와 그 역 사이의 차이를 비형식적으로 인식한다.

ⓚ 연역적 논증의 역할을 인식하고 연역적 방법으로 문제에 접근한다.

ⓣ 문제를 풀기 위해 전략들 또는 통찰력 있는 추론들을 확인하고 사용한다.

ⓟ 도형의 특색 있는 성질로 다른 도형을 구별한다.

ⓗ 추론에 의해 새로운 성질을 발견한다.

### 4) 제 4수준(formal deduction) : 형식적 연역 수준

① 명제가 연구의 대상이 되며 명제 사이의 논리적 관계가 정리수단으로 등장하여 공리, 정의, 정리, 증명의 의미와 역할을 이해하고 전체기하의 연역체계를 파악한다.

② 공리론적 조직 속에서 기하의 정리들을 세우는 방법의 하나인 추론을 이해하고 명제의 증명이 주된 과제가 된다.

③ 삼각형의 내각의 합이 180°라는 명제를 공리·공준적으로 스스로 증명할 수 있다.

④ (단) 다른 공리 체계의 가능성을 이해하지 못한다.

[규준] 학생들은 공리체계와 정의와 관계 사이의 관계망을 형성한다.

ⓐ 학생들은 증명 과정을 기억해서 기술하는 수준이 아니고 창조할 수 있으며 충분조건과 필요조건의 상관성을 인식한다.

ⓑ 기호를 사용하여 정리의 증명을 한다.

ⓒ 증명 문제에서 정리의 가정 또는 결론을 구분하게 된다.

ⓓ 어떤 정리를 증명할 때 서로 틀린 증명을 두 가지 해보고 차이를 비교하고 증명을 하는데 여러 가지 기술을 구사한다.

ⓔ 제3수준에서 비형식적으로 설명된 관계를 사용하면서 공리로부터 증명을 한다.

ⓕ 연역적 추론을 다양화하려는 시도를 하고 유클리드 기하의 공리를 내재적으로 받아들인다.

ⓖ 형식적, 연역적 논증을 하지만 공리 자체를 조사하지 않고 공리체계를 비교하지 않는다.

ⓞ 수학 강의에서 공리, 정의, 정리, 증명과 같은 요소의 역할을 이해하고 기하학적 사고를 할 수 있다.

ⓩ 정확한 언어로 문제를 재진술하고 애매한 문제를 정확히 할 수 있다.

### 5) 제5수준(rigor) : 엄밀화 수준

① 제3수준의 논리가 고찰의 대상이 되고, 추상화(적용)가 고찰의 방법이 되는 단계이다.

② 기하학 체계 그 자체가 연구의 대상이 되어 여러 가지 공리체계를 비교할 수 있고, Hilbert 류의 기하의 형식적 엄밀성을 파악한다.

③ 구체적인 모형 없이 매우 추상적으로 다양한 기하를 학습할 수 있다.

④ 공리의 무모순성, 독립성, 완전성과 같은 공리체계의 성질을 이해한다.

### (3) 기하 수준에 근거한 학습 단계

반 힐은 사고수준의 진행에서 비약이란 없으며 단계적으로 일어난다고 주장했다. 학생은 한 수준에서 다음 수준으로 몇 단계를 거쳐 이행하게 되는데 이러한 이행은 자연스런 과정이 아니며, 교수학습 프로그램에 힘입어 일어난다는 것이다. 반 힐과 크라울리(Crowley)에 의하면 교수 단계는 질의 안내 단계, 안내된 탐구 단계, 명료화 단계, 자유로운 탐구 단계, 통합 단계라는 연속적인 5단계 학습법이다.

① **1단계 질의 안내 단계**(Inquiry/Information) : 자료를 제시받고 필요한 논의를 통해 탐구할 분야에 친숙하기 위한 활동을 한다. 교사와 학생들이 학습 목표를 확인하는 단계이다.

② **2단계 안내된(제한된) 탐구단계**(Directed Orientation) : 제시된 자료를 통해 탐구 분야를 연구하면서 그 진행방향을 감지하고 탐구분야의 구조가 점진적으로 파악된다.

㉠ 교사가 제시하는 짧은 발문으로 이루어진 활동 자료를 보며, 학생들은 자기 나름대로 과제를 탐구한다.

㉡ 교사는 제시하는 자료를 학생들의 수준에 따라 다르게 제시한다.

③ **3단계 명료화 단계**(Explication) : 발견된 관계를 표현하는 활동을 통해 그를 명확히 하며 전문적인 용어를 학습한다.

㉠ 학생들은 전 단계에서 경험하고 관찰하는 사항에 대하여 토론한다.

㉡ 교사는 학생의 토론하는 활동만 지켜보고 어떤 설명도 하지 않는다.

④ **4단계 자유로운 탐구 단계**(Free Orientation) : 여러 가지 해결방법을 찾아봄으로써 탐구 분야의 구조에 정통하게 된다.

㉠ 그 단계보다 복잡한 과제가 제시된다.

㉡ 많은 사고 단계가 들어 있는 과제를 제시하고, 자신이 배운 지식을 종합적으로 적용해 보게 된다.

⑤ **5단계 통합 단계**(Integration) : 탐구활동을 개관하여 전체를 조망하게 되면서 사고 수준의 비약의 일보 직전에 이르게 된다.

㉠ 교사는 학생들 스스로 경험한 지금까지의 단계를 종합하고 음미하게 된다.

㉡ 5단계가 끝나면 다음 수준으로 넘어갈 준비가 된 셈이다.

### (4) 기하학적 사고 수준이론의 핵심 특성

① **연속성**(Sequence) : 학생들이 수학 학습에서 $n-1$ 수준을 통과하지 않고 $n$ 수준에 도달할 수 없으며 수학적 사고는 모든 수준을 순서적으로 발달한다.

② **촉진성**(Advancement) : 모든 학생들이 같은 속도로 각 수준을 통과하지는 않으며 수준의 이행은 적절한 지도에 의해 촉진될 수 있고 부적절한 지도에 의해 지연될 수도 있다.

③ **인접성**(Adjacency) : 앞 수준의 사고에서 내적이었던 것이 그 다음 수준에 의식화되어 명확히 인식되게 된다. 각 수준의 수학적 사고는 그 전 수준의 수학적 사고의 내적 질서를 대상으로 하여 연구하는 것이다.
어느 한 수준에서 경험을 정리하는 '수단'이 새로운 학습의 '대상'으로 의식되어 그것을 조직화하려는 활동이 점진적으로 이루어지면서부터 그 다음 상위 수준으로의 도약을 하게 되는 과정을 반복하게 된다.

| 고찰 \ 수준 | 제1수준 | 제2수준 | 제3수준 | 제4수준 | 제5수준 |
|---|---|---|---|---|---|
| 대상 | 주변의 사물 | 도형 | 성질 | 명제 | 논리 |
| 수단 | 도형 | 성질 | 명제 | 논리 | |

④ **언어성**(Linguistics) : 각 수준의 사고는 그 자신의 기호와 언어 그리고 그를 연결하는 관계망(Network of Relation)을 갖는다.

⑤ **분리성**(Separation) : 서로 다른 수준에서 추리하는 사람은 서로를 이해할 수 없다. 이것이 교사와 학생 사이에 자주 발생하여 학습-지도를 어렵게 만드는 요인이 되고 있다.
수학교육의 주요문제는 서로 다른 수준에서 추리하는 교사와 학생이 서로를 이해하지 못하는 데에서 비롯되므로 학생들의 사고수준을 파악하여 그에 따른 사고교육을 해야 한다.

### (5) 반 힐 이론의 수학 교육적 의미

① 기하학적 사고의 발생적 단계에 대한 깊은 통찰을 바탕으로 기하학습의 수준을 설정한 이론이다.
② 국소적 조직화를 통한 유클리드 기하의 효과적인 학습지도를 시도한 이론이다.
③ 유클리드 기하의 중요성과 발생적 원리의 구현을 통한 수학적 사고의 교육이란 점에 비추어, 기하교육의 개선에 기여했다.
④ 수학의 모든 영역에 뿐만 아니라 수학이외의 다른 부분에서도 적용 가능하다고 보고 있다.

# 6 준 - 경험주의

라카토스는 헝가리 태생의 유태인으로서 1956년 영국으로 망명, 캠브리지 대학에서 수리철학을 전공하였다. K. 포처와 G. 폴리아로부터 사상적 영향을 받았으며 1961년 박사학위 논문을 제출하였다. 1960년부터 London School of Economics의 교수로 재직, 1965년에는 런던 과학철학 국제콜로키움을 조직하고 자신의 논문집을 편집하여 현대 비판주의적 과학철학의 확립에 커다란 기여를 하였다.

## 01 수학교육의 변화

### (1) 포퍼의 '비판적 오류주의'

① 지식의 성장은 추측과 반박의 과정이며 모든 지식은 잠정적인 것으로 끊임없는 비판의 대상이 된다.

② 과학적 지식의 성장은 사실이나 관찰 경험의 단순한 축척이 아니라(귀납적 추론이 아니라) 시행착오, 곧 추측과 반박의 과정이며, 제기된 과학적 이론의 비판과 폐기, 보다 나은 더 만족스러운 이론으로의 거듭된 대치를 뜻한다.

③ 인간은 결코 진리를 알 수 없으며, 단지 추측할 수 있고 추측을 개선할 수 있을 뿐이며, 추측을 검사하고 추측에 대한 반박을 고려하여 추측을 강화하거나 이를 제거할 수 있는 새로운 추측을 창안하여 대체함으로써 지식의 성장이 이루어진다.

④ 포퍼의 비판적 오류주의에 입각한 라카토스의 논의 '증명과 반박'
수학은 의심의 여지없이 확립된 정리의 수가 단조롭게 증가하면서 성장하는 것이 아니라 추측-증명-반박의 논리에 의한 추측의 끊임없는 개선을 통해 성장한다. 즉 수학은 추측과 증명과 반박에 의해 성장하는 준-경험과학이며, 수학적 지식은 반박되지 않을 때 잠정적으로 확인될 수 있을 뿐인 추측에 불과하다.

### (2) 폴리아의 수학적 발견술

① 수학이 역사적으로 어떻게 발생하였는지 분석하고, 수학적 발견술을 교육적 측면으로 부흥시켰으며 과학적 발견술과 수학적 발견술이 유사함을 강조하였다.

② 라카토스는 폴리아의 연구를 분석하여 수학적 발견의 논리에 대한 근거를 찾고 있다. 즉, 수학적 발견에서 고려되어야 할 중요한 측면은 폴리아가 제시하고 있는 개연적 추론과 그 역할이며, 거기서 연역적 추론의 위치를 밝히는 일이 또한 중요한 문제가 된다고 주장하였다.

③ 폴리아는 'Induction and Analogy in Mathematics'에서 문제제기 단계와 추측단계, 확인단계를 거쳐 완전히 논의를 마친다. 이에 반해, 라카토스는 폴리아가 논의를 마친 확인 단계에서 시작하여 추측에 대한 반례를 찾거나 추측을 반박하고 비판적인 증명분석을 통해 추측을 개선하고 개념을 재구성하여야 한다고 논의하고 있다.

### (3) 라카토스의 오류주의 수리철학

① 비판적 오류주의의 입장에서 수학적 지식의 성장은 '증명과 반박'의 논리이다.

② 수학은 의심의 여지가 없는 확립된 정리의 수가 단조롭게 증가된 결과물이 아니라 비판에 의해서, 증명과 반박에 의해서, 추측의 부단한 개선을 통해 성장하는 사고 실험과학이며, 결국 수학적 지식은 추측에 불과하다.

## 02 '증명과 반박' 이론

### (1) 수학적 입장

- 수학 : 준-경험과학이다. 증명을 통해 반례의 발견과 반박을 용이하게 함으로써 추측의 개선이 시도되는 과학이다.
- 수학적 지식 : 추측에 불과하다.
- 증명 : 원래의 추측을 부분추측으로 분해하는 사고 실험이다.

① 수학은 "추측 - 증명 - 반박"의 논리에 의한 추측의 끊임없는 개선을 통해 성장하는 준-경험 과학이다. 즉, 수학은 문제로부터 시작하여 설명력 있는 해답이 추측되고 엄격한 검사와 반박이 뒤따르며, 대담한 추측과 반례의 탐색, 반박과 비판을 통한 추측의 개선 등이 끊임없이 이어지는 과정이다.

② 수학적 지식은 반박되지 않을 때 잠정적으로 확인될 수 있을 뿐인 추측에 불과하다.

③ 수학교육의 목표 : 증명과 반박의 논리 즉, 추론하고, 검사하고, 증명하고, 반박하는 수학의 탐구과정을 통해 학생들이 비판적이고 합리적인 사고 능력과 태도의 개발, 수학하는 방법의 학습을 하게 한다.

④ 증명이란 본래의 추측을 부분추측, 곧 요소정리로 분해하여 비판과 반박의 시야를 넓히는 사고실험이다. 즉 증명은 추측을 개선하고 그 과정에서 이론적 개념을 생성하는 주요한 발견적 도구이다.

### ⑤ 보조정리 합체법

반례가 제기되었을 때 비판적인 증명분석을 통해 숨겨져 있는 결함이 있는 보조정리를 찾아내어 그에 해당하는 조건을 원래의 추측에 부가하여 추측을 개선하는 수학적 발견의 논리이다.

## (2) '증명과 반박'에 따른 수학학습

① 수학은 의심의 여지없이 확립된 정리의 수가 단조롭게 증가하면서 성장하는 것이 아니라, 추측–증명–반박의 논리에 의한 추측의 끊임없는 개선을 통해 성장한다. [수학적 지식의 성장 과정은 다음과 같다.

㉠ 1단계 : 제기된 문제를 시행착오에 의해서 잠정적으로 해결하는 과정에서 소박한 추측을 얻거나 연역적 과정을 통해 추측을 얻는 단계

㉡ 2단계 : 추측을 부분 추측으로 분해하여 그 비판 가능성을 높이는 사고 실험을 증명하는 단계

㉢ 3단계 : 전면적인 반례의 출현으로 증명이 재검토되고 전면적인 반례가 국소적인 반례가 되는 유죄인 보조정리가 발견되어 추측의 조건으로 합체되어 추측이 정리로 개선되고 이론적 개념이 출현하는 단계

㉣ 4단계 : 보조정리가 기본원리 곧 공리로 되면서 풍부한 연구 프로그램을 얻게 되는 단계

② 수학이론에서 명제는 검증될 수 있을 뿐인 가설적인 것이며, 기본 명제는 다른 명세에 의해 설명될 분이다.

③ 수학은 문제로부터 시작하여 설명력 있는 해답이 추측되고 엄격한 검사와 반박이 뒤따르며, 그 문제에 대한 대답은 추측과 반례의 탐색, 반박과 비판을 통한 추측의 개선이다.

문제제기 ➡ 문제해결 가능성 탐구 ➡ 문제에 대한 추측 ➡ 추측 검사 및 증명 ➡ 반례나 문제 제기 및 반박 ➡ …

④ 추측은 귀납이 아닌 어떤 심리적인 기대에 의해 인도된 추정일 뿐이며 검사가 뒤따라야 한다.

⑤ 반례는 새로운 지식의 성장을 위한 단서이며 반례의 출현에 따라 추측이 개선된다. 국소적 반례는 부분 추측을 반박하지만 원래의 추측을 반박하지 않는 반례로, 증명(부분추측)의 비판이지 추측의 비판이 아니므로 부분추측의 체계를 개선하여 오류발생을 억제한다. 다음으로 전면적인 반례는 원래 추측을 반박하는 반례로, 원래의 추측은 반박되지만 증명은 반박되지 않으므로 증명이 실제로 증명하는 것이 무엇인가를 결정하는 것이 중요하게 되고 원래의 추측을 개선하게 된다.

### (4) 수학 학습-지도 방법의 방향

① 증명과 반박의 논리는 추측하고 검사하고 증명하고 반박하는 수학의 탐구과정을 통해 학생들의 가진 비판적이고 합리적인 사고 능력과 태도를 개발하고, 수학하는 방법을 학습하는 것을 수학 교육의 주요 목표로 삼고 있다.

② 학생들은 스스로 문제를 제기하고 이를 해결하며 자신의 문제해결 전 과정을 스스로 평가하고 더 나은 방향으로 진전시키려고 노력하여야 한다.

③ 교사는 학생들에게 능동적으로 사고과정의 질을 평가하고 오류를 수정해 가는 능력과 태도를 개발해 주어야 한다.

④ 수학사에는 수학 지식이 성장해온 과정이 담겨 있으며 이에 대한 분석은 곧 수학 학습-지도 방법이 될 수 있다.

⑤ **학생들의 태도**

㉠ 학생들은 교과서나 교사에 의해 문제를 제시받는 데 그쳐서는 안 되며 스스로 문제를 제기하거나 재구성할 수 있어야 한다.

㉡ 학생들은 비판과 반박의 능력과 태도, 곧 추측에 대한 합리적이고 비판적인 분석 능력과 태도를 개발해야 하고, 비판이 개인에 대한 공격이 아닌 아이디어에 대한 공격임을 이해하여 자신의 추측이 교사와 동료들에 의해서 비판되기를 기대하도록 해야 한다.

⑥ **교사들의 태도**

㉠ 교사는 학생들에게 지식은 끊임없이 변하며 교사를 포함하여 어느 누구도 완전한 지식을 소유할 수 없다는 입장을 보여주어야 한다.

㉡ 학생들에게 능동적으로 사고과정의 질을 평가하고 오류를 수정해 가는 능력과 태도를 개발해 주어야 한다.

㉢ 수학교사는 문제를 제기하고, 학생의 추측에 대하여 권위적인 가치판단을 유보해야 하며, 조심스럽게 안내 역할을 하면서 학생들을 격려하여 자신이나 다른 학생들의 추측에 대해 독립적으로 비판적 검사를 하고, 토론을 인도함으로써 반례를 발견하여 그들의 수학적 지식이 성장하도록 하는 동시에, 수학적 지식에 대한 합리적인 비판적 학급풍토가 조성되도록 노력해야 한다.

㉣ 교사는 비판과 반박을 기꺼이 수용하여 학생이 그러한 교사의 행동 패턴을 모방하도록 해야 한다.

㉤ 교육의 목적은 독립적이고 자유롭고 유능한 시민을 양성하는 데 있으므로, 교사는 학생에게 학습할 목적을 설명해 주고, 발견과 개선의 즐거움에 대하여 그리고 필요한 능력을 개발하려는 학생들의 욕구에 대하여 논의하고, 흥미를 돋우는 지적인 모험에 참여하도록 안내해야 한다.

# 7 브루소의 수학 교수학적 상황론

## 01 수학 교수학적 상황론

### (1) 수학 교수학적 상황

#### 1) 정의

① 학생이 어떤 수학적 지식을 학습하도록 하는 것을 목표로 하는 교사, 학생, 환경 사이의 관계상황이다.

② 교사가 교수학적 의도가 담긴 문제 상황 속에서 학생과 상호 작용하는 상황이다.

③ 목표로 하는 수학적 개념의 본질을 터득할 수 있는 구체적인 교수 상황, 수학적 개념의 본질이 실제로 기능하는 교수 상황을 어떻게 정교하게 구성할 것인가를 논의하는 이론이다.

#### 2) 교수 상황 구성 단계

| 수학적·인식론적·교수학적 분석을 통해 수학적 지식의 본질을 밝힌다. | ➡ | 본질의 배경인 역사-발생적 상황에 대한 분석을 한다. | ➡ | 역사-발생적 상황을 고려하여 수학적 개념이 실제로 가능하는 교수 상황을 구성한다. |
|---|---|---|---|---|

① 원형 수학적 개념(protomathematical concepts) : 수학자들의 불완전하지만 일관된 관념이 무의식적·암묵적으로 문제해결에 사용되는 단계

② 의사 수학적 개념(paramathematical concepts) : 개념이 아직은 조직화되지도 않고 이론화되지도 않은 친숙한 용어로 나타내어지는 상태로, 수학자들은 그것들이 이론적인 개념의 자격을 갖고 있지는 않지만 그것들을 잘 알고 있고, 수학화를 필요로 하는 어떤 모순도 발생하지 않기 때문에 의미론적으로 조종하며 도구로 사용하는 단계

③ 이론 수학적 개념(mathematical concepts) : 개념 자체가 분석의 대상으로 인식되고 연구되어 이론적인 수학적 개념으로서의 위치가 부여되는 단계

#### 3) 목적

기성의 이론적인 수학적 지식을 곧바로 가르치는 데에서 비롯되는 '형식적 고착'의 문제를 해소하고 이해를 위한 교육의 문제를 수학적 지식의 역사-발생적 상황을 단계적으로 경험하게 하여 해결하고자 하는 시도이다.

#### 4) 수학 교수학적 상황을 적용한 예

[절차]

① 소수 개념의 본질에 대한 분석을 한다.

② 분석결과

㉠ 소수는 방정식이 해를 갖게 하기 위한 정수의 확장이다.

㉡ 정수의 순서쌍(분수)의 동치류이다.

㉢ 모든 유리수(실수)를 근사적으로 표현할 수 있다.

㉣ 비의 측면을 갖는다.

㉤ 배 개념인 작용소의 측면과 선형사상이라는 측면을 갖는다.

㉥ 소수는 측정활동의 소산이다.(역사-발생적, 인식론적인 측면에 의해)

③ **'종이 한 장의 두께를 재는 측정 상황'에 따른 지도 소개**

학생들은 두께가 다른 여러 가지 종이의 두께를 측정하고 표현하는 문제 상황에 참여하면서 자연스럽게 '원형수학적인' 소수 개념을 구성하게 된다.

㉠ 한 장의 두께 측정하기(→ 여러 장을 측정해야 문제를 해결할 수 있음을 인식)

㉡ 10장, 20장, 30장의 종이 두께를 측정하고 그 결과 사이의 관계를 확인하기

㉢ 최종적으로 한 장의 두께를 어떻게 표현할 것인지, 두께의 대소를 어떻게 확인할 것인지 등을 논의하게 되며, 이러한 일련의 활동 속에서 소수 개념을 구성하게 됨

10장 1mm, 20장 2mm, 30장 3mm $\Rightarrow \frac{1}{10}\mathrm{mm} = \frac{2}{20}\mathrm{mm} = \frac{3}{30}\mathrm{mm}$

㉣ 공식화, 정당화하여 소수 개념 구성하기

④ 이 활동에 이어 그림을 확대, 축소하는 활동을 통해 소수의 본질, 곧 비를 보존하는 선형사상의 의미가 보다 명확히 구성되도록 시도한다. ⇒ 이 수업은 제시된 교수학적 상황이 학생들의 참여를 어렵게 할 정도로 인위적으로 구조화되지 않았다는 점, 그러므로 상황에 맞는 문제해결 전략을 학생 나름대로 찾고 적용할 수 있다는 것이 특징이다.

#### 5) 교사의 역할

① 학생 나름의 접근을 통하여 문제 상황을 이해하고 구성한 것을 표현하며 바람직한 방향으로 수학화하도록 안내하기 위해 교사는 지도 내용에 대한 교수의도를 분석하여 재구성하여야 한다.

② 교사는 학생에게 비교수학적 상황을 제공해주려 노력해야 하고 좋은 문제를 제시해주어야 한다.

### 6) 교수학적 상황이 갖추어야할 조건–각 상황들간의 연계성과 일관성

① 수학적 개념이나 내용이 담겨지도록 계획되어야 하며 그 개념이나 내용이 학생들에 의해 상황 속에서 발생하여 기능할 수 있도록 구성되어야 한다. 가르칠 지식, 가르쳐야 할 개념·내용의 역사적 발생근원과 발달 과정, 의미와 동기·용도·기능, 이 개념에 대한 오개념과 장애요인 등을 파악해야 한다. ⇔ 인식론적·역사적·교수학적 분석 선행 필요

② 교수학적 상황내의 일련의 활동을 통해 수학적 개념이나 성질들이 분리되지 않도록 광범위한 맥락들이 충분히 고려되어야 한다. 본질적인 개념이 '발생'하고 '기능'할 수 있도록 교수학적 상황을 계획해야 한다.

③ 지적 활동의 추진력이 되고(동기유발) 문제를 찾는 출발점이 되는 '불확실'한 상황이나 '통제 불가능'한 상황이 필요하다.

④ 다른 상황에서 발생하게 되는 새로운 지식이 이전에 획득된 지식과 관련지어질 수 있다.

### 7) 교수학적 상황의 발전과정

| | | | | |
|---|---|---|---|---|
| 행동상황 | — | 원시수학적 | — | 지식을 암묵적으로 사용 |
| ⇩ | | | | |
| 형식화상황 | — | 의사수학적 개념 | — | 암묵적인 지식의 의식화 |
| ⇩ | | | | |
| 타당화 | — | 수학적 개념 | — | 정당화된 지식으로 |

① **수학적 개념 발달과정**

㉠ 원형(원시)수학적 개념–무의식적인 사용 : 연구의 주제나 도구로서의 인식될 수 없는 다소 불완전하고 폭넓은 단계로 개념을 문제의 해결에 암묵적으로 사용하고는 있지만 의식하고 있지는 못한 수준의 상태이다. 아직 이 개념을 증명해줄 확연한 용어가 존재하지는 않지만 징후나 흔적은 존재한다. 연구의 주제나 도구로서는 인식될 수 없는 다소 불완전하고 폭넓은 수준을 말한다.

㉡ 의사(범)수학적 개념–연구의 도구 : 암묵적으로 사용했던 개념들이 어떤 수단이나 도구로 의식되는 단계로 개념의 특성이나 성질이 연구되고는 있지만 완전히 조직화되거나 이론화되지는 않은 상태이다. 용어나 언어가 다소 불완전한 개념이나 지식들을 좀 더 명확하게 하기 위해 또는 의사소통을 최대한 적절히 하기 위해 사용된다.

㉢ 수학적 개념–연구의 대상 : 개념이 수학적 이론의 통제 하에 놓이게 됨으로써 하나의 완전한 구조를 가지게 되는 상태이다. 이 개념이 삽입되는 구조들과 그 구조를 만족하는 성질들에 의해 정확하게 정의될 수 있기 때문에 모호함이나 오류로부터 보호된 상태로 유지된다.

② **비교수학적 상황의 발전과정**－행동, 형식화, 타당화, 제도화 상황

㉠ 행동 상황 : 게임의 처음 부분, 처음에는 아무런 생각 없이 즉각적으로 행동하지만 점차적으로 상황 내의 여러 관련성이나 게임의 규칙으로부터 정보를 이끌어내어 게임에서 이기기 위한 전략을 개발하고 학습자가 의식하지 못하고 암묵적으로 사용하는 암묵적 모델에 의해 상당히 규칙적이고 적절한 방법으로 결정을 하게 된다. (단, 지식이 무의식적인 적응의 결과 일 뿐 학습자는 그러한 지식이 규칙적이라는 것조차 주목하지 못함) ⇒ 형식화되지 않은 형태로 희미하지만 자신의 사고의 근거가 될 수 있는 아이디어, 모델, 전략들은 모두 나중에 본질적인 개념이나 지식이 될 수 있다.

㉡ 형식화 상황 : 행동 상황에서 암묵적으로 사용했던 지식을 의식하고 게임의 전략을 다른 사람과 서로 나누고 전달하기 위하여 학생들 사이에 의사소통과 상호작용이 활발히 일어나는 상황이다. (전략을 타당화하는 것은 행동의 수단이며 의식화되지는 않음) ⇒ 상황내의 주어진 조건을 만족시키면서 확립될 지식이 되기 위한 준비단계이다. 이 때 의사소통과 수학적 언어 능력이 발생한다.

㉢ 타당화 상황 : 형식화 상황에서 의식되고 표현된 전략이 타당한 것인지를 확인하고 증명하는 상황이다. 여기서 학생들은 나름대로의 의견에 대하여 그 근거를 확인하고 구성하고 형식화하고 논의하는 가운데 타당성을 확인하면서 자신의 의견을 수정하게 되고 다른 사람의 동의를 얻을 수 있는 명제를 만들어간다.

㉣ 제도화 상황 : 교사의 개입 없이 문제를 풀던 상황을 벗어나 앎의 대상을 공식적으로 고려하고 동시에 교사가 학생들의 학습을 공식적으로 고려하는 상황이다. (교수학적 과정의 본질적 단계) "그것이 바로 우리가 이야기한 방법입니다." "그것들은 유지할 가치가 있습니다."라는 말로 공식화할 수 있다.

## (2) 수학적 지식의 교수학적 변환론

### 1) 교수학적 변환론 (didactic transposition theory) : Yves Chevallard(1985)

① **정의** : 교육적 의도와 교수학적 계약의 요구에 따라 교사는 지식을 수정하고 지식의 조직, 상대적인 중요성, 그 지식의 제시 방식 등을 바꾸는 과정을 의미한다. 즉, '학문으로서의 수학'이 '교육의 대상으로서의 수학(=교수학적 지식)'으로 변환되기 위해 겪는 일련의 과정을 의미한다.

교수학적 변환 과정은 다음과 같다.

㉠ 학문적 지식 : 전문 수학자가 연구 대상으로 삼는 '학문 수학'을 의미, 교육 내용으로 재구성되기 이전의 지식을 의미

㉡ 가르칠 지식 : 교육 과정 개발자, 교과서 저자, 교사가 대상으로 함, 교육 내용으로 선정되어 재조직된 지식

㉢ 학습된 지식(가르쳐진 지식) : 학생이 대상으로 함, 교육이 이루어진 후에 학습자에게 구성되어 있는 지식

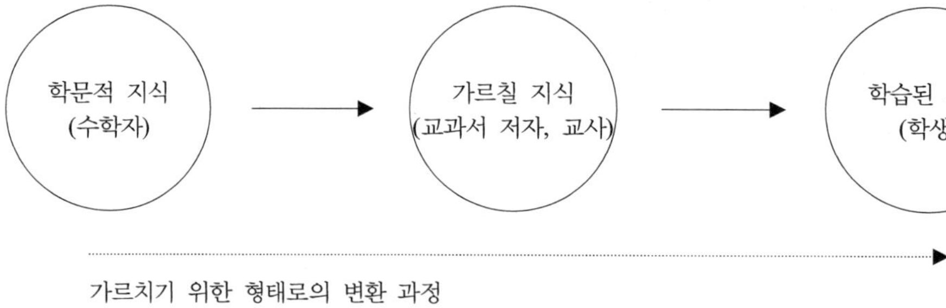


② **수학 지식의 교수학적 변환의 주제**－교과서 저자와 교사

㉠ 교과서 : 교과서는 지식의 교수학적 변환의 구체적인 모습을 알아볼 수 있는 전형적인 자료로서 교과서에서의 수학적 지식의 교수학적 변환은 학생의 사고와 실제적인 상황을 고려한 의사(擬似) 개인화와 의사 문맥화의 결과이다.

㉡ 교사

ⓐ 수학자의 수학활동처럼 수학적 지식이 등장하게 되는 실제적인 상황을 연구하고 학생에 맞게 제시한다. 학생들은 그러한 상황 속에서 탈개인화, 탈문맥화된 형식적인 지식을 개인화, 문맥화하여 활성화시킴으로써 의미를 파악해야 한다.

ⓑ 교사는 학생을 위해 지식을 재문맥화, 재개인화하여야 한다.

ⓒ 수업에서 수학자의 소사회(microsociety)를 흉내내어 문제 상황 속에서 가르치고자 하는 지식을 재발견하는 기회를 제공해야 한다. 학생들은 거기서 발견할 지식을 다시 탈맥락화 탈개인화하여 수학사회에서 통용되고 있는 지식으로 재구성해야 한다.

### 2) 극단적인 수학 교수 현상

교과서 저자나 교사에 의한 수학적 지식의 교수학적 변환 가운데 의사 개인화, 의사 문맥화 혹은 탈개인화, 탈문맥화를 과도하게 강조하였거나 경시하는 데에서 비롯되는 극단적인 현상을 의미한다.

① **메타인지적 이동**(metacognitive shift)

진정한 수학적 지식을 가르치기 어려운 경우 교수학적 고안물이나 발견적 수단 자체를 지도의 목적으로 삼게 되는데 이 때, 교사의 교수학적 노력의 초점이 수학적 지식으로부터 그가 고안한 교수학적 수단으로 이동하는 현상을 의미한다.

② **형식적 고착**(formal abidance)

'메타인지적 이동'과 반대로 지식의 전달에서 개인화, 문맥화의 중요성을 과소 평가하여 이를 간과하고 논리적·형식적으로 표현된 수학적 지식을 곧바로 제시하는 현상이다.

③ **토파즈 효과**(Topaze effect)

교사가 가르쳐야 한다는 '교수학적 계약'의 압박 때문에 풀이에 대한 명확한 힌트를 주거나 유도 질문을 하거나 문제와 함께 대답을 제시함으로써 학생들이 지식을 구성하는 것을 방해하거나 그러한 학습 환경을 일소하게 되는 것을 말한다.

④ **주르뎅 효과**(Jourdain effect)

학생과 가르치고자 하는 지식에 대해 토론하기도 어렵고 그렇다고 가르칠 수 없다는 것을 인정하기도 어려운 상황에서 학생의 행동이나 대답이 사실은 평범한 단서나 의미로 야기된 것임에도 불구하고 교사는 학생의 그러한 반응을 어떤 수학적 지식이 형성되었음을 보여주고 있다고 인정해버리는 것을 말한다.

㉠ 학생들은 단지 계산 문제를 다루고 있는데 교사는 그 안에서 학생들이 구조를 발견하고 구조를 파악했다고 규정하는 현상

㉡ 교육학자나 수학자의 철학적이며 과학적인 정당화가 교사들의 평상적인 교육실천에 부과되어 특별하지도 않는 수업을 교육학적으로 수학적으로 신성하게 만든 경우

## 02 수학의 인식론적 장애(Epistemological obstacle)

### (1) 인식론적 장애

① 어떤 특정한 맥락에서는 성공적이고 유용하였던 지식이기 때문에 학생의 인지구조의 일부가 되었지만 새로운 문제 상황이나 더 넓어진 문맥에서는 이 지식이 부적합해져 분화, 조정이 용이하지 않으며 인지적 갈등이 야기된다.

② 인식론적 장애는 학습하고자 하는 지식의 본성에 기인하는 것이므로 피할 수도 없고 새로운 지식이 성장 발달하기 위해서는 반드시 극복해야 하는 장애이다.

### (2) 인식론적 장애 형성에 영향을 주는 요인

인식론적 장애 형성에 영향을 미치는 요인은 지식의 본질과 밀접히 관련 된 불가피한 것으로 피할 수도 없고 피해서도 안 되는 요인이며, 이를 조절하고 제어하는 능력을 개발하는 것이 요구된다.

① 일상어 : '집합, 극한, 무한 등'이 일상어로 사용되지만 수학에서 사용될 때는 일상어와 똑같은 의미로 사용되지 않으므로 이러한 일상어가 새롭게 도입된 수학적 개념과 뒤섞여서 부적절한 개념 이미지를 형성하게 되어 수학 학습의 장애로 전환된다.

② 직관 : 무한 개념이나 극한 개념은 직관적으로 받아들이는데 어려움이 있다.

③ 과도한 일반화 : 유한에서 성립하는 성질이 무한과 극한에서도 성립한다고 할 경우 그렇지 못한 경우에 대해 인지적 장애가 발생한다.

④ 은유 : 함수와 수열의 극한에서 '화살표', '수렴한다', '발산한다', '증가한다', 등과 같은 운동 은유로 인해 $\epsilon-\delta$식 정의를 이끌어 내어 엄밀한 전개를 이룩하기까지 오랜 시간이 걸린다.

### (3) 인식론적 장애의 다른 시각

인식론적 장애는 새로운 지식의 구성을 방해하는 부정적인 측면이 있는 반면에 이를 깨닫게 되면서 그것을 토대로 새로운 방식으로의 앎이 시작되며 그 극복을 통해 보다 높은 수준의 이해가 가능해진다는 긍정적인 측면이 있다.

### (4) 수학의 인식론적 장애의 예

① '급수에서 일반항이 0으로 향한다면 그 급수는 수렴한다.'를 인정하고 이와 어긋난 급수의 극한에 대해 수용하지 못한다. ⇒「만일 $x_i$가 0으로 향한다면 어떤 $n$이 존재하여 그 이후의 항 $x_i$들은 무시할 만큼 작게 되고 이 $n$ 다음부터는 실제로 더 이상 더해지는 것이 거의 없어서 그 급수는 수렴한다」는 생각은 초등학교와 중학교 수학에서 다룬 $\pi=3.14\cdots$와 같은 소수관념에 의존한다.

② '0.999⋯=1'임을 단순한 계산에 의해 확인할 수 있으면서도 혼란과 갈등을 느끼며 이를 수용하지 못한다. ⇒ 0.9, 0.99, 0.999 등은 모두 1보다 당연히 작고 0.999⋯라 할지라도 분명히 1보다 작은 수들이 계속되므로 무조건 작다고 느낀다.

③ '무한 집단과 극한 개념을 바탕으로 한 실수 개념의 이해'에서 무한의 존재성에 대해 혼란과 갈등을 느낀다. ⇒ 인식론적 잠재적 무한에서 실무한으로 이행하는 인식론적 장애 극복과정이 필요하다.

④ '자연수와 소수의 숫자의 유사성'으로 말미암아 소수를 자연수와 똑같은 방식으로 행하려 하고 다루게 되면 이 행위에 대해 인식론적으로 장애를 일으킨다.

㉠ 두 소수 사이에 있는 또 다른 소수를 생각하기 어렵다.

㉡ 어떤 소수의 바로 다음 소수가 존재한다고 인식한다.

⑤ 없는 수보다 작은 수인 '음수'를 받아들이는 부분에서 많은 갈등을 느끼며 특히 음수와 음수의 곱이 양수임에 대해 인식론적으로 장애를 일으킨다. ⇒ 음수는 양수와 대칭적인 의미를 부여하여 자연스럽게 사용되기 시작하였으며, 음수의 '상대적인' 특성이 음수의 수용에서 중요한 수단이 되었지만 음수의 존재성을 문제 삼게 됨으로써 장애가 발생되었다.

### (2) 인식론적 장애의 기원과 수학 학습 지도

#### 1) 교수체계에서 나타나는 인지적 장애

① 개체 발생적 기원을 가진 장애 : 개체의 각 발달기의 한계(특히, 신경생리학적인 한계) 때문에 생기는 장애이다.

② 교수학적 기원을 가진 장애 : 교육체계 내에서의 어떤 선택이나 행위에 기인하는 듯이 보이는 장애들이다.

③ 인식론적 기원을 가진 장애 : 탐구되어야 할 지식에서의 그 형성적 역할 때문에 피할 수도 없고 피해서도 안 되는 장애이다.

#### 2) 수학 학습 지도

① 학교 수학과 관련된 인식론적 장애를 밝히고 이를 극복하는 방안에 대해 연구한다.

② 역사를 연구해서 개념의 발생에 대한 장애를 확인한 후에 학생들의 행동 속에서 대응하는 장애 지식의 흔적을 학생의 관점을 고려하면서 찾아본다.

# 제4편

# 수학교육론 이론

# 1 문제해결

## 01 문제의 정의와 좋은 문제의 특징

### (1) 문제의 정의

① Gagné(1985) : 문제란 학생이 목표달성을 원하지만 그 목표를 달성하기 위한 방법을 모르고 있는 상태이다.

② Newell and Simon(1972) : 문제란 학생이 얻고자 하는 해답이 있을 때 그 해답을 얻는데 필요한 일련의 행동들을 알지 못하는 상황이다.

③ Lenchner : 문제란 개인이나 집단이 직면하여 반드시 해결을 해야 하지만, 그 해결의 분명한 경로가 보이지 않는 상황이다.

### (2) 문제에 내포된 기본적인 요소(Andere, 1986; Glaser, 1985)

① 목표 : 문제가 해결된 후의 결과나 상태나 상황이 무엇인지에 대한 진술

② 주어진 상태 : 문제 해결에 유용한 대상, 정보, 또는 제공되는 조건을 포함하고 항상 학생이 조작해야 하는 규칙들

③ 장애 요인 : 주어진 상태로부터 목표달성이 이루어지기까지 문제해결과정에서 간섭, 방해, 함정의 기능을 하는 대상이나 상황

④ 방법 혹은 조작 : 문제를 해결하는데 사용될 수 있는 절차나 순차식 문제해결 과정(=알고리즘)

### (3) 문제가 지녀야할 속성

#### 1) 일반적 문제

① 문제는 학습자가 자신의 지식이나 상황조직 능력을 통하여 이해할 수 있는 것이어야 한다.

② 문제는 주어진 상태로부터 목표에 도달할 때까지 깊은 사고가 요구되는 상황이다.

③ 문제는 학생이 주어진 상태로부터 목표달성에 즉시, 쉽게, 직접적으로 도달될 수 없는 상황이다.

④ 문제는 학습자가 최초로 직면하게 되는 문제 상황이 단순하지 않지만 결국에는 해답을 얻을 수 있는 것이어야 한다.

⑤ 문제는 개인적 관점, 관련 지식의 획득 정도, 주어진 상황에 대한 경험의 유무, 능력, 흥미 등의 차이에 따라 다르게 인식된다.

2) 수학 문제

① 문제는 기본적인 개념의 분명한 이해와 지적 기능을 활용할 수 있는 것이어야 한다.

② 문제의 해결이 일반화될 수 있어야 한다.

③ 문제를 해결한 결과를 확장·적용할 수 있어야 한다.

④ 문제의 해결방법이 다양해야 한다.

⑤ 학생들에게 흥미와 도전을 줄 수 있어야 한다.

⑥ 문제 풀이 과정에 여러 가지 (수학적) 개념이나 기능 등을 포함해야 한다.

## 02 문제의 종류

### (1) 일반적인 문제의 종류

1) Simon(1973)의 구조화된 수준에 따른 문제의 종류

① **잘 구조화된 문제 조건**

㉠ 해결이 적절한지 검증할 명확한 준거가 있어야 한다.

㉡ 최초 상태와 목표 상태가 표상화 될 수 있어야 한다.

㉢ 문제를 변형해서 표상화 할 수 있어야 한다.

㉣ 문제해결을 통하여 얻은 지식을 문제에 대입할 수 있어야 한다.

② **잘 구조화되지 않은 문제조건**

㉠ 문제에 정보나 자료를 추가해야 문제가 분명해진다.

㉡ 명확하게 구체화된 목표를 찾아보기 힘들다

2) Paul(1987)

① **단순 문제** : 하나의 분명한 해답과 해결방법이 있어서 학생이 논리적으로 생각하면 정답에 도달할 수 있도록 구조화된 문제

② **복합 문제** : 명백한 해결방법이 없을 뿐만 아니라 개인의 가치관이 관련되어 있어 복합적인 논리구조를 띄고 있는 문제, 일상생활의 문제 등

#### 3) Getzel(1988)

① **제1유형의 문제** : 해답만 모를 뿐 해결방식을 알고 있는 문제, 해결을 위해서는 기억력이 요구

② **제2유형의 문제** : 학생이 해결방법을 모르는 문제, 분석력과 추론능력이 요구

③ **제3유형의 문제** : 문제 자체가 제시되지 않기 때문에 문제도 학생이 찾아내야 하고, 해결 방법도 상상력과 통찰력을 통하여 스스로 찾아내야 되는 문제

### (2) 수학 문제의 종류

① 정형 문제 : 이미 제시된 알고리즘을 사용하여 해결할 수 있는 문제

② 비정형 문제 : 문제를 해결하는 알고리즘이나 답을 얻는 방법을 모르는 상태에서 문제 해결 전략이나 독자적인 해결 방법을 구안하여 풀어야 하는 문제

### (3) 영어로 본 문제의 종류

① 질문(question) : 단순한 회상과 기억에 의해 해결이 가능한 상황

② 연습 문제(exercise) : 이미 학습된 기능이나 알고리즘의 강화를 위한 반복 학습을 요하는 상황

③ 문제(problem) : 해결을 위하여 이미 학습된 지식의 분석과 종합을 요하는 상황

### (4) 트래버스의 수학 문제 분류

#### 1) 산수문제

초등학교 수준의 대수문제나 기하문제를 포함하는 문제로써 일(work), 운동(motion), 나이(age), 혼합물(mixture) 문제 등이 이 영역에서 중요한 위치를 차지한다.

#### 2) 응용문제(application problem)

① 응용문제는 추상적인 수학내용을 실생활의 문제 장면에 응용하거나, 물리·화학·인구문제·공업 등에 활용하는 문제들을 말한다.

② 학교에서 공부하는 응용문제는 현실적으로 학생들이 졸업 후에 직장을 가지게 되고, 직장에서 취급하는 문제를 풀기 위해 준비할 수 있는 것이다.

#### 3) 추상문제(abstract problem)

교과서에서 가장 많이 볼 수 있는 문제로 실생활에 응용성이 있느냐 하는 면에는 관심이 없다. 그리고 논리적 추론 능력이나 수학적인 사고를 길러주는 데 역시 광범위하게 사용된다.

#### 4) 탐구문제(open－search problem)

① 학교수학에서 강조되는 문제유형이다. 학생들 스스로 자기 질문을 만들고 주어진 문제를 확장시키는 문제이다.

② 한 문제를 기본으로 풀게 한 다음, 확장된 문제를 제시한다,

#### 5) 프로젝트(project)

① 학생 스스로 장기간의 준비와 과정을 거쳐 결과물을 얻어내는 평가로써 학생의 여러 면을 평가할 수 있다.

② 이 유형의 문제의 특징은 장기간에 걸쳐 해결되는 것으로서, 정규시간에는 다루기 어려운 문제들을 평가하는 것이다. 프로젝트는 응용문제가 될 수도 있고, 추상문제가 될 수도 있다.

#### 6) 증명문제(proof)

① 사실 중등학교에서는 대부분 증명하는 과정이 교사의 주도에 의하여 제시된다. 중등학교에서 학생 스스로 증명하는 길을 터득한다는 것은 쉬운 일이 아니다.

② 증명을 하기 위해서는 과거에 이미 증명한 정리들을 종합하여 새로운 사실을 얻어내는 과정을 만들어내야 한다.

③ 증명을 하는 데에는 다음 두 가지 방법을 사용할 수 있다.

㉠ 종합적 증명 : 가정에서 제시된 조건과 관련된 다른 정보(공리, 정의, 이미 증명된 정리)들을 이용하여 결론에 도달하는 방법

㉡ 분석적 증명 : 먼저 결론을 이야기하고 이러한 결론을 얻기 위하여 어떤 조건을 보아야 하는지 추적해 가는 방법. 그래서 정리의 가정에 제시된 조건까지 거슬러 올라감.

## 03 문제해결 과정 및 전략

### (1) 문제해결의 과정

어떤 주어진 문제가 있을 때, 학습자가 문제를 해결하는 동안에는 문제공간의 특성과는 아무런 관련 없이 일련의 동일한 문제해결과정을 거치게 된다.(Gagné, 1985)

#### 1) 듀이(Dewey, 1933) : 문제를 해결하는 과정 = 반성적 사고

① 문제의 인식 : 예상되는 문제 상황을 인지하고 그 문제의 난이도 수준을 인식하는 단계

② 문제의 명료화와 정의 ; 해답을 구하는데 직면하게 되는 난이도의 근거를 파악하고 정의하는 단계

③ 사실의 탐색과 가설 설정 : 경험적 자료의 관찰, 수집, 또는 조작을 통하여 해결 방안을 탐색하는 단계

④ 실험적 검증 : 관념 또는 가설을 정교하게 하고 추론에 의한 해결방안의 개발 및 해결방안의 평가 검증 단계

2) 왈리스(Wallis, 1926)

① 준비기 : 학습자는 문제를 분석하고, 그러한 문제들을 분명히 파악하고 정의하고자 하며, 아울러 문제해결에 적합한 정보나 사실들을 수집한다.

② 부화기 : 학습자는 다양한 요인들을 동시에 고려하면서 문제해결의 방향을 탐색한다.

③ 계시지 : 문제해결의 대안들을 검토하는 가운데 일순간의 통찰에서 해결방안을 갑작스레 발견한다.

④ 검증기 : 문제해결이 완전히 이루어지는 단계로써 해결에 대한 검토와 함께 세부적인 검증의 실행이 이루어진다.

3) 버튼(Burton, 1985)

① 도입 단계 : 문제를 이해하라.

② 공략 단계 : 문제를 푼다.

③ 검토 단계 : 풀이를 검토한다.

④ 확장 단계 : 문제를 일반화한다.

4) 쇤펠드(A. Schoenfeld, 1980)

① **이해단계**

㉠ 가능한 한 그림을 그려본다.

㉡ 특수한 사례를 검토해 본다.

㉢ 문제를 단순화시켜 본다.

② **계획단계**

문제해결의 방안을 구조화해 본다.

③ **탐구단계**

㉠ 본질적으로 동등한 문제를 생각해 본다.

㉡ 약간 수정한 문제를 생각해 본다.

㉢ 대폭 수정한 문제를 생각해 본다.

④ **실행단계**

탐구단계에서 획득한 아이디어에 따라서 문제를 해결해 본다.

⑤ **검증단계**

㉠ 해결책이 구체적인 사례에도 합당한지 검토한다.

㉡ 해결책이 보편적인 경우에도 합당한지 검토한다.

㉢ 대안적인 해결방법으로도 결과를 확인해 본다.

5) 폴리아(Polya, 1945)– **문제해결 4단계**

| 문제 이해 | → | 계획 작성 | → | 계획 실행 | → | 반성 |
|---|---|---|---|---|---|---|

① **문제 이해 단계**(understanding the problem) : 문제를 이해하는 단계로 문제에서 구하려는 것과 주어진 것을 알고, 용어의 뜻을 파악하며, 문제를 분석하는 것이 이 단계에 해당한다.

- 미지인 것은 무엇인가?
- 주어진 것은 무엇인가?
- 자료는 무엇인가?
- 조건은 무엇인가?
- 조건은 만족될 수 있는가?
- 조건은 미지의 것을 결정하기에 충분한가, 불충분한가, 과다한가?
- 그림을 그려보아라.
- 적절한 기호를 붙여라.
- 조건을 여러 부분으로 분해해 보아라.

② **문제해결 계획 수립 단계**(devising a plan) : 문제에서 주어진 것과 구하려는 것 사이의 관계를 파악하는 단계로 여러 가지 문제해결 전략을 이용하게 된다. 주어진 것과 구하려는 것 사이의 관계성을 즉각적으로 발견할 수 없을 때에는 보조문제를 고려해야한다.

- 전에 그 문제를 본 적이 있는가?
- 약간 다른 형태로 된 같은 문제를 본 적이 있는가?
- 관련된 문제를 알고 있는가?
- 도움이 될 것 같은 어떤 사실이나 정리를 알고 있는가?
- 미지인 것을 잘 살펴보아라.
- 친숙한 문제 중에 미지인 것이 같거나 유사한 문제를 생각해 보아라.
- 관련된 문제를 전에 풀어 본 적이 있는 문제가 있는데, 그것을 이 문제를 푸는 데 활용할 수 없을까?
- 문제를 달리 진술할 수 있을까? 좀 더 다르게 진술할 수 있을까?

- 정의로 되돌아가 보자. 이 용어의 정의가 무엇이었지?
- 이 문제를 풀 수 없다면 이문제와 관련 된 문제를 먼저 풀어 보다.
- 보다 쉬운 관련된 문제를 생각해 낼 수 있을까?
- 문제를 보다 일반적인 현태로 변형할 수 있을까?
- 문제를 보다 특수한 문제로 변형할 수 있을까?
- 유사한 문제는?
- 문제를 부분적으로 풀 수 있는가?
- 조건 가운데 일부분만 남기고 다른 것은 버려 보아라. 그렇게 하면 미지인 것은 어느 정도까지 징해지는기?
- 자료부터 무엇인가 유용한 것을 이끌어 낼 수 있을까?
- 미지인 것을 결정하는 데 적절한 자료를 생각해 볼 수 있을까?
- 새로운 미지인 것과 새로운 자료가 서로 더 가깝게 되도록 미지인 것이나 자료를 변형할 수 있을까?
- 자료는 모두 사용했는가?
- 조건을 모두 사용했는가?
- 문제에 포함된 핵심적인 개념을 모두 고려했는가?

③ **계획 실행 단계**(carrying out the plan) : 해결 계획에 따라 실행하는 단계이다.

- 풀이의 각 단계를 조심스럽게 실행하도록 하라.
- 각 단계가 올바른지 명확히 알 수 있는가?
- 그것을 옳다는 것을 설명할 수 있는가?

④ **반성 단계**(looking back) : 문제를 해결한 과정을 처음부터 검토해 보고, 다른 방법으로 해결할 수는 없는지를 알아보고, 혹시 다른 방법이 있으면 어느 방법이 더 나은지를 생각해 본다.

- 결과를 점검할 수 있는가?
- 풀이 과정을 점검할 수 있는가?
- 결과를 다른 방법으로 이끌어 낼 수 있는가?
- 결과나 방법을 어떤 다른 문제에 활용할 수 있는가?
- 관련된 문제를 만들 수 있는가?

## (2) 문제해결 전략(strategy)

문제해결 전략이란 계획의 수립 단계에서 결정적으로 이용될 수 있는 해결책을 말한다.

### 1) 한국교육개발원이 제안한 문제해결 전략

① 식 만들기

② 그림 그리기

③ 규칙성 찾기
④ 표 만들기
⑤ 거꾸로 풀기
⑥ 예상과 확인
⑦ 수형도 그리기
⑧ 단순화하기

### 2) A. Schoenfeld가 구분한 문제해결 전략

① 그림을 그리고 적절한 표기를 도입하기
② 관련된 문제를 탐구하기
③ 문제를 재공식화하고 거꾸로 풀기
④ 절차를 검사하고 입증하기
⑤ 그림 그리기
⑥ 귀납적 논의
⑦ 모순법 또는 대우법에 의한 논의
⑧ 변수가 더 적은 비슷한 문제를 생각하기
⑨ 하위목표(subgoal) 만들기
⑩ 특수화하기
⑪ 일반성을 가정하기
⑫ 한 양을 제외한 모든 양을 고정된 것으로 생각하기
⑬ 문제를 풀린 것으로 간주하기
⑭ 보조요소 도입하기 등

### 3) 수학 문제해결에서 사용되는 대표적인 문제해결 전략

① **그림 그리기 전략** : 그림은 알아보기 쉽고 기억하기도 쉽다. 따라서 그림을 그려봄으로써 문제를 전체적으로 이해하거나 문제를 해결하는데 필요한 수단을 제공받을 수 있으며 심지어 그림을 그려봄으로써 문제의 답을 얻을 수도 있다. 그러므로 이 전략은 문제의 이해, 계획의 수립, 실행 과정에서 유용하다.

㉠ 문제 상황을 순서대로 그리기 : 문제 상황을 순서대로 정확히 그리면 문제를 이해하거나 답을 구할 수 있고 때에 따라서 해결 계획을 세우는 단서를 제공받을 수 있다. 다음 문제에서는 그림을 정확히 그리면 답을 바로 알 수 있다.

㉡ 그림식 그리기 : 방정식을 배우기 전에 문제 상황을 그림을 이용한 식으로 나타낼 수 있다. 다음 문제 에서는 하얀 젖소를 하얀 어떤 도형으로, 검은 젖소를 검은 어떤 도형으로 그려서 문제 상황을 표현하면 쉽게 이 문제를 해결할 수 있다. 물론 이것은 본질적으로 이원일차 연립 방정식과 같다.

㉢ 문제의 요소 사이의 관계를 그림으로 나타내기 : 이 전략에서는 정확성이 문제가 되는 것이 아니라 문제의 요소가 주어진 관계대로 그려지는 것이 중요하다. 이때에는 그리는 순서가 문제가 되지 않는다. 다음 문제를 풀기 위해서 삼각형을 먼저 그리고 그 외접원을 그리려면 상당히 어렵다. 원을 그리고 다음에 내접하는 삼각형을 그리는 경험이 필요하다.

㉣ 수형도 그리기 : 이 전략은 경우의 수를 구할 때 특히 유용한 전략이다.

② **표 만들기 전략**

㉠ 구조가 간단한 표 만들기

㉡ 구조가 복잡하거나 여러 개로 만들 수 있는 표 만들기

㉢ 표를 만들어 어떤 패턴을 발견함으로써 일정한 규칙을 발견하기

③ **규칙성 찾기 전략 :** 문제의 자료에 있는 규칙을 찾아 그것을 문제 상황에 적용함으로써 문제를 해결하는 전략이다. 주로 정수 변수 $n$이 문제에 명시되거나 암시되어 있다. 이는 '귀납적 논의'혹은 '패턴 찾기' 전략으로 불리기도 한다.

㉠ 정수의 변수의 규칙성 찾기 : 정수 변수 $n$이 명시 혹은 암시되어 있을 때 $n$=1, 2, 3, …의 경우를 조사하여 규칙성을 찾을 수 있다. 이 전략의 하위 전략으로 등차수열적 규칙성 찾기, 등비수열적 규칙성 찾기, 계차수열적 규칙성 찾기 등이 가능하다.

㉡ 회귀패턴 : 회귀패턴이란 다음 항이 매번 이전 항을 참고, 즉 이전 항에 회귀함으로써 구해지는 것이다.

④ **예상하고 확인하기 :** 문제를 해결할 때 답을 예상 혹은 어림짐작해보고 그 답이 맞는지 확인해 보는 전략이다. '시행착오'도 이 전략의 일종이다.

㉠ 시행착오 : 시행착오란 실제로 행해보고 거기서 나타나는 오류를 극복하여 다시 행하는 일을 반복함으로써 문제를 해결하는 전략으로서 하위전략으로는 직관적인 시행착오, 체계적인 시행착오, 추론적인 시행착오 등이 가능하다.

㉡ 반복적인 예상과 확인 : 시행착오는 우연에 많이 좌우되는 느낌이다. 그러나 이 전략은 답을 어떤 근거에 의해 예상하고 그 결과를 확인하여 오류의 근원을 확인하면서 다시 예상하고 확인하는 것을 반복하는 전략이다.

⑤ **분석하기 전략** : 분석법은 요구되고 있는 것으로부터 시작하여 요구되고 있는 것이 옳다고 가정하여 그 결과로부터 다시 결과를 계속 이끌어 내는 전략이다. 어떤 수를 구할 때 그 수를 $x$로 두고 식을 세우는 경우가 이러한 전략의 한 예이다. '거꾸로 풀기, 문제를 풀린 것으로 간주하기, 귀류법, 간접증명법'도 분석법의 일종이다.

㉠ 거꾸로 풀기 : 문제 상황을 역으로 생각하거나 역 연산을 사용한다.

㉡ 식 만들기 : 찾으려는 수를 $x$, $y$ 등으로 두고 조건에 맞게 식을 세운다.

㉢ 문제를 풀린 것으로 간주하기 : 작도 문제 등에서 찾으려는 것을 우선 조건에 맞게 만들어 놓고 유용한 어떤 것을 이끌어낸다. 폴리아는 이 문제가 '자료로부터 무언가 유용한 것을 이끌어 내는 전략'의 예로 제시하고 있다.

㉣ 미지인 것과 기지인 것을 바꾸기

㉤ 간접증명법

ⓐ 모순법 : 가정으로부터 명백하게 불합리한 것을 유도해 냄으로써 가정이 거짓임을 보이는 것이다.

ⓑ 귀류법 : 찾으려는 것을 부정하였을 때 이것이 거짓임을 보임으로써 어떤 주장이 참임을 입증하는 것이다.

ⓒ 대우법 : 가정에서부터 결론을 찾는 대신 대우인 결론을 부정하여 가정이 부정됨을 보이는 방법이다.

ⓓ 분할법 : 분할법은 가능한 경우를 여러 개로 나누어 그 일부가 모순이 됨을 보임으로써 그 외의 것이 참임을 보이는 방법이다.

⑥ **문제를 변형하기 전략**

㉠ 일반화하기 : 일반화는 하나의 대상에 대한 고찰로부터 그 대상을 포함한 집합에 대한 고찰로, 한 정된 집합에 대한 고찰로부터 그것을 포함한 좀 더 광범위한 집합에 대한 고찰로 옮아가는 것이다.

ⓐ 반성을 위한 일반화 : 이미 해결된 문제의 여러 요소를 일반화시킴으로써 결과를 여러 가지 방법으로 점검하여 반성해 볼 수 있다.

ⓑ 문제해결을 위한 일반화 : 보다 일반적인 문제가 보다 해결하기 쉬운 경우가 있다.

㉡ 특수화하기 : 특수화란 주어진 대상의 집합에 대한 고찰로부터 그 집합에 포함되는 더 작은 집합 또는 단 하나의 대상에 대한 고찰로 옮아가는 것이다.

ⓐ 극단적인 경우 찾기 : 극단적인 경우는 일반적인 명제를 논박하거나, 이를 통해 입증된 경우는 더욱 강력한 증거를 획득하기 때문에 특히 중요하다.

ⓑ 반례 찾기

ⓒ 귀납적 특수화 : 몇 가지 예를 근거로 답이나 풀이 방법에 대한 통찰을 얻을 수 있다는 점에서 이러한 전략을 귀납적 특수화라고 부르며 개념을 도출하기 위한 귀납과는 다른 의미이다.

㉢ 유추하기 : 유추란 일종의 닮음이다. 닮은 대상이란 어떤 점에서 서로 일치하는 것이고 유사한 대상이란 서로 대응되는 부분에 대한 어떤 관계가 일치하는 것이다.

㉣ 단순화하기 : 수가 너무 크거나 작아서 다루기 힘들 때, 혹은 변수가 많을 때, 그 수를 친숙한 자연수로 바꾸거나 변수의 개수를 줄여서 문제를 풀고 그 방법이나 결과를 원래의 문제를 푸는데 적용하는 전략이다.

㉤ 문제를 여러 개로 나누어 풀기 : 조건을 여러 개로 나누기, subproblem 만들기 등으로 불리기도 하며, 단순화하기 전략의 일종으로 보기도 한다.

⑦ **구체적 모델을 선정하기** : 문제를 풀 때 대부분 문제 장면을 머릿속에 상상하면서 풀어가지만, 때로는 실제 구체물을 놓고 문제 해결의 방법을 생각하는 것이 쉬운 경우도 있다.

### (3) 문제해결 행동의 기본요소(A. Schoenfeld, 1985)

수학적 문제를 해결하기 위해 기본적인 수학적 지식이 필요하며, 문제해결 기술(발견술)이 필요하다. 이 때, 발견술은 문제를 해결하기 위해 문제 해결자가 스스로에게 던지고 다루는 발문과 권고의 모임을 의미한다. 그리고 이용 가능한 자원이나 발견술을 언제 어떻게 적절하게 사용하는지를 선택하고 이용하는지에 대한 '통제 능력'이 필요하며 마지막으로 수학에 대한 문제해결자의 신념이 준비되어 있어야 한다.

| | |
|---|---|
| 자원<br>(resource) | 특정 수학적 문제 상황과 관련지을 수 있는 지식체, 직접 문제에 관련지을 수 있는 개인이 소유한 사실적, 절차적, 명제적인 수학적 지식<br>• 관련 영역에 관한 직관과 비형식적인 지식<br>• 사실(facts)<br>• 알고리즘 절차<br>• 틀에 박힌 비알고리즘적인 절차<br>• 관련 영역을 다루는 데 필요한 법칙에 대한 이해(명시적 지식) |
| 발견술<br>(heuristic) | 효과적인 문제 해결을 위한 경험적인 규칙, 생소하고 비표준적인 문제 해결을 진전시키기 위한 전략과 기술<br>• 그림 그리기, 적당한 표기 도입하기<br>• 관련된 문제 연구하기<br>• 문제를 재진술하기, 거꾸로 풀기<br>• 절차를 검증하고 확인하기 |

| | |
|---|---|
| 통제<br>(control) | 문제 해결 시도 중 자원을 선택하여, 취급하고 처리하며, 풀이를 계획하고 진행 중인 풀이를 점검하며 평가하는 등에 대한 전반적인 결정하기<br>• 계획하기<br>• 모니터하고 평가하기<br>• 의사결정하기<br>• 의식적인 메타 인지적 행동<br>(cf) 통제가 결여되면 자원을 낭비하고 능력에 미치는 문제를 쉽게 풀지 못하게 된다. |
| 신념체계<br>(belief system) | 개인의 '수학적인 세계관', 문제에 접근하기 위해 선택하는 방법과 어떤 방법을 사용하여 풀이할 것인지 그리고 그가 얼마나 오래 그리고 열심히 그러한 일을 수행하느냐 등 결정<br>• 자기 자신·수학적 주제·환경·수학에 대한 행동 결정 |

## 04 G. Polya의 문제해결

### (1) 문제해결 과정 4단계

#### 1) 문제에 대한 이해

① 학생은 주어진 문제를 해결하려는 욕구(흥미)를 가져야 한다. 학생에게 흥미가 있는 문제를 선정해야 한다. 너무 어려워도 너무 쉬워도 안 되며 자연스럽고 흥미로워야 하고, 어느 정도 시간을 들여 자연스럽고 재미있게 표현되도록 노력해야 한다.

② 문제를 설명하는 언어적 진술이 이해되어야 한다. 학생들에게 문장을 반복해서 읽도록 요구하며, 학생들이 문제를 유창하게 진술할 수 있도록 해야 한다. 또한 학생들이 문제의 주요 부분, 즉 미지인 것, 자료, 조건 등을 지적할 수 있어야 한다.

발문
- 미지인 것은 무엇인가? 자료는 무엇인가? 조건은 무엇인가?
- 조건은 만족될 수 있는가? 조건은 미지인 것을 결정하기에 충분한가 또는 불충분한가 또는 과다한가 또는 모순되는가?

③ 학생은 문제의 주요 부분을 주의 깊게 반복하여 여러 측면에서 살펴보아야 한다. 문제와 관련된 그림이 있다면 그림을 그리고, 미지인 것과 자료를 그림에서 지적하도록 해야 한다. 이들 대상에 이름을 붙일 필요가 있다면, 적절한 기호를 붙여야 한다.

발문
- 그림을 그려 보아라. 적절한 기호를 붙여 보아라.
- 조건을 여러 부분으로 분해하라. 그것을 써서 나타낼 수 있는가?

#### 2) 계획의 작성

계획은 일반적인 문제해결의 윤곽을 잡는 단계이다.

① 미지인 것을 얻기 위해서 어떤 계산이나 작도를 해야 할 것인지를 알게 되거나 적어도 그 윤곽을 알게 되었다면 그것으로 계획을 세운 것이 된다.

② 교사는 학생을 조심스럽게 도와 번쩍이는 생각이 떠오르게 해야 한다. 이 때 학생들의 입장을 이해하려면, 교사 자신이 문제를 풀 때 스스로 겪은 곤란과 성공에 대한 경험을 생각해 보아야 한다.

③ 학생들에게 전에 풀어 본 문제나 전에 증명한 정리 등과 같은 이전에 얻은 수학 지식들 중 현재 해결하는 문제와 관련된 어떤 것을 생각할 수 있도록 유도한다. 그리고 이러한 것들 중 핵심적인 공통점을 주지하도록 안내한다.

발문
- 전에 그 문제를 본 일이 있는가? 그렇지 않으면 약간 다른 형태로 된 같은 문제를 본 일이 있는가?
- 관련된 문제를 알고 있는가? 미지인 것을 살펴보아라! 그리고 친숙한 문제 중 미지인 것이 같거나 유사한 문제를 생각해 보아라.
- 문제를 달리 진술할 수 있을까? 좀 더 다르게 진술할 수 있을까? 정의로 되돌아 가 보자.
- 관련된 문제로 전에 풀어 본 일이 있는 문제가 있구나. 그 결과를 활용할 수 있을까? 어떤 보조 요소를 도입하면 그 것을 활용할 수 있을까?

④ 학생들이 다른 적절한 접촉점을 찾아보고 당면한 문제의 여러 측면을 조사해 보도록 안내한다. 이 때 문제를 변형하면 어떤 적절한 보조 문제가 될 수도 있다. 문제를 바꿔 보고, 변형시켜 보고, 수정해 보도록 한다. 이 때, 일반화·특수화·유추의 사용·조건의 일부를 떼어내기 등을 사용할 수 있다.

발문
- 문제를 달리 진술할 수 있는가?
- 만일 제기된 문제를 풀 수 없다면, 먼저 어느 정도 그와 관련된 문제를 풀어 보아라. 보다 접근하기 쉬운 관련된 문제를 생각해 낼 수 있는가? 보다 일반적인 문제는? 보다 특수한 문제는? 유사한 문제는? 문제를 부분적으로 풀 수 있는가? 조건 가운데 일부분만 남기고 다른 것은 버려보아라. 그랬을 때 미지인 것은 어느 정도까지 정해지는가? 자료로부터 무언가 유용한 것을 이끌어 낼 수 있을까? 미지인 것을 결정하는 데 적절한 다른 자료를 생각해 볼 수 있을까? 새로운 미지인 것과 새로운 자료가 보다 더 가깝게 되도록 하기 위해서 미지인 것이나 자료 또는 필요하다면 두 가지 다 변형할 수 있을까?

⑤ 학생들이 주어진 문제를 해결하기 위해 노력하는 동안 원래의 문제를 잊지 않도록 주의를 준다.

발문－자료는 모두 활용했는가? 조건을 모두 활용했는가?

⑥ 학생이 자신이 세운 계획을 실행할 때까지 잊어버리지 않도록 해야 한다. 따라서 교사의 권위에 의해 문제 풀이의 계획을 세우기보다 교사의 도움을 좀 받아서라도 스스로 연구하여 만족스럽게 최종적인 아이디어를 생각해 낼 수 있도록 해야 한다.

### 3) 계획의 실행

① 계획을 실행하는데 가장 중요한 것은 인내심이다.

② 문제의 계획을 완벽하게 실행할 때까지 학생이 자신이 세운 계획을 잊어버리지 않도록 해야 한다.

③ 학생이 각 단계의 정확성을 진정으로 납득하도록 한다.

### 4) 반성

① 완성된 풀이를 검토하고 그 결과와 그 결과에 이르게 된 과정을 재고하고 재검사함으로써, 획득한 지식을 견고하게 하고 문제를 해결하는 능력을 발달시킬 수 있다.

② 학생이 계획을 실행할 때 매 단계를 점검하면서 풀이를 기술하였을지라도 오류는 항상 있을 수 있음을 인식시키고 검증을 하도록 안내한다.

③ 문제를 해결했다는 확신을 갖게 하기 위해 결과를 이끌 다른 방법을 찾아보도록 한다.

④ 교사는 학생들이 사용한 절차를 재차 활용하거나 획득한 결과를 적용할 수 있는 경우를 상상해 보도록 격려해 주어야 한다.

⑤ 학생들이 정직하게 노력해 왔으며 지금까지 잘해 왔다는 의식을 가지고 있으면, 풀이를 검토하는 것이 참으로 흥미 있음을 알게 될 것이다. 풀이를 검토하게 되면 그 밖의 어떤 것이 있을지 열심히 살펴볼 것이며 다음번에도 어떻게 하면 마찬가지로 잘할 수 있을 것인가를 열심히 알아보고자 할 것이다.

⑥ 반성 단계의 중요성

㉠ 풀이과정과 결과를 개관하고 음미해 봄으로써 오류를 발견·수정하고 문제풀이를 개선할 수 있다.

㉡ 다른 문제와의 관련성을 조사하고 적용가능성을 생각해 보는 가운데 획득한 지식이 견고히 된다.

㉢ 풀이과정이 단순화, 체계화되므로 그 내적 바탕이 인식되고 사고 양식화되어 문제를 해결하는 능력이 발달된다.

㉣ 공식의 세부적인 의미를 점검해봄으로써 공식의 의미를 '한 눈에' 알 수 있게 된다.

⑦ 반성은 자신의 사고 과정을 대상으로 하는 인식활동이라는 점에서 메타인지(meta-cognition)적인 사고라고 할 수 있다.

㉠ 메타인지는 자신의 사고 과정에 대한 인지로서, 메타인지의 예로는 자신의 사고 과정을 모니터하거나 조절하는 정신적 활동을 들 수 있다.

㉡ 문제해결 과정에서 수행하는 모든 활동에 대해서 각각을 모니터하고 조절하는 것이 필요하다는 측면에서 메타인지는 문제해결의 4단계에 모두 영향을 미치지만 가장 밀접한 관련을 갖는 것은 반성 단계라고 할 수 있다. 즉 반성단계에서 이루어지는 결과와 풀이 과정의 점검, 다양한 방법의 모색, 다른 문제에의 일반화, 우아한 해법의 추구 등은 대표적인 메타인지 활동이라고 할 수 있다.

## (2) 문제해결 과정 4단계 적용 : 가로, 세로, 높이가 주어진 직육면체의 대각선을 구하기

### 1) 문제 이해

① 학생들은 피타고라스의 정리와 평면기하에서의 몇 가지 응용분자에 친숙해져 있어야 한다.

② 교사는 문제를 구체적으로 제시함으로써 이 문제를 흥미롭게 만들 수 있다.

③ 교실의 가로, 세로, 높이 이용, 몸짓으로 대각선을 가리키고 칠판에 그림을 그린다.

| 교사의 발문 | 학생(들)의 대답 |
|---|---|
| 미지인 것은 무엇인가? | 직육면체의 대각선의 길이입니다. |
| 자료는 무엇인가? | 직육면체의 가로, 세로, 높이입니다. |
| 적절한 기호를 붙여라, 미지인 것을 어떤 문자로 나타낼 것인가? | $x$ 입니다. |
| 가로, 세로, 높이는 어떤 문자로 나타낼까? | $a$, $b$, $c$로 나타내지요 |
| $a$, $b$, $c$와 $x$를 연결하는 조건은 무엇인가? | $x$는 가로, 세로, 높이가 각각 $a$, $b$, $c$인 직육면체의 대각선입니다. |
| 이 문제는 바른 문제인가? 즉 조건은 미지인 것을 결정하기에 충분한가? | 예, 그렇습니다. $a$, $b$, $c$를 알면 직육면체를 아는 것입니다. 직육면체가 결정되면, 대각선이 결정됩니다. |

### 2) 계획의 작성

① 학생들이 문제를 어느 정도 이해하여야 하는데, 그래도 적극성을 보이지 않는 것 같다면 교사는 학생들과의 문답식 대화를 조심스럽게 다시 시작해야만 한다. 교사는 학생들이 대답이 없을 때, 발문을 약간 수정하여 반복할 준비가 되어 있어야 한다.

② 때때로 당황스러울 정도로 학생들이 침묵할 때에도 교사는 그에 대처할 준비가 되어 있어야 한다.

| 교사의 발문 | 학생(들)의 대답 |
|---|---|
| 관련된 문제를 알고 있는가? | …… |
| 미지인 것을 살펴보아라. 미지인 것이 같은 다른 문제를 알고 있는가? | …… |
| 자 미지인 것은 무엇인가? | 직육면체의 대각선의 길이입니다. |
| 미지인 것이 같은 다른 문제를 알고 있는가? | 아니오, 우리는 아직 직육면체의 대각선에 관한 문제를 풀어 본 적이 없습니다. |

| | |
|---|---|
| 미지인 것이 유사한 다른 문제를 알고 있는가? | …… |
| 대각선은 선분, 곧 직선의 한 토막이라는 것을 알고 있겠지? 미지인 것이 선분의 길이인 문제를 한 번도 풀어 본 적이 없는가? | 물론, 그러한 문재는 풀어 보았습니다. 예를 들면, 직각삼각형의 빗변을 구하는 문제 등입니다. |
| 좋아! 이 문제와 관련된 문제로 전에 풀어 본 적이 있는 문제가 있구나. 그것을 활용할 수 있을까? | …… |
| 다행히 여러분은 현재의 문제와 관련된 전에 풀어본 적이 있는 문제를 기억해 낼 수 있었다. 그것을 활용하고 싶은가? 어떤 보조 요소를 도입하면 그것을 활용할 수 있을까? | …… |
| 이 그림을 보아라. 여러분이 기억해 낸 문제는 삼각형에 관한 것이었다. 여러분이 그린 그림에 삼각형이 들어 잇는가? | …… |
| 그림에서 삼각형을 찾아보고자 하는가? | …… |
| 그림에서 어떤 종류의 삼각형을 찾으려고 하는가? | …… |
| 대각선은 아직 구할 수가 없다. 그러나 여러분은 삼각형의 변은 구할 수가 있다고 말하였다. 이제 여러분은 어떻게 할 것인가? | …… |
| 대각선이 삼각형의 한 변이라면, 그것을 구할 수가 있겠는가? | …… |
| 내가 보기엔 그 삼각형을 그린 것은 좋은 생각이다. 이제 삼각형을 찾았다. 그러나 미지인 것은 어떤 것인가? | 미지인 것은 직각삼각형의 빗변입니다. 피타고라스의 정리를 사용하면 그것을 계산 할 수 있습니다. |
| 그것은 다른 두 변의 길이를 알고 있으면 구할 수 있다. 그러나 그것들을 알고 있는가? | 한 변은 주어졌습니다. 그것은 c입니다. 그리고 다른 한 변은, 제 생각에, 어렵지 않게 찾을 것 같습니다. 네, 다른 한 변은 또 다른 직각삼각형의 빗변입니다. |
| 매우 훌륭하다! 이제, 여러분은 계획을 수립했다. | |

③ 다른 접근 방법 이용－유추를 통해 해법의 아이디어에 접할 수 있다.

| 교사의 질문 | 학생(들)의 대답 |
|---|---|
| 관련된 문제를 알고 있는가?<br>유사한 문재를 알고 있는가? | …… |
| 여러분이 알고 있듯이 제시된 문제는 입체기하의 문제이다. 평면기하에서 이와 유사한 보다 단순한 문제를 생각해 볼 수 있는가? | …… |
| 여러분이 알고 있듯이 제시된 문제는 공간에서의 도형에 관한 문제로 직육면체의 대각선에 관한 것이다. 평면에서 도형에 관한 이와 유사한 문제는 어떤 것인가? 그것은 확실히 대각선인데－직 …의 대각선과 관계되어야 할 것이다. | 직사각형의 대각선과 관계 됩니다. |
| 관련된 문제로 전에 풀어본 일이 있는 문제가 있구나. 그것을 활용할 수 있을까? | |
| 어떤 보조 요소를 도입하면 이를 활용할 수 있나? | |

### 3) 계획 실행

① 학생은 빗변이 미지수 $x$이고 주어진 높이 $c$와 한 면의 대각선을 나머지 변으로 하는 직각 삼각형을 생각하였다. 아마도 학생에게 적절한 기호를 붙이도록 권고해야 할 것이다. 변의 길이가 각각 $a,b$ 인 옆면의 대각선으로 된 변을 $y$로 나타내도록 한다. 그렇게 함으로써 미지인 것이 $y$인 보조 문제를 도입하는 풀이에 대한 착상을 좀 더 명확하게 알 수 있게 된다.

② 마침내 두 직각 삼각형으로부터 차례로

$$x^2 = y^2 + c^2$$
$$y^2 = a^2 + b^2$$

을 얻게 되고 보조적인 미지수 $y$를 소거함으로써

$$x^2 = a^2 + b^2 + c^2$$
$$x = \sqrt{a^2 + b^2 + c^2}$$

을 얻게 된다.

③ 만일 학생이 문제해결의 세부적인 것을 바르게 실행한다면, '각 단계를 점검해야 한다'는 것을 지적해 줄 수 있다.

| 각 변이 $x$, $y$, $c$인 삼각형은 직각삼각형임을 명확히 알 수 있는가? | 예 |
|---|---|

### 4) 반성

① '결과를 점검할 수 있는가?'라는 질문에 학생들이 '예'라고 대답한다면 다음과 같은 여러 가지 질문을 제시할 수 있다.

㉠ 자료는 모두 활용했는가? 주어진 자료 $a$, $b$, $c$가 모두 대각선을 구하는 공식에 나타나 있는가?

㉡ 가로, 세로, 높이는 이 문제에서 같은 역할을 한다. 즉, 이 문제는 $a$, $b$, $c$에 대하여 대칭이다. 여러분이 구한 대각선의 식은 $a$, $b$, $c$에 대해 대칭인가? 그 공식은 $a$, $b$, $c$로 바꾸어도 변하지 않는가?

㉢ 이 문제는 입체기하에 대한 문제이다. 곧 $a$, $b$, $c$를 주어진 세 모서리로 하는 직육면체의 대각선을 구하는 문제이다. 이 문제는 평면하기의 문제, 즉 주어진 $a$, $b$를 두 변으로 하는 직사각형의 대각선을 구하는 문제와 유사하다. 우리가 다루고 있는 '입체기하' 문제의 결과는 '평면기하'의 문제와 유사한가?

㉣ 만약, 높이 $c$가 줄어들어 마지막에 0이 되면 직육면체는 직사각형이 된다. 대각선의 공식에서 $c = 0$으로 놓이면 직사각형의 대각선을 구하는 올바른 공식이 얻어지는가?

㉤ 높이 $c$가 늘어나면 대각선도 늘어난다. 방금 구한 공식은 이 점을 나타내고 있는가?

ⓑ 직육면체의 세 모서리 $a$, $b$, $c$가 같은 비율로 늘어나면 대각선도 또한 같은 비율로 늘어난다. 방금 구한 공식에서 $a,b,c$를 각각 $12a$, $12b, 12c$로 대치하면 대각선의 식도 12가 되어야 한다. 실제로 그러한가?

ⓢ $a$, $b$, $c$가 ft 단위로 측정되면 위의 공식은 역시 ft 단위로 측정된 대각선을 나타낸다. 그러나 모든 단위를 inch로 바꾸어도 역시 공식은 변함없이 성립해야 한다. 실제로 그러한가?

② 반성에서 보인 다양한 질문을 통해 학생들은 이전까지 공식은 주의 깊게 이끌어내졌기 때문에 틀림없는 것이라고 확신하게 되지만 이제 여러 가지 경험적 증거를 통해(많은 검증을 통해) 그 확신이 증대됨을 느끼게 된다. 또한 공식의 세부적인 것이 새로운 의미를 가지게 되며 여러 가지 사실과 연결되게 됨을 알게 된다. 따라서 공식은 보다 기억되기 쉬워지며 학생이 얻은 지식은 견고하게 된다.

③ 유사한 문제로 용이하게 전이될 수 있다. 유사한 문제를 몇 가지 경험한 다음에 바탕에 놓여 있는 일반적인 아이디어, 곧 모든 적절한 자료의 사용, 자료의 변경, 대칭성, 유추 등의 아이디어를 감지하게 될 것이다. 학생이 이와 같은 점에 주의를 집중하는 습관을 가지게 되면 그의 문제해결력은 명백히 향상될 것이다.

④ 어려운 문제나 중요한 문제인 경우 '논증 과정을 점검할 수 있는가?'라는 질문을 통해 논증 과정을 한 단계 한 단계 재점검하도록 지도한다. 보통의 경우는 "까다로운"점만을 골라 재점검하면 충분하다.

⑤ 교사의 약간의 격려를 바탕으로 본 문제와 관련된 몇 가지 보기를 교사와 학생이 다루게 되면, 본질적으로 문제의 추상적인 요소에 구체적인 해석을 가하는 응용 문제를 학생들이 쉽게 찾게 되며, 결과나 방법을 어떤 다른 문제에 활용할 수 있게 된다.

⑥ 문제해결 뒤 다른 방법으로 새로운 문제를 이끌어 낼 수 있다.

⑦ 교사나 학생 스스로에 의해 제시된 문제로부터, 그 문제의 요소 중 어떤 것을 변수로 봄으로써 새로운 문제를 이끌어 낼 수 있다.

⑧ 문제해결자의 전형적인 사고 조작을 유발하는 적절한 질문과 권고의 목록을 소유하고 그것을 '적절히' 사용하여야 하며, 초보자는 질문과 권고에 따라 사고하려고 노력하면서 성공과 실패를 통해 그 진정한 의미를 배울 수 있어야 한다.

### (3) 수학교육과 폴리아의 문제 해결 교육론과의 관계

① 수학교육의 주요 목적은 수학적으로 사고하는 능력과 문제해결 능력을 개발하는 것이고, 이를 위한 수학 학습－지도의 원리는 활동적 학습의 원리, 최선의 동기 유발 원리 및 비약 없는 단계의 원리이다.

㉠ 학습하는 최선의 길은 스스로 발견해내는 것이다.

㉡ 효과적인 학습을 위해 학습자에게 가능한 한 생각할 시간을 충분히 주어 학습자 스스로 발견하도록 하며 이를 돕는 질문과 권고를 통해 산파역을 해야 한다.

㉢ 교사는 모든 비밀을 단번에 누설하지 말고 말하기 전에 추측해 보게 한다.

㉣ 학생들로 하여금 질문하게 하고 대답하게 한다. 아무튼 아무도 묻지 않은 질문에 답하는 것은 피하라.

㉤ 학생의 경험과 관련이 있고 학생에게 의미가 있도록 문제를 선정하고 제시함으로써 학습내용 자체에 대한 지적 호기심을 갖게 하고, 학습 그 자체에서 오는 기쁨과 발견의 희열을 경험하도록 한다.

㉥ 결과를 추측하게 하고 발표하게 하는 것은 학습동기를 유발하고 지속시키는 한 방법이 될 수 있을 것이다.

㉦ 적절한 문제를 선택하도록 노력하고 문제의 제기에 학습자를 참여시키도록 하며, 또한 결과를 추측하고 발표하게 함으로써 학습동기를 유발하고 지속시킬 뿐만 아니라 바람직한 과학적 사고 태도를 갖도록 교육한다.

② Polya는 "학습은 행동과 지각으로 시작하여 용어와 개념이 형성되고 바람직한 정신적인 태도를 갖게 된다" 고 해석하면서, 효과적인 수학학습은 "탐구 단계 → 형식화 단계 → 동화 단계"를 거쳐 이루어져야 한다고 주장하였다.

㉠ 탐구 단계 - 행동과 지각을 통해 직관과 발견이 이루어지는 단계

㉡ 형식화 단계 - 개념, 용어, 정의, 증명이 도입되는 단계

㉢ 동화 단계 - 교재의 내적인 바탕이 인식되어 정신적으로 소화되고 학습자의 정신적인 안목으로 흡수되어 적용과 보다 높은 일반화가 가능해지는 단계

## 05 문제해결의 여러 가지 동향

### (1) 문제 제기

#### 1) 수학 문제해결 교육과 문제제기의 위치

① 수학교육은 많은 학생들이 수학을 이해하도록 안내하는 것과 더불어, 과학적 사고방법 이용하기, 수학하는 활동에 친숙하게 하기, 독립적인 창조적 활동과 만들어지고 있는 수학을 맛볼 수 있는 기회를 주는 것을 포함하여야 한다.

② 수학교사는 학생들 수준에 맞고 흥미로운 적절한 문제를 선택하여 적절한 방법으로 제시하고 조심성 있고 적절히 도와줌으로서 학생들에게 독자적인 수학적 탐구활동에 가까운

경험을 제공해야 한다. 그러나 문제해결 교육에서는 주어진 문제만을 다룰 것이 아니라 이를 발전적으로 취급하여 새로운 문제를 제기하는 과정을 함께 다루어야 할 것이다.

③ 학생들은 '혼자 고안한' 문제를 풀어보는 수학적인 사고경험을 가져야하며, 어떤 문제를 푸는 데 성공하고 나면 반드시 반성단계에서 미지인 것과 자료, 조건의 역할을 바꾸거나 일반화, 특수화, 유추 등을 통해 또는 응용상황을 고려하여 발전적으로 새로운 문제를 찾아 해결해 보도록 해야 한다.

④ 수학적 지식을 학생 스스로 구성해가도록 해야 한다는 구성주의 학습 원리나 수학은 추측과 반박을 통한 발명의 과정임을 강조하는 준-경험주의 수리철학관과 밀접하게 관련이 있다.

### 2) 문제제기의 중요성

① 탐구 지향적인 학습 태도를 길러 준다. 즉, 문제를 제기하는 것은 수학을 창조하는 결정적인 사고단계이며 문제를 제기하고 형식화하는 데 학생들이 직접 참여함으로써 바람직한 과학적 태도를 기르게 된다.

② 문제제기는 문제를 해결하는 수단이 될 수 있다. 즉, 문제를 해결하는 과정에서 새로운 문제를 제기함으로써 원래의 문제를 재해석하게 되고 원래의 문제를 해결할 수 있는 단서가 생기게 된다.

③ 창의적 능력이나 특별한 수학적 능력의 발현에 도움을 준다. 즉, 새로운 문제를 만들어 봄으로써 원래의 문제를 이전과는 전혀 다른 새로운 관점에서 볼 수 있어 그 의미를 보다 명확하게 이해할 수 있을 뿐 아니라 그로부터 새로운 생각을 하게 된다.

④ 학생들의 수학에 대한 이해 정도를 파악할 수 있는 수단이 된다.

⑤ 학생들에게 이미 배운 지식을 종합적으로 이용할 수 있는 기회를 제공한다.

⑥ 학력 수준이 낮은 학생들에게도 의미 있는 수학 학습 활동을 제공한다.

⑦ 수학에 대한 긍정적인 성향을 함양시키는 수단이 된다.

### 3) 브라운과 월터(Brown& Walter, 1983)가 주장한 문제제기 전략(What-if-not?)

**① 'What-if-not(만일 그렇지 않다면 어떻게 될 것인가)' 전략 단계**

㉠ 속성 열거하기 : 문제를 구성하고 있는 요소나 속성을 모두 열거해 본다.

㉡ 'What-if-not' 수행하기(속성 부정하기) : 전 단계에서 열거한 속성이 '만약 그렇지 않다면 어떻게 될 것인가'라는 의문을 가져 본다.

㉢ 문제제기 하기 : 전 단계에서 생각한 의문을 기초로 새로운 문제를 만든다.

㉣ 설정된 문제 분석하기 : 새로 만든 문제를 분석하거나 해를 구한다.

② **'What – if – no' 전략 적용**[Pythagoras 정리]

㉠ '직각삼각형의 각 변에 세운 도형이 정사각형이 아니라면 어떻게 될 것인가?'

➡ 그 도형의 반원, 닮은 직각삼각형, 닮은 다각형, 일반적인 닮은 도형일 경우에도 성립함을 보임으로써 Pythagoras 정리를 일반화한다.

㉡ '직각삼각형이 아닌 경우에는 어떻게 될 것인가?'

➡ 제2코사인 법칙 $(c^2 = a^2 + b^2 - 2ab\cos\angle C)$으로 일반화시킬 수 있음을 언급한다.

㉢ '$a$, $b$, $c$가 특수한 경우의 자연수라면 어떻게 될 것인가?'

➡ Pythagoras 수 $(m^2 - n^2,\ 2mn,\ m^2 + n^2)$를 구하는 문제를 제기할 수 있다.

㉣ '만약 제곱이 아니라면 어떻게 될 것인가?'

➡ '$n$이 3 이상인 자연수일 때 $x^n + y^n = z^n$인 양의 정수해는 없다'는 'Fermat의 마지막 정리'를 소개할 수도 있다.

## (2) 수학적 모델링

### 1) 수학적 모델링의 정의

① 수학적 모델링이란 수학적 모델을 구성하여 실 상황 문제를 해결하는 전체 과정이다.

② 수학적 모델링은 실세계의 여러 현상을 수학적인 수단에 의해 정리하고 조직하는 활동으로, 문제를 해결하기 위하여 여러 가지 수학적 표현으로 변환하면서 현상에 내재된 수학적 개념을 파악하고 문제를 해결하여 실세계의 문제 상황에 적용할 수 있도록 돕는 활동 과정이다.

③ 수학적 모델링은 비수학적 대상에서 수학적 표상을 찾는 활동, 대상이나 체계 또는 과정의 중요한 특징을 조정하는 수학적 구조나 이론을 세우는 활동, 어떤 현상에 관한 문제를 해결하기 위하여 원래의 문제 상황을 수학적으로 표현하고 번안하는 수학화 활동이 중요하다.

### 2) 수학적 모델링 과정

① **Burghes(1986)의 수학적 모델링 과정** : 가장 간단한 모델링 과정

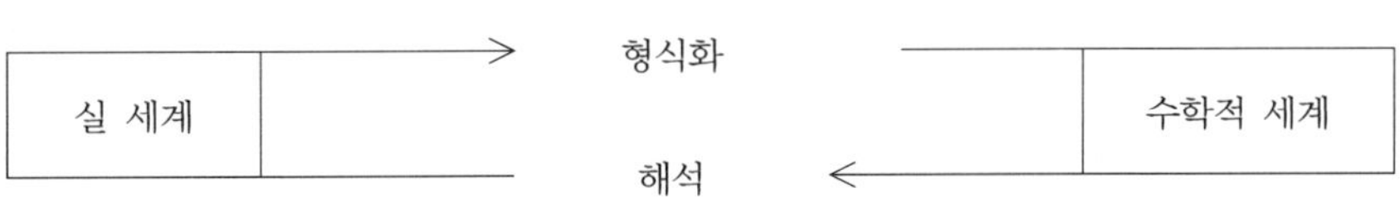


왼쪽 사각형은 비수학적 상황의 문제가 일상 언어로 제시된 실세계를 표현한다. 그 문제를 적절히 표현할 수 있는 중요한 인자를 선택하고, 문제의 특징을 나타내는 변수 사이의 관계를 설정함으로써 문제가 수학적 형태로 바뀐다.

② NCTM이 제시한 모델링 과정

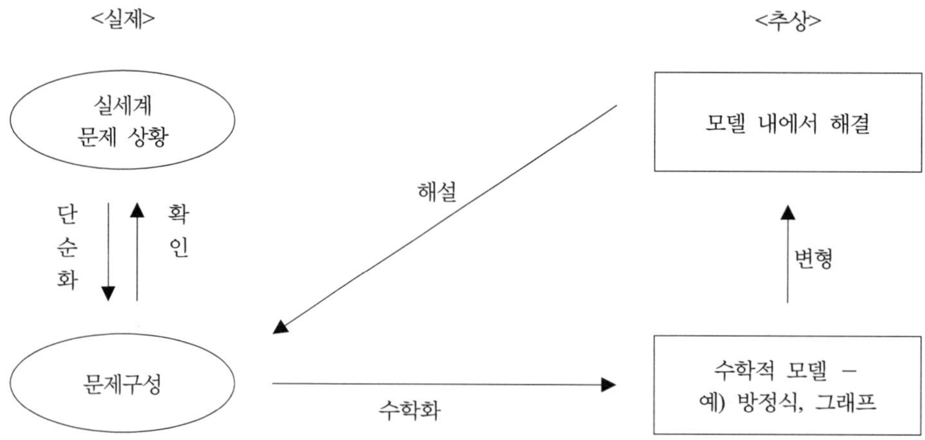


㉠ 1단계 실세계 상황에서 문제 구성(단순화/형식화) : 실세계의 (어떤 현상을 관찰하여 그 현상에서 나타나는) 문제 상황을 파악하고, 그 문제에 영향을 주는 중요한 요인들을 이해한다.

㉡ 2단계 수학적 모델 설정(수학화) : 요인들의 관계를 추측하고, 그 관계들을 수학적으로 해석하여 그 현상에 대한 수학적 모델을 세운다.

㉢ 3단계 모델 내에서 수학적 결과 및 해 도출(변환/분석) : 그 모델 내에서 수학적으로 문제를 분석하여 결과를 얻는다.

㉣ 4단계 결론 추측 및 판단(타당화/적용) : 본 현상의 상황에 비추어 수학적 결과를 재해석함으로써 최종 결론을 얻는다.

③ 강옥기(2011)의 수학적 모델링 과정

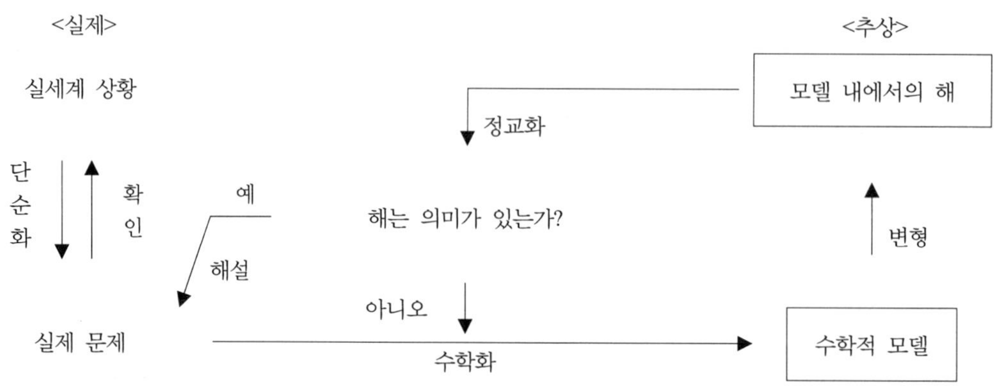

㉠ 단순화 : 실세계 문제 상황으로부터 변화의 요인들을 관찰하고 자료를 수집하여 실제적인 문제를 구성한다.

㉡ 수학화 : 실제적 문제를 수학적 문제 즉 수학적 모델로 변환한다. 이 때 문제에 영향을 주는 가정을 구체적으로 설정한다.

㉢ 변형과 문제해결 : 수학적 모델을 변형하여 그 해를 구한다.

㉣ 정교화 : 수학적 모델에서 얻어진 해가 실제문제에 의미가 있는지 조사해 보고 의미가 만족할 정도가 아니면 수학적 모델 단계로 돌아가서 문제 상황이나 가정 등을 고려하여 정교화 된 새로운 수학적 모델을 구성한다. 의미 있는 해가 나올 때까지 이 과정을 순환한다.

㉤ 해설 : 수학적 해가 의미가 있으면 실제 문제의 해로 해설한다.

㉥ 적용 : 만들어진 수학적 모델을 실세계의 유사한 상황에 적용한다.

### 3) 수학적 모델링을 교육과정에 도입해야 하는 이유

① 수학적 모델링이 수학적 상황만을 다루지 않고 실세계 상황과 수학적 상황을 모두 다루기 때문에 수학적 능력보다 좀 더 일반적인 능력과 태도들을 개발시킬 수 있다는 형성적인 성격을 지니고 있다.

② 수학적 모델링은 학생들로 하여금, 실제 사용되는 수학 예들과 사회적으로 중요한 문제에 주어진 해(解)들을 스스로 판단하고, 인식하고, 이해하고, 분석하고, 평가하게 해주므로 학생들의 비판적 능력을 키워주게 된다.

③ 수학이 사회에서 실제적이고 과학적인 것에 유용하다는 실용적인 면을 지니고 있다.

④ 수학적 모델링의 답은 정확하거나 유일하지 않기 때문에 수학이 절대적 진리의 모임이고, 천재들에 의해 발견된 학문이라는 잘못된 관념을 없앰으로써 수학에 대한 인식을 새롭게 할 수 있다.

⑤ 현실 상황 속에서 수학적 모델링을 다루는 것은 수학에 매력을 느끼지 않고 있고, 수학이 자신의 현재, 미래의 삶에 가시적 관련성을 갖고 있지 않은 학생들에게 수학적 활동이 가치 있는 것임을 확신시키고 동기유발을 시킬 수 있다.

⑥ 수학적 아이디어, 개념, 방법, 이론을 획득하고 이해하는 것을 도와주고, 그것을 설명하고, 해석하는 기회를 부여함으로 수학적 기능을 연마할 수 있다.

⑦ 수학이 사회에서 광범위하게 사용되고, 그 이용이 점점 빈번해지고 있다. 그러므로 미래 사회의 주역이 되는 학생들이 현재, 또는 미래에서 개인적으로 또는 한 시민으로서 응용과 모델링을 실행할 수 있도록 교육함으로, 민주 시민으로서의 자질을 향상시킬 수 있다.

⑧ 학습자의 비판적 잠재력을 고무시킬 수 있다.

## (3) 메타인지와 문제해결

### 1) 메타인지

① 수학 문제를 풀다보면 자신의 예측과 풀이가 다르게 진행되는 것 같다거나 어렵다고 느껴 다시 처음부터 천천히 생각하거나 문제해결 과정 중 잘못된 부분이 있는지를 확인하는 경험이 있을 것이다. 이와 같이 '처음부터 다시 한 번 천천히 풀어보자', '문제해결 과정에서 어디가 잘못인지 점검해 보자' 등과 같은 경험을 통해 '잘못된 부분을 찾아 옳게 고치기'라던가 '이해할 수 없었던 부분을 이해할 수 있게 된 경우'를 우리는 '메타인지적 경험'을 하였다고 한다.

② '메타인지'는 자신의 인지과정을 대상으로 인지하는 행위로 '인지에 관한 인지', '사고에 관한 사고(thinking about thinking)', '지식에 관한 지식' 등으로 정의하고 있다. 다시말해 메타인지는 인지, 사고, 지식에 대한 또 다른 수준의 인지, 사고, 지식인 것이다.

③ Schoenfeld(1987)는 메타인지를 자신의 사고 과정에 대한 지식, 조종(control) 또는 자동조절(Regulation), 신념과 직과에 관한 범주의 지적 행동이라 하였다.

④ 메타인지의 개념은 크게 메타인지적 지식, 메타인지적 기능, 그리고 메타인지적 경험으로 나뉜다. 그 중 메타인지적 기능이 인지작용을 직접적으로 조정하는 것으로 감시(monitor), 제어(control)에 관한 메타기능을 포함한다.

㉠ 감시(monitor)에 관한 메타기능 : 인지작용의 진행 상태를 직접적으로 확인하는 기능으로 메타인지적 지식에 비추어 사신의 인지활동의 진행을 감시하는 기능이다.

㉡ 평가에 관한 메타기능 : 인지작용의 결과를 메타지식과 비교하여 직접적으로 평가하는 기능으로 자신의 인지활동 성과를 평가하는 기능이다.

㉢ 제어에 관한 메타기능 : 평가에 기초하여 인지작용을 직접적으로 제어하는 기능으로 자기의 인지활동에 지시를 하고 그 후의 활동을 속행, 수정하는 기능이다.

### 2) 수학 문제해결에서 메타인지의 역할

**① 문제해결과 메타인지**

㉠ 1980년 Silver(1980)는 '메타인지 : 문제 해결에서 잊은 것은?' 논제에서 '메타인지'라는 용어를 수학교육 연구에 처음으로 들어냈다. 이 때 Silver의 연구는 Polya가 수학자로서 내성법에 기초하여 나타낸 수학의 '발견법'을 당시 심리학으로 발전시켜 메타인지 연구의 입장을 살펴보고 문제 해결 지도에 힘 있는 방향을 제시했으며 Silver는 아동들 자신의 문제 해결 과정에 있어 의논 등을 중심으로 한 지도에 의해 '발견법'을 문제 해결을 위한 '메타인지적 조언'으로 활성화시키는 가능성을 탐색하였다.

㉡ Schoenfeld는 수학자와 대학생의 수학에 대한 성공과 실패에 결정적인 요인은 '자신이 행하고 있는 것이 무엇인가'를 자각한 것과 자신의 행동을 어떻게 조정할 것인가 하는 '메타수준'의 활동의 유무임을 알아내었다.

㉢ 학생들에게 문제해결에 대한 자신의 행위의 책임을 책임지도록 하기 위해 학생 그 자신들의 사고 과정을 검색하고 조정하는 메타인지적 습관을 개발하도록 해야 한다. 특히 교사의 안내 없이도 적절한 사고 활동을 통해 문제를 해결할 수 있어야 한다.

㉣ 복잡한 문제해결과 관련된 사람의 행위는 유용한 인지자원(알고리즘, 발견, 사실, 인지구조 등)에 의해서가 아니라 자원을 어떻게 선택하고 제어하고 평가하는가에 대한 스스로의 메타인지적 메카니즘에 의한 것이다. 문제에 직면했을 때, 해결자는 해결을 도와주는 다양한 인지 전략을 선택하여 사용하게 되며 이러한 결정은 결국 메타인지가 하는 것이다. 이러한 활동의 결과는 문제 정보가 기호화되는 방법과 다른 정보가 기억에서 상기되는 방법에 커다란 영향을 주게 된다.

② **메타인지로서의 수학적인 태도**

㉠ 스스로 자신의 문제나 목적·내용을 명확히 파악하려는 태도

㉡ 합리적인 행동을 하려는 태도

㉢ 내용을 간결·명확하게 나타내려는 태도

㉣ 보다 나은 것을 구하려는 태도

③ **문제해결과 메타인지와의 관계 :** 문제해결은 다양한 인지적 지식과 기능을 요구하는 복합적인 과제라 할 수 있다. 이에 성공적인 문제해결을 위해서는 다양한 영역의 수학적 지식은 물론 자신이 소유하고 있는 수학적 지식을 이용하여 문제해결의 과정을 계획, 감시, 제어, 평가하는 등의 메타인지적 기능이 필요하다.

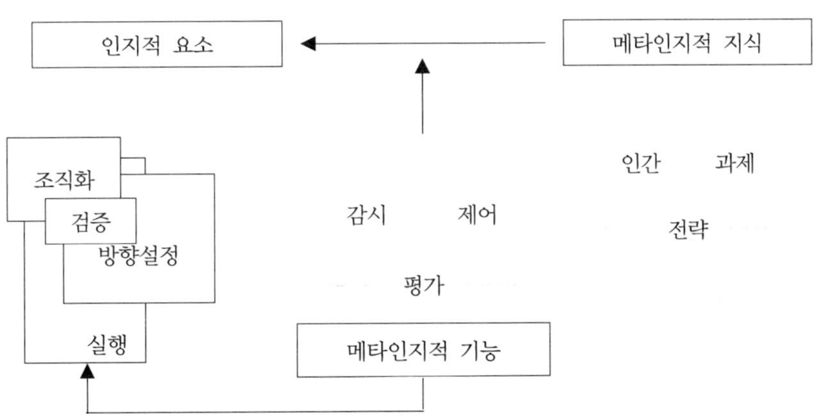

㉠ 문제해결과 관련된 메타인지 능력 계발을 위한 질문

ⓐ 문제를 이해하기 위해 무엇을 하였는가?

ⓑ 필요하지 않은 조건이나 정보를 찾았는가?

ⓒ 무엇을 하기 위해 어떻게 결정했는가?

ⓓ 문제를 푼 뒤에 네가 구한 정답에 대해 생각해 보았는가?

ⓔ 너는 네가 구한 답이 옳다고 어떻게 단정했는가?

㉡ 문제해결 과정에서의 메타인지 활동

ⓐ 문제를 한 번 이상 읽어 본다.

ⓑ 그 문제에 관해서 자신이 구할 수 있는 것 모든 것을 구해 본다.

ⓒ 스스로에게 "문제가 무엇을 요구하는지 알고 있는지?"에 대해 질문해 본다.

ⓓ 문제를 푸는데 어떤 정보가 필요한지 생각한다.

ⓔ 스스로에게 "이 문제와 같은 문제를 풀어 본 적이 있는가?"에 대해 물어본다.

ⓕ 스스로에게 "주어진 정보가 문제 해결에 필요한 것인가?"에 대해서 생각해 본다.

㉢ 문제를 푸는 동안의 활동 : 당신이 문제를 풀 때 무엇을 해야 하는가?

ⓐ 풀고 있는 문제를 올바르게 풀고 있는지 수시로 점검해 본다.

ⓑ 풀이를 멈추고 자신이 무엇을 하고 있는지, 왜 그렇게 하는지 다시 생각해 본다.

ⓒ 계단을 한 칸씩 오르듯이 문제를 차근차근 풀면서, 푸는 과정에서 오류가 없는지를 살핀다.

ⓓ 다시 시작해서 다른 방법으로 풀어 본다.

ⓔ 스스로에게 "내가 하고 있는 것이 바른 것인가?"를 생각해 본다.

㉣ 문제를 푼 후의 활동 : 문제를 풀고 난 뒤에 무엇을 해야 하는가?

ⓐ 효율적이고 합리적인 전략을 이용하여 풀었는지 점검한다.

ⓑ 내 계산이 모두 맞는지 알아보기 위해 풀이 과정을 점검한다.

ⓒ 그 문제를 다시 읽어보고, 구한 답이 타당한지 확인한다.

ⓓ 이 문제를 풀 수 있는 또 다른 방법은 없는지를 생각한다.

ⓔ 문제가 요구하는 것 이외에 더 많이 알 수 있는지 살펴본다.

### 3) 메타인지를 이용한 수학 수업

학생들의 메타인지적 지식과 기능의 개발과 활용은 보다 성공적인 문제 해결을 위해 필수적이다.

① **교사의 역할**

㉠ 교사는 학생들이 자신의 수학적 지식과 행동을 곰곰이 생각하고 분석하며 보고하도록 요구하는 질문을 하고 과제를 내야 한다.

㉡ 교사는 수행과 관계있는 수학 과제의 여러 측면을 지적하도록 노력해야 한다.

㉢ 교사가 가르치면서 조절하고 결정하는 행동을 보여줌으로써 학생이 자신의 행동을 조절하는 법을 배우도록 도와야 한다.

② **메타인지 개발과 증진을 위한 교수·학습 방법**

수학 교수·학습 활동은 교사와 학생 사이의 상호작용을 통해 이루어지는 바, 교사의 지식과 신념이 학생들의 문제해결에 많은 영향을 끼치게 되므로 교사는 수학 수업을 통해 학생들에게 메타인지의 활성화가 일어나도록 적절한 발문을 하고 상호작용을 통해 교사의 메타인지적 기술이 학생들에게 전이되도록 수업을 조직해야 할 것이다. 교사는 학생을 가르치는 내용뿐 아니라 자신의 태도, 신념, 그리고 수학적 이해의 과정도 함께 전해주어 교사의 메타인지를 보여주어야 한다.

㉠ 학습자에게 효율적으로 문제해결 과정을 훈련시키기 위해서는 교사가 문제해결 과정을 하나의 역할 모델로 보여주고 내면화가 일어나도록 상호작용 교수·학습을 한다.

㉡ 문제 해결자 자신의 사고 과정을 반성하는 능력을 기르기 위해 다른 학생의 문제해결과정을 비디오를 통해 보여주고 분석해 보고 유추하여 자기반성의 기회를 갖도록 한다.

㉢ 자신의 사고를 제어하거나 비판하는 능력을 기르도록 하기 위해 학급전체의 토의과정을 부여하거나 또는 소집단으로 문제를 해결하는 과정에서 의사소통에 의한 협조 체계를 통해 메타인지가 자연스럽게 습관화되도록 한다.

㉣ 메타인지는 학습자 자신이 스스로 그들의 지식을 구성하기 위한 수단으로 자리 매김할 수 있도록 해야 하며, 메타인지는 넓게 해석하면 자기반성 또는 반영적 추상화와 같은 맥락으로 볼 수 있다.

## 06 문제해결력 신장을 위한 수업 환경

### (1) 문제해결력

#### 1) 여러 심리학에서 해석한 문제해결

① 연결주의 : 문제해결은 기존의 반응경향의 시행착오적 적용이다.

② 형태심리학 : 문제해결은 문제 상황의 요소들을 새로운 방식으로 재구성하는 일이다. 그리고 문제해결과정을 이끌어가는 능력을 통찰력이라고 본다.

③ 행동주의 : 문제해결은 강화에 의해 학습된다.

④ 인지주의 : 문제해결은 지적 도식이나 인지구조의 재구조화를 통한 인지과제의 해결이다.

⑤ Gagné(1977) : 문제해결은 이미 배운 원리를 응용하며 여러 가지 새로운 상황에서 당면하는 문제들에 대한 해결방안을 발견하는 것이다.

⑥ Ausubel(1976) : 문제해결이란 이전에 배운 규칙을 조합하는 방식을 발견하고 새로운 상황에 적용하는 것을 배우는 과정이다.

⑦ Krulik & Rudnik(1987) : 문제해결은 하나의 과정이며, 개인이 이미 배운 지식이나 기능, 이해 등을 친숙하지 않은 상황의 요구를 충족시키기 위해서 사용하는 수단이다.

⑧ Hayes(1989) : 문제해결이란 알고 있는 것과 알기를 원하는 것과의 차이를 줄이기 위하여 가장 적절한 방법을 찾는 것이다.

### 2) 문제해결력의 본질(Gagne)

문제해결력이란 문제를 해결하기 위해 적용하는 문제 이해 능력, 주어진 조건과 구하려는 것 사이의 관계 파악 후 해결 계획을 수립하는 능력, 연산능력, 검증능력, 일반화능력, 수학의 개념·원리·법칙을 발견, 이를 이용하여 응용문제를 창의적으로 해결하는 능력

① 문제해결력의 기반이 되는 능력 요인은 지적기능과 인지전략이다.

㉠ 지적 기능이란 상징적 기호를 이용하여 문제해결의 절차를 실행할 수 있도록 장기기억에 저장된 능력을 말한다. 규칙들이나 원리들을 적용하며 문제를 해결해가는 일련의 절차와 관련된 '방법적 지식 또는 절차적 지식'의 소유를 의미한다.

㉡ 인지전략은 학습자의 두뇌 속에 조직된 통제과정으로서 학습방법, 사고방법 등과 같이 학생 스스로 개발해 낸 사고 전략을 말한다. 학습자가 다양한 지적 기능을 많이 학습하든가 또는 생상적 사고의 개발을 위한 연습의 기회를 많이 받아야 획득할 수 있게 된다.

② 문제해결력은 지적 기능 중 가장 상위차원의 능력요인으로 개념학습과 원리학습이 이루어진 다음에야 문제해결력의 학습이 가능하다.

③ 문제해결력이란 이미 배운 원리를 응용하여 여러 가지의 새로운 상황에서 직면하게 되는 문제들에 대한 해결책을 발견해 내는 능력을 말한다. 다시 말해, 새로운 원리를 형성하기 위해서 기존의 원리를 조합하여 문제해결의 아이디어를 찾아내는 것을 의미한다. 즉, 문제해결에 필요한 고차적 규칙이나 원리를 발견하는 것을 뜻한다.

④ 문제해결학습을 '복합적 원리학습' 또는 '중다원리 학습'이라고도 말한다.

### 3) 문제해결력 강조 시기

① 1970년대 말 1970년대 미국 수학교육의 기본 사조인 Back−to−basics 운동의 결과에 대한 본격적인 논의가 시작되면서 수학교육자들은 일반적인 철학적 심리학적 논의보다는 수학 교실에서 바로 적용될 수 있는 실제적인 틀을 찾고 있었다.

② 1980년대 이후의 수학교육자들은 일반적으로 수십 년 전 Polya(1945)가 작성한 4단계 접근방법을 문제해결 과정의 기본으로 받아들였다(이해 → 계획 수립 → 실행 → 반성)

## (2) 문제해결 수업의 목표

**① 문제 해결 과정을 이해하는 능력을 기른다.**

㉠ 문제 내에 있는 질문을 이해하고 필요한 경우 적절한 발문을 제기하는 능력
㉡ 문제에 있는 조건이나 변인을 이해하는 능력
㉢ 문제를 해결하기 위해 필요한 자료나 정보를 선택하거나 찾을 수 있는 능력
㉣ 하위 문제(subproblem)를 제기하며 적절한 문제 해결 전략을 선택하는 능력
㉤ 문제 해결 전략을 올바르게 적용하여 문제를 푸는 능력
㉥ 정답을 문제 상황에 맞게 진술하는 능력
㉦ 정답의 합리성을 점검하는 능력
㉧ 결과를 증명하고 해석할 수 있는 능력
㉨ 해를 일반화할 수 있는 능력을 기른다.

**② 문제 해결 과정에 대한 올바른 태도나 신념을 기른다.**

㉠ 많은 문제는 다양한 풀이 방법이 존재한다는 믿음
㉡ 많은 문제는 답이 여러 개 존재할 수 있다는 믿음
㉢ 문제 해결에 대한 첫 시도를 실패한 경우 다른 방법을 강구하면 반드시 풀린다는 신념

**③ 문제를 해결하는 동안의 사고 과정을 모니터하고 평가할 수 있는 능력을 기른다.**

문제를 푸는 동안 자신이 무엇을 하고, 무엇을 해야 하는가에 대한 반성과 그에 따른 적절한 처방을 내리는 능력을 기른다.

**④ 협동 학습으로 문제를 푸는 능력을 기른다.**

㉠ 동료들과 문제를 푸는 가운데 자신의 아이디어를 설득력 있게 설명하고, 다른 사람의 아이디어를 경청하고 절충하는 능력
㉡ 프로젝트를 공동으로 기획하고 해법을 찾는 능력

### (3) 문제해결력을 신장시키기 위한 수업의 요소

#### 1) 문제(problem) 상황 : 문제해결에서 가장 중요한 요소

① 문제는 수학적 개념이나 기능을 복합적으로 이용할 수 있는 것이어야 한다.
② 문제는 일반화로 이끌 수 있는 것이어야 한다.
③ 문제는 얼른 해답이 떠오르지 않는 것이어야 한다.
④ 문제는 다양한 해를 갖는 것이어야 한다.
⑤ 문제는 학생들에게 재미있고 도전할 만한 것이어야 한다.

#### 2) 교사의 자세

① **문제의 이해단계에서 교사가 해야 할 일** : 교사는 학생들에게 문제를 이해할 수 있도록 도와주기 위한 질문을 던져야 한다. 또한 교사는 학생들이 질문을 제기할 수 있도록 학습 분위기를 조성해야 한다. 그리고 교사는 학습자가 스스로 이해한 문제의 내용을 학생 자신의 말로 말해 보도록 한다. 그러면 결국 학생들은 문제에 직면했을 때 스스로 질문을 던질 수 있을 만큼 훈련이 된다.
㉠ 교사가 학생들에게 문제를 읽어 주거나 또는 학생들이 문제를 읽어 보도록 한다. 뿐만 아니라, 이해를 못한 단어나 문장에 대하여 토의한다.
㉡ 문제를 이해했는지에 관하여 교사는 학습 전체에서 토의한다.

② **계획의 구안단계에서 교사가 해야 할 일** : 이 단계에서 교사는 학생들에게 관련된 문제들이나 전에 사용했던 전략 등에 주의를 기울이도록 지도해야 한다. 또한 학생 각자가 사용했던 전략들을 동료 학생들이 같이 활용할 수 있도록 격려해 준다.

③ **계획의 실행단계에서 교사가 해야 할 일** : 학생들은 자신이 구안한 계획대로 문제를 해결하고자 노력하게 된다. 만약에 선택된 계획이 성공적이지 못할 때 교사는 학생들이 두 번째 단계에서 구안되었던 대안적 방법들을 시도해 보도록 한다. 그리고 학생들이 부정확하게 이해하고 있는 점을 발견하게 되면, 교사는 즉시 고쳐주도록 노력해야 한다.
㉠ 교사는 학생들의 문제해결과정이 어느 단계에 있는지를 관찰하고 질문을 제기한다.
㉡ 필요하다면 문제해결의 암시나 단서를 제공한다.
㉢ 문제해결 방안을 확장시켜 준다.
㉣ 학생들이 찾아낸 해답을 발표시킨다.

④ **검증의 단계에서 교사가 해야 할 일** : 이 단계는 문제해결과정에서 얻은 지식을 통합시키는 단계이다. 따라서 교사는 학생들에게 문제 해결에 사용한 전략을 설명해 보도록 해야

한다. 그리고 여러 학생들이 사용했던 각기 다른 문제해결전략들을 발표시킴으로써 모든 학생들이 다양한 문제해결전력들을 동시에 학습할 수 있도록 해야 한다.

㉠ 토론의 기초로서 기존의 문제해결전략들을 활용하면서 해답을 검토해 본다.

㉡ 지금 풀어 본 문제와 전의 문제를 관련시켜 보기도 하고, 문제를 확장시켜서 논의해본다.

㉢ 문제의 특성을 토론해 보기도 하고 도식화해보기도 한다.

### (4) 문제해결력을 신장시키기 위한 수업 환경

1) 좋은 문제 환경을 제시해야 한다.

① 성공적인 문제해결 경험을 제공해 줄 수 있는 쉬운 문제에서부터 시작한다.

② 학생들이 문제해결에 호의적인 반응을 보일 수 있는 재미있는 문제를 제공해야 한다.

③ 학생 자신이 직접 문제를 만들어 동료들에게 풀어 보게 하는 활동을 강조한다.

④ 전략 게임을 도입하도록 한다.

2) 문제해결 과정에 대하여 강조해야 한다.

**① 문제해결을 위한 수업에서 강조해야 할 과정들**

㉠ 문제 내에 있는 발문을 이해하고 필요한 경우 적절한 발문을 제기하는 과정

㉡ 문제에 있는 조건이나 변인을 이해하는 과정

㉢ 문제를 해결하기 위해 필요한 자료나 정보를 선택하거나 찾는 과정

㉣ 하위 문제를 설정하며 적절한 문제해결 전략을 선택하는 과정

㉤ 문제해결 전략을 올바르게 적용하여 문제를 푸는 과정

㉥ 정답을 문제 상황에 맞게 진술하는 과정

㉦ 정답의 합리성을 점검하는 과정

㉧ 결과를 증명하고 해석하는 과정

㉨ 해를 일반화하는 과정

**② 교사가 해야 할 교수학적 노력**

㉠ 무엇보다 학생들이 직접 문제를 풀어 보는 활동이 강조되어야 한다. 발문을 하거나 학생들이 질문을 한 경우에도 직접 답이나 결정적인 힌트를 제시해서는 안 된다.

㉡ 학생들로 하여금 문제를 잘 읽고 문제에 제시되어 있는 조건을 모두 고려하도록 하며 필요 없는 조건은 없는지, 필요한 정보가 빠져 있지나 않는지 등을 살펴보도록 해야 한다.

㉢ 현재의 문제 풀이 방법이 어려움에 부딪쳤을 때 대안적인 방법을 찾는 활동을 강조해야 한다.

㉣ 컴퓨터 프로그래밍 활동을 권장한다. 이는 우리나라의 교육과정 상 당장 실천하기는 어렵겠지만, 프로그래밍 활동은 문제를 이해하고 계획을 세우며 실행하고 과정을 반성하게 하는데 있어 좋은 환경이 될 수 있다. 특히, 프로그래밍 과정에서 자연스럽게 제기되는 디버깅(debugging) 과정은 오류를 바람직한 교수학적 대상이 되게 한다.

㉤ 문제해결 수업의 초점은 지식과 기능을 종합하는 과정 자체에 한정시켜야 한다. 이를 위해서 문제해결 과정에서 새로운 수학 지식을 학습하는 것은 피해야 하며 복잡한 계산은 가능하면 계산기를 이용할 수 있도록 한다.

㉥ 문제를 풀고 답을 확인한 후에는 문제의 조건을 변화시켜 새로운 문제를 만들어 보는 활동을 하거나 다른 방법으로 문제를 풀어 보는 습관을 기르도록 한다.

### 3) 사고 과정을 모니터링 하는 초인지(meta-cognition)적 능력을 길러야 한다.

① 자신의 문제 해결 과정을 요약하여 기술하거나 말로 설명하도록 한다.

② 문제를 해결하는 동안의 자신의 사고 과정을 모니터하고 평가할 수 있도록 하는데 역점을 두어야 한다.

③ 문제를 푸는 동안 자신이 무엇을 하고 있고, 무엇을 해야 하는가에 대한 반성과 거기에 따른 적절한 처방을 내리는 능력이 중요하다.

④ 문제해결의 각 단계에서 "왜 그와 같은 결정을 내렸는지"를 부단히 물어보도록 해야 한다.

### 4) 협동적으로 사고하고 문제를 푸는 능력을 길러야 한다.

① 동료들과 문제를 푸는 가운데 자신의 아이디어를 설득력 있게 설명하고, 다른 사람의 아이디어를 경청하고 절충하는 능력을 길러 주어야 한다.

② 개인별로 문제를 푸는 활동뿐만 아니라 소집단별로 문제를 푸는 활동도 강조되어야 한다.

### 5) 문제해결에 대한 올바른 신념을 길러야 한다.

① 수학 문제는 몇 분 안에 풀 수 있거나 몇 분의 노력으로 풀지 못하면 해결할 수 없다는 신념을 불식시킬 수 있는 탐구문제를 도입해야 한다.

② 많은 문제는 다양한 풀이 방법이 존재하거나 답이 여러 개 존재할 수도 있다는 믿음을 길러주어야 한다.

③ 문제해결에 대한 첫 번째 시도가 실패한 경우에도 다른 방법을 강구하면 반드시 풀 수 있다는 신념도 역시 중요하다. 이를 위해서는 단시간 내에 해결할 수 있는 문제뿐만 아니라

프로젝트와 같이 개인 또는 집단이 장시간에 걸쳐 해결하는 과제도 제시되어야 하며, 적절한 발문을 통해 학생들의 어려움을 해결해 줄 수 있도록 유도해야 한다.

④ 학생들의 아이디어에 대해 교사의 입장에서 면박을 주거나 무시하지 않도록 해야 한다.

### (5) 메타인지 체크리스트 활용

① 메타인지의 습관을 기르게 하는 한 방법으로서, 문제해결 활동이 끝난 직후 학생들에게 메타인지를 사용하였는지, 어떤 메타인지를 사용 하였는지를 질문하고, 이 질문에 대한 학습 토론을 하게 하는 것은 매우 효과적이다.

② 문제해결이 끝난 후 메타인지를 얼마나 사용하였는지를 주기적으로 메타인지 체크리스트에 스스로 체크해 보게 하는 것이다. 월(Van De Walle, 1998)는 메타인지 체크리스트를 다음과 같이 제시하였다.

| 메타인지 항목 | 하지 않았다 | 한 것 같다 | 하였다 |
|---|---|---|---|
| • 문제해결 전－문제를 시작하기 전, 당신은 무엇을 하였는가?<br><br>문제를 두 번 이상 읽었다.<br>그 문제에 관해 내가 할 수 있는 모든 것을 찾으려고 노력하였다.<br>나는 다음을 자문하였다. "문제가 묻고 있는 것을 나는 진실로 이해하는가?"<br>나는 이 문제의 해결에 필요한 정보를 생각하였다.<br>나는 다음을 자문하였다. "이와 같은 문제를 이전에 풀어 본 경험이 있는가?"<br>나는 자문하였다. "이 문제에 필요하지 않은 정보는 있는가?" | | | |
| • 문제해결 중－문제를 해결하는 동안, 당신은 무엇을 하였는가?<br><br>내가 한 것에 대하여 반성해 보았다.<br>내가 무엇을 하고 있는지, 왜 그렇게 하고 있는지를 생각해 보았다.<br>내가 한 것을 그 순서에 따라 검토해 보았다.<br>다른 방법으로 다시 시작하였다.<br>다음과 같이 자문하였다. "내가 하고 있는 것이 답에 가까이 가고 있는가?" | | | |
| • 문제해결 후－문제해결을 끝낸 후, 당신은 무엇을 하였는가?<br><br>모든 계산이 맞았는지를 확인하여 보았다.<br>내가 해결한 것이 좋은 방법인지를 반성하여 보았다.<br>내가 풀이한 답이 의미가 있는지 확인하기 위해 문제를 다시 보았다.<br>그 문제의 다른 풀이 방법을 생각해 보았다. 문제가 묻고 있는 것 이상을 찾을 수 있는지 알아보려고 노력하였다. | | | |

# 2 직관과 시각화

## 01 수학 학습-지도의 형식적 전개

### (1) 수학과 형식적 사고

① 수학은 이상적인 대상과 이상적인 연산, 형식적으로 확립된 정의와 법칙에 의해서 완전히 결정되는 이상적인 증명을 다루는 학문이다. 수학은 형식적으로 언급된 법칙에 의해서 지배되는 정신적 구성물의 세계이다.

② 형식적 사고란 환경과 관계없이 추론되고 형식적으로 언급된 법칙에 의해서 지배되는 정신적 구성물의 세계를 의미한다. 이 사고에 의한 전개는 즉각적이지 못하고, 자명함이 부족하며, 직접적인 신뢰가 결여되어 있다.

### (2) 형식적 사고와 직관

① 형식적 사고로 전개된 지식은 실제적인 현상이 갖는 신뢰감이나 풍요함 그리고 확신감을 포함하고 있지 않으며, 그와 더불어 생산적인 능력을 소유하지 않는다.

② 형식적 사고로 전개된 지식에 대한 문제점은 '직관'을 이용한 전개로 대치됨으로써 해결 가능하다.

㉠ 직관은 전체적·직접적으로 표상 할 수 있는 전체과정을 안내한다.

㉡ 직관은 겉보기에 정적인 표상에 행동적인 의미를 부여한다.

㉢ 직관은 구체적인 범위와 과정으로부터 일반적인 구성원리를 파악하도록 유도한다. 직관은 개념에 생산성을 부여하고 실제적인 적응 행위에 효율성을 보증하는 해석을 가능하게 한다.

## 02 직관에 의한 수학교육

### (1) 직관의 의미와 역할

① 직관이란 명백한 정당화나 해설이 없이 직접적으로 파악되는 인지작용을 의미한다.

㉠ 지적인 직관 : 감각적인 것이 아닌 개성이나 형식적인 이론에 대한 즉각적인 파악을 가리키는데 사용하는 직관이다.

㉡ 감각적 직관 : 대상의 무게나 움직이는 물체의 속도에 대한 직관적인 판단을 가리키는 직관이다.

② 직관은 확실한 인식의 일차적인 근원은 아니지만 우리의 사고와 행동을 신뢰하고 확신하도록 안내한다. 더불어 직관은 경험을 요약하고, 일단의 자료에 대한 간결하고 전체적인 표상을 제공하며, 정보의 불충분함을 극복하도록 도와주고, 추론과정에서 의미 있는 해석을 도입하고, 정신활동에 유연한 연속성과 능동적인 적응행위를 특징짓는 굳건함과 효율성을 부여한다.

### (2) 직관의 일반적인 특성

① 자명성 : 정당화가 필요 없이 참이라고 느끼는 것이다.
② 내재적 확실성 : 자명하지는 않지만 자기 스스로 확실한 것으로 수용하는 느낌이다.
③ 강건성과 고착성 : 자명성과 내재적 확실성에 의해 그것이 옳던 그르던 학생들에게 절대적으로 고착화 되어버리는 것을 의미한다.
④ 강제성 : 직관은 개인에게 주관적인 면에서 절대적이고 유일한 표상 혹은 해석으로 부과되며, 일반적으로 다른 대안은 수용 불가능한 것으로 배제된다.
⑤ 외삽성 : 어떠한 결론에 도달하기 위해 요구되는 단서가 충분치 못해도 결론에 도달 할 수 있는 것. 즉 정보의 불완전성에도 불구하고 내재적 확신감을 느끼는 것을 의미한다.
⑥ 전체성 : 추론이나 분석적 사고와 반대되는 전체적인 종합적 관점을 갖는 것을 말한다.
⑦ 암묵성 : 무의식적이고 무비판적으로 발생하는 것을 의미한다.

### (3) 직관에 의한 수학 학습 - 지도

#### 1) 직관적 교수법

Pestalozzi는 아동이 직접 사물을 눈으로 보고 손으로 만지는 경험을 하면서 감각 인상을 형성하게 한 다음, 이를 내적 직관(Anschaung)에 의하여 사물의 내적 관계를 인식하여 명확한 관념이 형성되도록 해야 한다.

① 직관적 교수법 : 언어적 설명 방법에 의하지 않고 실제적인 실물이나 표본, 그림 등에 대한 직접적인 관찰을 통해서 지식을 습득시키는 것이다.
② 모든 인식의 바탕이 되는 기본적인 직관은 "형(形)·수(數)·어(語)의 직관"이며, 이 직관을 "직관의 ABC"라 부른다. 먼저 형(形)을 정확히 판단하여 사물의 공간적인 관계를 파악하고, 수적인 관계를 이해하여 사물의 크기와 순서를 알고, 다시 그것을 명확한 언어와 결합하여 안으로는 사물의 명확한 관념을 확립하고 밖으로는 표현능력을 발전시키게 된다.

㉠ 기하와 산술과 언어의 각 분야에 대하여 그 기본 개념을 요소화하고 계열화하여 그러한 순서에 따라 아동의 내적 직관을 도아하는 일이 교사가 해야 할 주요한 임무이다.
㉡ 수학 교육은 아동의 사물에 대한 감각적 인상으로부터 시작되어야 한다.
㉢ 아동이 도표를 가리키면서 교사가 말하는 것을 따라 한다든가 손으로 그리게 한다.

### 2) 추론직관

수학교육은 학생들에게 형식적인 논리적 사고법칙에 대응하는 지적 기능이 형성되도록 지도해야 할 분만 아니라 그에 대한 직관이 구성되도록 해야 한다.

① **추론직관** : 논리적 조작에 수반되는 타당성에 대한 느낌을 의미한다.
㉠ 삼단논법에서 결론은 전제에 의해서 결정되는데, 그 타당성은 증명될 수 없으며 직관에 의해 받아들인다.
㉡ 귀납추론을 당연하게 느낀다.
㉢ 수학적 귀납법은 자연수의 전개와 관련하여 인식이 쉽다.
㉣ 구체적 조작기의 아동들이 AAA형의 정언 삼단논법을 바르게 이끌어 낸다.

② **추론직관과 추론능력의 발달**
㉠ '논리적 조작의 기능을 안다는 사실이 실제적인 문제해결을 위해 자동적으로 사용될 것이다'라고 볼 수 없으며, '논리적 사고 양식만으로 학생이 바른 결론에 도달할 수 있을 것이다'라고 볼 수는 없다.
㉡ 논리적 추론 양식은 개인의 정신적 행위능력에 유기적으로 합체된 메카니즘으로 전환되어 직관적인 도구로 사용되어야 한다.
㉢ 논리적 추론 시 진리표가 아닌 함의관계의 완전한 구조를 직관적으로 동화하도록 즉, 관련된 개념이 내재적으로 분명하고 행동적으로 의미 있는 인지로 바뀌도록 해야 한다.

### 3) 직관적인 전체적 판단을 통한 지도

① 직관적인 판단(분석적이고 논리적인 추론과 대조)은 전체적인 견해로 나타난다.
전체적인 관점은 몇 가지 구성요소를 무시하고, 겉보기에 일관된 구조를 신속하게 생산할 수 있는 한두 가지 구성요소에만 의존함으로써 달성되거나, 이용 가능한 대부분의 요소를 종합하여 의미 있는 계층적인 단일구조로 조직함으로써 달성된다.
② 어떤 문제에 대한 풀이나 어떤 정리에 대한 증명이 발견된 후, 문제해결자는 분석적인 전개를 직관적으로 수용할 수 있는 전체적인 의미 있는 견해로 종합하는 경향이 있다.

| 첫 번째 단계 | | 두 번째 단계 |
|---|---|---|
| 삼각형의 닮음을 이용하여, 직각을 낀 각 변의 제곱이 빗변과 그 빗변 위에의 그 정사영과의 합과 같음을 증명한다. | ➡ | 두 식을 더한다. |

③ (Polya) 직관적인 전체적 파악은 특수한 예의 다양성을 넘어, 본질적으로 필요하고 자명한 것으로 보이는 원리의 일반성을 파악하는 것이다.

#### 4) 직관적 모델 활용

① **직관적 모델** : 직관적으로 파악할 수 없을 때 직관적으로 접근 가능한 동형인 대체물을 이용하는 모델이다. 직관적 모델은 그 본질상 감각적인 것이며, 구체적인 실체와 같이 지각되고 표현되며 직접 다룰 수 있다.

② **도해모델**

㉠ venn 다이어그램, 수형도, 히스토그램 등과 같이 도해는 현상이나 현상 사이의 관계에 대한 그림 표현이다. 이때 도해란 원형을 모델화하기 위하여 의도적으로 창안된 인공적인 구성물이다.

㉡ 도해를 구성하고 해석하는 것을 배움으로써 학생들은 자신의 정신적인 과정을 보다 잘 조종하고, 개념적 뒷받침이 된 고도의 직관적인 사고능력을 개발할 수 있게 된다.

③ **모델이 가져야할 특성**

㉠ 모델은 원형과 구조적으로 일관성 있게 대등해야 한다.

㉡ 모델은 원형에 대해서 상대적인 자율성이 있어야 한다. 즉 잘 구조화되고 내적으로 모순 없이 그 자체의 법칙에 의해서 일관성 있게 작용할 수 있어야 한다. 좋은 모델이란 자율적인 실체이어야 하는 동시에 원래의 상황과 해결자의 지적 활동 사이의 신용할 수 있는 중개자이어야 한다.

### (4) 직관에 의한 수학 학습 - 지도 시 유의점

#### 1) 직관 형성과 경험

① 직관은 경험에 의해 형성된다. 그러나 경험은 제한된 환경에 한정(한계성)되고 구체적인 입장만을 인정(구체성)하므로 경험에 의해 형성된 직관은 직관적 편견과 현실에 대한 왜곡된 표상으로 변형되는 경향이 있다.

㉠ 구체성

㉡ 유한성 : 대상을 무한히 확장 가능하다고 (역동적 무한을 의미함) 상상할 수 있지만 시간적으로 제한되어 있다.

㉢ '복제' 장애 : 동일한 원소가 서로 다른 두 집합에 동시에 속하는 것에 대해 어려움을 느낀다.

② 경험은 제한된 환경에 한정되므로 직관의 신뢰성과 효율성을 제한하게 된다. 그럼에도 불구하고, 학생들(인간)은 경험에 의해 형성된 주관적으로 확실하고 일관성이 있고 보편적으로 타당한 표상을 신뢰하고 자기 일관성에 따라 판단하려는 경향이 높다.

③ **교수학적 권고**

㉠ 여러 가지 개념과 명제에 대한 학생들의 직관적인 이해를 깊게 하는 것이 중요하다. 학생들이 개인적, 경험적으로 정신적인 생산적 활동에 참여할 수 있는 교수학적인 상황을 만들어 주어야 한다.

㉡ 학생들이 비직관적인 것에 대한 직관을 가지도록 안내한다.

### 2) 직관적인 의미의 실제성과 수학 지식의 형식성

① 양수는 실제적인 양을 표현하므로 실제적인 의미를 갖는 수로 간주되는 반면에, 음수는 없는 것보다 작은 실제적인 현상을 확인할 수 없기 때문에 실제로 존재한다는 관념과 부합되지 않는 반직관적인 개념으로 받아들여진다.

② **음수의 역사**

㉠ A.D. 3세기~19세기 중엽 : 음수의 존재성을 부정하였다. 왜냐하면 음수를 정당화하기 위한 구체적인 모델을 못 찾았기 때문이다.

㉡ 19세기 중엽 (Herman Hankel) : 음수를 정당화하기 위한 구체적인 모델을 더 이상 찾지 않았다. 즉 음수를 형식적인 구성물로 간주하고 $R+$에서의 곱셈을 '형식 불역의 원리'에 따라 $R$의 곱셈으로 확장할 것을 제안하였다.

③ Freudenthal(1983) : 음수는 처음부터 형식적으로 취급되어야 한다고 주장하고 '귀납적 외삽법'사용을 제안하고 있다.

### 3) 직관적인 편견과 극복 방안

① **직관적인 편견** : 직관적인 인지 가운데 추론활동에서의 일관된 적절성의 결과로 우리의 인지 체계에 강력하고 가장 저항력이 있는 안정된 요소로 남아 교육적 딜레마를 야기하는 것을 의미한다. 직관적 편견은 학생이 단순하게 개념적 수준에서 변화해야할 것이 아니라 인지적 신념체계를 재조직하여야 한다. 특히 학생이 쉽게 받아들이려 하지 않는 부분에 대해, 교사는 지적인 교육의 과정에서 학생의 자신감이 파괴되지 않는 상태에 학생들의 오개념을 수정해야 한다.

② **직관적인 편견의 극복 방안과 메타인지적 능력의 개발**

㉠ 아동이건 어른이건 직관적 장애에 부딪히며, 이는 자연스럽고 정상적인 사고 경향임을 가능한 한 일찍 분명히 해야 한다.

㉡ 자신의 정신 활동을 분석하고 조종하는 것을 배워야 한다.

㉢ 학생들이 메타인지적 능력을 기르도록 해야 한다. 즉, 어려운 수학문제를 푼 후에 깊게 생각에 잠겨 문제를 마음 가운데에 분석하며 굴리는 반성, 즉 사후 분석을 통해 사고 과정을 조종하는 메타인지적 능력을 개발시킨다. 또한 메타인지적 능력의 개발은 학생들의 사후조종을 개선시킬 수 있다.

#### 4) 직관의 고착성과 대처방안

① **직관의 고착성** : 개인의 경험에 깊이 뿌리를 내리고 있는 직관에 대하여 그 나름의 자기 설명 능력을 갖고 있어 외적인 정당화와 타당화를 요하는 체계로 대체될 수 없이 고착화 되는 상태를 의미한다.

② **직관의 고착성에 대한 교육적 대처방안**

㉠ 초기 모델을 제시할 때 가능한 한 일찍 교육적 방향을 근거로 한 모델을 정련하고 점차적으로 그리고 체계적으로 일반화시킨다.

㉡ 가능한 한 일찍(초등학교부터) 점진적으로 보다 복잡하고 추상적인 개념을 동화할 수 있게 지도한다.

#### 5) 직관 특성 중 시각화와 대표성에 따른 문제점

① 시각적 표상은 정보의 객관적인 표상에 도움을 주며, 전체를 인식하는데 중요한 요인이 되지만 직관적인 전체적 추정이 자료의 특정한 요소의 두드러진 측면에 의해 치우치는 경우가 발생한다.

② 대체로 사건 A가 사건 B보다 겉보기에 더 대표성이 있어 보일 때 보다 더 일어날 가능성이 많은 쪽으로 판단하는 경향이 있다.

### (5) 직관에 의한 효율적인 수학교육을 위한 권고사항

직관은 중요한 생산적인 아이디어의 원천이지만 수학적 사고를 왜곡하거나 방해할 수도 있다. 따라서 학생들이 자신의 직관적인 개념을 계속 조종하고 형식적인 수학적 요구와 일치하는 새로운 직관을 구성하는 능력을 개발하도록 교사와 수학교육은 끊임없이 노력해야 한다.

① 학생들은 수학적 사고에 생산적인 직관적 측면을 배워야 한다. 더불어 이러한 직관과 수학적 사고과정 사이의 위치를 조정하는 것도 배워야 한다. 학생들은 수학적 개념의 정확한 형식적인 의미와 함의, 그리고 그 바탕에 깔려있는 생각을 직관하도록 학습해야 한다.
② 학생은 메타인지적 방법을 통하여 자신이 사용한 수학적 개념의 형식적인 정의를 분명히 인식하고 그 오개념의 직관적인 근원을 이해하도록 노력해야 한다.
③ 교사는 학생들에게 수학적 개념과 연산에 대한 '형식적 해석과 직관적인 해석'사이의 가능한 갈등을 의식하도록 도와줄 수 있는 교수학적인 상황을 창안해야 한다.
④ 직관적 모델을 사용할 경우, 가능한 한 일찍 지도되는 개념의 형식적인 의미와 형식적인 구조를 이해할 준비를 시키도록 해야 한다.
⑤ 직관적인 느낌, 직관적인 신념과 형식적으로 뒷받침된 확신을 구분하는 학생의 능력을 개발시켜야 한다.
⑥ 학생은 잘못된 추측의 위험성을 배워야 하며, 이것이 모든 사람이 문제를 해결하는 방식에 개재됨을 이해해야 한다. 형식적으로 그리고 직관적으로 자신의 발견, 자신이 예상한 해를 분석하고 검사하는 능력을 개발해야 한다.
⑦ 수학에서 모든 것에 대한 직관적 해석이 가능한 것은 아님을 학생들에게 분명히 이해시켜야 한다.
⑧ 교사는 학생들이 개념에 부여한 암묵적인 해석, 직관적인 반응, 그들이 사용하는 직관적인 모델, 새로운 개념의 획득으로 받는 영향 등이 무엇인지 알아야 한다.
⑨ 교사는 수학적 개념의 직관적인 측면과 그 형식적인 구조 사이의 복잡한 관계에 여러 가지 교수학적인 수단이 미치는 영향을 평가해야 한다.

## 03 시각화

수학은 수학적 대상에서 이질적인 요소는 버리고, 공통적인 요소를 추출하여 형식화하는 추상화에 의하여 생성된 개념을 다루는 학문이다. 이러한 추상성의 특징으로 인하여, 학생들은 수학적 개념·원리·법칙을 쉽게 인식하지 못하였으며, 수학적 사실을 이해하는데 어려움을 느껴왔다. 따라서 학생들이 수학적 개념·원리·법칙을 학습할 때, 그들의 직접적인 인식을 통하여 수학적 개념·원리·법칙에 쉽게 접근할 수 있도록 고안된 교수-학습 방안이 요구되고 이를 위해 지각에 도움을 주는 구체물이나 매개체들을 통한 수학적 사실의 시각화가 수학의 추상성을 극복하여 학습자의 직접적인 이해에 도움을 줄 수 있다.

### (1) 시각화와 수학교육

① 시각적 표상 : 정보의 개관적인 표상에 도움을 주며, 전체성 인식의 중요한 요인이 된다.

② 시각적 이미지의 구체성 : 자명함과 즉시성의 느낌을 창안하는 데 본질적인 요인이 된다.

③ 시각적 이미지 : 가지고 있는 자료를 의미 있는 구조로 조직할 뿐만 아니라 해의 분석을 안내하는 중요한 인자이다.

④ Skemp가 제시한 시각적 기호와 언어－대수적 기호

| 시각적 기호 | 언어－대수적 기호 |
|---|---|
| • 모양, 위치 등 공간 성질의 추상화<br>• 의사소통하기가 어렵다.<br>• 보다 개별적인 사고를 표상<br>• 통합적, 구조를 명시<br>• 동시적<br>• 직관적 | • 수와 같이, 공간적 형태와 무관한 성질의 추상화<br>• 의사소통하기가 쉽다.<br>• 보다 사회화된 사고를 표상<br>• 분석적, 세부사항을 명시<br>• 순리적<br>• 논리적 |

### (2) 학교에서 시각화를 소홀히 다루는 이유

① 학교 수학의 정신을 논리적 엄밀성의 추구로 봄, 학교 수학의 여러 영역에서 논리적 접근을 강조하기 때문이다.

② 시각화 자료나 시각화를 위한 도구가 부족하거나 결여되었기 때문이다. 현재는 수학 교수 방법론의 변화와 다양한 교수 공학의 발달로 인하여 시각화의 소홀함이 극복되고 있다.

### (3) 시각화의 의의

① 수학적 사실이나 수학적 개념을 보다 쉽고 직관적으로 이해하고 이와 더불어 이해에 깊이와 의미를 준다.

② 문제해결에 믿음직한 안내자를 제공한다.

③ 창의적인 발견을 고취시키도록 부추긴다.

④ (학교 수학에서 다루는 수학적 사실들은 시각적으로 표현 가능하다.) 시각적으로 표현된 표상은 상징적으로 표현된 문자식에 비해 창의적 활동을 가능하게 한다.

### (4) 시각화가 수학 학습에 주는 부정적인 효과

① 우리의 시각에는 한계가 있으므로 정확한 시각화는 불가능하다.

② 시각을 통하여 얻은 정보를 지나치게 과신하는 경향이 있다.

③ 동일한 장소에서 동일한 대상을 보더라도 관찰자에 따라 대상이 다르게 인식된다.

④ 시각을 통해 인식된 대상에 대해 면밀히 분석하지 않은 즉각적인 판단 때문에 사물의 특성을 왜곡하게 된다.

⑤ 시각적으로 상상할 수 없는 경우에도 이용 가능한(시각적으로 이용되는) 정보에 치우치기에 잘못된 결론이 나타날 수 있다.

### (5) 직관적인 문제해결 과정에서 시각화의 역할

시각화는 추상적인 수학적 개념·원리·법칙을 구체적이고 직접적으로 지도하는데 효과적인 방안의 하나이다. Polya(1957) "그림은 기하 문제의 대상이 될 뿐 아니라, 처음에 전혀 기하적이 아닌 모든 문제 풀이에 중요한 도움이 된다."

① 수학적 개념·원리·법칙에 대한 직관적 인지와 즉시성과 자명성을 창안해준다. (시각화된 표상은 그 자체의 이미지에 의해 번뜩이는 아이디어가 발현되게 하는 직관을 경험할 수 있게 하는 유용한 매개체이다)

② 수학 문제를 직관적으로 이해하고 해결하는데 유용한 전략이 된다.

확률론 '분배 문제'

A, B 두 사람이 먼저 5번을 이기는 사람이 상금을 갖기로 하고, 이길 가능성이 서로 똑같은 게임을 하는데, A는 4게임을, B는 3게임을 이긴 상태에서 게임을 중단하게 되었다. 상금은 어떻게 나누는 것이 바람직한가?

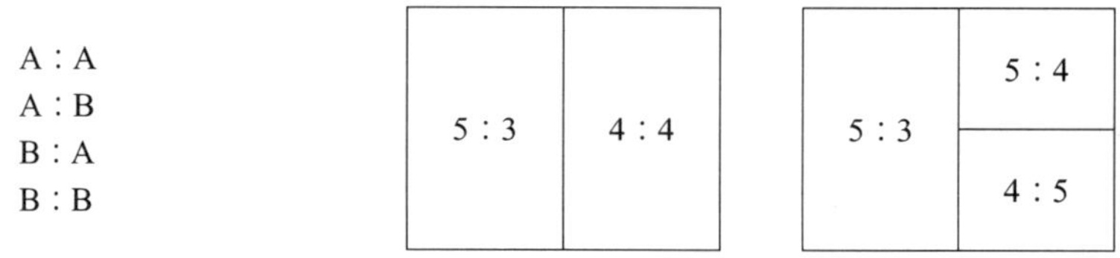


③ 수학의 개념이나 정리에 대한 직관적 이해가 가능하게 해준다.

④ 사고 영역 내에서 쉽게 지각할 수 있고 구체적으로 다룰 수 있는 대상을 이용함으로써, 문제해결에 대한 단서나 해결책을 발견하도록 하는 '예측 직관'을 경험할 수 있다.

### (6) 컴퓨터 탐구형 소프트웨어를 통한 시각화에 의한 직관 신장

① 탐구형 소프트웨어는 학생들에게 직접적인 조작의 기회를 제공함으로써, 역동적인 동영상을 통하여 지필 환경에서 구현하기 어려운 시각화를 제공하고, 수학적 사실의 불변성을 보여줄 수 있다. 딘즈(Dienes, 1960)의 '지각적 다양성의 원리'와 '수학적 다양성의 원리'와 관련이 있다.

② 형식적인 증명이나 개념 학습의 전 단계에서 그래픽이나 애니메이션, 시뮬레이션을 통한 학생들의 자기 주도적인 직관적 탐구 활동은 수학의 역동적이고 발생적인 측면을 부각시킬 수 있다.

### (7) 시각화 이용 시 주의점

① 시각화된 이미지는 직관적인 판단의 상황에서 오류를 일으킬 수 있음에 유의한다.

② 시각화된 표상은 인간의 지각의 한계를 벗어나지 않도록 구안되어야 하며, 원형과 관련된 개념의 명확한 분석의 결과로 제시되어야 한다. 또한, 시각화된 표상 자체에 집중함으로써 논리-연역적인 접근 방식을 외면하는 것을 피해야 하며, 소위 메타인지적 이동이 일어나지 않도록 유의할 필요가 있다.

③ 수학적 사실의 시각화된 표상이 직관의 즉시성을 창안하는 중요한 요인은 되지만 그 자체로 직관적 지식은 아니다.

④ 시각화된 표상이 원형과 관련된 의미의 명확한 개념적 분석과 이해를 바탕으로 제시되지 못할 경우 학습자는 학습 목표의 도달에 어려움을 겪게 된다.

⑤ 학생들은 시각화된 표상이 제공하는 정보에 지나치게 과신하는 경우가 있다. 수학적 사실의 시각화는 시각화되어지는 원형과 관련하여 이에 대한 추상적인 수학적 사실을 시각화하기 전에 명확하고 체계적인 개념적 분석과 이해가 선행되어야 한다.

# 3 분석법과 종합법

## 01 문제해결과 분석-종합법

어떤 문제든 각 문제가 해결되는 풀이 방법이 존재한다. 결국 각 문제 해결은 풀이 방법을 발견한 뒤 그 발견한 풀이 방법을 바탕으로 문제를 해결하는 것이 타당하다.

① 찾고 있는 것이 마치 존재하고 참인 것처럼 가정한 다음 결과를 찾아 그들 또한 마치 참이며, 우리의 가정에 의해서 확립된 것처럼 여기고 거쳐서 인정된 것에 이른다.
   ㉠ 인정된 것이 참이면 찾고 있는 것도 또한 참이며, 증명은 분석과 역순으로 대응한다.
   ㉡ 우리가 명백히 거짓인 것으로 인정된 것에 이르면 찾고 있는 것 또한 거짓이다.

② 제의된 것을 마치 알고 있는 것처럼 가정한 다음 그 잇따른 결과를 참일 것으로 여기고 거쳐서 인정된 것까지 이른다.
   ㉠ 만일 인정된 것이 가능하고 얻을 수 있다면, 곧 수학자들이 주어진 것이라고 부르는 것이라면, 원래 제안된 것도 가능할 것이며 증명은 또한 분석과 역순으로 대응할 것이다.
   ㉡ 우리가 명백히 불가능한 것에 이르면 문제도 또한 불가능할 것이다.

③ 위의 기술을 요약하자면, 분석은 풀이계획을 발견하는 과정이고, 종합은 그 계획을 실행하는 과정이다. 증명 문제에서 분석의 과정을 거꾸로 되밟는 연역과정인 종합이 곧 증명이다.

## 02 분석-종합법 적용

### (1) 명제의 증명에서의 분석과 종합

기하에서 명제의 증명 방법을 발견하고자 하는 경우, 결론이 증명되었다고 가정하고 그 선행조건인 충분조건을 찾아간다. 그 결과 원 명제의 조건에 도달하게 된다(분석). 이제 조건으로부터 논리적으로 추론의 도움을 받아 결론으로 나아가는 일련의 관계를 구성해야 한다.

**「다음 그림과 같이 $\angle A \neq 60°$인 임의의 삼각형 ABC의 각 변을 한 변으로 하는 정삼각형을 그리고, 그 각 꼭짓점을 각각 D, E, F라고 할 때, 사각형 ADEF는 평행사변형임을 증명하여라.」**

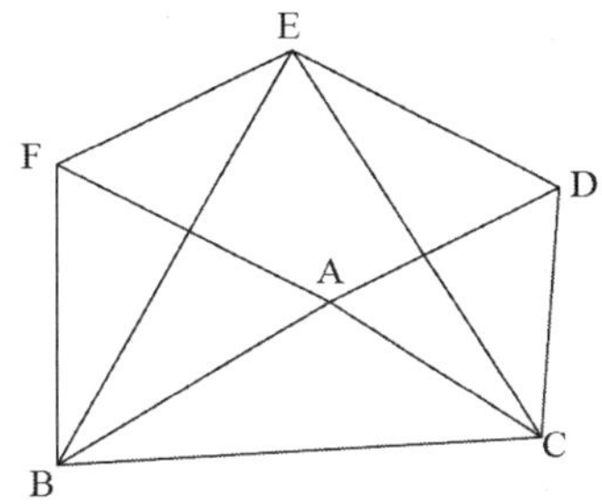


[분석과정]

(a) 사각형 ADEF가 평행사변형이라고 가정하자.

(b) 사각형 ADEF가 평행사변형이 되기 위한 충분(선행)조건은 $\overline{AF}=\overline{DE}$, $\overline{AD}=\overline{EF}$이다.

(c) $\overline{AF}=\overline{DE}$이기 위한 충분(선행) 조건은, $\overline{AF}=\overline{AB}$이므로 $\triangle ABC \cong \triangle DEC$이다.

(d) $\triangle ABC \cong \triangle DEC$이기 위한 충분(선행)조건은 $\overline{BC}=\overline{CE}$, $\overline{CA}=\overline{CD}$, $\angle DCE=\angle ACB$이다.

(e) $\overline{BC}=\overline{CE}$, $\overline{CA}=\overline{CD}$는 주어진 조건에 의해 성립하며, $\angle ACD=\angle EBB=60°$이고 $\angle ECA$는 공통이므로 $\angle DCE=\angle ACB$이다.
따라서 이 명제는 참이다.

(f) $\overline{AD}=\overline{EF}$에 대해서도 마찬가지 방법으로 생각해 볼 수 있다.

[종합과정]

분석과정을 거꾸로 되밟아 결론에 도달하는 방법이 증명이다.
주어진 조건에 의해 $\overline{BC}=\overline{CE}$, $\overline{CA}=\overline{CD}$
$\angle ACD=\angle ECB=60°$이고 $\angle ECA$는 공통이므로 $\angle DCE=\angle ACB$
따라서 삼각형의 합동조건(SAS 합동조건)에 의해 $\triangle ABC \equiv \triangle DEC$ $\therefore$ $\overline{AF}=\overline{DE}$
마찬가지 방법으로 $\therefore$ $\overline{AD}=\overline{EF}$
따라서 사각형 ADEF는 평행사변형이다.

### (2) 작도문제에 분석 - 종합법 활용

주어진 성질 $a$를 갖는 도형 $F$를 작도하는 문제를 해결하기 위한 분석은, 도형 $F$를 작도하기 위하여 도형 $F'$을 작도하는 것이 필요하도록, 도형 $F$에 의해서 완전히 결정되는 성질 $a'$를 갖는 도형 $F'$을 찾는 것이다. 그리고 종합은 분석을 통하여 발견된 성질 $a'$를 갖는 도형 $F'$을 작도하여 이를 바탕으로 $a$를 갖는 도형 $F$를 작도하는 것이다.

「빗변의 길이 $a$와 그 내접원의 반지름 $r$이 주어졌을 때 직각삼각형을 작도하여라」

[분석과정]

(a) 우선 미지인 삼각형이 작도되었다고 가정한다. 따라서 그 삼각형은 $BC=a$이고 $O$가 내접원의 중심이고 $\overline{OD}=\overline{DE}=OF=r$인 삼각형 $ABC$라고 하자.

(b) 삼각형 $BOC$에서 $\overline{BC}=a$, 높이 $OD=r$, $\angle BOC=180°-\dfrac{B+C}{2}=180°-45°=135°$ 이다.

(c) $\angle A, a, r$로부터 삼각형 $ABC$를 작도하는 문제는 꼭지각 $BOC$, 밑변 $a$, 높이 $r$로부터 삼각형 $BOC$를 작도하는 문제가 된다.

[종합과정]

밑변이 $a$이고 높이가 $r$이며 각 $O$가 135°인 삼각형 $BOC$를 작도하고, 반직선 $BO$, $CO$와 각각 $\angle OBC, \angle OCB$와 같은 각을 이루도록 반직선 $BA$, $CA$를 긋고 만나는 점을 $A$라고 하면 구하는 삼각형 $ABC$를 얻는다.

실제로 $\angle OBC+\angle OCB=45°$, $\angle ABC+\angle ACB=2(\angle OBC+\angle OCB)=90°$

이므로 두 반직선 $BA$, $CA$는 만나서 직각을 이룬다. 그리고 점 $O$는 삼각형 $ABC$의 $\angle B, \angle C$의 이등분선 $BO$, $CO$의 교점, 곧 내접원의 중심이다. 삼각형 $BOC$의 높이 $DO$는 삼각형 $ABC$의 내접원의 반지름이며 정확히 $r$과 같다.

### (3) 방정식 풀이에의 분석법과 종합법

방정식은 미지수의 값에 따라 참인 명제도 되고 거짓인 명제도 되는 명제 함수이다. 그런데 방정식을 풀 때에는 그 방정식이 이미 풀린 것으로 가정하고 등식의 성질을 이용하여 방정식을 변형하여 해이기 위한 필요조건을 찾아 푸는 것이다.

[Descartes의 방정식 풀이의 규칙 4가지]

① 우선 문제를 잘 이해한 다음에 문제를 어떤 미지인 양, 곧 수를 결정하는 문제로 환원하여라.

② 문제가 풀렸다고 보고 조건에 따라서 미지인 것과 자료 사이에 성립하여야 할 모든 관계를 적절한 순서로 그려보면서 문제를 아주 자연스럽게 개관하여라.

③ 같은 양을 두 가지 방법으로 나타낼 수 있도록, 조건의 일부분을 분리하여 미지인 것 사이에 성립하는 방정식을 얻도록 하라. 결국, 조건을 여러 부분으로 쪼개어 미지인 것의 개수만큼의 방정식으로 이루어진 연립방정식을 얻게 된다.

④ 연립방정식을 한 방정식으로 환원하여라.

**「연못에 펌프 2대가 설치되어 있다. 첫 번째 펌프는 물을 연못에 퍼 올리고 두 번째 펌프는 같은 양의 물을 연못에 퍼내는 데 $h$시간이 더 걸린다. 두 펌프가 함께 가동하면 연못은 $a$시간 동안에 채워진다. 첫 번째 펌프로 연못을 채우려면 얼마나 걸리겠는가?」**

[분석과정]

(a) 먼저 주어진 문제의 미지인 시간 $x$가 존재한다고 가정하고, 조건에 따라 같은 양을 두 가지로 나타내도록 해야 한다.

(b) 연못에 들어갈 수 있는 물 전체의 양을 g라고 하면, 첫 번째 펌프로 물을 퍼올려지는 비율은 시간당 $\frac{g}{x}$이고 $a$시간 동안에 퍼올리는 양은 $\frac{g}{x}a$이다. 그리고 두 번째 펌프로 물을 퍼내는 비율은 시간당 $\frac{g}{x+h}$이고 $a$시간 동안에 퍼내는 양은 $\frac{g}{x+h}a$이다.

(c) 두 펌프가 동시에 가동하면 $a$시간 동안에 연못에 물이 가득 차므로 연못의 물의 양은 다음과 $\frac{g}{x}a-\frac{g}{x+h}a=g$같이 두 가지로 나타내어진다.

(d) 이 방정식을 정리하면 $\frac{a}{x}-\frac{a}{x+h}=1$

(e) $x$가 위의 방정식을 만족한다는 것은 해인 $x$가 존재하기 위한 필요조건이다. 다시 말하면 오직 이 방정식의 근인 미지의 값만이 문제의 해답이 될 수 있다. 그러나 $x$가 위의 방정식을 만족한다는 것이 문제의 해가 되기 위한 충분조건은 아니다. 따라서 위의 방정식을 푼 후에 그 근 가운데 어떤 것이 문제의 해답이 될 수도 있고 어떤 근도 해답이 될 수 없을 수도 있다는 것, 따라서 문제는 해를 갖지 않을 수도 있다는 것을 납득해야 한다. 우리가 그 존재성을 가정한 미지인 값 $x$에 대해 주의 깊게 생각해 보면 $x$는 또 하나의 관계

$$0<x<a$$

를 만족함을 쉽게 알 수 있으며, 이는 문제의 해가 될 $x$가 존재하기 위한 또 하나의 필요조건이다. 그런데 $x>0$이면 위의 방정식에서 $\frac{a}{x}=\frac{a}{x+h}+1$이므로 $\frac{a}{x}>1$, 곧 $a>x$이다. 따라서 문제의 해가 될 미지인 양 $x$의 값이 하나 존재하기 위한 필요조건은 다음과 같다.

$$\frac{a}{x}-\frac{a}{x+h}=1,\ x>0$$

(f) 필요조건인 위의 방정식을 풀면 그와 동치인 방정식을 얻는다.

$$x=\frac{\sqrt{h^2+4ah}-h}{2}$$

**[종합과정]**

$x$가 $x=\dfrac{\sqrt{h^2+4ah}-h}{2}$ 인 값을 갖는 조건은 동시에 문제의 해가 되기 위한 충분조건이기도 하다. 따라서 이 $x$의 값은 구하는 문제의 해가 된다.

## 03 학교 수학과 분석법-종합법

① 현행 중·고등학교 수학 교과서에는 명제의 증명이나 작도의 풀이 및 방정식의 풀이에서 명시적으로 분석과정을 다루고 있지 않다.

② '새 수학' 이전의 고등학교 수학의 논증기하 부분에는 명제의 증명에 앞서 분석과정이 '음미'란 이름으로 다루어졌으나 '새 수학' 이후 이 부분이 완전히 사라졌다.

③ 수학교사는 '사고 교육'과 문제해결 교육, 발견술 등의 변화에 발을 맞추어 학교수학에 분석과정을 복귀시키도록 노력해야할 것이다.

## 04 분석-종합법 활용의 의의

① **수학에 대한 인식 변화**

모든 수학적 지식이 이미 존재하는 결과물로 단순히 전달되거나 전수된 지식이 아닌 누군가에 의해 발견되고 논의되고 계속적으로 연구된 결과임을 알게 된다.

② **동기유발**

모든 문제는 해결될 수 있는 과정이 있음을 학생 스스로 인식하고 문제해결에 동기유발을 얻게 되며, 스스로 문제를 해결하려고 노력한다.

③ **발견적 사고 확장**

스스로 수학적 문제를 해결하거나 수학적 지식을 이해하려는 노력을 함으로써 능동적인 사고를 기르게 된다.

# 4 역사 발생적 원리를 활용한 수업

## 01 학교 수학교육의 현실과 역사 발생적 원리

역사 발생적 원리 : 수학의 개념과 구성된 이론들의 발전과정을 기초로 하여 수학 학습지도의 도구로 활용하는 원리를 의미한다. 학생들은 이러한 시간을 통해 수학은 인류의 끊임없는 상상과 창조의 노력으로 이루어 진 것이라고 생각하게 되며 학생들이 스스로 개념들을 만들고 구성해 볼 수 있는 창의적이고 역동적인 학습 분위기를 연출할 수 있게 된다.

① 학교의 수학교육은 연역적으로 구성하여 완성된 체계로서 수학교과서를 가르치고 있다. 따라서 학생들은 진정한 수학을 알지 못하고 피상적인 수학만을 공부하게 되고 수학 학습에 있어서 흥미와 활력을 잃어 버려 마치 수학을 골동품처럼 생각하고 있다.

② 이러한 완성된 체계의 교과서를 중심으로 지도할 때, 학습의 결점을 해결하기 위해 수학의 발달과정에 따라 수학의 개념을 폭 넓게 이해할 수 있도록 교재를 재구성하는 학습이고 방법이 역사 발생적 원리이다.

## 02 역사 발생적 원리의 초기 발달사

르네상스 이후 수학이 발전하고 변화하면서 기하학의 교과서로서 《유클리드 원론》은 교육학적 측면에서 비판을 받기 시작하였다.

### (1) 프랑스 클레로의 『기하학의 원론(1741)』

① 프랑스의 클레로는 최초로 수학의 역사발달에 의한 역사 발생적 원리를 활용한 기하학의 교과서인 『기하학의 원론(1741)』을 저술하였다.

② 기하학을 역사적인 순서에 따라 기하학의 이론을 연구하여 발견된 동기와 방법을 접하게 함으로써 창의적인 발견적 사고력을 가질 수 있도록 하기 위해서 쓰여졌다.

③ 클레로는 자명한 정의, 공리, 명제 등을 일일이 쓰지 않았다. 그는 “간단한 상식으로 즉시 알 수 있는 것을 일일이 추론해 간다는 것은 오늘날에는 시간낭비에 지나지 않는다. 그것은 진리를 알 수 없게 만들고 독자로 하여금 싫증나게 할 따름이다.”라고 했다.

④ 기하학의 이론을 실생활에 응용한 예를 들어 무미건조함을 극복하려고 노력하였다. 그의 이러한 저술의 노력은 '역사 발생적 원리'라 불리게 되었다.

## (2) 19세기 린드너(Lindner)의 발생적 수학교육의 원리

① 발생적 수학교육의 원리는 19세기에 린드너(Lindner)에 의해서 역사 발생적 원리로 정의되었다. 그의 정의는 "소재를 자연스런 순서에 따라 다루어서, 단순한 것으로부터 합성된 것으로, 원인으로부터 결과에, …, 쉬운 것에서부터 어려운 것으로 나아가되 하나 하나의 동인을 아주 주의해서 서로 결합하는 것이다"라고 했다.

② 린드너는 개인의 수학적 사고 발달과 지식교육은 인류의 지식발달과 같은 과정을 따라야 한다고 주장했다.

## (3) 20세기 초의 수학교육 근대화 운동

① 수학교육 근대화운동의 선구자인 페리(Perry, 1901)는 유클리드의 엄정한 기하학 교육에서 탈피하고 진정한 수학교육이 이루어져야 국가가 번영할 수 있다고 주장했다.

② 클라인(Klein)은 "『유클리드 원론』은 아동을 위해서 쓴 것이 아니고 성인을 위해서 쓴 것이다"라고 하면서 수학교육은 아동의 심리에 적합하도록 해야 한다고 주장했다. 그는 연설에서 "소년의 자연적인 소질과 연결시켜 인류 전체가 그 순진한 원시 상태로부터 보다 높은 인식에 다다른 그 길을 다라 천천히 높은 곳으로, 마지막에 추상적인 형식화에 이르러야 한다. …. 모든 수학적 개념이 처음에 얼마나 더디게 발생했으며, 그것은 처음에는 거의 항상 예언적인 형태로 나타나 오랜 발전을 거친 후 비로소 굳건한 결정 형태의 체계적 표현을 취하는가를 알게 될 것이다"라고 했다.

③ 포앙카레(Poincare)는 동물의 태아의 형성과정에서 진화의 역사를 보여주는 것처럼, 인간의 정신 발달도 조상이 거쳐 온 과정을 빠르게 통과할 때 학생을 잘 지도할 수 있다고 보았다.

## (4) 토에플리츠(Toeplitz)

① 토에플리츠는 "창조되던 당시에는 불타는 의문에 대한 해답이었음에 틀림없다. 우리가 이들의 사고의 근원으로 되돌아간다면 틀에 박힌 무미건조한 사실로 활기 없는 형태는 없어지고 생생하고 힘찬 생명이 되살아날 것이다"라 했다.

② 수학의 문제와 개념의 발생에서 결정적인 계기를 극화하거나 학습의 자료로 활용하여야 한다고 주장했다.

### (5) 20세기의 역사 발생적 원리

① 프로이덴탈(H. Freudental), 라카토스(I, Lakatos), 폴리아(G. Polya) 등에 의해서 연구되고 주장되었다.

② 폴리아와 프로이덴탈은 수학은 체계적이고 연역적인 발생상태의 수학과, 창조되고 구성되어 발명 중에 있는 수학으로 나누고, 발명되던 그 방식 그대로 다시 한번 재발명 과정을 수학지도에서 보여주고 학생들 자신이 스스로 재발명 하도록 도와줄 때 가장 잘 배울 수 있다고 보았다.

## 03 역사 발생적 원리

① 1960년대 새 수학 운동의 결과로는 영재교육에 관심이 많아지고 수학교육의 내용이 풍부해지고 교수법이 개발되며 일부 우수한 학생들의 학업 성취도가 높아졌다. 그러나 많은 학생들의 계산능력이 떨어지고 성적이 하락하여 실패하였다는 평가와 비판을 받게 되었다. 결국 새 수학 운동의 반성으로 기초 회복운동(Back to Basic)이 나왔고, 발생적 원리의 활용이 부각되었다.

② 학생들에게 수학에 관한 인식을 바꿔주기 위해 수학에 관한 재미있는 그림이나 호기심을 자극할 수 있는 것을 보여주고 생각하는 계기를 마련해주어야 한다. 거시적인 수학과 수학의 역사 등 수학과 관련된 책들을 읽도록 한다면 수학의 역사가 인간이 축적해 온 문화의 역사이므로 수학의 중요성을 인식하게 된다.

## 04 수업에서 활용의 실제

### (1) 함수의 지도

① **비례관계의 단계**

㉠ 함수개념의 시작은 물건 개수 세기를 시작하면서 일대일 대응을 생각하고 이에 적합한 숫자를 표시하면서부터였다. 고대 바빌로니아의 천문학 연구에서 별들의 운동에서 주기성을 발견하고 기록한 수표가 있다. 그리스인들도 전체의 운동을 삼각함수로 표현하였다.

㉡ 르네상스시대 이후 수학은 학문의 발전과 함께 빠르게 변하였다. 방정식의 풀이과정에서 수 개념의 확장, 기호의 발전, 좌표의 활용으로 해석기하학의 발전과 천문학의 혁명으로 운동역학의 연구 등 서양과학은 과학혁명을 이루었다. 계속 미분적분학의 발견으로 미분방정식과 해석학이 급속히 발전하였다.

② **종속관계의 단계와 함수의 종속적 정의**

수학의 발전과 더불어 함수개념의 외연은 확장되었고, 그 내포 또한 변화되었다.

㉠ 함수란 용어는 라이프니츠와 베르누이가 편지를 주고받으면서 처음으로 사용하였다. 라이프니츠(Leibniz)는 1962년 처음으로 "접선은 곡선의 함수(function)이다"라고 했다. 그 후 오일러(Euler)는 "해석학은 변수와 이들 함수사이의 과학이다"라고 하며 함수를 f로 표시하였다. 그는 함수를 "변량의 함수는 변량이나 수, 일정량들 사이의 관계 혹은 규칙을 나타내는 해석적 표현이다.(1748)"라고 했다. 그 후 그는 함수를 해석적 표현을 사용하지 않고 종속관계로 함수를 정의하기에 이르렀다.(1755)

㉡ 우리의 삶 속에서 변화하는 두 양의 관계들을 조사할 수 있다. 이러한 관계들을 그림이나 그래프를 그려서 설명한다.

㉢ 물체의 운동을 연구하면서 함수의 개념화가 시작되었고, 이때 양의 가변성과 종속성이 함수관계로 표현되었다.

㉣ 18세기 후반 편미분 방정식과 푸리에 급수 등 수학의 발전으로 코시(Cauchy)는 독립변량의 값에 따라 정해지는 대응관계의 종속변량을 함수라 생각하게 되었다. 이때 어떤 대응이든지 상관없다.

③ **대응관계 단계와 함수의 대응적 정의**

㉠ 19세기 초에 디리클레(dirichlet)는 대응으로서의 엄밀한 함수를 정의하였다. 그는 식으로 나타낼 수 없는 함수관계도 발견하였다. 예를 들면 실수 위에서 무리수는 0에, 유리수는 1에 대응하는 대응관계로 정의하면 함수가 된다.

㉡ 고등학교 수학교과서(제 7차)의 함수의 정의 : "두 집합 X, Y에 대하여 X의 각 원소에 Y의 원소가 하나씩만 대응될 때, 이 대응 $f$를 X에서 Y로의 함수라 한다."

## (2) 로그의 지도

① 로그(logarithm)는 네이피어(Napier)에 의해서 발명(1614)되었다.

② 로그의 용어는 그리스어의 Logos()와 arithmos(수)의 복합어이다.

③ 로그의 이론적 기초는 그리스의 아르키메데스로부터 시작된다. 그는 지수의 공식을 설명하고 다루었다. 오렘(Oresme)은 등비급수와 등차급수의 비교로 분수지수의 개념을 일반화하였다. 슈티펠(Stifel)의 <산술총서, 1544>에서 등차수열에서 덧셈이 등비수열의 곱셈에 대응한다는 이점을 지적하였다. 등비수열의 항이 지수로 표현이 되며 분수의 지수와 음의 지수를 도입하였다.

④ 그 후 계산을 간단히 하기 위해서 지수와 어떤 수에 대한 거듭 제곱의 수열을 대비한 수표를 작성하였다. 스테빈의 복리계산표, 뷔르기는 등차 및 등비수열의 수표를 만들어 케플러의 천문계산을 도와주었다.

⑤ 네이피어의 로그의 발견은 삼각함수의 곱의 공식에서 착상하여 기하학적으로 얻은 계산에서 곱셈을 덧셈으로 바꿀 수 있는 계산을 생각해 낸 것이다. 이듬해(1615)에 브리그즈(Briggs)는 네이피어와 함께 상용로그를 만들었다. 그 후 브리그즈는 상용로그표를 출판하였다.

⑥ 그 당시 천문학, 항해, 무역, 전쟁 등에서 수치계산이 좀더 빠르고 정확하게 수행되어야 하는 분야가 많아졌다. 이러한 계산의 필요성에 따른 로그의 창안으로 로그를 활발히 연구하게 되었다.

⑦ 라플라스(Laplace)는 "로그의 발명으로 일거리가 줄어서 천문학자의 수명이 배로 연장되었다" 라고 말했던 것처럼 아주 중요한 수학적 성과였다.

⑧ 자연로그가 최초에 나타낸 것은 네이피어의 <Descriptio, 1618>의 부록이고 보간법의 설명이 있었다. 스페이델은 <새로운 로그, 1622>에서 1에서 1000까지 수의 자연로그의 수표를 발표했다.

## 05 수학사 도입의 필요성

### (1) 수학의 유용성을 강조할 수 있다.

Geometry(기하학)이라는 단어는 '땅의 측정'을 의미하듯이, 고대 문명사회의 측량술로부터 기하학이 싹트기 시작했고, 이집트 사람들은 피라미드를 건설할 때 직각을 얻기 위해 3－4－5 직각 삼각형을 사용했다. 산술은 공학, 농업, 상업, 종교 의식 등을 보조하기 위한 실용적인 도구로 개발되었다. 삼각법은 천문학과 관련해서 연구되었고, 로그의 발명은 천문학 등에서 발생하는 거대한 계산 문제를 쉬운 문제로 전환시켰다. 현대 수학의 예로 선형 계획법 등을 들 수 있다.

이렇게 수학 외적인 필요에 의해 수학이 개발되고 연구되었을 뿐만 아니라, 수학 내적인 요구에 의해서도 수학은 발전했다. 인도－아라비아 수 체계는 그 이전의 수 체계에서 대단히 번거롭던 계산 문제를 간단한 계산 알고리즘을 통해 매우 쉽게 처리할 수 있게 했으며, Descartes의 해석 기하학은 유클리드 기하학에서 마주치는 당혹스러운 문제를 단계적으로 풀 수 있는 방법을 제공했다.

### (2) 수학의 '인간화'를 도모할 수 있다.

수학에서 세련된 형태의 출판물은 마지막 결과를 얻을 때까지의 노력과 인내 및 성공과 실패의 경험 등과 같은 인간적인 면을 숨기고 있다. 현재의 수학은 인간의 엄청난 노력이 투여된 뒤에야 발견되었다. 강의 중 이런 인간적인 요소를 가미함으로써 실제로는 좀 더 생동감 있게 수학을 가르칠 수 있다. 이를 위해 새로 배우는 수학 개념의 발견에 공헌을 할 사람들의 전기와 일화를 간단하게 소개함으로써 수학내용을 훨씬 더 흥미롭게 만들며, 수학이 '인간적인' 과목임을 보여줄 수 있다.

### (3) 수학의 문화적 가치를 인식시킬 수 있다.

수천 년 전에 발견된 수학적 사실은 오늘날에도 여전히 유효하다. 서로 다른 시기와 문명사회에서 똑같은 수학적 사실이 발견되고 이용되었음을 수학사를 통하여 알아 볼 수 있다. 예를 들면, 피타고라스 정리는 모든 사회에서 가치 있게 사용되었다. 이런 사실을 학생들에게 제시해서 비교하도록 할 수 있으며, 이런 사실의 고려는 학생들에게 수학 개념의 보편성을 보여주고, 어떤 수학 이론이 한 사람 또는 한 지역에서만 발견되었다는 잘못된 생각을 없앨 수 있다.

### (4) 수학 학습의 어려움을 이해할 수 있다.

현재 우리가 가르치고 배우는 수학은 인류의 역사에 비하면 매우 최신의 지식이며, 수천년 동안 인류의 시행착오와 끊임없는 노력의 결과로 현재의 수학이 존재한다. 짧은 시간 내에 많은 수학을 배워야 하는 학생들에게 어려움이 없을 수 없다.

수학 개념 발달의 장애를 보여주는 역사적 조망이 교사로 하여금 학생의 오류를 더욱 잘 이해할 수 있도록 도와줄 것이다. 음수와 기호의 예를 제시하겠다.

6세기 인도 수학자들은 음수에 대한 모든 연산 규칙을 활용했다. 그러나 3세기 뒤 아랍 수학자들은 인도 수학을 알고 있지만, 그들의 연구에서 이런 것을 찾아볼 수 없다. 17세기 프랑스 수학자 파스칼은 음수의 도입 필요성을 전혀느끼지 못했으며, 19세기 영국 수학자 드 모르간은 0보다 작은 수를 상상할 수 없다고 생각했다. 음수는 복소수와 함께 16세기에 약간 받아들여졌으며, 19세기에 이르러서야 수로서의 확고한 위치를 차지하게 된다.

### (5) 교수 방법을 개선시킬 수 있다.

수학 교과서와 연구 논문에서는 제시된 개념에 이르기까지의 과정과 배경이 거의 무시되고 있다. 주제가 '정의, 정리, 증명, 따름 정리, …'와 같이 일반화된 상태로 제시되고 특별한 예가 뒤따르는 경우를 매우 자주 볼 수 있다. 학생은 새로운 내용에 노출 될 때 그 내용과 관련된 준거 체계를 필요로 한다. 그런 체계는 친숙한 내용에 의해 제공된다. 예보다 먼저 등장하는 일반화는 통상 효과가 없고, 많은 학생에게는 그 이후의 예로 보상할 수 없는 정도로 대단히 큰 손해를 끼칠 수 있다. 거의 모든 과정에서 특별한 예로 시작하거나 직관적인 접근 방법을 사용해서 출발해야 한다.

특별한 예로써 이론적인 일반화로 이동하는 교육이 학생으로 하여금 더 높은 수준으로의 도약을 가능하게 만든다고 믿고 있다. 학생들이 소유한 지식의 양을 결코 알 수 없다. 그러므로 증명을 전달하는 좋은 방법은 먼저 예를 제시하고 증명을 직관적으로 파악하게 한 다음 엄밀한 증명을 제시하는 것이다.

### (6) 수학에 대한 흥미를 유도할 수 있다.

수학이 흥미를 끌기 때문에 수학을 공부하는 학생이 있다. 그러나 좋은 성적과 상급학교 진학을 위해 마지못해 공부하는 학생이 더 많다. 이런 학생에게 수학은 지루하고 따분한 과목이 될 수 밖에 없다. 수학 교육의 목표에 지적인 영역과 함께 정의적 영역이 강조되고 있다. 수학에 대한 흥미와 긍정적인 자세가 없다면 지적인 영역의 목표를 달성할 수 없다.

수업 중 간단한 역사적 사실과 일화를 소개함으로써 학생들의 흥미를 유발시킬 수 있다. 수 체계의 강의 중 중국, 바빌로니아, 로마의 수 체계를 소개하고, 이를 통해 인도-아라비아 수 체계의 정점과 유용성을 강조할 수 있다. 특히 수 0의 도입에 수천 년이 걸렸고 현재 사용되고 있는 수 체계의 발달에도 수천 년이 걸렸지만, 짧은 시간에 이 모든 것을 배울 수 있다는 사실에 학생들은 경탄할 것이다.

# 5 형식불역의 원리

## 01 형식불역의 원리의 발생에 대한 역사적 배경-음수와 허수 발생과 관련

### (1) 18세기까지의 음수와 허수에 대한 관점

음수와 허수는 18세기(그 이전에도)에도 자유롭게 사용되었으며 모든 종류의 대수적 결과를 얻는데 필요한 것으로 간주되었다. 하지만 수학자들은 여러 물리적 유사물로 그 의미를 설명하려 하였다. 결국 음수와 허수에 대한 의미 획득의 어려움은 음수와 허수의 사용을 포기하는 대수교과서의 출현으로 이어졌다.

### (2) George Peacock(1791~1858)의 형식불역의 원리에 의한 대수 관점의 변화

① 형식불역의 원리 : '제한적인 값을 갖는 기호가 취하는 형식의 일반적인 경우가 기호의 값이 제한되지 않고 그 형식도 일반적인 경우와 동등한 것과 마찬가지로, 대수적 형식이 동등한 것은 무엇이든지 서로 동등할 것이다'는 원리이다.

② 수와 그 연산에 대한 의미획득의 근거가 자연수나 분수와 같이 일상적인 인간의 활동에서 발생하는 직관으로부터 형식적이고 추상적인 것으로 변화되었다.

③ 19세기, 음수와 복소수에 대한 이해를 위한 핵심 아이디어로의 수체계 확장을 가능하게 한 것이 형식불역의 원리이다. 수를 다루는 관점의 근본적인 변화, 이를 바탕으로 수에 대한 개념이 양이라는 개념에 대한 고려 없이 순전히 형식적인 방법으로 도입될 수 있으며, 양에 대한 개념은 단지 이러한 형태에 대한 직관적인 토대로만 나타나게 되었다

형식불역의 원리는 수의 연산에 대해 이미 형성된 직관적인 개념이 완성되는 종착점이면서 동시에 추상적인 대수의 구조에 대한 인식을 가능하게 하는 출발점이라고 할 수 있을 것이다.

## 02 형식불역의 원리 활용의 실례

### (1) 형식 불역의 원리에 따른 음수 도입 과정(Hefendehl - Hebeker, 1991)

자연수와 그 계산의 기초 법칙인 덧셈과 곱셈에 대한 결합, 교환 법칙과 분배법칙을 출발점으로 이들 법칙이 부호가 붙은 수라는 더 넓은 체계에서 성립할 것이라는 가정으로부터 음수의 연산을 정의하는데 필요한 조건을 산출한다.

$n$을 자연수라 하고 방정식 $x+n=0$의 해를 새로운 기호 $-n$으로 도입한다. 즉 항상 $(-n)+n=0$ $\cdots(*)$이며 이 방정식이 $-n$을 유일하게 결정한다는 것이 필요하다. 여기서 음의 정수의 집합이 얻어지고 0과 양의 정수는 함께 정수의 집합을 형성하는데 이 정수 집합에서 자연수의 계산 법칙이 모순을 초래하지 않도록 덧셈과 곱셈을 확장하여 정의할 필요가 있다.

### (2) 형식적(공리적) 외삽

① 새로운 수를 '방정식의 해'로 형식적(공리적)으로 도입하여 새로운 기호를 붙이고 확장하는 방식을 Freudenthal은 형식적(공리적) 외삽법이라 하였다.

② 다음과 같은 방정식은 주어진 수의 영역에서는 해가 없으므로 풀리지 않지만 새로운 종류의 수로 새로운 기호 $-3$, $7/4$, $\sqrt{2}$, $i$를 도입하면 등식이 성립 가능해지며 또한 이들 방정식은 새로운 기호에 '방정식의 해'라는 형식적인 의미를 부여한다.

③ 방정식의 해로 도입한 새로운 수가 기존 체계의 특성을 만족한다고 가정한 다음 그 연산 규칙이 어떻게 이루어질 것인지 찾아보는 것이다.

④ 새로운 수를 방정식의 해로 도입하는 방식은 우리 교과서에는 $\sqrt{2}$와 같은 무리수를 도입할 때와 실수에서 복소수를 확장할 때 사용되며 역사적으로도 동일한 방식으로 발전되어 왔다.

### (3) 귀납적 외삽법

① 귀납적 외삽법은 수의 연산을 확장하기 위해 이미 확립된 연산의 결과 속에서 패턴을 발견하고, 발견된 패턴이 새롭게 확장된 체계 속에서 계속 이루어질 것이라고 가정하여 적용하는 것이다.

② 귀납적 외삽법은 일관된 확장방법이 아니며 교수적 필요를 만족시키는 제한적 방법이다.

③ 이 방법은 음수의 도입과 더불어 계산을 하고 추론을 하고 그 결과를 검토하는 것을 포함하므로 수직선을 수동적으로 응시하는 것에 대한 활동적인 보완물이 된다.

④ 학생들은 합리적으로 추론된 결과를 직관으로부터 분리시켜 스스로 정당화시키는 경험을 하게 된다.

## 03 형식불역의 원리 사용의 의의와 교사의 자세

① 역사적으로 형식불역의 원리는 기호 산술에서 추상대수로 발전하는데 있어 근본적인 역할을 한 것으로 보이며 형식불역의 원리에 따라 연산이 확장되는 과정에서 우리의 이해의 근거도 직관에서 추상적인 기호로 바뀌게 됨을 의미한다.

② 인간이 창조한 수에 대한 완전한 이해는 본질적으로 대수적 구조를 통해서 가능하며 결과적으로 대수적 구조에 대한 교육이 더욱 필요하다. 따라서 형식불역의 원리에 따른 확장 과정에 대한 인신론적 분석이 실제 교수−지도에 필수 불가결한 것이다.

③ 새로운 대수적 구조를 발견하는 것은 형식불역의 원리에 바탕을 두므로 형식불역의 원리는 하나의 발견술이며 발견의 방식은 기존의 연산법칙이 확장되기 위한 필요조건을 찾아 연산을 다시 정의하고 이로부터 확장된 연삽법칙을 증명하는 것으로 이루어진다.

④ 형식불역의 원리의 발견적 측면에는 "− 라면−이다(If−then−)"라는 가설−연역적 사고방식이 내재되어 있는데, 대수적 사고의 중요한 특징으로 볼 수 있는 "−라면−이다"라는 추론의 구조가 형식불역의 원리의 발견술적 측면에서 핵심적으로 작동하며 이는 특히 기존의 정의의 어떤 성질을 보존하면서 기존의 정의를 확장시켜 보다 일반적인 정의를 만들어내려고 할 때, 효과적으로 사용됨을 알 수 있다.

⑤ 형식불역의 원리를 적용하는 실제 방법으로 수직선 공리를 이용하는 SMSG의 접근법, 알고리즘적인 방정식을 이용하는 형식적(공리적) 외삽, 연산의 패턴의 발견에 기초하는 귀납적 외삽법등이 가능하다.

⑥ 교사는 교과서의 형식적 기술 속에 내재되어 있는 형식불역의 원리에 대해 인식하고 대수 교수에 있어 학생들이 대수 체계에 대해 기본적인 이해를 개발하도록 돕는 것이 바람직하며, 이를 실제 수업에 반영하기 위한 노력과 이와 관련된 연구가 요구된다. 이러한 교육이 효과적으로 이루어질 때 학생들이 수학의 발생적이고 창조적인 면을 인식함으로써 수학에 대한 올바른 가치관과 태도를 형성하고 정의와 일반성의 확보, 대수적 구조의 확장과 관련된 의미 있고, 살아있는 논의와 사고가 가능하게 될 것이다.

# 6 귀납·유비·연역 추론 활용

## 01 추론의 정의와 종류

### (1) 추론의 정의

추론이란 이미 알고 있는 판단으로부터 새로운 판단을 이끌어 내는 사유작용을 말한다. 또는 명제로부터 명제를 이끌어내는 간접적인 인식 수단을 의미한다. 인간은 개별적이고 구체적인 사실들의 관찰과 실험으로부터 귀납추론, 유추에 의해 법칙을 발견하고, 일반적 원리로부터 연역 추론으로 특수한 주장을 정당화 한다.

### (2) 추론의 종류

① **귀납추론** : 관찰, 실험, 측정, 구체적 조작 등을 통하여 몇 가지 사례에 대해 어떤 명제가 참임을 보인 다음에 이 사례들이 속한 전체 범주의 대상들에 대해 그 명제가 참이라고 주장하는 추론이다.

② **유비추론** : A라는 대상과 B라는 대상이 서로 유사할 때, A에서 성립하는 성질 P(A)와 유사한 성질 P(B)가 대상B에서 성립할 것이라고 주장하는 추론이다.

③ **연역추론** : 일반적인 사실이나 원리를 견제로 하여 개별적인 사실이나 보다 특수한 다른 원리를 이끌어 내는 추론이다.

## 02 귀납추론과 수학 학습-지도

### (1) 귀납추론의 정의

① 귀납추론은 어떤 집합에서 관찰, 실험, 측정, 구체적 조작 등을 통하여 몇 개의 원소에 대한 정보를 이용하여 그 집합의 다른 원소 또는 모든 원소에 대한 일반화를 형성하는 추론이다.

② 부분적이거나 특수한 사실로부터 전체적이고 보편적인 사실 또는 다수의 연속적인 변화에서 일반적인 법칙을 이끌어내는 추론이다.

### (2) 귀납추론 과정

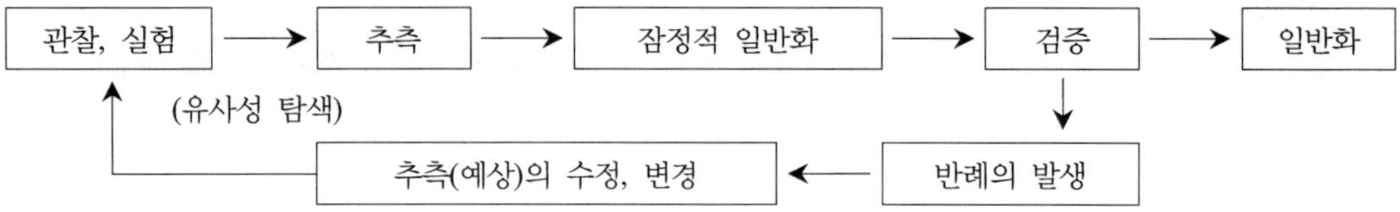


① 주어진 대상 관찰하기 : 일정한 목적을 설정하고 일정한 사실 또는 현상의 성질, 상태, 변화들을 파악하기 위하여 그 대상을 주의 깊게 본다.

② 유사성을 바탕으로 추측하기 : 관찰과정에서 발생한 유사성에 근거하여 보다 확장된 대상에 대해서도 동일한 성질을 보장받기 위한 활동이다.

③ 잠정적으로 일반화하기 : 추측을 근거로 하여 보다 확장된 일반적인 대상에 대해서 동일한 성질이 존재할 것이라고 믿는다.

④ 잠정적 일반화에 대한 검증하기 : 귀납은 증명되지 않는 추축이므로 잠정적인 명제를 검증하기 위해서 또 다른 새로운 대상에 대하여 관찰하고 조사해보아야 한다.

⑤ 일반화하기 : 앞 단계에서의 특수한 대상에 대한 점검에서 지지된 명제에 대해서 보다 확장된 특수한 경우나 또는 극단적인 경우에 대해서도 그 명제가 성립될 수 있는지 확인해 본다.

### (3) 귀납추론의 예

① '규칙성 찾기' 전략, '표를 만들어 해결하기' 전략 등은 귀납적 추론을 이용한 문제해결이다.

② 구체적인 사례를 관찰하여 그 가운데에서 어떤 법칙을 발견하기

③ 당면한 문제를 해결하기 위해 자료를 수집 정리하여 어떤 법칙성을 찾기

④ 어떤 법칙성을 예상하면서 자료를 수집하여 조사하기

⑤ '직각삼각형의 세 변에 정사각형을 세울 때, 빗변에 세운 정사각형의 넓이는 다른 두 변에 세운 정사각형의 넓이의 합과 같다' 관찰을 통해서 3개의 특수한 직각삼각형에 대해 어떤 명제가 성립함을 보인 다음에, 이 3개의 특수한 직각삼각형이 속하는 전체 범주인 일반적인 직각삼각형에 대해 그 명제가 성립함을 주장하고 있다.

### (4) 귀납추론의 의의

① 구성주의적 관점에서의 수학교육은 수학을 이미 만들어진 계통적인 연역과학으로 대할 것이 아니라, 만들어가는 수학 즉 실험적인 귀납과학으로부터 출발하여 계통적 연역과학으로 확립시켜야 한다고 본다.

② 귀납추론은 관찰된 사실 뒤의 규칙성과 일반성을 찾으려는 것이며, 그 근거는 다수의 사례에서 관찰되는 법칙이 동종의 다른 사례에서도 성립한다고 보는 자연의 균일성에 있다.

③ 관찰·실험·측정·세어보기·열거하기·유추하기 등을 통해 예상하고 사고패턴을 확장하며 일반화하는 과정은 유용한 방법이다.

④ 귀납추론을 통한 귀납적 사고는 예리한 관찰력과 지적용기·지적 정직성 그리고 합당한 이유를 찾아 조심스럽게 접근하는 현명한 자제력을 형성시켜준다.

⑤ 귀납추론은 구체적인 특수한 것에서 일반적인 추상적인 것으로 사고를 진행시켜 나가는 중요한 도구이다.

### (5) 귀납추론지도에서 유의할 점

① 단 하나 또는 제한적인 대상에 대한 추론에는 적용될 수 없고, 여러 개의 대상에 통합하여 그들의 공통적인 속성으로부터 일반적인 원리나 법칙을 발견하게 됨에 유의한다.

② 귀납추론이 유효한 장면에서 추론해 보는 기회와 환경을 제공하여 귀납적으로 생각하는 것이 간편하다는 것을 느끼게 해야 한다.

③ 귀납에 의해 얻어진 결과는 항상 '참' 이라고 할 수 없으므로 새로운 대상에 대해 확인해 보는 태도를 갖게 해야 한다. 또는 관찰된 사실을 바탕으로 얻어진 법칙은 단지 잠정적인 추측일 뿐이므로 이 법칙이 참임을 보증하기 위해 연역 추론을 활용한다.

## 03 유비추론(類推, analogical inference, anglogy)과 수학 학습-지도

### (1) 유비추론의 정의

① 두 대상 사이에 존재하는 몇 개의 유사성에 착안하여 한 쪽 대상에서 성립하는 성질과 유사한 성질이 다른 쪽의 대상에 대해서도 성립한다고 하는 추론 방법이다.
⇒ 유추는 일종의 닮음이다.

② 유비의 그리스 언어인 'analogia'는 '비례'라는 의미로 두 대상 P와 Q를 유사한 대상 $P'$와 $Q'$를 유사한 결론이라고 할 때, 비례식 $P : P' = Q : Q'$ 에 있어서 P, P', Q,를 기지로 해서 $Q'$를 유도하는 추론이다.

③ 귀납적 추론은 개별적인 사례로부터 일반적인 원리를 추론하는데 비하여 유추는 어떤 특수한 경우에서 다른 미지의 특수한 경우에 이르는 추리이다. 어떤 대상이나 집합에서 성립하는 사실이 이와 유사한 대상 또는 집합에 대해서도 성립하리라고 추론하는 것이다.

### (2) 유비추론의 예

① 유추적 추론의 종류

㉠ 옛 것으로부터 새로운 상황을 쉽게 파악하고, 이전에 풀었던 유사한 문제를 기초로 문제를 해결한다.

㉡ 이전에 경험했던 유사한 지식에 관계시키고 이를 기초로 하여 추론한다.

㉢ 새로운 것을 이전의 지식에 연결시킴으로써 친근한 것같이 보이게 하고 친근한 것을 새로운 시각에서 봄으로써 낯선 것같이 보이게 한다.

㉣ 관계로 이루어진 두 개 이상의 집합 간에 어떤 대응을 만들어 냄으로써 미지의 요소를 알아낸다.

② **유비추론 지도에서 유의할 점**

㉠ 유추는 닮았다는 것에 근거하여 '같을 것이다'라고 추론하는 것이므로 유추한 후에는 반드시 확인해 보는 것이 필요하다. 즉 유추는 유효한 추론(가정이 '참'일 때 결론도 반드시 '참'인 추론)이라고 할 수 없다. 따라서 유추적 사고는 개연적 과정이므로 증명이 필요하다.

㉡ 일반화된 결과에 대하여 유추적 사고를 경험시키고 특수한 경우나 극단적인 경우에 대하여 추측을 검사해보게 하는 것이 필요하다.

## 04 연역추론과 수학 학습-지도

### (1) 연역 추론의 정의

① 어떤 내용이 확실한 '참'인 사실을 유도하는 방법이다.

② 전체에 대한 지식이나 보편적인 법칙에서 출발하여 부분에 관한 지식이나 특수 사례등을 이끌어 내는 방법이다.

③ 수학에서 귀납추론과 유비추론에 의하여 새로운 법칙을 발견하지만 이를 인정하기 위해 증명 곧, 연역 추론이 필요하다.

④ 원리 : 전제가 모두 참이라면 결론은 반드시 참이다.

⑤ 연역적 추론은 자신이 판단한 어떤 사실이 옳다는 것을 주장하기 위하여 이미 알고 있는 사실을 토대로 하여 그 정당성을 밝히려는 생각이다.

## (2) 연역추론의 형식

귀납

개개의 특수한 사실을 토대로 해서 그 사실이 포함되는 전체에 해당하는 원리를 이끌어내는 논리

◀ 반대 ▶

연역

일반적인 원리로부터 개개의 특수한 사실에 그 원리를 적용하는 논리

① 연역적 추론의 결론은 항상 '참'이므로 연역적 추론의 방법에서는 논리적인 방법이 강조되고 형식에 치중하여 명확한 결론을 이끌어 낸다.

② 삼단논법이 대표적인 형식이다.

| (대전제) P면 Q이다. | (대전제) 자연수이면 정수이다. |
|---|---|
| (소전제) Q면 R이다. | (소전제) 정수이면 유리수이다. |
| ∴ P면 Q이다. | ∴ 자연수이면 유리수이다. |

③ 종류 : 조건 명제를 증명하기, 삼단논법에 의해 순차적으로 전제에서 결론을 이끌어 내기, 반례사용하기, 동치인 명제를 증명하기, 간접증명법(귀류법, 대우법, 모순법), 수학적 귀납법 등

④ 연역적 추론과 관련된 주요한 수학적 사고 방법이 '분석'과 '종합'이다.

㉠ 기하의 작도 문제에서 거꾸로 구하는 도형이 얻어졌다고 가정하고 그 성질을 따져 보아 작도법을 탐색하기(=분석)

㉡ 명제의 증명 방법을 찾기 위해 결론이 성립한다고 보고 그 선행 조건을 거듭 찾아 감으로써 주어진 전제에 이르는 음미 과정을 밟고(=분석) 분석 과정을 거쳐 주어진 조건으로부터 결론을 연역해 나아가기(=종합)

㉢ 대수적인 해법에서 구하는 것이 얻어졌다고 가정하고 그것을 x라고 나타내어 주어진 조건에 따라 식을 세워 해답을 찾기(=분석)

## (3) 연역 추론의 예

① 다각형의 내각의 합을 구하기

② 삼단논법에 의한 추론 「삼각형의 내각의 합은 몇 도인가?」

③ 수학적 귀납법

④ 모순법(=귀류법) : 어떤 명제가 성립한다고 가정하고 그로부터 모순을 이끌어냄으로써 그 명제가 거짓임을 보이는 방법으로 답을 구하는 문제에서 조건을 만족하는 해답이 있다고 가정하면 모순이 일어남을 보임으로써 해답이 없다는 것을 보이는 방법이다.

⑤ 대우법 : 대우 명제를 이용하여 주어진 명제가 참임을 보이는 방법

### (4) 연역 추론 지도 시 유의할 점

① 연역 추론에서는 '참'인 명제가 바탕이 되어 있다는 것과 추론하고 있는 내용의 대상은 특수한 사례이지만 이를 대표적인 것으로 보고, 이 대표적인 내용이 성립할 때에는 이에 속한 모든 내용은 모두 성립할 수 있다고 보는 지도법이 중요하다.

② 귀납과 유추를 통해 학습자 스스로 발견하는 과정을 거쳐 자신의 생각의 확실성과 일반성을 입증할 필요성과 의욕을 느끼도록 해야 한다.

③ 연역적으로 생각할 때에는 근거가 되는 기지의 성질이 무엇인가를 파악하려는 태도가 중요하다. 따라서 '이런 것은 알고 있지', '어떤 것을 쓸 수 있는가?'와 같은 생각을 갖게 해야 한다.

④ 완전한 연역적인 추론이 불가능하다면 그때그때 명확하다고 인정되는 부분부터 조리 있게 필연적인 결과를 이끌어내는 '국소적 연역'이 이루어지도록 한다.

⑤ 연역적으로 생각할 때에는 알고 있는 것을 기초로 하여 '그것으로부터 어떤 것을 말할 수 있겠는가?' 라고 가정해서 결론을 이끌어가는 분석적인 사고와 '그 사실로부터 말할 수 있는 것은 무엇인가? 와 같은 결론으로부터 가정을 생각해 나아가는 통합적인 사고를 할 수 있는 기회가 필요하다.

⑥ 연역적 추론 능력을 함양하기 위해 먼저 조리 있게 사고하는 태도를 길러주어야 한다.

㉠ 전제가 무엇이며 결론이 무엇인가를 확실히 파악하게 한다.

㉡ 어떤 전제로부터 결론이 이끌어내지는 가를 명확히 이해시켜야 한다.

㉢ 결론이 성립하기 위해 우선 무엇이 성립하면 좋은가를 설명해보도록 요구한다.

㉣ '이므로'나 '왜냐하면'과 같은 용어를 바르게 사용할 수 있도록 지도한다.

㉤ 설명 시 무엇을 근거로 하고 있는가에 주의를 돌려 반성해 보도록 한다.

⑦ 전제조건에 어떤 새로운 항목이 추가되던가 그 항목 대신에 다른 항목을 사용할 경우 흔히 생기는 오차를 줄이기 위해 'if~then'과 같은 추론 언어를 자주 사용할 필요가 있다.

## 05 추론지도의 정리

① 수학은 추론하는 것이며 수학에 의미를 주고 수학하는 힘의 근원이 되는 것이 추론하는 능력임을 강조한다.

② 인간은 발달과 더불어 점진적으로 추론능력을 갖게 되지만 보다 체계적이고 세련된 추론 능력은 경험과 교육을 통해 습득된다.

③ 학교수학은 먼저 귀납추론에 의해 재발견한 다음 연역추론으로 재확립하도록 학습되어야 한다.

④ 학생들은 관찰하고 숙고하고 반성하여 자신의 생각을 찾아내어 이를 설명하고 정당화하며 이치에 맞게 합리적으로 모순 없이 추론하고 비판적으로 사고하여야 한다.

⑤ 추론하는 실제적인 사고 방법을 가르치기 위해서 교사는 학생들에게 추론하는 사고방법을 실제로 구사하는 경험을 시켜야 하며, 교사의 모범적인 사고 방법을 모방하도록 해야 한다.

⑥ 교사는 아동들에게 먼저 발견을 용이하게 하는 적절한 예를 연구하여 제시해주고 적절한 질문과 권고를 통해 아동들의 사고를 자극하여 의도된 추측에 이르도록 적절한 도움을 주어야 한다.

# 7 메타인지 개념의 수학 교육적 고찰

## 01 메타인지의 정의

① 메타인지 개념은 도입 초기에 암기나 독해 분야에 국한되어 사용되었지만, 현재에는 암기나 독해 이외에도 의사교환, 작문, 언어 획득, 주의집중, 자기학습, 자기제어, 개념변화, 문제해결 등 다양한 분야에서 사용되고 있다.

② 메타인지 = 인지 그 자체를 대상으로 하는 지식, 인지 그 자체에 대한 이해
= 정신 상태나 과정을 반성하는 정신 활동
= 인지에 대한 인지
= 인지에 대한 반성
= 사고에 대한 사고

## 02 메타인지의 발생 배경

① 메타인지는 메타기억이라는 용어에서 비롯된 것으로 메타이해, 메타집중, 메타의사교환, 메타언어 그리고 메타기억 등을 모두 포괄하는 광의적 의미의 개념이다.

② 접두사 '메타'는 '변화'와 '이후(after)'라는 의미를 나타내는 그리스어 'υ ε τ α'에서 유래된 어휘로, '직접적인 사건을 떨어져서 고찰하여, 그 사건을 초월하여 제기할 수 있는'이란 의미로 사용되고 있다. 메타인지는 인지 그 자체가 다시 인식의 대상이 되는 인지이다.

## 03 메타인지 개념의 선행 개념

반성, 실행적 제어, 자기 조절, 타조절 개념이다.

① **반성**

메타인지는 '인지에 대한 반성'으로 일컬어질 정도로 반성과 메타인지 개념이 동일하다고 보기도 한다. 그러나 반성은 메타인지의 여러 다양한 측면 중 일면에 지나지 않는다.

② **실행적 제어**

정보처리 모델에서 비롯된 것으로 인간의 정보처리 과정을 컴퓨터의 정보처리 과정과 동일시하므로 강력한 중앙처리자를 가정하고 있고 실행적 제어를 메타인지와 비슷하게 보기도 한다. 그러나 인간은 매우 복잡한 인지 시스템이라 할 수 있으며 인지과정에서 인간의 심리적이고 정서적인 면을 고려한다는 점에서 단순한 제어 개념과 구분된다.

③ **자기조절**

Piaget는 자기조절의 세 가지 수준(의식적 조절, 무의식적 자동조절, 행동적 조절)을 고려하였으며 이러한 자기조절과정을 메타인지과정으로 볼 수 있으나 현재 사용되고 있는 메타인지 개념은 여러 수준의 자기 조절적 행위를 동시에 포괄하고 있다.

④ **타조절(타율적인 조절) 개념(행위)**

Vygotsky가 제안한 사회적 상호작용에 의하면 사람(특히 어린 아이)은 주변사람의 중재 없이 스스로 조절 행위에 도달하지 못하는데 이러한 경우 주변사람에 의한 타율적인 조절 행위가 필요하며 이것이 결국 내면화됨으로써 자기 조절적 기제를 획득하게 된다. 이와 같은 타율적 조절 행위는 메타인지적 조절 행위를 획득하기 위한 일종의 중재적 수단으로서의 성격이 강하다.

## 04 인지와 메타인지의 구분

우리의 사고는 끊임없는 상호작용을 통해 인지적 차원과 메타인지적 차원 사이를 번번하게 옮겨 다니며, 또한 이 두 차원이 동시에 발생하기도 한다.

| 인 지 | 메 타 인 지 |
|---|---|
| ① 인지적 진전(혹은 진행)을 위해 채택된 행동<br>② 산술 계산, 그래프 그리기, 작도하기 등의 단순한 행위<br>③ 어느 특정 영역과 관련된 단순한 지식<br>④ 시간적으로 먼저 발생<br>⑤ 단지 자동적으로 혹은 무의식적으로 시도 | ① 인지적 진전(혹은 진행)을 모니터하기 위해 채택된 행동<br>② 계획, 선택, 모니터링 등의 행위<br>③ 어느 특정 영역과 관련된 지식을 잘 활용할 수 있는 방법에 대한 지식<br>④ 시간적으로 나중에 발생<br>⑤ 의식적으로 시도 |

# 제5편

# 수학과 평가

# 1 평가의 의미와 목적

## 01 평가의 의미

평가란, 추진 성과를 목표에 비교·검토하고, 그 결과를 모든 관계에 환류(feedback)시켜 보다 발전적인 계획의 수립·추진·결과를 낳게 하려는 일련의 활동이다.

### (1) assessment

어떤 대상에 대한 학생들의 지식, 그것을 사용하는 능력, 그것에 대한 성향 등에 관한 증거를 수집하는 과정이며 다양한 목적을 위해 수집한 증거에서 추론하는 과정이다.

### (2) evaluation

주의 깊은 검사와 판단에 의하여 어떤 것에 대한 가치를 부여하는 과정이다.

## 02 수학과 평가의 목적

### (1) NCTM(1995)의 목적

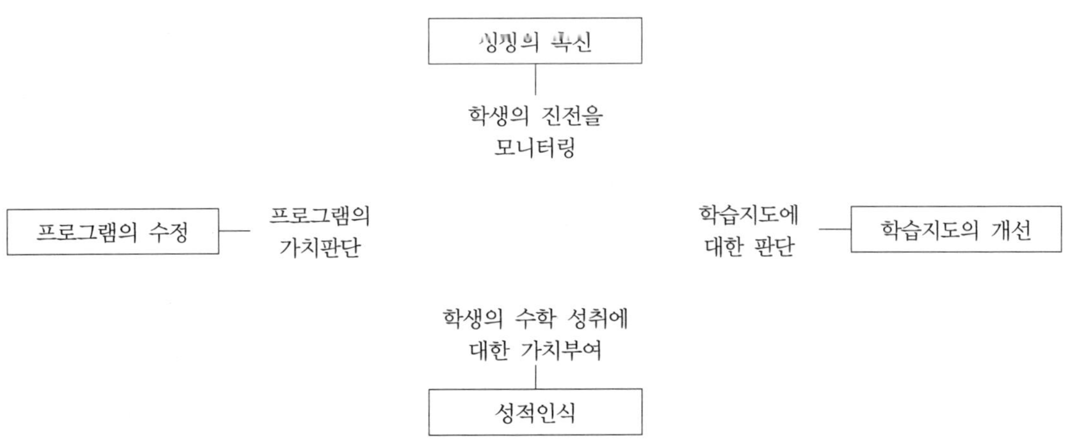


① 학습 목표에 대한 학생의 진전을 모니터링 한다.

② 학습지도의 판단을 내린다.

③ 어떤 시점에서 학생의 수학 성취에 대한 가치를 부여한다.

④ 프로그램에 대한 가치 판단을 한다.

## 03 2009 개정에 따른 수학과 교육과정에서의 평가

### (1) 평가의 목적

1) 수학 학습의 평가는 학생들의 인지적 영역과 정의적 영역에 대한 유용한 정보를 제공하여 학생 개개인의 수학 학습과 전인적인 성장을 돕고 교사의 수업 방법을 개선하는 데 활용되어야 한다.

평가의 목적은 교사와 학생 모두에게 유용한 정보를 제공함으로써 교수·학습 개선에 기여하는 데에 있다. 평가를 통해 나타난 학생의 성취 정도는 학생이 이미 학습한 수학 내용을 어느 정도 이해하고 있는가를 확인하는 데에 도움을 준다. 평가를 통해 학생이 이미 학습한 수학 내용 중에서 강점을 갖는 부분이 어디이며 취약한 부분이 어디인가를 확인할 수 있다. 학생은 평가 결과를 토대로 자신에게 취약한 부분으로 나타난 수학 내용의 학습에 더욱 집중할 필요성을 느끼게 된다. 또한 학생 자신이 강점을 갖는 수학 내용을 기초로 하여 더욱 고차원적인 수학 내용의 학습으로 진행해 갈 수도 있다. 교사는 평가 결과를 토대로 자신의 교수 방식을 개선할 수 있어야 한다. 평가의 중요한 목적 중의 하나는, 교사 자신의 교수 방식을 개선하기 위해 학생들의 학습 결과를 섬섬하는 것이나. 예를 들어, 평가 결과에시 나타난 학생들의 오개념은 교사가 자신의 교수 방식을 성찰 하는 단서로 활용될 수 있다. 교사는 학생들의 오개념 분석을 통해, 교사의 어떤 교수 방식이 학생들의 오개념을 초래하는지 그렇지 않는지를 확인할 수 있다. 학생들이 왜 그와 같은 오개념을 나타내는지를 교사 자신의 교수 방식과 관련지어 분석함으로써 교수 방식을 개선할 수 있다. 또한 교사는 평가를 통해 학생들이 학습의 결과로 실제로 가지고 있는 지식과 교사가 교수의 결과로 학생들이 가지고 있을 것으로 예상하는 지식 사이에 어느 정도의 거리가 존재하는지를 확인 할 수 있다. 교사는 자신이 예상하는 지식과 학생들이 실제로 가지고 있는 지식 사이의 차이점이 어디에서 연유하는지를 분석할 필요가 있다. 이와 같은 분석을 통해 평가 결과를 교사 자신의 교수 과정에 반영하는 것은 매우 중요한 일이라고 할 수 있다.

2) 수학 학습의 평가에서는 학생의 인지 발달 단계를 고려하고, 교육과정에 제시된 내용의 수준과 범위를 준수한다. 아무리 훌륭한 평가 방식이라고 하더라도 학생의 인지 발달 수준과 교육과정의 수준을 고려하지 않는다면 그 타당성은 현저하게 떨어지게 마련이다. 학생의

인지 발달 수준을 고려한 평가를 시행하기 위해서는 이미 학생들의 인재 발달 수준을 고려하여 제시한 교육과정의 내용의 수준과 범위를 준수하는 것이 중요하다. 교육과정에 제시된 내용의 수준과 범위를 준수하지 않고, 상급 학년에서 학습할 내용을 활용하여 소위 '어려운' 문항을 학생들에게 제시하는 것은 바람직하지 않다. 학습한 수학 내용에 대한 학생의 심층적인 이해도를 확인하고자 한다면, 해당 학년에서 학습한 내용을 그 자체의 수준과 범위에서 더 깊게 다루는 문항을 활용해야 한다.

## (2) 평가의 방법

1) 수입의 전개 국민에 따라 진단평가, 형성평가, 총괄평가 등을 적절히 실시하되, 지속적인 평가를 통하여 다양한 정보를 수집하고 수업에 활용한다. 진단평가는 학생의 선수학습 내용을 확인하는 데에, 형성평가는 교수·학습을 안내하는 데에, 그리고 총괄평가는 학생의 발전 상태를 확인하는 데에 그 목적이 있다. 진단평가는 수업의 시작단계에서, 형성평가는 수업을 진행하고 있는 과정에서, 그리고 총괄평가는 수업을 마무리한 상황에서 실시하는 것이 보통이다. **진단평가**에서는 '해당 차시 수업을 위해 학생들이 필요한 기능과 지식을 가지고 있는가?, '학생들은 지도되어야 할 내용에 대해 어느 정도 알고 있는가?' 등을 평가한다. 진단평가는 학생이 이미 알고 있는 것을 확인하여, 교사가 학습을 위한 가장 효율적인 시작점에 학생을 배치할 수 있도록 도움을 준다. 형성평가에서는 '학생은 해당 수업에서 성취해야 할 목표를 향해 적절하게 진행하고 있는가?'를 주로 평가한다. **형성평가**는 교사가 학생들의 진행 정도나 향상 상태를 확인하고 수업을 올바른 방향으로 진행하는 데에 도움을 준다. **총괄평가**는 한 단원의 교수 활동에서 목표로 한 바를 학생들이 도달했는가를 결정하기 위해 수행된다. 교사는 총괄평가를 통해 '학생들은 해당 수업을 통해 성취했어야 할 목표에 도달했는가?', '학생들이 수업에서 지도한 수학 내용을 알고 이해했는가?', '학생들이 수업에서 학습한 내용을 적용할 수 있는가?', '학생들이 다음에 다룰 수학 내용을 학습하기에 충분히 높은 수준에 도달했는가?' 등을 확인할 수 있다.

2) 수학 학습의 평가에서는 선택형 위주의 평가를 지양하고 서술형 평가, 관찰, 면담, 자기평가 등의 다양한 평가 방법을 활용하여 수학학습에 대한 종합적인 평가가 이루어 질 수 있게 한다. **지필평가**는 학교 현장에서 가장 많이 활용되는 방법으로서, 교사가 종이에 평가 문항을 제시하고 학생들이 제시된 문항을 해결하는 방법이다. 지필평가 방법이 현재까지 학교 현장에서 가장 많이 활용되어 왔다는 이유로 지필평가 방법을 시대에 뒤떨어지거나 다소 미흡한 평가 방법으로 취급하는 것은 바람직하지 않다. 중요한 것은 지필병가 방법 그 자체가 아니라 지필평가에서 구현하고 있는 문항의 성격이라고 할 수 있다. 학생들의 수학

적 사고 과정과 결과를 확인할 수 있는 질 높은 문항들이 지필평가에 담겨 있다면, 지필평가를 통해서도 충분히 의미 있는 평가를 수행할 수 있다. 또한 지필평가와 함께 관찰, 면담, 자기평가 등의 다양한 평가 방법을 조화롭게 활용함으로써 교수·학습과 관련된 다양한 정보를 얻는 것이 중요하다. 지필평가는 문항을 제시하는 형태나 답을 어떻게 요구하느냐에 따라 선택형(진위형, 선다형, 배합형)과 주관형(완성형, 단답형, 서술형 또는 논술형)이 있다. 그리고 서술형 평가는 구성주의적 관점을 반영하여 학생 개인이 지식을 구성해나가는 과정과 특성을 존중하여 학생이 자신의 반응을 서술의 형태로 직접 구성하도록 하는 평가이다. **관찰법**은 평가자가 수학적으로 사고하고 있는 개별 학생, 소집단의 학생, 또는 학급전체 학생에 대하여 관찰하면서 기록하는 방법이다. 관찰법은 수학적인 수행 능력과 같은 인지적 영역뿐만 아니라 수학에 대한 태도와 신념과 같은 정의적 영역을 평가할 수 있다는 장점이 있다. **면담법**은 학생들을 직접 면담함으로써 학생들의 수학적 사고 과정에 대한 정보를 얻는 방법이다. 학생 개별적으로 면담을 실시하여 학습 부진아를 진단하거나 학습 우수아를 확인 할 수 있고, 또한 소집단별로 과제를 수행하는 자연스러운 분위기에서 면담을 실시하여 평가 목적에 부합하는 정보를 얻을 수도 있다. 관찰 및 면담의 기록 방법에는 일화기록법, 체크리스트법 등이 있다. **일화기록법**은 한 개인을 대상으로 구체적인 행동 사례를 간략하게 기술하는 방법이고, 체크리스트는 관찰이나 면담하려는 행동 단위를 미리 분류하고 이것을 기초로 그러한 행동이 나타났을 때 표시하는 방법을 말한다. **자기평가**는 학생이 수학을 학습하는 과정에서 자신의 발전 상황을 스스로 감독하고, 자신의 수학적 지식과 태도를 평가하는 과정이라고 할 수 있다. 자기평가의 구체적 방법으로는 '학생 자신과의 대화'와 '학생 자신에게 질문하기' 등이 있다. '학생 자신과의 대화'는 자신을 쉽게 표현하는 쓰기 활동의 일종이며, 매시간 학생 스스로 자신의 수학 지식의 이해도 및 수학에 대한 태도를 짧은 형태로 기록하여 교사에게 제출하는 것으로 일종의 개인 일지라고 할 수 있다. '학생 자신에게 질문하기'는 수학 문제를 해결하는 동안 학생들의 자기 자신에게 질문을 함으로써 자기를 감독하는 방법이다. **프로젝트**는 학생이 특정한 주제나 문제에 대하여 일정 기간 동안 나름대로 자료를 수집하고 분석, 종합, 해결하여 연구보고서를 작성 제출 하도록 하고 이 보고서를 매개로 학생의 탐구 과정을 평가하는 방법이다. 프로젝트는 평가가 곧 학습이 되어 교수·학습과 평가를 통합하여 시행할 수 있는 평가 방법이다. **포토폴리오**는 학생이 만든 작품을 지속적으로 모아 둔 작품집을 이용한 평가 방법이다. 학생들은 자신이 학습한 과정을 모아둔 포토폴리오를 통해 자신의 변화과정을 알 수 있고 강점이나 약점, 성길성의 여부를 스스로 인식할 수 있으며 교사는 학생의 과거와 현재 상태를 쉽게 파악할 수 있을 뿐만 아니라 앞으로의 발전 방향에 대한 조언을 할 수 있다.

### (3) 인지적 영역의 평가

인지적 영역에 대한 평가에서는 학생의 수학적 사고력 신장을 위하여 결과뿐만 아니라 과정도 중시하여 평가하되, 수학의 교수·학습에서 전반적으로 요구되는 다음 사항을 강조한다.

① 수학의 기본적인 개념, 원리, 법칙을 이해하고 적용하는 능력
② 수학의 용어와 기호를 정확하게 사용하고 표현하는 능력
③ 수학적 지식과 기능을 활용하여 추론하는 능력
④ 다양한 상황에서 발생하는 여러 가지 문제를 수학적으로 사고하여 해결하는 능력
⑤ 생활 주변 현상, 사회 현상, 자연 현상 등의 여러 가지 현상을 수학적으로 관찰, 분석, 조직하는 능력
⑥ 수학적 사고 과정과 결과를 합리적으로 의사소통하는 능력
⑦ 수학적 지식과 기능을 바탕으로 창의적으로 사고하는 능력

인지적 영역의 평가는 학생들의 수학적 지식 및 수학적 사고 방식과 관련된 지적인 특성을 대상으로 한다. 인지적 영역에서는 학생들의 문제해결 과정과 문제해결 결과를 동시에 고려해야 한다. 문제해결의 결과만을 평가하는 것으로는 학생들이 해당 수학적 개념을 정확히 알고 있는지 확인할 수 없다. 그러나 학생들의 문제해결 과정에 대한 평가는 학생들의 오개념이 무엇이며 오개념이 어디에서 비롯되는가에 대한 구체적인 정보를 제공함으로써 교수·학습의 실질적 개선에 기여할 수 있다.

수학의 기본적인 개념, 원리 법칙을 이해하고 적용하는 능력의 평가에서는, 학생들이 수학적 사실이나 수학적 절차 등을 의미 충실하게 이해하고 있는지에 중점을 두어야 한다. 수학의 기본적인 개념, 원리, 법칙 등을 의미 충실하게 이해하지 않고 단지 암기하고 있는 학생들은 자신들이 알고 있는 것을 언제 그리고 어떻게 사용해야 하는지를 확신하지 못한다. 따라서 학생들이 단지 암기한 것을 기억하여 답을 제시할 수 있는 문항보다는 학생들의 의미 충실한 이해를 평가할 수 있는 문항을 제시해야 한다.

수학적 표현의 의미를 이해하고 정확하게 사용하는 능력의 평가에서는, 수학적 아이디어를 조직하고 기록하며 의사소통하기 위해서 표현을 만들고 활용할 수 있는지, 문제를 해결하기 위해서 수학적 표현을 선택하고 적용하며 변환할 수 있는지 등에 중점을 두어야 한다 (MGTM, 2000). 수학적 지식과 기능을 활용하여 타당하게 추론하는 능력의 평가에서는, 귀납과 유추에 의해 수학적 법칙과 문제의 해법을 발견할 수 있는지, 수학적 추측을 만들고 조사할 수 있는지, 수학적 논쟁 능력을 개발하고 평가할 수 있는지, 다양한 유형의 추론 방법을 선택하고 사용할 수 있는지 등에 중점을 두어야 한다.

다양한 상황에서 발생하는 여러 가지 문제를 수학적으로 사고하여 해결하는 능력의 평가에서는, 수학과 다른 교과 상황에서 나타나는 문제를 해결할 수 있는지, 문제를 해결하기 위하여 다양하고 적절한 전략을 적용하고 채택할 수 있는지, 수학 문제해결 과정을 관찰하고 반성할 수 있는지, 문제해결을 통해 새로운 수학적 지식을 만들어낼 수 있는지 등에 중점을 두어야 한다.

생활 주변 현상, 사회 현상, 자연 현상 등의 여러 가지 현상을 수학적으로 관찰, 분석, 조직하는 능력의 평가에서는 생활 주변의 현상을 포함한 다양한 현상을 모델링하고 해석하기 위해서 수학을 활용할 수 있는지에 중점을 두어야 한다. 학생들은 다양한 현상을 수학적으로 관찰, 분석, 조직하는 경험을 통해, 수학과 다른 학문과의 연결성을 인식할 수 있다.

수학적 사고 과정과 결과를 합리적으로 의사소통하는 능력의 평가에서는, 의사소통을 통하여 학생 자신의 수학적 사고나 문제해결 과정을 조직하고 확고히 할 수 있는지, 학생 자신의 수학적 사고나 문제해결 과정을 학급 친구, 교사, 다른 사람들에게 일관적이고 명확하게 의사소통할 수 있는지, 다른 사람의 수학적 사고와 전략을 분석하고 평가할 수 있는지, 수학적 아이디어를 정확하게 표현하기 위하여 수학의 언어들을 사용할 수 있는지 등에 중점을 두어야 한다.

### (4) 정의적 영역의 평가

정의적 영역에 대한 평가에서는 학생의 수학에 대한 긍정적인 태도를 신장시키기 위하여 수학 및 수학학습에 대한 관심, 흥미, 자신감, 가치, 인식 등의 정도를 파악한다.

정의적 영역은 수학에 대한 전형적인 태도 및 감정 표현의 방식과 관련된 특성을 대상으로 한다. 수학에 대한 긍정적 태도나 바람직한 가치관은 수학 학습을 성공적으로 수행하여 수학에서 높은 성취를 이루는 데에 중요한 역할을 하며, 수학 교수·학습 활동에 활력을 줄 수 있다.

정의적 영역은 수학에 대한 흥미와 호기심, 수학에 대한 자신감, 수학에 대한 불안, 수학의 유용성 인식, 과제집착력과 의지, 창의적 사고, 수학 수업에의 참여 등 다양한 하위 영역으로 구분할 수 있다.

| 정의적 영역 | 세부항목 |
|---|---|
| 수학에 대한 흥미와 호기심 | • 수학을 하는 것을 즐거워한다.<br>• 수학에서 배우는 것들에 대해 흥미가 있다<br>• 수학 수업 시간을 기다린다.<br>• 수학에 대한 것을 알기를 좋아한다.<br>• 수학의 개념이나 원리를 알려고 한다. |

| 정의적 영역 | 세부항목 |
|---|---|
| 수학에 대한 자신감 | • 수학 공부에 자신감을 가지고 있다.<br>• 수학에서 좋은 성적을 받을 것이라고 생각한다.<br>• 수학에서 어려운 내용까지도 잘 이해할 수 있다.<br>• 수학을 가장 잘 하는 과목 중의 하나로 생각한다. |
| 수학에 대한 불안 | • 수학 수업이 어려울까봐 걱정한다.<br>• 수학 성적이 나빠질까봐 걱정한다.<br>• 수학 문제를 풀 때 긴장한다. |
| 수학의 유용성 인식 | • 수학이 우리의 생활에 많은 도움을 준다고 생각한다.<br>• 수학이 사고력을 기르는 데 도움이 된다는 생각한다.<br>• 수학이 나중에 공부하는 데 필요하므로 중요한 과목이라고 생각한다.<br>• 수학이 나중에 직장 생활을 하는 데 도움이 된다고 생각한다. |
| 과제 집착력과 의지 | • 수학 공부를 열심히 한다.<br>• 수학 시간에 배운 내용을 확실히 알려고 노력한다.<br>• 수학 문제를 풀 때, 답을 구할 때까지 중단하지 않고 열심히 하려고 노력한다.<br>• 수학 공부를 잘 하기 위해 계획을 세우고 스스로 노력한다. |
| 정의적 사고 | • 다른 사람의 방법을 그대로 따라하는 것 보다는 스스로 생각하고 탐구한다.<br>• 수학 문제를 풀 때 다른 사람과는 다른 독특한 방법을 찾아보려고 한다.<br>• 수학 문제를 풀 때 한 가지 방법으로 해결하는 것보다는 다양한 방법을 찾아보려고 한다.<br>• 수학 문제를 풀 때 내가 알고 있는 방법 중에 어떤 것이 더 적절한지를 생각한다. |
| 수학 수업에의 참여 | • 수학수업 시간에 모둠 활동에 적극적으로 참여 한다.<br>• 수학수업 시간에 다른 생각을 하지 않는다.<br>• 수학수업 시간에 발표를 많이 한다.<br>• 수학문제를 풀 때 아이디어를 다른 학생들과 공유한다. |

위의 표는 각각의 하위 영역에서 활용할 수 있는 세부 항목들이며, 학교 현장에서 이를 직접적으로 활용하는 교사는 아래의 세부 항목들을 적절히 선택하여 활용할 수 있다. 각각의 항목에 대해 교사는 '전혀 그렇지 않다', '그렇지 않다', '보통이다', '그렇다', '매우 그렇다'와 같은 5가지 척도로 평가할 수 있으며, 목적에 맞게 척도를 다양하게 설정할 수도 있다.

또한 위의 항목들은 학생이 자신의 수학적 태도를 스스로 자기 평가하는 데에도 활용될 수 있다. 위의 각 항목에 대해 '전혀 그렇지 않다', '그렇지 않다', '그렇다', '매우 그렇다'로 응답하여 학생 자신의 수학에 대한 흥미와 호기심을 스스로 체크해 볼 수 있다.

### (5) 평가에서 공학적 도구의 활용

수학 학습의 평가에서는 평가하는 학습 내용과 방법에 따라 학생들에게 계산기, 컴퓨터, 교육용 소프트웨어 등의 공학적 도구와 다양한 교구를 이용할 수 있는 기회를 제공한다.

계산기, 컴퓨터와 같은 공학적 도구와 다양한 교구는 학교수학에서 다룰 수 있는 문제의 영역을 확대하는데 기여할 수 있다. 지금까지 학교수학에서는 해결 과정이 간단하거나 그

답이 비교적간단한 수치로 나오는 문제를 주로 다루어왔는데, 해결 과정의 복잡함을 피하고 학생들에게 계산의 어려움을 가중시키지 않기 위해서였다. 이는 결국 적용 범위가 좁고 학생들이 실제로 접하는 다양한 현상과는 관련 없는 빈약하고 인위적인 문제만을 다루게 되는 결과를 초래하였다.

이러한 미흡한 상황은, 문제해결에서 문제의 본래 목적과 모순되지 않은 경우에 한해서 계산기, 컴퓨터와 같은 공학적 도구를 이용할 수 있도록 함으로써 어느 정도 극복할 수 있다. 문제해결에서 가장 중요한 아이디어는 학생의 사고로 탐색하게 하되, 그 이외의 문제해결의 수단이 되는 복잡한 과정은 공학적 도구의 다양한 기능을 이용하게 하는 것이다. 이런 방식으로 수학문제해결에 공학적 도구를 도입한다면, 학생들이 생활에서 접하는 다양한 현상과 관련성이 깊은 풍부한 맥락의 문제들을 학교수학에서 다룰 수 있게 된다.

# 2 수학과 평가 방향의 변화

## 01 평가의 최근 경향

### (1) 학습과 평가에 대한 관점이 행동주의에서 인지 심리학으로 전환

① 학생 학습의 결과나 산출물만의 강조에서 학습 과정에 대한 관심으로 전환
② 학습의 의미를 수동적인 반응이 아니라 적극적인 의미의 구성으로 봄
③ 개별적인 여러 기능에 대한 평가로부터 통합적이며 여러 교과와 연결된 기능의 평가
④ 메타인지(자기 모니터링, 학습 방법에 대한 학습)와 의욕과 관련된 심리적 기능들(동기, 학습과 학업성취도에 영향을 주는 다른 정의적인 요인들)에 대한 관심 증대
⑤ 안다(knowing)는 것과 숙달된 기능에 대한 의미의 변화－개별적인 사실과 기능의 축적으로부터 지식의 적용과 사용의 강조로 전환

### (2) 지필검사로부터 진정한 평가(authentic assessment)로 전환

① 학생들에게 의미심장하고 그들에게 관련 있는 문제들의 사용
② 단순 계산이 아닌 맥락과 상황이 주어진 문제의 사용
③ 복합적인 기능의 사용이 요구되는 문제 사용의 강조
④ 정답은 오직 한 가지뿐이라는 생각을 거부
⑤ 교육과정에 기초한 전체적인 평가 기준에 따른 평가의 강조
⑥ 개별 학생의 학업 성취의 속도를 강조

### (3) 포트폴리오(Portfolio)를 사용한 평가의 강조

① 중간고사, 기말고사와 같이 특정한 경우에 의한 평가가 아니라 한 학기나 한 학년의 일정 기간에 걸친 학습 과정에 대한 샘플의 수집
② 포트폴리오는 교사에 의한 평가임
③ 포트폴리오는 학생에 의한 자기 평가임
④ 포트폴리오는 학부모에 의한 평가임

### (4) 한 가지 능력에 대한 평가에서 다중 차원적 능력에 대한 평가로 전환

① 학생들의 다양한 능력과 자질에 대한 인식 강조
② 학생 능력의 유연성 인식의 증대
③ 학생들이 자신의 다양한 능력을 보이고 계발할 수 있도록 하는 기회의 제공 강조

### (5) 집단과 분리된 개별 학생의 능력에 대한 평가에서 집단에서의 평가로 전환

① 집단 구성원들과의 협력 능력에 대한 평가
② 집단 구성원들과의 협력에 의한 결과물의 평가

## 02 평가 방향의 변화

| 관심을 증가시킬 사항 | 관심을 감소시킬 사항 |
|---|---|
| • 학생들이 수학에 대하여 아는 것과 생각하는 방법에 대하여 평가한다. | • 학생들이 모르는 것만을 평가한다. |
| • 평가는 지도의 통합된 부분이 되게 한다. | • 평가는 등급을 주기 위한 목적으로 실시한 시험에서 정답의 개수를 제공하는 것으로 한다. |
| • 수학적 과제의 넓은 범위에 초점을 두고 수학에 대한 통합적인 관점을 취한다. | • 내용·행동을 행렬로 하여 구성된 구체적이고 독립된 기능 문제에 초점을 둔다. |
| • 여러 개의 수학적 아이디어의 적용을 요구하는 문제 상황을 개발한다. | • 한두 가지의 기능만을 요구하는 연습문제인 문장제 문제를 사용한다. |
| • 필답, 구술, 실제로 해 보이기 등과 같은 여러 가지 기술을 사용한다. | • 필답 고사만 사용한다. |
| • 평가에 계산기, 컴퓨터, 조작 자료를 사용한다. | • 평가 과정에 계산기, 컴퓨터, 조작 자료 사용을 배제한다. |
| • 산출, 교육 과정, 수업에 관한 정보를 체계적으로 모아 프로그램을 평가한다. | • 오로지 시험 성적에 근거하여 프로그램을 평가 한다. |
| • 표준화 성취도 검사를 프로그램 산출의 많은 지표 중 하나로 사용한다. | • 표준화 성취도 검사를 프로그램 산출의 유일한 지표로 사용한다. |

① 발달적 교육관을 중시한다. 즉, 학생의 선발이나 개인차를 내기 위한 평가에 관심이 있는 것이 아니라, 모든 학생이 가능한 한 의도하는 바의 수업 목표를 달성할 수 있도록 모든 학습자에게 적절한 학습 방법을 배치하고 주어진 수업 목표를 어느 정도 달성하였는가 하는 수업 목표 달성도를 평가한다.

② 다양한 평가 방법을 수반한다. 즉 지필 검사는 다양한 상황에서 다양하게 표현되는 수학적 능력을 종합적으로 바르게 평가하는데 한계가 있으며 다양한 평가 방식을 이용한 평가가 이루어져야 한다.

③ 문제해결 과정을 중시한다. 즉 학생들의 수학적 사고 능력, 문제해결력을 향상시키기 위해, 학생 개개인이 지닌 사고 과정의 결함을 확인하기 위해 그리고 교사 역시 자신의 교육 방법을 반성하는 기회를 갖기 위해 다양한 풀이 과정과 방법이 평가되어야 한다.

④ 정의적 영역 능력을 평가한다. 즉 학생이 가지는 수학적 성향은 그가 수학에 계속적으로 관심을 갖고 공부를 하며 높은 성취를 이룰 수 있을 것인지를 판단하는 중요한 준거가 된다.

# 3 평가의 원리

## 01 일관성의 원리

① 평가 도구는 의도하는 평가 목표와 일치해야 한다.
② 수학 교육의 목적·교육 과정·학습 목표가 잘 통합되는 하나의 수학 학습 기준을 마련하여 평가할 학습 내용을 선정해야 한다.

## 02 균형성의 원리

수학 내용에 대한 지식과 문제 해결 능력 등 인지적인 영역과 창의력이나 가치관, 태도 등 정의적인 영역의 조화가 필요하다.

① 문제 해결에서의 아이디어 창출과 수학적인 의사 표현력
② 수학적 과제를 꾸준히 수행하려는 의지력
③ 스스로 탐구하여 추론하는 능력 및 수학적인 사고력
④ 수학 학습에 대한 바람직한 가치관이나 관심, 흥미도

## 03 다양성의 원리

① 평가 내용의 성격과 목표에 따른 다양한 평가 방법을 이용한다.
② 타당도가 신뢰도를 갖춘 다양한 평가 방법을 개발한다.
③ 지필 고사 외 조별 활동, 관찰과 면담, 구술 고사, 프로젝트 결과 보고서 등을 다양하게 이용한다.
④ 오픈 엔드 어프로치(open and approach) 학습 지도와 평가를 이용한다.
⑤ 다양한 조작물이나 컴퓨터를 사용하여 평가한다.

## 04 유용성의 원리

수학과 평가 활동을 통하여 학습자의 학습 능력이나 학습 상태를 파악하고 동시에 교사의 학습 지도 활동에 대한 평가가 이루어져 앞으로 교수학습 방법의 '개선'을 위한 자료로 활용되며, 평가 결과로부터 지도 계획과 지도 방법 등을 결정하고 진단할 수 있는 유용한 정보를 획득할 수 있다.

학습 지도 목표 설정 ➡ 진단 평가 ➡ 학습 지도 계획 작성 ➡ 학습 지도 활동 ➡ 형성 평가 ➡ 학습 지도 활동 수정 ➡ 총괄 평가 ➡ 학습 지도 방법 개선

## 05 객관성의 원리

어떤 형태의 평가가 실시되어지든 평가의 객관성을 확보하기 위하여 문항당 평가의 단계를 구체적으로 세분화시키며, 각 평가 단계에서의 성취 기준과 평가 기준을 정확히 기술하고 이에 따라 채점 기준을 미리 정하는 세부적인 준비가 요구된다.

# 4 평가의 종류

2009 개정 교육과정에 따른 수학과 교육과정 평가의 방법은 수업의 전개 국면에 따라 진단평가, 형성평가, 총괄평가 등을 적절히 실시하되, 지속적인 평가를 통하여 다양한 정보를 수집하고 수업에 활용하고, 수학 학습의 평가에서는 선택형 위주의 평가를 지양하고 서술형 평가, 관찰, 면담, 자기평가 등의 다양한 평가 방법을 활용하여 수학 학습에 대한 종합적인 평가가 이루어질 수 있게 한다.

## 01 수업 전개 국면에 따른 평가

| 내용 | 진단평가 | 형성평가 | 총괄평가(등급결정) |
|---|---|---|---|
| 기능 | • 선행기능의 수준 결정<br>• 학습 전 성취수준 결정<br>• 교수방법 대책에 관련된 특성에 따른 학생의 분류<br>• 계속적 학습곤란의 원인 결정 | • 학습단위에 관련된 학생의 진보 상태를 교사, 학생에게 피드백<br>• 학습단위의 구조에 따른 오해의 확인 및 교정 그리고 교수방법의 대안 제시 | • 학습단위, 학기, 학년의 말에 학생성적의 판정 및 자격부여 |
| 실시시기 | • 학습시초(학기, 학년의 시초에 매치를 위하여)<br>• 교수도중(정상수업으로는 학생이 계속해서 도움을 못 받을 경우) | • 수업이나 학습 진행 중 | • 학습단위, 학기, 학년의 말 |
| 강조성 | • 지적, 정의적, 심리운동적 행동 평가<br>• 신체적, 환경적, 심리적 요인 강조 | • 지적 행동 평가 | • 일반적으로 지적행동 평가<br>• 교과에 따라 심리적 행동이나 때로 정의적 행동 평가 |
| 검사 도구의 형태 | • 표준화 학력검사<br>• 표준화 진단검사<br>• 교사제작의 평가도구, 관찰 및 체크리스트 | • 학습목표에 맞게 특별히 고안된 형성평가 도구 | • 총괄평가 도구 |
| 문항 난이도 | • 선행기능 및 능력의 진단<br>: 대부분 쉬운 문항<br>65%이상의 난이도 | • 미리 구체화 할 수 없음 | • 평균 난이도가 35~70%이고 대단히 쉬운 문항, 대단히 어려운 문항도 포함 |

| | | | |
|---|---|---|---|
| 채점 | • 규준지향 및 목표지향 겸용 | • 목표지향<br>• 준거지향 | • 일반적으로 규준지향이나 준거지향도 사용 |
| 점수처리 방법 | • 하위기능별 개인 프로파일 | • 학습위계에 포함된 각 과제에 대한 급락의 개인점수 유형 | • 목표에 비추어 본 총점 혹은 하위점수 |
| 평가문항 유형 | • (학생 개인별·집단별) 관찰<br>• 구술 평가<br>• 간단한 지필 검사 | • (학생개인별·집단별)관찰<br>• 구술 평가<br>• 간단한 지필 검사<br>• 서술형 지필 검사<br>• 학급 발표<br>• 숙제 제시<br>• 수학 학습 일지 작성<br>• 소집단 활동이나 프로젝트 제시 | • 표준화된 성취도 검사<br>• 포트폴리오 |

## 02 지식 전개의 초점에 따른 평가

① **결과중심 평가**

활동을 수반한 결과와 지식, 기능의 습득을 중요시하는 평가 방법은 비교적 객관적인 평가 방법이 많이 쓰이고 질적인 평가 방법보다는 양적인 평가 방법을 많이 쓰게 된다. 주로 사용되는 방법으로는 단답형 검사, 선택형 검사, 주관식 지필검사, 논술형 검사 등이 있다.

② **과정중심 평가**

활동의 결과보다는 그 과정을 중요시하고, 지식, 기능의 습득보다는 학생의 태도나 행동의 변화를 대상으로 하며, 이런 이유로 비교적 주관적인 평가 방법이 많이 쓰이고, 양적인 평가 방법 보다는 질적 평가 방법을 많이 쓰게 된다. 주로 사용되는 방법은 활동상황의 관찰, 질문지를 이용한 조사, 학생의 작품과 기록 등이 있다.

## 03 지식을 보는 관점에 따른 평가

### (1) 개념적 지식의 평가

개념적 지식의 평가는 그 개념을 나타내는 용어, 기호, 정의를 바르게 기억하고 있는지를 평가하며, 그 개념을 적절한 상황에 사용할 수 있는지도 평가한다. 또 개념과 다른 개념들 사이의 관계성의 파악도 개념적 지식의 평가에 중요한 요소가 된다. 개념들 사이의 관계로 이루어진 수학적 일반성, 즉 수학적 법칙이나 원리가 성립하는 것을 추론하고 증명할 수 있는 능력의 평가도 개념적 지식의 평가의 중요한 요소이다. 용어나 기호의 사용에 대한 평가는 그들을 적절한 상황에서 사용할 수 있는지를 평가하기 위하여 선다형 또는 단답형 지필 검사를 사용할 수 있으며, 개념들 사이의 관계 및 수학적 일반성의 증명 능력을 평가하기 위해서는 서술식 지필 검사가 유용하게 사용될 수 있다. 또 개념적 지식의 평가를 위해 면담이나 관찰법도 적절히 사용할 수 있다.

※ 쿠름(Kulm, 1994), 개념적 이해 평가의 채점 기준

| | |
|---|---|
| 개념적 이해와 거리가 멀다 | • 크게 잘못 이해함<br>• 개념을 표현하기 위한 용어, 그림, 기호를 거의 사용하지 않았음<br>• 관련된 수학적 절차에 대한 개념적 이해가 부족함 |
| 개념적 이해와 다소 거리가 있거나 잘못 이해한 증거가 있다. | • 한 모드에서 다른 모드로 전환하기 위해 모델, 그림, 기호를 사용하여 개념을 표현하려고 시도하였음<br>• 수학적 절차는 적정하게 사용되었으나, 실수가 있으며, 개념적 이해가 약함을 보여줌 |
| 개념적 이해에 갭이나 오개념이 거의 없다 | • 한 모드에서 다른 모드로 전환할 때에 모델, 그림, 기호를 정확하게 사용하였음<br>• 개념과 관련된 절차의 의미와 해석을 이해함 |
| 개념을 이해하고 사용한 증거가 있다. | • 한 모드에서 다른 모드로 전환할 때 모델, 그림, 기호를 광범위하게 사용하였음<br>• 개념의 의미와 해석을 인식한 강한 증거가 있음 |

## (2) 절차적 지식의 평가

절차적 지식의 평가는 수학적 법칙이나 알고리즘을 단순히 암기하고 처리하는 기계적 처리 기능과 그 절차의 타당성을 이해하고 있는지를 평가하는 것을 의미한다. 즉, 어떤 절차를 수행한 결과만을 보고 평가할 것이 아니라 절차의 처리 과정을 분석하고 오류의 배경을 파악할 수 있어야 한다. 절차적 지식의 평가를 위해 지필 검사, 관찰, 면담, 계산기나 컴퓨터의 활용 등 다양한 방법을 사용할 수 있다.

※ 쿠름(Kulm, 1994), 절차적 지식 평가의 채점의 기준

| | |
|---|---|
| 절차의 단계에 대한 이유를 알고 있는 증거가 거의 없음 | 연산과 절차를 잘못 사용하였거나 중요한 실수가 있음 |
| 절차를 설명하고 표현하는 능력이 어느 정도 있음 | 경미한 실수가 있으나 절차의 연산을 적절히 사용하였음 |
| 절차를 표현하고 그것이 어떻게 작용하는지를 설명할 수 있음 | 실수 없이 절차와 연산을 바르게 사용하였음 |
| 새로운 절차로 확장하거나, 새로운 절차를 수용하거나 창안할 수 있음 | 절차와 연산을 광범위하게 사용하여 절차의 각 단계에 대한 다른 설명과 이유를 보여줄 수 있음 |

## (3) 문제 해결력 평가 방법

문제 해결력은 수학적 힘의 중요한 요소이다. 문제 해결력이란 문제 특히 비정형 문제를 이해하고 적절한 계획을 수립하여 바른 풀이를 구하며 그 결과의 타당성을 확인하고 확장하며 일반화하는 능력을 의미한다. 문제 해결력의 발전된 의미는 주어진 문제의 해결 능력뿐만 아니라 주어진 상황에서 적절한 문제를 구성하는 능력도 포함한다.

문제 해결력을 평가하기 위해서는 서술형 필답 검사 방법을 주로 사용하며 서술형 필답 검사는 풀이의 과정과 결과를 평가하기에 적절하다. 필답시험 결과를 평가하는 방법에는 분석적 평가 방법과 총체적 평가 방법이 있다.

### 1) 서술형 문항

지필 검사(평가)는 교사가 평가 문항을 종이에 써서 출제하는 평가 방법이다. 지필 평가는 문항을 제시하는 형태나 답을 어떻게 요구하느냐에 따라 선택형(진위형, 선다형, 배합형)과 서답형 또는 서술형(완성형, 단답형, 논술형)이 있다.

진위형은 읽기 능력이 부족한 저학년 학생들의 경우에 이용할 수 있으며 채점도 간단하다. 그러나 단편적인 지식을 물어볼 가능성이 크고 문항을 이해하지 못하더라고 50%는 맞출 수 있는 확률이 있어 학생들의 학습 동기를 감소시킬 수 있다. 선다형의 경우 채점의 용이성 등이 있지만 오답을 만드는데 출제자의 많은 노력이 필요하다. 배합형의 경우는 수학적 사실뿐만 아니라 개념적 지식과 절차적 지식을 물을 수 있고 채점도 신뢰할 수 있다. 그러나 정교하게 배합하지 않으면 배합에 따라서 답을 추측할 가능성이 높아져 단편적인 지식을 묻게 되는 가능성이 높다.

학생들의 사고력, 또는 문제해결력 향상을 위한 학습 및 평가활동을 위해서는 풀이 과정에 중점을 두어 문제를 푸는 활동이 필요하고, 이러한 풀이 과정의 평가는 서술형 검사 양식에 의해 보다 적절히 이루어질 수 있다. 또한 객관식 문항위주의 지필 검사는 학생들의 비판적, 창의적사고의 함양을 억제하고 잘못된 학습 방법을 고착시킬 가능성이 높은 반면, 서술형 문항의 지필 검사는 주어진 문제를 해결하는 데 필요한 다양한 종류의 지식과 자료를 수집하고 분석하며, 비판하고 종합하며, 해결 방안을 구안, 실험, 검증, 보고하는 등의 고등 정신기능들을 평가하는 데 유리하다. 서술형 검사는 측정하고자 하는 수학 내용의 특성에 따라 다음과 같은 여러 가지 유형으로 문항화 할 수 있다.

- 한 개의 완전 서술 형식으로 제시되는 경우
- 2개 이상의 단계형 발문으로 제시되는 경우, 또는
- 여러 개의 단답 또는 서술형의 질문을 포함하여 전체적으로는 완성형의 문항 형식을 따르는 경우 등

### 2) 서술형 문항 개발 시 유의점

첫째, 수학과 교육과정에 제시되어 있는 수학 내용에 기초하여 학생들의 수학 학업 성취 능력을 평가할 수 있는 문항을 개발한다. 즉, 수학과 교육과정의 각 영역에서 다루어지는 중요한 수학적 개념과 기능, 또는 수학적 활동을 학생들이 얼마나 습득하고 있는지를 평가할 수 있어야 한다.

둘째, 문항을 출제할 때, 단순한 기억이나 암기력 평가가 되지 않도록 가능한 한 사고력 중심의 문항을 통해 수학적 개념과 기능의 습득 정도를 평가하도록 한다.

셋째, 기본적인 개념 원리나 성질을 이해하고 있는지, 기본적인 개념 원리나 성질을 이용하여 주어진 문제를 해결할 수 있는지 등 다양한 성취 수준을 반영할 수 있는 문항을 개발하도록 한다.

#### ① 분석적 평가 방법

문제 해결의 과정을 몇 개의 단계로 나누고 각 단계에 점수를 할당하여 이것을 기준으로 채점하고 점수를 부여하는 방법이다.

| | |
|---|---|
| 문제의 이해 | 0 - 문제를 완전히 잘못 이해하였다.<br>3 - 문제의 일부를 잘못 이해하였거나 잘못 해석하였다<br>6 - 문제를 완전히 이해하였다. |
| 풀이 계획 | 0 - 계획을 시도하지 않거나, 완전히 틀렸다.<br>3 - 문제의 일부를 바르게 해석하여 부분적으로 옳은 계획을 세웠다.<br>6 - 바른 실행을 하면 옳은 답을 얻을 수 있는 계획을 세웠다. |
| 답 구하기 | 0 - 답이 옳거나, 부적절한 계획에 의하여 답이 틀렸다.<br>1 - 기록 실수, 계산 실수, 또는 다수의 답 중 일부만 제시하였다.<br>2 - 잘못된 계획으로부터 바른 논리를 따라 하여 답이 틀렸다.<br>3 - 답이 옳으며, 적절한 라벨을 사용하였다. |

#### ② 분석적 채점법의 예

| 개념적 이해 | •이 과제나 문제와 관련된 수학적 여러 개념에 대한 이해를 평가<br>•이 과제나 문제가 무엇을 묻고 있는지 이해하고 있는지, 그리고 이를 해결하는 필요한 수학을 이해하고 있는지를 평가 |
|---|---|
| 5점 | •과제나 문제와 관련된 수학적 개념을 완벽하게 사용한 경우<br>•과제나 문제와 관련된 모든 정보를 사용한 경우 |
| 4점 | •과제나 문제와 관련된 적합한 수학적 개념을 사용한 경우<br>•과제나 문제와 관련된 어느 정도의 정보를 사용한 경우 |
| 3점 | •과제나 문제와 관련된 주요한 개념 중 몇 가지만 사용한 경우<br>•과제나 문제와 관련된 부분적인 정보를 사용한 경우 |

| 2점 | • 과제나 문제와 관련된 부적합한 개념을 사용한 경우<br>• 과제나 문제에 제시되어 있는 자료나 정보를 잘못 사용한 경우 |
|---|---|
| 1점 | • 과제나 문제에 완전히 부적합한 개념을 사용한 경우<br>• 과제나 문제에 제시되어 있는 자료나 정보를 진척 이해하지 못한 경우 |

| 과정과 전략 | • 이 과제나 문제를 해결하는 데 필요한 전략의 선택과 선택한 전략의 수행을 평가<br>• 이 과제나 문제를 해결하기 위하여 어떤 전략을 선택했으며, 그것을 어떻게 수행했는지를 평가 |
|---|---|
| 5점 | • 그림, 모델, 다이어그램, 기호 등을 완벽하게 사용하여 해결한 경우<br>• 체계적이고 논리적인 수학적 전략과 과정을 거쳐 완벽하게 해결한 경우 |
| 4점 | • 그림, 모델, 다이어그램, 기호 등을 적합하게 사용하여 해결한 경우<br>• 타당성 있는 수학적 전략과 과정을 거쳐 해결한 경우 |
| 3점 | • 부분적으로만 유용한 그림, 모델, 다이어그램, 기호 등을 사용하여 부분적으로만 해결한 경우<br>• 타당성 있는 수학적 전략과 과정을 사용하여 부분적으로만 해결한 경우 |
| 2점 | • 별 도움이 되지 않는 그림, 모델, 다이어그램, 기호 등을 사용한 경우<br>• 비체계적이고 비논리적인 과정과 전략을 사용한 경우 |
| 1점 | • 그림, 모델, 다이어그램, 기호 등이 해결 과정이나 답과 전혀 일관성이 없는 경우<br>• 과정과 전략을 전혀 기록하지 않는 경우 |

| 의사 소통 | • 다이어그램, 기호, 숫자, 용어 등을 사용한 각 단계의 추론과정(이유)을 평가<br>• 해결 과정의 각 단계가 어떻게 연결되어 있는지를 다이어그램, 기호, 숫자, 용어 등을 사용하여 설명한 정도를 평가 |
|---|---|
| 5점 | • 해결 과정이 배경이 되는 추론을 분명하고 명확하게 제시했으며 이를 위하여 그래프나 다양한 예를 적절하게 사용한 경우<br>• 해결 과정을 읽는 사람들이 한 단계에서 다음 단계로의 이동을 쉽게 따라갈 수 있도록 논리적이고 체계적으로 제시한 경우 |
| 4점 | • 해결과정의 배경이 되는 추론이 분명하게 제시된 경우<br>• 해결 과정이 분명하고 잘 조직되어 제시된 경우 |
| 3점 | • 추론 과정이 중간 중간 부분적으로만 제시되어 있어서 분명한 사고 과정을 알 수 없는 경우<br>• 해결 과정이 분명하지 못하고 체계적이지 않아 따라 읽기가 어려운 경우 |
| 2점 | • 추론 과정이 문제나 과제와 연관성이 없으며 부적절한 아이디어가 포함되어 있는 경우<br>• 해답만 적어 놓았고 이 해답을 얻게 된 분명한 과정을 제시하지 않은 경우 |
| 1점 | • 추론 과정을 전혀 기술하지 않은 경우<br>• 해답만 제시해 놓은 경우 |

| 입증 | • 과제나 문제를 해결하고 난 후, 풀이 과정을 다시 한 번 점검하고 문제와 관련하여 구한 해답의 타당한 이유를 평가<br>• 문제를 푸는 것과 더불어 풀이 과정(개념, 전략, 계산 등)에 따라 해답이 나온 이유를 제시하였는지를 평가 |
|---|---|
| 5점 | • 처음의 풀이 과정을 입증하거나 지지하는 또 다른 방법을 사용하여 문제나 과제를 다시 한 번 더 점검한 경우<br>• 구한 해답의 타당함을 분명한 증거를 제시하여 입증한 경우 |
| 4점 | • 처음의 풀이 과정의 타당함을 다시 한 번 더 점검한 흔적은 보이지만 다른 풀이 방법을 사용하여 해결하고자 하지는 않는 경우<br>• 구한 해답의 타당함을 증거를 제시하여 입증하고자 한 경우 |

| | |
|---|---|
| 3점 | • 처음의 풀이 과정의 타당함을 다시 한 번 더 점검한 몇 가지 증거는 보이지만 해답을 구한 과정에 대한 완벽한 점검은 하지 않은 경우, 그리고<br>• 구한 해답의 타당성을 부분적으로 제시한 경우 |
| 2점 | • 두 번째 점검에서 처음 구한 해답과 다른 답이 나왔음에도 이것을 제시하지 않은 경우<br>• 구한 해답의 타당성을 입증할 증거를 제시하지 않은 경우 |
| 1점 | • 처음 구한 해답에 대한 점검의 흔적이 제시되어 있지 않은 경우, 그리고<br>• 구한 해답의 타당성을 입증할 증거를 제시하지 않은 경우 |

| 정확도 | • 위의 4가지 평가 항목에 대한 정확도의 평가 |
|---|---|
| 5점 | • 구한 해답이 수학적으로 입증되어 있고 구하는 과정이 이 해답을 지지하는 경우 |
| 4점 | • 구한 해답이 수학적으로 적절하며 위의 4가지 평가 항목에 비추어 볼 때 사소한 실수가 포함된 경우 |
| 3점 | • 구한 해답에 수학적으로 적절하며 위의 4가지 평가 항목에 비추어 볼 때 몇 가지 실수가 포함된 경우 |
| 2점 | • 구한 해답은 정확하지만 문제나 과제에서 요구하는 답이 아닌 경우 |
| 1점 | • 구한 해답이 틀렸고 문제나 과제에서 요구하는 답도 아닌 경우 |

### ③ 총체적 평가 방법

학생의 문제해결 전체에 대하여 단일한 점수를 산출하는 것이다. 총체적 채점 등급은 분석적 채점법에서 문제해결 과정에 대하여 점수를 배정하는 것과 비슷하다. 이는 학생의 활동 예를 총괄적으로 보았을 때의 종합적인 인상을 바탕으로 채점하는 것으로, 학생이 문제를 해결한 것에 대하여 하나의 수치를 만들어 내는 것으로, 대규모 평가에서처럼 비교적 빠르면서도 일관된 채점 방법이 요구될 때 이용된다.

총체적 채점법의 장점으로 학생들의 답안에 대하여 비교적 신속하게 평가를 할 수 있다는 점, 해답뿐만이 아니라 과정을 중시할 수 있다는 점, 답안을 채점하는 구체적인 기준을 제공한다는 점, 학생들의 수행에 대하여 하나의 수치를 만들어 낸다는 점을 들고 있다. 또한, 단점으로는 학생들의 특정한 장점과 단점을 날카롭게 지적할 수 없다는 점, 일부 학생의 답안은 사고 과정에 대하여 충분한 정보를 주지 못하기 때문에 교사가 확신을 가지고 채점할 수 없다는 점, 문제해결의 사고 과정에 대하여 다른 가중치를 적용할 수 없다는 점을 제시하고 있다.

풀이 전체를 몇 개의 수준으로 나누고 각 수준에 도달하기 위한 구체적인 기준을 마련한 다음 학생의 풀이가 어느 수준에 속하는지를 평가하는 방법이다.

| |
|---|
| 0 - 아무것도 하지 않았음<br>1 - 문제 해결을 시도하였음<br>2 - 아이디어는 옳으나 실행은 미약함<br>3 - 계산 실수를 제외하고는 거의 맞음<br>4 - 완벽함 |

④ **총체적 평가 방법의 예**

<table>
<tr><th rowspan="2">채점 기준</th><th colspan="2">배점</th></tr>
<tr><th>4점 만점</th><th>5점 만점</th></tr>
<tr><td>• 백지상태</td><td rowspan="3">0점</td><td rowspan="2">0점</td></tr>
<tr><td>• 오답 이외에 아무것도 제시하지 않은 경우</td></tr>
<tr><td>• 문제의 조건들만 단순히 옮겨 놓은 경우</td><td rowspan="2">1점</td></tr>
<tr><td>• 풀이 과정의 일부를 제시하였으나, 그 과정조차 틀린 경우</td><td rowspan="3">1점</td></tr>
<tr><td>• 문제를 이해한 듯하나, 풀기 시작한 상태에서 멈춘 경우</td><td rowspan="2">2점</td></tr>
<tr><td>• 풀이 과정과 답이 모두 틀린 경우</td></tr>
<tr><td>• 정답만 제시한 경우</td><td rowspan="3">2점</td><td rowspan="3">3점</td></tr>
<tr><td>• 정답을 제시하였으나, 풀이 과정이 틀린 경우</td></tr>
<tr><td>• 풀이 과정은 옳지만, 답을 제시하지 않은 경우</td></tr>
<tr><td>• 풀이 과정은 옳지만, 문제의 조건에 맞지 않는 답을 한 경우</td><td rowspan="2">3점</td><td rowspan="2">4점</td></tr>
<tr><td>• 풀이 과정은 옳지만, 계산상의 오류로 오답을 한 경우</td></tr>
<tr><td>• 풀이 과정과 답의 숫자 부분은 옳으나, 단위가 없거나 잘못 쓴 경우</td><td rowspan="2">4점</td><td rowspan="2">5점</td></tr>
<tr><td>• 풀이 과정과 답이 모두 옳은 경우</td></tr>
</table>

| | |
|---|---|
| 4점: 훌륭한 반응 | • 올바른 답을 제시했다.<br>• 설명이 명확하고 완전하다.<br>• 문제의 직접적이고 올바르게 관련된 정보를 제공하고 있다. |
| 3점: 좋은 반응 | • 올바르지 않은 답을 제시했다.<br>• 설명의 명확성이 부족하다.<br>• 설명이 완전하지 못하다.<br>• 문제와 직접적으로 올바르게 관련된 정보를 제공하는 정보가 없다. |
| 2점: 부적절한 반응 | • 올바르지 않은 답을 제시했다.<br>• 설명의 명확성이 부족하거나 완전하지 못하지만 조금은 올바르고 적절한 추론이 포함되어 있다.<br>• 문제와 직접적으로 올바르게 관련된 정보를 제공하지 못하고 있다. |
| 1점: 형편없는 반응 | • 올바르지 않은 답을 제시했다.<br>• 설명에 적절하지 못한 주장을 이용했다.<br>• 문제의 설명에 제시된 자료를 다시 푼 것 이외의 어떤 해결 노력도 제시되어 있지 않다.<br>• 문제와 직접적으로 올바르게 관련된 정보를 제공하지 않고 있다. |
| 0점: 무반응 | • 답지가 비어 있거나 문제와 관련이 없는 것들로만 채워져 있는 경우 |

## (4) 문제 해결력 평가

① 소집단 학습 활동을 한 후 개인별 성취도를 평가하고, 그 결과를 소집단별로 평균을 구하여 그 소집단 구성원의 점수의 일부로 부여한다. 이 방법은 소집단에 의한 점수도 반영되고 개인의 능력도 반영되므로 협동 학습의 평가 방법으로 많이 사용되고 있다.

② 소집단에 어떤 문제를 주어 해결하게 하고, 그 결과를 평가하여 그 집단의 구성원 각각에게 같은 점수를 부여한다. 다음에는 그 문제와 유사한 문제를 개별적으로 해결하게 하고 평가하여 그 점수를 소집단의 점수와 합하여 각자의 점수로 결정한다. 소집단 점수와 개별 점수의 반영 비율은 상황에 따라서 달라질 수 있다.

③ 개인별로 문제를 해결하게 하여 평가한 다음 그 문제를 소집단을 형성하여 다시 해결하게 한다. 소집단의 해결 결과에 따라 적절한 점수를 부여하고 이 점수를 구성원 각각에게 더하여 개인별 점수를 결정하게 하는 방법이다. 이 방법은 열린 문제의 평가에 적절한 방법이다.

### (5) 수학적 의사소통 능력 평가

① 수학적 아이디어들을 말로 표현할 수 있으며, 기록으로 표현할 수 있으며, 시각적으로 묘사할 수도 있어야 한다.

㉠ 말로 표현하기 : 수학적 아이디어를 대화를 통하여 상대방이 이해할 수 있도록 적절하고도 정확하게 전달 할 수 있는지를 평가한다.

㉡ 기록으로 표현하기 : 수학적 아이디어를 다른 사람들이 이해할 수 있도록 글로 표현해 보게 한다. 또, 학생들의 수학 학습에 대하여 기록한 일지(수학 학습 일지)를 분석함으로써 문장을 통한 수학적 의사 소통 능력을 평가할 수 있다.

② 기록으로, 구술로, 또는 시각적 형태로 제시된 수학적 아이디어를 이해하고, 해석하고, 평가할 수 있어야 한다.

③ 수학적 아이디어를 표현하기 위해서, 관련성을 기술하기 위해서, 상황을 모델로 나타내기 위해서 수학적 언어와 기호 및 구조를 사용할 수 있어야 한다.

㉠ 학습 과제의 결과를 분석한다.

㉡ 학생들과 어떤 수학적 주제에 대해 면담하거나 학생의 수학적 활동을 관찰한다.

㉢ 학생들이 작성한 수학 학습 일지(journal)를 분석한다.

### (6) 수학적 성향의 평가

① 주관식 지필 검사나 설문지 조사보다는 관찰 기록 방법이 더 바람직하다.

② **관찰 기록 방법의 종류 3가지**

㉠ 관찰 기록지 : 각 학생에 대한 관찰 기록 카드를 만들고 적절한 수학적 성향을 보일 때마다 날짜와 구체적인 관찰 사실을 기록한다.

(이름 : )

| 학생이 경험한 수학적 성향 | 날짜 및 활동 내용 | 날짜 및 활동 내용 |
|---|---|---|
| 자신감 | | |
| 유연성 | | |
| 인내성 | | |
| 호기심 | | |
| 사고의 반성 | | |
| 수학 응용의 가치 인식 | | |
| 수학의 역할 인식 | | |

ⓛ 체크리스트 : 행으로는 학생의 이름을 열로는 수학적 성향의 요소를 기술한 관찰표를 만들고 관찰된 결과를 해당하는 칸에 체크하는 방법이다.

(날짜 : )

| 관찰한 활동 | 학생1 | 학생 2 | 학생 3 | 학생 4 | 학생 5 |
|---|---|---|---|---|---|
| 자신감 | | | | | |
| 유연성 | | | | | |
| 인내성 | | | | | |
| 호기심 | | | | | |
| 사고의 반성 | | | | | |
| 수학 응용의 가치 인식 | | | | | |
| 수학 역할 인식 | | | | | |
| 기타 | | | | | |

| 수학적 성향 및 사고력 체크리스트 | | | | | |
|---|---|---|---|---|---|
| 관찰(면담) 요목 | | 학생 1 | 학생 2 | 학생 3 | 학생 4 |
| 귀납적 사고 | | | | | |
| 연역적 사고 | | | | | |
| 반성적 사고 | | | | | |
| 사고과정의 단축성과 경제성 | | | | | |
| 다양성 | | | | | |
| 독창성 | | | | | |

ⓒ 평정 척도법 : 행으로는 척도를 열로는 수학적 성향의 요소를 기술한 관찰 기록표를 만들고 관찰된 결과를 해당하는 칸에 체크하는 방법이다.

성명________________ 날짜__________________

평정 척도

1=불충분 2=만족 3=훌륭함

| 관찰(면담) 요목 | | 0 | 1 | 2 | 3 | 논평 |
|---|---|---|---|---|---|---|
| 자신감 | | | | | | |
| 유연성 | | | | | | |
| 인내성 | | | | | | |
| 호기심 | | | | | | |
| 사고의 반성 | | | | | | |
| 수학 응용의 가치인식 | | | | | | |
| 수학 역할 인식 | | | | | | |

수학적 성향 및 사고력 평정척도법

성명__________________

| 관찰(면담) 요목 | | 매우 그렇다 | 그렇다 | 모르겠다 | 그렇지 않다 | 전혀 그렇지 않다 |
|---|---|---|---|---|---|---|
| 흥미와 호기심 | | | | | | |
| 자신감 의지 | | | | | | |
| 과제 집착력과 끈기 | | | | | | |
| 직관적 통찰 | | | | | | |
| 공간화 | | | | | | |
| 추상화 | | | | | | |

### (7) 수학적 힘의 평가

① 수학적 힘을 평가하기 위해서는 문제 해결력, 추론 능력, 의사 소통 능력, 개념의 통합 능력을 종합적으로 필요로 하는 과제를 제시하고 이를 소집단별로 또는 개인별로 해결하는 과정을 관찰, 기록, 분석하여야 한다.

㉠ 수학과 다른 교과목에 있는 문제들을 해결하기 위하여 수학적 지식을 응용하는 능력

㉡ 아이디어를 교환하기 위하여 수학적 아이디어를 사용할 수 있는 능력

㉢ 추론하고 해석할 수 있는 능력

㉣ 개념과 절차에 대한 지식과 이를 이해하는 능력

㉤ 수학에 대한 성향

㉥ 수학의 본질에 대한 이해

② 활용 가능한 평가 기록법은 관찰 기록지, 체크리스트, 서술 평가 지침(분석적 평가 지침, 총채적 평가 지침)등이다.

[Kenlucky 수학 총체적 채점표]

| | 수학적 능력 | 매우 약함 | 약함 | 강함 | 매우 강함 |
|---|---|---|---|---|---|
| 문제해결 | • 문제의 특성을 이해하고 자기 자신의 언어로 재진술할 수 있다.<br>• 문제의 구성을 탐색할 수 있다. 즉, 문제를 그림으로 나타내거나 표로 나타낼 수 있으며, 자료를 기록하고 패턴을 찾을 수 있다.<br>• 적절한 문제 해결 전략을 선택할 수 있다. 흔히 사용되는 전략으로는 예상과 확인, 표 만들기, 그림 그리기, 단순화하기, 거꾸로 풀기, 식 세우기, 추론하기 등이 있다.<br>• 해결 계획을 실천하여 풀이를 구한다.<br>• 풀이를 반성하고 수정하거나 일반화한다. | | | | |
| 추론 | • 자료를 관찰하고 패턴을 인식함으로써 수학적 예측을 한다. 즉, 귀납적 추론을 한다.<br>• 논리적 증명이나 반례를 통하여 수학적 예측을 검증한다. 즉, 연역적 추론을 한다. | | | | |
| 수학적 의사 소통 | • 적절한 수학적 기호나 용어를 사용한다.<br>• 주어진 과제에 대한 질적인 설명을 한다.<br>• 개념이나 아이디어를 분명하게 나타내고 들을 수 있다.<br>• 다양한 수학적 표현을 할 수 있다. | | | | |
| 개념의 통합 | • 풀이의 결과나 결론 또는 활동 등을 다른 측면에서 평가한다.<br>• 창의적인 유추를 하거나 연결을 한다.<br>• 수학적으로 중요한 개념들 사이의 연결을 인식하거나 응용한다.<br>• 수학과 다른 과목 및 실생활과의 연결을 인식하고 응용한다. | | | | |

# 5 수학과 평가 절차

교사는 평가를 실시할 때 첫째, 수학 교수–학습 활동을 통해 평가를 실시하는 주된 이유에는 학생의 학습을 촉진시키고 교사가 수업에서 결정을 내릴 때 교사에게 중요한 정보를 제공하는 것에 있음을 알아야 한다. 둘째, 평가의 초점을 평가의 결과에 두는 것이 아니라 결과와 과정을 포함한 평가로 변화를 꾀해야 한다. 셋째, 객관식 선다형 위주의 평가에서 벗어나 주관식 서술형의 평가, 프로젝트 평가, 자기 평가 등 다양한 평가 기법을 사용할 수 있어야 한다. 넷째, 교사는 평가를 위해 다양한 출처로부터 얻은 정보를 수렴함으로써 여러 가지 다른 종류의 수학적 사고를 파악하여 교육과정에서 지향하는 학습목표와 일관된 평가를 실시하여야 한다. 다섯째, 학생의 수학적 사고 수준에 맞는 문항을 제시하여 학생의 성취도를 높이는 방안을 모색할 수 있어야 한다.

평가는 상황에 따라 다양한 형태로 시행되므로 모든 상황에 적용 가능한 평가 절차를 규명하기란 쉬운 일이 아니지만 교사가 평가의 주체가 되어 학생들의 수학적 능력이나 태도를 평가하는 경우에 관한 평가 시행의 기본 질서는 다음과 같다.

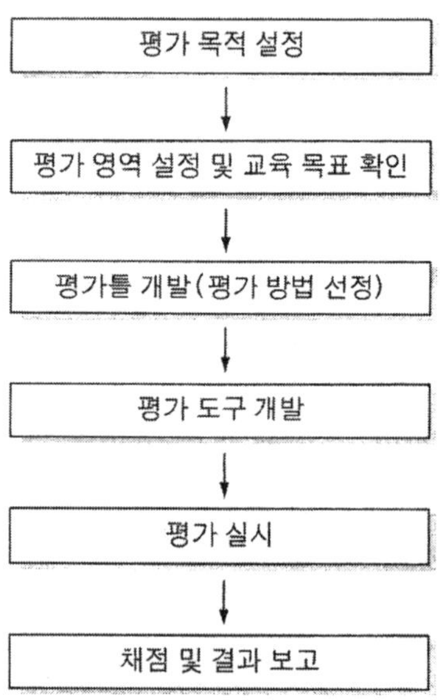


〈수학과 평가 절차〉

## 01 1단계 - 평가 목적 설정

① 평가를 하고자 할 때, 가장 먼저 고려해야 할 부분은 '어떤 목적으로 평가를 할 것인가'를 결정하는 일이다. 즉, 평가 목적에 따라 평가 내용, 방법, 시기, 등 진행되는 평가의 전체적인 모습이 달라지 게 된다.

② 평가 목적에는 일반적으로 수업 전개 국면에 따른 '진단 평가', '형성 평가', '총괄 평가'를 생각하게 된다.

㉠ 진단 평가 : 학습 목표를 성취하는 데에 필요한 선수 학습의 정도와 기초 기능의 소유 여부 평가하는 것으로, 수업이 시작되는 시점에 학생의 준비 정도를 파악, 그에 상응하는 수업 전략 결정이 목적이다.

㉡ 형성 평가 : 수업 중 학습 목표의 성취 여부 평가하는 것으로, 지식의 재투입, 학습 과정에서 교사와 학생 사이에 발생하는 오류나 곤란에 관한 정보의 피드백·교정·보상이 목적이다.

㉢ 총괄 평가 : 학습 성과가 어느 정도인지를 종합해보는 평가하는 것으로, 학생의 점수를 판정하여 등급 제시, 자격을 부여, 보상 제공 및 한 집단과 다른 집단의 성취 결과 비교·분석하여 여러 가지 자료로 활용하는 것이 목적이다.

진단평가와 형성평가는 그 평가결과를 수업 개선에 활용하여야 하며, 총괄평가는 보다 객관적인 평가 방법을 바탕으로 한 학기 또는 일 년 동안의 학습 전체 내용을 포괄해야 한다.

## 02 2단계 - 평가 영역 및 목표 선정

① 평가 목적에 따라 평가하고자 하는 영역을 설정하고, 해당 영역의 주요 교육 목표가 무엇인지를 확인한다.

② 평가 목표는 교사와 학생 모두가 기대하는 것이 무엇인지를 명확히 알 수 있도록 행동적 용어로 진술한다.

### (1) 인지적 목표

#### 1) 지식

재생에 의하여 아이디어나 자료 또는 현상을 기억해 내는 행동으로 단순히 기억하고 재생시키는 것만 요구하며, 이해의 어떤 수준을 요구하지 않는다. 수학적인 사실, 용어, 정의, 정리, 해법 등의 기억과 재생은 이 범주의 목표에 속한다.

| 학습 목표 | 평가 문항 |
|---|---|
| ㉠ 짝수의 뜻을 말할 수 있다.<br>㉡ 분수에서 분모와 분자를 구별할 수 있다.<br>㉢ 삼각형의 뜻을 말할 수 있다.<br>㉣ 삼각형의 넓이를 구하는 공식을 말할 수 있다. | ㉠ 짝수란 어떤 수인가?<br>㉡ 2/3에서 분자와 분모를 말하여라.<br>㉢ 어떤 도형을 삼각형이라고 하는가?<br>㉣ 삼각형의 넓이를 구하는 식을 말하여라. |

### 2) 이해

하나의 수학적 아이디어를 다른 수학의 아이디어와 꼭 관계 지을 필요 없이, 또 그것이 내포하고 있는 모든 관련된 의미를 인식할 필요가 없는 형태에서 그 수학적 아이디어를 사용할 때, 수학적 아이디어를 이해했다고 말한다. 이해력의 행동은 번역, 해석, 추정으로 분류된다. 번역은 어떤 자료를 원래와는 다른 언어, 용어 및 다른 형태의 자료로 바꾸어 놓을 수 있는 능력을 말한다. 해석은 자료를 아이디어들의 구성체로 보고, 이를 다루는 능력을 뜻하는 것으로 수학적 관계를 파악하는 능력 등이 포함될 수 있다. 추정은 자료에서 서술된 경향, 추세, 조건들을 해독하고 이에 입각해서 추측을 하거나 예언을 하는 것을 말한다.

| 학습 목표 | 평가 문항 |
|---|---|
| ㉠ 수에 짝수, 홀수의 이름을 붙일 수 있다. | ㉠ 다음 중에서 짝수인 것을 찾아내어라.<br>"8, 11, 13, 16, 19" |
| ㉡ 두 진분수의 합을 구할 수 있다. | ㉡ 진분수의 예를 두 개 들고, 또 그것의 합을 구하여라. |
| ㉢ 삼각형의 모양을 구할 수 있다. | ㉢ 삼각형 두 개를 하나는 크게, 다른 하나는 작게 그려라. |
| ㉣ 두 지연수의 최소공배수를 구할 수 있다. | ㉣ 다음 두 수의 최소공배수를 구하여라.<br>"12, 8" |

### 3) 적용

수학적 사실, 기능, 개념, 원리 등을 어떤 상황에서 적절하게 선택하고 사용할 수 있는 능력을 말한다. 학생이 어떤 추상 개념의 사용법을 자세히 배우고 그것을 실제로 해보라고 구체적으로 지시되었을 때, 그것은 이해의 문제이지만, 해결 방안이 구체적으로 주어지지 않은 상황에서 그 추상 개념을 정확히 사용할 수 있을 때 그것은 적용인 것이다.

| 학습 목표 | 평가 문항 |
|---|---|
| ㉠ 비율의 개념을 적용할 수 있다. | ㉠ 연필 3자루를 190원에 살 때와 2자루를 125원에 살 때, 어떻게 사는 것이 유리한가? |
| ㉡ 비례 배분을 적용할 수 있다. | ㉡ 900원을 갑, 을, 병 세 사람이 나누는데, 을은 갑의 2배를, 병은 을의 3배가되는 비율로 나눌 때, 각각 몇 원씩 갖게 되는가? |

#### 4) 분석

자료를 그 구성 부분으로 분해하고, 부분간의 관계와 그것이 조직되어 있는 방법을 말한다.

| 학습 목표 | 평가 문항 |
|---|---|
| ㉠ 두 홀의 합이 짝수가 됨을 설명할 수 있다. | ㉠ 두 홀수의 합이 짝수가 됨을 설명하여라. |
| ㉡ 자연수에서 덧셈과 뺄셈의 관계를 설명할 수 있다. | ㉡ 두 수의 곱셈을 덧셈으로 바꾸어 나타낼 수 있는 예를 보아라. |
| ㉢ 세 자리의 수를 십진법의 전개식으로 나타낼 수 있는 이유를 설명할 수 있다. | ㉢ $345 = 300 + 40 + 5$로 나타낼 수 있음을 설명하여라. |

#### 5) 종합

하나의 독특한 구조나 체계를 구성하기 위하여 여러 가지 아이디어를 결합시키는 능력을 말한다. 예를 들면, 자연수, 정수, 유리수, 실수 등의 개념을 수체계의 확장된 개념에서 볼 수 있는 능력을 종합이라고 볼 수 있다.

| 학습 목표 | 평가 문항 |
|---|---|
| ㉠ 이진법에서 덧셈 방법을 개발할 수 있다. | ㉠ 이진법에서 다음 두 수의 합을 구하는 과정을 개발하여라. $1011_{(2)} + 1001_{(2)}$ |
| ㉡ 피타고라스의 정리가 참임을 보일 수 있다. | ㉡ 피타고라스의 정리를 증명하여라. |

#### 6) 평가

아이디어들의 가치, 구조, 절차, 방법 등에 관해서 판단을 내리는 능력을 요구하는 가장 높은 수준의 목표이다.

| 학습 목표 | 평가 문항 |
|---|---|
| ㉠ 생활에서 수학의 가치를 판단할 수 있다. | ㉠ 만약 수학을 전혀 알지 못한다면 생활에 어떤 영향이 있겠는가? |
| ㉡ 수체계에서 0의 중요성을 설명할 수 있다. | ㉡ 수체계에서 0이 없다면 수학을 하는데 있어서 어떤 제한점이 있겠는가? |

### (2) 정의적 목표

#### 1) 감수(감지, 자진 감수, 주의 집중)

① 수학의 발전에 대해서 과학과 과학자의 영향을 감지한다.

② 수학의 발전에 공헌한 여류 수학자와 그들의 공헌을 알 수 있다.

③ 정수에 관한 학습의 중요성을 깨닫는다.

④ 문제를 해결하는 방법 중에서 좋아하는 방법을 표현한다.
⑤ 수학적 용어의 뜻을 주의 깊게 듣는다.

### 2) 평가 문항

① 수학에서 새로운 아이디어를 개발한 사람은 누구인가?
② 수학에서 왜 정수가 필요한가? 또 그것들은 과학에서 어떻게 활용되는가?
③ 연립방정식을 풀 때, 가감법 또는 대입법 중 어느 방법을 좋아하는가?

### 3) 반응(묵종반응, 자진반응, 만족)

학생의 능동적인 수준의 참여를 요구하는 행(行)에 의한 학습 또는 능동적인 정의적 학습이다.

**① 학습 목표**

㉠ 숙제를 제 시간에 완성하기 위해 노력한다.
㉡ 문제를 칠판 위에 풀려고 시도한다.
㉢ 수학적 게임을 하는 것을 즐긴다.
㉣ 수학의 응용에 대한 예를 찾는 것을 즐긴다.

**② 평가 문항**

㉠ 숙제를 지정된 날까지 제출한다.
㉡ 교사에 의해서 칠판 위에 해결하도록 지명 받으면 그렇게 한다.
㉢ 수학적 게임을 만들고, 그것을 교실에서 할 수 있도록 교사에게 허락을 받는다.
㉣ 수학을 생활에 응용한 예를 찾고 교실에서 소개한다.

### 4) 가치화(가치 수용, 가치 채택, 확신)

일관성과 안정성이 충분하여, 하나의 신념 또는 태도를 갖는다.

**① 학습 목표**

㉠ 수학 학습의 가치를 인정한다.
㉡ 수학 학습을 좋아하는 태도를 보인다.
㉢ 수학 공부에 헌신한다.

**② 평가 문항**

㉠ 수업에 참여하고, 질문하고, 숙제를 해결하기 위해 노력한다.
㉡ 수학 문제를 해결하기 위해 도전하고, 수학 클럽에 참여한다.
㉢ 수학 경시 대회에 참여하고 많은 시간을 수학 공부하는 데 할애한다.

#### 5) 조직화 (가치의 개념화, 가치 체계의 조직)

여러 가치를 하나의 체계로 조직하고, 그들 간의 상호 관계를 결정하며 지배적인 가치와 모든 경우에 통용되는 가치를 설정할 필요가 생기게 된다.

① **학습 목표**

㉠ 수학의 논리적 구조를 알기 위해 노력한다.

㉡ 사회에서의 과학 발전과 수학의 긍정적 부정적인 효과에 대한 판단을 시도한다.

② **평가 문항**

㉠ 증명의 본질과 수학의 논리적 기초에 대한 논의를 수행하고, 수학의 발전에서의 그들의 가치를 설명한다.

㉡ 사회에서의 과학 발전의 효과를 논의하는 글을 쓴다.

#### 6) 가치 또는 가치 복합에 의한 인격화(일반화된 행동 태세, 인격화)

가치는 일정한 구조로 내면화되며, 내면화된 이 일정한 구조는 개인의 특성으로 형성되어 간다. 일반화된 행동 태세는 개인이 어떤 특정한 순간에 접해질 대마다 일정한 방법으로 행동하여질 것이 기대될 수 있다. 인격화의 수준은 일반화된 행동 태세를 넘어 개인의 우주관, 인생 철학, 세계관과 관련된 개인의 특성을 말한다. 학교에서의 교육 목표는 보통 가치 또는 가치 복합에 의한 인격화의 수준으로 설정하지 않는다. 왜냐하면 오랜 기간에 걸쳐 형성되는 이 목표 수준은 제어하거나 예측하기가 매우 어려우며 또한 측정하거나 평가하기란 더욱 어렵기 때문이다.

## 03 3단계 - 평가틀 개발 과 평가 방법 선정

### (1) 평가틀 개발

① 일관성을 유지하면서 효율적으로 평가하기 위해서 평가틀을 개발하게 된다. 즉 평가틀이란 평가도구 개발 및 평가의 전 과정에서 평가의 방향과 평가 관련 항목을 선택 또는 결정할 때 판단의 준거가 되는 지침이다.

② 평가 영역의 교육목표를 분석하여 이를 잘 반영할 수 있도록 설정된 행동영역과 내용영역, 성취기준(performance standard, 평가 대상의 학생들이 해당 평가 영역에서 성취했으면 하는 교육 목표 내지 내용을 보다 상세하고 구체적으로 진술한 형태), 평가에 활용될 문항 유형, 그리고 각 요소별 문항 출제비율을 포함한다.

### ③ 평가틀의 예

㉠ 2차원의 평가틀

<table>
<tr><th colspan="2">행동영역<br>내용영역</th><th>계산</th><th>이해</th><th>추론</th><th>문제 해결</th><th>의사소통</th></tr>
<tr><td colspan="2"></td><td></td><td></td><td></td><td></td><td></td></tr>
<tr><td colspan="2"></td><td></td><td></td><td></td><td></td><td></td></tr>
<tr><td rowspan="3"></td><td></td><td colspan="5"></td></tr>
<tr><td></td><td colspan="5"></td></tr>
<tr><td></td><td colspan="5"></td></tr>
</table>

| 행동 영역 | 정의 |
|---|---|
| 계산 | • 여러 가지 계산 능력에 관한 것<br>• 문제 해결에 이르기 위한 명확한 절차, 즉 알고리즘을 능숙하게 구사할 수 있는 능력에 관한 것 |
| 이해 | • 기본적인 수학적 개념, 원리, 법칙 및 그 관련성의 이해를 바탕으로 유의미한 개념적 사고를 형성할 수 있는 능력에 관한 것 |
| 추론 | • 관찰, 열거, 실험 등을 통한 귀납과 유추, 추측에 의해 수학적 법칙과 문제의 해법을 발견할 수 있는 능력<br>• 조건명제의 증명, 삼단논법에 의한 연역적 추론, 반례에 의한 증명, 간접증명법, 모순법, 동치인 명제의 증명, 수학적 귀납법 등을 이용한 증명을 읽고 이해할 수 있으며, 이러한 방법을 사용하여 수학적 명제를 증명할 수 있는 능력에 관한 것 |
| 문제 해결 | • 수학의 여러 가지 내용 사이의 개념, 원리, 법칙 등의 관련성이 요구되는 수학 내적인 문제를 해결할 수 있는 능력에 관한 것<br>• 수학과 일상생활 및 타 교과 내용과의 관련성의 파악이 요구되는 통합 교과적인(수학 외적) 소재의 응용 문제를 해결할 수 있는 능력에 관한 것 |
| 의사소통 | • 계산, 개념, 추론 또는 문제 해결 영역에 관한 문제를 해결하는 상황에서 주어진 문제 상황과 관련된 수학적 내용을 토대로 수학적 용어, 기호, 문장 등을 이용하여 그 해결 과정의 근거 및 이유를 표현할 수 있는 능력에 관한 것 |

㉡ 3차원의 평가틀

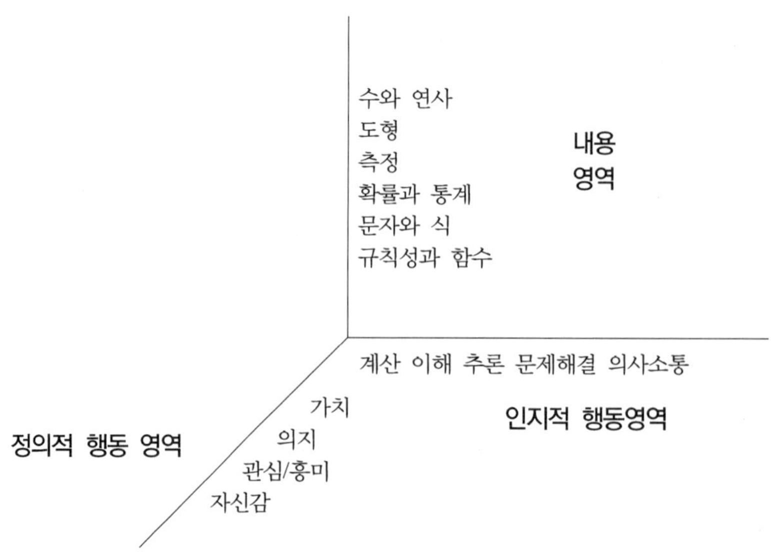

## (2) 평가 방법 선정

<table>
<tr><th>평가 영역</th><th colspan="2">평가 방법</th><th>주체자</th><th>기록법</th></tr>
<tr><td rowspan="4">인지적</td><td colspan="2">선택형 검사</td><td>학생</td><td>답안지</td></tr>
<tr><td rowspan="2">서답형 검사</td><td>단답형</td><td>학생</td><td>답안지</td></tr>
<tr><td>서술형</td><td>학생</td><td>답안지</td></tr>
<tr><td rowspan="2">프로젝트</td><td>예상답안작성</td><td>학생</td><td>답안지</td></tr>
<tr><td rowspan="2">정의적</td><td>학생자기평가</td><td>학생</td><td>자기평가기록지</td></tr>
<tr><td colspan="2">관찰·면담</td><td>교사</td><td>일화기록법<br>평정척도법<br>체크리스트</td></tr>
<tr><td>인지·정의적</td><td colspan="2">포트폴리오</td><td>학생</td><td>기록지 모음</td></tr>
</table>

### 1) 지필 검사

지필 검사는 학생들에게 일련의 문제를 제시하고 종이와 펜을 이용하여 응답하게 하는 검사를 뜻한다. 지필 검사는 학생들의 성취 정도나 태도를 알아보기 위해 다양한 종류의 문항 유형들을 활용할 수 있다. 종류로는 선택형(진위형, 배합형, 선다형), 서답형(완성형, 단답형, 논술형), 탐구형, 빈칸 채우기형, 리커르트 척도, 자기보고 등을 포함한다.

#### ① 평가 목적

㉠ 학생들의 강점과 약점을 파악하기 위해 사용한다.

㉡ 특정 기능을 잘 습득했는지 평가하기 위해 사용한다.

㉢ 제한된 인원의 학생을 선발하거나, 자격증 인증을 위하여 사용한다.

㉣ 교육적 성취 기준을 도달하였는지를 확인하기 위해 사용한다.

#### ② 지필 검사 종류

㉠ 빈칸 채우기형 : 빈칸 채우기형 문항들은 학생들로 하여금 텍스트의 빈 부분을 채우게 하는 방법이다. 예전에는 텍스트의 첫 부분에 상황을 설정하여 그 부분을 도입 부분으로 두고, 뒷부분에서 특별한 단어나 구를 제거하여 의미론적인 구조에 대한 평가를 자주 실시하였으나 요즘에는 지식이나 내용에 대한 이해에 대한 정도를 평가하기 위해 특별한 단어나 혹은 숙어를 제거하기도 한다.

㉡ 연결형 : 연결형 문항은 대개 어떤 개념과 그것을 설명한 목록으로 구성되는데, 학생들이 지시문을 읽고 이 두 개의 목록에서 관련되는 항목끼리 연결하게 된다. 일반적으로 연결형 문항은 지식 기억, 관련성 파악 등의 능력을 평가하는 데 유용하다.

㉢ 선택형 : 선택형은 몇 개의 선택지 중에서 답을 고르도록 하는 문항 형식으로서 사실적 지식이나 글에 대한 내용 이해를 주로 평가한다. 그러나 복잡한 추론 능력이나 이해 능력을 평가하기 위한 목적으로도 쓰인다.
단, 학생이 답을 고르는 과정에서 추측이 개입될 수 있으므로 주의한다. 또한 문항이 제작되는 과정에 이미 답이 결정되어 있으므로 채점자가 학생의 답안을 보고 판단할 수 없다는 것도 단점으로 지적될 수 있다.

㉣ 단답형 : 단답형 문항은 학생들이 짧은 응답을 하도록 요구하는 문항 형태이다. 단답형의 유형은 크게 '폐쇄형'과 '자유 반응형'으로 나눌 수 있는데, 폐쇄형은 단지 하나의 답만을 허용하는 반면, 자유 반응형은 정답이 하나이상 존재한다. 단답형은 주로 사실적 지식과 개념을 어느 정도 이해했는지를 평가하는데 쓰인다.

㉤ 논술형 : 논술형은 주어진 주제에 대해 학생들이 길게 응답하게 하는 형식으로, 깊이 생각하여 내용을 구성하는 능력을 평가하고자 할 때 사용한다. 예컨대, 논쟁을 논리적으로 구성하거나 혹은 문제에 대한 해결 방안에 대한 제시 등이 여기에 해당한다. 논술형은 '간단하게 설명하라.', '세 가지 방법으로 설명하라' 등과 같은 폐쇄형과 학생들이 자유롭게 응답할 수 있는 자유 반응형으로 구분해 볼 수 있다.

㉥ 탐구형 : 탐구형은 익숙한 개념과 기능을 익숙하지 않은 상황에 적용하는 능력을 평가하는 자유 반응형 과제이다. 내용을 토대로 결론을 끌어내어 보고서로 작성하는 것이 여기에 해당하는데 수학적 이해, 문제 해결 능력, 수학적 언어의 사용 등을 평가하는 데 활용할 수 있다.

| 구분 | 선택형 문항 | 서답형 문항(주로 논문형) |
|---|---|---|
| 주요 특징 | • 수험자가 여러 답 중에서 선택하는 것이 대부분이다.<br>• 문제 수가 많고 통계적 의미의 검사신뢰도가 높다.<br>• 수험자가 문제를 읽고 생각하는 데 대부분의 시간을 보낸다(읽는 데 관계되는 기능의 영향을 받는다).<br>• 검사의 질적 수준은 검사 제작자의 수준에 의존한다.<br>• 출제 과정이 어렵고 지루한 반면 채점하기가 다소 쉽다.<br>• 문항 제작자는 출제 과정 중에서 표현의 자유가 많으나, 채점자가 답안을 채점하는 데는 자유가 거의 없다.<br>• 수험자의 응답 방향과 응답 기준이 명료하다.<br>• 정답을 모를 때 추측할 가능성이 매우 크다.<br>• 전체 집단의 점수 분포가 거의 전적으로 검사 자체에 의해 결정된다. | • 수험자가 답안을 직접 계획하여 작성하고 자신의 말로 표현한다.<br>• 문제 수가 적고 상당히 광범위한 대답을 요구한다.<br>• 수험자가 답을 생각하고 쓰는 데 대부분의 시간을 보낸다(답안을 쓰는 데 필요한 기능이 요구된다.)<br>• 검사의 질적 수준은 주로 채점자의 수준에 달려 있다.<br>• 출제가 비교적 쉬운 반면, 정확하게 채점하는 것은 다소 어렵고 지루하다.<br>• 수험자는 표현의 자유가 많고, 채점자는 답안 채점의 자유가 많다.<br>• 응답 방향과 응답 기준이 불명료한 편이다.<br>• 그럴 듯한 표현으로 채점자를 혼란시킬 가능성이 많다.<br>• 전체 집단의 점수 분포가 채점자에 의해서 상당히 임의적으로 조정될 수 있다.(채점 시 '표준의 오류'를 범할 가능성이 크다.) |

### 2) 프로젝트

프로젝트는 일정 기간 동안 교과 내 또는 범교과 영역에서 학습자의 능력이나 흥미에 따라 연구 주제를 선택하여 그 주제에 대해서 자기 나름의 자료를 수집하고 분석, 종합하여 보고서를 작성하거나 발표하는 수행평가의 한 방법이다. 연구 주제와 범위에 따라 개인 연구를 계획할 수도 있고, 소집단을 구성하여 공동 연구를 수행할 수도 있다. 교사는 학생이 제출한 연구계획서에 따라 진행 상황을 수시로 점검하고 지도하며, 결과를 발표할 수 있는 기회를 주어 학생 간에 서로 피드백을 주고받을 수 있도록 지도할 수 있다. 프로젝트 작업은 주로 자료를 탐구하는데 활용되므로 탐구력을 강조하며 다른 사람과의 협동이 필수적이라는 특징이 있다.

기능 지향적 교육과정에서 수학적 성장을 위한 수학 수업과 평가를 위한 프로젝트의 사용은 아주 제한적이다. 보통 수학적으로 아주 뛰어난 학생들만을 대상으로 그들의 수학적 능력을 촉진시키기 위해 개별적으로 프로젝트 과제가 주어지곤 한다. 그렇지만 과정 목표 중심의 스탠다드와 교육과정에서 프로젝트는 모든 개별 학생들의 수학 교수－학습에서 중요하고 통합적인 역할을 한다.

프로젝트는 개별 학생을 대상으로 또는 2～3명을 한 조로 구성하는 소그룹을 대상으로 실시할 수 있다. 프로젝트는 과제가 너무 짧은 기간에 해결되는 것이 아니라 적어도 2～3주 동안 계속해서 진행해야 할 정도의 것이어야 한다. 특히 프로젝트의 경우에는 적어도 한 달이나 두 달 정도의 기간이 요구되는 과제여야 한다. 한 학기에 서너 가지의 프로젝트를 학생들이 해야 한다고 생각할 때, 프로젝트 과제는 4주나 5주 정도의 기간 내에 해결할 수 있는 것이 적당하다.

#### ① 프로젝트를 위한 아이디어

프로젝트는 확장된 문제해결 활동을 학생들이 경험하도록 하는 데 아주 좋은 방법이다. 이런 활동은 순수 수학적일 수 도 있지만, 대부분의 경우 실세계와 다른 교과 영역과 관련된 주제이다. 프로젝트는 다양한 해결 전략과 해법이 가능한 개방형 문제(열린 반응: open－ended, 비정형 문제)를 학생들이 경험하게 한다. 학생들은 개방형 문제들을 수행하기 위하여 어떤 수학적 지식을 사용해야 하는 지를 결정해야 할 뿐만 아니라 어떻게 접근해야 할 것인가에 대한 수학적 방법을 결정해야 된다. 그러므로 프로젝트는 학생의 실제 생활과 직접 관련되어 그들의 고등 사고 능력을 발휘할 수 있는 문제 상황을 주제로 과정 중심의 수행을 경험할 수 있도록 해야 한다. 또한 프로젝트 활동을 통해서 학생들은 문제를 제기하고 보다 심도 있는 탐구를 위한 추측의 제기와 같은 활동을 하게 된다. 프로젝트를 통해 학생들은 물리적 자료나 그래핑 계산기와 컴퓨터와 같은 공학을 사용해서 수학적 아이디어를 탐구할 수 있는 경험을 가지게 된다.

문제해결 상황과 결부된 프로젝트는 수학과 교육과정의 중요한 모든 내용에 대한 학생들의 이해를 증진시키는 아이디어를 탐구하고, 학습하고, 사고하는 기회를 가지게 한다.

**② 프로젝트 과제**

프로젝트는 실세계와 수학과의 수많은 관련성을 학생들에게 가르친다. 수학과 프로젝트의 유형을 실생활 문제 해결형, 타교과문제 해결형, 타교과 연계형, 수학사 활용형, 신문활용 교육형, 패러독스형, 찬반토론형, 자료 해석형, 수학적 모델링형, 주제 탐구형, 게임형으로 분류하기도 한다. 또한 프로젝트는 수학과 과학, 사회, 음악, 경제, 의학, 지리등과 같은 다른 교과와의 연결성을 경험하게 해준다. 이러한 모든 활동들은 학생들에게 수학적 아이디어의 유용성을 보여 주고, 수학적 기능을 다양한 영역에 적용하고 연습할 수 있는 기회를 제공해 줌으로써 수학이란 교과가 학생 자신들의 생활과 얼마나 밀접한지를 인식하게 해준다.

**③ 프로젝트 실시 방법**

학생들과 프로젝트의 아이디어에 관해 서로 토론하고 수업과 평가의 목적으로 이것을 사용할 것이란 점도 밝혀둔다. 문제해결, 의사소통, 추론과 증명, 연결성, 표상 등의 수업의 과정 목표에 대해 논의하고 수학 학습에서 이 목표들의 중요성에 대해서도 말해 준다. 학생들에게 프로젝트 과제는 문제해결 지향적이어야 하며 수학 교과서의 내용과 연관성이 있어야 함을 지적해 준다. 학기 초에는 수학 교과서의 첫 번째나 두 번째 단원과 관련성이 깊은 프로젝트를 선택해서 내준다. 프로젝트 과제를 선정할 때는 항상 교과서의 단원과 내용적으로 관련성이 있는 것을 선택하도록 한다.

첫 번째 프로젝트를 위해서는 비정형 문제(개방형 문제 또는 열린 반응 문제)를 학생들에게 내주는 것도 좋은 방법이다. 그렇지만 분명히 명심해야 할 점은 이 비정형 문제가 전통적이며 교과서식 문장제 문제와는 전혀 다르다는 점이다. 즉, 문제의 해답이 정해져 있지 않고 문제 해결자의 관점에 따라 여러 가지 답이 나올 수 있는 문제를 말한다. 또한 학생들이 어느 정도는 시간을 생각하고 고민해야 해결할 수 있는 도전적인 문제를 제시하는 것도 좋은 방법이다. 두 번째 프로젝트에서는 학생들에게 스스로 비정형 문제를 만들거나 찾아서 발표하도록 하는 것이다.

학생들의 프로젝트 수행의 시작을 돕기 위해서, 교사는 프로젝트의 주제와 내용, 탐구 방법, 보고서 제출 방법 등에 대한 구체적이고 분명한 지시 사항을 학생들과 논의한다. 다음과 같은 순서로 프로젝트 수행을 돕도록 한다.

㉠ 수행하고자 하는 프로젝트에 대한 분명한 기술을 학생들이 적을 수 있도록 하는 것이 중요하다. 이 기술 양식으로는 답을 얻고자 하는 질문 형식이 될 수도 있고 해결하고자 하는 문제 형식일 수도 있다. 교사는 학생들의 프로젝트에 대한 이 기술을 읽고 수행하고자 하는 프로젝트가 비현실적인 부분은 없는지, 또는 너무 어려워서 학생들이 수행하기에는 불가능한 점은 없는지 체크하고 지적해 준다. 프로젝트는 학생들의 수준과 능력으로 수행 가능해야 하며 그들의 수학적 성장에 기여할 수 있는 경험이 되도록 해야 한다.

㉡ 학생들은 그 프로젝트를 어떻게 수행할 것인지를 분명하게 제시해야 한다. 어떤 측정이 필요한지 또는 자료가 수집되어야 하는지? 도서관에서 참고 서적에 의한 자료 수집만으로 충분한지? 인터뷰가 필요한지? 컴퓨터를 이용한 자료 수집이 필요한지? 다시 말해서 학생들은 그 프로젝트를 수행하는 절차를 분명하게 기술해야 한다.

㉢ 학생들은 그 프로젝트를 수행하는 과정에 대해 문서로 기록을 남겨두어야 한다. 자신들이 무엇을 했는지, 그 프로젝트를 수행하는 과정에서 구성원들 사이에 야기된 의문이나 질문, 수집된 자료, 관련된 생각이나 아이디어 등을 모두 적어두어야 한다.

㉣ 학생들은 그 프로젝트에 대한 결과, 의문점, 증명 또는 결과로부터 얻을 수 있는 어떤 것이든 보고서에 적어야 한다.

### ④ 프로젝트의 바람직한 결과물

수학교실에서 프로젝트를 사용하는 것은 학생들에게 여러 가지 면에서 긍정적인 학습 효과를 달성할 수 있다. 학생들의 수학적 힘을 계발할 수 있다는 점 이외도, 프로젝트는 학생들이 지적으로, 사회적으로 성장할 수 있는 기회를 제공한다. 다음은 프로젝트를 통해서 수학외적으로 얻을 수 있는 결과를 정리한 것이다.

- 해결해야 할 문제를 찾아서 정의하고 스스로의 힘으로 연구를 수행하는 방법을 배운다.
- 프로젝트를 수행하는 가운데 다른 학생들과의 협력을 배운다.
- 실세계의 문제해결이 단순한 것이 아니라 상당한 시간의 집중적인 노력이 필요하다는 사실을 배운다.
- 수학이 실험적 과학의 측면이 있다는 사실을 배운다.
- 장기간의 목표 달성을 위해 조직하고, 계획하고, 수행하는 법을 배운다.
- 탐구 결과에 대한 보고서 작성법을 배운다.

프로젝트를 통한 수학적 결과물은 다양하므로 프로젝트를 통해서 학생들이 배울 수 있는 모든 것을 열거하기는 힘들다. 수학 교육의 목적은 학생들의 수학적 힘을 발달시키는 것인데, 프로젝트는 다음과 같은 것을 학생들이 할 수 있는 기회를 제공하기 때문에 학생들의 수학적 힘을 계발시키기에 가장 중요한 방법이라고 할 수 있다.

- 수학에서 문제를 제기하여 풀고 그것을 실세계로 적용하는 것을 배운다.
- 자신의 수학적 아이디어를 다른 사람에게 의사소통하기 위하여 수학적 언어 사용을 배운다.
- 자신의 수학적 추론 능력과 분석 능력의 사용을 배우게 된다.
- 수학적 개념, 기능, 알고리즘에 대한 지식을 시범보일 수 있다.
- 수학과 다른 교과나 학문과의 연결성을 맺을 수 있다.
- 수학의 본질에 대한 이해를 발전시킬 수 있다.
- 수학적 지식을 여러 개념들과 보다 의미 있게 통합시킬 수 있다.
- 탐구 활동의 결과로부터 결론을 유도하는 법을 배울 수 있다.

⑤ **프로젝트의 평가**

교사는 학생들의 수학적 힘의 성장에 대한 증거를 조사함으로써 프로젝트를 평가한다. 만약 학생들이 교사가 제시했던 프로젝트 수행 지침에 따라 프로젝트를 조직했다면, 즉 학생들이 ㉠ 수행한 프로젝트에 대한 기술, ㉡ 프로젝트 수행 절차를 확인, ㉢ 수행 과정과 절차에 대한 기록 작성, ㉣ 결과를 진술하고 보고서 작성, 이러한 절차를 따라 했다면 프로젝트의 평가가 가능할 뿐만 아니라 쉽게 될 수 있다.

프로젝트에 대한 학생들의 기술은 교사가 그 프로젝트가 담고 있는 학생들의 주요한 수학적 성장 영역을 파악하는 데 도움이 된다. 물론 프로젝트는 문제해결, 의사소통, 연결성, 추론과 증명, 표상과 밀접하게 연관되어 있다. 프로젝트를 수행하면서 따라야 할 절차들은 이러한 스탠다드의 각 영역에서의 성장 정도를 평가하는 데 구체적이 되도록 유용해야 한다. 기록과 결과에 대한 진술은 프로젝트를 완수하는 데 학생들이 어떤 사고를 했는지 교사가 알 수 있도록 해준다. 기록된 결과물은 학생의 수학적 힘의 발전과정에서 그들의 진보 정도를 교사가 알 수 있도록 해준다.

각각의 프로젝트는 그 프로젝트가 갖는 장점에 따라서 평가되어야만 한다. 프로젝트의 보고서는 학생들의 작문 실력을 평가하는 데 사용될 수 있다. 만약 프로젝트가 학급에게 발표되어진다면, 교사는 발표 학생들의 구두적 의사소통 능력을 평가할 수 있다. 난이도가 높거나 비정형 문제에 대한 증명이나 해법은 학생들의 문제해결 능력이나 추론 능력에 대한 증거가 된다. 데이터의 수집, 조직, 분석은 문제해결과 사고 기능의 증거가 된다. 문제에 대한 여러 다른 방법에 의한 표상이나 다이어그램, 방정식, 또는 그래프를 사용한 모델링은 수학적 연결에 대한 학생들의 이해를 측정할 수 있도록 해준다. 이러한 스탠다드 영역에 대한 학생들의 성장을 평가하는 데 있어서 교사의 주관이 작용하는 것은 필연적인 일이므로 각 학생들이 어떤 과정 목표에서의 성장을 했는지에 대한 구체적인 이해를 기초로 평가해야 한다. 평가란 결국 교사의 평가 사항을 학생들에게 알려줘야 함을 의미하며, 학생들은 자신들의 수행 능력 정도와 앞으로 성장이 필요한 영역이 어느 곳인지를 알아야 한다.

프로젝트 수행 과정과 결과는 학생 자기 평가 기록지에 수행과정 및 활동 상황, 결과 및 소감 등을 기술하는 것이 효과적이며 교사 자신이나 동료 교사 또는 학생들이 자기 자신을 평가하거나 동료 친구들이 평가의 주체가 될 수 있다.

프로젝트에 대한 평가는 분석적 채점 방법과 총괄적 채점방법 등을 사용할 수 있으며 채점기준을 작성할 때 각 문항의 배점과 채점요소별 배점을 평가 목적이나 목표에 따라 부여할 수 있다.

⑥ **프로젝트 평가의 특징**

㉠ 프로젝트는 어떤 특수한 상황에서 개인이 원하는 바의 깊이 있는 탐구를 가능케 하므로, 프로젝트의 주제 및 진행 과정을 개별화 또는 차별화하여 개성에 맞게 다룰 수 있다.

㉡ 프로젝트는 구체물에서 서적, 영화, 비디오 등의 매체에 이르기까지 다양한 자료에 대하여 수학적으로 해석하고 설명하는 과정을 포함하므로, 다른 교과 내용과의 연계성에 따른 수학적 가치의 인식이 가능하고, 창의적 사고, 비판적 사고 등과 같은 보다 고차원적인 사고 능력을 신장시킬 수 있다.

㉢ 프로젝트는 소그룹의 협동 학습을 통하여 학생들이 자신이 속한 집단의 다른 구성원들과 이야기하고 그들의 활동 결과를 학급 전체에 (말하기와 쓰기의 형태로) 전달함으로써 의사소통 능력을 신장시킬 수 있다.

⑦ **프로젝트 평가의 목적**

㉠ '과정'에 중점을 둘 경우-계획, 조사, 분석 능력을 키우고 이를 점검하기 위한 목적으로 수행되기 때문에 학생들은 자신의 개인적인 경험과 지식을 공유하면서 탐구를 진행해 나갈 것이다.

㉡ '최종 결과'에 중점을 둘 경우 - 학생들의 작업 수행 능력 평가에 집중한다.

⑧ **프로젝트가 갖추어야 할 특징**

㉠ 창의적이어야 한다.

창의적으로 모든 가능성을 검증할 것, 특히 가설 설정, 실험 설계, 모델 설정을 하고 이를 다른 상황에 적용하는 등 일련의 탐구 과정과 문제해결 과정이 독창적이어야 한다.

㉡ 체계적이어야 한다.

학생들은 작업을 계획하고 실행하는 데 있어서 주의 깊고, 조직적이고, 논리적이어야 한다. 주어진 문제를 깊이 생각하여 어떠한 전략을 사용하고 어떻게 접근할 것인지 결정하여야 한다.

㉢ 여러 도구를 이용하여야 한다.

실험실 장비, 측정 도구, 도표, 그래프, 차트, 컴퓨터 등 여러 도구를 적절하게 사용할 수 있어야 한다.

### 3) 관찰 및 면담

면담은 교사와 학생에게 수학뿐만 아니라 수학교실과 관련된 다른 주제에 대해 일대일로 만날 수 있는 기회를 제공한다. 면담은 학생들과 직접 대화함으로써 문제 해결 상황에서 실제로 나타내 보인 행동이나 서면의 '결과'를 이끌어 내기까지의 사고 '과정'에 대한 통찰이 가능하다. 개별적인 면담을 통하여 학습 부진아를 진단하거나 학습 우수아를 선별할 수 있으며 학생이 수학을 공부할 수 있는 동기를 부여를 할 수 있다. 또한 이를 통해서 교사는 그 학생에 대한 많은 유용한 정보, 즉 그 학생의 수학에 대한 태도, 수학 학습의 목적, 학습 방법이나 습관, 수학에 대한 느낌 등에 대해 알 수 있다. 그렇지만 교사는 수학 교실과 직접적으로 관련이 없는 개인적이거나 가족과 관련된 문제에 대해서는 지나치게 깊게 대화하지 않도록 해야 한다. 그리고 소그룹별로 과제를 수행하는 자연스러운 분위기에서 면담을 실시하여 평가 목적에 부합되는 정보를 얻을 수 있다.

면담은 목적, 장소, 시간은 미리 계획해 둔다. 교사는 학생에게 만나는 이유와 만나고 싶다는 의도를 전달하고 서로에게 편한 시간을 정한다. 개별 학생과의 면담을 해야 하는 경우에는 이렇게 계획을 세우고 실행하는 것이 시간을 매우 허비하는 일이 될 수도 있다. 그렇지만 이러한 준비는 개별 학생과 아무런 방해 없이 자유롭고 편하게 대화하기 위해서는 반드시 필요한 것이다. 그렇게 할 때 교사는 학생과 진정한 친밀한 관계가 되고 또한 학생은 교사가 얼마나 자신과의 만남을 중요시하는지를 알게 된다. 면담은 공식적인 면담과 비공식적인 면담을 생각할 수 있다.

**① 공식적인 면담**

교사는 특정한 수학 주제와 연관된 질문들을 중심으로 면담을 구조화한다. 예를 들면, 문제해결과 관련된 면담이라면 학생에게 문제를 주고 풀어보라고 한다. 준비된 일련의 질문을 사용해서 교사는 학생이 어떻게 문제를 해결하는지에 관심을 가지게 된다. 학생은 자신이 선택한 모델이나 전략을 설명하고, 왜 그러한 선택을 했는지, 해를 구하는 과정, 그리고 그 해의 의미 등을 설명해야 한다. 교사는 비록 준비해 놓은 일반적인 질문이 있더라도, 학생의 반응에 따라 적절한 질문을 만들어 사용해야 한다. 면담할 때 중요한 점은 교사의 질문과 학생의 반응이다.

즉, 공식적인 면담은

- 미리 만들어진 일련의 질문을 가지고 학생에게 질문하는 방법이다.
- 개인 간의 비교를 위한 표준화된 정보를 제공하지는 못하나, 학생들 간에 비교할 수 있는 자료가 수집 될 가능성이 상대적으로 높다.
- 공식적인 면담은 1대1 면담에 의해 문제해결 수행 능력과 태도를 주의깊게 관찰할 수 있다.

### ② 비공식적 면담

비공식적 면담인 담화는 그렇게 초점이 정해진 것은 아니며 일종의 형식을 갖추지 않은 토론으로 교사와 한 학생이 서로 만나는 것이다. 비록 면담이라는 것도 어떤 이유에서 학생과 교사가 만나는 것이지만, 학생의 포트폴리오를 살펴보고 서로 의논하는 등의 어떤 분명한 목적 하에 만나는 것은 아니다. 학생과 대화를 하고, 질문을 하고, 그들에게 있어서 중요한 것이 무엇인지 들어보는 것이다. “왜?”, “그래, 알겠어”와 같은 교사의 적절한 말이나 질문은 다른 평가 기법으로는 얻을 수 없는 그 학생에 대한 귀중한 정보를 구하는데 좋은 방법이다.

비공식적인 면담의 사례는 다음과 같다.

- 학생의 시험 성적이나 학업의 진보에 대한 칭찬
- 문제에 대해 서로 대화하고 교사가 도와줄 수 있는 방법 논의
- 학생의 학업 목표와 관심에 대한 대화

### ③ 기록하기

교사가 무엇인가를 기록하는 것 때문에 학생의 자발적인 대화나 반응이 방해가 되지 않도록 특별히 주의한다. 간단한 메모나 학생과의 대화를 방해할 정도의 메모가 아니라면 면담하는 동안에 기록할 수도 있다. 하지만 메모나 기록은 면담이 끝날 때까지 기다린 다음에 평가를 위한 정보를 기록하는 것이 가장 좋다. 중요한 정보나 결론 등은 반드시 수첩에 메모해 두었다가 다음 면담 때 기초 자료로 활용하도록 한다. 면담의 기록 유형은 일화기록법, 체크리스트, 평정척도법이 있다.

일화기록법은 한 개인을 대상으로 구체적인 행동 사례를 간략하게 기술하는 방법을 말하고, 체크리스트는 관찰(또는 면담)하려는 행동 단위를 미리 분류하고, 이것을 기초로 그러한 행동이 나타났을 때 표시하는 방법을 말하며, 평정척도법은 관찰 또는 면담하는 대상을

일정한 척도에 따라 분류하고 측정하는 방법을 말한다.

일화기록법은 일단 별다른 준비 없이 관찰하고자 하는 행동을 메모할 수 있으며, 경우에 따라 예기치 않은 행동이나 사건이 발생하면 이를 포착할 수 있는 장점이 있다. 하지만, 그 기록 내용을 해석하고 분석하는 데 별도의 시간과 노력이 요구된다. 반대로, 체크리스트나 평정척도법은 사전에 관찰할 행동 요목을 제작하는 과정에 많은 시간과 노력이 요구되지만, 그 기록 자료를 재분석하지 않고 평가 자료로 수월하게 활용할 수 있다. 그러나, 체크리스트나 평정척도법은 사전에 치밀하게 관찰 요목을 작성하여도 임의적이고 예측하지 못하는 행동이 발생하는 경우에는 적절한 기록을 수행하기가 곤란한 단점이 있다.

④ **관찰의 특징**

관찰법은 수학적인 수행 능력과 같은 인지적 영역 뿐 아니라 수학에 대한 태도와 신념 등 정의적인 영역까지를 평가할 수 있는 장점이 있다. 또한, 관찰은 검사를 통해 양적으로 확인할 수 있는 학생의 수학적 능력이나 사고에 대하여 보다 심화된 자료를 얻을 수 있으며, 관찰 목적으로 사전에 생각하지 못하였던 측면에 대하여도 부수적인 자료를 수집할 수 있다. 관찰은 개인, 소집단, 학급 등을 대상으로 정규 수업 시간 중에도 자연스럽게 이루어질 수 있으며, 다른 평가 기법에 의한 결과를 점검하고 보완 할 수 있다.

⑤ **면담의 특징**

면담법은 지필 검사나 관찰법과 더불어 학생들과 직접 대화함으로써 문제 해결 상황에서 실제로 나타내 보인 행동이나 서면의 '결과'를 도출해 내기까지의 사고 '과정'에 대한 통찰을 가능하게 하는 기법이다. 개별적으로 면담을 실시하여 학습 부진아를 진단하거나 학습 우수아를 선별할 수 있고, 또 소그룹별로 과제를 수행하는 자연스러운 분위기에서 면담을 실시하여 평가 목적에 부합하는 정보를 얻을 수도 있다.

### 4) 자기평가 및 동료평가

학생의 자기 평가(self−assement)는 학생이 자신의 학습 과정을 모니터하고, 수학적 지식, 과정, 태도를 이해하고 조사하는 활동적인 과정이다. 자기 평가는 등급을 결정하거나 학습의 최종 결과를 산출하기 위한 평가가 아니라, 학습을 증진시키기 위해서 학습 과정에서 학생 자신의 수행에 대하여 점검하고 평가하는 것이다.

전통적인 평가 방법인 지필 평가는 점수가 얼마나 올랐는지 내려갔는지에 대한 사실을 알려 줄 수 있으나, 그 원인에 대한 설명을 해주지 않는다. 평가 과정에 능동적으로 참여할 수 있어야 한다면, 학생이 자신의 학습과 이해 정도를 평가하여 자신의 성장 과정을 모니터하는 자기 평가가 필요하다.

### ① 자기 평가 의미

학생들은 자기 평가를 수행함으로써 교사에게만 의지 하지 않는 독립적인 학습자가 될 수 있으며, 평가를 학습에 이용할 수 있다. 학생들은 스스로 자신의 활동을 평가하는 과정을 통해, 자신의 수학적 능력에 대한 확신을 갖고, 의사소통 능력을 키울 수 있다. 또한 자기 자신과 자신의 학습에 대한 되돌아보는 기회를 가짐으로써, 학습에의 참여와 책임감, 학습 동기가 유발될 수 있다. 지필평가에서 주로 평가할 수 있는 이해, 추론, 무제 해결 전략 등의 인지적 측면뿐만 아니라 학생이 자신의 학습을 조절·관리·반성하는 메타인지와 인지 전략등의 자기 주도적 학습을 평가 과정에서 보여 줄 수 있다.

### ② 자기 평가 유형

자기 평가 유형으로 문제 해결에 대한 평가, 수학 일기(수학 일지, 수학 저널쓰기), 등급 평가지, 점검 목록표, 자기 보고서 등이 있다.

㉠ 문제해결에 대한 평가 : 문제 해결에 대한 평가는 자신이 푼 문제의 답안을 스스로 채점하는 것으로, 교사와 채점 기준을 논의하고 학생이 채점한 후 교사가 다시 채점을 한다. 교사와 학생의 합의된 기준은 문제해결에서 무엇이 중요한지를 보여주고, 학생들은 그 기준에 적합한 문제해결 과정으로 어떻게 보여주어야 하는지를 배울 수 있다. 자기 평가 점수와 교상의 평가 점수를 같이 기재할 수 있도록 하면, 문제해결에 대한 이해에서 교사와 학생 간에 무엇이 차이가 있는지 찾아볼 수도 있다.

㉡ 수학일기 : 수학일기(수학 저널쓰기)는 수업 시간에 배운 내용이 무엇인지 확인하고, 자신의 학습에 대한 반성을 하고 더 알아보고 싶은 내용에 대해 생각한 내용을 일지 형식으로 작성하는 것이다. 수학 일기 쓰기는 학생의 수학적 사고와 수학에 대한 태도를 한꺼번에 평가할 수 있다는 장점이 있다. 장기간 수학 일기를 모아두면 학생의 수학 학습 과정을 한 번에 볼 수 있고, 그 성장 과정을 모니터할 수도 있다. 수학 일기 쓰기는 주제와 학습 목표에 따라 다양하게 활용될 수 있다. 수학교실에서 쓰기는 모든 학생들이 학습활동에 참여할 수 있게 하는 교수 전략이다. 수학에서 쓰기는 학생들로 하여금 정보를 수집하고 발견한 결과를 다른 사람에게 전달하게 할 수 있으며, 자신의 생각을 말로 표현하는 데 불안을 느끼는 학생들에게는 심리적으로 보다 편한 상태에서 이해한 것을 포함할 기회를 얻게 한다. 또한 쓰기를 통해 교사는 학생의 인지적, 정의적 세계를 이해할 수 있으며, 학생들의 경우에는 분석, 평가, 종합과 같은 더 높은 수준의 사고 기능을 경험할 수 있는 기회를 가지게 된다. 수학 일기 학생들이 배운 수학 내용을 기록하고 그것에 대한 설명을 해 놓은 글이다. 배운 중요한 수학 내용, 수학에 대한 학생의 느낌이나 생각, 특정한 문제를 풀거나 주제를 다루면서 경험했던 어려움

이나 성공에 대한 이야기, 또는 학생이 하고 싶은 말 등을 기록하고 요약해 놓은 것이다. 수학저널 쓰기의 사용은 학생들의 글쓰기 기능을 연습하고 향상시킬 수 있는 뛰어난 방법이다. 물론 수학저널의 내용을 포트폴리오의 평가 항목으로 포함시킬 수도 있다. 교사는 학생들에게 수학 일기를 쓰는 이유를 설명해 주어야 한다.

㉢ 수학저널 쓰기의 이점 : 학생들이 혼자서 수학을 공부할 때, 수학저널 쓰기의 사용은 그 학생의 반성적 사고의 계발에 매우 유용한 도구가 된다. 즉, 자신의 생각이나 느낌을 기록하는 쓰기의 한 형태이므로 자신의 학습 과정을 반성할 수 있어서 차후의 학습하는 데 도움을 줄 수 있다. 저널에 들어갈 내용을 적으면서 학생들은 무엇을 배웠으며 왜 그런 식으로 배웠는지를 생각하게 된다. 저널을 쓰면서 학생들은 질문을 하기도 하고, 통찰을 경험하기도 하며, 성공과 좌절의 경험을 적기도 한다. 이런 수학저널 쓰기는 학생들의 문제해결 기능이나 사고 기능의 성장을 보여 줄 수 있는 것으로 그 학생의 독자적인 학습에 대한 기록을 제공한다. 종종 학생들은 글쓰기가 포함된 과제를 아주 건성으로 하는 경우가 많다. 수학저널 쓰기는 학생들의 이러한 경향을 완화시켜 주는데 글쓰는 과제에 대한 보다 사려 깊은 태도를 기르게 할 수 있다. 따라서 수학저널 쓰기는 학생들이 수학을 보다 잘 배울 수 있도록 돕는 도구로서 사용되도록 해야 한다.

### ③ 동료 평가

자기평가와 더불어 동료평가에 대해서도 생각할 수 있다. 동료평가는 일상적인 수업에서 늘 이루어신나. 학생들은 자연스럽게 다른 학생들의 활동을 보고, 다른 학생들이 무엇을 중요시하는지 그리고 칭찬하는지를 알게 되고, 또 어떤 것이 받아들여질 만한 것이고 적당한 것인지를 결정하기 위해서 교사가 제시한 예들에 눈을 기울인다. 어떤 학생들은 동료학생과의 활동의 질을 맞추기 위해서 자신의 활동의 질을 일부러 낮추는 경우도 있다. 동료평가를 평가과정의 형식적인 부분으로 만들기 위한 많은 기법들이 개발되었다. 그 중 한 가지는 학생들이 동료들의 활동에 대해서 공식적으로 비평하도록 하는 것이다. 이런 비평시간에 학생들은 현재 진행 중인 활동에 대한 평가를 받게 되고, 어떤 것을 어떻게 달성하려고 하는지에 대해서 설명하게 된다. 그러면 동료 학생들은 그것에 대해서 어떤 것이 효과적인지 그리고 어떤 점에서 좀 더 개선되어야할 지에 대해서 자세한 feedback을 제공한다. 또 다른 방법은 집단 활동에 있어서 팀 활동의 기능과 개인의 공헌을 평가하는 것이다. 이것은 학생들에게 팀 활동에서 개인이 서로 다른 종류의 공헌을 할 수 있다는 것을 상기시키면서 팀 활동에서의 자신의 강점과 약점을 스스로 확인하도록 돕기 위한 것이다. 동시에, 교사는 학생들이 제공한 정보를 이용해서 등급을 메기 거나 집단을 편성할 수 있다.

㉠ 자기 평가(self－evaluation) : 특정 주제나 영역에 대하여 자기 스스로 학습 과정이나 학습 결과에 대해 자세히 평가하도록 하여 그 결과(보고서)를 보고 평가하는 것이다.

㉡ 동료 평가(peer－evaluation) : 동료 학생들이 상대방을 서로 평가하도록 하여 그 결과(보고서)를 평가하는 것이다.

㉢ 수업 활동 중심의 자율 평가는 수업 시간에 공부한 내용 또는 문제 중에서 이해하기 어려웠거나 의외로 쉽게 이해하게 된 내용, 새롭게 경험한 내용, 흥미를 유발한 내용 등을 중심으로 진행한다.

㉣ 과제 중심의 자율 평가는 교사가 문제를 내어 주고 풀게 하거나 주제만 제시하여 학생 스스로 문제를 만들어 풀게 함으로써 진행할 수 있다.

### 5) 포트폴리오

포트폴리오는 일정 기간 동안 학생들의 학습 결과물 중에서 가장 대표적인 샘플들만 모아 놓은 것이며 하나 이상의 주제나 문제에 대한 해결 과정을 모두 기록하고 반성적 자기 평가 결과들을 모두 모아 둔 것이다. 포트폴리오는 수학 교실에서 학생이 어떤 활동을 했으며 무엇을 배웠는지를 알 수 있게 해준다. 포트폴리오에서 중요하게 생각하는 것은 문제해결, 사고와 이해, 글쓰기를 통한 의사소통, 수학적 연결성, 수학을 배우는 학생으로서 자신에 대한 생각 등이다.

포트폴리오에 수집된 학습 결과물은 단순히 아무런 목적 없이 모아 놓은 것이 아니다. 여기에 수집된 결과물들은 다른 어떤 결과물보다도 더 의미가 있는데, 그 이유는 정해진 기간 동안에 학생의 최고의 학습 결과물만을 수집해 놓은 것이기 때문이다. 따라서 포트폴리오에 있는 결과물은 반드시 날짜를 기록하고 날짜별로 학생의 학습 과정을 알 수 있도록 정리한다. 선정되어 포트폴리오에 포함된 결과물들은 일정 기간 동안 학생의 수학적 지적 성장을 보여 주게 된다.

포트폴리오는 한 학기나 한 학년 동안 다양한 수학 과제나 문제에 대한 학생의 수행 정도를 평가하는 데 사용될 수도 있다. 이렇게 사용하기 위해서는 포트폴리오가 교수－학습의 목표와 이에 관련된 과제를 반영해야만 한다. 평가용 포트폴리오를 만들기 위해서는 교사와 학생이 함께 작업을 해야 한다. 학생들은 2주 또는 3주 기간 동안의 모든 학습 결과물을 임시 포트폴리오에 수집한다. 이렇게 짧은 기간 동안 계속해서 학습 결과물을 수집해서 이 임시 포트폴리오에 넣는 것은 평가용 포트폴리오에 들어갈 최종 결과물을 선정하기 위한 기초가 된다. 교사는 이 임시 포트폴리오의 점검을 통해 학생들이 평가용 포트폴리오를 만들도록 도와주지만 그렇다고 이 과정을 지시하지는 말아야 한다. 왜냐하면 학생 스스로가 선정한 학습 결과물은 자기가 어떤 학습과 학습 결과물을 가장 의미 있게 생각하고 있는지를 교사에게 말하고자 하기 때문이다. 또한 학생은 자신이 왜 이런 학습 결과물을 평가용 포트폴리오에 포함시켰는지에 대한 설명서를 각 결과물마다 제시한다. 이렇게 학생이 스스로 선정한 학습 결과물의 목록은 수학을 배우는 학습자로서의 학생 자신의 견해와 생각을 교사가 이해하는 데 도움을 준다. 그리고 하나 이상의 주제나 문제에 대한 해결 과정을 모두 기록하고 반성적 자기 평가 결과들을 모아 둔 포트폴리오 평가에 의해 학생들은 자기 자신의 변화 과정을 알 수 있고 자신의 장점이나 약점, 성실성 여부, 잠재 가능성 등을 스스로 인식할 수 있다. 교사들은 학생들의 과거와 현재의 상태를 쉽게 파악할 수 있을 뿐 아니라 앞으로의 발전방향에 대한 조언을 할 수 있다.

### ① 포트폴리오의 정의

㉠ 포트폴리오(portfolio)란 자신이 만든 작품을 지속적으로 모아 둔 작품집을 이용한 평가방식이다.

㉡ 여기에는 학생에 대한 수행의 간단한 기록이나 짧은 요약으로 되어 있는 숫자상의 성적에서부터 체크리스트 등의 보다 더 다양한 자료를 포함하고 있다. 즉 학생 자신이 학습한 내용을 스스로 반성한 내용, 학습 내용에 있어서의 향상 결과, 또는 학습자의 학습 성향의 장단점을 나타내는 학습자 자료 등의 총괄된 수집물로 학생들의 진전된 수행기록의 모둠이라 할 수 있다.

㉢ 단편적인 지식만을 암기하도록 소상하는 전통적인 교수 학습 평가 방법을 지양하고 평가자, 학습자의 학습 과제 수행 과정 및 결과를 직접 관찰하고, 그 관찰 결과를 전문적으로 판단하는 평가방식으로서 최근 들어 관심이 증대되는 수행 평가의 한 가지 방법이다.

### ② 포트폴리오에 포함될 주제들

다음의 항목들은 포트폴리오에 포함될 수 있는 적합한 주제들의 예이다.

- 난이도가 높거나 비정형 문제에 대한 독창적인 사고를 사용한 해결 방법
- 개별 프로젝트나 탐구 활동에 대한 작문 보고서
- 학생 자신이 제기하거나 만든 수학 문제나 추측의 예
- 개방형 문제나 도전감을 느끼게 하는 숙제 문제에 대한 학생 자신의 풀이
- 수학저널에 기록했던 내용 중 포트폴리오에 포함시키는 싶은 내용
- 수학을 사용한 미술 작품들
- 그룹 활동에 대한 그룹 보고서의 작성 시에 기여했던 부분

- 수학적 아이디어를 보여 주기 위한 물리적 모델이나 조작용 교구를 사용했던 사진이나 그림
- 수학적 성장을 나타내는 것으로 교사가 작성한 체크리스트
- 수학에 대한 자서전
- 다른 교과나 학문 분야에 대한 수학의 응용
- 포트폴리오에 있는 각 결과물의 설명과 포함시킨 이유를 적은 설명서
- 포트폴리오의 전체 결과물을 일목요연하게 볼 수 있는 목차

포트폴리오에 포함되는 학습 결과물들의 선정은 학생의 학업 성취에 대한 균형된 시각을 가지고 이루어져야 한다. 포트폴리오에 학습 결과물들을 수집함에 따라 앞에서 언급했던 주요한 과정 목표를 항상 명심해야 하며 이 목표들에 대한 성장을 잘 대표할 수 있는 샘플들을 선정하여 수집해야 한다. 따라서, 교사와 학생은 다음의 각 영역에 대한 이해의 성장을 입증할 수 있는 학습 결과물 샘플을 찾고자 노력해야 한다.

- 문제해결 기능
- 추론과 비판적 사고 기능
- 의사소통 기능
- 수학적 연결성
- 수학적 표상 기능

포트폴리오를 통해서 고려해야 할 다른 중요한 것들로는 다음을 들 수 있다.

- 동기(의욕), 호기심, 자신감과 같은 학생의 수학적 성향에 대한 글
- 다른 학생들과의 협력 학습 상황에서의 그룹활동 능력
- 공학용 도구의 사용 기능

### ③ 포트폴리오 사용의 이점

수학교과에서 포트폴리오를 평가에 사용하는 것은 새로운 교육과정의 스탠다드와 평가 과제 사이의 일치를 위해서 필요하며 또한 기존의 협의의 기능 지향적 지필검사에 대한 불만족을 해소하기 위해서 그 필요성이 증대되어 왔다. 평가 도구로서 포트폴리오의 사용은 다음과 같은 이점이 있다.

- 포트폴리오는 학생들의 수학적 성장과 학업 성취도에 대한 전체적인 보다 완벽한 이해를 하는 데 도움을 준다.
- 포트폴리오는 기존의 수학 시험에서 속도와 정확성을 요구했던 것과는 달리 몇 주간에 걸친 복합적이며 실제적인 수학 과제의 수행을 강조한다.

- 포트폴리오는 교사의 도움에 의해 학생이 직접 만들기 때문에 학생으로 하여금 평가 과정에 참여하게 할 수 있으며, 또한 학생 자신에 대한 평가를 하게 한다.
- 포트폴리오는 학교 밖의 실세계에서 직면하게 되는 진정한 과제(authentic tasks)를 학생들이 경험하게 해준다.
- 포트폴리오는 수학에 대해 연구하고 공부하고 싶은 동기를 제공해 준다.
- 포트폴리오의 학업 결과물의 샘플들은 학생들의 학업에 대한 교사와 학부모의 상담을 효과적으로 하도록 하는 도구이다.
- 포트폴리오는 학생들의 글쓰기 실력을 향상시키는 데 도움을 준다.

④ **포트폴리오의 특징**

㉠ 수학 학습에 있어서의 자기 자신의 수학적 능력의 변화 과정을 알 수 있다.

㉡ 자신의 문제 풀이에 있어서의 장점이나 약점, 성실성 여부, 잠재 가능성 등을 스스로 인식할 수 있다.

㉢ 교사들은 학생들의 과거와 현재의 상태를 쉽게 파악할 수 있다.

㉣ 앞으로의 발전 방향에 대한 조언을 할 수 있다.

⑤ **포트폴리오 평가 활용의 목적**

㉠ 학생들에게 자기 자신의 학습에 대한 인식을 촉진시킨다.

학생들이 그들 자신의 활동에 대하여 깊은 사고를 하게 하여 반성 효과에 의해 그들 스스로가 활동의 주체임을 잊지 않게 하며 하나의 일을 평가했을 때 다음 일을 위해 자신에게 무엇이 필요한지를 알게 한다.

㉡ 교사들의 학생지도가 학생 개개인에게 중요한 의미가 있도록 한다.

㉢ 학생들로 하여금 교과 전반에 대한 통합된 지식을 가질 수 있도록 한다.

㉣ 교사의 학습지도를 반성하는데 좋은 자료가 되며 더 나아가 학교 교육 방법의 개선을 가능하게 한다.

㉤ 학교교육을 통해 학생들이 얼마나 진보했는가에 대한 실증적인 자료를 수집할 수 있게 한다.

### ⑥ 포트폴리오 내용표

| 포트폴리오 목차<br>이름 :<br>_____학년_____반_____번 | | | |
|---|---|---|---|
| 주제 | 완성한 날짜 | 평가 상황 및 평가 내용 | 비고 |
| 1. 학년초 과제 선정 | | • 과제 선정 이유<br>– 과제 수행 및 방법의 서술<br>– 자기 평가 문 | 0–5% |
| 2. 수업 내용에 관한 형성 평가 | | • 수업 중<br>– 틀린 문항 풀기<br>– 자기평가 및 반성 | 0–5% |
| 3. 1학기 중간 고사 | | • 중간고사 기간 중<br>– 시험지 제출<br>– 틀린 문항 풀기<br>– 자기평가 및 반성 | 0–10% |
| 4. 1학기 기말고사 | | • 기말 시험기간 중<br>– 틀린 문항 풀기<br>– 틀린개수/푼 문항의 수<br>• 평가시 틀린 이유 및 반성 | 0–10% |
| 5. 학기말 프로젝트<br>(연구보고서) | | • 과제 수행에 대한 절차 및 결과<br>– 자기평가문<br>– 자기평가점수 기입 | 0–60% |
| 6. 교사의 논평 | | | 10–60% |

## 04 4단계 - 평가 도구(=문항) 개발

① 평가의 중요한 기능 중의 하나는 학생들의 능력을 정확히 파악하고 이를 기반으로 교수 학습의 개선 정보를 추출제공하는 것이라 할 수 있다. 이러한 기능을 잘 수행하기 위해서는 평가 자체가 '좋은 평가'가 되어야 하며, 그 조건으로 평가의 타당도와 신뢰도가 요구된다.

② 평가(검사)의 타당도와 신뢰도는 검사틀, 문항 수, 시행 요건 등 다양한 요인에 의해 결정되기도 하지만, 가장 기본적으로는 문항의 질에 의존한다. 즉, 평가(검사)를 구성하는 문항 하나 하나가 신뢰할 수 있고 타당해야 평가(검사)의 타당도와 신뢰도를 확보할 수 있다. 그리고 문항 출제와 함께 문항에 대한 모범답안 및 채점기준이 개발되어야 한다.

③ **평가 문항 개발 절차**

평가 영역별로 적합한 평가 방법 선정 ➡ 구체적인 평가 문항 개발 ➡ 모범답안 작성 ➡ 채점기준표 작성

④ 좋은 문항을 개발하기 위한 조건은 다음과 같다.

㉠ 문항에서 요구하는 능력이 원래 측정하고자 하는 능력과 일치하여야 한다. 즉, 문항 내용과 평가 목표가 일치하여야 한다.

㉡ 복잡성(complexity)을 지녀야 한다. 즉, 단순 지식의 기억 및 재생을 묻기보다는 사고력, 특히 분석, 종합, 평가 등의 고등 정신 능력을 물을 수 있는 문항이어야 한다.

㉢ 참신성(novelty)을 지녀야 한다. 즉, 문항의 형식 혹은 내용이 현재까지 많이 사용되어 왔던 진부성을 벗어나 학생에게 새로운 경험을 주는 것이어야 한다.

㉣ 문항이 모호하지 않도록 구조화되어야 한다. 이때, 구조화란 문항의 체계성과 명료성을 의미하는 것으로, 이를 위해 문항 제작자는 학생들이 답해야 할 방향을 명확하게 구체화해야 한다.

㉤ 학습동기를 유발시켜야 한다. 검사 혹은 시험도 하나의 교육 활동으로서, 학생들의 사고력을 배양하고 학습에 대한 흥미와 도전감을 북돋우도록 제작·활용될 필요가 있다. 충실하게 학습한 학생이면 무난히 풀 수 있도록 문항을 제작함으로써 학생들에게 긍정적 자아개념을 형성하게 하는 일, 주변의 일상생활과 밀접히 관련지어 문항을 구성함으로써 해당 교육 내용에 대한 흥미를 유발하는 일, 참신하면서도 약간 어려운 문항을 출제함으로써 호기심과 도전감을 불러일으키는 일 등은 교육적으로 중요한다.

㉥ 문항의 제작 원리와 검토 지침 등에 충실해야 한다. 검사의 목적과 학생의 수준에 적합하고, 문항 제작 원리 혹은 유의점에 충실하며, 윤리적·교육적으로 바람직하고, 특정 집단에 유리하거나 불리하지 않고 공정해야 하는 등의 요건을 충족시켜야 한다.

⑤ 평가 문항을 개발할 때 다음에 유의해야 한다.

㉠ 학생들이 이해하는 언어를 사용한 명쾌하고 단순한 문장을 사용한다. 이 때, 복잡한 문장은 두 개 또는 그 이상의 분리된 문장으로 쪼갠다.

㉡ 목표를 분명히 할 수 있는 문항을 개발하다. 중요하지 않은 세부적 상황이나 관련되지 않은 정보 또는 부적절한 자료를 평가하지 않도록 해야 한다.

㉢ 평가 문항에 부적절한 단서나 불필요하거나 비기능적인 단서가 포함되지 않도록 개발 한다.

㉣ 문항 속에 포함된 지시사항은 학생들에게 명확하고, 간결하고, 완전하게 만들어 제시한다.

㉤ 평가 문항 배열 시 학생들에게 쉽고 단순하며 분명한 문장의 문항을 먼저 제시하고 어렵고 복잡하며 난해한 문장의 문항을 뒤에 배열한다.

ⓑ 선택형 문항 배열 시 정답이 규칙적인 패턴을 나타내지 않도록 배열한다.

⑥ 채점법(=채점기준표)는 크게 분석적 채점법과 총체적 채점법으로 구분된다.

㉠ 채점기준표는 학생들이 수행한 것들을 채점하고 등급을 매기는 데 이용하기 위해서 설정한 일련의 기준들을 말한다. 각 성취의 규준에 도달하기 위해서 학생들이 어느 정도 수준의 수행을 해야만 하는지를 설명하는 것이다.

㉡ 채점기준표는 관찰 가능한 구체적인 수행의 특징들을 기술함으로서 부정확한 채점의 가능성을 줄일 수 있고 학생들 스스로 자신이 성취한 척도의 수준을 확인하고 어떻게 자신의 수행을 향상시킬 것인지에 대해서도 알게 된다.

㉢ 채점방법은 넓은 범주에서 보면 전체적인(holistic) 채점법과 분석적인(analytic) 채점법으로 나누어지며, 이는 평가 결과의 용도에 따라 선택된다.

㉣ 평가의 목적이 선발이나 배치를 위한 경우나 피험자의 순위를 필요로 하는 경우에는 일반적으로 전체적 채점법이 적용된다.

㉤ 개인 또는 집단의 진단이나 최소한의 숙련 정도를 파악하는 경우에는 주로 분석적 채점법이 사용된다.

㉥ 실제로는 전체적 채점법과 분석적 채점법이 함께 사용되는 경우가 많으며 전체적 채점이나 분석적 채점은 미리 정한 채점기준표를 따른다.

[총체적 채점법 예1]

| 채점기준 | 배점 | |
|---|---|---|
| | 4점 | 5점 |
| 백지 상태 | | |
| 오답 이외에 아무 것도 제시하지 않는 경우 | | |
| 문제의 조건만 단순히 옮겨 놓은 경우 | | |
| 풀이 과정의 일부를 제시했으나, 그 과정도 틀린 경우 | | |
| 문제를 이해한 듯하나, 풀기 시작한 상태에서 멈춘 경우 | | |
| 풀이 과정과 답이 모두 틀린 경우 | | |
| 정답만 제시한 경우 | | |
| 정답을 제시했으나, 풀이 과정이 틀린 경우 | | |
| 풀이 과정은 옳지만, 답을 제시하지 않은 경우 | | |
| 풀이 과정을 옳지만, 문제의 조건에 맞지 않은 답을 한 경우 | | |
| 풀이 과정은 옳지만, 계산상의 오류로 오답을 한 경우 | | |
| 풀이 과정과 답의 숫자는 옳으나, 단위가 없거나 잘못 쓴 경우 | | |
| 풀이 과정과 답이 모두 옳은 경우 | | |

[총체적 채점법 예2]

성숙한 토끼 한 쌍은 한 달이 지나면 한 쌍의 토끼를 낳으며, 새로 태어난 토끼 한 쌍은 2개월 후부터 매달 한 쌍의 토끼를 낳기 시작한다고 한다. 1월 1일에 성숙한 토끼 한 쌍을 사서 기르기 시작하면, $n$개월 후에는 몇 쌍의 토끼가 있게 되는가? (단, 토끼들은 죽지 않는다고 가정한다)

| [채점기준] |
|---|
| 1점－문제이해 부족, 부정확한 수학적 표현<br>2점－그럴듯한 추론, 관찰을 수반한 풀이<br>3점－명확한 추론, 풀이과정의 경미한 실수<br>4점－명확한 추론, 바른 답 |

[분석적 채점법 예1]

A중학교의 작년의 학생 수는 1050명이고, 금년은 작년보다 남학생은 4% 증가하고, 여학생은 2% 감소하여 전체적으로 9명이 증가했다. 금년의 남녀 학생 수를 각각 구하여라.

[문제 풀이와 답안]

작년의 남학생 수를 $x$, 여학생 수를 $y$라 하면

$x+y=1050 \quad \frac{4x}{100}-\frac{2y}{100}=9 \qquad \therefore\ x=500,\ y=550$

따라서, 금년의 남학생의 수 : $500+\frac{4}{100}\times 500=520$(명)

금년의 여학생의 수 : $550-\frac{2}{100}\times 550=539$(명)

[채점 기준－10점 만점]

| 채점 영역 | 채점 요소 | 배점 |
|---|---|---|
| 문제 이해 | 작년의 남학생 수를 $x$ … ①<br>작년의 여학생 수를 $y$ … ② | ① 1점<br>② 2점 |
| 계획 실행 | $x+y=1050$ … ③<br>$\frac{4x}{100}-\frac{2y}{100}=9$ … ④<br>$\therefore x=500, y=550$ … ⑤, ⑥ | ③ 1점<br>④ 1점<br>⑤ 1점<br>⑥ 1점 |
| 답 구하기 | 금년의 남학생의 수 : $500+\frac{4}{100}\times 500=520$(명) … ⑦<br>금년의 여학생의 수 : $550-\frac{2}{100}\times 550=539$(명) … ⑧ | ⑦ 2점<br>⑧ 2점 |
| 총점 | | 총 10점 |

[분석적 채점법 예2]

조건 $p$, q, r, s에 대하여 ($p$ 또는 q) ⇒ r,∼p ⇒∼s가 성립한다고 할 때, r은 s이기 위한 무슨 조건인지 구하여라.

[풀이 및 정답]

($p$ 또는 $q$) ⇒ $r$로부터 $p$ ⇒ $r$이고 $q$ ⇒ $r$

한편, 참인 명제의 대우는 반드시 참이므로,

∼ $p$ ⇒ ∼ $s$에서 $s$ ⇒ $p$

$s$ ⇒ $p$, $p$ ⇒ $r$ 로부터 삼단논법에 의해 $s$ ⇒ $r$

따라서, $r$은 $s$이기 위한 필요조건이다.

[채점기준]

| 채점 영역 | 채점 요소 | 배점 |
|---|---|---|
| 문제 이해 | $p$ ⇒ $r$이고 $q$ ⇒ $r$ 임을 알기 … ① | |
| 해결 과정 | 참인 명제의 대우는 참임을 알고 대우 구하기<br>∼ $p$ ⇒ ∼ $s$에서 $s$ ⇒ $p$ … ② | |
| | 삼단 논법 알기<br>$s$ ⇒ $p$, $p$ ⇒ $r$ ∴ $s$ ⇒ $r$ … ③ | |
| 답 구하기 | $r$은 $s$이기 위한 필요조건임을 구하기 … ④ | |
| 총점 | | |

| | 전체적 (총체적, holistic) 채점법 | 분석적 (analytic) 채점법 |
|---|---|---|
| 특징 | • 학생의 활동 예를 전체적으로 보았을 때의 종합적인 인상을 바탕으로 채점한다.<br>• 문제를 해결하는 데 필요한 특정 하고 과정에 관한 기준에 따라 문제풀이 전체에 점수를 부여한다.<br>• 학생이 문제를 해결한 것에 대하여 하나의 수치를 만들어 내는 것으로 대규모의 평가에서처럼 비교적 빠르면서도 일관된 채점방법이 요구될 때 이용된다. | • 각 학생들의 활동에서 서로 다른 특징과 측면에 대해서 따로 채점한다.<br>• 문제 풀이 과정을 몇 단계의 영역으로 나누고 각 단계(영역)에 점수를 할당하여 이것을 기준으로 채점한다.<br>• 전체적인 채점법보다 더 많은 시간이 소요되지만 더 자세한 정보를 제공한다.<br>• 진단평가나 학생들의 강점과 약점에 대한 구체적인 피드백이 필요할 때 이용한다. |
| 장점 | • 학생들의 답안에 대하여 비교적 신속한 평가를 할 수 있다.<br>• 해답뿐만 아니라 과정을 중시할 수 있다.<br>• 답안을 채점하는 구체적인 기준을 제공한다.<br>• 학생들의 수행에 대하여 하나의 수치를 만들어 낸다. | • 단순한 답이 아닌, 문제해결의 여러 과정을 고려할 수 있다.<br>• 학생들의 답에 대하여 점수를 배정하는 수단을 제고할 수 있다.<br>• 교사가 특정한 영역에 있어서의 학생들의 강점과 약점을 지적하는 데 유익하다. |

| | | |
|---|---|---|
| | | • 다양한 지도 활동의 효율성에 대하여 구체적인 정보를 준다.<br>• 등급을 구성하는 범주에 대하여 차별화된 가중치를 줄 수 있다. |
| 단점 | • 학생의 특정한 장점이나 단점을 날카롭게 지적할 수 있다.<br>• 일부 학생의 답안은 사고과정에 대하여 충분한 정보를 주지 못하기 때문에 교사가 확신을 가지고 채점을 할 수 없다.<br>• 문제해결을 위한 사고과정에 대하여 다른 가중치를 적용할 수 없다. | • 어떠한 경우에는 학생의 답이 개개인의 사고과정에 대하여 충분한 정보를 주지 못하므로 교사가 확신을 가지고 한두 개의 범주에 대하여 점수를 배정할 수 없다.<br>• 학생들의 점수가 조심스럽게 비교되어야 한다.<br>• 학생 개개인의 문제풀이 답지를 면밀히 분석해야 하므로 채점하는 데 많은 시간이 든다.(교사의 정신적 스트레스) |

## 05 5단계 - 평가 실시

① 가채점을 실시한다. 즉, 모범 답안과 그에 따른 채점 기준을 구체적으로 마련하고 평가 실시 후 이미 작성된 채점 기준을 토대로 일부 학생들의 실제 답안을 '가채점' 하도록 한다. 이는 채점 기준의 요소 중에서 채점자인 교사가 미처 생각하지 못하였던 채점 요소나 또는 부적절하게 배당된 요소별 점수가 있는지를 검토하고 미비한 부분을 보완하고 수정하기 위함이다.

채점 기준(안) 계획 ➡ 평가 실시 ➡ 가채점 실시 ➡ 채점 기준(안) 검토 및 수정 ➡ 평가 (최종채점)

〈채점 절차〉

## 06 6단계 - 채점 및 결과 보고

① 평가 결과는 타당하고 객관적인 방법에 의해 해석되고, 해의 결과가 학생에게 환류(feedback) 되는 것은 물론이고 차기 지도 계획에 활용될 수 있도록 기록, 보관되어야 한다.

② 평가는 종합적이고 지속적으로 이루어져야 한다.

③ 평가 결과는 기록하여 수업과 수업 외 활동을 지도하고 개선하는 데 활용해야 한다.

④ 평가는 평소 활동 상황을 누가 기록한 자료를 토대로 하여 활동 실적, 진보의 정도, 행동의 변화, 특기 사항 등을 종합한 결과를 문장으로 기록하도록 해야 한다. 이것은 평가에서 숫자가 가지는 제한점을 극복하고 교육의 목표인 전인적이고 발달적인 평가의 관점을 구현하는 데 있다.

⑤ 학생에 대한 '관찰 누가 기록부' 등을 만들어 평소의 활동에 대한 지속적인 정보 수집이 이루어지도록 하고, 발달과 진보의 정도와 관련되는 결과물들도 수립될 수 있으면 더욱 좋을 것이다.

⑥ 문장으로 언급되는 내용은 충분히 구체적이어야 한다. 평가 문장은 '소극적', '적극적', '양호함', '부족함' 등 비교적 추상적인 표현보다는 활동의 영역과 내용이 명시되고, 그 활동에서 참여도·활동 과정·성취 의욕·소질·취미·관심도 등이 구체적으로 표현되는 것이 바람직하다.

⑦ 평가 결과는 학생 지도를 위한 학부모와의 협의 자료로 활용되어야 한다. 이를 위해서는 교사가 학부모에게 학생의 학교 생활에 관한 구체적인 정보를 제공해야 한다. 평소의 학습 활동, 태도와 자세, 학습 의욕, 성취도, 교우 관계 등을 자세하고 구체적으로 알려 주고 가정과의 연계 지도를 도모하는 것이 좋을 것이다.

# 6 수행평가

## 01 수학교육에서 새로운 교육평가의 필요성

만약 지필고사가 과정목표를 달성하기 위한 수업을 받은 학생들의 성취도를 측정하는 데 더 이상 적합하지 않다면, 이러한 학습 목표는 어떻게 평가되어야 하는가? 어떤 유형의 평가 기법이 필요한가? 그리고 누가 이러한 평가 기법을 만들 것인가?

과정목표 지향적 수학 수업은 다양한 복합적인 평가 기법을 사용해서 평가되어질 수 있다. 시험과 다른 평가 기법을 사용해서 학생들이 실제로 얼마나 과제를 잘 수행하는지 평가할 수 있다. 문제해결에 뛰어난 학생의 경우 문제해결 능력에 대한 평가는 문제해결 과제에 대한 수행을 평가하는 것이 타당하다. 정답과 오답에 의해 점수를 매기는 지필고사를 사용해서는 이 학생의 수행 능력을 적절하게 평가할 수 없다. 예를 들어, 음악가, 미술가, 농구선수, 또는 작가를 생각해 보자. 이들의 수행 능력은 음악회, 미술전, 농구시합, 책으로 평가되어야 한다. 이와 같이 수학을 공부하는 학생들에게 뛰어난 문제해결자가 되도록 하기 위해서는 분석하고, 공식화하고, 어렵고 비정형 문제를 푸는 방법을 가르쳐야 하고, 교사는 문제의 해결자로서 이들을 평가해야 한다.

### (1) 현 수학교육에 있어서의 수업과 평가에 대한 신념

① 수학을 학습하는 것은 고정된 기본 기능을 익히는 것이다. 따라서 수학평가는 학생이 이러한 기본 기능을 익혔는가에 초점을 맞추어야 한다.
② 문제를 해결하고 응용하는 것은 기능을 숙달한 이후에 해야 한다.
③ 먼저 가르치고 나서 평가한다.
④ 학생은 모방과 암기를 통해서만 학습한다.
⑤ 수학문제의 답은 유일하다.
⑥ 선택형만이 수학적 수행능력의 타당하고 신뢰로운 지표가 된다.
⑦ 평가의 목적은 어느 학생이 어떤 것을 알고, 또는 알지 못하는가를 결정하여 점수를 매기고 그에 따라 배치하기 위한 것이다.
⑧ 선택형은 수학의 중요 개념을 측정하기 위한 가장 좋은 방법이다.

⑨ 학급의 점수 분포는 정규분포를 이루어야 한다.

⑩ 교실에서 교사만이 학생의 진전도를 정확하게 평가할 수 있다.

⑪ 대안적인 평가 방법은 전통적인 평가에 비해 객관적이지 못하고 단지 교육적인 책임을 회피하려는 최근 동향일 뿐이다.

## (2) 새로운 수학교육 목표와 평가관

### 1) 새로운 수학교육관

① 수학적 지식을 통합적으로 보아야 한다. 모든 수학적 지식은 더 큰 지식의 일부로 그 속에서 서로 관련되어 유기적으로 조직되어 있다.

② 수학적 지식의 이해는 교사가 아닌 학생들에 의해 이루어진다. 수학에 대한 이해는 교사의 설명에 의한 수동적인 과정이 아니라 학생들이 자신의 인지적 개념 구조를 가지고 교사에 의해 전달되는 지식을 해석하는 과정이라는 것이다.

### 2) 수학교육평가가 나아가야 할 새로운 방향

① 수학적 의사소통의 개념이 강조되는 평가 방법이 강구되어야 한다. 자신의 아이디어를 명확하게 제시하고 적절하게 표현하며 주어진 상황이나 아이디어를 합리적으로 비판할 수 있는지의 여부가 평가될 수 있는 과제가 제시되어야 한다, 또, 각 개개인이 혼자서 해결할 수 있는 상황 뿐 아니라 소집단별로 동료들과 문제를 해결할 수 있는 능력이 있는지를 평가할 수 있는 탐구과제도 개발될 필요가 있다.

② 다양한 전략을 사용하여 문제를 풀 수 있는 상황을 포괄하는 과제, 학생들에게 새로운 수학을 창출하고, 수학을 사용하고 응용하는 기회를 제공하고, 학생들이 할 수 있는 것을 보여주는 과제가 제시되어야 한다.

③ 수업에 잠재적으로 이용될 수 있는 과제, 내용과 수업 방법에 있어서 교사도 도움을 받을 수 있고 학생들도 자신감이나 나중의 수업에 대한 기대감을 높일 수 있는 과제·평가가 수업에 포함되어야 한다.

④ 평가 방법이 반드시 지필일 필요가 없다. 교사가 말로 제시할 수 있고, 컴퓨터를 통해 제시할 수도 있으며, 구체물을 통해 제시할 수 있다. 비디오 테이프를 이용할 수도 있다. 다양한 매체를 통한 평가 방법의 연구가 이루어져야 한다.

⑤ 다양한 수준의 아동들이 그들 자신의 수준에서 문제해결을 조직할 수 있는 상황이 포함된 과제가 제시되어야 한다. 이 상황은 수학적으로 덜 발달된 아동도 그 나름대로 문제해결의 일정 단계를 수행할 수 있는 상황이어야 하며, 공부를 잘하는 아동은 계속해서 탐구할 수 있는 문제가 제시되어야 한다.

⑥ 학생들의 수학적 힘이 총체적으로 평가될 수 있는 과제가 제시되어야 한다.

### 3) 수행평가

수행평가는 전통적인 지필 평가로는 평가할 수 없는 것으로, 문제해결 과정에 대해 학생 스스로 깊이 사고하도록 하여 그들 자신의 발전된 수학적 사고를 논리적으로 기술하도록 하는 평가이다.

① 학생들에게 스스로 사고하고, 자신의 아이디어를 표현할 기회를 준다.

② 학생들에게 단 하나의 답을 고르는 대신에 그들 자신의 문제해결을 논리적으로 기술할 것을 요구한다.

③ 학생들에게 다지 선다형으로는 거의 불가능한 문제해결의 이해를 깊게 설명할 수 있다.

④ 학생들이 여러 가지 방법으로 문제를 해결하는 것을 격려한다.

⑤ 학생들이 수학적인 도구를 선택하여 사용할 수 있는 상황을 제공한다.

## (3) 수행평가의 시작

학교의 평가 방식이 실제생활에서 필요한 능력을 직접적으로 배양하는 방향으로 개선하기 위하여 그리고 수학적 지식·기능의 습득 외에 수학적 문제해결능력과 같은 사고력, 태도 등을 평가하고자 하는 목표에서 시작되었다.

## (4) NCTM에서 제시한 수행평가의 필요성

① 변화하는 수학교육을 적용하는 수업 방법이 과거와 현저히 달라졌으므로 이에 맞게 평가도 바뀌어야 한다.

② 수학의 더 깊은 이해를 요구하는 수업 환경에서는 단 하나의 옳은 답을 요구하는 평가 도구로는 불충분하다.

③ 학생들이 문제를 풀고 추론하고 의사소통하도록 하는 수업의 의도를 반영하여 교사들이 수학적 개념과 과정, 수학적 상황에서 수행하는 학생들의 능력을 이해할 수 있는 평가가 필요하다.

④ 수업을 개선하는 자료로 사용될 수 있도록 학생 개개인을 반영한 자료가 필요하다.

⑤ 평가는 학생들의 사고와 추론 그리고 알고 있는 것을 증명할 다양한 기회를 줄 수 있어야 하며 이를 위해 기존의 객관식이나 주관식 단답형에서 더 나아가 토론, 열린 문제, 구조화된 탐구형 인터뷰, 프로젝트, 일지, 에세이, 포트폴리오와 같은 다양한 평가 방법이 필요하다.

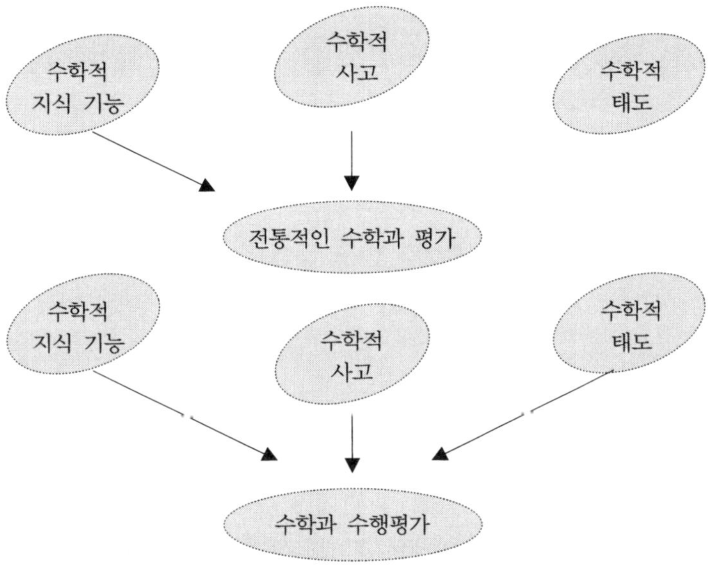


## 02 수행평가의 개념

### (1) 수행평가의 정의

수행평가(遂行評價 : Performance Assessment)란 "평가자가 학습자들의 학습과제 수행 과정 및 결과를 직접 관찰하고, 그 관찰 결과를 전문적으로 판단하는 평가 방식을 의미한다.

① **학습 과제**

학습자들에게서 성취되기를 기대하는 교육목표와 관련되는 것, 가능한 한 실제 생활에서 보다 의미 있고, 중요하고, 유용한 과제들을 의미한다.

② **수행**

학생이 단순히 답을 선택하는 것이 아니라, 학생 스스로 답을 구하는 것, 산출물이나 작품을 만들어내는 것, 태도나 가치관을 행동으로 드러내는 것 등을 모두 포함한다.

③ **관찰**

학습자가 수행하는 과정이나 그 결과를 평가자가 읽거나, 듣거나, 보거나, 느끼거나 하는 활동을 모두 포함한다.

### (2) NCTM(1995)의 Assessment Standards

수행(Performance)이란 그 과제를 하는 동안 그 사람의 지식이나 판단이 드러나게 되는 물리적인 행동을 완성하거나 의미 있는 산물을 이루는 것이다.

### (3) ETS(1993)

이미 만들어진 리스트에서 답을 찾는 것이 아니라 학생들로 하여금 과제를 수행하도록 하는 형태를 말한다.

### (4) Stenmark(1991)

학생들에게 수학적 과제, 프로젝트나 탐구 등의 수행과제를 하도록 하여 그 산출물을 근거로 학생들이 실제로 아는 것과 그들이 할 수 있는 것이 무엇인지를 평가하는 것이 수행평가이다.

이러한 정의에 기초하여 보면, 수행평가는 주로 실제 생활과 관련된 과제를 해결하기 위하여 학생들이 자신이 알고 있는 수학적 지식이나 방법을 사용하고 경우에 따라서는 물리적인 활동을 수행하기도 하며, 교사는 그 과제의 산출물 등을 통해 학생의 수학적인 능력을 평가하는 것을 말한다. 수행평가 과제는 학생들에게 그 같은 결과를 얻게 된 과정을 함께 보이도록 요구하는 과제이며 여러 가지 해법이나 접근이 가능한 과제, 그리고 일상생활과 관련된 과제이다.

수행평가의 목적은 학생들이 알고 있는 것이 무엇이고 학생들이 무엇을 할 수 있는지를 알아보고자 하는 것이다. 수행평가에서 사용되는 과제는 의미 있고(meaningful), 진정하고(authentic), 또한 시간을 들여서 하기에 가치 있는 것이어야 한다. 여기서 과제가 진정하다는(authentic) 것은 실제적이거나 실제 현실 세계나 생활에서의 응용에 관한 것이라는 의미이다.

### (5) 수행평가에 포함되는 평가 방식의 예

| 선택적 반응 요구 | 구성적 반응 요구 | 특정 산출물 요구 | 특정 활동 요구 | 과정을 밝힘 |
|---|---|---|---|---|
| • 선택형 문항<br>• 진위형 문항<br>• 배합형 문항 | • 완성형 문항 (빈칸 채우기)<br>• 단답형 문항<br>• 도표나 그림에 제목붙이기<br>• 과제물 제시<br>• 시각적 자료 만들기 (개념도나 흐름도, 그래프나 표, 도안 등) | • 수필<br>• 연구보고서<br>• 과제일지<br>• 실험보고서<br>• 이야기/극본<br>• 시(poem)<br>• 포트폴리오<br>• 미술작품 전시<br>• 과학 프로젝트<br>• 모형(model)구성<br>• 비디오 구성/오디오 구성 | • 구두발표<br>• 무용/동작발표<br>• 과학실험 시연<br>• 체육 경기<br>• 연극<br>• 토론<br>• 음악발표 | • 구두질문<br>• 관찰<br>• 면담<br>• 회의<br>• 과정(process)에 대한 기술<br>• 생각하는 과정을 말로 표현 (think aloud)<br>• 학습일지 |
|  | 수행 평가에 해당 |  |  |  |

### (6) 수행평가와 기존의 평가 방식 비교

| 비교측면 | 기존의 평가 방식 | 수행평가 방식 |
|---|---|---|
| 평가 대상 (사고능력) | 단순 암기력이나 이해력 | 비판적·창의적 사고능력(고등 정신 능력) |
| 평가 범위 | 결과로서의 지식 | 과정으로서의 지식+결과로서의 지식 |
| 평가 방법 | 선택형 지필검사 | 그 외의 다양한 방법 |
| 평가 상황 | 인위적인 시험 상황 | 실제 상황이나 유사 모의 상황 |
| 평가 방법의 성격 | 간접적 (검사 위주) | 직접적 (관찰 위주) |

## 03 수행평가 과제의 특징

① 과제가 수학과 교육과정의 목표와 내용과 일치해야 한다.

② 단지 한 가지 답만 하도록 요구하는 과제가 아니라 수학적 문제상황에 대한 사고와 이해를 학생들이 나타낼 수 있도록 하는 과제여야 한다.

③ 그 과제를 해결하는 데 관련된 여러 과정에 대한 평가의 기회를 제공할 수 있는 과제여야 한다.

④ 실제적이어야 하고, 흥미를 끄는 것이어야 하며, 생각을 자극하는 과제여야 한다.

⑤ 평가하려고 하는 목적에 잘 부합되는 과제로서 학생의 수행능력에 대한 전체적인 평가가 가능하도록 하는 과제여야 한다.

⑥ 폭넓은 이해보다는 깊이 있는 이해를 강조하는, 속도보다는 이해를 강조하는 과제여야 한다.

⑦ 상당히 구조화되기보다는 오히려 좀더 개방형 과제여야 한다.

⑧ 과제를 보자마자 그 해결 과정이 분명하고 구체적으로 떠오르지 않는 과제, 즉 알고리즘을 사용해서 해결되는 그러한 과제가 아니어야 한다.

## 04 수행평가의 장점

### (1) 학생들을 위한 장점

① 속도와 정확성보다 자신들의 모든 능력을 표현할 기회를 가진다. 훌륭한 수학자적 자질을 갖춘 학생들이 항상 수학적 활동에서 빠른 것은 아니다.

② 창의적인 문제를 해결할 기회를 많이 가질 수 있고, 또 자신들의 생각과 지식을 스스로 조직할 기회를 가진다.

③ 수학이란 암기하고 따라야만 하는 규칙들로 된 교과가 아니라 사람들이 문제를 해결하는 과정이 수학이다라는 생각을 가지게 된다.
④ 상황적 의미가 부여되고, 또 흥미를 가질 수 있는 실제 문제를 접하게 된다.
⑤ 수학의 힘과 유용성을 경험할 수 있다.

### (2) 교사들을 위한 장점

① 평가가 학습의 중단을 의미하는 것이 아니라 교수의 과정에서 이루어진다.
② 학생들의 이해와 수학적 능력에 대한 높은 질적 정보를 수집할 수 있다.
③ 학생들의 오개념이나 에러에 대한 지도상의 결정에 대한 보다 완벽한 정보를 수집 가능
④ 학생들의 이해뿐만 아니라 교수과정에 대한 강점과 약점을 보다 잘 평가 가능
⑤ 수학적 모델링이나 다른 교과의 내용을 통합해서 탐구활동, 프로젝트, 그리고 장기적 해결을 요하는 문제를 교육과정으로 포함시킬 수 있다.

## 05 수행평가 도입의 필요성

### (1) 21세기 지식·정보화 사회에 대비하기 위하여

① 미래 정보화 사회에서는 단편적·사실적 지식을 암기하고 이해하는 능력보다는 정보의 탐색, 수집, 분석, 비판, 종합, 창출 능력, 자기주도적인 평생 학습 능력, 효율적인 의사소통 능력, 협동적 문제 해결 능력 등이 절실하게 요구된다.
② 최근 세계의 교육 선진국들에서는 이런 능력을 타당하게 평가할 수 있는 수행평가 방식을 적극적으로 도입하는 추세이다.

### (2) 학교 교육의 정상화를 도모하기 위하여

① 현재 우리나라 학교 교육의 비정상성은 '교육목표－교육방법－교육평가' 간의 연계가 부족한 데서 기인한 바가 크다.
② 그동안 우리 교육은 고등정신능력, 바람직한 태도 및 정서 함양 등 전인적 인간 양성을 교육목표로 제시해 왔다. 그러나 교육방법과 평가는 이러한 능력이나 품성 함양을 위한 방향으로 진행되지 못했다.
③ 수행평가는 교육부가 '교육비전 2002 : 새학교 문화 창조' 실천 운동에서 지향하고 있는 학생평가 방식으로서, 전인적 인간 양성이라는 교육목표의 달성 여부를 평가하는 데 가장 적절한 방법이다.

### (3) 수업과 평가의 긴밀한 연계를 도모하기 위하여

① 학교의 교육목표는 구체적으로 교실 수업을 통해서 실현된다. 그리고 실제 교실 수업이 평가의 영향을 받게 되는 것은 불가피한 현실이다.

② 따라서 교실 수업과 평가가 긴밀하게 연계되지 않으면 교육목표의 효과적인 달성은 불가능하다.

③ 전통적인 지필식 검사는, 수업한 결과를 확인하는 방식으로 수업과 연계된다. 그러나 수행평가는 수업의 과정에서 교수–학습 활동과 평가 활동을 접목시키는데 가장 적절한 평가 방법이다.

### (4) 보다 의미있는 평가 결과를 제공하기 위하여

① 평가 결과는 학생의 능력에 대해 적절하고 정확한 정보를 제공해 주어야 한다. 또한 평가 결과는 수업 개선에 필요한 정보를 제공할 수 있어야 한다. 그러기 위해서 평가는 학생들이 수업을 통해 기르기를 바라는 능력 중 가장 중요한 부분을 포함해야 한다.

② 기존의 지필식 평가는 교육목표나 내용의 중요한 부분을 평가하는데 한계를 지닌다. 지필식 평가가 가능한 부분만을 간접적으로 평가하게 되는 것이다. 따라서 지필검사의 결과만으로 학생의 능력을 종합적으로 이해하거나 수업 개선에 필요한 정보를 얻기에는 부족함이 많다.

③ 수행평가는 학생의 종합적인 능력을 정확하고 타당하게 파악하고, 수업개선에 도움이 되는 의미 있는 평가 결과를 제공할 수 있다.

### (5) 새로운 지식관과 학습관에 부응하기 위하여

① 구성주의 철학의 대두에 따라 기존의 객관적·절대적 지식관은 주관적·상대적 지식관을 강조하는 방향으로 변화하고 있다. 즉, 지식을 인간의 외부에 독립적으로 존재하는 것이 아니라, 인간 내부에서 개별적인 경험에 의해 주관적으로 구성되어 가는 것으로 보게 된 것이다.

② 이러한 지식관의 변화에 따라 학습관도 학습자 중심 교육을 지향하게 되었다. 학습은 더 이상 학습자 외부에 객관적·독립적으로 존재하는 지식체계를 수동적으로 받아들이는 과정으로 간주되지 않는다. 학습이란 지식의 요소들을 받아들여 학습자 개개인의 경험에 의해 능동적·주관적으로 구성해 나가는 과정으로 해석하게 되었다.

③ 이처럼 변화하는 지식관·학습관에 가장 부합하는 평가체제인 수행평가의 도입이 요청된다.

## 06 수학평가의 일반적 특징

① 수행평가는 학생이 문제의 정답을 선택하는 것이 아니라, 자기 스스로 답을 작성(서술 혹은 구성)하거나 행동으로 나타내도록 하는 평가 방식이다.

② 수행평가는 추구하고자 하는 교육목표의 달성 여부를 가능한 한 실제 상황에서 파악하고자 하는 평가 방식이다.

③ 수행평가는 교수·학습의 결과 뿐만 아니라 교수·학습의 과정도 함께 중시하는 평가 방식이다.

④ 수행평가는 단편적인 영역에 대해 일회적으로 평가하기 보다는, 학생 개개인의 변화·발달 과정을 종합적으로 평가하기 위해 전체적이면서도 지속적으로 이우어지는 것을 강조하는 방식이다.

⑤ 수행평가는 개개인을 단위로 해서 평가하기도 하지만, 집단에 대한 평가도 중시하는 평가 방식이다.

⑥ 수행평가는 학생의 학습과정을 진단하고 개별 학습을 촉진하려는 노력을 중시하는 평가 방식이다.

⑦ 수행평가는 학생의 인지적인 영역(창의성이나 문제 해결력 등 고등 사고 기능을 포함) 뿐만 아니라, 학생 개개인의 행동발달 상황이나 흥미·태고 등 정의적인 영역, 그리고 운동기능 영역에 대한 종합적이고 전인적인 평가를 중시하는 평가 방식이다.

⑧ 수행평가는 기억, 이해와 같은 단순 사고능력보다는 창의, 비판, 종합과 같은 고등 사고 능력의 측정을 중히 여기는 평가 방식이다.

## 07 수행평가의 종류

수행평가의 여러 가지 방법들은 새롭게 개발되었다기보다는 과거에도 있었던 것이지만, 평가의 목적이 교수·학습의 과정을 개선하고 개별 학생에게 지도·조언하고 충고하기 위해 사용된다면 어떠한 방법도 수행평가의 방법이 될 수 있다. 특히 수행평가에서는 교수·학습 활동과 평가활동을 상호 통합적으로 진행하는 것을 강조하기 때문에 다양한 교수·학습 방법들이 곧 수행평가를 위한 방법이 될 수 있다.

| 구분 | 정의 | 특징 | 채점, 평가 방법(도구) |
|---|---|---|---|
| 서술형 지필평가 | 주어진 문제에 대한 서술형, 논술형 등의 지필 검사 | • 문제 풀이에 수학적 사고 과정을 잘 드러낼 수 있고 풀이 과정이 고착되지 않아 반응의 자유도가 큼<br>• 문제의 제작이 비교적 용이함<br>통합 교과적인 문제와 실생활과 접목되는 문항을 출제하기도 쉬움 | 총체적 채점법<br>분석적 채점법 |
| 프로젝트 (연구 보고서) | 주제에 따라 정보를 수집, 분석, 결론(검증)짓는 창의적인 주제 탐구 학습 활동의 종합적인 연구 활동 능력을 평가하는 방법 | • 수학적 사고력을 이용하여 실생활과 직접 관련되는 수학적 상황을 해결<br>• 결과가 정형화되어 있지 않아 열린 반응을 요구함 | 명료하고 구체적인 기준이 마련된 채점틀 |
| 토론법 | 소집단별로 토론이나 활동을 하는 동안 개인이 기여하는 정도와 역할, 활동 내용 등을 평가하는 방법 | • 협력 학습을 권장함<br>• 한두 가지 측면에 초점을 맞추고 이에 대해 집중적으로 관찰하며 누가 기록함<br>• 문제해결의 과정을 알아보기 위해 소리내어 생각(thinking aloud)하도록 함<br>• 학생의 수학적 능력과 성향을 판단하는 보조 자료로 활용 | 관찰(누기) 기록지<br>체크리스트<br>평정척도법 |
| 포트 폴리오 | 교사 또는 학생이 일정한 기간동안의 학습 자료와 결과물 폴더에 모은 것을 가지고 학생의 학습 활동에 대한 수행 정도를 평가하는 방법 | • 평가 과정에 학생을 적극적으로 참여시킴<br>• 학생의 성취 결과를 가지고 다른 학생과 의사 소통하도록 촉진할 수 있음 | 교사나 학생 자신이 수집한 작품집, 수업 전 과정의 숙제모음집, 평가모음집 등 |
| 기타 | 구술, 면접, 자기평가 및 동료평가, 보고서법 등 | | |

## 08 수행평가의 활용 시 유의점

① 수행평가는 다양한 문제 장면에서 주어진 지침에 따라, 실제적·정신적 조직 활동을 통해 자료를 모으고, 가설을 설정하고 검증하며, 자료에 근거하여 의사결정을 하며 결과를 다른 사람에게 의사소통하는 능력을 강조하는 평가 방법임을 잊지 않도록 한다.

② 기존 평가 방법이 잘못된 평가 방법이 아니라 기존의 교수 학습 과정을 평가하기 위한 방법이었을 뿐이다. 수학의 목표 즉 수학적 지식, 기능, 태도를 보았을 때 기존의 수업이 지식의 전달과 기능 숙달에 맞추어져 있다면 평가는 기존의 방법으로도 충분하다. 그러나 지금 우리가 지향하는 수업은 수학적 사고력에 초점을 맞추고 있으며 이를 위해서는 기존 평가방식을 보완한 새로운 평가 방식이 필요한 것이며 이에 수행평가가 필요함을 인식해야 한다.

③ 수행평가는 사고력과 의사소통이나 탐구 능력을 강조하는 교수 학습 과정의 평가 방안으로써 개발된 것이다. 따라서 이에 맞는 수업의 변화가 필수적임에 유의해야 한다.

④ 수행평가에 있어서 중요한 것은 문항 자체뿐만 아니라 평가 결과를 채점하는 기준을 어떻게 설정하는가하는 점이다. 채점 기준은 교수방법, 학습방법, 성취수준, 학생의 문제에 대한 접근, 학생이 흔히 범할 수 있는 오류 등을 파악하여 제시되어야 한다.

⑤ 평가의 신뢰도보다는 타당도를 더 중요시하도록 한다.

## 09 수행평가와 구성주의와의 관계

수행평가라는 새로운 평가 방식은 기본적으로 '선택적 반응'이 아니라 '구성적 반응'에 입각하여 이루어지는 평가로서 구성주의에 대한 정확한 이해의 토대 위에서 효과적으로 활용 가능한 평가이다.

### (1) 구성주의

① 구성주의란 인식 주체와 별도로 존재하는 객관적 실재를 상정하고 있는 객관주의 인식론에 대한 대안적 인식론으로 대두된 새로운 인식론이다.

② 구성주의는 객관적 실재에 대한 완전한 모사로서의 절대적, 보편적 진리관을 거부하며 진리를 인식하는 과정에서의 인식주체의 주관적 개입을 배제하지 않으며 따라서 주관주의 인식론 혹은 상대주의 인식론으로 보고 있다.

③ 구성주의 인식론의 하위 범주에는 칸트의 인식론을 바탕으로 하여 동일한 인식의 틀에 의한 인식 결과의 객관성을 강조하는 객관적 구성주의, 인식이라는 구성 활동의 객관성을 부정하고 인식 결과의 상대성을 보다 철저히 수용한 급진적 구성주의 그리고 급진적 구성주의에서와 같이 지식의 객관성을 완전히 부정하지 않고 '합의'를 통한 객관성을 추구하는 사회적 구성주의로 구분된다.

④ 구성주의 인식론에 적당한 학습 원칙으로 체험학습, 자기성찰적 학습, 협동학습, 실제적 성격의 과제 제시, 촉진자로서의 교사 등이 있다.

### (2) 수행평가의 일반적 개념과 특성

① 수행평가란 일반적으로 '평가자가 피평가자들의 학습과제 수행과정이나 결과를 직접관찰하고, 관찰 결과를 전문적으로 판단하는 평가 방식' 혹은 '선택형 지필평가 이외의 다른 모든 방법으로 평가하는 방식'이다.

② 수행평가는 인식 주체의 구성적 반응을 측정의 대상으로 삼는 평가를 의미한다.

### (3) 수행평가와 구성주의 인식론과의 관련성

① 수행평가는 궁극적으로 평가자의 주관적 판단에 입각하여 이루어지는 평가방식으로, 학교의 교육 평가 방식이 이와 같이 주관식 수행평가의 방향으로 변환되기 시작한 것은 인식 주체자의 주관적 판단을 강조하는 구성주의 이론의 영향 때문이다. 구성주의 이론을 강하게 수용하면 할수록 모든 지적 활동에서 개인의 주관성이 강조될 수 밖에 없다.

② 수행평가는 학생들의 '구성적 반응'을 평가의 대상으로 하는바, 이 때의 '구성'이라는 용어는 인식 주체자의 능동적인 구성활동을 강조하는 구성주의에서의 '구성'의 의미와 동일한 것이라 볼 수 있다.

③ 수행평가는 어떠한 유형에서건 학생들의 산출물에 대해 평가하게 되며 산출이라는 것이 주체자의 능동적 행위를 전제로 하는 것임을 고려한다면, 인식의 본질에 있어 인식 주체의 적극적 행위를 강조하는 구성주의 이론과 수행평가와의 관련성을 분명하게 이해할 수 있다.

④ 수행평가는 학생의 자기 평가를 중요하게 고려하는 바, 이는 객관적 진리로 존재하는 객관적 지식을 부정하면서 오직 인식 주체자 내부에서 자율적으로 구성된 의미의 집적체로서의 주관적 지식을 강조하는 구성주의와 긴밀하게 관련된다.

⑤ 수행평가는 협동학습에 대한 평가를 강조한다. 수행평가의 이러한 특징은 구성주의 가운데서도 학습에서의 사회적 맥락을 강조하는 사회적 구성주의와 긴밀한 관련성을 가진다고 볼 수 있다.

## 10 수학과에서 사용가능한 다양한 수행평가 문항

① 서술형(주관식 검사)
② 논술형 검사
③ 구술시험
④ 실기시험
⑤ 실험·실습법
⑥ 면접법
⑦ 연구보고서(프로젝트)
⑧ 포트폴리오(Stenmark, 1991)

# 7 정의적 영역의 평가

## 01 정의적 영역의 정의

정의적 영역이란 수학적 성향과 같은 의미를 가지며, 수학적 성향에서 반영되어야 하는 것은 다음을 포함하여 수학을 좋아하는 것 이상이다.

① 아이디어를 교환하고 추론하는 데 대한 자신감
② 문제 해결에서 수학적 아이디어를 탐구하고 다른 방법을 찾으려는 융통성
③ 수학적 과제를 꾸준히 수행하려는 의지
④ 수학에 대한 호기심
⑤ 끈기
⑥ 문화에서의 수학의 역할과 도구와 언어로서의 수학적 가치에 대한 이해

## 02 평가 방법

### (1) 구술시험

① 구술시험은 말하는 능력과 제시된 주제에 대하여 개인의 의견을 발표할 수 있는 능력 등을 직접 평가하는 방법이다.
② 구술시험은 필기도구와 종이가 발명되기 전부터 오랫동안 시행되어 오던 방식으로 학생 상호관의 가벼운 의사소통뿐만 아니라 여러 사람이 모여 있는 대중 앞에서 자신의 발표 능력을 평가받는 방법으로도 자주 사용되어 왔다. 즉, 학생으로 하여금 특정 교육내용이나 주제에 대하여 자신의 의견이나 생각을 발표하도록 하여 학생들의 발표 내용에 대한 충실성, 주제 해결에 대한 의지, 자신이 알고 있는 내용에 대한 자신감, 근거에 대한 호기심, 흥미 등을 직접 평가하는 방법이다.
③ 수학과에서의 구술시험은 특정 영역에 대하여 특별한 계획에 의하여 실시되기보다는 오히려 평소 수업시간에 아주 자연스럽게 이뤄질 수 있는 방법이다. 이는 학생들의 '예습에 의한 충실성', '교사의 질문에 대한 답을 구하려는 의지', '주어진 질문에 대한 자신 있는 답변' 등을 수시로 평가할 수 있어 교사의 사전 특별한 준비가 없어서 실시가 가능한 것이다.

④ 구술시험에 대한 평가요소 - 흥미, 호기심, 자신감, 의지, 끈기, 충실성

| 평가요소 | 평가기준 |
|---|---|
| 흥미 | • 수학 문제에 대하여 흥미를 가지고 있다.<br>• 주어진 질문에 대하여 상당히 적극적인 태도로 임한다.<br>• 교사와 질의-응답하는 것을 좋아한다. |
| 호기심 | • 주어진 문제에 대하여 호기심을 보인다.<br>• 주어진 문제에 대하여 깊이 있게 생각하기를 좋아한다. |
| 자신감 | • 문제에 대한 반응이 매우 자신이 있다.<br>• 반응의 결과에 대해서 자신감이 넘친다.<br>• 어려운 문제를 대하는 태도가 자신감이 있어 보인다. |
| 의지 | • 주어진 문제를 끝까지 해결하려는 의지가 있다.<br>• 응답할 수 없는 상황에서도 당황하지 않는다.<br>• 혼자서 해결하려는 의지가 돋보인다. |
| 끈기 | • 시간이 오래 걸려도 끝까지 답변하려는 태도를 보인다.<br>• 주어진 문제와 비슷한 상황을 생각한다. |
| 충실성 | • 답변하는 태도가 매우 충실한다.<br>• 평소 예습과 복습의 충실함을 알 수 있다. |

[평가 과제]

이원일차연립방정식의 해는 기하학적으로 어떤 의미를 가지는가?

[평가 방법]

연립방정식의 해가 가지는 기하학적 의미에 대하여 답변하는 자신감, 의지 등의 수학적 성향을 평가한다.

[채점기준표]

| 채점요소 | | 배점 | | |
|---|---|---|---|---|
| | | 상 | 중 | 하 |
| 흥미 | 주어진 질문에 대하여 흥미를 가지고 접근한다. | 2 | 1 | 0 |
| 호기심 | 연립방정식의 해와 그래프에 대하여 호기심을 나타낸다. | 2 | 1 | 0 |
| 자신감 | 자신의 생각을 자신 있고 설득력 있게 전달한다. | 2 | 1 | 0 |
| 의지 | 주어진 문제에 대하여 정확한 답변은 못하지만 해결하려는 의지가 돋보인다. | 2 | 1 | 0 |
| 충실성 | 발표하는 태도에 충실성이 보인다. | 2 | 1 | 0 |

## (2) 토론법

① 교수·학습과 평가활동을 통합적으로 수행하는 대표적인 방법으로 특정 주제에 대하여 학생들이 서로 토론하는 것을 보고 평가하는 것이다.

② 사회적으로나 개인적으로 서로 다른 의견을 제시할 수 있는 토론 주제를 가지고 개인 별로 찬반 토론을 하거나 집단을 나누어 집단별 찬반 토론을 하도록 한 다음, 찬성과 반대 의견을 토론하기 위해 사전에 준비한 자료의 다양성과 충실성, 반대 의견에 대한 흥미와 호기심, 융통성, 자신의 의견에 대한 자신감 등을 총체적으로 평가하는 방법이다.

③ 수학과에서의 토론법 평가는 교사가 특정한 주제를 제시하고 이에 대한 찬반 토론을 진행하는 방법도 있겠으나, 한 가지 주어진 문제에 대하여 다양한 풀이법을 제시한 후 이에 대한 합리성, 간결성 등을 서로 비교·검토하는 토론을 유도한 후 이에 대한 평가를 하는 방법도 있을 것이다.

④ 토론법에 대한 평가 요소－흥미, 호기심, 자신감, 의지, 끈기, 충실성

| 평가 요소 | 평가 기준 |
|---|---|
| 흥미 | • 상대방과의 토론에 대하여 흥미를 가지고 있다.<br>• 토론에 상당히 적극적인 태도로 임한다.<br>• 주제에 대하여 질의－응답하는 형식을 좋아한다. |
| 호기심 | • 토론 주제에 대하여 호기심을 가지고 접근한다.<br>• 주어진 문제에 대하여 자신의 의견을 깊이 있게 생각한다. |
| 자신감 | • 주제에 대한 자신의 의견을 자신 있게 말한다.<br>• 자신의 의견에 대하여 자신감이 넘친다.<br>• 어려운 주제를 대하는 태도가 자신감이 있어 보인다. |
| 의지 | • 자신의 생각을 끝까지 주장하려는 의지가 있다.<br>• 상대방의 질문에 응답할 수 없는 상황에서도 당황하지 않는다.<br>• 같은 생각을 가진 동료가 없어도 해결하려는 의지가 돋보인다. |
| 끈기 | • 시간이 오래 걸려도 끝까지 답변하려는 태도를 보인다.<br>• 상대방을 이해시키려는 끈기가 보인다. |
| 충실성 | • 주제에 대한 답변 자료의 준비가 충실하다.<br>• 평소 예습과 복습의 충실함을 알 수 있다.<br>• 상대방의 의견을 충실하게 받아준다. |

## (3) 관찰법

① 관찰법은 평가나 연구에 있어서 인간 이해의 가장 기본적인 방법으로 일상생활에서 우리는 의식적으로나 무의식적으로 많은 관찰을 하고 있다. 즉 관찰법은 시각·청각 등의 조사자의 감각을 통하여 직접적으로 피조사자의 현재의 행동이나 언어를 관찰하고 분석하는 기법이다.

② 관찰법의 특징은 직접성과 현재성에 있다. 지금 일어나고 있는 현재의 상태나 행동이 다른 사람의 개입 없이 관찰자에게 직접 수집되어진다는 점에서 질문지법이나 면접법, 테스트 법과는 다른 특징이 있다.

③ 수학과에서의 관찰법은 학생들로 하여금 구체적인 수학적 주제를 제시하여 개인별 또는 소집단별로 토론의 기회를 마련하고 이를 관찰할 수도 있지만, 평소 수업시간에 학생들이 문제를 풀이하는 과정이나 수업태도 등을 수시로 관찰 할 수도 있다. 앞의 경우는 관찰대상, 장면, 시간 등을 선택하는 통제 관찰에 해당되고, 후자는 대상, 장면, 시간 등에 구애 없이 수시로 관찰하는 비통제 관찰에 해당된다.

④ 수학과에서의 관찰은 수학적 토론이 일어나는 생생한 장면이나 문제를 해결하는 자연스러운 과정, 수업에 임하는 진지한 태도 등을 관찰함으로써 지필 검사나 프로젝트 등을 통해 얻기 어려운 정보를 얻을 수 있다.

⑤ 평가 요소 – 수학적 성향인 흥미, 호기심, 자신감, 의지, 끈기, 충실성

⑥ 실제 상황에서 여러 학생들의 관찰 결과를 짧은 시간에 기록할 경우에는 필요한 부분을 발췌하여 약식의 체크리스트를 만들어 활용할 수도 있다.

| 평가 요소 | 평가 기준 |
|---|---|
| 흥미 | • 평소 수학에 대하여 흥미를 가지고 있다.<br>• 주어진 질문에 대하여 상당히 적극적인 태도로 임한다.<br>• 교사와 질의–응답하는 것을 좋아한다. |
| 호기심 | • 다양한 형태의 문제 해결 전략에 대하여 호기심을 보인다.<br>• 주어진 문제에 대하여 깊이 있게 생각하기를 좋아한다.<br>• 수학 시간을 좋아한다.<br>• 실생활 문제를 수학적으로 해결하려는 태도를 보인다.<br>• 항상 사물을 호기심을 가지고 대한다. |
| 자신감 | • 항상 수학시간에 자신이 있다.<br>• 반응의 결과에 대해서도 자신감이 넘친다.<br>• 어려운 문제를 대하는 태도가 자신감이 있어 보인다. |
| 의지 | • 주어진 문제를 끝까지 해결하려는 의지가 있다.<br>• 응답할 수 없는 상황에서도 당황하지 않는다.<br>• 동료의 도움 없이 혼자서 해결하려는 의지가 돋보인다. |
| 끈기 | • 시간이 오래 걸려도 끝까지 해결하려는 태도를 보인다.<br>• 주어진 문제와 비슷한 상황을 생각한다.<br>• 어떤 상황에서도 포기하지 않고 해결하려는 끈기가 돋보인다. |
| 충실성 | • 주어진 상황의 해결 과정을 다른 상황에 적용한다.<br>• 평소 예습과 복습의 충실함을 알 수 있다. |

[평가 과제]

이차방정식 $x^2-2ix-a=0$가 중근을 가질 때, 실수 $a$의 값을 다음과 같이 두 가지 방법으로 구하였다.

[풀이 A]

주어진 이차방정식은 계수 전부가 실수가 아니므로 판별식을 사용할 수 없다. 따라서 주어진 이차방정식을 근을 근의 공식에 대입하여 구한 다음, 두 근이 같아야 한다는 방법을 사용한다. 근을 구하면

$$x=\frac{i\pm\sqrt{i^2+a}}{1}=i\pm\sqrt{-1+a}$$

$$i+\sqrt{-1+a}=i-\sqrt{-1+a}$$

$$-1+a=0 \qquad \therefore a=1$$

[풀이 B]

계수에 비록 허수가 있다하더라도 중근을 가질 경우에는 판별식 사용이 가능하므로 다음과 같이 계산할 수 있다.

$$\frac{D}{4}=i^2+a=0,\ -1+a=0,\quad \therefore a=1$$

[평가 방법]

이차방정식의 근의 판별식을 활용하는 과정에서 토론에 임하는 자신감, 충실성, 의지, 호기심 등의 수학적 성향을 평가한다.

[채점기준표]

| 채점요소 | | 배점 | | |
|---|---|---|---|---|
| | | 상 | 중 | 하 |
| 흥미 | 토론 활동에 관심을 갖고, 자신에게 기회가 주어졌을 때, 자신의 의견을 발표한다. | 2 | 1 | 0 |
| 호기심 | 뭔가 이상한 점을 발견하고 이를 해결하려는 호기심을 보인다. | 2 | 1 | 0 |
| 자신감 | 이차방정식의 판별식에 대하여 자신의 의견을 충실히 제시하고 있다. | 2 | 1 | 0 |
| 의지 | 자신의 의견을 고집하지 않고, 반대의 의견도 존중한다. | 2 | 1 | 0 |
| 끈기 | 토론 활동에 대하여 흥미와 관심을 가지고 적극적으로 참여한다. | 2 | 1 | 0 |
| | 다양한 풀이법이 있다는 것을 이해하고 여러 가지 방법으로 접근한다. | 2 | 1 | 0 |
| 충실성 | 토론 후에 자신의 생각과 다른 의견에 대하여 비교·검토한다. | 2 | 1 | 0 |
| | 또 다른 풀이 방법이 있는가를 고민한다. | 2 | 1 | 0 |

## 03 정의적 영역 평가의 의의

수행평가를 실시하는 의도는 교수학습 과정에 학생들을 능동적으로 참여시키고, 학생들의 고등 정신능력을 길러주며, 다양한 학생의 수행과정을 보여주는 등 평가의 본질적인 측면에 근접하기 위해서다. 그리고 평가의 본질은 '어떻게 평가할 것인가' 보다는 '왜 평가할 것인가'의 문제에서 찾아야 한다. 21세기 정보화·지식기반사회에서는 학생들의 무한한 고등 정신기능의 함양과 창의성 신장이 무엇보다도 요구되며 이는 종래와 같은 선택형, 단답형 등과 같은 선택형, 단답형 등과 같은 지식 위주의 평가도 중요하지만 충실성, 의지, 호기심, 자신감, 흥미, 끈기 등과 같은 정의적 영역에 대한 평가를 강조해야 함을 의미한다.

# 8 NCTM 1989 Standards 평가규준

| 일반평가 | 학생 평가 | 프로그램 평가 |
|---|---|---|
| 1. 일반성(alignment)<br>2. 정보의 다양한 출처<br>3. 적절한 평가 방법과 사용 | 4. 수학적 힘<br>5. 문제해결<br>6. 의사소통<br>7. 추론<br>8. 수학적 개념<br>9. 수학적 절차<br>10. 수학적 성향(disposition) | 11. 프로그램 평가의 지표<br>12. 교육과정의 수업 자원<br>13. 수업<br>14. 평가팀 |

### [학생 평가]

수업 활동을 할 때 대화를 기초로 교사와 학생들은 서로에게 말하거나 행한 것을 바탕으로 반응한다. 이러한 대화에서 다루어지는 아이디어는 학생들이 어떤 의미를 부여하는가를 이해하는 과정이라 할 수 있다. 그리고 이러한 대화가 효율적인 수업의 통합적인 요소로 작용하려면 주기적으로 평가해야 한다.

학생 평가 규준은 학생들이 어떤 수학을 아는가를 이해하기 위해 무엇이 관찰되고 측정되어야 하는가를 기술하는 규준으로 학생들로 하여금 교육과정 규준집에서 기술된 것과 같은 지식을 얻도록 하는 데 보다 도움이 된다.

평가는 연속적이고 역동적이며 가끔 비형식적 과정이어야 한다. 그리고 분명한 결론을 내리는 것 이상이 되어야 한다. 평가는 관찰과 추측 그리고 학생의 이해에 대한 계속적인 판단이 반복되는 과정이다. 따라서 학생들의 발달적 판단을 내릴 수 있는 근거가 된다.

일반적으로 등급을 정하는 시험은 있다. 그러나 평가는 학생들이 무엇을 알고 수학에 대해 어떻게 생각하는지를 결정하기 위해 고안된, 보다 넓고 기본적인 과제이며 결국 수업의 질을 개선하기 위해 학생들의 학습 '이력(biography)'을 산출하는 지표가 된다.

수업시간에 교사와 학생, 학생과 학생들 사이의 지식적인 의사소통을 통해 교사의 수업 전략을 바탕으로 학습을 향상시켜야 한다.

## 규준 4 수학적 힘

학생들의 수학적 힘에 대한 평가는 다음 정보를 산출할 수 있어야 한다.

- 수학문제나 다른 과목의 문제를 해결하는 데 그들의 지식을 적용하는 능력
- 아이디어를 교환하기 위해 수학적 언어를 사용하는 능력
- 추론하고 분석하는 능력
- 개념과 과정에 대한 지식과 이해
- 수학에 대한 성향(disposition)
- 수학의 본질에 대한 이해
- 수학적 지식의 이러한 측면들의 통합

어떠한 분야에서와 마찬가지로 수학에서 지식은 방법적 지식(know−how)을 포함한 정보들로 이루어진다. 수학적 힘으로 이끄는 방법적 지식은 추론하고 창조적으로 사고하며, 문제를 제기하고 풀며 비판적으로 반성하기 위해 정보를 사용하는 능력을 요구한다. 학생들의 수학적 힘에 대한 평가는 얼마나 많은 정보를 가지고 있느냐가 아니라, 그 정보를 사용하고 적용하며 의사소통하는 능력과 의지의 정도를 평가해야 한다. 평가는 추론과 창의적 사고를 요구하는 상황에 정보를 적용할 수 있는지와 학생들이 그들의 아이디어를 의사소통하는 데 수학을 이용할 수 있는지 그리고 학생들이 정보를 통합하고 의미 있게 만드는 정도를 조사해야 한다. 또한, 수학에 대한 성향, 특히 수학을 행하는 것에 대한 자신감, 수학의 가치를 이해하는 정도를 포함해야 한다. 학생들의 수학적 힘에 대한 평가는 그 범위가 넓어야 하며 이 규준에서 명시된 모든 측면을 포함하고 그 측면들이 통합되는 정도를 결정할 수 있어야 한다. 수학적 힘의 평가는 분리되거나 고립된 능력의 평가여서는 안 된다. 특정 평가에서 수학적 힘의 한 측면이 다른 측면보다 강조될 수는 있겠지만 수학적 힘은 수학적 지식의 모든 측면과 그 측면들의 통합과 관련됨을 명백히 인식해야 한다.

## 규준 5 문제 해결

문제해결에서 수학을 사용하는 학생들의 능력에 대한 평가는 학생들이 다음과 같은 것들을 할 수 있다는 증거를 보여야 한다.

- 문제를 구성할 수 있다.
- 문제해결에 있어 다양한 전략을 적용할 수 있다.
- 문제를 풀 수 있다.

• 결과를 증명하고 해석할 수 있다.
• 해를 일반화할 수 있다.
• 문제를 이해할 수 있다.
• 반성할 수 있다.

문제해결이 학교수학의 초점이 되기 위해서는 당연히 평가의 초점도 되어야 한다. 문제를 해결하는 학생의 능력은 수업이 확대되고, 많은 문제를 풀어보고, 실생활 상황과 자주 접함으로써 발달되어 간다. 여러 가지 상황에서 문제를 푸는 학생들의 능력과 자신감에 대한 향상 정도가 체계적이고 신중하게 또 계속적으로 평가되어야 한다. 과정뿐 아니라 결과에 대한 평가 결과를 할생들에게 피드백(feedback)하는 것은 그들을 좋은 문제해결자로 발전시키는 데 중요하다. 또한 평가는 교사들로 하여금 학생들에게 도전할만하고 교훈적이고 흥미롭고 실패하지 않은 문제 상황을 생각하는 데 유익한 정보를 준다.

평가는 문제해결의 모든 측면을 수행하는 학생의 능력을 결정해야 한다. 주어진 질문을 이해하고 정보를 사용하고, 가설을 설정하는 능력에 대한 증거는 그들이 문제를 구성(formulate)할 수 있는가를 결정하는 데 필수적이다. 또한, 평가는 학생들의 문제해결 전략과 기법을 사용하고 결과를 해석하고 증명하는 능력에 대한 증거를 줄 수 있어야 한다. 끝으로, 수학적 힘은 부분적으로 그것의 일반화로부터 얻어지기 때문에 문제해결의 이러한 측면도 평가되어야 한다.

## 규준 6 의사소통

수학에 대해 의사소통(communication)하는 능력의 평가는 다음 증거를 제공할 수 있어야 한다.

• 수학적 아이디어를 말하고, 쓰고, 설명하고, 시각적으로 표현할 수 있다.
• 지필로, 구두로 또는 시각적 표현으로 제시된 수학적 아이디어를 이해하고 해석할 수 있다.
• 수학적 어휘와 기호 체계, 구조를 사용하여 아이디어를 표현하고, 관계성을 기술하고 상황을 모델링할 수 있다.

위의 규준들은 수업 환경에 대한 역동적인 관심을 제시하고 있다. 그것은 학생들이 탐구하고 토의하고, 묘사하고, 설명함으로써 수학적 지식을 발달시키는 데 능동적으로 참여하는 상황을 요구한다. 이러한 사회적 과정을 집약한 것이 바로 의사소통이다. 이야기하고, 쓰고, 말하고, 듣고, 읽는 과정을 통해 아이디어가 토의되고, 발견된 사실이 공유되고, 가설이 확인되고 지식이 획득된다. 의사소통의 행위는 사고를 명확히 하고, 학생들로 하여금 수학을 공부할 수 있게 한다. 의사소통은 수학을 학습하고, 수학을 이해하는 데 있어서 중요한 요소이다. 그러나 수학적으로 의사소통하는 것은 학생들에게 대단히 어렵다. 수학은 기호의 사용에 의존하고 일상적 언어와 비교할 때 특수하고 때로는 상이한 의미를 갖는다. 따라서 수학적 아이디어를 표현하는 데 혼란스럽고 어려운 경우가 생긴다. 전통적인 평가방법으로는 그러한 어려움과 혼돈을 확인할 수 없으며 수학의 사회적 의미가 무시된다.

수학적으로 의사소통 할 수 있는 능력의 평가는 수학적 개념과 과정에 대한 의미와 수학적으로 표현된 아이디어에 대해 이야기하고, 이해하며, 평가하는 데 있어서의 능숙함 모두에 초점을 맞추어야 한다. 평가는 의사소통의 여러 형태를 포함해야 하는 데 사람끼리의 의사소통 뿐 아니라, 다양한 형태의 기술공학을 사용한 의사소통도 강조해야 한다. 평가는 또한, 학생의 언어발달에도 민감해야 한다. 다른 언어에서와 마찬가지로, 수학에서의 의사소통은 아이디어와 관계성을 이해하고 표현하기 위해 수학적 어휘와, 기호 체계, 구조를 사용할 수 있음을 의미한다. 이러한 의미에서, 수학적 의사소통은 수학을 알고 행하는 것의 일부이다.

## 규준 7 추론

수학적으로 추론하는 능력에 대한 평가는 학생들이 다음과 같은 것을 할 수 있다는 증거를 제시할 수 있어야 한다.

- 규칙성을 인식하고 가설을 설정하는 데 귀납적 추론을 사용할 수 있다.
- 수학적 명제에 대한 개연적 논증(plausible arguments)을 전개하기 위해 추론을 사용할 수 있다.
- 비례추론과 공간추론을 사용하여 문제를 해결할 수 있다.
- 결론을 내리고, 논증의 타당성을 판단하며, 타당한 논증을 구성하는 데 연역추론을 사용할 수 있다.
- 상황을 분석하여 공통 성질과 구조를 결정할 수 있다.
- 수학의 공리적 성질을 이해할 수 있다.

이 규준에서 확인된 유형의 추론은 수학을 행하는 데 근본적이지만, 학생들이 구두 또는 지필로 행한 답에서는 항상 관찰되지는 않는다. 학생들은 당연히 그들이 알거나 다루어 본 예들을 근거로 가설을 세우며, 참인 것으로 알고 있는 것을 근거로 논증을 전개해 나간다. 그들은 또한 비례추론과 공간관계에 대한 직관적 개념은 갖고 있다. 모든 학생들은 그러한 직관적이고 비형식적인 추론을 할 명백한 기회를 가져야 하며 따라서 학생의 추론 능력에 대한 어떠한 평가도 이러한 과정에 대한 증거를 얻을 수 있어야 한다.

평가 기법은 특히 학생들이 사용하는 다양한 유형의 추론을 평가해야 한다. 어떤 학년 수준에서도 추론의 어떤 측면이 다른 측면보다 더 적절할 수는 있겠지만 어떤 학년에서도 모든 측면들이 사용될 수 있다. 그러나 저학년에서는 어떤 측면들은 직관적 의미로만 사용되어야 한다.

## 규준 8 수학적 개념

학생의 수학적 개념에 대한 이해와 지식의 평가는 다음을 할 수 있는가의 증거를 제시할 수 있어야 한다.

- 개념을 정의하고, 말로써 표현하고, 분류할 수 있다.
- 적당한 예와 거짓 예(non－example)를 확인하고 만들 수 있다.
- 개념을 표현하기 위해서 기호와 도식과 모델을 이용할 수 있다.
- 한 가지의 표현 방식을 다른 표현 방식으로 번안할 수 있다.
- 개념의 다양한 의미나 해석을 인식할 수 있다.
- 주어진 개념의 성질을 밝히고, 특정 개념을 결정짓는 조건을 인식할 수 있다.
- 개념을 비교하고, 대비시킬 수 있다.

개념은 수학적 지식의 본질이다. 학생들은 개념과 개념의 의미나 해석 등을 이해할 때만이 수학을 의미 있게 만들 수 있다. 예를 들어, 학생들이 뺄셈 과정을 의미 있게 하기 위해서는 자릿값의 개념을 이해하고 있어야만 한다. 비슷하게 주어진 상황이 뺄셈을 필요로 한다는 것을 인식하려면 뺄셈의 개념을 이해하고 상황 속에서 나타난 행위가 그것의 의미(비교 분해)와 일치한다는 것을 인식해야 한다. 수학을 의미 있게 행하기 위해서는 개념적 이해가 근본이기 때문에 학생의 수학적 지식의 평가는 반드시 수학적 개념을 파악하고 있는지를 조사해야 한다.

수학적 지식의 이해는 단순히 정의를 떠올리거나 평범한 예제를 인식하는 것 이상의 것이다. 그것은 이 규준에서 확인 된 광범위한 능력을 포함해야 한다. 평가 역시 개념적 이해의 이러한 측면을 강조하여야 한다. 평가 과제는 예와 거짓 예를 선택하는데 있어서 적절한 개념 또는 부적절한 개념의 속성을 구별할 줄 아는 능력과 개념을 다양하게 표현하는 능력 그리고 그들의 다양한 의미를 인식하는 능력에 초점을 맞추어야 한다. 학생들로 하여금 새로운 상황에서 주어진 개념에 관한 정보를 적용하도록 하는 과제는 그 개념의 지식과 이해에 관한 강력한 증거를 제공해준다. 학생들이 가지고 있는 잘못된 개념에 대한 정보를 이끌어 내기 위해 고안된 문제는 수업을 수정하거나 계획하는데 유용한 정보를 제공해준다.

## 규준 9 수학적 절차

학생들의 절차에 대한 지식의 평가는 다음을 할 수 있다는 증거를 제공해야 한다.

- 언제 어떤 절차가 적절한지를 인식할 수 있다.
- 절차의 각 단계에서 이유를 제시할 수 있다.
- 절차를 확실하고 효율적으로 실행할 수 있다.
- 절차의 결과를 경험적으로 또는 분석적으로 입증할 수 있다.
- 옳고 그른 절차들을 인식할 수 있다.
- 새로운 절차를 만들고 기존 절차를 확장 또는 수정할 수 있다.
- 수학에서의 절차의 성질과 역할을 음미할 수 있다.

학교수학에서 절차는 일반적으로 계산방법을 의미한다. 그러나 수학교육과정에서 모든 절차가 계산적인 것은 아니다. 각을 이등분하는 것과 직선 위의 한 점에서 수선을 긋는 것과 같은 기하학적 작도는 절차적이지만 계산적이 아니다. 이 규준에서 확인된 절차적 지식의 다양한 측면은 비계산적 절차에 똑같이 잘 적용된다. 수학적 절차를 어떻게 확실하고 효율적으로 실행하느냐 하는 것 역시 중요하기는 하지만 절차적 지식은 단순한 실행 이상을 포함한다. 학생들은 언제 절차를 적용하며, 절차가 작동하는 이유와 그 절차가 옳은 답을 준다는 것을 입증하며, 절차의 기초가 되는 개념과 그 절차를 정당화하는 논리를 이해해야 한다. 절차적 지식은 작동되는 절차와 작동되지 않는 절차를 구별하고, 절차를 수정하고 새로운 절차를 만드는 능력을 포함한다. 학생들은 수학에서 절차의 성격과 역할을 음미하도록 격려되어져야 한다. 즉, 절차는 특별한 필요성을 효율적으로 충족시키는 도구이며, 따라서 새로운 상황에 적합하게 확장, 수정될 수 있다는 것도 알아야 한다. 따라서 절차적 지식의 평가는 절차를 수행하는 능력의 평가뿐 아니라, 이 규준에서 주장된 절차적 지식의 모든 측면을 강조해야 한다.

## 규준 10 수학적 성향

학생들의 수학적 성향에 대한 평가는 다음에 대한 정보를 제공해야 한다.

- 문제를 풀고, 아이디어를 교환하고, 추론하기 위해 수학을 사용하는 것에 대한 자신감
- 수학적 아이디어를 탐구하고, 다른 문제해결 방법을 찾는 데 있어서의 유용성
- 수학적 과제를 지속적으로 수행하려는 자세
- 수학을 행하는 데 있어서의 흥미, 호기심, 창의성

• 자신의 생각과 수행 결과를 모니터하고, 반성하려는 경향
• 다른 과목과 일상의 경험에서 발생하는 상황에 수학을 적용하는 것의 가치로움을 아는 것
• 우리 문화에 있어서의 수학의 역할과, 도구와 언어로서의 수학의 가치에 대해 이해하는 것

수학을 학습하는 것은 단순히 개념이나 절차 및 그 응용을 학습하는 것 이상의 것이다. 그것은 수학적 성향을 발달시키는 것과, 상황을 판단하는 강력한 방법으로 수학을 파악하는 것을 포함한다. 성향은 단순히 태도가 아니라, 긍정적으로 사고하고, 행동하는 경향을 뜻한다. 학생들의 수학적 성향은 과제에 접근하는 방식이나 자신감, 다른 대안을 찾아보려는 자발성, 지속성, 흥미, 자신의 생각을 반성하려는 경향에서 나타난다. 수학적 지식의 평가는 이러한 성향이나 수학의 역할과 가치에 대한 학생들의 이해에 대한 평가를 포함하여야 한다.

이러한 종류의 정보는 학급 토의나, 문제해결의 시도, 개인 또는 학급단위로 부여된 다양한 과제에 학생들이 참여하는 것을 비형식적으로 관찰함으로써 가장 잘 얻을 수 있다. 태도 설문지와 같은 평가는 성향의 배경이 되는 모든 범주의 인식(perception)이나 신념을 파악하지 못한다.

# 제6편

# 교구 및 공학 활용

# 1 교구 활동

## 01 수학학습과 교구

### (1) 수학교육의 문제점

① 초등학교 고학년부터 추상화, 형식화가 빠르게 진행되고 있다.

② 기초기본이 결여된 채 학습 결손이 누적되어 중학교 이후의 수학학습에서 수학 기피증 추세가 더욱 심화되고 있다.

③ 학습자가 보다 높은 수준으로 이행하는 데 적절한 단계를 거치지 않고 있다.

④ 학습자에게 점진적으로 추상화, 형식화하는데 필요한 학습자의 활동을 생략하거나 소홀히 하고 있다.

### (2) 조작 교구를 통한 수학교육 문제점의 해결책

초등학교에서부터 적절한 단계에서 효율적인 조작 교구를 사용하여 구체와 추상 사이의 기교 역할을 하는 활동이 이루어져야 한다.

### (3) 다양한 교구 활용에 대한 이점

① 수학 학습 과정에서 다양한 교구의 활용에 의한 구체적 조작 활동은 그 자체가 학습내용이 된다.

② 수학적 개념·원리·법칙 등이 포함된 교구 활동 그 자체를 통해 1차적으로 심상(mental object, image)이 형성되고 이후 2차적으로 수학적 지식이 형성되므로, 기억에 오래 남고 학습자 자체 활동을 통해 지식이 확장될 수 있다.

③ 다양한 교구의 활용은 수학적 개념 형성이나 원리·법칙·용어 등의 바른 이해, 지식이나 기능의 숙지, 판단이나 설명의 근거 마련, 연산 또는 도형의 성질 발견·확인 및 발전, 도형의 관찰 관점이나 방법의 숙지 등을 돕는다.

④ 문제해결 과정에서 문제의 파악이나 해결방안의 구상 및 여러 가지 규칙의 탐구 활동을 돕는다.

### (4) 교구 활용과 가장 관계있는 철학 : 활동주의 수학교육

① 교육의 초기에는 구체적 활동을 위한 다양한 교수가 필요하다.

② 수학을 발생적으로 학생에게 학습시키려고 하면 그에 이어지는 일련의 활동을 하도록 해야 하며, 그렇게 하기 위해서는 그러한 활동을 유발시킬 수 있는 구체적 상황에 학생이 직면하도록 할 필요가 있는데 이러한 상황에 적합한 것이 교구이다.

③ 구체적 조작기의 초등학생은 구체적·물리적 활동에 참여하기 위해 교구를 직접 다루어야 한다.

### (5) 조작 교구 선택의 교육적 고려점

① 교구는 탐구된 아이디어나 수학적 개념의 진실한 구체화를 제공해야 한다.

② 교구는 수학적 개념을 명백하게 표현해야 한다.

③ 교구는 동기 유발에 적절해야 한다.

④ 교구는 되도록 다목적용이어야 한다.

⑤ 교구는 추상화이 기초를 제공해야 한다.

⑥ 교구는 개개인의 조작 기회를 제공해야 한다.

## 02 대수타일(Algebra tiles)을 이용한 수학학습

대수 타일은 딘즈블럭, 즉 다진수 블록(Multibase Arithmetic Block; MAB)의 아이디어를 변형한 것으로 두 개의 변수를 나타내는 타일을 이용하여 다항식의 전개나 인수분해의 지도에 주로 사용되는 교구이다.(김남희, 1999) 변수의 개념을 직접적인 조작활동을 통해 다룰 수 있게 하는 대수타일은 비교적 최근에 소개된 교구이지만 이미 많은 수학교사들에게 '대수막대'라는 이름으로 널리 알려져 있으며 우리나라 제6차 수학교육과정에 따른 수학 교과서에서는 다항식의 전개와 인수분해과정을 지도하는 방법의 예로 대수타일을 이용한 조작활동을 제시하고 있다.(김연식, 김흥기, 1996, p.62) 교육과정에 따른 교과서의 내용에 대수타일의 활용이 제시되어 있는가의 여부와 상관없이 실제로 대수타일을 자체 제작하거나 종이로 만들어 학교 수학수업에 활용하고 있는 교사들도 많이 있다.

### (1) 대수타일의 구성

① 대수 학습에 이용되는 구체적 조작물인 대수타일은 다항식의 연산 및 다항식의 곱셈과 인수분해 도입에 유용한 지도방법을 제공하는 것으로 알려져 있다.

② 대수타일의 기본 세트는 다음의 세 가지 유형의 타일들로 구성된다.

| | | |
|---|---|---|
| 1과 -1을 나타내는 정사각형 모양의 타일($1 \times 1$ 크기) | 1<br>(빨강) | $-1$<br>(흰색) |
| $x$와 $-x$를 나타내는 직사각형 모양의 타일($1 \times x$ 크기) | $x$<br>(초록) | $-x$<br>(흰색) |
| $x^2$과 $-x^2$를 나타내는 정사각형 모양의 타일($x \times x$ 크기) | $x^2$<br>(초록) | $-x^2$<br>(흰색) |

〈대수타일 기본세트〉

③ 대수타일에서 양수와 음수의 구분은 타일의 색에 기초한다.

④ 두 개의 변수를 다루는 대수식을 학습하기 위해 또는 다른 변수를 나타내기 위해 다른 색과 다른 크기로 된 타일을 첨가한다.

| | | |
|---|---|---|
| 1<br>(빨강) | $x$<br>(초록) | $y$<br>(파랑) |
| $x^2$<br>(초록) | $y^2$<br>(파랑) | $xy$<br>(분홍) |

〈두 개의 변수를 다루기 위한 대수타일의 크기 비교〉

⑤ 대수타일은 1, $x$, $y$의 길이의 비가 정수비가 되지 않도록 만들어져야 한다. 그 이유는 다항식의 인수분해에서 같은 문제에 대해 서로 다른 답안이 나오는 것을 방지하기 위함이다.

### (2) 대수타일의 사용

#### 1) 대수타일 사용의 문제점

① 시중에 판매되고 있는 것은 색의 구분이 분명하고 다루기 편하며 견고하다는 이점이 있지만 가격 면에서 반의 모든 학생들에게 한 세트씩 주기가 어렵다.

② 학생들이 같은 크기의 다른 색을 가진 타일을 일직 접하게 되므로 학생들의 학습속도와 이해수준, 준비도에 상관없이 학생들로 하여금 너무 빨리 음수를 의식하게 하여 음수에 대한 명확한 이해 없이 그것을 다루도록 부추기게 된다.

#### 2) 대수타일 사용 시의 유의점

① 대수타일을 학습에 이용할 때에는 먼저 하나의 변수만을 다루는 기본 세트를 가지고 조작활동을 하는 것이 바람직하다.

② 대수타일을 이용해서 하나의 변수를 가진 대수식의 조작을 쉽게 다루게 되면 두 개의 변수가 포함된 대수식을 학습하기 위해 다른 색과 다른 크기로 된 타일을 첨가한다.

③ 두 개의 변수 예를 들어, $x$와 $y$를 모두 포함하는 대수식을 다루려면 $y$, $y^2$, $xy$를 나타내는 타일을 첨가하여야 한다. 단 얼마동안은 이런 타일들을 보여주지 말아야 한다.

④ 대수타일을 전부 주고 학습을 시작하는 것보다 학습내용과 순서에 맞게 필요한 타일들을 점차로 추가하면서 지도를 해 나가는 것이 바람직하다.

⑤ 종이를 이용할 때는 종이가 비록 견고하지 않지만 모든 학생들이 한 세트씩 가지고 직접 조작을 해 볼 수 있고 필요한 타일에 해당하는 종이를 학습에 맞게 하나씩 차례로 제시함으로써 교사가 음수의 아이디어를 다루려고 할 때까지 학생들로 하여금 음수에 주목하지 않게 제어해야 한다.

## 03 수학의 기본 구조 지도와 딘즈블럭

### (1) 딘즈블럭

① 활동주의적 수학교육 이론가의 한 사람인 Z. P. Dienes가 기호를 사용하지 않고 수학의 구조를 지도할 수 있도록 고안한 수학 학습 교구이다.

② 다양한 진법체계를 구현할 수 있다는 의미에서 다진수 블록(Multibase Arithmetic Block : MAB)이라 불린다.

③ 딘즈블럭(MAB)에는 기수(基數)(base : 밑)의 값에 따라 서로 구분되는 여러 개의 세트가 포함되어 있다.

④ 초등학교 교과서에 '쌓기나무'라는 용어로부터 시작하여 자연수의 연산지도에 이용되고 있는 블록은 기수를 10으로 하는 십진블럭(base−10 blocks)이다.

⑤ 딘즈블럭은 기수 $n$에 따라 한 변의 크기가 1인 정육면체 모양의 단위블럭(unit, $1\times1\times1$), 정육면체 $n$개를 일렬로 연결하여 고정시킨 막대블럭(long, $1\times1\times n$), 막대블럭 $n$개를 옆으로 붙인 정사각형 판형의 판블럭(flat, $1\times n\times n$), 판블럭 $n$개를 쌓아올려 고정시킨 큰 정육면체 블록(block, $n\times n\times n$)으로 구성된다.

⑥ 딘즈블럭은 기수법의 자릿값 개념이나 자연수, 소수의 사칙 연산 지도에 효과적으로 사용될 수 있을 뿐 아니라 각 블록들은 1, $x$, $x^2$ 등의 변수를 나타내는 것으로 취급하면 다항식 지도에도 활용할 수 있다.

### (2) 딘즈블럭의 조작을 통한 수학적 구조의 인식

① 딘즈블럭은 수학의 기본 구조를 서로 다른 형태로 구체화할 수 있도록 만들어진 교구이다.

② 기수법의 원리나 수의 사칙연산의 규칙과 같은 수학의 기초적인 사실의 이해는 십진블럭의 조작활동이 경험된 후, 다른 기수법을 학습하는데 곧바로 전이된다.

③ 학생들은 딘즈블럭을 다룸으로써 동형의 구조를 추상하게 되고 어떤 표현을 통해서 그것을 자신의 사고에 정착시킬 수 있게 된다.

## 04 학교수학 학습에서의 퀴즈네어 막대 활용

### (1) 퀴즈네어 막대란 무엇인가?

① 퀴즈네어 색 막대(Cusinaire color rods)를 간단히 퀴즈네어 막대라 한다. 이는 40여년 전 벨기에의 초등학교 교사인 조지 퀴즈네어(George Cusineaire)와 영국의 수학교육자인 카렙 가테뇨(Caleb Gattegno)가 공동으로 개발한 수학교구이다.

〈퀴즈네어 막대의 구분〉

| 높이 | 1cm | 2cm | 3cm | 4cm | 5cm | 6cm | 7cm | 8cm | 9cm | 10cm |
|---|---|---|---|---|---|---|---|---|---|---|
| 색 | 흰색 | 빨간색 | 연두색 | 분홍색 | 노란색 | 초록색 | 검정색 | 갈색 | 파란색 | 주황색 |

② 퀴즈네어 색 막대는 색과 크기로 구분되는 나무로 된 직육면체 모양의 여러 개의 막대로 구성되어있다. (현재에는 나무 또는 플라스틱으로 된 퀴즈네어 막대가 상품화되어 있다)

이것은 밑변이 1cm$^2$, 높이가 1～10cm인 열 가지 종류의 직육면체 막대로 되어 있다.

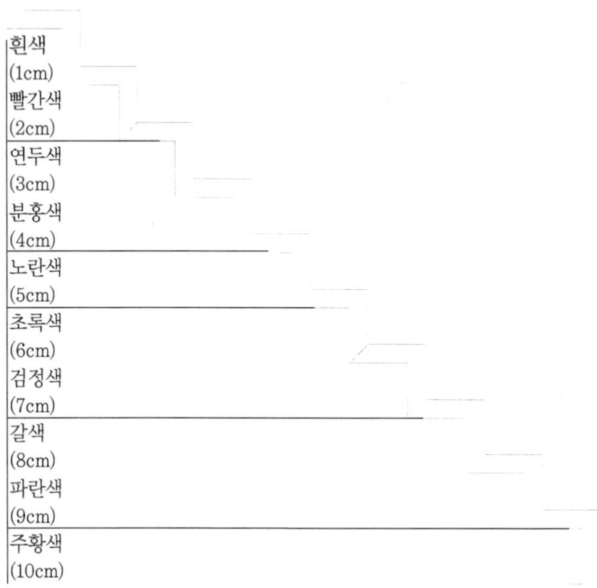


〈퀴즈네어 막대들이 배열〉

③ 각 막대는 길이와 그에 따른 색에 의해 숫자를 구분해서 나타낼 수 있다. 따라서 한 막대에 한 값을 지정하면 막대들 사이의 관계에 의해서 나머지 9개의 막대에 해당하는 수가 결정된다.

| | | |
|---|---|---|
| 흰색 정육면체 막대 1 | ➡ | 노란색 직육면체 막대 : 5<br>주황색 직육면체 막대 : 10 |
| 주황색 정육면체 막대 1 | ➡ | 노란색 직육면체 막대 : 0.5<br>흰색 직육면체 막대 : 0.1 |

즉, 퀴즈네어 막대는 막대들 길이 사이의 상대적 크기 관계에 따라 여러 가지 수를 할당하여 다루어 볼 수 있기 때문에 수학에서 핵심이 되는 산술 관계나 구조를 자연수 범위에서뿐만 아니라 정수, 유리수까지도 구체화하여 다룰 수 있는 훌륭한 교구이다.

④ 퀴즈네어 막대는 아동에게 직접 계산법을 주입시키는 것이 아닌 계산의 기초가 되는 수학적 관계를 먼저 의식시키고자하는데 그 특징이 있어 아동들이 막대를 서로 맞추는 과정에서 수 사이의 관계들을 탐구할 수 있다.

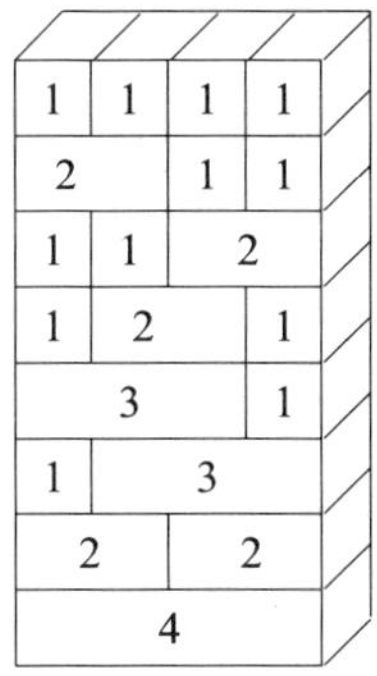


⑤ 덧셈의 기본연산을 막대를 길게 늘어놓은 활동 과정 속에서 경험하게 되면 수직선 및 수직선 위에서의 연산의 의미를 구체화할 수 있게 된다.

⑥ 퀴즈네어 막대는 막대를 맞추는 놀이를 바탕으로 여러 가지 수의 합성, 분해를 인식시켜 기본적인 산술연산을 가능케 하고 나아가 소수, 합성수, 약수, 배수 등과 분수, 비의 지도에도 유용하게 쓰일 수 있다.

## (2) 수학 학습 활용에 대한 긍정적 입장 및 부정적 입장

### 1) 긍정적 입장

① 퀴즈네어 막대는 수학적 개념과 사고의 토대가 되는 지각적이고 행동적인 수준에서의 탐구활동을 가능케 한다.

② 퀴즈네어 막대는 수학적 사고의 토대가 되는 지각과 행동 및 이를 바탕으로 한 학생들의 개인저인 탐구를 가능케 한다.

③ 퀴즈네어 막대는 학교수학에서 핵심이 되는 여러 관계와 구조를 구체화할 수 있어서 학교수학의 교수–학습과정 및 수학에 대한 학생들의 이해를 용이하게 한다.

④ Piaget의 연구 결과가 시사하는 자연수의 지도를 위해 바람직한 교구로 인정되고 있다.

⑤ 퀴즈네어 막대는 눈금이 그어져 있지 않기 때문에 수와 계산 뿐 만 아니라 수 사이의 관계 나아가 수학적 구조를 상징적 표현 체계와 결부시키지 않고도 구체적으로 적절히 표현해 낼 수 있어서 학생들은 수나 상징 기호 표기에 대한 지식을 가지고 있지 않아도 수학의 여러 가지 추상적 개념 즉, 결합법칙, 교환법칙, 분배법칙이나 수와 연산들과 같은 개념에 친숙해질 수가 있다.

⑥ 퀴즈네어 막대는 막대들 길이 사이의 상대적 크기 관계에 따라 여러 가지 수를 할당하여 다루어 볼 수 있게 하기 때문에 수학에서 핵심이 되는 산술 관계나 구조를 자연수 범위에서 뿐 만 아니라 정수, 유리수까지도 구체화하여 다룰 수 있는 교구이다.

⑦ 퀴즈네어 막대는 수학에서 핵심이 되는 여러 가지 관계와 구조를 구체화할 수 있을 뿐 만 아니라 아동의 직관과 의문을 자극하는 교구이다.

### 2) 부정적 입장

① 퀴즈네어 막대의 기본적인 특징 즉, 막대와 수 사이의 대응과 길이가 색으로 구분된다는 특징에서 아동들에게 색채의 영향을 줄 수 있다.

② 퀴즈네어 막대를 이용한 방법은 어떤 하나의 통일된 방법으로 존재할 수 없고 오히려 우수한 아이들부터 능력이 낮은 아이들까지 상당히 다양한 방법들로 나타난다. 따라서 교사는 활용 안목을 키워야 학습에 큰 효과를 얻을 수 있다.

③ 퀴즈네어 막대를 이용하면 사고의 조작적 측면보다는 지각, 이미지가 우선 시 되는 사고의 표상적(figurative) 측면에 더 큰 중요성을 주는 위험을 가져다 줄 가능성이 크다.

④ 퀴즈네어 막대를 이용할 때 사고의 표상적 측면의 강조가 결정적으로 색깔 사이의 관계에 놓여질 위험성이 있다.

⑤ 퀴즈네어 막대와 같은 교구를 이용하면 아동의 수학 학습이 특정 구체물에 얽매어 이루어짐으로써 이것이 오히려 바람직한 개념의 추상화 과정을 방해하게 될 가능성이 있을 수도 있다.

# 2 공학 활용

## 01 수학교육과 교육공학

### (1) 교육 매체로서의 교육공학 활용

#### 1) 교육 매체를 활용한 수업의 효과(Kemp and Smellie)

과학기술과 정보통신기술의 발달 그리고 테크놀러지의 급격한 발달로 교육에의 활용에 대한 기대가 높아지고 있으며 정보화 시대에 적절한 수학 교수−학습 환경을 모색하는 것이 중요시되고 있다. 예전과 같이 교사는 일방적으로 설명을 하고 학생은 받아들이기만 하는 방식에서 벗어나 넘쳐나는 다양한 정보 중 학생들이 자신에게 맞게 선택하고 정리하며 통신 시설을 통해 정보를 공유하며 지식을 넓혀가도록 지도해야 한다. 특히 제 7차 수학과 교육 과정에서도 효율적인 교수·학습을 위한 도구로서 계산기, 컴퓨터 등 교육 공학을 도입하고 활용할 것을 제안하고 있다.

① 교수 활동이 보다 표준화될 수 있다.
② 학습을 재미있고 흥미롭게 해 준다.
③ 교수 이론의 적용을 통하여 상호작용이 활발한 학습을 가능하게 해 준다.
④ 교수에 소요되는 시간을 줄여 준다.
⑤ 학습의 질을 높여 준다.
⑥ 필요한 장소에서 교수 활동이 용이하다.
⑦ 학생들에게 학습 과정에 긍정적인 태도를 갖게 한다.

#### 2) 교육 매체의 분류(Kaput, 1992)

지금까지 수학 교육에 영향을 주어왔던 전통적인 교육 매체들이 정적이고 수동적인 것인데 반하여 최근에는 교육 공학의 발달과 더불어 역동적이고 상호작용이 가능한 전자 매체들이 개발되어 활용되고 있다. 역동적이고 상호작용이 가능한 매체인 경우가 정적이고 수동적인 경우에 비하여 자유롭고 다양하게 새로운 개념을 창조하고 이들을 연결시켜 다양하게 활용할 수 있게 한다.

① **역동성의 유무**

㉠ 역동적인 매체

㉡ 정적인 매체

② **상호작용의 가능성 여부**

㉠ 종이에 연필로 작성한 매체들은 활용하는 과정에서 순간순간을 기다리고 다음 과정을 진행해야하는 일방적 작용만이 가능한다.

㉡ 컴퓨터는 쌍방향이 작용하는 상호작용을 가능하게 할 수 있다.

③ **과정의 갈무리 형태**

㉠ 사용자가 매체의 활용 중 특정 상황에서 시행한 과정을 갈무리(capture)하여 원래의 상황과 유사한 다음 상황에서 이를 되풀이하려고 할 때, 보통은 사용자가 원래의 과정을 기억했다가 그대로 반복한다.

㉡ 컴퓨터 같은 매체에서는 자동적으로 과정을 갈무리하였다가 사용자가 원하는 경우에 언제든지 그 과정을 그대로 제연할 수 있다.

#### 3) 교육 매체의 활용

① 우리가 접할 수 있는 교육 매체에는 시청각 자료를 비롯하여 OHP와 같은 투시 자료, 실물 환등기, 슬라이드, 비디오, 계산기, 컴퓨터 등의 자료가 다양하게 있다.

② OHP는 비교적 자료 제작이 쉬워 학교 현장에서 점차 증대되고 있다.

③ 계산기와 컴퓨터의 활용은 시대의 흐름과 환경의 변화에 의해 당연히 사용해야 할 매체로 인식되고 있다.

#### 4) 수학교육공학 활동의 유의점

① 교육적 효과를 고려한다.

② 활용의 편리성을 고려한다.

③ 경제성을 고려한다.

④ 부가적인 영향을 고려한다.

### (2) 투시 자료의 활용

투시물 환등기(Over Head Projector : OHP)는 투명한 물체에 빛을 통과시켜 스크린에 투사하도록 제작된 매체이다. OHP에 사용되는 투시물(Transparency Paper : TP)의 자료는 주로 아세테이지나 셀로판지로 만들어진다.

#### 1) OHP의 특징

① OHP는 조작이 간편하고 교실에서 쉽게 학생들의 상황을 살펴가며 수업을 진행할 수 있는 이점이 있다.
② 투시물의 자료로는 TP자료 이외에 투명체, 불투명체를 사용할 수 있다.
③ 자료 제시에서 겹쳐놓기나 가리기가 가능하므로 비교, 전개, 순서적 제시가 용이하다.

#### 2) TP자료의 특징

① 제작에 경비와 시간 부담이 적다.
② 반영구적인 사용이 가능하다.
③ 이미 만들어진 자료에 첨삭이 가능하다.

#### 3) OHP와 TP자료 활용 시 문제점

① OHP와 TP자료는 수업 중에 한 면씩 제시해야 하므로 교사의 치밀한 사전 준비가 필요하며, 교사가 준비한 자료를 일반적으로 제시하는 단조로운 수업이 되기 쉽다.
② 수업의 진행속도가 빨라지므로 학습자가 생각할 수 있는 시간적 여유가 부족하기 쉽다.

### (3) 계산기의 활용

#### 1) 계산기 사용의 기본 원칙

① 계산기를 사용함으로써 수학적 개념이 더 잘 이해될 수 있는가?
② 계산기를 사용한 수학 활동이 학생들에게 확신을 더 갖도록 하는가?
③ 그 개념이 귀납적인 방법으로 가르쳐질 수 있는가?
④ 계산기의 사용이 학생들에게 실생활에서의 활용을 연구하도록 하는가?
⑤ 계산기 사용으로, 적절한 교육 목표에 초점을 맞추어 평가하도록 하는가?

#### 2) 계산기를 수학 교육에 활용하는 방법

① 실생활 문제 등과 같은 문제해결을 위해 복잡한 계산을 해야 할 경우 계산기를 사용함으로써 정확한 값을 신속하게 구할 수 있다.
② 계산기를 문제해결을 위한 소재로 사용할 수 있다.
③ 수학 학습을 위한 보조 자료로 활용할 수 있다.
④ 어린 학생들의 수 발달에 있어서 중요한 역할을 할 수 있다.

### 3) 계산기 활용이 예

① 자릿값의 개념, 큰 수나 일상생활의 수가 관련된 문제
② 분수, 소수, 퍼센트, 계산문제, 문장제 등과 관련된 문제
③ 고차 방정식의 풀이, 확률과 통계, 소수 패턴과 관련된 문제
④ 그래프를 그려서 확인해야 하는 문제

### 4) 계산기 활용 시 지켜야 할 원칙

① 학생들에게 계산기의 사용법을 알게 한다.
② 구체물과 관련된 소재로 계산기를 도입한다.
③ 학생들이 계산기를 사용하여 결과를 확인할 수 있게 자신의 알고리즘을 탐구하고 발견하도록 한다.
④ 계산기를 사용하기 전에 답을 추측해 보도록 격려한다.
⑤ 실생활의 자료와 문제를 교육 과정에 적절한 문제로 변형하여 사용한다.
⑥ 높은 수준의 사고가 포함된 활동과 프로젝트를 격려한다.
⑦ 계산기를 교육의 목표로 삼지 말고 수학의 교수·학습 도구로 활용한다.
⑧ 수학적인 문제에 창의적인 방법으로 접근하도록 격려한다.

### 5) 그래픽 계산기를 활용한 수학 수업

**① 그래픽 계산기의 기능**

㉠ 계산기능 : 실수의 덧셈, 뺄셈, 곱셈, 나눗셈을 할 수 있는 산술 계산기능과 로그함수, 지수함수, 삼각함수 등의 값을 구하는 함수계산 기능, 진법의 계산, 방정식의 풀이, 연립방정식의 풀이 등을 계산하는 기능을 가지고 있다.

㉡ 그래픽 기능 : 직교좌표 그래프, 매개변수좌표 그래프, 극좌표 그래프, 순차좌표 그래프 등 4개의 그래픽 모드에서 그래프를 그릴 수 있다. 그래프 모드를 선택하기 위해서는 먼저 [SETUP] 키 안에 있는 메뉴 중 COORD 메뉴를 택한 후 서브메뉴 Rect, Param, Polar, Weq 중 하나를 택한다.

㉢ 행렬 계산 기능 : 10개의 행렬을 입력할 수 있으며, 한 행렬의 크기는 최대 $99 \times 99$이고, 입력된 행렬에 관한 여러 가지 연산과 역행렬을 구할 수 있으며, 그 계산을 간편히 할 수 있는 다양한 방법들이 있다.

㉣ 리스트 기능 : 리스트 기능은 여러 개의 data를 하나의 list로 나타낸 것으로 여러 개의 data를 한꺼번에 나타낼 수 있게 한다.

ⓜ 통계/회귀 계산 기능 : 이 영역의 중요한 기능들은 표준편차와 1-변수, 2-변수에 대한 평균 계산, 통계 데이터의 그래프 그리기, 회귀곡선의 식과 그래프 그리기, 통계자료의 검증과 추정 등이다.

ⓑ 재무기능 : 은행 예금에 대한 이자, 원리 합계, 원금 상환, 할부금 상환 등 각종 계산을 할 수 있다.

ⓢ 방정식 해법 기능 : 방정식 방법, 뉴턴 방법, 그래픽 방법을 이용하여 방정식을 풀 수 있다.

ⓞ Slide/Show 기능 : 슬라이드 쇼 기능을 갖추고 있어 저장된 함수 식과 그것의 그래프 및 좌표관계를 보여주는 화면을 저장하거나 보여줄 수 있다. 슬라이드 쇼 기능에는 두 종류가 있는데, 하나는 내장된 슬라이드를 사용하는 것이고, 다른 하나는 사용자가 슬라이드를 스스로 만들어 사용할 수 있는 것이다.

ⓙ Shift/Change 기능 : 그래프의 변형에 따라 그 함수식의 변화를 알아보는데 편리하다.

ⓒ 프로그래밍 : 프로그래밍 기능을 이용하여 여러 가지 계산을 할 수 있다. 프로그래밍 언어는 BASIC 또는 PLASCAL과 유사하다.

② **그래픽 계산기의 효과**

㉠ 학습의 내용을 쉽게 시각화하여 전달할 수 있으며 학생들에게 동기 유발의 수단으로 작용 가능하다.

㉡ 수학교육에서 추상적인 수학 내용을 시각화하여 지도할 수 있다.

㉢ 시각화가 학생들의 직접적인 경험이나 통계를 통해 이루어질 수 있다는 점에서 수학학습의 어려움을 완화시켜줄 수 있다.

㉣ 형식적인 증명이나 개념학습의 전 단계를 직관적인 지도에 의해 쉽게 전달할 수 있다.

## 02 수학교육에서의 컴퓨터 활용

### (1) 컴퓨터의 도입과 수학교육 방법론의 개선

Freudenthal은 수학교육 방법론의 측면에서 컴퓨터의 활용을 강조하였는바, "수학적 이해를 유발하고 증진시키기 위해 계산기와 컴퓨터를 어떻게 이용할 것인가?"라는 문제를 수학교육의 주요 문제 중의 하나로 설정하였다. 아울러 그는 교육 공학이나 기술 교육의 측면에서 컴퓨터를 고려하는 것은 수학 교육에서 그리 중요한 문제가 아니며, 수학적 이해를 유발하고 증진시키기 위한 강력한 도구로서 컴퓨터를 이용할 것을 주장하였다.

### 1) 학생들의 실제 경험과 수학의 연결

컴퓨터는 학생들의 일상적이고 물리적인 경험에 바탕을 둔 실제 자료와 시뮬레이션을 혼합하여 제시하는바, 컴퓨터는 다양한 모델과 시뮬레이션을 통해 학생들의 광범한 경험과 형식적인 수학을 연결한다. 이는 학생의 개인적인 경험과 수학적 경험을 연결하는 새로운 수준의 친밀함을 형성함으로써 학생들이 일상적인 경험과 형식적인 수학의 세계를 의미 있게 연결하는 데 도움을 준다.

또한 컴퓨터는 보다 이상적이고 개략적이고 추상적인 시뮬레이션을 제공하는바, 학생들은 하나 이상의 세계를 통제하는 동일한 모델을 직접적으로 경험할 수 있으며, 중간적인 추상성을 가진 모델들을 컴퓨터를 통해 경험할 수 있다.

예컨대, 엘리베이터, 무대에서 걷고 있는 주인공, 풀장에서 수영하는 사람, 자전거 등과 같은 이동과 관련된 다양한 시뮬레이션은 수학에서 모두 점으로 표현되고 통제될 수 있다. 또한 학교 수학에서 다룰 수 있는 문제의 영역을 확대하는 데 기여할 수 있다. 지금까지 학교수학에서는 해결 과정이 간단하거나 그 답이 비교적 간단한 수치로 나오는 문제를 주로 다루어 왔는바, 해결 과정의 복잡함을 피하고 학생들에게 계산의 어려움을 가중시키지 않기 위해서였다. 이는 결국 적용 범위가 좁고 학생들의 현실과는 관련 없는 빈약하고 인위적인 문제만을 다루게 되는 결과를 초래함으로써, 학생들이 수학이라는 과목을 자신들의 현실과는 유리된 것으로 잘못 파악하는 데 영향을 미쳤다. 이러한 왜곡된 상황은 문제 해결에서 문제의 의도와 모순되지 않는 경우에 한해서 컴퓨터를 이용할 수 있도록 함으로써 어느 정도 극복할 수 있다. 문제해결에서 가장 중요한 아이디어는 학생의 사고로 탐색하게 하되, 그 이외의 문제해결의 수단이 되는 복잡한 과정은 컴퓨터의 다양한 기능을 이용하게 하는 것이다.

이런 방식으로 수학 문제해결에 컴퓨터를 도입한다면 학생들의 현실과의 관련성으로 충만한 문제들을 학교 수학에서 다룰 수 있게 된다. 이는 결구 학생들이 주위의 여러 가지 현상을 수학적 안목으로 파악하도록 한다는 수학교육의 본질적인 목적을 추구하는 데도 일조할 수 있을 것이다.

### 2) 수학적 대상과 관계의 구체화

컴퓨터는 수학적 대상과 수학적 관계를 구체화함으로써 그것들을 보다 직접적으로 다룰 수 있는 교수-학습 환경을 제공하는바, Balacheff는 이를 '새로운 경험적 수학현실주의'라고 명명하였다. 한편 컴퓨터 기반 환경에서 학습자와 컴퓨터의 상호작용은 학습자의 입력에 대한 상징적 해석과 컴퓨터 조작에 바탕을 두고 있으며, 컴퓨터 기반 환경에서의 피드백은 해석 가능한 하나의 수학적 현상으로서 적절한 기록으로 제공된다.

Teodoro는 이와 유사한 맥락에서 컴퓨터의 탐구학습 환경의 가장 큰 특징 중의 하나는 '구체적－추상적 대상'이라고 부를 수 있는 컴퓨터에서만 오직 구현할 수 있는 새로운 대상이라고 주장하였는바, 여기에서 구체적－추상적 대상은 컴퓨터 화면에서 실제로 존재하는 것처럼 볼 수 있고 다룰 수 있다는 의미에서 구체적이며 수학적 구성물이라는 의미에서 추상적이라고 할 수 있다.

수학적 대상과 관계를 구체화하여 직접적인 조작을 활성화시킬 수 있는 컴퓨터 기반 학습 환경의 특징은 특히 기하 교수－학습 방법에 많은 영향을 미친다. Cabri－Geometry와 Geometer's SketchPad(GSP)와 같은 탐구형 기하 소프트웨어에서는 기하 그림을 직접적으로 다룰 수 있는 새로운 접근 방법을 채택하고 있다. 기하의 개념화는 컴퓨터 화면에 나타나는 그림의 요소들을 마우스로 끌었을(drag) 때 그림에서 변하지 않는 성질에 대한 연구가 되며, 기하적 성질에 대한 명제는 새로운 실험의 영역에서 관찰 가능한 기하적 현상을 기술한 것이 된다. 여기에서 컴퓨터 화면에 나타나는 그림의 요소들을 마우스로 끄는 과정은 바로 Dienes가 주장하는 '수학적 다양성의 원리'와 부합한다고 할 수 있다.

### 3) 다양한 표현 체계의 연결

다양한 표현 체계의 연결은 수학 교수－학습에서 두 가지 의미를 갖는바, 그것은 복잡한 수학 아이디어의 다양한 측면을 드러내는 것과 어떤 표현 체계에서의 행동의 결과를 따른 표현 체계를 통해서 보여줌으로써 그 행동의 의미를 반성하도록 하는 것이다. 또한 컴퓨터 기반 학습 환경은 수학의 다양한 표현을 같은 화면에 제공하는바, 이는 학생들로 하여금 다양한 표현을 서로 연결짓게 함으로써 그 표현에 내재되어 있는 의미를 보다 충실하게 이해할 수 있도록 한다. 예를 들면, GSP에서 삼각형을 그려 세 내각을 잰 다음 그 합을 계산하여 결과를 하면에 나타내고, 다음에 마우스로 한 점을 끌어 세 내각의 크기와 합의 변화를 관찰함으로써 세 내각의 합이 일정하다는 사실을 직관적이고 귀납적으로 받아들일 수 있다.

컴퓨터 기반 학습 환경에서 표현 체계 A와 표현 체계 B가 연결되어 있다는 것은, 표현 체계 A에서 취해진 행동이 표현 체계 B에 자동적으로 반영되며 역으로 체계 B에서 취해진 행동이 체계 A에 자동적으로 반영되는 것을 의미한다.

### 4) 사고력 중심의 수학교육 추구

컴퓨터는 사고력을 도모하기 위한 환경을 조성하는 데 한계가 있는 지필 환경을 어느 정도 보완할 수 있다. 컴퓨터는 사고력 향상을 목적으로 하는 교수－학습 활동에서 산술적인 계산과 대수적인 문자식의 처리를 신속하게 수행해 줌으로써 본질적인 사고력 중심의 교수-학습 활동에 전념할 수 있게 해준다.

LOGO와 같은 프로그래밍 환경에서는 학생들의 사고가 프로그램이라는 형태로 저장되고 그 프로그램에 따라 거북이 움직이게 되는데, 학생들은 거북의 움직임을 통해 학생 자신의 사고와 행동을 명확하게 인식할 수 있다. 또한, 컴퓨터 프로그래밍에서의 오류 수정 활동은 수학적 사고력 향상을 위한 기회로 활용될 수 있다. 오류는 예상하지 못한 곳에서 일어나고 그 오류를 제거하기 위해 반드시 프로그램에 수정을 가해야 하는바, 이는 학생 자신의 수학적 사고와 그것을 절차적 형태의 프로그램으로 변환하는 과정을 다시 한 번 반성하는 기회를 제공한다. 이는 자신의 사고와 행동을 다시 한 번 반성해 봄으로써 더 높은 수준으로의 발달을 모색하는 반영적 추상화 활동에 기여한다고 할 수 있다.

### (2) 컴퓨터의 도입으로 인한 수학교육 내용의 변화

NCTM은 수학교육 방법론의 측면에서 컴퓨터가 갖는 의미와, 컴퓨터의 도입에 따른 수학교육 내용상의 변화에 대한 명확한 관점을 가져야 할 필요성을 다음과 같이 제시하고 있다.

- 모든 학생은 언제든지 적절한 계산기를 사용할 수 있어야 하며,
- 학생들에게 시범을 보일 수 있도록 모든 교실에 컴퓨터를 설치해야 하며,
- 개별 학습이나 소그룹 학습에서 모든 학생의 컴퓨터 사용이 가능해야 하며,
- 모든 학생은 문제해결에서 정보를 처리하고 계산을 수행하는 도구로서 컴퓨터를 사용할 수 있어야 한다.

#### 1) 의도된 내용상의 변화

컴퓨터로 인해 새롭게 부각된 전문 수학의 내용, 예컨대 이산수학이나 수치해석 같은 분야를 국가 수준의 수학 교육과정에 도입함으로써 생기는 변화이다. 이와 같은 학교 수학의 내용상의 변화를 주로 교육과정 개발자가 교육과정을 개발할 때나 교과서 저자들이 교과서를 집필할 때 발생한다. 제7차 수학과 교육과정에서 심화 선택 과목으로 이산수학이라는 과목이 신설된 것도 이러한 맥락에서 이해될 수 있다.

#### 2) 의도되지 않은 곳에서의 수학교육의 내용이나 성격의 변화

수학교육용 컴퓨터 소프트웨어를 개발할 때나 개발된 프로그램을 실제로 활용할 때 의도되지 않은 곳에서는 프로그램 개발자나 그것을 활용하는 사람에 의해 수학 수학교육의 내용이나 성격이 변하는 것으로, 부지불식간에 무의식적 내지는 무의도적으로 내용을 변화시킴으로써 가르치고자 하는 수학 지식의 본질을 왜곡할 위험성이 매우 높다고 할 수 있다.

첫째, 수학교육용 컴퓨터 소프트웨어를 개발할 때, 그 소프트웨어를 개발하는 프로그래머에 의해 수학교육의 내용과 수학 지식의 성격이 변할 수 있다. 이러한 프로그래머에 의한 교수학적 변환은 교과서 저자에 의한 교수학적 변환과 비슷하지만, 수학교육용 소프트웨어를 만드는 프로그래머가 과연 교과서 저자만큼 학교수학에 대한 전문적 식견을 가지고 있는가 하는 것이 문제가 된다. 예를 들어, GSP로 선분을 그린 다음 그 위에 임의의 점을 찍고 한쪽 끝을 끌기 하면 그 점은 처음과 같은 비율로, 즉 내분하는 점으로 변하여 움직인다는 것을 알 수 있다. 또 다른 예로 LOGO에서 원을 그릴 때는 원의 정의에 의한 방식이 아니라 정다각형과 무한의 개념을 이용하여 그린다는 것이다. 따라서 소프트웨어의 사용자나 교사는 이러한 한계를 충분히 숙지하여 학생들에게 오개념이 일어나지 않도록 유의할 필요가 있다.

둘째, 개발된 컴퓨터 소프트웨어의 활용에서 그 목적은 도외시하고 방법에만 매달릴 때, 가르치고자 하는 수학 지식의 성격이 상당 부분 변하게 된다. 특히, 컴퓨터에 의한 수학지식의 교수학적 변환의 가능성을 네 가지의 극단적인 교수 현상, 즉 메타－인지(적) 이동, 형식적 고착, 토파즈 효과, 죠르단 효과와 관련지어 생각할 수 있다.

### 3) 컴퓨터를 이용한 수학 교수－학습에서 유의점

수학교육에서 공학을 활용할 때 의도된 내용상의 변화와 의도되지 않는 곳에서 수학교육의 내용이나 성격이 변하는 경우 특히 컴퓨터에 의한 수학지식의 교수학적 변환 가능성, 즉 극단적인 교수 현상을 유의해야 하며 더불어 다음과 같은 유의점을 명심해야 한다.

① 컴퓨터를 수학 교수－학습에 도입함에 있어서 그 목적을 명확하게 할 필요가 있다.
수학교육의 방법을 개선하기 위해 컴퓨터를 도입한다면, 방법론적인 면에서 시도되는 컴퓨터 활용 방안이 가르치고자 하는 내용, 즉 수학 지식의 성격을 변형하거나 왜곡할 위험성은 없는지에 대해 끊임없이 감독하고 통제해야 한다.

② 수학 교수－학습의 어느 단계에서 어떤 소프트웨어를 사용할 것인가의 문제가 중요한 문제로 부각된다. 교사는 수업의 어느 단계에서 컴퓨터를 활용하고 어느 단계에서 컴퓨터의 영향을 차단할 것인가에 대한 세밀한 수업 계획을 세워야 한다. 즉, 수학 개념을 도입하는 단계에서 컴퓨터를 활용할 것인가, 아니면 학습한 수학적 원리나 사실을 확인하고 적용하는 단계에서 컴퓨터를 활용할 것인가 등을 분명하게 인식해야 한다.

③ 수학교육에 컴퓨터를 도입함에 있어서 컴퓨터와 사용하는 소프트웨어의 교육적 한계를 분명하게 인식하여 적절하게 사용해야 한다. 예컨대, 컴퓨터에서는 수를 주로 소수로 표현하므로 학교 수학에서도 분수 표현보다는 소수 표현을 많이 사용하고 학생들이 분수보다는

소수에 익숙해지도록 지도하자는 주장이나, 컴퓨터에서 다루는 수학은 연속수학이 아닌 이산수학이므로 이산수학을 중심으로 학교수학의 내용을 재편하자는 주장이 이러한 극단적인 주장이라고 할 수 있다. 그리고 컴퓨터와 소프트웨어의 한계를 학생들에게 인식시키고 컴퓨터에서 다루기 곤란한 수학적 개념의 본질을 컴퓨터의 한계를 통해 더욱 명확하게 이해시킬 수 있다.

④ 수학교육용 컴퓨터 활용 자료의 개발은 반드시 가르치고자 하는 수학 지식에 토대를 두고 이루어져야 한다. 컴퓨터 활용 교수 자료를 개발하는 데 있어서 자칫하면 컴퓨터 환경에만 초점을 두고 컴퓨터의 다양한 기능으로부터 수학 교수–학습에 활용할 수 있는 방법을 이끌어 내는 작업에만 치중하기 쉬운데, 이는 학생들에게 가르치고자 의도하는 내용과는 다른 내용을 제시할 위험이 있다.

## (4) 컴퓨터와 수학교육

### 1) 컴퓨터 기능과 수학 교육

컴퓨터는 그래픽, 애니메이션, 시뮬레이션, 계산의 신속성, 정보 기억 용량, 디버킹 등 다른 어떤 교육 매체가 갖지 못하는 독특한 교수 학습 환경을 제공한다. 이러한 컴퓨터의 기능을 수학교육에 도입하여 좀 더 학생들의 이해를 쉽고, 학생 스스로의 문제해결 능력을 길러주고 사고력을 신장시키는데 많은 도움을 줄 수 있다.

① **그래픽과 애니메이션**

㉠ 추상적인 수학 내용을 시각화하여 지도할 수 있게끔 하며 그 학생들의 직접적인 경험이나 통제를 통해 시각화가 이루어질 수 있기 때문에 수학 학습의 어려움을 크게 완화시켜 줄 수 있다.

㉡ 형식적인 증명이나 개념 학습의 전 단계로 그래픽이나 애니메이션을 통한 직관적인 지도는 대단히 효과적이다.

② **시뮬레이션**

㉠ 시간·공간적인 이유 등으로 실제 조작할 수 없는 경우 실제와 유사한 상황을 제시함으로써 학생들로 하여금 직접적인 참여자로서의 역할을 수행하도록 해준다.

㉡ 수학의 연역적인 성질을 경험적이고 귀납적으로 바꾸어 수학의 역동적이고 발생적인 측면을 부각시킬 수 있다는 점에서 수학 교육에서 중요한 위치를 차지한다.

③ **계산 능력**

㉠ 복잡한 식의 근을 구하거나, 큰 숫자의 곱을 해야 하는 단순 계산식을 컴퓨터를 사용함으로써 시간을 단축시킬 수가 있고, 이러한 계산에 드는 시간을 단축함으로써 학생

들에게 보다 사고력을 향상시킬 수 있는 문제들을 가르칠 수 있게 된다.

ⓛ 산술적인 계산뿐 아니라 대수적 문자식의 변환도 신속히 처리될 수 있게 됨으로써 종래의 계산 기능 위주에서 문제 해결과 같은 사고력 중심의 교육과정으로 옮겨갈 수 있게 해 준다.

④ **오류 수정**

프로그램을 자 나가면서 오류가 발생하면 그 원인을 찾는 과정에서 사고력을 키워나갈 수 있다.

### 2) 수학교실에서 컴퓨터로 할 수 있는 것

① 중학교 학생들은 소수 또는 최대 공약수 계산, 주어진 날짜가 어느 주 무슨 요일에 해당하는가를 계산하는 등의 프로그램을 만들 수 있다.

② 산업 수학을 배우는 학생들에게는 일차식의 프로그램이나 다른 여러 가지 문제들을 풀기 위한 프로그램뿐만 아니라, 투자, 저당, 감가상각비, 대부금, 세금, 수표금액 등에 관한 어떠한 문제라도 사실상 답하는 프로그램이 있다.

③ 대수를 배우는 학생은 연립방정식을 풀고 행렬 연산과 복소수 계산을 수행하기 위한 프로그램뿐만 아니라 상당히 다양한 축척과 변환 개념을 가진 곡선을 그리고, 직선과 곡선의 삽입, 근 구하기 등의 프로그램에서 매혹적인 도구를 발견할 것이다.

④ 해석학을 배우는 학생들은 극한, 도함수, 그리고 적분 등을 계산하기 위한 프로그램을 쉽게 이용할 수 있다.

⑤ 정교한 시뮬레이션을 하는 것뿐만 아니라 순열과 조합을 계산하기 위한 프로그램은 확률을 배우는 학생들이 이용할 수 있다.

⑥ 통계를 배우는 학생들은 어떤 일반적인 분포에서 주어진 값에 따른 확률을 계산하거나, 여러 가지 훌륭한 통계 조사를 수행, 또는 주어진 자료의 회귀 분석을 완성하는 데에 프로그램을 적용하는 것은 그리 문제가 되지 않을 것이다.

### 3) 수학학습에서 컴퓨터 활용의 실제

① **대수와 함수**

㉠ 대수적 변환 및 조작 능력에 소비하는 시간의 상당 부분을 응용 중심으로 옮길 수 있다.

ⓛ 지도 계열을 개선함으로써 학습 전체에 대한 태도를 개선할 수 있다. 기능이나 개념을 먼저 지도한 후 응용문제를 전하는 것이 아니라 응용문제를 먼저 소개함으로써 학습 내용의 의미를 알게 할 수 있다.

㉢ 역동적인 그래프로 양적인 관계를 산출해 내는 컴퓨터의 기능은 대수 학습을 의미 있게 해준다. 가령, 곡선의 절편, 점근선, 기울기, 오목한 상태 등을 역동적으로 관찰할 수 있으므로 종래의 지필 방법으로 힘들었던 함수에 대한 직관력을 기를 수 있다.

② **기하**

㉠ 기하 개념을 지도하는 데 있어서 개념적 이해나 추론을 하기 전에 구조들 사이의 관계를 직관적으로 파악시킬 수 있도록 해준다.

㉡ 도형과 도형의 변환과 관련된 학습 내용을 전체적인 시각을 통해 파악하고 도형을 마음대로 조작할 수 있게 되어 학생들의 시각적 직관력을 키우는 데 도움이 된다.

㉢ 「CONG－RUNCE」나 「Geo－explore」와 같은 프로그램을 이용하면 다각형을 스크린 상에 그릴 수 있으면 그것을 대칭 이동시킬 수 있으며 똑같은 것을 복제할 수도 있다.

㉣ 두 도형이 있을 때 한 도형을 다른 도형으로 옮겨 포갤 수 있으며 대응하는 변이 평행이 되도록 정렬시킬 수도 있다.

㉤ 추정하거나 탐구하는 활동에 초점을 맞출 수 있다. 현재 기하 교육은 공리나 정의로부터 주어진 기하학적 정의를 연역적으로 증명하는 과정에 주안점을 두고 있다. 컴퓨터의 그래픽 기능과 계산 처리 능력은 학생들 스스로 수치를 결정하고 도표를 완성해 가며 도형 관계를 탐구하고 추정하는 실험 기회를 제공해 수학이 역동적인 과목임을 느끼게 해준다.

㉥ 논리적 사고력을 향상시킬 수 있다. 「Proofcheker」와 같은 기하학적 증명에 대한 인공지능 프로그램이 개발됨에 따라 학생들이 컴퓨터와 대화를 해 나가면서 주어진 기하 증명 문제에 대해 증명을 할 수 있고, 자신의 증명 과정을 스스로 수정할 수 있다. 또한 컴퓨터 프로그래밍 활동은 논리적 추론 능력을 향상시킨다.

㉦ 로고 프로그래밍 언어를 통해 학생들이 초등학교 저학년에서부터 도형을 그리는 훈련을 함으로서, 기하학의 중요원리를 조기에 도입할 수 있을 분 아니라 문제해결이나 초인지(metacognition)와 같은 중요한 수학적 능력을 향상시킬 수 있다.

㉧ 변환기하를 쉽게 도입할 수 있다. 학교기하에서 변환기하를 도입하기 어려운 것은 도형의 '움직임'을 구현하는 도구가 없었기 때문이었다. 컴퓨터 그래픽 소프트웨어를 사용하면, 변환기하의 중심 아이디어(회전, 대칭이동, 평행이동, 닮은 변환)를 시각적으로 분명히 이해시킬 수 있다. 컴퓨터를 이용한 변환기하의 도입은 학생들로 하여금 기하를 매우 매력적이며 역동적인 과목으로 간주하게 만든다. 변환기하의 필수적인 개념은 매우 간단하다. 그러나 초기에 변환의 합성이 소개될 때, 관련된 그림이 너무 많고 복잡한 계산이 필요하기 때문에 어렵게 느껴진다.

㉠ 다각형이나 공간도형의 넓이, 부피, 길이 등을 계산하는 것이 쉬워졌다.

㉡ 기하나 여러 다른 과목(대수, 물리, 화학, 확률 등)의 아이디어를 통합시킬 수 있다.

### ③ 통계 및 확률

㉠ 컴퓨터 시뮬레이션 프로그램을 이용해 학생들에게 경험적인 확률을 도입 할 수 있다. 이 방법은 확률개념에 대한 동기 유발을 도울 뿐 아니라 조작 활동을 통해 확률 개념을 더욱 역동적으로 다룰 수 있게 해준다.

㉡ 통계 수업에서 계산에 대한 부담이 없어지고 자료처리에 대한 기능이 보완됨으로써 일상생활에서 볼 수 있는 생생한 자료를 사용할 수 있게 되어 통계가 학생들에게 의미 있는 과목이 될 수 있다.

㉢ 통계 패키지를 사용하면 여러 가지 자료를 시각적으로 보여 줄 수 있으므로 탐구조작 측면에 초점을 맞추어 통계교육을 시킬 수 있게 된다.

### ④ 미적분

현재 미적분 교육은 개념의 이해보다는 주어진 함수의 미분과 적분값을 구하는 기능 위주에 초점을 주고 있다. 이는 학생들의 인지 수준에 비추어 엄밀한 지도법을 택한 것 그리고 미적분 개념에 들어 있는 극한 및 무한 개념을 지필 환경으로 설명하기가 곤란하다는 데에서부터 발생한 것이다.

㉠ 컴퓨터의 시각적인 기능을 이용하면, 미분계수와 정적분 등의 개념을 좀더 직관적으로 이해시킬 수 있다. 특히 줌 기능이나 그래프 변환기능을 이용하면 학생들에게 이해시키기 어려운 미분계수나 정적분의 기본 정리와 같은 개념을 이해시킬 수 있다.

㉡ 그래프를 마음대로 그리고 미적분과 관련된 모든 계산을 수행할 수 있게 됨으로써 종래의 계산 및 기능 위주의 교육에서 벗어나 역동적인 그래프 조작을 통한 실험 탐구적인 환경에 초점을 둘 수 있다.

### ⑤ 이산수학

㉠ 이산 집합(discrete set)이란 집합의 원소들의 개수를 셀 수 있는(countable) 집합을 말한다. 이러한 이산 집합 위에 정의된 수학적 체계에 대한 학문 분야를 연구하는 수학이 이산수학(discrete mathematics)이다.

㉡ 전산학, 정보통신분야, 전기공학, 사회학, 심리학, 생태학 등의 다양한 분야에 응용될 수 있다는 점에서 이산수학은 최근에 가장 급속히 발전하고 있는 현대 수학 분야의 하나이다.

㉢ 이산수학은 컴퓨터를 다루고자 할 때 꼭 필요한 수학 분야로써 컴퓨터의 등장과 함께 급속히 발달되었다.

㉣ 컴퓨터에 의한 사색(four-color)문제의 증명은 컴퓨터에 의한 증명을 인정하면서 수학의 증명 영역을 새롭게 넓힐 수 있는 계기가 되었다.

㉤ 이산수학은 모든 학생에게 재미있는 소재가 될 수 있다. 유한 그래프와 행렬 표현, 수열과 급수, 피보나치 수열, 복리계산, 알고리즘, 프랙탈 등이 학교교육에서 강조될 필요가 있다.

## (5) 컴퓨터 프로그래밍(Programming)

### 1) 컴퓨터 프로그래밍

① 컴퓨터의 언어를 사용하여 프로그래밍을 함으로써 수학적인 문제를 해결하게 하는 방법이다.

② 초등학교나 중등학교 저학년을 위한 LOGO, 중등학교 수준을 위한 BASIC, PASCAL 등의 언어가 있다.

③ 수학 교육에서 컴퓨터를 보다 의미 있게 활용하는 방법으로 프로그래밍 그 자체가 문제해결 과정이다.

| 목표인식 | ➡ | (프로그래밍을 위한) 설계 | ➡ | 프로그래밍 작성과 실행 | ➡ | 프로그래밍의 결과에 대한 오류 수정 |
|---|---|---|---|---|---|---|
| 문제이해 | | 문제해결 계획 | | 해결 계획 실행 | | 반성 |

④ 컴퓨터 프로그래밍을 작성하는 데 있어서 오류 수정의 기회를 통해 사고력 향상을 위한 기회로 사용할 수 있다. 오류는 예상하지 못한 엉뚱한 곳에서 일어나기 때문에 학생들의 흥미를 끌 수 있으며 오류를 제거하기 위하여 반드시 무엇을 할 수밖에 없으므로 자신의 행동에 대한 새로운 통찰을 이끌 수 있다.

### 2) LOGO

① Papert(1980)의 저서 『Mindstorms : Children, Computers, and Powerful Ideas』는 그의 구성주의적 교육관과 자연스러운 컴퓨터 보조 학습 환경을 구체화하기 위해 LOGO를 설계했다.

② LOGO는 스크린 상에 있는 거북이로 하여금 여러 가지 도형을 그리도록 함으로써 비형식적으로 기하를 조기에 도입할 목적으로 만들어졌다.

③ 프로그래밍의 주체로서의 아동들이 거북이와 똑같은 행동을 할 수 있다는 점이 LOGO의 중요한 점이다.

④ 문제 해결력을 신장시키고 직관력을 배양시킬 수 있는 도구로서 오류 분석 활동이나 자기 자신의 행동에 대한 반성을 통해 사고력이나 초인지의 향상을 기대할 수 있다.

⑤ 아동들에게 자기의 사고를 의식화할 수 있는 기회를 제공한다.

⑥ LOGO의 특성을 반영한 6단계의 수업 모델은

준비단계 ➡ 구체적 행동 및 행동의 토론 ➡ 행동의 표현 ➡ 추측 검사 및 증명 ➡ 오류수정 ➡ 확장 및 일반화

예) LOGO 사용의 예

| 정사각형 | 정삼각형 | 정다각형 |
|---|---|---|
| TO SQUARE | TO TRIANGLE | TO POLYGON : SIDE : N |
| REPEAT 4 [FD 50 RT 90] | REPEAT 3 [FD 30 RT 120] | REPEAT : N [FD : SIDE RT 360 : N] |
| END | END | END |

### 3) CAI (Computer assisted instruction)

① **개인교수**(Tutoring)

새로운 수학적 개념을 지도하기 위한 과정을 제시하고 있으며, 학생은 이 과정에 따라 학습함으로써 새로운 개념을 학습할 수 있다.

예) 그래프 사용, 시뮬레이션, 게임 그리고 어려운 수학적 개념과 기능을 가르치기 위한 동적인 설명이 되어 있는 프로그램 등

② **기능연습**(Drill and exercise)

기능 숙달을 위한 것이다.

③ **게임**(Game)

컴퓨터 게임을 통한 학습이나 기능 숙달을 돕기 위한 것이다.

④ **문제해결**(Problem solving)

문제해결력을 기르기 위해 문제 상황과 적절한 전략을 사용하도록 고안된 것이다.

### 4) 마이크로 월드(Micro−world) : 소프트웨어

① 수학 교육을 위해 특별히 만든 소프트웨어로서 학습자가 간단히 어떤 명령을 입력함으로써 학습자가 원하는 다양한 결과를 만들어내게 할 수 있다.

② LOGO, Mathematica, GSP 등 다양한 종류가 있다.

③ 수학적 문제해결력 신장과 창의적 사고력 개발을 위해 소프트웨어를 많이 사용하고 있다.

#### 5) 네트워크(Network)

① 인터넷을 사용하여 필요한 정보를 교환하면서 학습에 이용하는 것이다.
② 우리나라에는 교육용으로 개발된 에듀넷(edunet)이 있어서 학교 교육에 많은 정보와 도움을 주고 있다
③ 급속하게 발달하는 전산망으로 인터넷의 학습 사용이 많아지고 있다.
④ 빠른 정보의 주고받음 속에서 더 많고, 더 좋은 질의 내용을 직접 접할 수 있다.
⑤ 인터넷이 생활화되면서 생활 그 자체까지도 인터넷의 영향을 받고 있다.

#### 6) 컴퓨터 활용 시 수학교육에의 이점

① 학습자들은 첨단 기기인 컴퓨터를 사용함으로써 호기심이 생기고, 흥미를 일으키며, 주의를 집중하게 된다.
② 같은 수학적 개념, 원리, 법칙 등에 대한 그 접근 방법이 다양해질 수 있고 수학학습 과정도 다양해 질 수 있어 학습자들의 수준에 맞는 수업 진행이 가능해진다.
③ 다양한 색상을 이용하여 움직임을 묘사하는 컴퓨터의 그래픽과 음향은 현실성 있는 수학학습을 가능하게 해주며, 추상적인 수학 개념을 시각화시켜 수학학습의 어려움을 완화시켜 준다.
④ 컴퓨터의 신속성과 기억, 저장 능력을 이용하여 학습자의 행동에 대한 즉각적이고도 개별적인 반응을 제공해 준다.
⑤ 컴퓨터가 소유한 계산 능력으로 인해 계산 위주의 교육에서 사고력 증진 교육으로 초점을 맞출 수 있게 된다.
⑥ 프로그래밍 학습의 활용 시 가능한 오류 수정을 통해 사고력을 향상시킬 수 있다.
⑦ 프랙탈 같은 새로운 분야가 생겨난다.
⑧ 컴퓨터의 방대한 기억 용량은 개별 학습자의 성적, 교육 성과 및 학습 활동을 기록하고 이에 대한 적절한 사후 지도를 하게 해 준다. 결국, 성적 처리 등의 업무를 처리해 줌으로써 교사에게 학생의 개별적인 지도 및 상담에 좀 더 많은 시간을 할애하게 해 준다.

### (6) 컴퓨터 활용에 의한 수학의 변화

#### 1) 컴퓨터 활용에 의한 수학의 변화

① 컴퓨터의 발달로 복잡한 수학계산을 보다 신속 정확하게 하고 방대한 양의 수학 자료를 저장하고 이를 다룰 수 있게 되었다.

② 컴퓨터는 수학적 대상과 개념을 모의실험하고 시각화하여 줌으로써, 증명에 앞서 추측을 하고 종합할 수 있게 해 준다. 그러므로 수학적인 문제를 해결할 때나 새로운 개념을 도입할 때, 논리－연역적이고 형식적인 행동보다는 점차 "실험적"인 행동으로 대체되어 간다.

③ 컴퓨터는 수학적인 추론과 증명에도 영향을 주었다. 전문적인 시스템의 도움으로, 컴퓨터가 자동적으로 증명을 하거나 상호작용으로 증명을 돕는다.

④ 수학자들의 작업방식도 달라지고 있다. 인터넷 등의 정보망을 통한 새로운 통신가능성으로 인해 정보의 교류 및 집단작업이나 참고문헌의 목록을 유지하는 일이 좀 더 간편해지고 있는 실정이다.

⑤ 수학적 개념이 바뀌거나 그 중요성에 있어서 지위가 바뀐 경우도 있다.

㉠ 수, 변수, 함수 등이 컴퓨터과학의 영향으로 개념이 바뀌어 가고 있다.

㉡ 컴퓨터 프로그램에서 흔히 볼 수 있는 'I＝I＋1' 형태의 등식에서 변수는 미지수가 아니라 어떤 값의 '저장 장소'로 해석해야 하며, 등호의 의미 역시 동치관계가 아니라 '바꾸어 넣는다'는 의미로의 새로운 해석이 필요하게 되는 것이다.

㉢ 프랙탈, 순환(recursion)이나 반복(iteration)과 같은 새로운 개념들과 사고의 방식이 발달되고 있다.

㉣ 수치해석과 더불어 이산수학(discrete mathematics),논리, 또는 통계 등이 새롭게 각광을 받게 되는 등 실험적, 수치적이고 보다 알고리즘적이 되어 가고 있다. 수학 내에 알고리즘이 차지하는 부분이 점점 많아지기 때문이다. 알고리즘은 그 자체를 위해 연구되어지고(알고리즘의 기본개념들, 새 알고리즘의 발달, 알고리즘 증명하기, 알고리즘의 평가), 수학적 활동 안에서 알고리즘이 아이디어를 표현하고 대상을 구성하고 정리를 증명하는데 사용된다.

### 2) 컴퓨터 활용에 의한 수학 교수(teaching)에의 변화

#### ① 수업에의 활용

㉠ 칠판대용 : 컴퓨터 모니터의 화면을 확대하여 별도의 스크린에 투사할 수 있는 보조 장치들을 이용함으로써 그 효과를 높일 수 있다. 교사가 컴퓨터를 직접 조작하여 예를 제시하거나 그림을 그릴 수 있다.

㉡ 수업활동 : 교실에 개인용 컴퓨터(PC)가 있어서 한두 명 혹은 몇 명의 그룹이 되어 프로그래밍을 하거나 패키지를 사용할 수도 있다. 여러 대의 컴퓨터를 네트워크로 연결할 수도 있다.

ⓒ 교실 밖에서의 활동 : 컴퓨터는 교실 밖에서 연습, 문서 또는 개인교습 등을 제공하는 "출처(resource)"로 이용될 수 있다. 컴퓨터를 가정에 보유하는 학생수가 증가할수록 학교 밖에서의 컴퓨터 이용이 크게 증가하게 된다.

② **학습에의 활용**

㉠ 개인교수(tutor) : 질문지와 실험을 통해 학습자로 하여금 정해진 과정을 통과하게 하는 "개인교습" 또는 'CAI(Computer Assisted Instruction)'으로 불리우는 컴퓨터 보조학습이 전통적으로 컴퓨터가 학교수학에서 활용되는 방법이다.

㉡ 학습자(tutee)로서의 컴퓨터 : BASIC이나 C 등의 언어들이나 수학을 위한 특수한 언어들로 프로그래밍을 하여 컴퓨터가 결과를 내도록 명령함으로써 수학 학습을 하게 되는 경우이다.

ⓒ 도구(tool)로서의 컴퓨터 : 그래프나 함수 등을 그리거나 도형을 그리는 그래픽 패키지 등의 수학적인 유틸리티들, 수학적 개념 또는 문제들을 예시 실연하거나, 모의 실험하는 소프트웨어들, 수학적인 목적을 위해서 사용되는 스프레드 쉬트(Spread sheet), 사용자가 대상들을 조정할 수 있는 소우주(micro world)를 제공하는 소프트웨어를 이용하여 수학 학습이 이루어지게 할 수 있다.

③ **수학교육에서 컴퓨터를 활용하기 위한 과제**

㉠ 교사의 컴퓨터 조작 능력이 전제되어야 한다. 현재 사범대학 교육이나 재교육의 근본적인 개혁이 이루어져야 한다. 일반 컴퓨터교육이외에 수학교육 측면에서 교과내용을 바탕으로 이루어져야 한다.

㉡ 수학교육에서의 컴퓨터의 활용에 대한 기초연구가 활발히 이루어져야 한다. 특히 특징 내용의 추가와 삭제, 학습계열이나 교육내용의 학년별 할당 등에 대한 연구가 시급히 이루어져야 한다.

ⓒ 다양한 코스웨어의 개발이 이루어져야 한다. 단순히 교과서 내용을 재설명해주는 개인학습식 CAI프로그램뿐 아니라 종이 매체로서의 교과서가 담지 못하는 내용이 포함되는 교육용 유틸리티 프로그램이나 사고력 신장을 위한 프로그램 등이 다양하게 개발되어야 한다.

㉣ 더욱 풍족한 컴퓨터 교육환경이 구축되어야 한다. 현재의 한 학교당 평균 30대 꼴의 컴퓨터 대수도 늘려나가야겠지만 학생들이 마음껏 활용할 수 있는 운용체제가 도입되어야 한다.

## 03 탐구형 기하 소프트웨어와 기하교육

### (1) 중·고등학교 기하교육과 컴퓨터

#### 1) 기하교육에서의 컴퓨터 기능

컴퓨터는 현재 정보화 사회의 주역으로 인간의 모든 활동분야에 많은 영향을 미치고 있다. 수학교육에도 계산기와 컴퓨터를 도입하고 인터넷을 학습-지도에 이용해야 한다는 데 이론의 여지가 없다.

NCTM에서 1990년대 수학교육 개선을 위하여 제시한 'Curriculum and Evaluation Standards for School Mathematics'에서는 계산기와 컴퓨터를 수학 학습-지도를 위한 가치 있는 도구로 사용하여야 한다고 주장하며 다음과 같은 입장을 취하고 있다.

첫째, 적절한 계산기를 모든 학생들에게 언제든지 이용할 수 있게 한다.
둘째, 컴퓨터를 모든 교실에서 시범을 목적으로 이용할 수 있게 해야 한다.
셋째, 모든 학생들은 개인적인 연구나 집단 연구를 위해 컴퓨터에 접근할 수 있어야 한다.
넷째, 학생들은 문제를 탐구하고 해결하기 위해 정보를 처리하고 계산을 수행하는 도구로서 컴퓨터를 사용하는 법을 배워야 한다.

Freudenthal은 수학교육에서 공학적 도구의 활용을 강조하였으며, '수학적 이해를 유발하고 증진시키기 위해 계산기와 컴퓨터를 어떻게 이용할 것인가?'라는 문제를 수학교육의 주요 문제 중의 하나로 설정하였다. 또한 그는 교육 공학이나 기술 교육의 측면에서 공학적 도구를 고려하는 것은 수학교육에서 그리 중요한 문제가 아니며, 수학적 사고력 증진이라는 수학교육의 목적 추구를 위한 강력한 수단으로서 공학적 도구를 이용할 것을 주장하였다.

현재 기하학습의 개선방안으로 제시된 컴퓨터는 빠른 계산이 가능하고, 수학적 아이디어를 시각적으로 나타낼 수 있으며, 기하교육과정을 풍부하고 역동적으로 만들 수 있는 가능성을 제시하고 있다.

기하학습에 사용할 수 있는 컴퓨터의 기능은 다음과 같이 요약할 수 있다.
첫째, 그래픽과 애니메이션은 추상적인 수학 내용을 시각화하여 지도할 뿐 아니라 그 시각화가 학생들의 직접적인 경험이나 통제를 통해 이루어질 수 있다는 점에서 수학 학습의 어려움을 완화시켜 준다.
둘째, 시뮬레이션 기능은 수학의 연역적인 성질을 경험적이고 귀납적으로 바꾸어 수학의 역동적이고 발생적인 측면을 부각시킬 수 있다.

셋째, 컴퓨터의 그래픽과 애니메이션은 기존의 교과서나 TV 등의 다른 매체와 달리 학생들 스스로 시각화를 통제하고 조절할 수 있도록 해준다.

넷째, 컴퓨터 프로그램을 작성하는 데 있어서 오류를 수정하는 과정을 통해 사고력 향상의 기회로 사용할 수 있다.

Cabri-Geometry와 Geometer's SketchPad(GSP)와 같은 탐구형 기하 소프트웨어에서는 기하 그림을 직접적으로 다룰 수 있는 새로운 접근 방법을 채택하고 있다. 컴퓨터 화면에 나타나는 그림의 요소들을 마우스로 끄는(drag) 동안 그림에서 변하지 않는 성질에 대한 기하의 개념화를 연구할 수 있으며, 기학적 성질에 대한 명제는 새로운 실험의 영역에서 관찰 가능한 기하적 현상을 기술한 것이 된다. 여기에서 컴퓨터 화면에 나타나는 그림의 요소들을 마우스로 끄는 과정을 통하여 화면의 대상을 역동적으로 변화시키는 것은 Dienes가 주장하는 '수학적 다양성의 원리'와 부합한다고 말할 수 있다.

특히, 기하교육에 있어 컴퓨터의 이용에 대한 유의점이 있다. 기하에는 시각화, 도형 그리기, 추론이라는 세 가지 인지과정이 포함되며, 이들의 조정을 통한 상승작용은 기하학적 사고의 발달을 위해 매우 중요하며, 여기서 컴퓨터는 효과적인 매체가 될 수 있다. 현재 중등학교 기하교육에서 증명지도의 주요 문제점은 명제에 대한 추론과정의 수준을 고려하지 않고 곧바로 형식적인 연역적 추론을 하도록 요구하고 있다는 것이다. 컴퓨터는 시각화와 조작적 이해를 진작시킴으로써 기하학적 사고의 발달에 기여할 수 있지만 적절히 사용하지 못하면 이러한 형식적인 연역적 추론수준으로의 이행을 어렵게 하는 교수학적 장애가 될 수 있는 것이다.

### 2) 컴퓨터를 활용한 기하교육 개선의 방안

첫째, 기하 개념을 지도하는 데 직관적인 방법을 택할 수 있다. Cabri Ⅱ나 GSP와 같은 탐구형 소프트웨어를 이용하면 개념적 이해나 추론을 하기 전에 구조들 사이의 관계를 직관적으로 파악시킬 수 있다.

둘째, 추정하거나 탐구하는 활동에 초점을 맞출 수 있다. 현재 기하교육은 공리나 정의로부터 주어진 기하학적 원리나 정리를 연역적으로 증명하는 과정에 주안점을 두고 있다. 적절한 정리를 발견하고 형식화하며 가설을 설정하는 능력은 증명하는 능력만큼 중요하다. 컴퓨터의 그래픽 기능과 계산처리 능력은 도형의 관계를 탐구하고 추정하는 실험의 기회를 제공한다.

셋째, 논리적 사고력을 향상시킬 수 있다. 기하학적 증명에 대한 인공지능 프로그램에 의해 학생들이 컴퓨터와 대화를 해 나가면서 주어진 기하 증명 문제에 대한 증명을 할 수 있고,

자신의 증명과정을 스스로 추정할 수 있다. 또한 컴퓨터 언어를 이용한 프로그래밍 자체가 논리적 추론과정이므로 프로그래밍 활동은 추론능력을 향상시킨다.

넷째, LOGO 프로그래밍 언어를 통해 종래와는 다른 기하교육 환경을 제공할 수 있다.

다섯째, 변환기하를 쉽게 도입할 수 있다. 중학교 기하에서 변환기하를 오입하기 어려운 이유는 도형의 '움직임'을 구현하는 도구가 없었기 때문이다. 컴퓨터의 그래픽 소프트웨어를 사용하면 변환기하의 중심 아이디어(회전, 대칭이동, 평행이동, 닮음변환)를 시각적으로 분명히 이해시킬 수 있다. 컴퓨터를 이용한 변환기하의 도입은 학생들로 하여금 기하를 매우 매력적이며 역동적인 과목으로 간주하게 만든다. 컴퓨터에서는 변환을 그래픽으로 나타냄으로써 기하학적인 내용을 직관적으로 지도할 수 있다. 변환은 강력한 문제 해결 도구이며, 모든 도형에 적용되는 합동과 닮음 개념을 폭넓게 발달시킴은 물론, 공간감각 발달에 기여한다.

여섯째, 컴퓨터의 계산능력 때문에 전에는 가능하지 않았던 내용이 쉽게 도입될 수 있다. 예를 들면 주어진 여러 가지의 도형에 대하여 가장 큰 넓이의 다각형을 구하는 문제나, 복잡한 계산이 요구되는 헤론의 공식을 통한 삼각형의 넓이 계산이 도입될 수 있다.

일곱째, 적절한 소프트웨어를 이용하면 기하나 여러 다른 과목(대수, 물리, 화학, 확률 등)의 아이디어를 통합시킬 수 있다. 예를 들어, 변환기하가 도입되고 행렬의 곱을 쉽게 계산할 수 있게 됨에 따라 행렬의 함수적 의미를 쉽게 이해시킬 수 있다. 또한, 시뮬레이션 소프트웨어를 이용하여 도형의 넓이와 경험적 확률 사이의 관계를 탐구할 수 있다.

여덟째, 해석기하를 중학교 저학년 때부터 폭넓게 도입할 수 있다. 대부분의 중학교 기하교육은 종합기하에 지충하고 있다. 학생들이 대수에서 배운 내용을 관련시키기 위해서는 기하의 많은 정리들이 분석적으로 다루어질 필요가 있다. 컴퓨터의 계산 능력은 기하의 대수적 계산의 도입을 용이하게 해준다.

## (2) 탐구형 소프트웨어와 기하교육

### 1) 탐구형 소프트웨어의 특성

Finzer와 Jackiw는 동적인 환경의 특성으로 직접적인(direct) 조작, 연속적인(continuous) 움직임, 몰입적인(immersive) 환경을 제안하고 있다. 직접적인 조작을 함으로써 모니터 상에 보여지는 대상과 그 이면에 숨겨진 수학적 의미 사이의 인식적 거리는 좁혀질 수 있다. 예를 들어, 컴퓨터 모니터 상에 작도된 정삼각형의 임의의 꼭지점을 드래그하면, 도형을 직접 조작하는 느낌을 갖게 된다. 동적인 환경의 두 번째 특성으로 제시된 연속적인 움직임이란 '드래그(drag)'하는 동안에 일어나는 변화와 관련된 것으로 '드래그'하는 동안에 일어나는 모니터 상의 수학적 대상들이 항상 논리적인 관련성과 전체 모양을 유지하면서 움직여질 뿐 아니라, 대상들의 변화하는 중간 상태를 사용자가 모두 볼 수 있음을 의미한다. 마지막으로 몰입적인 환경이란 사용자의 초점이 작도를 위한 기술적인 방법보다는 수학적 목표를 달성하는 방법에 맞추어질 수 있도록 하는 환경을 말한다. 이와 같은 동적인 환경을 제공하는 소프트웨어의 대표적인 것으로는 Cabri－geometry, The Geometric super Supposer, Euklid, The Geometer's SketchPad, Thales, GEOLOG 등이 있다. 이들 중에서 현재 한국에 가장 많이 보급되어지고 또한 활용되고 있는 소프트웨어는 Cabri－geometry(Carbi)와 The Geometer's SketchPad(GSP)이다.

이러한 소프트웨어들의 메뉴옵션 등은 서로 다르게 되어 있으나 몇 가지 공통된 특성을 가지고 있다. Holzl은 이러한 특성으로 세 가지를 제시하고 있다. 첫째, 이것들 모두가 유클리드 원론에 규정된 자와 컴퍼스를 활용한 작도를 흉내내고 있다는 것이다. 둘째, 기능적으로 사용자에 의해 정의된 작도를 지원하고 있다는 것이다. 셋째, 이들 소프트웨어의 가장 큰 특징으로 들고 있는 것으로서, 도형을 이루는 어떤 요소들(점, 선분, 원, 직선 등)을 움직여 그 모양을 변화시키더라도 도형의 근간을 이루는 기하학적인 관계는 계속적으로 유지된다는 것이다. 이 특성은 Laborde가 제안한 이들 소프트웨어의 공통적인 특성과도 맥락을 같이한다. 그는 도형의 명시적인 서술과 그림의 가변성을 공통된 특성으로 제시하고 있다. 그것은 화면상에 그려진 그림은, 도형의 정의를 명확하게 하는 과정을 결과로 그리고자 하는 도형에 내재된 기하학적 관계에 대한 명확한 이해와 서술을 필요로 한다는 것이다. 기하학적 관계에 의해 그려진 모니터상의 도형은 도형의 가변적인 요소가 변화되었을 때, 의도적 특성으로 보존하면서 여러 가지 도형으로 변화되어진다. 그러므로 이들 소프트웨어를 활용한 작도는 결과된 그림을 그리는 것이라기보다는 그림에 요구되는 기하학적 관계를 명확히 서술하는 것이라 할 수 있다.

### 2) 기하교육에서 탐구형 소프트웨어 활용의 이점

NCTM의 '학교수학과 평가에 대한 규준'에서는, 수업형태의 주요 변화 중 관심이 증대되는 교수방법으로, 수학적 아이디어를 구성하고 응용하는 데 있어서 학생들의 적극적인 참여, 여러 가지 수업형태의 응용(소집단, 개별탐색, 동료 간 수업, 학습토론, 과제 수행), 수학을 학습하는 도구로서의 계산기와 컴퓨터의 이용 등이 논의되고 있다. 기하학습에서 컴퓨터의 활용은 학생과 컴퓨터의 상호작용을 강화함으로서, 교사와 학생 간에 나타나는 사고 수준의 차이를 줄일 수 있다. 그리고 언어매체에 의존해 온 기존의 기하학습방법을 개선시킬 수도 있다. 이러한 관점에서 볼 때, 기하 교육에서 탐구형 소프트웨어의 활용은 바람직하다고 할 수 있으며, 많은 연구들이 이것을 뒷받침하고 있다.

Polya의 4단계 문제해결 방식을 적용한 GSP의 활용이 문제해결 과정의 이해 및 추론에 상당한 효과를 주었다고 한다. 특히, 고교 수학의 도형과 관련된 부분에서, GSP가 판서와 교사의 설명만으로는 설명되기 어려운 내용들에 효과적으로 활용되어, 개념의 이해와 많은 도움을 줄 수 있다고 제한하고 있다

황금분할과 피보나치 수열에 관련된 내용의 탐구수업에 GSP를 활용한 연구에 따르면, GSP를 활용하여 정오각형과 나선(spiral)을 그리는 과제가 학생들의 사고를 증진시켰고, 그 결과 GSP를 활용한 기하수업이 효과적이었음을 주장하고 있다.

이러한 연구들로부터 기하교육에서 탐구형 소프트웨어의 활용을 통한 이점은 다음과 같이 요약될 수 있다.

첫째, 동적인 평면기하의 성질을 정적인 상태의 인쇄 매체, 칠판에서의 강의 등을 통하여 지도할 때보다 더욱 확실하게 이해시킬 수 있다.

둘째, 학생들의 흥미를 자극하여 학습에 대한 욕구를 유발하고, 학습자의 능동적인 참여를 유도할 수 있다.

셋째, 탐구형 소프트웨어를 활용한 탐구활동을 통해, 기하학적 내용을 추측하거나 확인할 기회를 제공하거나 제공받을 수 있으며, 이를 통해 추측하거나 확인한 사실을 정당화하고자 하는 욕구, 즉 증명의 필요성을 느끼게 할 수 있다. 그리고 이러한 활동은 기하교육의 목표 중 하나인 사고력 증진과 추론 능력의 향상에 많은 도움을 줄 수 있다.

넷째, 새로운 사실을 발견하고 나아가 교육과정 밖의 내용에 대한 탐구도 가능하게 한다.

다섯째, 평면기하의 여러 가지 성질에 대한 다양한 접근은 물론 대수와 기하, 예술과 기하 사이의 연결이 자연스럽게 제시될 수 있다.

### (3) 탐구형 기하 소프트웨어와 증명

#### 1) 탐구형 기하 소프트웨어

컴퓨터는 일반적인 목적을 위해 발명된 기계로, 컴퓨터의 역할로는 워드프로세서, 스프레드시트, 데이터베이스, 그래픽 또는 설계에의 이용 등이 있다. 이러한 컴퓨터의 일반적인 목족은 수학교육에서의 컴퓨터 활용에서도 그 영향을 끼친다. 수학교육에서의 컴퓨터 활용 방안은 프로그래밍을 통한 학습, 도구로서의 활용, CAI(Computer－Aided Instruction)로 구분된다. 또한 컴퓨터를 어떻게 활용하느냐에 따라 컴퓨터의 역할을 '교사로서의 역할', '학생으로서의 역할', '도구로서의 역할'로 구분하기도 한다. 교사로서의 컴퓨터의 역할은 전통적인 교사의 역할을 컴퓨터가 대신하는 것을 의미하는 것으로, CAI가 대표적인 예이다. 학생

으로서의 컴퓨터의 역할은 학생이 컴퓨터를 가르치는 경우로, 학생은 일련의 논리적인 활동을 구성하여 컴퓨터가 행동을 수행하도록 프로그램하고 그 결과를 관찰함으로써 자신의 사고과정을 반성한다. BASIC과 LOGO가 이 경우에 해당된다. 도구로서의 컴퓨터의 기능은 가장 광범위하게 나타나며, 컴퓨터의 일반적인 목표이기도 한다.

최근 컴퓨터의 발달과 더불어 여러 가지 소프트웨어의 개발로 수학교육에서의 컴퓨터 활용이 다양해졌으며 컴퓨터의 역할을 어느 한 가지로 해석하기 어려운 경우가 많다. 마이크로월드환경에서 수학을 탐구한다는 아이디어를 토대로 하는 LOGO, 기호조작 능력이 뛰어난 Mathematica, Matheview, 학생들이 도형을 조작 · 변형하고 탐구활동을 할 수 있는 탐구형 기하 소프트웨어 Cabri II, Geometer's Sketchpad(이하 GSP) 등의 출현으로 컴퓨터가 수학 교수학습 과정에 미칠 수 있는 영향에 대한 인식이 달라지고 있다. 더욱이 다양한 표상(수치적 표상, 그래픽 표상, 기회표상 등) 능력, 표상 사이의 번역 능력을 갖춘 컴퓨터 소프트웨어의 개발로 인해, 지금까지의 컴퓨터 이용(CAI 등)과는 다른 각도에서 컴퓨터를 활용할 수 있게 되었으며, 수학학습의 동기유발에서부터 추상적이고 형식적인 수학적 대상을 구체적으로 탐구할 수 있는 환경을 제공하는 데까지 컴퓨터의 활용 범위가 다양해졌다. 컴퓨터는 학생들의 흥미를 유발하여 수학 활동에 참여하게 하고 학교수학과 실제수학 사이를 연결해 줄 수 있으며, 여러 가지 수학적 활동과 반영적 추상회, 사회적 상호작용 결과로서의 수학 학습을 촉진하는 데 필요한 지적 자원, 학습 환경, 학습도구를 창조하고 지원할 수 있다.

컴퓨터 탐구학습 환성은 학생들의 능동적인 탐구와 풍부한 표현능력을 특징으로 하고 있으며, Taylor가 구분한 컴퓨터의 역할 중 학생, 도구로서의 역할이 결합된 교수 양식으로 볼 수 있다. 탐구형 소프트웨어란 미리 설정된 프로그램에 따라 학생들이 활동하지 않고 학생들 스스로 조작, 탐구, 반성할 수 있으며, 활동결과를 표현할 수 있는 소프트웨어라고 할 수 있다. 탐구형 소프트웨어라는 용어는 기하 소프트웨어에 주로 이용되고 있다.

Jackiw와 Rasmussen이 처음으로 "역동적 기하(dynamic geometry) 소프트웨어"라는 용어를 사용하였으며, 역동 기하의 가장 중요한 특징은 도형을 연속적으로 변형하는 능력에 있다. 도형의 변형은 역동적 기하 소프트웨어의 끌기 기능(dragging mode)에 의해 이루어지며, 이러한 기능을 이용하여 학생들은 처음에 작도한 도형의 요소들을 자유롭게 변형시키고 그에 따라 다른 요소들이 어떻게 역동적으로 반응하는지를 관찰할 수 있다. 그 외 역동적인 환경의 특성으로는 직접조작, 몰입적(immersive) 환경을 들 수 있다. 직접적인 조작이란 사용자가 스크린 상의 한 대상을 선택하여 직접 움직여 볼 수 있음을 의미하며, 몰입적인 환경은 사용자의 초점이 작도를 위한 기술적인 방법보다는 수학적 목표를 달성하는 방법에 모아질 수 있음을 의미한다.

탐구형 기하 소프트웨어란 이러한 역동적인 기하 소프트웨어를 의미하는 것으로, 현재 수학 교육계에서 이용되고 있는 탐구형 기하 소프트웨어로는 Cabri Geomitry 또는 Cabri Ⅱ, Geometer's Sketchpad, Geometry Inventor 등이 있으며 SuperSupposer도 탐구형 기하 소프트웨어로 분류될 수 있다.

탐구형 기하 소프트웨어는 점, 선, 삼각형, 원과 같은 원시 대상(primitive object)과 이러한 원시 대상을 결합하는 기본 도구들(예를 들어, 점 p를 지나 직선 m에 평행인 직선 등), 여러 가지 변환 기능(대칭, 평행 이동 등)을 제공하며, 또한 특정 기능을 이용하여 도형의 여러 가지 요소들을 측정하고 기록하며 이들 사이의 관계를 탐구할 수 있고, 끌기 기능과 애니메이션 기능을 이용하여 도형의 변화와 그 변화에 따라 불변의 성질들을 조사할 수도 있다. 탐구형 기하 소프트웨어의 이러한 역동적인 특징은 기하교육의 문제점들을 해결할 수 있는 대안을 제공해 준다.

### 2) 탐구형 기하 소프트웨어와 증명활동

측정 가능, 끌기 기능을 갖춘 탐구형 기하 소프트웨어의 개발로 도형의 연속적인 변화와 그 변화에 따른 불변의 요소들을 조사 탐구하는 것이 가능해졌다. 컴퓨터가 제공하는 이러한 실험적인 방법은 전통적인 유클리드 기하의 연역적인 전개 방식에 대한 문제점을 해결하기 위한 대안적인 방법을 제안한다. 유클리드 기하는 연역적 증명을 통해 수학적 진리의 확실성을 보장받으려는 전통적인 수학관의 전형으로 여겨져 왔으며, 수학 특히 기하가 발달해 온 과정의 두 축 중의 하나인 기하의 실제적인 측면과 실험성을 무시하는 결과를 초래하였다. 전통적인 기하교육의 문제는 유클리드 기하의 연역적 전개방식에서 비롯된 것이며, 이러한 문제점을 해결할 수 있는 자연스러운 대안은 기하의 실제적인 성격과 실험성을 부활시켜 연역적인 측면과 균형을 이루는 일이다. 측정, 끌기 등의 기능을 갖춘 탐구형 기하 소프트웨어가 기하의 실제적 측면과 실험적 측면을 부활시키는 과정에서 중요한 역할을 할 수 있을 것으로 보인다. 그러나, 증명 활동에서 탐구형 기하 소프트웨어의 이용에 대한 연구원들은 경험적 활동과 연역적 활동으로 연결하기에 쉽지 않다.

#### (1) 작도와 기호화

학생들은 연역적 정당화 과정에서 수학적 명제를 기호화하는 것을 어려워하며, 이것이 연역적 증명을 어렵게 만드는 한 요인이 된다. 중학교 도형의 논증 지도에서 중요하게 다루어야 할 학습 요소로는 기호화, 증명, 그림의 의미, 문장화, 증명의 의의 등 다섯 가지이며, 기호화는 논증기하에서 중요한 역할을 하며 기호화의 잘못으로 학생들이 증명에 오류를 보이거나 잘못된 결론을 내리기도 한다.

기호화나 문장화의 문제는 크게 세 가지의 요소가 복합적인 측면을 지니고 있다. 첫 번째 요소는 평행, 수직, 합동 기호와 같은 기본적인 기호의 이영이다. 두 번째는 정의와 관련된 기호화, 문장화로, '$\triangle ABC$가 이등변삼각형이다'를 '$\triangle ABC$에서 $\overline{AB}=\overrightarrow{AC}$로 나타내는 것을 의미한다. 세 번째 요소는 일반 문장을 기호화하여 조건문으로 바꾸건, 기호로 표현된 조건문을 일반 문장으로 바꾸는 것이다. 기호화나 문장화는 주어진 명제에서 가정과 결론을 분리하는 데 필수적인 요소로 증명에서 중요한 역할을 한다. 한편, 논증기하에서의 기호화는 그림과 밀접한 관련이 있으며, 기호화를 하지 못하는 학생들은 증명쓰기에서도 성공하기 어렵다.

기호화와의 어려움이 탐구형 기하 소프트웨어 상황에서는 완화될 수 있다. 탐구형 기하 소프트웨어는 도형의 이름, 각의 크기, 선분의 길이 등의 측정 기능 등 다양한 기능을 갖고 있으며 이러한 기능을 작도와 탐구과정을 비롯한 증명활동 전과정에서 일상적으로 이용함으로써 도형의 기호에 익숙해질 수 있다. Lampert는 Supposer를 이용하여 안내된 탐구(guided exploration) 수업을 한 교사들과 면담을 통해 Supposer의 활용으로 학생들이 수학적 기호에 익숙해질 수 있음을 지적하고 있다.

탐구형 기하 소프트웨어의 이름 붙이는 기능이 학생들의 수학적 기호의 이용을 쉽게 해준다. 도형을 그리고 도형의 꼭지점, 변, 각 등에 이름을 붙이는 활동이 전통적인 기하학습에서는 교사나 교과서의 의도대로 이루어졌지만 탐구형 기하 소프트웨어 환경에서는 학생들이 직접 이름을 붙이고 이러한 활동은 학생들의 몫이 된다. Lampert의 연구에서 '학생들이 기호를 붙이는 활동을 흥미로워 했으며, 자신들이 발견한 것을 기술할 때 언어와 정의가 필요하다는 것을 의식하게 되었다'라고 반응하는 교사들도 있었다.

### (2) 추측 쓰기와 가정과 결론의 구분

Dreyfus와 Hadas는 학생들이 증명 학습에서 겪는 어려움을 분석하여 일반적인 학생들이 이해하기 어려운 여섯 가지 원리를 제시하고 있다.

① 정리는 예외가 없으며 수학적 명제는 모든 예에 대해서 성립할 때만 참이다.

② 분명한 명제도 증명되어야 하며 증명은 어떤 도형의 외견상의 특징에 따라 좌우되지 않는다.

③ 증명은 일반적이어야 하며 한두 가지 특별한 경우로는 일반적인 명제를 증명할 수 없으나 그 명제를 반박할 때는 하나의 반례만으로도 충분하다.

④ 어떤 정리의 전제가 명확히 확인되어야 하며 결론과는 구분되어야 한다.

⑤ 참인 명제의 역이라고 반드시 참이 되는 것은 아니다.

⑥ 복잡한 도형은 기본적인 여러 요소로 구성되며 그 요소는 증명에서 중요한 역할을 할 수도 있고 제시된 도형이 표준적인 위치에 있지 않더라도 정확히 해석된다.

이 여섯 가지 원리 중 가정과 결론의 구분에 관계되는 것은 '④ 어떤 정리의 전제가 명확히 확인되어야 하며 결론과는 구분되어야 한다.'이다. 연역적인 정당화를 시도하기 전에 가정과 '결론의 구분이 이루어져야 한다. 그러나 학생들은 가정과 결론을 구분하여 기호로 표현하는 것을 어려워한다. 중학생들과의 면담 결과에 따르면 'p는 q이다'형식으로 주어진 명제에서 가정과 결론을 문장으로는 정확히 분리할 수 있지만, 도형의 정확한 정의를 알지 못하기 때문에 기호로 나타내지 못하는 학생들이 많았다고 보고하고 있다. 이는 가정과 결론을 구분하기 위해 명제는 'p는 q이다'의 꼴로 나타내야 하고 가정과 결론을 기호로 나타낼 때, 연역적 정당화에 필요한 다른 요소들, 즉 정의나 기호화와 관련이 있음을 의미하는 것으로 해석할 수 있다. 또한 학생들은 명제가 'p는 q이다'의 꼴로 제시되지 않았을 때 가정과 결론을 구분하여 기호로 나타내는 것을 어려워한다.

### (3) 연역적 정당화의 필요성

학생들이 증명의 필요성을 이해하기 어려워한다는 것을 교사들도 잘 알고 있으며 증명 지도에 관한 대부분의 연구에서도 확인할 수 있다. "이 명제를 증명해야 하는 이유는 무엇인가요?"라고 질문했을 때, 설명하기가 쉽지 않다. 탐구형 기하 소프트웨어의 측정, 끌기 기능 등으로 자신들이 추측한 명제의 타당성을 확인한 학생들은 명제가 참이라는 확신을 하게 되고 더 이상의 증명이 필요하지 않다고 생각할 수 있다. 탐구형 기하 소프트웨어 환경에서 도형의 성질을 집중적으로 탐구한 학생들이 확신을 위해 더 이상의 조사가 필요없다고 생각하거나, 정확한 측정과 다양한 예를 쉽게 만들 수 있어 경험적인 확인에 의존하는 경향을 보일 수 있는 것이다. 학생들은 연역적 정당화보다 경험적 정당화를 선호하고 있으며, 경험적 증거를 '증명'으로 보려는 경향이 있다. 증명 수업에 탐구형 기하 소프트웨어를 도입하는 데 따른 기대와 우려는 NCTM의 Standarde 2000의 「Principlea and Standards for school Mathematics」 다음 주장에도 잘 나타난다.

교육공학의 도입은 수학적 추론의 발달에 도움이 되기도 하고 여러 가지 문제점을 야기할 수도 있다. 학생들은 교육공학을 이용하여 예를 선택하고 많은 예를 만들 수 있고 그로 인해 그 예와 기본적인 아이디어는 진정한 의미에서 학생들의 것이 된다. 학생들은 많은 예를 통해 패턴을 발견함에 따라 자신들이 발견한 패턴이 일반적인 것인지를 확인하는 방법을 개발할 필요가 있다. 교육공학이 추측하는 데는 도움이 되지만 학생들이 형식적인 정당화 또는 증명의 필요성을 인식하는 데는 장애가 될 수도 있다.

학생들은 일반적으로 연역적인 증명을 하고 나서도 경험적으로 확인하려는 경향을 보이거나 직관적으로든, 이미 알고 있어 익숙해서든 참임이 분명히 보이는 명제에 대해 증명할 필요성을 인식하지 못하다. Gonobolin는 "학생들은 기하의 정리에 관한 논리적 증명의 필요성을 잘 인식하지 못한다. 특히, 시각적 또는 경험적으로 분명할 때 더욱 그렇다"라고 지적한 바 있다. 예를 들어, '삼각형의 내각의 합이 180°임을 증명하라'는 문제를 제시할 때 학생들은 연역적인 증명이 필요한 이유를 이해하기 어렵다.

전통적으로 수학, 특히 증명은 절대적으로 엄밀하고 확실하다는 절대주의 수리철학의 영향을 받아 수학적 명제가 참임을 입증하는 수단으로서의 증명관을 토대로 증명지도가 이루어져 왔다. 이러한 관점에서는 연역적 정당화의 필요성을 인식시키기 위해 팜인 것처럼 보이는 명제가 참이 아닐 수도 있는 예들을 제공하는 것이 일반적이다. 다시 말해서, 경험적 정당화의 한계를 학생들이 경험할 수 있도록 하여 연역적 정당화가 필요하다는 것을 인식시키는 것이다. 연역적 정당화의 필요성에 대한 전통적인 동기 유발 방법은 크게 세 가지, 즉 측정의 한계, 시각적 한계, 귀납적 일반화의 한계 등으로 구분할 수 있다.

첫째, 측정의 한계는 측정결과가 참값이 아님을 이용하는 것으로 대표적인 예로, '삼각형의 내각의 합이 180°이다'라는 명제에 대한 것이다. 중학교 2학년 학생들에게 삼각형의 내각의 합이 180°인 이유를 설명하도록 요구할 때, 학생들은 '재본다', '종이 위에 삼각형을 만들어 세 꼭지점을 붙여서 확인한다'라고 응답을 한다. 이러한 빈응은 초등학교에서 학생들이 직관적으로 설명한 방법들이다. 이 때, 교사는 각도기로 삼각형의 세 꼭지각을 측정할 결과는 참값이 아니며 오차가 생길 수 있음을 강조한다. 또한 바다 한가운데 떠 있는 세 척의 배를 꼭지점으로 하는 삼각형의 경우는 측정이 어렵다는 것을 제안할 수도 있다. 위대한 수학자 중 한 사람인 Gauss는 세 산의 정상을 꼭지점으로 하는 삼각형의 내각의 합을 실측하는 실험을 통해 삼각형의 내각의 합이 정확하게 180°가 아니라는 것을 발견했다고 한다. 이러한 일화를 소개하는 것도 경험적 확인의 한계를 알게 함으로써 연역적 정당화의 필요성을 인식시키는 데 도움이 될 수 있을 것이다.

탐구형 기하 소프트웨어가 증명에 부정적인 영향을 끼칠 수 있다는 지적은 탐구형 기하 소프트웨어가 갖고 있는 측정기능과 끌기기능에 기인한다. 끌기를 이용하여 삼각형을 변형시켜도 삼각형의 내각의 합은 180°로 불변임을 쉽게 확인할 수 있기 때문에 학생들은 더 이상의 증명이 필요 없다고 생각한다는 것이다. 그러나 컴퓨터의 측정기능을 이용한 확인 결과가 추측에 맞지 않는 경우가 있음을 강조하면 이러한 문제는 해결될 수 있을 것이다. 삼각형의 중점 연결 정리처럼 변의 길이 사이의 관계를 관찰하는 경우에서 이러한 예가 나타날 수 있다. $\triangle ABC$의 두변 AB와 AC의 중점을 각각, M, N이라고 할 때, '$\overline{MN}$과 $\overline{BC}$는 평행하고 길이는 $\overline{MN}=\frac{1}{2}\overline{BC}$이다.'라는 삼각형의 중점연결 정리에서 컴퓨터를 이용하여 $\overline{MN}$과 $\overline{BC}$의 길이를 측정하여 그 길이 사이의 관계를 탐구한다. 이때 대부분의 경우 $\overline{MN}=\frac{1}{2}\overline{BC}$의 관계가 성립하지만 그렇지 않은 경우가 나타날 수 있다. 경험적인 확인의 한계와 연역적 정당화의 필요성을 인식할 수 있다.

둘째, 시각적 한계는 일부 교과서의 증명 단원의 도입 부분에 제시되어 있다. 시각적인 정당화에 한계가 있기 때문에 연역적 정당화가 필요하다는 것을 함축적으로 보여 주고 있다. 학생들에게 이러한 예를 제공한 후에 교사는 시각적인 관찰에 의존하는 것은 오류를 범할 수 있으며 따라서 연역적인 정당화가 필요하다고 설명할 수 있다. 그러나 이러한 예를 보고 학생들이 연역적 정당화의 필요성을 인식하기는 쉽지 않다. 이 경우 학생들은 두 가지 경우를 측정을 해서, 길이가 같은지 다른지를 확인할 것이며, 이로 인해 학생들은 연역적 정당화의 필요성을 인식하기보다 경험적인 정당화의 수단으로서의 측정의 기능을 더 신뢰하게 될 것이다. 이 상황에서 탐구형 기하 소프트웨어의 편리한 측정 가능은 오히려 부정적으로 작용할 수 있다. 이러한 문제는 왜 그렇게 보이는지를 설명하라고 요구함으로써 해결될 수 있다.

셋째, 학생들이 직관적으로 이해하기 쉬운 것이 귀납적 일반화의 한계다. 예를 들어, '임의의 자연수 n에 대하여, $n^2-n+41$은 소수이다'라는 명제는 $n=41$일 때 소수가 아니며 위의 명제는 거짓이 된다. 귀납적 일반화가 결국 거짓이 되는 예는 기원전 500년경 중국에서도 있었다. 중국의 수학자들은 '$2^n-2$가 $n$으로 나누어떨어지면 $n$은 소수'라는 추측을 $n=340$일 때까지 참임을 확인하였다. 그렇지만 1819년 $n=341$일 때, 이 수는 합성수임에도 불구하고 $2^{341}-2$는 $n$으로 나누어떨어진다는 것을 확인하였다. 이러한 예는 몇 개의 귀납적인 확인으로 명제가 참임을 보장할 수 없다는 것을 암시하고 있으며, 이러한 예에 대한 경험을 통해 학생들이 연역적 증명의 필요성을 인식할 수 있을 것이라는 믿음을 갖고 있다.

하지만 귀납적 일반화에 대한 반례를 이용하여 논증기하에서의 증명의 필요성을 인식시키기는 어렵다. 이러한 유형에 속하는 예들은 대부분 정수론의 예로, 논증기하에서는 이러한 예를 찾기가 쉽지 않다. 더욱이 정수론의 예와 논증기하에서의 결과 사이에는 미묘한 차이가 있다. 학생들은 일반적으로 연역적 정당화보다는 경험적 정당화에 익숙해져 있고 연역적 정당화의 필요성을 이해하는 데 어려움을 갖고 있다. 더욱이, 탐구형 기하 소프트웨어의 다양한 기능들로 경험적 정당화의 한계를 제공하여 연역적 정당화의 필요성을 인식시키려는 이러한 시도들이 성공하기 더욱 어려워진다.

### (4) 경험적 정당화와 연역적 정당화

일반적으로 수학을 학습하는 과정에서 정리가 참이라는 사실을 확인하는 것도 중요하지만 정리가 왜 참인지 그 이유를 밝히는 것도 중요하다. 경험적 정당화가 정리가 참이라는 것을 확인하는 기능을 하는 반면, 연역적 정당화는 정리가 왜 참인지를 설명하는 기능을 한다. 정당화 과정에서 탐구형 기하 소프트웨어는 연역적 정당화 활동을 하기 전에 경험적 정당화 활동을 풍부하게 하고, 두 가지 정당화 활동 사이의 상호적용 기능성을 높여 준다. 탐구형 기하 소프트웨어를 이용하여 문제 상황에 맞는 도형을 작도하고, 각의 크기, 선분의 길이 등을 측정하여 도형의 성질 사이에 어떤 관계가 있는지를 탐구한다. 처음 작도한 도형은 하나의 예이며, 학생들은 끌기기능을 이용하여 다양한 예를 만들어 앞에서의 관계를 조사하고 확인함으로써 점차 다른 도형에서도 이러한 관계가 성립하는지, 즉 그 관계의 일반성을 확인한다. 다음에는 이렇게 해서 만들어진 명제는 추측이며, 이 추측이 모든 경우에 참이 되는지, 그리고 왜 참이 되는지 그 이유를 설명하고 연역적 정당화 활동이 이루어진다. 경험적 정당화에서 연역적 정당화로 이행하는 과정에서 제일 먼저 해결되어야 할 문제는 경험적 정당화의 한계를 이해하고 연역적 정당화의 필요성을 인식하는 것이다. 다음에는 경험적 정당화를 토대로 연역적 정당화를 실제로 실행하는 것으로 설명 또는 증명쓰기로 이루어진다. 전자의 경우는 앞 절에서 논의하였다. 여기서는 후자의 경우, 즉 탐구형 기하 소프트웨어가 경험적 정당화와 연역적 정당화 사이의 상호작용에 어떻게 기여할 수 있는지를 중심으로 논의한다.

탐구형 기하 소프트웨어를 활용한 증명활동에서 경험적 정당화와 연역적 정당화 사이의 연결은 먼저 경험적 정당화 활동에서 시작되어야 한다. 문제상황을 이해하고 이를 토대로 작도하고 탐구하여 추측을 기술하고 이러한 추측을 경험적으로 확인한다. 다시 경험적 정당화의 한계를 이해하고 연역적 정당화의 필요성을 인식한다. 다음에는 연역적 정당화를 하기 위해 초기의 추측을 가정과 결론으로 구분하여 주어진 것과 증명해야 할 대상을 구분할 수 있다.

## 04 수학교육에서 사용가능한 교육공학 소개

### (1) Geometer's Sketch Pad와 그 활용

첫째, 종래의 프로그램은 종이와 연필, 그리고 자와 컴퍼스만을 이용하여 생생한 기하학적 원리를 담은 그림을 정확히 그리기에는 종종 분명치 못하고 그 한계를 가지고 있었다. 이 GSP는 기본적으로 점, 직선, 그리고 원을 이용하여 여러 기하학적 표현을 쉽고 명확하게 구현할 수 있으며 빠르고 엄밀하게 도형들의 기본적인 관련성을 쉽고 명백하게 나타낼 수 있다. 특히 GSP는 각의 이등분선, 선분의 중점, 평행선 그리기, 수직선 그리기 등 작도가 되는 기본적인 기능을 한 번에 수행할 수 있다. 또한 평행이동, 대칭이동, 회전이동의 변화도 한 번에 제공한다.

둘째, 그림 그리는 과정을 기록할 수 있고, 그 기록을 따라 다시 재생할 수도 있으며 Animation도 쉽게 구현된다. 따라서 이 동적 기하 프로그램을 통하여 도향의 자취나 궤적을 쉽게 알아볼 수 있다. 또한 스크립트 기능을 이용하면 프랙탈을 그릴 수도 있다.

셋째, 도형의 여러 요서의 색상처리, 변환, 측정, 계산, 도형의 방정식 등의 표현이 쉽게 구현되며, 레벨링을 하거나 주석을 다는 여러 표현도 쉽게 처리할 수 있고, 도형의 각 요서의 움직임에 따라 각 도형끼리의 관련성을 그대로 유지하면서 그 우아한 움직임을 관찰할 수 있다.

넷째, 그래프 메뉴의 plot으로 두 변량의 관계를 그래프로 나타낼 수 있다.

### (2) GSP의 역사

GSP는 미국 국립과학재단의 지원으로 Swarthmore 대학의 Eugene Klotz 박사와 펜실베니아의 Moravian 대학의 Doris Schattschneider 박사가 주도한 VGP(Visual Geometry Project)의 일환으로 개발되었다. 1987년 여름 VGP에 참가한 1년 뒤 GSP의 개발자인 Nicholas Jackiw에 의해 매킨토시용 GSP가 만들어졌다. 많은 교사들과 다른 사용자들은 그것을 이전의 버전과 비교, 실험을 하였다. Nicholas는 후에 교실에서 시험되어질 소프트웨어 개발을 위해 Key Curriculum Press에 합류하였으며 이것이 후에 소문이 퍼지면서 많은 사람들이 GSP에 대해 알게 되고, 학술 회의에서 시험적으로 발표하기 시작하였다.

GSP에 대한 연구 발표는 놀랄만한 반응을 일으켰다. 1991년 프로그램이 출시되었을 때, 이미 수백 명의 교사, 학생, 그리고 기하를 사랑하는 사람들에 의해 사용되고 있었으며, 가장 많이 거론되고 기대되는 수학 교육용 소프트웨어로 성장할 수 있었다. GSP가 출시된 해 Key Curriculum Press는 이 프로그램이 어떻게 효율적으로 교실에서 이용되고 있는지를 연구하기 시작했으며, 국립과학재단의 일부 지원 아래 이루어진 이 조사는 교수방법, 수업도구 그리고 새로운 버전의 GSP에 반영되었다. 1992년 4월에 발표된 GSP 2.0버전은 향상된 변환 기능과 프레젠테이션 기능을 사용자들에게 제공할 수 있게 되었다. 1995년 4월에 발표된 GSP 3.0버전은 분석적인 그래프의 기능을 강화하였으며, 1999년 캘리포니아 대학에서 공립교사들을 대상으로 실시한 연구에서 많은 교사들이 GSP 4.0버전은 대수학, 미적분학 수학에서 프로그램의 유용성을 더욱 확장시켰다. 사용자의 편의성을 증대시켜 저학년에서도 사용이 가능하게 하였으며, GSP를 사용한 수업 활동 자료를 개발하는 과정을 더 간편하게 하였다.

### (3) GSP의 특징

① 종래의 프로그램은 자와 컴퍼스만을 이용해서 생생한 기하학적 원리를 담은 그림을 정확히 그리기에는 분명하지 못하고, 여러 가지 한계를 가지고 있었다. 이 SketchPad(이하 GSP)는 기본적으로 점, 직선, 그리고 원을 이용하여 여러 기하학적 표현을 쉽고 명확히 구현할 수 있으며, 이러한 그림들은 빠르고 엄밀하게 도형들의 본질적인 관련성을 쉽고 명백하게 나타낼 수 있다. 특히 GSP는 각의 이등분선, 선분의 중점, 평행선 그리기, 수직선 그리기 등 기본적인 작도 기능을 한 번에 수행할 수 있다. 또한 평행이동, 대칭이동, 회전이동의 변환도 한 번에 가능하다.

② 애니매이션(동화상)이 쉽게 구현되어 도형의 자취나 궤적을 그려낼 수 있다.

③ Script를 이용하여 그림 그리는 과정을 기록할 수도 있고, 그 기록을 다시 재생할 수 있다. 또 Script에는 반복기능이 있어서 Fractal 그림을 그리 수 있다.

④ 도형의 여러 요소의 색상처리, 변환, 측정, 계산, 도형의 방정식 등의 표현이 쉽게 구현되며, 도형의 이름을 붙이거나 주석을 다는 여러 표현도 손쉽게 처리할 수 있다. 또한 도형의 각 요소의 움직임에 따라 각 도형끼리의 관련성은 그대로 유지되며 그 우아한 움직임을 관찰할 수 있다.

⑤ 그래프 메뉴의 Plot으로 두 변량의 관계를 그래프로 나타낼 수 있다.

### (4) GSP를 통한 평면기하 지도의 의의

① 동적인 평면기하의 성질을 정적인 상태의 인쇄 매체, 칠판에서의 강의 등을 통하여 지도할 때보다 더욱 확실하게 이해시킨다.

② 일반적인 그림 프로그램과 달리 자(직선 또는 선분)와 컴퍼스(원)만을 사용하는 작도(Construction)와 측정(Measurement)을 통하여 학생들의 흥미를 자극한다.

③ 평면기하의 어떤 성질이 성립할 것 같은가? 또는 평면기하의 성질을 발견적으로 찾아낼 수 있도록 자극할 때 GSP를 마치 실험도구로 사용하여 실제로 작도하고, 측정하여 그 성질에 대한 가설을 학습자 스스로 세울 수 있도록 도와준다.

④ 평면기하의 성질이 학습자에게 충분히 이해된 다음 연역적인 증명이 필요한데 이 때에도 GSP는 정확한 그림을 제공하여 증명이나 문제 풀이에 필요한 정보를 제공하게 한다.

⑤ Animation과 Drag를 사용하여 평면기하의 성질을 연속적이면서 역동적으로 관찰할 수 있다. 특히 Animation으로 만들어지는 Trace는 도형의 자취를 생생하게 보여 준다. 머리 속으로 아마 '그렇게 될 거야'라는 것보다 더욱 현실감을 갖게 한다.

⑥ GSP에서 제공되는 직교좌표계와 극좌표계를 통하여 평면기하의 여러 가지 성질에 대한 해석 기하적 접근이 가능하다.

### (5) LOGO를 활용한 기본 기하 학습 지도

LOGO는 스크린 상에 있는 거북이로 하여금 여러 가지 도형을 그리도록 함으로써 비형식적으로 기하를 조기에 도입할 목적으로 만들어졌다. 이때 중요한 것은 프로그래밍의 주체로서의 아동들이 거북이와 똑같은 행동을 할 수 있다는 점이다.

① 거북이의 움직임과 기하를 연결시켜 직관력을 배양하게 된다.

② 자신이 작성한 프로그램 활용 후 발생하는 오류분석 활동을 통해 대상을 자기 자신의 눈으로 파악하는 능력이 촉진된다.

③ LOGO를 통해 종래의 유클리드 기하와 해석기하와는 다른 제 3의 기하가 수학교육에 도입될 수 있다.

④ 오류분석 활동이나 자기 자신의 행동에 대한 반성을 통해 사고력이나 초인지(메타인지)의 향상을 기대할 수 있다.

## 05 스프레드시트(Excel)를 활용한 수학교육

오늘날 기술공학은 나날이 빠르게 진보하고 있다. 특히 컴퓨터 관련 지식 발달과 그 광범위한 사용은 수학의 응용 영역을 확장시켜 왔을 뿐만 아니라 수학 교육 분야에서도 개혁을 주도하고 있는 촉진제 역할을 해왔다. 특히 탐구형 소프트웨어의 발달로 수학 교육은 계산 위주나 알고리즘 위주의 교육에서 벗어나 수학 자체의 본질적인 개념을 탐구하는 쪽에 무게를 둘 수 있게 되면서 국내 · 외의 수학교실에서는 공학의 사용이 권장되고 있는 추세이다.

미국의 MCTM은 "수학 교육과정과 평가의 새로운 방향"에서 초 · 중등 교육에서 모든 학생이 계산기와 컴퓨터를 활용할 수 있어야 한다고 하였고, 21세기를 대비하기 위해 수학교육의 방향을 제시한 "학교수학을 위한 원리와 규준집"에서도 학교수학을 위한 여섯 가지 원리 중의 하나로 공학의 원리를 제시하면서 공학이 학생들의 수학 학습을 향상시키고 효율적인 학습을 뒷받침하며 수학을 가르치는 것에도 영향을 미친다고 기술하고 있다. 우리나라에서도 제6차 교육과정에 들어와서부터 외국의 수학 교육 동향을 반영하는 측면에서 계산기와 컴퓨터를 수학적 도구로 활용하는 수학 교육을 기본 방향 중의 하나로 설정하였고, 제7차 교육과정에서는 정보화 사회에 주체적으로 대응할 수 있는 기초적인 자질을 기른다는 관점에서 기초계산 능력을 제외한 복잡한 계산, 수학적 개념·원리·법칙의 이해, 문제 해결력의 향상 등을 위하여 계산기와 컴퓨터 활용을 강조하고 있다.

근래에 학교 수학에서 흔히 사용할 수 있는 공학에는 Microsoft Excel과 같은 스프레드시트, T1－92나 Casiol ClassPad Manger와 같은 CAS, 그리고 GSP나 Cabri와 같은 역동적 기하 소프트웨어 등이 있다.

## (1) 스프레드시트의 교수학적 활용의 역사와 이점

### 1) 교수·학습을 위한 도구로서의 스프레드시트의 활용 역사

스프레드시트가 개인용 PC에 탑재된 것은 1979, Dan Bricklin에 의해 만들어진 VisiCalc가 그 효시이며, 1982년에는 IBM PC에 의해 Lotus1－2－3가 개발되었다. 이것은 1980년대에 많이 사용되어 왔으나 1990년대 중반부터는 Mecrosoft사가 개발한 Excel이 전 세계 스프레드시트의 90% 이상을 차지하게 되었다. 이 스프레드시트는 본래 자료 정리나 회계 일을 돕기 위해 고안된 것이었지만 점차 다양한 기능을 갖게 됨으로써 여러 학술적 논문에 계속적으로 등장하였고, 교수· 학습과 간련한 논문에서 그 응용 가능성이 폭넓게 논의되어 왔다.

Smith에 의하면 1980년대 초반에 Withworth College의 Dean Arganbright가 교수 세미나에서 "전자적 스프레드시트의 수학적 응용"이라는 주제로 강연한 것이 수학에서 스프레드시트를 처음 사용한 것이다. Backer와 Sugden도 수학에서 스프레드시트의 교육적 사용이 가지는 잠재력이 1980년대 초반까지는 이미 많은 사람에게 알려져 있었다고 보았다. 1980년대 중반까지 스프레드시트는 몇몇 대학의 수학수업에서만 다루어져 왔었고 많이 보급되지는 않았지만, 1989년 이래로 보다 많은 사람들이 관심을 가지게 되면서 학교수학과 대학수학에서 사용되기 시작했고 다루는 주제도 미적분, 대학의 대수, 미분 방정식, 선형대수 등으로 확장되었으며, 특히 Healy와 Sutherland가 초등학교 수준에서 어린이들을 위한 자료를 개발한 이후에는 보다 많은 교사가 관심을 갖게 되었다.

### 2) 수학 교수· 학습에서 스프레드시트 활용의 이점

오늘날 스프레드시트는 자동계산 기능, 차트 기능, 데이터 관리 기능, 매크로 기능 등을 제공한다. 이러한 계산 기능은 기본적인 사칙 연산 및 다양한 함수계산과 함께 논리 함수와 반복되는 계산식의 복사 기능 등을 제공함으로써 수학 교육에서 다양한 문제를 탐구하고, 다양한 수학적 표현을 가능하게 한다. 이 기능들은 수학 교수·학습에서 문제해결이나 소집단 활동에서의 상호작용 촉진의 측면에서 긍정적 역할을 할 수 있다.

Masslski는 스프레드시트를 활용함으로써 얻게 되는 이점을 다음과 같이 제시하였다. 첫째, 스프레드시트는 반복적, 재귀적인 계산을 요하는 문제나 표가 필요한 문제를 다룰 때 적합하고, 교사나 학생이 변수의 값, 상수 그리고 구간의 크기 등을 다룰 수 있도록 하며, 문제 해결 과정에서 부딪히는 "만일 ~이라면(what if)"유형의 질문을 탐구하도록 도와준다. 둘째, 스프레드시트는 수학적 문제 해결을 위해 알고리즘과 모델을 개발하고 사용하는 데 있어서 사용자의 직관을 향상시킨다. 셋째, 스프레드시트는 화면상에 학생이 생성한 계산 결과의 과정을 보여 줌으로써 변수 의 변화가 전체적 계산 결과의 패턴에 어떤 변화를 가져오는지 알 수 있도록 한다. Bialas도 스프레드시트가 다량의 계산을 빨리 처리하고 그래프와 표로 결과를 보여 줄 수 있어 학생이 부분적인 그림보다는 전체적인 그림에 초점을 맞출 수 있도록 해준다고 하였다.

스프레드시트를 교육적 목적으로 사용하기에 적합한 또 다른 이유는 컴퓨터로 어떤 작업을 수행하기 위해 필요한 프로그래밍을 하지 않아도 된다는 점을 들 수 있다. 스프레드시트에 사용되는 식이 프로그래밍 언어보다 더 시각적이며 쉽게 사용할 수 있고, 컴퓨터 언어를 배우는 데는 시간이 많이 소요되므로 제한된 시간 안에 적절한 결과를 얻는 것은 어렵지만 스프레드시트는 사용하기가 비교적 쉽고 즉시적으로 수치해석적 시뮬레이션이 가능하다. 또한 스프레드시트는 프로그래밍 언어 없이도 이미 만들어진 환경에서 쉽게 조작할 수 있으며, 수학적 모델에서의 매개 변수의 변화가 미치는 효과를 관찰할 수 있어 탐구적 활동에 적합하다.

스프레드시트는 소집단 활동에서 상호작용이 활발하게 만들 수 있는 가능성을 가지고 있다. 스프레드시트는 상호작용적이며 자료와 수식의 변화에 따른 즉각적인 피드백을 제공하며 학생이 습득한 지식을 공고히 해주고, 많은 멀티미디어 교육매체가 교수중심이어서 학생이 수동적 역할을 하는 것에 반해 스프레드시트는 구성주의적 학습 환경을 제공한다. 또한 스프레드시트는 학생 상호 간, 교사와 학생, 컴퓨터와 학생의 상호작용을 활발히 하고, 문제 해결 도구로서 학생에게 산술이나 초기 대수의 영역의 강력한 사고와 전략을 제시한다.

### (2) 스프레드시트가 가지는 교수학적의 특징

전통적인 수업에 공학을 도입하면서 어떤 수학을 어떻게 가르칠 것인가에 대한 문제가 자연스럽게 제기된다. 공학의 도입은 전통적인 수학 수업에서 가르치고 있는 것의 가치와 의미에 대해 활발한 토의를 하도록 만들었고, 전통적인 수업에서 컴퓨터를 이용하면 쉽게 할 수 있는 절차적 지식이나 기능에 너무 치중하여 지도하고 있음을 깨닫게 해주었다. 스프레드시트를 수학 교수 · 학습에서 보다 적절하게 사용하기 위해서는 스프레드시트의 특성을 바탕으로 한 활용이 수학 교육의 목적에 비추어 정당함을 보일 수 있어야 한다.

Kutzler는 공학이 가지는 자동화와 보완의 성격을 파악하기 위해 다음과 같이 기술공학의 역할을 물리적인 이동 수단과 지적인 수학에 비유하였다. 그는 이동의 기본적인 방법인 걷기에 대응하는 활동으로 산술과 대수의 속셈을, 자전거 타기에 대응되는 활동으로 지필 계산을 그리고 자동차 운전에 대응되는 활동으로 계산기나 컴퓨터의 사용을 비유하였다. 운전자가 자동차를 운전하기 위해서는 조종을 하고 교통법규를 지켜야 하는 것처럼 수학에서 계산기나 컴퓨터를 사용할 때도 여러 가지 연산을 수행할 수 있도록 버튼을 제대로 누르는 방법을 알아야 하며, 거리에 따라서 우리가 이동 수단을 선택하듯 수학에서도 그 복잡성에 따라 공학 사용의 선택을 달리할 수 있다고 보았다.

또한 걷기가 불편하거나 불가능한 상황에서 휠체어의 사용이 도움이 되는 것처럼 수학에서의 공학의 적절한 사용이 도움이 될 수 있다. 필수적으로 요구되는 기능적 측면에서 결점을 가지고 있는 학생에게 공학을 사용하여 그러한 기능을 보완해 준다면 기능이 필요한 학습 주제에 동참할 수 있게 한다는 점에서 보다 나은 학습기회를 줄 수 있다는 것이다.

우리가 일상생활에서 자동차를 이용하면 큰 어려움이 없이 이동 거리와 운송의 범위를 확장할 수 있는 것처럼 수학에서도 스프레드시트를 이용하면 계산영역이 넓어지고 쉬운 계산이나 어려운 계산 모두 평이하게 처리할 수 있다.

스프레드시트에서의 자동화는 특히 복잡한 수의 계산이나 복잡한 그래프를 평범하게 처리할 수 있는 데에서 극대화된다. 또한 여러 가지 논리 함수나 통계함수를 사용할 때에도 흔히 나타난다. 스프레드시트가 갖고 있는 자동화는 복잡한 계산이 필요한 현실적인 문제들을 다룰 때에 특히 유용하게 사용할 수 있다.

스프레드시트가 가지는 자동화와 보완의 기능은 다량의 복잡한 계산의 신속한 처리와 문장제에서 문자식을 세우는 데 서툰 학생들이 피드백의 효과로 문자식을 세울 수 있게 되는 것에서 찾아볼 수 있다. Masalski는 스프레드시트가 학생에게 지루한 숫자 계산에서 벗어나 수학 문제 자체에 집중할 수 있게 도와주며, 이것은 수학의 본질을 파헤치기 위해 필요한 복잡한 계산에 대한 걱정을 덜고 의미 있는 수학의 응용을 깊이 탐구하도록 한다고 보았다. 일반적으로 공학의 전형적인 특징이기도 한 계산의 정확성과 신속성은 때로는 수학자에게도 중요한 것이다. Kutzler에 의하면 많은 위대한 수학자들 역시 계산 보조를 받기도 했으며 가우스는 그의 유명한 발견의 대부분에서 많은 수의 "인간 계산기"를 고용했다고 한다. 스프레드시트가 가지는 보완적 기능은 스프레드시트의 사용이 문자와 식을 지도하는 데 있어서 학생으로 하여금 수의 사용에서 문자의 사용으로 자연스럽게 전환하는 데 도움을 줌으로써 산술에서 대수로의 이항에 다리를 놓을 수 있음을 보여 주는 여러 결과들에서 잘 드러난다.

시각화는 대상, 사실 또는 과정을 그래프, 수치 또는 대수적인 결과로 보여 주는 것으로 볼 수 있다. 수학 수업에서 시각화는 매우 중요하며 학생들은 스프레드시트에서는 대수적 표현과 그래프 표현 사이의 대응관계를 이해하는 데 주로 시각화를 사용할 수 있다.

Buchberger는 수학의 발견과 발전 과정을 나선 모양의 그림을 이용하여 설명하였다. 알려진 알고리즘을 적용하여 예를 만들어, 예를 관찰하여 귀납적으로 추측을 하는 실험 단계, 추측을 증명하여 정리로 만들고 알고리즘 측면에서 유용한 지식을 이용하여 새로운 알고리즘을 만드는 엄밀화 단계, 알고리즘을 실제 또는 가상의 문제에 응용하는 응용 단계가 그것이다.

수학은 원래 실험과 응용의 측면으로 구성된 실험적 학문으로 그리스인들이 그들 철학이 연역적 방법을 수학에 적용하여 엄밀화 측면을 덧붙인 이후로 수학은 오늘날 우리가 알고 있는 연역적 학문이 되었다. 수학자 그룹인 Bourbaki가 수학을 정의－이론－증명－보조정리의 체계를 사용하여 재구성하면서 Bourbaki체계는 수학내적인 의사소통의 목적을 위해 만들어진 것으로 단지 엄밀화와 응용의 측면만을 포함하고 있는 것이었지만 이는 곧 현대 수학의 특징처럼 되어버렸으며 이 Bourbakism은 점차 수학 교수와 학습에도 영향을 주어 수학 지식을 연역적으로 제시하고 학생에게 이를 배우고 정용하도록 요구하였다.

그러나 이와 같은 방법으로 학생이 지식을 습득하도록 하는 것은 수학의 발전 과정에 비추어 보아 부자연스러운 것이다.

Freudenthal은 "학생이 스스로 발견할 수 있는 것을 가르쳐서는 안 된다"고 하였다. 과학자나 학생들은 실험을 통하여 많은 지식을 습득하며 많은 학생들이 수학에 당황하게 되는 이유는 실험 부족과 관련이 있을 수 있다. 수학 교육에서 실험이 적당한 몫을 찾아야 하며 Buchberger 나선의 세 가지 측면을 모두 사용할 필요가 없다.

그렇지만 지필 환경에서는 실험을 자주하기 어려우며 시간을 낭비하고 부정확하게 진행되기가 수비다. 따라서 규칙이나 개념의 발견을 위해 필요한 예를 많이 만들기 어렵고 정확한 예를 만들기 또한 어렵다. 그러나 스프레드시트를 활용하면 보다 많은 예를 정확하게 생성할 수 있으며 수학에서 다루는 많은 주제를 실험할 수 있다.

### (3) 학교 수학에서 스프레드시트의 활용

우리나라 교육과정에서는 수와 연산, 문자와 식, 규칙성과 함수, 확률과 통계, 도형, 측정의 6개 영역으로 나누고 있다. 이 중 대수 영역과 밀접한 관계에 있는 것은 문자와 식, 규칙성과 함수로 볼 수 있다. 많은 대수적 조작을 필요로 하는 미적분과 해석기하 역시 대수 영역과 겹쳐 있다고 볼 수 있다. 문자와 식에서는 수학적 의사소통이나 문제 해결을 위해서 문자의 도입이나 식의 활용이 효과적이라는 사실을 인식할 수 있도록 하고, 규칙성과 함수에서는 주위 사물의 상호 관련성에 주목하여 관계나 규칙을 찾아내고자 하는 태도를 기르는 데 주안점을 두고, 이 과정에 문자와 식의 활용이 유용한 것임을 인식할 수 있게 지도하도록 권고하고 있다. 또한 "학교 수학을 위한 원리와 규준집"에서 제시한 K－12학년의 규준 2 대수에서의 교육 목표는 다음과 같다.

첫째, 패턴, 관계, 함수들을 이해할 수 있어야 한다.

둘째, 대수적인 부호들을 사용하여 수학적 상황들과 구조들을 나타내고 분석할 수 있어야 한다.

셋째, 양적인 관계성을 나타내고 이해하기 위해서 수학적 모델들을 사용할 수 있어야 하다.

넷째, 다양한 상황에서 변화를 분석할 수 있어야 한다.

따라서 대수 영역에서는 문자와 식의 활용, 함수의 이해 그리고 여러 가지 현상의 수학적 형식화와 이의 분석이 강조됨을 볼 수 있다. 여기에서는 스프레드시트가 위와 같은 관점에서 어떤 역할을 하는지 몇 가지 예를 통하여 살펴보고자 한다. 특히 초기 대수에서의 문자식의 지도와 함수의 유형 파악, 그리고 끝으로 모델링 지도에서는 다양한 상황의 변화를 분석하는데 스프레드시트가 중요한 도구로 활용될 수 있음을 보게 될 것이다.

### 1) 문자의 지도와 일반화에서 스프레드시트의 활용

대수에서 기호의 사용은 대수의 발전 과정에서 연산의 대상보다는 연산 규칙이 본질적이라는 것을 분명하게 인식하는 데 기여하였다. 기호적 언어가 발달하면서 수학적 대상에 있는 구체적인 의미는 사라진 반면 계산 절차의 기술이었던 대수를 구조적인 대상으로 인식할 수 있게 되었고 대수학은 비약적인 발전을 할 수 있었다. 그러나 대수의 오랜 발전 과정에서 비교적 근래인 300년 전에야 기호화가 완성되었다는 사실이 시사하는 바와 같이, 대수적 언어로서 기호는 여러 가지 문맥에 적합하지만 구체적인 의미가 빈약하여 학생이 이를 수학적인 대상으로 간주하여 조작하는 데는 어려움을 겪는다.

### 2) 함수 지도에서 스프레드시트의 활용

대수와 함수의 지도에 대해서 NCTM규준집은 학생들에게 변화가 일어나는 다양한 문제 상황을 제공하고 함수적 상황에서 표, 그래프, 대수적 표현 사이의 상호작용을 충분히 이해하게 하는 것을 중요한 목표로 보고 학생들이 이를 위해 공학을 효과적이고 널리 사용하는 방법을 배우는 것이 필요하다고 보고 있다.

그러나 지필 환경에서는 교사는 표, 그래프, 대수적인 식을 역동적으로 상호 연결하기 어렵고 학생들은 이들의 관계를 의미 있게 파악하기 어렵다. 이러한 대수적· 함수적 표현 사이의 번역 과정에서 학생들이 겪는 어려움은 공학을 이용한 수학적 표현들의 구체적인 연결을 통해 극복할 필요가 있다. 그리고 대수 교육에서 여러 가지 소프트웨어를 활용하면 그린, 방정식, 표, 그래프와 같은 다양한 표상 사이의 개념적 연결성을 시각적으로 보여 줄 수 있어서 한 표상에서의 변화가 다른 표상에 어떻게 영향을 미치는지를 용이하게 탐구할 수 있다고 주장하였다. 또한 공학이 주어진 환경에서는 역동적인 그래프로 종래의 지필 방법으로는 힘들었던 문자식과 함수에 대한 직관력을 길러줄 수 있고 학습 내용의 의미를 용이하게 파악시킬 수 있게 함으로써 대수 학습을 의미 있게 해주며, 시도 계열을 개선함으로써 수학 학습에 대한 태도를 개선시킬 수 있다고 주장하였다.

스프레드시트는 많은 셀로 이루어져 있어 한 셀에 스프레드시트 수식을 입력한 후 이 수식을 자동복사를 통하여 많은 자료를 생성할 수 있으며, 이 자료는 자연스럽게 표를 형성하고, 이 표를 차트마법사를 통하여 다양한 그래프로 그릴 수 있다. 그리고 수식의 변화는 표의 변화를 가져오고, 표의 변화는 그래프에 반영되어 나타난다. 중요한 것은 이러한 변화가 동시적으로 일어남으로써 대수에서의 수식의 변화가 가지는 의미를 보다 분명히 이해할 수 있고 지필 환경에서는 불가능한 실험을 통하여 다양한 의미를 깊게 이해할 수 있다는 점이다. 특히 스프레드시트는 수많은 셀이 있고 이 셀마다 수식 입력 기능과 함께 다른 셀을 참조하는 기능이 있다. 따라서 참조되는 셀에 입력된 값이 변하게 되면 참조한 셀의 값이 변하게 되고, 참조한 셀을 자동복사하여 만든 표나 그래프가 동시에 변하게 된다. 이를 함수에 적용하면 함수의 관계식에서의 각종 매개 변수를 변화시켜 가며 함수의 특징이나 함수족의 파악을 용이하게 할 수 있다. 이 때 참조된 셀의 값을 변화시키는 데에는 스크롤바를 이용하여 쉽게 조작할 수 있다. 이것은 여타의 공학과 달리 스프레트시트가 가지는 중요한 특징이자 이점이다.

### 3) 미적분 지도에서의 스프레드시트의 활용

미적분은 자연과학과 공학을 비롯한 수학 이외의 많은 분야에 광범위하게 응용되며 창의적 사고와 독창적인 적용 체험을 제공하는 풍부한 학습 기회를 제공해 준다. 역사적인 발전 과정에서 미적분은 자연과학과 수학의 흥미로운 문제들을 통합적으로 해결할 수 있는 강력한 도구가 되었기 때문에 그 논리적 기초의 결여에도 불구하고 발전할 수 있었지만, 실수 체계의 기초가 세워지고 이를 바탕으로 극한에 대한 $e-\delta$방법을 통해 미적분학을 엄밀하게 전개하는 데까지는 약 200년이 흘렀다. 극한의 개념은 함수의 연속성, 미분 가능성, 정적분,

무한급수의 수렴 등 미적분학의 기본 개념을 정의하고 정리의 엄밀한 전개와 증명을 하는 데 바탕이 된다. 그러나 오랫동안 여러 수학자들의 노력 끝에 얻어진 $e-\delta$방법을 학생들이 이해하기 어렵고 $e-\delta$방법으로 엄밀하게 지도하려는 것은 그 역사적 발달 순서로 보았을 때에도 교수학적으로 전도된 것이다. 실제 학생들은 함수의 극한을 구할 때에 극한의 대수 법칙을 이용하여 기계적으로 계산하는 방법에 주의를 집중하며 대수적 알고리즘에 따른 도함수의 계산에는 능숙하지만 미분가능성에 대한 개념적 이해는 빈약한 상황이다.

따라서 미적분학의 지도에 있어서 본질적인 극한의 개념은 엄밀성을 강조하기보다는 간단하고 직관적으로 학생의 이해를 도울 수 있는 방법으로 지도되어야 할 필요가 있다. 우리나라 고등학교에서도 극한에 관한 정의와 성질은 수학적 구조와 엄밀성이 강조되었던 3차 교육과정에서조차 '유의사항'으로 $e-\delta$방법을 쓰지 말고 직관적으로 지도할 것을 요구하였고 그 이후로도 마찬가지였으며, 교수· 학습상의 유의점으로 '극한에 관한 정의와 성질은 직관에 의하여 지도한다.'라고 명시되어 있다. 미국의 경우에도 "학교수학을 위한 교육과정 및 평가 규준집"에서 미적분의 핵심적인 개념을 수치적 관점과 그래프적 관점에서 체계적이지만 비형식적인 방법으로 탐구될 필요성을 언급하고 이를 위해 그래픽 소프트웨어의 사용을 제안하고 있다.

스프레드시트는 사용하기 쉬우면서도 미적분의 기본 바탕이 극한의 개념에 대한 직관적 지도를 하기에 적합하다. 함수의 극한은 함수의 연속, 미분, 적분 등의 개념에 있어서 가장 기본이 되는 개념이지만 엄밀한 정의를 납득시키는 것이 어려운 일이므로 교육과정에 명시된대로 직관적으로 지도하고 시각적으로 표현하여 학생이 비교적 쉽게 이해할 수 있도록 할 필요가 있다. 스프레드시트는 수치적 계산과 함께 그래프를 그려줌으로써 극한의 개념을 직관적으로 지도할 때 효과적으로 쓰일 수 있다. 또한 극한의 정의를 이용하는 미적분의 지도에서도 마찬가지로 유용하게 쓸 수 있다. 미분법 단원과 관련하여 스프레드시트를 이용하여 지도할 수 있는 내용들은 미분계수의 의미 파악, 연속과 미분가능성, 도함수의 기본 성질, 여러 함수의 도함수 구하기, 접선의 방정식, 함수의 증감, 극대 및 극솟값이 파악, 그래프의 개형 그리기 등의 주제가 있을 수 있고 리만합의 극한으로 주어지는 정적분의 의미도 스프레드시트를 통하여 구체적이며 시각적으로 다룰 수 있다.

## 06 CAS형 그래핑 계산기와 수학교육

### (1) 계산기에 의한 수학 지도방법의 변화

수학교실에서 계산기의 사용은 수학 내용의 교수-학습에 큰 변화를 종종 극적으로 가져오게 되는데, 다음의 예에서 보듯이 어떤 내용은 지필환경에서는 유용할지 모르지만 계산기 환경에서는 전혀 쓸모없는 수학 내용이 된다.

#### 1) 복잡한 산수계산

$\frac{1789}{1.0725}$를 지필과 간단한 사칙연산용 계산기를 사용하여 계산하고 그 결과를 비교하시오.

#### 2) 로그표를 사용한 풀이

$1250(1.04125)^2$을 로그표를 사용해서 계산한 결과와 사칙연산용 계산기를 사용한 결과를 비교하시오.

#### 3) 복잡한 함수를 정확하게 그리기

$y=\frac{x^3-17x+7}{x^2+1}$을 전통적인 지필에 의한 미적분학 방법으로 그래프를 그리는 것과 그래핑 계산기를 사용해서 그래프를 그리는 것을 비교하시오. 전통적인 지필환경에서 이 그래프를 그리기 위해서는 이 함수의 도함수인 $f'(x)$를 구하고 $f'(x)=0$ 방정식을 풀어야 한다. 그리고 지필환경에서는 교과서와 같이 손으로 저작 가능한 함수의 그래프 문제만 다루고 있다. 그래핑 계산기를 사용함으로써 학생들은 보다 복잡한 함수의 그래프를 정확하게 그릴 수 있다. 또한 그려진 그래프를 보고 그래프가 왜 그렇게 그려졌는지에 대해서는 전통적인 미적분학의 방법을 사용해서 해석적으로 확증할 수 있다.

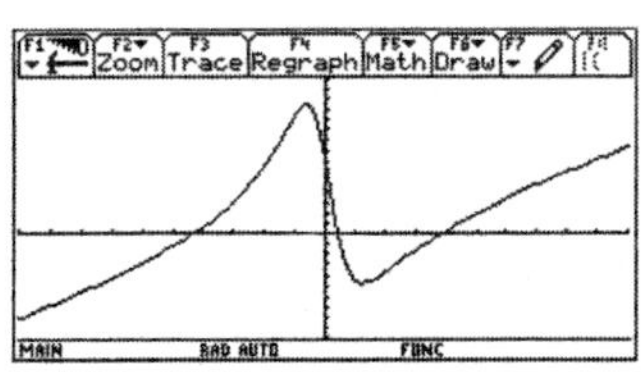

#### 4) 복잡한 방정식의 풀이

3차 방정식 $3x^2+2x^2-7x+9=0$의 실수해와 복소수 해를 지필로 계산하는 것과 그래핑 계산기의 그래프 기능이나 수치해석의 방법으로 계산하는 것을 비교하시오.

#### 5) 복잡한 적분계산

정적분 $\int_0^{\frac{\pi}{3}}$의 값을 지필로 계산하는 것과 컴퓨터 대수시스템(CAS)이 되는 그래핑 계산기를 사용해서 계산하는 것을 서로 비교하시오.

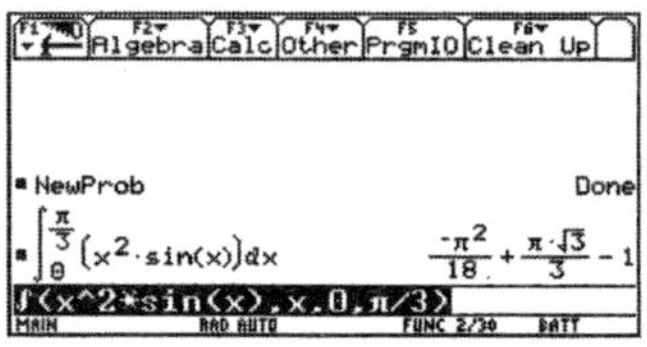


#### 6) 학교수학의 지필 방법으로는 해결 불가능한 문제

정적분 $\int_0^2 \frac{\sin(x)}{x}dx$를 지필로 계산하는 것과 그래핑 계산기를 이용해서 푸는 것을 비교하시오.

### (2) 계산기에 의한 수학학습 방법과 수학지도 방법의 변화

① 계산기나 컴퓨터를 사용하기 전에는 학생이 지필에 의한 계산과 문자와 식의 조작을 능숙하게 될 때까지 많은 시간을 허비하는 것이 당연시되었다. 그러나 오늘날은 이러한 시간을 보다 심도 있는 개념적 이해의 개발과 문제해결 능력 및 비판적 사고 기능을 기르는 데 투자할 수 있게 되었다.

② 계산기를 사용함으로써 산술과 대수적 조작 절차들을 끊임없이 적용하는 연습의 지루함을 줄일 수 있다. 계산기는 수의 계산과 문자의 식의 조작을 훨씬 더 쉽고 용이하게 해준다. 예를 들어, 만약 두 함수로 둘러싸인 부분의 넓이를 구하는 문제가 있을 때 필요하다는 사실, 정적분의 극한을 구하는 것, 그리고 이 넓이를 정적분으로 표현하는 것 등이다. 이렇게 해서 문제를 풀었다면 구한 해답이 이 문제 상황에서 뜻하는 대로 구해진 것인지를 판단하는 활동을 해야 한다. 이러한 수학적 활동을 하기 위해서는 수학적 사고와 이해가 요구된다. 적분의 실제적인 계산은 사실 계산기나 컴퓨터를 사용할 때 가장 정확하고 쉽게 구해지는 경우가 대부분이다.

③ 탐구형 기하소프트웨어를 탑재한 그래핑 계산기는 기하 내용에 대한 학생들의 이해와 탐구를 훨씬 잘 촉진시킬 수 있다.

④ 계산기는 학생들에게 수학의 가치를 직접 눈으로 볼 수 있도록 해준다. 계산기를 사용하는 학생들은 수학이 보다 재미있고 흥미 있는 교과라는 점을 발견하게 된다. 1994년 Texas Instruments에서 처음으로 개발한 계산기용 과학 실험장치(CBL:Calculator－Based Laboratory)는 계산기와 같이 연결하여 사용 가능한데, 이 장치는 많은 과학적 현상에 대한 정확한 측정을 가능하게 하며(예를 들면, 거리－시간－속도, 가속도 등), 또한 이 측정값을 계산기에 저장하여 수학적 분석을 가능하도록 하고 있다. 따라서 이 CBL은 우리 주변의 실제 현상과 학교 수학을 연결하여 학생들이 탐구할 수 있는 기회와 경험을 제공해 주고 있다. 이러한 실제 세계와의 연결에 의한 수학과 과학에 대한 흥미와 관심은 놀라운 것이다.

⑤ 계산기는 수학수업에서 중요하게 다루고 있는 "다중표상의 연결"(linked multiple representation)을 가능하게 한다. 그래핑 계산기는 대수적, 그래프적, 수치적 표상을 동시에 제공한다.

⑥ 계산기를 사용하기 전의 학교수학에서 미적분의 지도 목적은 대부분 정확한 그래프를 어떻게 그리는지에 두고 있었지만, 계산기 사용이 가능한 오늘날에는 그래핑 계산기에 의한 정확한 그래프의 사용이 가능해짐으로 인해서 학생들은 미적분학의 개념 학습에 더 많은 시간과 노력을 투자할 수 있게 되었다.

### (3) CAS형 그래핑 계산기의 이론적 배경

컴퓨터 대수시스템(CAS)이 갖추어진 그래핑 계산기는 이전에는 컴퓨터에서나 가능했던 특징들을 제공해 주고 있다. 이 계산기는 수학적 표현을 단순화할 수 있으며, 미분과 적분 계산, 함수의 그래프 그리기, 방정식 풀기, 행렬 조작 등을 수행할 수 있도록 해준다. 즉, CAS형 그래핑 계산기는 중등학교와 대학에서 가르치시는 수학의 대부분의 내용을 할 수 있다. CAS형 그래핑 계산기의 대표적인 계산기는 Texas Instruments의 T1－92, T1－92 Plus, Voyage 200와 Casio의 CFX－9970과 ClassPad 300 등이 있는데 TI 제품들이 보다 강력한 기능을 제공한다.

공학이라는 단어인 'technology'는 그리스어인 technikos에서 온 것으로 이 말은 'artisic(예술적인), expert(전문가), professional(프로의)'이라는 뜻이다. 이 공학은 우리들의 삶의 점점 더 많은 영역을 차지하게 될 것은 자명한 일이다. 그렇다면 계산기를 수학교육에서 가치 있는 유용한 도구로서 사용하기 위해서는 어떻게 해야 하는가? 다음 4가지 주제인 사소하게 함(trivialization), 실험할 수 있게 함(experimentation), 시각화할 수 있게 함(visualization), 집중할 수 있게 함(concentration)이라는 측면에서 계산기의 사용을 살펴보면 수학교육에서의 계산기의 사용의 중요성과 그 이유를 알 수 있을 것이다.

### (4) 수학교실에서 그래핑 계산기의 활용방법과 예

그래핑 계산기를 수학교실에서 활용하는 방법은 다음과 같이 크게 10가지 정도로 요약할 수 있다. 그렇지만 이런 활용 방법이 전통적인 수학내용을 대신하는 것이 아니라 위에서 논의했던 그래핑 계산기의 기능을 활용할 때 가능한 새로운 수학활동을 의미하는 것이다.

① 그래핑 계산기의 테이블 기능을 사용하여 문제를 수치적으로 접근하여 해결하기
② 방정식과 부등식 풀이에서 지필에 의한 대수적 조작의 결과를 시각적으로 입증하기
③ 시각화 방법을 사용하여 방정식과 부등식을 푼 다음 지필방법에 따라 그래핑 계산기의 결과를 해석 및 대수적 방법으로 확증하기
④ 그래핑 계산기를 사용하여 문제상황을 모델링이나 시뮬레이션으로 풀고 지필방법에 따라 그래핑 계산기를 사용하여 해석 및 대수적 방법으로 확증하기
⑤ 수학적 개념의 다양한 예를 그래핑 계산기로 만들어 내기
⑥ 수학적 개념의 다양한 예를 그래핑 계산기로 만들어 내기
⑦ 수학 실험을 실시하고 이로부터 추측을 제기하고 이를 검증하기
⑧ 서로 다른 여러 유형의 함수와 이들 함수가 나타내는 행동을 연구하고 분류하기
⑨ 앞으로 배우게 될 수학 개념으로 확장하기
⑩ 한 가지 문제 상황에 대한 서로 다른 여러 표상들 사이의 다양한 연결성을 조사하고 탐구하기

그래핑 계산기를 활용하는 이러한 방법과 전통적인 수학 교수–학습 방법 사이의 균형적 방법이 필요한데 수학의 교수–학습에서 그래핑 계산기를 적합하게 활용한다는 의미는 학생들이 계산기를 사용해서 다음과 같은 활동을 한다는 의미이다.

① 지필에 의한 전통적인 대수적 방법을 사용하여 문제를 풀고 그래핑 계산기를 사용해서 그 결과를 확인하기
② 그래핑 계산기를 사용하여 (표나 그래프 등의 기능을 사용하여) 문제를 풀고 지필에 의한 전통적인 대수적 방법으로 확증하기
③ (지필에 의한 전통적인 방법으로는 너무 시간이 낭비되거나 지루한 일이거나 또는 불가능한 경우) 적합하게 그래핑 계산기를 사용하기

지금까지 컴퓨터 대수시스템(CAS) 기능을 갖춘 그래핑 계산기를 활용하는 방법, 수와 대수식의 기초적인 키입력 방법, CAS형 그래핑 계산기의 이론적 배경, 그리고 CAS형 그래핑 계산기를 사용했을 때 학교 수학 교실이 어떻게 변화될 것인지에 대해 살펴보았다. 현재 학교 수학의 경향은 공학을 활용하여 수학의 교수-학습을 어떻게 변화시킬 것인가라는 방향으로 초점이 모아지고 있기 때문에 공학 활용에 대한 교사들의 이론적 지식의 기초와 활용 기능은 앞으로 수학교사로서 중요한 기능이 될 것이다.

## 07 컴퓨터 소프트웨어 활용의 수학 교수학적 상황

### (1) 컴퓨터 소프트웨어 활용의 수학 교수학적 상황

교사는 컴퓨터 소프트웨어와 학생의 만남을 조직하여야 하고, 언제 만남이 이루어져야 할지를 결정하여야 한다. 또한 교수학적 과정의 맥락에서, 그러한 만남이 왜 일어나야 하는지를 알고 있어야 한다. 교육용 소프트웨어와 학생 사이의 상호작용의 목적은 지식의 습득이다.

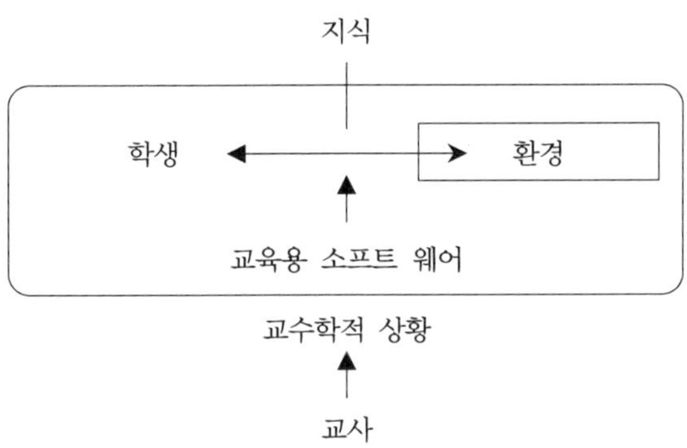


이 상황에서 학생들은 교육용 소프트웨어가 의도하는 것뿐만 아니라 교사의 의도를 여전히 파악하고 있어야 한다. 그러므로 교육용 소프트웨어는 교사가 교수학적 상황을 조직하는 수단이 된다.

### (2) 컴퓨터에 의한 교수학적 변환(computational transposition)

#### 1) 교수학적 변환의 의미

① 어떤 지식이 가르칠 대상으로 선정될 때, 이 대상에 일련의 적절한 변환 과정을 적용해 다른 가르칠 대상들과 배열하는 과정 즉, 어떤 지식을 교수학적 대상으로 변환시키는 과정이다.(Chevallard, 1985)

② 교수학적 변환 과정은 가르치려는 지식의 의미가 보존되면서 단지 그 지식이 단순화 된다는 것을 의미하는 것이 아니라, 새로운 교수 대상을 기존의 교수 대상들의 사이에 새로 설정하는 관계이다. 따라서 새로운 교수 대상과 기존 교수 대상들을 단계 지우는 활동이 진행되고 결국 지식의 의미가 변화된다.

③ 가르칠 지식이 교실에 도달할 때, 그것은 교사에 의해 발생하는 새로운 교수학적 변환 과정의 대상이 되어, 교수 학습에 관한 교사 자신의 신념, 수학에 대한 철학 등에 의해, 그 지식을 변환시켜 자기 교실에서 가르치게 될 것이다. 또한 교과서 저자도 자신들의 신념에 의해 수학적 지식을 변환시킬 것이다.

### 2) 컴퓨터에 의한 교수학적 변환

① 컴퓨터의 독특한 한계로 인해, 컴퓨터 환경에서 다루려는 지식이 그 의미가 변화될 수 있다. 이러한 제한점으로 인해 컴퓨터 상황에서 표현되는 수학적 지식은 필연적으로 변화된다.

② 소프트웨어를 고안하는 사람의 신념에 의해서 교수학적 변환이 가능하다.

③ 동일한 수학 내용을 가르치기 위한 소프트웨어도 어떤 알고리즘을 사용하고 지도하려는 초점에 따라 다른 표현 양식을 가질 수 있다.

㉠ CABRI－GEOMETRY(이하 CABRI)에서 주어진 한 선분 위의 점을 아무런 제약 없이 잡을 수 있다. 이렇게 아무런 제약 없이 잡은 점을 “임의의 점”이라고 하자. “임의의”라는 말을 쓴 것은 점을 ‘랜덤(random)하게 잡았다’는 의미를 보존하기 위해서이다. 선분의 한 끝점을 마우스를 이용하여 드래그하면, 이 “임의의 점”도 이동하여야 한다. 그러나 CABRI에서 이 “임의의 점”은 그 선분을 동일한 비율로 분할하라는 제약을 갖고 있다. “임의의 점”이 처음 선분을 $m:n$으로 내분하는 위치에 있었다면, 선분의 양 끝점을 드래그하여 선분의 길이를 변화시켜도, 이 “임의의 점”이 선분을 내분하는 비율은 변하지 않는다. 따라서 이 “임의의 점”은 더 이상 임의의 점이 아니다.

㉡ 지필 환경에서 도형을 그릴 때, 그 순서는 커다란 문제가 되지 않는다. 그러나 CABRI에서는 이런 순서가 중요하다. 정삼각형은 한 변의 길이가 주어지는 것으로 완전하게 정의할 수 있다. CABRI에서는 두 원을 이용한 전통적인 작도 방법을 따라서 매크로 작성으로 정의할 수 있다. 이 매크로 작성에서 문제가 되는 것은 선분의 양 끝점이다. 이 매크로에는 두 개의 점을 입력하여야 하는데 이 두 점을 입력하는 순서가 달라지면, 작도되는 삼각형의 방향이 달라진다.

④ 컴퓨터에 지식을 모델링하는 혹은 표현하는 방법의 선택은 교수학적 변환의 그것과 유사한 과정을 통하여 지식의 의미를 변화시킨다.

㉠ LOGO의 경우 원은 매우 많은 변을 가진 정다각형으로 정의된다. 이렇게 정의되었을 때, 이 원은 곡선의 굽는 정도가 일정하다는 의미에서 미분기하학적인 원이 된다.

㉡ CABRI에서 원은 고전적인 원의 개념과 일치하는데, 원의 중심과 원주 상의 한 점으로, 우리가 컴퍼스를 가지고 작도하는 것과 동일한 것으로 정의된다.

## (3) 컴퓨터 환경에서 극단적 교수 현상의 가능성

### 1) 개인화/배경화의 과정과 관련

① 메타인지적 이동(metacognitive shift) : 가상적인 학생의 개인화/배경화의 과정을 지나치게 강조한 결과 발생

② 형식적 고착(formal abidance) : 가상적인 학생의 개인화/배경화 과정의 중요성을 과소평가한 결과 발생

### 2) 탈개인화/탈배경화와 관련

① 토파즈 효과(Topaze effect) : 학생의 탈개인화/탈배경화의 과정을 간과한 지도 방편적 조치의 결과

② 죠르단 효과(Jourdain effect) : 학생의 탈개인과/탈배경화의 과정을 과대평가한 결과

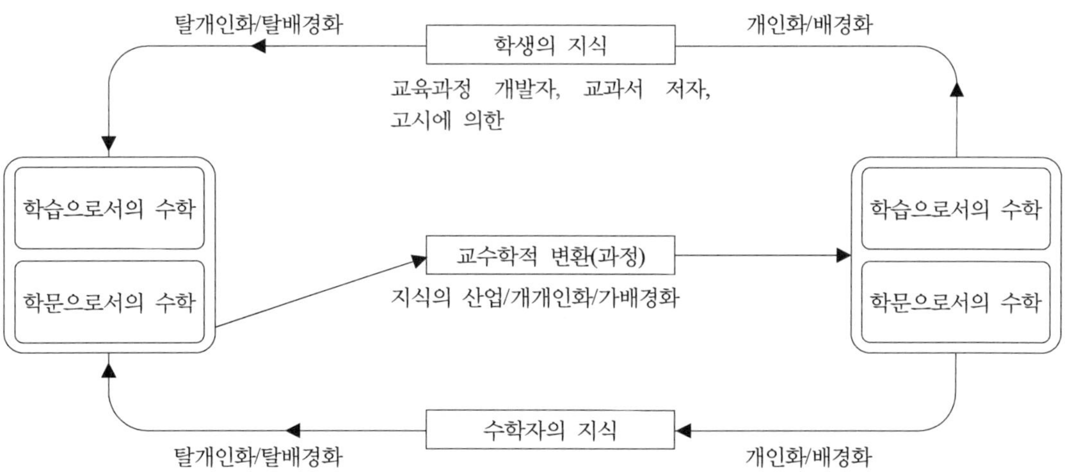

### 3) 극단적 교수 현상

#### ① 메타인지 이동

㉠ 교사의 교수학적 노력의 초점이 수학적 지식에 있는 것이 아니라 이를 교수하기 위한 모델에 있는 경우이다.

㉡ 학생의 개인화/배경화의 과정을 용이하게 하는 데 유리한 반면, 학생의 수학을 수학자의 수학과는 사뭇 다른 형태로 이끌 수 있는 위험성이 있다.

㉢ 컴퓨터 기반 환경에서 컴퓨터를 매개로 하는 교수는 수학적 지식을 지나치게 배경화/개인화 할 수 있는 가능성이 크기 때문에, 우리가 의도하지 않은 이러한 현상이 생길 수 있다.

#### ② 형식적 고착

㉠ 공식화된 지식의 논리적 표현에만 의존하는 교수현상으로 메타인지 전략을 무시하고 지식의 은유적 사용을 억제하려는 시도로 일어난다.

㉡ 형식적 고착은 학생들이 수학적 활동이 가진 귀납적 성격을 이해하는데 도움이 되니 않으나, 탈개인화/탈배경화의 과정에서의 어려움을 줄여 줄 수 있다. 컴퓨터 환경은 기호나 문자가 쉽게 도입될 수 있는 환경이다.

#### ③ 토파즈 효과

㉠ 소위 교수학적 계약(didactical contract)에 의한 압박에서 일어나는 전형적인 현상으로 교사가 학생이 인지적 내용에 대한 학습을 할 수 있는 환경을 일소하는 것을 말한다.

㉡ '깔때기 패턴'이라고 볼 수도 있는데, 교사가 일련의 유도 질문을 통하여 원하는 결과를 끌어내거나, 교과서에서 문제에 대한 답을 함께 제시하는 것이 그 예이다.

#### ④ 죠르단 효과

㉠ 토파즈 효과의 퇴행으로, 교사가 학생들의 행동이나 반응에서 특정한 과학적 지식이 형성되었음을 확인하는 듯이 행동하게 되는 경우를 말한다.

㉡ 컴퓨터 환경에서 학생들의 특정 조작을 훌륭히 수행하였다고 해서 그런 조작 이면에 들어 있는 수학적 개념을 이해하였다고 보기는 어려울 것이다.

| 역자 소개 |

박태영

이화여자대학교 자연과학대학 수학과 박사수료

現) 윌비스 임용고시 학원 전공수학 교수

ssam.willbes.net

박태영의 수학교육론

2016년 3월 2일 초판 인쇄
2016년 3월 7일 초판 발행

저 자 박태영
발행자 오판근
발행처 교우사

주 소 서울특별시 동대문구 약령시로 8 교우빌딩 2층
전 화 925-2861~2, 편집부 / 925-2825, 홈쇼핑 / 969-5762
팩 스 925-2860

E-mail kyowoo@kyowoo.co.kr
홈페이지 http://www.kyowoo.co.kr
북스토어(쇼핑몰) http://www.kyowoo.co.kr

등 록 1994. 3. 24 제6-0256호

ISBN 979-11-251-0151-2
값 29,000원